卢梭的忏悔

卢梭◎著　束光辉◎译

时事出版社

图书在版编目（CIP）数据

卢梭的忏悔 /（法）卢梭著；束光辉译 .—北京：时事出版社，2016.2

ISBN 978-7-80232-928-7

Ⅰ . ①卢…　Ⅱ . ①卢…　②束…　Ⅲ . ①自传体小说－法国－近代　Ⅳ . ① I565.44

中国版本图书馆 CIP 数据核字（2015）第 298708 号

出 版 发 行：时事出版社
地　　　址：北京市海淀区万寿寺甲 2 号
邮　　　编：100081
发 行 热 线：（010）88547590　88547591
读者服务部：（010）88547595
传　　　真：（010）88547592
电 子 邮 箱：shishichubanshe@sina.com
网　　　址：www.shishishe.com
印　　　刷：北京建泰印刷有限公司

开本：787×1092　1/16　印张：31　字数：590 千字
2016 年 2 月第 1 版　2016 年 2 月第 1 次印刷
定价：49.80 元
（如有印装质量问题，请与本社发行部联系调换）

序

这将是一幅世上独一无二的自画像，它完全忠于人物的本来面目和全部的事实真相，一丝一毫都如实地加以反映。我想，不管是过去还是未来，都不可能再出现这样独特的作品了。

无论是谁捧起这本书，并对它褒贬点评，那都是我的命运和信任使然。在此，我以我生平经历的灾难困苦，和您的仁善悲悯之心，并以世间众生之名，请求您不要否定这本极具价值和迥异于常书的著作，因为它将是首份用来研究人性（世间还没有这样一门学问）的重要参考资料。与此同时，也求您不要出于对我的纪念，而封存这些唯一可以在我死后也能对我那尚且没有被对头扭曲的高尚人格进行证明的有力的文字。

最后，就算您与我有解不开的仇怨，也不要不遗余力地针对我的尸骨发泄心中的怨恨，您何苦把这种残酷的不公平如此执着地坚持到你我都早已尸骨成灰的遥远未来呢？如果您这次能按我说的高抬贵手，那么至少您也是在有能力、有条件报复——如果伤害一个无心害人的良善之辈也能称为报复的话——别人的时候，做出了一种难得的、高姿态的、宽容仁慈的举动。

目录

CONTENTS

第一章

（深入灵魂）[1]

我接下来要进行的是一项伟大的事业，这项事业以前没有人做过，以后也不会有人效仿。因为我要揭穿一个人的真面目，将他的一切都完完全全地向世人展示，而这个人正是我自己。

只有我才能有如此作为。我对自己和别人的内心都有着深刻的认识。我天生就与众不同。我敢说，我和这世上所有的人都不一样。虽然我未必比别人优秀，但我至少跟他们不同。大自然造就了我，随后便把用来造我的模子打得粉碎。它这种做法是否正确，得等大家读完了我这本书才能进行品评。

无论末日审判的号角何时响起，我都敢手持这本书，走到审判者的面前，大声对他说："我这一生所做过的事，思考过的问题，以及我的为人，全都记录在书里。无论善举还是恶行，我都如实道出。对坏事不加隐瞒，对好事不进行增添。虽然我可能会在书中的个别地方加一些微不足道的修饰用的句子，那也不过是为了填补我记忆中的空白。我有可能把自认为真实的事当成了事实，但我肯定不会以假当真。我的为人如何，我就怎样去描述：若我行为卑鄙，就写出我的卑鄙；若我行为高尚正直，也如实写出我的高尚和正直。我要向大家展示我的内心，让众人看个明白。全能的上帝啊！请将芸芸众生都召唤过来听我忏悔吧！让他们为我的卑鄙无耻而叹息，为我的胆小懦弱而羞愧。同时，让他们也能像我一样在您的面前说出内心的一切，但我想没有人敢跟您说：'我强于此人！'"

1712年，我在日内瓦出生，我父亲是伊萨克·卢梭，我母亲是苏珊娜·贝尔纳，他们都是普通的公民。我祖父微薄的遗产被十五个子女平分之后，我父亲得到的那份就少得可以忽略不计了。我家全靠我父亲经营的一家钟表店支撑。我父亲的手艺不错，在业内是很有名的。我母亲是贝尔纳牧师的女儿[2]，她家境小康，又聪明貌美，我父亲花了很多的心思才得以跟她结合。他们青梅竹马，八九岁时，两人就常在夕阳中的特耶林荫道上漫步。等到了十岁，两人更是如胶似漆。他们心心相印，那份从小就建立起来的感情日益加深。这两个禀性温和、重情重义的人却一直在等着一个时机，都等着对方先向自己吐诉衷肠，以求缔结婚盟。如此看来，倒不如说是这个机会在等着他们两个了。虽然看起来命运是在折磨两人的爱情，但两人却感情日深。我父亲因为得不到母亲而愁肠百结，辗转难眠。我母亲建议他出去走走，或许就能将她淡忘。但我父亲出去旅行一圈，回来之后那份感情反倒更加炽烈。我母亲在他眼里仍旧是如此地温婉和忠贞。经过这一番波折，两人发誓永不分离，相爱一生，上天对两人的誓言也赞许有加。

我舅舅嘉布里埃尔·贝尔纳爱上了我的一个姑姑，但我这位姑姑却有个要求：只有让他的哥哥（我父亲）娶了我舅舅的妹妹（我母亲），我姑姑才同意嫁给他。爱情的力量是伟大的，终于，两对新人在同一天举行了婚礼。由此一来，我舅舅同时也成了我姑父，他的孩子跟我也成了姑表兄弟的关系。一年后，两家人各有子嗣，但后来因为搬家，来往就少了。

贝尔纳舅舅是个工程师，以前在帝国[3]的军队中工作。后来在匈牙利欧仁亲王府中当差，在贝尔格莱德一战中立下了卓绝的战功。我的父亲在我唯一的哥哥出生之后便出去谋生了，他受聘于君士坦丁堡，成了宫廷的钟表师傅。这段时间，我母亲因秀外惠中[4]吸引了一大批男人，特别是一个叫德·拉·克洛苏尔的法国驻日内瓦专员最为痴情。他爱慕我的母亲，感情真挚热烈，直到三十年之后，他还十分动情地跟我提起她。但我母亲非常忠贞，从不受这些诱惑的影响。她出于对丈夫的爱，写信催我父亲快些回家。我父亲便立即放下手头的一切，匆匆赶了回来。而我就是他这次回家之后的结果。十个月后，我带着疾病来到了人世，而我的母亲则在生产中死掉了[5]。不过我的出生，却只是我这一生中无数个不幸的开始而已。

我父亲中年丧偶，万分悲痛，我不知道他是如何忍受这种痛苦的，我只知道他对我母亲念念不忘。虽然他总是把我作为思念妻子的寄托，但他却无法忘记也正是我使他痛失爱妻。每一次他在叹息声中紧紧拥抱我的时候，我都能感觉到，在他的抚爱里夹杂着伤痛和遗憾，这也让我觉得这份父爱更加深厚。他常对我说："孩子，咱们聊聊你母亲吧？"我便立刻说道："好吧爸爸，不过咱们又要大哭一场了。"每当听到我这样说，他都会立刻泪如涌泉。他语声哽咽地说道："把你的母亲还给我吧！也好安慰安慰我！孩子，如今也只有你才能替代你的母亲，来填补我内心的空虚和寂寞。

我如此爱你，就因为你是你母亲临死前生的孩子啊！”母亲去世四十多年后，我父亲死在了我继母的怀里，但他嘴里却一直念着我母亲的名字，而内心深处也始终留着我母亲的音容笑貌。

我的父母如此多情，在他们的各种禀赋中，我所得到的，也只有这颗多情的心。但这份情怀虽然让他们收获了幸福，却是我一生苦难和不幸的根源。

我刚出生时险些夭折，没人认为可以养得活我。我还天生患有一种疾病，这病随着年纪的增加愈发严重。虽然现在症状时有微减，但只是对我另一种方式的折磨罢了。我父亲的妹妹[6]温和善良，聪明智慧，我是在她无微不至的照顾之下才活过来的。我写到这里的时候她还活着，但已至耄耋之年，却还得照顾比她年轻但酗酒伤身以致卧床不起的丈夫。姑姑，我不怪你救活了我，我自责的是，不能在你年老时报答你当年对我的养育之恩。还有给我接生的产婆雅克琳娜，这亲爱的老太太也还活着，而且精神抖擞，体格硬朗。她在我出生时亲手为我扒开眼睛，看起来还会在我死掉的时候再次亲手合上我的眼睛[7]。

我思想的形成要落后于感觉，这是全人类的共同命运。我对这一点体会尤深。五六岁之前我不知道我做了什么，也想不起来我是如何学会读书的，我只能想起我早年读过的书，和这些书对我产生的影响。我就是从那时起便开始不断刻意培养自己读书的兴趣的。我和父亲每天晚饭后，便阅读我母亲留下来的一些小说。起初不过是想通过这些有意思的故事练习阅读能力，但后来便上了瘾。我们两人日夜不停地轮流看书，一本书不读完就不停手。有时候窗外都传来早晨燕子的叫声了，我父亲才反应过来，郝然说道：“咱们该去睡了，你看我，好像比你还像个孩子呢！”

照这个读法，我的阅读能力和理解能力很快就提高了一大块，我还从中体验到了其他同龄人体会不到的和情欲有关的内容。虽然我还不能深入地去理解事物本身，头脑中也没什么清晰的概念，但却已经对相关的各种情感颇有体会了。这些频繁刺激着我的杂乱情感，虽然尚未破坏我的理智（当时我还没什么理智），但却塑造了我另一种独特的理智。我对人生那些荒诞怪异的念头便都根源于此，而且终生也没能通过丰富的阅历和反复的自省将之彻底改变过来。

1719年的夏末，所有的书都读完了，入冬之后便又换了一批。看完母亲的那些书，我和父亲便开始看外祖父留给母亲的书。我外祖父是一位颇具鉴赏力的博学多才的牧师，当时社会上时兴藏书，外祖父便收藏了很多质量上乘的书，所以我能幸运地看到了不少好书也就不足为奇了。像勒絮尔所著的《教会和帝国史》、博絮埃所著的《世界史讲义》、普鲁塔克所著的《名人传》、纳尼写的《威尼斯史》，还有奥维德写的《变形记》、拉布吕耶尔的作品集，以及封特奈尔写的《关于宇宙多元性的谈话》和《死人的对话》等著作，此外还有莫里哀写的几本名著，全都被搬到了我父亲工作的地方。每天我父亲干活的时候，我就在一旁给他读这些书。我对这些书兴味极浓，恐怕同龄人里没有谁会如此热爱读书。我最喜欢的作者是普鲁塔克，常捧着他的书看个没够，以致我对小说的兴趣都淡了很多。而且，我对阿热西拉斯、布鲁图斯和阿里斯提德的喜爱[8]，很快便超过了阿隆达特、阿塔梅纳和朱巴[9]。我那热爱自由与共和的思想、固执清高的性格以及不愿受他人约束与奴役的态度，都根源于这些情节生动的书，以及我和父亲关于书中内容的探讨。但我一生中却总会因这些个性、思想不能痛快酣畅地表达和张扬而感到痛苦万分。罗马与雅典在我心中常驻，仿佛我跟罗马和希腊的伟人是生活在一起的一样。再者，我一出生就是共和国公民，而且我父亲也非常爱国，我便效仿我父亲，心中充满了爱国情怀。我甚至以希腊人或罗马人自居，常将自己代入到每一位英雄的故事中，仿佛我就是那个英雄。我常被那些忠诚武勇的人物形像所感动，每当读到忘情之处，我便目光如电，拍案击节，高声喝彩。记得有一回吃饭时，我边讲西伏拉[10]的传奇故事边表演他的动作，竟然也把手伸向了火盆，把大家吓得不轻。

我哥哥比我大七岁，他那时也跟父亲学钟表手艺。因为家里人更加疼爱我，对我哥哥就未免有些不够关心。我很不赞成这种偏心眼的做法。因为缺少父母的疼爱和管束，我哥哥便显得有些缺乏教养，过早地散漫放纵起来了。到后来跟别的师傅学手艺，他却还是从前的老样子，常偷着溜出去玩。我们平时甚至都很难见面，顶多算是认识而已。但我对他的兄弟之情却是真实的，他虽然顽劣不堪，却也同样爱着我。有一次他惹父亲发火，于是被父亲狠狠地抽打。我赶忙抢上前去插在他们当中，用力抱住我哥哥，替他挡住父亲的巴掌。我一直哭闹着不肯躲开，父亲拿我也没有办法。他可能是不想让我替我哥哥挨打受苦，最后只好作罢。但我哥哥却越来越放纵自己，最后竟离家出走，不知所踪。后来只约略听说他去了德国，却连一封信也没给家来过。从此以后，他杳无音讯，我便成了家里唯一的孩子了。

如果说我那可怜的哥哥是因缺乏家人对他的爱而堕落了的话，我所受的待遇则跟他明显不同。我从小就受到所有人的喜爱，大家都当我是心头肉，恐怕就连王子也不能跟我比。而且，很难得的是，大家虽然对我关爱有加，却并不是娇生惯养。我在家的时候，家人从来不允许我和那些野孩子们在外面疯玩，却也从来不会压制或纵容我的怪脾气。有人认为我的怪脾气是生来就有的，其实全是所受的教育带来的。我跟同龄的孩子一样，大家有的缺点我都有，比如我话多，贪吃，偶尔还说谎。我常偷吃水果和零食什么的，但我却从不祸害别人，不毁坏物品，也不惹人讨厌，更不会残忍地虐待那些可怜的小动物。但印象中我好像冒过一次坏水。那天，邻居克洛太太上教堂去了，我便趁机对着她家的锅痛快地尿了泡尿。说实话，我后来一想起这事就觉得好笑，因为那位克洛太太其实挺善良的，就是太爱唠叨了！这就是我儿时做过的坏事，虽然简短但却真实。

既然我身边左右的人全都很善良，我又怎么会成为坏孩子呢？我的父亲、姑姑、奶妈、亲戚、好友、街坊，他们对我并非纵容娇惯，而是心疼关爱，同样，我也爱着他们。平时没有什么事会刺激到我，也没人来束缚我，所以我也没产生过那些不切实际的念头，以致我竟然以为我从不会不着边际地乱想。我对天发誓，在受到老师的管制之前，我根本不知道什么叫胡思乱想。如果我不用跟父亲读书写字，或是和奶妈出去散步的话，我就会粘在姑姑身边，看她绣花，听她唱歌，感到无比地舒畅和快乐。姑姑性格活泼温和，样子很招人喜欢，我对她的印象非常深刻。她那时的眼神、身姿和仪态，现在还如在眼前；而那些叫人闻之心喜的话，现在还如在耳边。她那时的衣着打扮，尤其她两鬓卷起来的那两个发髻，是当时非常流行的发式，我至今都忘不了。

我就是在姑姑的影响之下，才在很久以后形成了对音乐的爱好的。她嗓音轻柔婉转，能唱出很多动听美妙的旋律。她歌声中透出的开朗和乐观，能驱散人们心中的忧伤和愁绪。她的歌声深深地吸引着我，很多歌曲一直扎根在我的脑海里，甚至在我因年老而记忆力渐渐减退时，一些我儿时就已经彻底忘了的歌，反而再次清晰地浮现出来，不住地萦绕盘旋，让我有一种难以言表的愉悦感。谁能想像出来，像我这样一个满身病痛、满心愁苦的老家伙，竟也时常会用我那破嗓子动情地哼唱这些旋律，同时像孩子一样失声而泣呢？其中有一首情歌小调的旋律我还记得很深，但却无论如何也记不全它后半段的歌词了。目前我只记得这首歌的一部分，内容如下：

我的胆量不知飞到了哪去，迪西！

去小榆树下再会首，

听你吹起牧笛的悠扬。
村子里人们交头接耳，
在低声议论着我和你。
……一个牧童，
……情意绵绵，
……危险，[11]
哪有无刺的玫瑰花。

我怎么也想不明白，为何那种凄怆缠绵的感情总会随着我对这首歌的回忆浮现出来？我每次唱这首歌时都会被中途夺眶而出的泪水打断。我不知有多少次想联系巴黎的朋友把歌词补全，如果那里还有人能想起那些歌词的话。可是如果真的还有别人也会唱这首歌，而并非只是苏逊姑姑一人的话，那我一门心思要回忆起全部歌词的趣味一定会大大减少。

这就是我人生之初的情感历程。在这个过程中，我渐渐形成了一种矛盾的性格：既温善随和、优柔寡断、胆小怯懦，又清高自傲、刚强果决、桀骜不驯。我的内心在这些矛盾中摇摆挣扎，无论是收敛克制还是恣意任性，都不能感到轻松快乐，也没让我变得聪明稳重。

但后来的一场意外事故，打断了我之前的教育，并且令我的一生都受到了影响。一个叫戈迪耶的法国陆军上尉惹恼了我父亲。戈迪耶在议会[12]里有亲戚给他撑腰，所以平素凶横粗鲁，但这人其实外强中干、懦弱无能。当时我父亲一拳打爆了他的鼻子，导致鼻血直流。但他却出于报复，声称是我父亲用剑伤了他。那些家伙要抓我父亲去坐牢，我父亲却按当时法律的规定，强烈要求跟高济埃一起进监狱。他们当然不会答应这个要求，于是我父亲被迫离开了日内瓦，去他乡讨生活。我父亲宁可背井离乡也决不委曲求全，他认为退缩会令他丧失名誉和尊严。

从此，我便由舅舅贝尔纳抚养。舅舅那时正在日内瓦做城防队工作，他大女儿早亡，身边只有一个儿子，跟我一样大。我俩都被送到波塞的朗伯西埃牧师家里寄宿，跟他学习拉丁文，还有一些打着教育旗号所设立的杂七杂八的课程。

我在乡下生活了两年，我原来那罗马人般刻板严肃的个性也减轻了很多，又像儿时那样天真单纯了。在日内瓦时，我不用人督促就会主动看书学习，除此之外对别的都没什么兴趣；而在波塞乡下，功课之余我对游戏兴味渐浓，因为我觉得嬉戏玩闹可以调节劳逸。我沉浸在新奇的乡村生活中，不知厌足。这种对乡村生活的浓厚兴趣一直陪伴了我一生。后来我离开乡下到城里生活，我也常会回想起那段快乐的乡村生活，同时心中不免会有一丝淡淡的感伤。朗伯西埃先生非常开通明理，他很认真地教我们功课，管我们很严，却从不留过多的作业。因此，虽然我这人天性就不喜欢受人约束，但我跟他学习的那段时间还是挺愉快的。而且，虽然我没跟他学到太多的知识，但凡是他教给我的，我都很轻松地就学会了，并且一直记忆深刻。这都说明他采用的教育方法是正确的。

那段朴实单纯的乡下生活带给我的财富不止于此，它还打开了我的心灵，让我体会到了真正的友情。而我以前对感情的认识虽然看似高贵，其实却只是虚无飘渺的空中楼阁。我和贝尔纳表兄同在一个屋檐下，亲密无间，感情便越来越深厚。我对表兄的爱很快就超过了我的亲哥哥，至今依然如此。他身形高挑但纤弱，性格也跟他的身体一样温柔和善。他虽是我舅舅的儿子，但从不倚仗别人对他的偏爱而显出高我一等的姿态。我俩无论是在学习、玩耍还是各种爱好方面全都一样。除了对方，我俩都没什么其他朋友，年纪又相仿，所以都视彼此为玩伴，真要是互相分开，怕是比死还难受。我们深厚的感情虽然很少宣之于口，但其实已经到了难舍难离的程度，况且我们根本就没动过要分开的念头。我俩都是耳软心活的厚道人，只要不被人逼迫，我们对别人总是态度殷勤。而且我们对所有事的意见和态度都出奇地一致。长辈们更偏爱表兄，他们会觉得表兄比我强；但我俩单独相处时，我又表现得比他强一些，这样一来就算是扯平了。他有时上课背不出书来，我便低声提醒他；如果我先写完了作业，我就帮他写；玩游戏时，因为我比他擅长，所以总是带着他玩。总之，我们俩的脾气性格很合得来，友情极为笃实，所以在波塞和日内瓦两地五年多的生活里，我们总是形影不离。虽然我们也时有争执，但每次都会很快和好，用不着旁人劝架，更不会跑到长辈那里去告对方的状。在很多人眼里，或许这只不过是小毛孩子之间一些毫无意义的小事；但我想自打人世间有了小孩以来，我和表兄的这个例子恐怕是绝无仅有的。

我很喜欢波塞的乡村生活，如果能在那里待得再久一些，我的性格就完全固定了。波塞的生活气息中，充满了温和、平静、安宁。我觉得世上没有一个人像我一样生性淡薄，虚荣心小到可以忽略不计。我总想要行善，但那股冲动如同潮水，来时情绪激扬，不可遏制，但很快便又情绪低落，陷入低谷。我最想得到身边人的关爱。

我、表兄，以及那些长辈们，大家性情都非常温和。两年的时光里，我从未见过有人急躁发火，也没受过别人的粗鲁对待，这一切都对我的天性起到了巩固培养的正面作用。看见人们都喜欢我和我的作为，我倍感欣慰。我还能记得在教堂里答不上教理问题时的那一幕，当时我看着朗伯西埃小姐脸上焦虑不安的表情，心中异常烦乱。大庭广众之下答不出问题固然丢人，但朗伯西埃小姐的那种表情才最让我羞愧难当。别人夸我我并不在意，但我的羞耻心却非常强。我想说，我害怕惹朗伯西埃小姐难过要远甚于害怕她对我的责罚。

朗伯西埃小姐平时很温柔，但必要时她也会像她哥哥一样严厉地对我们。但大体上都合乎情理，并不过分，所以我虽然对此会感到不快，却从未想过要反抗。我宁可受惩罚，也不想惹人不快，别人脸上那种不满的表情会让我比受罚还难受。我之所以会有这种心态，其原因有些难以启齿，但仍有必要解释一下。如果人们能明确地认清，他们不加区别、冒昧唐突地对待年轻人所造成的长远的不良后果，可能人们就不会再这么做了！我有一段既平常又不幸的经历，我从中总结出一些深刻的教训，下面详细地讲给大家听。

朗伯西埃小姐就像是我们的母亲，既慈爱又威严。当我们犯错时，她偶尔也会惩罚我们。一开始，她只是虚声恫吓，她说的那些惩罚方式我听都没听说过，所以让我十分害怕。但当我真地受到惩罚之后，却又觉得并不如何可怕，反倒不如等待受罚时的害怕心情。更不可思议的是，我反而因此更加喜欢她了，因为虽然责打会带来疼痛与羞耻，但其中却夹杂了一丝快感。因此，我非但不特别害怕，反而盼着让那只纤纤玉手再打我几下。当然，因为我对她的感情很单纯，而且我天性善良，所以还不至于为了挨打而刻意犯错。这种心态确实体现了性方面的早熟，因为如果是她哥哥打我，就不会有一丁点快感。当然，她哥哥性情温和，我也不怕他来打我。而我之所以慎言慎行，少犯错误，就是怕惹朗伯西埃小姐不快。这种因情绪而引发出来的对别人的关心和体贴，于我而言作用巨大，甚至反过来可以支配控制我的情绪。

对朗伯西埃小姐在性方面朦胧且暧昧的意识是一种错误，尽管我并不害怕犯这种错误，但一直在刻意回避。然而有一次我还是犯了，不过这次可不怪我，因为我不是故意的，而且这一次我心安理得。只不过后来朗伯西埃小姐发现这种办法没什么用便放弃了，所以这一次也是最后一次。我们以前一直跟她睡同一间房，甚至冬天还睡在同一张床上。但没过两天，她便安排我们去别的房间睡了。自那以后，在她眼中，我就成了大男孩，而其实我并不想她这样看待我。

谁能想到决定我此后一生中所有的兴趣、情欲、嗜好，甚至我整个人的因素，都源自于这个三十岁的女人施加在那个八岁男孩身上的责打呢？这似乎有违人性自然发展的天道规律。我的欲望随着我被激起的快感同时发生了变化，使我局限在只对既往快乐的追求之中，对其他方面却都不感兴趣了。虽然我的快感天生就如火般炽烈，但直到那些最沉稳、最缓慢的情欲都发展起来了的年龄之前，我一直都坚守着纯洁。很长一段时间里，我都会不自觉地用我贪婪的双眼去看那些美丽的女人。她们时不时地就在我心里浮现，但我只是想把她们一个个都幻想成朗伯西埃小姐。

甚至当我过了适婚的年龄时，这种古怪而顽固的嗜好仍旧存在。但它后来虽严重到几近癫狂，却也未能令我丢掉那似乎早就该失去的纯洁禀性。如果世上真有那种培养礼义廉耻之心的教育的话，我想那正是我所受的教育。我有三个姑姑，她们个个贤良淑德，其肃穆高雅的气质即使在当时也非普通女人所能有的。我父亲却爱玩爱闹，但他仍然保持着传统，不会对他所爱的女人说一些让年轻女孩感到难为情的话。我从未见过像我父亲这样如此尊重孩子的人。朗伯西埃先生也是一样，他曾辞退一个性格温和的女仆，只因她当着我们的面儿说了一句稍显粗俗的话。我在成年之前对于性是根本没有明确认识的，脑海里唯一那一点不清不楚的认识也总是以一种丑陋而可恶的形像出现。我对娼妓的那种痛恨难以消除，我鄙视所有淫荡堕落的人，甚至会感到惊恐。因为有一次，我去小萨柯勒克斯时，路过一条潮湿的小路，路旁有一些土坑，别人告诉我，很多人就在坑里随意发生关系。此后我对荒淫行为就极端憎恶，一想到这一类人，满脑子都是那次我所见到的像狗在野合一样的场面，心里万分恶心。

教育灌输给我的观念可以延迟性欲的燃烧和暴发。正如前述，在我欲望初萌时，我受过的教育便起到了很好的规避作用。虽然我欲望沸腾，但因为我只想着过去，所以便也只寄托在既往的感受上，从未通过那些我极端憎恶的形式得以发泄。虽然这两种感受非常相似，我却一点也没有察觉出来。在荒唐的幻想和狂热情欲的推动之下，我做过一些怪诞的行为，我曾在想像中寻求女人的帮助，却从未想过女人还有其他的作用。

我的青春期便在这种充满激情、欲望和早熟意识的氛围中度过了，其间只有朗伯西埃小姐在无意当中使我获得了快感，此外则没有任何肉体上的乐趣，甚至在我成年之后也一样。保全我的总是原本可以毁掉我的事物。我童年爱性幻想的那些老嗜好非但没有消失，反而跟真实的性生活胶结住了，这让我根本不能把性幻想从肉体的欲望中清除掉。我天性害羞，又有这种古怪的癖好，这就使我对女人放不开手脚，颇受拘束。在我眼中，身体的享受仅是我那性幻想嗜好的终点，而我头脑中的幻像，男人就算羡慕也抢不走，女人即使愿意和我发生关系，却也猜不到我的念头。而我在女人面前既然拙于言辞，或者说弱于行动，自然一切都没戏了。这就是我的一生，不敢向我最爱慕的女人吐露衷肠。我既然不敢向对方坦白我的怪癖，就只好通过想像一些相关的场面来满足自己。比如在想像中向一个放荡的情妇下跪，任由其驱策，向她乞求原谅，便是极美妙的享受。我的血液越是被想像出来的情形所炙烤，我就越像个害羞的纯情男孩。人所共知，这么做没有多大用处，却也不会损害想像中的女人的贞操。所以我其实一无所获，可是我仍然在想像中享受了很多。欲火、羞涩、浪漫，三者组合在一起，使我保持了情感上的纯洁，人品始终正直；而如果我稍有些厚颜无耻，性幻想这种怪癖便极可能令我成为淫荡荒唐的人。

我总算完成了揭露我那黑暗、肮脏的人性过程中最为艰难的第一步了。但其实罪行并不是最难说出口的，最难的是那些荒唐和可耻的事。但我相信，既然我已经说出了前文所说的那些丑事，接下来我也没什么好顾虑的了。不过，将自己的这些丑事毫无保留地全说出来，那可是需要极大的勇气和决心的。因为即使是面对我生命中最重要的几个女人，即使是在我们亲热的时候，我都没把这种癖好告诉她们，都没向她们提出过这样的要求；尽管我爱她们爱到几近疯狂，爱到眼盲耳聋、神乱体颤。只在我童年时期，有一个跟我差不多大的女孩子主动地跟我提出过这方面的要求。

在回忆我这类感情生活时我有些感悟。我发现那些看似矛盾的因素有时会关联起来，共同导致一个简单而相同的结果；而一些相似的因素有时也会因其他情况的影响而分别形成迥异的结果，导致我们无法相信它们原本是相似的。比如，我顽强固执的个性，其实是从我那软弱与肉欲两种矛盾因素互相纠缠扭结的灵魂中提炼出来的。可又有谁会相信这一点呢？下面的事情所反映的主题与之前所述是相同的，却会让大家从中获得极其不一样的感受。

那天我一个人在厨房旁边的房间里看书，房间里有块砂石板，女仆在上面放了几把朗伯西埃小姐的梳子，想要把它们烤干。可是，等她再回来时，却发现其中一把梳子半边的齿儿全断了。谁把梳子弄坏了呢？房间里可一直只有我一个人。于是他们质问我，但我当然不会承认了。朗伯西埃兄妹两个便一起训斥我，让我说实话，还吓唬我，我仍然不肯承认。但解释和抗议都是没用的，大家就认为是我冒的坏水，虽然他们也知道我向来不撒谎。他们认为这是个大事，那倒也对。搞破坏、撒谎、死不认错，犯了哪一样都该严厉地惩罚。但这次朗伯西埃小姐却没再打我，他们向我舅舅贝尔纳写信告状，还把他叫来。同时我表兄也因为犯了别的大错，这次受我连累，要跟我一起受处罚。而我舅舅下手还挺重。这一下直接从根本上扼止了我的欲望。此后，有相当长的时间，我的欲望都没再兴起过。

他们最终也没听到我认错，便越来越严厉地对待我，弄得我痛苦不堪，但我死也不松口。最终，在我那“魔鬼般的固执”（他们已经找不到其他适合的词了）之下，暴力还是让步了。虽然我从这可怕的事件中脱身时，已饱受摧残，但我还是赢了。

这都是将近五十年前的事了，现在我也不用怕再因此挨打受罚了。我向上帝保证：这事不是我干的！我都没碰那把梳子，甚至我都没往砂石板那边凑和，连个念头都没动过。至于这梳子是怎么坏的，我也不清楚，确实也说不出什么原因。我唯一能确定的，就是我被冤枉了。

想像一下，我这样一个素来害羞温和的小孩，在激动时的表现却如此地强烈，如此地桀骜不驯。我向来理智稳重，平时大家待我也都那么温和、公平、亲切，甚至我从来都没想过什么是不公正。可我第一次所遭受的不公正待遇，竟然正是我最为敬爱的长辈们施加给我的。可以想像，这会给我带来多大的刺激！我的内心得多么地烦乱！我精神世界的变化得多么地剧烈！麻烦各位读者站在我的角度自行想像一下吧，因为关于我当时的心境，我自己也说不清道不明。

以我当时的智力根本搞不清这事怎么就怪到了我的头上，我也不会从别人的角度看问题，我只能从自己的感受出发。我当时的想法是：就为了一件原本与我无关的事，这些人竟然这么严厉地惩罚我！挨打虽然很疼，但这并不重要，主要是我非常地愤怒且难过。我表兄和我一样，他虽然犯了错，但却是无心之失，可是人们竟然认为他是故意的！我们都气得发抖，倒在床上紧紧抱住对方，待情绪稍宁，这才坐起身来，用力高喊：“刽子手！刽子手！刽子手！”

我直到现在想起这件事来，心还跳得厉害。就算能活到十万岁，我也忘不了那一幕。这是我人生中第一次感受到不公平和暴力，所以记忆极为深刻，以致任何类似的情况都能让我变得激动无比。这种感受虽然起先只跟我本人有关，但因为异常强烈，所以后来升华为一种跟我个人利益不相关的独立的价值观。只要我遇到不公正的事情，不管谁是受害者，也不管在哪，我都会感同身受，怒不可遏。哪怕是书中写的那些残忍凶狠的暴君，或是阴险狡诈的教士，都会让我产生冒死去杀了这些卑鄙之徒的冲动。就连我看到鸡、牛、狗之类的畜生去欺负别的小动物时，我都会跑得一身汗地去驱赶它们，或向它们扔石块，就因为它们以大欺小。我觉得我这种情感一定是天生的，只不过那件事所带来的痛苦感受和我这种天性紧密交融得太久，所以对我这种天性起到了巩固和助长的作用。

我童年时期无忧无虑的生活就被此事画上了句号。此后，那种单纯的幸福离我远去，而我对童年幸福时光的回忆也至此结束。接下来我们在波塞又住了几个月，表面上看来一切都没变，我们就像是生活在乐园里的亚当一样，但其实生活的本质已经大不相同。我们人在乐园之中，却难享园中之乐。原来那种喜爱、尊重、亲切和信认的感情已经从我们和朗伯西埃兄妹之间彻底消失了，他们再也不是可以看穿我们灵魂的神了！就算我们犯了错也不再感到愧疚，只不过更怕被人知道罢了。我们学会了遮掩、顶嘴、撒谎。我们那个年纪能够做出来的坏事，使我们的单纯受到侵蚀，游戏变得丑陋。乡间生活不再让人感到安宁和惬意，似乎变得荒芜阴暗，像是罩着一块黑布，再也寻觅不到原来的美感。我们也不去小花园护理花草了，我们没兴致去翻土，看到种子发芽也不再惊喜。那些生活再也不能给我们带来喜悦，而别人也开始不喜欢我们了。后来舅舅把我们接了回去，就这样，我们离开了朗伯西埃兄妹，反正彼此都反感，所以也没什么离别感伤。

离开乡下之后近三十年的时间里，每当我回忆起在那里的生活，心情都不太痛快。但当我渐渐走向衰老之时，那些回忆却反而在其他记忆都逐渐被淡忘的情况下，再次清晰地呈现在我的脑海里，而且显得那么深刻和妙不可言。我像是要努力抓住即将流逝的生命，想从头再来一次似的。就算是一件小事忽然从记忆中跳出来，也能让我高兴好久，就因为这件事是在那个时间段发生的。时间、地点和人物都一点点地回到了我的记忆里：仆人们在屋里各自忙着手里的活计；一只燕子越窗而入；我看书时，一只苍蝇停在了我的手背上；我和表兄卧室的格局也都如在眼前。此外，我还记得朗伯西埃先生书房的格局：他的书房在我们卧室的右手边，墙上有一张绘有历代教皇形像的版画，还有一个晴雨表以及一个大挂历。房间后面有一座地势很高的花园，里面全是覆盆子树，枝叶茂盛，树荫把窗户都遮住了，甚至有的树枝都伸进屋里来了。我知道大家不想听我叨咕这些没意义的事，但是我必须得说出来，这些事每一件都能让我一想起来就欢喜雀跃，我真想一件不落地讲给大家听！其中有五六件事最值得一说，那好吧，去掉五件，只说一件行了吧？不过我得把这件事尽量说得细致一些，好让我从中获得更多的快乐。

如果我只是为了博你们一乐，我一定会讲一下朗伯西埃小姐屁股走光的故事：有一次，她不小心在草地边上摔倒了，撒丁王正好从那里路过，看到了她的屁股。但是跟胡桃树有关的那件事更有意思，因为这事是我亲自参与的；而在朗伯西埃小姐摔跤的故事中我只是个旁观者。虽然屁股这件事确实很好玩，但当时在我眼里她比我母亲还要亲，所以那件事只会叫我感到惊慌不安而不是好笑。

大家应该着急了吧？关于土台上那棵胡桃树的故事堪称是一段悲壮的历史，我这就讲给大家听，但在听完之后请尽量不要激动！

在朗伯西埃先生家院门外的左手边有一座高高的土台，下午时，大家常去那上面坐着闲聊，但附近却没有遮挡，毫无阴凉。于是朗伯西埃先生便叫人在上面种了棵胡桃树，好遮挡阳光。当时还举行了隆重的种树仪式，而我和表兄则成为了它的"教父"。大家往树坑里填土时，我们各用一只手把着树，欢声高唱。为方便浇水，人家还以树根为中心在外围砌了个水池子。每天别人浇水时，我和表兄就在一旁看着，心里别提多高兴了。我们都觉得，就算是在敌人堡垒上插上胜利的旗帜也不如在这土台上种棵胡桃树来得伟大，所以我们决定独占这种荣耀与快乐，不让别人参与。

想到就做，我们兴冲冲地砍了一段柳条，也种在土台上面，跟胡桃树隔了十来步远吧；我们还在柳树根旁边砌了个水池，以便浇水。但问题来了，我们根本没有水！水源离得太远了，大人们还不许我们去。可小柳树没有水就活不成啊！那阵子，我跟表兄绞尽脑汁想了很多高招给树浇水。很快，柳树发芽了，长叶子了！我俩兴奋得频频去量树的高度、枝叶的长度，急切地盼望这棵才三尺来高的小树能快点成长，为我们遮光蔽日，提供阴凉。

这小柳树抓住了我们的心，使我俩做什么都心不在焉，根本念不进去书，几乎就要走火入魔了。大人们还以为我俩跟谁呕气呢，便把我们管得更严了。可后来还是没有水了，眼看树苗就要枯死，我俩急得像是心里着了火一样。不过情急生智，我们很快便想到了一个给小树浇水的门道：挖沟！我们想到可以暗中挖条水沟，把胡桃树那边的水引一部分到小柳树这边来。时间紧迫，我们立刻开工，可第一次尝试却失败了，因为那个沟挖得太糟糕了，斜坡角度不佳，水根本流不过来；泥土还塌了下来，沟的入口又全是脏东西，把小沟给完完全全堵死了！但我俩还不死心，“有志者事竟成”[13]，于是我俩又加深了水沟和柳树下的水池，这样可以让水流更通畅。我们找来个木箱，拆了箱底的木板，劈成窄条，将一部分木条紧挨着垫在沟底，其余的则斜起来立在两边，这样便形成了一个三角形的通道。我俩又将一排彼此间留有空隙的小木棍插在入口，跟排水孔的原理一样，既能将杂物挡住，又能放水通过。我们十分小心地用土把这条水道盖住，再踏平土面。随后我们就盼着浇水，却又有点害怕紧张，心情极为复杂，那感觉像是等了几个世纪。终于，伟大的时刻来临了，朗伯西埃先生过来浇水了！我俩在他浇水时一直站在他后面挡着小柳树。非常幸运，他一直是背对着柳树浇水的，并没转过来。

第一桶水刚浇下去，小柳树这边的池子里便出现了水，一见之下，我们不禁兴奋得又跳又叫。这可坏了，这让朗伯西埃先生注意到了我们。本来他刚才就一直在寻思，为什么今天的土质吸水能力会这么强，结果过来一看，才发现水其实是流向两处的，不由得发出惊叫。他稍一查看就发现了秘密，立刻叫人给他取来一把大镐，朝地上一挥，几块木板便跳了出来，于是失声叫道：“居然有条下水道！”他问也不问我们，就不住地挥动着镐头铲向水道，整个过程中一句话也不说，只是喃喃地嘟囔道：“居然偷水！居然偷水！”不出片刻，水道全毁了，也在我们心里留下了一道道伤口。

大家一定觉得我们两个小建筑师接下来会挨打吧？事实并非如此，这事就这么结束了。朗伯西埃先生一点也没责怪我们，也没对我们甩脸色，他后来根本就没再提及此事。甚至我们过不多时便听见他和妹妹在大声地说笑。更为奇怪的是，我俩只是一开始有些担惊受怕，但是很快就觉得这不是什么大事。于是，我们另选地方又种了一棵柳树。每当回想起这个悲剧性事件，我们就会同时叫道：“下水道！下水道！”我以前总以为自己就是阿里斯提德或者布鲁图斯那样的大人物，常自命不凡，而种柳树事件就是我虚荣心的第一次体现。我觉得亲手种一棵小树去跟大树比赛，本身就是一件极有成就感的事。看来恺撒三十岁时对事物的看法都没有我十岁时高明[14]。

胡桃树和水道事件始终异常清晰地印在我脑海里，时常涌现出来。所以在我1754年去日内瓦时，我最企盼的就是去波塞寻找我童年时期的记忆，尤其想再看看那棵已经三十多岁的胡桃树。只是当时事务繁忙，行事不随己意，一直没机会实现这个计划。我想，我以后也不会再有这样的机会了。但愿望之光并没有暗淡，只要我有机会能再次回到梦中故土，且那棵胡桃树还在等着我，我必定会用我的热泪去滋养它、浇灌它。

我们跟舅舅回到了日内瓦，在以后的两三年里我一直住在他家，等着别人来安排我的前途。舅舅希望我表兄成为一个工程师，教了他一些制图的知识，也教了欧氏几何学。我跟着表兄一起学，并对这两个学科产生了浓厚的兴趣，尤其是制图。可大家却觉得我适合当个钟表师傅，或者律师、牧师什么的。我当时觉得向人传道比较有趣，所以我很想成为一个牧师。但我母亲每年因遗产而得的钱本就不多，再被我和我哥一分，那点钱就不足以供我往下念书了。再说我岁数不大，也不急着找工作，所以我便继续在舅舅家暂住，荒费大好时光，同时家里还得给舅舅掏一笔不小的费用，尽管钱数比较恰当合理。

我舅舅跟我父亲一样，也爱玩爱闹，他们两个都缺少一种自律性，也不怎么关心孩子们。舅妈则是个虔诚的女人，多少有点虔信派教徒的作派，她对唱圣诗的关注度要远胜于对我们教育的关注度。不过虽然他们对我们如此地放任，我们却从不自我放纵。我们两人互伴互助，从不向旁人求助，而且我们一点也没有因为无人管束而游手好闲，因为我们从来不跟那些同龄的坏孩子们在一起瞎混。其实，因为我们终生都没有放纵过，所以散漫这个词无从谈起。我们总是有幸被各种非常好玩的游戏牢牢地控制在家里，连门都不想出。我们亲手制作鸟笼、短笛、毽球、小鼓，或是搭小木房，造小水枪和弹弓等小玩意儿。我们也效仿慈祥的外祖父去做钟表，有时还把他的工具弄坏。而我们最大的乐趣，则是在纸上涂鸦，画草稿，着墨，添彩，浪费颜料。那时，有一个意大利跑江湖的艺人冈巴—科尔塔来日内瓦表演，可演得不怎么样，我们看一次就够了。但我们却因为看了他的木偶表演而一时兴起，自己动手做起木偶来，还以他的木偶滑稽戏为模板给我们的木偶编故事。慈祥的长辈们都过来认真地看我们表演，虽然我们因为没有变音哨笛而只能捏着嗓子学小丑说话时的搞怪声音。然而有一次，因为舅舅当着全家人的面儿朗读了一篇他写的讲道词，便令我们把兴趣从演小丑剧方面转移到写讲道词上面了。我知道这些小事没什么意思，但却说明儿童的早期教育得有多么良好的指导，才能令我们这种小小年纪又缺乏管束的小孩不会去放纵自己啊！我们从没想过跟别的小孩交朋友，甚至都不重视这样的机会。我们常在散步时看到嬉闹玩耍的孩子们，却毫无羡慕之心，也不想跟他们一起玩。我们只要和对方在一起就够了，玩什么都开开心心的。

因为我俩总是同出同入，便惹来了孩子们的注意。尤其是表兄，他长得高，我却较矮，这种对比反差的确非常可笑。他身材高瘦，脸蛋皱得像个干苹果，神情怯懦，脚步虚软，孩子们总是笑话他。

他们叫他“笨驴”，那是当地的土话。我们只要一出来，“笨驴，笨驴”的叫声就会冲进耳鼓。我表兄不太在乎别人嘲笑他，我却气得和对方大打出手。不过那些小痞子等的就是这个，打架的结果自然是我被揍了。表兄也过来拼命帮我打架，但他虚弱无力，常被人一拳便放倒在地。我一看几乎要气疯了。不过，虽然他们打我打得挺重，但表兄才是他们真正的目标，所以事情反倒是被我弄糟的。时间长了，我们便只敢在他们上课时才出来，我们很怕被这些小痞子们漫骂、追打。

我现在可是个见义勇为的侠士了。为了显得像模像样，我得有个情人才行。说实话，我还真有过两个情人。那时我父亲住在沃州的一个小城市——尼翁，我经常去看他。我父亲在那有不少朋友，我也因此沾光。我在那没待多久，但所有人都因我父亲的面子而对我很好。有一位德·维尔松太太尤其喜欢我，更甚者，我还被她女儿当成了情人。一个二十二岁的姑娘让一个十一岁的小男孩当她的情人，谁都明白她真正的目的是什么。这些心机颇深的姑娘们其实是想把小洋娃娃摆在大洋娃娃前面好挡住他们。表面上看来是对我有情，其实是想勾引那些大男孩。我却觉得我俩很配，所以我非常认真。我在她身上投放了我所有的心思，或者更严格地说，是脑筋。因为我虽然爱她到了极点，我的疯狂也让我做了很多令人捧腹的闹剧，但我对她的爱意，其实只是停留在想像中而已。

爱情有两种类型，都很真实、强烈，但这两种爱情却风格迥异，也不同于那种亲密的友情。我的人生被这两种不同类型的爱情所平分，甚至有一段时间我同时品尝了这两种爱情的味道。比如在我和德·维尔松小姐相处的那个阶段，我公开跟她来往，看不得别的男人靠近她；而我同时却又和戈登小姐进行过几次短暂但亲热的约会，她在约会时就如老师对学生般待我。这就是我那两种爱情的全部内容，尽管没什么了不起，但对我而言就是全部，让我感觉无比的幸福，而且还让我从中体会到了和情人暗中约会的快乐，尽管这只不过是小孩子的心思。但当我察觉出德·维尔松小姐只是拿我当挡箭牌去掩盖她那些风流韵事时，我便以其人之道还治其人之身，这大大出乎她的意料之外。不过很可惜，因为戈登小姐嘴松，我们的事还是被维尔松小姐知道了。之后，我和戈登小姐就被大人们分开了。过了几天，我回日内瓦时经过古当斯大街，还听见几个小姑娘冲着我阴阳怪气地喊：“戈登跟卢梭分手了。”

戈登小姐可不简单。人虽然不是很漂亮，但脸蛋却让人一见就忘不了。我这个老混蛋直到现在想起她来还不免有些心动。她的姿容、体态，尤其是那双眼睛，都显得和她年纪不符。她那严肃又高傲的小模样倒挺适合在我面前扮演老师角色的，我第一次看见她时就有这种感觉。但最让我想不通的，却是她行事泼辣却又收敛矜持的样子。她对我想怎样便怎样，她自己却显得处处不可侵犯。她根本就是把我当成小孩儿来看待！而之所以她会这样，或者因为她的内心已经很成熟了，或者正相反，她仍旧是个孩子，她认为我们之间的私会不过是过家家罢了，却不知这种想法是颇有风险的。

我对这两个姑娘都用尽真心，而且跟其中之一相处时心里肯定不会装着另外那个。而这两个女孩带给我的感受是完全不一样的。我可以跟德·维尔松小姐厮守一生，但我和她相处时却甚为平静，没有激情，我爱她，尤其是大家聚在一起时，不管是嬉闹玩笑，还是争风吃醋，都能令我如沐春风，甚有滋味。每当我看到她因只钟情于我而故意冷落那些比我大的男人时，心中便充满了得意之情和满足感。虽然她也常把我弄得寝食难安，但我却觉得苦中有乐。别人的赞许、鼓舞和笑语，都令我心中得意，神气十足。我性情温和，言语机智，在众人面前，我爱她如狂；可独处时，我却手足无措，情绪淡漠，甚至颇为反感。但我对她关爱有加，她得病时我便很痛苦，宁可替她难受。因为在这方面我有亲身经历和体会，我对疾病带给人的痛苦感受甚深，也知道健康带给人的快乐有多么宝贵。我和她片刻难离，一分开便思念如狂。但和她相处时，她的爱抚带给我的只是心灵的甜蜜而非肉体方面的。我和她相处时非常舒心，我只想得到她所给予的东西，别无他求。但我却不能忍受她像对我一样对待别人！我对她的爱如同姐弟之情，但嫉妒却像一个情人的心态。

而戈登小姐却常让我妒火中烧，只要我发现她对别的男人像对我一样好，我便醋海生波，狂躁不安，就像是精神病或者老虎；因为我得靠下跪才能得到她对我的一点点好。当我和德·维尔松小姐相处时，心中只有欢喜没有激情；但是面对戈登小姐时，我却会立刻拜倒在她裙下，听之任之，无法自控。我和维尔松小姐在一起时，关系亲密但守礼；而跟戈登小姐相处时则完全不同，就算是我们很熟络了，我心里仍然不安难宁。我感觉我和戈登小姐若是相处久了，我剧烈无制的心跳准会让我丧命。我不想失去她们任何一个人的爱，我对德·维尔松小姐是关心得无微不至，而对戈登小姐则是言听计从。就算搬座金山来给我，我也不惹德·维尔松小姐生气；而我却会为戈登小姐上刀山下油锅。

我和戈登小姐的私密约会并不算很久，这于我二人而言都是非常值得庆幸的。我跟德·维尔松小姐的关系虽然不用遮遮掩掩，不存在怕被人发现的风险，但一段时间之后，却仍以悲剧收场。这种事的结局永远是浪漫之中夹杂着令人伤感的叹息。我跟德·维尔松小姐的爱情平淡但令人怀念。我们每次分开都泪眼凝噎，而且分手后我都离愁重锁，孤寂难耐。我的嘴边和脑海里全都是她。我感到了切肤的痛苦和伤感。不过我心里清楚，我的眼泪并不是只为她本人而流，很大程度上是在怀念和她在一起时的欢乐时光，只是我对这一点置之不理罢了。我们彼此写了一阵词句足以让铁石心肠的人也会心碎的情书，用以排遣愁绪。最后还是我赢了，因为她难耐相思之情，终于跑来日内瓦找我。我立刻蒙了，在她留下来的两天里，我如在梦境。最后她要回去时，我真想随后便投河一死了之。我痛哭失声，声音震动天宇。一星期后，她寄给我一些糖果和几副手套，如果我不知道她那时已经结婚，上次来我这里只不过是为了采买嫁妆，那我必然认为这是在向我示爱。不用说也知道我当时是何等愤怒。带着满腔怒火我赌咒发愿，永世不见这个负心人。在我心目中这可能是对她最大的惩罚了，但她却什么事都没有。二十年后的一天，我和父亲在湖上划船，不远处有一条小船慢慢驶近，船里有几个女人，其中一个有些眼熟，便问父亲那是谁。父亲笑了，说道："怎么？不记得了吗？那不是维尔松小姐吗？你的老情人啊！不过人家现在是克里斯丹夫人了。"听到这个几乎要在记忆中消失的名字，我不禁一颤，马上命令船夫调头。虽然我可以趁这个难得的机会报复她一下，但我感觉没必要去跟一个四十岁的中年女人计较二十年前的事，更何况我当年还发誓不再见她。

在我尚不知未来该如何设计、规划和发展之前，我少年时期的美好时光就在这些毫无价值的事情中浪费掉了。大人们考虑到我的性格、脾气等方面，又经过反复地思量，最终给我选择了一份我极不满意的职业。他们竟然让我跟本地法院书记官马塞隆学习如何做一个"承揽诉讼人"。虽然舅舅说这份职业很有前途，但我却非常反感"承揽诉讼人"这个称谓。我的品格如此高尚，怎么能用无耻的手段求财呢？而天天做这种乏味无趣的工作又实在叫人无法忍受，总是忙个不停，还得任人指使，如同做奴隶，这些情况都叫我怎么也开心不起来。我总是皱着眉头走进事务所，心情越来越差。而马塞隆先生又对我很不满意，特别轻视我。他总训斥我，说我不但偷懒，还笨得要命。他天天唠叨："你舅舅非说你什么都会，其实你一无是处！他说你特别能干，可在我眼里你就是一头驴！”最后，我因为“愚蠢”和“没用”，很丢脸地被人家赶走了。用他手下那些办事员的话来说，我顶多就是个给钟表匠打杂的材料。

既然人们都认为我资质不佳，那我就只能当个小学徒了。但大人们让我去投奔的却只是一个零件镂刻师傅而并非钟表匠。因为我的傲气已经被书记官的鄙视打压到了低谷，所以我对新师傅言听计从，每天任劳任怨。我的镂刻师傅是杜康曼先生，他年轻又暴躁，我儿童时代性格上所有的棱角很快就全被他磨平了。他蹂躏了我那温和多情、单纯活跃的个性，使我在外在和内在两方面都成为了一个真真正正的学徒。我所学的拉丁文、文学和历史，都被扔到九宵云外去了，我甚至连罗马人都给忘了。我跟父亲再次见面的时候，他甚至认不出我是他的孩子了。在那些女人们的眼中，我也不再是那个多情风流的让—雅克了。我想，就算是朗伯西埃兄妹恐怕也认不出他们当年的那个学生了，所以我也羞于和他们见面，此后我们便当真一直未再相见。我当年那些颇有水准的游戏和娱乐活动也被低俗的东西所取代了，甚至在记忆里都难以再找到它们的踪影了。虽然我受到过良好的教育，但我可能生来就易于学坏，因为我总是能快速且轻易地堕落到无以复加的程度。而就算是特别早熟的恺撒，也从未如此快速地转变成拉里东啊[15]！

我对这门手艺本身并不反感，我很喜欢画图样和雕刻，而且镂刻技术在钟表制造业的各种分支当中相对简单一些，所以我盼望着日后能有些成就。如果不是因为师傅的暴躁和粗鲁，以及压在我身上的条条框框，引发了我的反感情绪的话，我想我可能已经实现这个目标了。我曾在工作时间私下里做了一些跟工作内容没有本质区别，但却非常契合我那不受约束的性格的小玩意儿。我刻了几个骑士勋章，然后分给大家戴着玩。但不小心被师傅发现了，他认为我是在做违禁的事，便把我打了一顿，还硬说我是在琢磨怎么造假币，因为骑士勋章上面刻着国徽。其实我哪知道什么是假币啊，我连真币都不怎么认识。我对三苏辅币[16]的铸造方法远没有对罗马阿斯币[17]的清楚。

我终于因师傅的暴躁和霸道而对于原本喜欢的工作感到痛苦不堪，并由此养成了一些诸如说谎、偷懒、偷盗等我自己向来厌恶的恶习。每当回忆起这段时间发生在我身上的变化，我便深刻地感受到在父母身边受宠爱和被人指使奴役之间的巨大差别。我天生害羞胆小，但就算我有无数的缺点，也决不会下贱到恬不知耻的程度。我所拥有的自由度，以前也不过是一点点地减小罢了，可现在却一下子消失殆尽了。我和父亲在一起时毫无顾忌，敢说敢言；在朗伯西埃先生家里也不受拘束，自由快乐；在舅舅家里我开始言行谨慎，小心行事；可到了师傅这儿，我竟然变得畏首畏尾，懦弱无胆了。我从此自甘堕落。我习惯于原来跟大人们在一起时无拘无束的生活状态：我可以随便参加所有娱乐，每道菜都会给我留一份，我心直口快，想说就说。而在师傅那我变成什么样子了呢？我不敢随便说话，饭都没吃饱就得出去，每天累得要死，却只能看着别人玩乐；师傅他们的逍遥自在，更让我感到被奴役得无法呼吸；就连大家讨论我最了解的事情时，我都不敢跟人辩论。一句话，在师傅家里，我目之所见皆心之所羡！就因为我的一切都被夺走了！轻松的生活和快乐的心情，都与我永别了。就连那些以往我犯错时，用来躲避惩罚的透着小聪明的话，也没法说出口了，但有个事让我想起来就觉得好笑。

一天晚上，因为我犯了个错误，父亲便罚我不许吃晚饭便去睡觉。可我饿得难受，便从厨房拿了一小片面包，没想到出去时却见到大家围在炉灶边，正在用叉子叉着一大块肉放在火上烤，香气四溢，直冲进我鼻孔。我只好向大家道晚安，之后我便把目光投向那块肉，因为它的颜色和香气是如此地诱人！我不自禁地也向肉鞠了一躬，故意悲伤地说道："晚安！烤肉！"这随口说出的一句充满童真的话非常有意思，最终大家还是叫我跟他们一起吃晚饭了。如果我在师傅家里也这么说，或许效果也很好；但在他家，我却从未想到过这种充满童趣的话，就算想到了，我也不敢宣之于口。

于是，我渐渐开始变得贪心、遮掩、骗人、说谎，最后我竟连偷东西都学会了，我以前可从未动过这种心思！这种恶念一旦产生就再难改变，如果无力控制心中的贪念，必然在罪恶的道路上越走越远。这就是那些奴仆和学徒们为什么会去偷盗和欺骗的原因。而如果这些"下等人"是在一种平等、快乐的环境中成长起来的，愿望又常能得以满足的话，那么，随着他们的成长，这些恶习多半会逐渐消失的。可惜，我那时并没有生活在这样的环境里，也就无法借助环境的帮助改掉身上的恶习。

人性本善，所以儿童学坏的第一步，往往是因为被他人引入了邪路。我当学徒时逾一年，虽然一直没什么钱，但面对诸多诱惑，我却连偷东西吃的念头都没有过。我第一次偷东西只是想帮别人，但随后便接二连三地偷，而动机却不再单纯了。

我师傅手底下有个叫维拉的伙计，他家住在隔壁。他家附近有一个菜园子，种着很值钱的龙须菜。当时维拉手头比较紧，他想瞒着家人偷一些小龙须菜私自跑去卖钱，换几顿好饭。可他本人不想担责任，手脚又笨拙，就想让我帮他。他先把我狠狠夸了一通，我当时不明白他的真实意图，便让他给绕进去了。他紧跟着装得像是忽然间想到了这个好主意一样，便说让我去偷。我不肯去，可是他一再好言好语地求我，最后我碍于面子，只好答应他。我每天早上潜进菜园偷点上好的龙须菜，然后便去莫拉尔菜市场摆摊。有个老太太很有心计，她估计这些菜是我偷的，便用话诈我，说我偷菜，其实是想压我的价。我心里没底，只好任她宰割，低价出售。随后我便把钱一分不差地交给维拉。而他则立刻用这些钱买了不少好吃的。事是我办的，吃饭的却是他和他的朋友。而他给我分的那点好处，我觉得已经很不错了，至于那顿饭，我连酒杯都没碰到。

我接连偷了好几天，却一点也没有想过从维拉身上多弄点好处，诸如从菜钱中提成之类的。我全心全意地这么做，只是想帮帮他而已。但我却没想过，如果我偷东西时被人逮到，我得挨多少打，吃多少苦，受多少羞辱！而他则必然会说是我诬蔑他，别人也会相信这些话的。最终，我又会因诬告的罪名而受到双重的惩罚，因为他的身份是伙计，而我不过就是个学徒而已！为恶者逍遥无碍，行善者倒霉无助，这可真是天下至理啊！

……

有一件关于我偷苹果的事得说给大家听听。在这件事中我付出的代价很大，事后想起来，既觉得后怕又觉得好笑。在师傅家储物室的紧里面有一堆苹果，而储物室的顶上有个格子窗，厨房的光亮可由此照进去。有一天，家里没有别人，我便踩着案板，向“赫斯珀里德斯苹果园”[18]里偷看那些我无福消受的“神果”。我找来烤肉用的铁叉，却发现不够长。我便又拿来一个师傅专门用来烤野味的小叉子接在铁叉前头。我把它们伸进去扎苹果，起先几次都不行，但最后我终于还是扎中了一个，我差点没乐疯了。我缓缓收回铁叉，眼见着苹果到格子窗下面了，可这时才发现苹果比格子空隙大，根本拽出不来。真是叫人着急！我为吃它动了无数的脑筋。得找个东西牢牢地夹着铁叉子，才能让它不跌落；得有把长刀伸进去，才能切开苹果；最后还得有块板子在苹果下面承着以便于切割。忙了一阵，终于一切就绪，我这才开始动手切。我原是想把苹果切成两半，方便从格子里拿出来，哪知苹果刚被切开就全掉下去了。大家想像一下，这时的我得有多苦恼啊！

我虽仍有斗志,但却时间无多。我怕有人突然回来，只好拖到第二天再试试运气。于是，我就若无其事地干活去了。但我却疏忽了一件事，储物室里那两瓣儿苹果可是我“犯罪”的有力证据!

第二天，我趁机又试了试。我趴下来把铁叉伸进去，对准下面的苹果，正要下手，哪知苹果园的守卫龙[19]并没打瞌睡！只听叭哒一声，储物室的门应声而开，我师傅气势汹汹地出现在我面前，两臂交叉在胸前，对我吹胡子瞪眼，大声道：“你好的大胆子！”当我写到这时，双手不禁发抖，连笔都弄掉了。

因为挨打成了家常便饭，对我而言，挨不挨打也就成了无所谓的事了。后来我将这种处罚视为对偷东西的一种平衡，我便偷得更心安理得了。我并不去回顾挨揍时的场景，而是向前展望，以偷盗的方式进行我的复仇计划。我暗想，既然你像打小偷那样打我，那我就偷给你看。我发现，偷盗与挨打形成了相伴相生的关系。在这种关系中，我只需要做我该做的就行，至于师傅会如何，就让他自己操心去吧。我安慰自己：“最终又能怎样？无非是挨打。不管了！我生来就是给人家揍的。”

我虽然馋但并不贪吃，好美色但不淫邪，因为其他方面的欲望也很多，所以我没把心思全放在食色之欲上。我总认为，心不空虚则口不思食。而我又向来是思虑丛生，没有片刻安宁，因此就无暇总去惦记吃喝了，所以我并不总是偷吃的，很快，我就开始去偷别的东西了。而我之所以最终没以偷盗为业，只因为我向来不贪钱。我师傅在作坊里另有一间总是挂锁的私人房间。我想了个很巧妙的开锁方法，把门锁上之后还能不让别人起疑心。我打开锁溜进去，把师傅那些好用的工具、漂亮图案和模子都拿走了，只要是我喜欢而他又不让我碰的东西一样也没给他留。不过，这也并不能算是真偷，因为这些东西还是拿来帮师傅干活用了。但我还是很高兴，因为我可以随便用它们，我感觉我师傅的技术似乎都跟着偷来的东西一起到我身上来了。此外，有些盒子里还藏有散碎的金银块、宝石等值钱的东西和钱币。但我平时身上有四五个苏就感觉足够了，所以我不但没偷这些贵重东西，甚至都没多看一眼，因为这些东西在我内心只有恐惧没有欣喜。我深信，这种恐惧感主要是教育带给我的，其余的成分则源于害怕丢人、进监狱、受责罚以及被绞死的心理，这些都会让我一动偷钱的念头就立即害怕颤抖。所以，我总认为这些胡闹只能算是少年人的淘气之举罢了，而事实也正是如此。我觉得偷点东西最多是挨顿揍，而关于这一点我早就不在乎了。

但我要重申，我真正想偷的东西并不多，也无所谓什么及时收手，我也根本没有什么内心的挣扎。对我来说，买一张优质纸张的金钱远没有纸张本身更能吸引我。之所以会这样，全源于我特殊的个性，这种个性对我影响甚深，因此我得详加阐述。

我欲望很强，欲望被激发时，那种狂热的劲头是无法抑制的，什么谨慎、礼貌、敬畏、规矩，全被我扔到九霄云外。我会变成一个恬不知耻、狂妄嚣张、横冲直撞的人，除了我一心想要的东西，其他一切都不值一提。但这情况瞬息即逝，随后我又会陷入空虚萎靡的状态。

我在安静时慵懒而懦弱，什么都令我害怕、颓唐，苍蝇都能吓到我。我少动懒言，恐惧和羞耻牢牢地束缚着我，我真想躲到众人视野之外。非动不可时，我不知如何动；非说不可时，又不知该如何说。我总在别人的注视中变得手足无措。在我情绪高涨时，我也能说上一些场面话；但在平常交谈中，我却口齿笨拙。所以那种非说不可的场合，是最让我痛苦不堪的。

而且，我所有核心的欲望都不是钱能买到的，我在意的是单纯的欢乐，而钱会把它们弄脏。比如，我好吃喝，但宾朋环绕时造成的拘束感我却难以忍耐，小酒馆里客人们的放浪形骸我也无法承受。我只能单独跟一个知心朋友同享美食，而无法独自进餐，因为我的思维会奔逸跳跃而致食不知味。而假如我思慕女人的话，那我更想要的其实是爱情。所以和钱做交易的女人，对我来说她们的吸引力会瞬间消失，我甚至怀疑我是否愿意与之发生关系。我对于轻易到手的享乐皆是如此。如果这些享乐花钱就能买来，我便对它提不起兴趣。只有那些我独自首先品尝到的东西才是我的最爱。

我不认为金钱如同世人认为的那样宝贵，甚至认为它很不方便。金钱在转变成别的东西之前是毫无价值的，你还得去买东西，必须斤斤计较，也一定会上当受骗，而且，有时千金难买心头想。比如我本来想要上等货，但用钱买来的却一定是次品；我花大价钱想买新鲜鸡蛋，到手的却是个臭的；我花大价钱买香甜的水果，到手的却甚为青涩。我喜欢美酒，可无处寻找，到小酒馆去找吗？没用的！因为不管我怎么小心设防，最后喝的还是有害的劣酒。假如不喝到好酒就不罢休，那我得操多少心，惹多少麻烦！我就得结交不少朋友，找代理人帮忙，给人家付佣金，写一大堆信，奔波劳碌，耐心等待，但最后还是经常受骗。金钱是烦恼之源！我惧怕金钱之心胜过热爱美酒之心。

自我学徒时期起，我就屡次想买些好吃的。有一回，我来到一家糕点小店，透过大门看见屋里柜台旁有几个女人在说笑。我暗想，她们肯定认为我是个小馋鬼。又有一回，我从一家水果店门口经过时，看到里面有新鲜的梨子，但是旁边却有两三个小伙子一直死盯着我，一个熟人也站在门口看着我，而此时远处又有一个姑娘向我走来，看起来似乎是师傅家的女仆。我本来就近视，此时眼前更是一片模糊，不断地胡思乱想，以为所有行人都是熟人。所以我畏缩不前，像个傻瓜一样原地不动。可我越是害羞，便越是眼馋，但却只能把口水都流进心里。我身上虽然带着不少钱，但最终却只能空着双手回家。

我自己花钱，或者别人花我的钱时，我常感到困惑、惭愧、反感、别扭以及其他不舒服的感觉。但真要把这些都仔细地写出来，那将是一大篇索然乏味的流水账。而读者在了解了我的生活之后，也一定能同时对我的性格有所了解，所以我不用多说，读者就能对前述内容有所感悟了。

在此基础上，人们将不难看出我性格中的一个矛盾点：对于金钱我既极为吝啬又相当蔑视。金钱本身并不讨我喜欢，没钱时也不会想它；有钱时却又因不会花钱而只好先存起来。但只要一有合适的机会，我就会随手花光身上的钱，甚至都不知道钱包已经空空如也。但我可没有守财奴的那些癖好，诸如为了炫富而铺张浪费之类的。正相反，我常只是为了自己快乐而暗地里花钱，决不会一掷千金用以炫耀，而是尽可能遮掩。我内心深处认为，金钱与我并不相配，身上有几文钱都令我感到羞愧，更别说去花钱了。如果我的收入足以让我过上舒适的生活，我便决不会吝啬。我一定会把这些钱全花掉，并不用它吃利息。只是我经常处境不佳，手头拮据，所以才常常担心。我推崇自由，讨厌困窘、烦恼和依赖旁人。有了钱，我就能保持人格独立，不必另费心机去赚钱。最让我痛苦的是，急需用钱时，却囊中羞涩，又贫穷无告。我最怕身无分文，所以我爱钱如命。金钱是用来维护自由的，而费尽心机求得的财富，则是奴役自己灵魂的工具。因此，我才只是紧紧抓住自己已有的金钱，而不贪图外财。

所以懒惰才是我淡泊处事的原因。有钱之乐难消求财之苦。懒惰也是我挥金如土的原因，因为既然有机会挥霍，为什么要想那么多呢？物比钱更能诱惑我，因为总有一个间隔挡在金钱和想要享受的对像之间，而那个对像和享受之间却紧密无隙。假如有某一事物可以吸引我，但当我眼中只看到求取它的手段，却没看到它本身时，我对这种手段则一点也不感兴趣。因此直到现在我还偶尔偷些相中的小物件，我宁可亲手偷来，也不愿张嘴乞求。但在我的一生中，我却从未偷过钱。只在十五年前有一次例外，那次我算是偷了七个利弗尔[20]零十个苏。这事得好好说说，因为这是卑鄙与愚昧巧妙结合之后促成的，假如我不是当事人，而是听别人转述，我根本不会相信。

那是在巴黎，大概下午五点钟的时候，我跟德·弗兰格耶在“王宫花园”附近散步。他看了看时间，对我说："咱们去看看歌剧吧！"我也正有此意，便欣然与之前往。他花钱买了两张池座的票，给了我一张，然后我俩一前一后地向里走去。他走在我前面，他进去之后轮到我时，我却发现门口堵得全是人。我往里一望，见观众们都站着，非常地拥挤，这情形让我觉得我很容易就挤丢了。我又想，反正到时候德·弗兰格耶也一定会认为我走丢了，于是我竟然去退了票并取了钱，随后便要离开。哪知我从大门口经过时，没想到里面的观众恰巧全都坐下了，于是德·弗兰格耶一见即知我不在里面[21]。这种做法跟我的性格完全相悖！我之所以写出来，是为了强调人有时候会神志混乱，此时我们不能凭表面行为判断他们人品的好坏。我偷的其实是金钱的用途而非金钱本身，但越是辩解越显得无耻。

如果把我这个时期里，从怀揣伟大的英雄梦想，到蜕变为卑鄙无耻的市井小人所经历的心路历程全说出来，那不知何时才能讲完。我那时虽然染上了各种陋习，但这些陋习本身却让我毫无兴趣。我很反感同伴们那些低俗的玩乐。当因为约束过多而对工作提不起兴趣时，我对一切都厌烦了，但我却再次拿起了久未触碰过的书本。我在工作时偷偷看书，一旦被发现，随之而来的就是一顿毒打。但他越禁止我看书，我就越看，而且很快便陷入了癫狂的状态。有一个叫拉·特里布的著名女租书商，我从她那看到了不少书，名目繁多，种类齐全。我什么书都看，不分好坏，不分场合和时间，在工作台上，在外出办事时，在厕所里……我都在读书。我常沉迷其中数小时，以致晕头转向，无心做事。我师傅常监视我，总抓到我在看书，一抓到就揍我，还把书抢走。不知多少书被他撕掉或是烧了，或者是顺着窗户扔外边去了！所以拉·特里布店铺里的文集，有很多是支离破碎的啊！我没钱付账时，就会把衬衫、领带和衣服押在拉·特里布那。师傅每个周末付给我的三个苏零花钱，全让我给她送去了。

这时有的读者会说，你看，金钱还是必不可少的呀！不错。但这只是在我读书成瘾，什么事都做不成的时候才成立。我沉迷于读书，除了看书我连东西也不想偷了。这就是我性格与众不同的地方，当习惯形成时，什么事都无法改变这种惯性，扭转它的方向，我会如同入魔一般沉浸其中。我当时便忘了一切，全身心投放在读书上面了。只要身上有本新书，心就剧烈地跳动，恨不能把它立刻消灭掉，一见四周无人，我就立即拿出来翻看。这时，我对到师傅的私人房间里翻东西都没什么兴趣了。我想，即使我喜欢上非常贵重的东西，也绝对不会靠偷钱去得到它。我只看到当下，不放眼未来。好在拉·特里布肯赊书给我，且只要一点押金。我只要手头有书看，就什么都不想了。我所有的钱都进了她的口袋。当她向我讨要我所欠的费用时，我便顺手抄起身边的东西给她做抵偿，简单又方便。我从来没起过偷些钱备急的念头，更不会靠偷钱去补窟窿。

因为总是和人吵架，又总是挨打，看书还不分好坏，我开始变得少言寡语，精神状态也不佳，我越来越不合群了。虽然因为我爱书如命，难免会读到一些索然无味的书，但我庆幸没去看淫秽书刊。那倒不是因为拉・特里布这个颇有心机的女人出于良知而不把这类淫书租给我；而是她跟我推荐这类书的时候，总是为了加价故意做出一副神秘的表情。此时我既害羞，又反感，所以我每次都拒绝。我生性害羞，再加上也没有这样的机会，所以到三十岁时连一本淫秽的坏书都没看过。这些黄色小说，那些上流社会的女人也因为害羞而只是私下里偷看。

我在不到一年的时间里就把拉・特里布店铺里的书全看完了。此后，我总会在闲散无事时感到困闷无比，但通过读书我竟然去除了那些无耻的坏毛病。虽然我看书选择不当，不分好坏，但这些书毕竟比我当个小学徒更能唤起内心中高尚的情感。我厌倦了能轻易获得的东西，而能吸引我的事物又都十分遥远，于是生活就再也没什么能抚慰我的内心了。我的欲望早已萌动，但我无法判断它到底想要什么。对此我什么都不懂，就好像我对真正的性也什么都不懂一样。成年之后，我总能想起以往的怪癖，但也只是想想而已。在这种奇特的情形中，烦躁不安的想像力却挽救了我，熄灭了我那愈加炽烈的火焰。我是这样做的：我在想像中建构起书中那些颇有趣味的情形，我回忆、修饰、整合它们；我想像我自己身在其中，并成为了我想成为的人物；我又使所设想的那些虚幻情境与我的身份相契合；我总把自己安排在最满意的位置上。最终我完全沉浸于我所幻想的情境中，以致把不合我心的现实情况都给忘了。因为我沉迷于这种想像，导致我厌恶周遭的一切，形成了孤僻的性格，一直到后来都是。表面上看，这种性格明显充满了厌世情绪，且十分忧郁阴暗，但它可是来源于那颗真诚、亲善、温和的心啊！而这颗心目前是独一无二的，所以只能沉迷于虚幻的想像了。我现在只需指出这种癖好的来由和起因，别的什么也不用说。因为这种癖好能够克制我的欲望，因此便使得我敏于思而弱于行了。

我就在这样的状态下进入了十六岁。我常心绪难宁，对什么都不满意，包括我自己，对工作更是提不起兴趣。作为十六岁的少年，我却没有属于我的快乐，心中那混乱迷茫的欲望彼此绞成一团。我常没来由地泪如雨下，莫名地长声叹息。总之，因为觉得身周的人或事物都不值得关注，我就只好沉迷于幻想了。每到周末，我的朋友们做过礼拜，便会来找我出去玩乐。说实话，我能回避就回避，根本不想去。不过，一旦玩起来了，我比谁都高兴，比谁跑得都欢。我难于被鼓动起来，也不易被拽住停下。这就是我的性格。我总是在跟大家去郊外玩时跑在最前面，得有人提醒我才行，否则总会忘了回家。有那么两次我就因为回去太晚，而城门早已关闭，所以只能在城外过夜。可以想像，我第二天受到了何等的处罚。第二次那回，师傅则警告我说这是最后一次机会，所以我决心不再这样了。但可怕的第三次还是在我身上发生了。看城门的米鲁托里队长是个该死的混蛋，他守城时总比别人早半小时关门。我虽然早有防备，但还是没用。那天，我和两个伙伴一起回城。隔着半法里[22]之遥，我便听到关城门之前的号声响了。我立即加快速度。鼓声咚咚，在我耳边和心里同时作响。我玩了命地向前跑，直跑得气喘声粗，心跳如鼓，周身汗流。我向前张望，见城头上的兵士还站着没动，便一边跑一边气喘吁吁地叫嚷。但太晚了，我跑到离前哨还有二十步的距离时，便看见一号桥缓缓吊了起来[23]。当号兵将号角扬起来指向天空时，我不禁颤抖，因为这说明大事不妙。自这一刻始，我那无法回避的悲惨命运就揭开了序幕。

我心中难过极了，摔倒在土坡上。伙伴们却只是嘲笑我，他们立刻就想好了下一步的计划。我也做了自己的决定，但却和他们的计划明显不同。我当时对天起誓，我要离开师傅，从此再不见面！第二天，城门打开后，伙伴们就要进城时，我便向他们挥手道别，只是求他们悄悄通知我表兄，并且告诉他和我见面的地点。

我当学徒以后，由于住的地方离表兄家远了，所以我们见面的次数越来越少。起初，我们每周末还见个面，但是我们逐渐都有了各自的爱好，关系便有些疏远了。我想，这主要是他母亲从中发挥了作用的结果。我表兄是上城区的孩子，而我只不过是圣热尔维区[24]的一个卑下的小学徒罢了。虽是亲戚，但身份却有很大差别，所以他跟我厮混是很丢面子的。但我们俩还保持着一定的联系，毕竟表兄性情纯良，虽然他母亲不住地告诫他，但他偶尔还是能尊重自己内心的真实想法。他听说我不再回去当学徒的事后，就立即来跟我见面。但他并非是为了劝我回去，或是陪着我一起走，而是给我送些钱财，来减轻我的经济压力，因为凭我身上那点钱还不足以走得很远。除了钱还有一把我特别喜欢的短剑，这剑后来一直陪我到都灵。在那里，我在穷得无可奈何时变卖了它。后来，我越分析他在这种情况下所表现出来的态度，越觉得是他母亲在后面支招，或许他父亲也出了主意。因为按他本人的一贯作风，他会要么劝我回去，要么跟我一起走。但他当时并没这么做！看他的表现，是在鼓励我出逃。当他看到我决意要走时，便跟我挥手道别，却并没有流下什么泪水。从此以后，我们既没互通书信，也没再见面。太遗憾了！他性格一向不错，我们生来便注定是要做知心朋友的。

在我顺应天意去海角天涯讨生活之前，我得分析一下，如果是一个比较温厚的师傅带我，我的前景又会怎样呢？我觉得对于某些行业而言，尤其是在日内瓦当个好的镂刻手艺人，过那种平静安宁的且低调的生活最合我意，从中我能体会到极大的幸福感。这一行虽然发不了大财，但生活尚可。它可以在以后的生活中控制住我的欲望，我还有余暇适当从事些小爱好。我便可以满足于这片属于我自己的世界，不去想也无法接触到无谓的生活方式。我那丰富的想像力完全有能力凭借多彩的想像来装点我的生活。我的想像力已十分活跃，可以在不同的幻想中奔驰跳动。对于我在现实中的社会地位，我其实并不在乎。因为在任何情况下，我都能轻松地进入由我的想像所建构的虚幻意境。我觉得天下最适合于我的职业，就是最简单、最省心、最适合维护我想像力的职业，而镂刻工作恰恰如此。我原本可以依自己的个性，在我的宗教、家乡、家庭、朋友和工作所构成的生活圈子中，平和安宁地走完自己的一生。我将是一个仁善的教徒、守法的公民、慈祥的家长、忠诚的朋友和勤劳的劳动者，方方面面都现得非常优秀。我原本可以爱上这份工作，兴许还能有些成就，并且在走过平凡卑微，但无风无险又安乐平静的一生后，在家人的目光中离开人世。当然，我可能很快就被众人遗忘，但只要有人能想起我，便会对我追忆想念不休。

但世事总是不遂人愿……下面我将要描绘的场景是什么的呢？唉，先不忙提及那些不幸的悲惨经历吧，这样的事，将来我必定会详谈。

注释：

【1】这是古罗马讽刺诗人佩尔西乌斯（公元34—62年）的一句诗，选自《讽喻诗》集中第三首第三十行。诗句原文是拉丁文，大意为“深入肺腑，透入皮肤”，可以引伸理解为“发自内心”、“深入灵魂”。卢梭引用这句诗是想说明自己接下来要说的内容都是真实的，是对心灵和人性的深度批判，表明了其创作态度。

【2】事实上，卢梭的母亲苏珊娜·贝尔纳应该是贝尔纳牧师的侄女，并非女儿。她父亲其实是雅克·贝尔纳，但她父亲年纪轻轻便去世了，所以卢梭跟他外公并

未见过面。

【3】“帝国”全称是“日耳曼民族神圣罗马帝国”，该“帝国”后期演变为一种政治联合体，在不同时期由不同的政治势力统治。文中所指的“帝国”其实是奥地利哈布斯堡王朝统治时期的“神圣罗马帝国”。

【4】原著中此处标有注释，在注释中作者强调了他母亲的才华。卢梭的母亲受到过良好的教育，饱读诗书，同时在绘画、唱歌、演奏竖琴，以及作诗等方面都颇有造诣。尤其是可以出口成诗，才思非常敏捷。原注中引有其母亲的小诗，略。

【5】卢梭的母亲芳年早逝，生卢梭后一周左右便即离世，仅三十九岁。

【6】这个姑姑名叫苏萨娜·卢梭，后来成为了贡赛路夫人。

【7】卢梭的接生婆叫雅克林娜·法拉芒，最终早卢梭一年去世，卢梭差点一语成谶，此处的感叹几乎成为事实。

【8】当时几部热销小说中的主角。

【9】即前文所提及的《名人传》中所记述的一些古希腊和古罗马的英雄人物。

【10】是一位年轻的刺客，被认为是罗马英雄。据说当年罗马被敌人围攻时，他曾去刺杀敌国国王，但以失败告终。他被敌人严刑拷问，把手放在火上烧，却面不改色，以示反抗侵略之心坚定无比。

【11】这首诗歌中残缺的部分，后来卢梭予以补充完整，歌词大意如下：对一个牧童倾心相待，是多么危险的事。

【12】当时日内瓦是共和政体的独立国家，该议会即日内瓦的一个小型的行政机构，由25个被公众选中的人员组成，但掌握着实权。

【13】原文中写的是拉丁文，是古罗马诗人维吉尔《耕耘颂》中的一句诗，大意是“努力就能解决一切困难”。译者考虑到阅读习惯问题，将之直接译为中国俗谚“有志者事竟成”。

【14】亚历山大大帝三十二岁时遇刺身亡，但生前已经建立了伟大的功业。恺撒在这个年纪时却自觉毫无成就，不知何时才能建功立业，便因此而失声痛哭。

【15】拉里东是一条恶狗的名字，引自拉封登的一则寓言——《教育篇》。

【16】法国旧时的一种辅币，面值很小，早已不再流通。

【17】古罗马的一种青铜币。

【18】希腊神话中天后赫拉曾建立一个种植金苹果的园子，由三位仙女看守，赫

斯珀里德斯即是其中之一，名字大概是黄昏的意思。著名的英雄赫拉克勒斯曾去偷金苹果，作为第十一件功绩。

【19】陪着赫斯珀里德斯看果园的龙。

【20】旧时的法国货币，可兑换二十个苏，相当于后来的一法郎，因两者含金量大致相同。法郎大量流通之后，利弗尔退出市面。

【21】但是当事人德·弗兰格耶的外孙女，法国女作家乔治桑后来却在其自传中爆料，说她外公根本不承认有这件事。

【22】旧时法国的一种路程单位，半法里大概有两千米。

【23】那个年代日内瓦的城门处都有三道吊桥，晚上关城门的时候会吊起来。

【24】上城区即为贵族区，圣热尔维区即贫民区。

第二章

我因为害怕而计划外逃之时，内心曾颇为伤感，但一旦付诸行动，内心却松弛舒坦下来了。那时我年纪还小，就离乡背井，孤独无依。手艺也还没学全，尚不足以用来讨生活，我便投身到前景渺茫的穷苦境遇中。在年幼无助的阶段，邪恶的诱惑和绝望的凄凉在我身边围绕。在比以往更为冰冷、残酷的难以忍受的压力之下，被迫到远方去面对未知的痛苦、错误、圈套、奴役，甚至死亡，而这些便是我当时已然预感到，却又无可奈何必须要做的事情。这和我原有的设想差异真大啊！当时，只有独立自主的状态，才是唯一可以让我灵魂感到欣慰的东西，可以自由自在，为所欲为，于是我就觉得我可以心想事成，只须轻轻一跃就能腾空奋起，自由飞翔了。我可以平安顺利地踏入辽阔的天地，去建立我的功绩。我的生活将由奢华的聚会、财富和奇遇所构成，到处是忠于我的朋友和只为博我一笑的情人。我一出手，就可以纵横天地，环宇之内唯我一人。但我还并不想拥有全部的世界，因为没有必要。我只想认识几个值得交往的知心朋友，别的事我就不管那么多了。我只需一个经过精心选择设计的精致空间，我可以在里面主宰一切。我只想住在一座城堡里，成为主人和夫人最宠爱最关心的人，成为小姐的对像，少爷的好友，街坊的守护者，我就别无所求了。

我在想像中勾勒着这个平凡的未来，我在城郊逗留徘徊了数日，一个我认识的农夫让我住在他家。他们对待我比对城里人好得多，给我提供饮食居处，热情周到，让我不禁心生惭愧。但这并非施舍，因为他们一点没敢表现出居高临下的傲慢模样。

我四处闲逛，后来到了萨瓦省的孔菲涅翁镇，这小镇离日内瓦大概有二法里，而镇子里的教区神甫是德·朋维尔先生。我知道，德·朋维尔家族作为“汤匙”贵族[1]，其大名由来已久，是有历史典故的。而德·朋维尔先生正是这个家庭的后裔，这不禁让我对他大感兴趣，于是我就去拜访了德·朋维尔先生。见面后，他热情地款待了我，和我聊了很多，诸如日内瓦的异教、圣母教会的权威等等，最后还留我一起吃饭。对于这次谈话的内容，我就不说什么了，但仅就他家那样好的伙食而言，朋维尔神甫倒算是可以跟我们新教的牧师平起平坐了。我自认为比德·朋维尔先生学问要大，虽然他是贵族出身。只不过我当时正在全身心地吃东西，也就没工夫去考虑什么神学问题了。更何况看在杯中那醇美的弗兰吉葡萄酒的面子上，我也不好意思把他追问得无话可说。我只是吃喝而很少发表意见，至少没正面驳斥他。如果有人认为我这种谨慎的处事方式是虚伪，他可想错了，这只是待人忠厚而已。逢迎别人的想法，不一定都是虚伪的表现，对年轻人而言，有时更可能是一种美德。人家对你热情款待，当然要给人家留点面子！这是迁就并不是骗人，只是不想败人兴致，坏人心情而已，总不能好赖不分吧！朋维尔先生如此殷勤地对我，又想要说服我，这只对我个人有利，于他则没有一星半点的好处。当时我的想法就是这么单纯。我对温和善良的朋维尔先生只有感激和敬重之情。虽然我觉得比他更高一筹，但我不愿拿这种高明让他下不来台，更不想如此回报他的招待。这并非出于虚伪之心。我对新教的信仰是不会改变的，我可从没动过这种念头，甚至一想到这种事就反感。所以我在相当长的时间里，总是会回避这种想法。我只是不愿意让那些出于好心想要改变我信仰的人不舒服，我情愿用虚伪的态度面对他们的好意，显出心中略有些心动的样子，从而让他们觉得成功有望。这种错误做法，和那些端庄女人对男人的献媚是一样的。她们为达目的，对你既不承诺什么，也不答应什么，给你的虽然不多，但却能让你心中生出更多的盼头。

但人们心中的理性、悲悯和传统观念，都不会赞同我这种愚昧至极的做法，他们会劝我回家，使我远离我正在奔向的堕落毁灭之路。任何一个真正有德行的人都会这样，或尝试这样做。但朋维尔先生人虽好，却无德行，他只知道拜圣像和做祈祷,而没有其他的品德标准。他是那种为了维护自己的信仰就只会写些小册子来诋毁日内瓦的牧师们的传教士，除此之外他也不会做点别的。他根本不想劝我回家，反而一个劲地顺着我想外出闯荡的心思，使我陷于有家难回的处境。我确定他想让我走的人生轨迹不是穷困无助就是堕落成一个痞子。但有一点他却没有看到，他自认为只要从异教中拯救出了一个灵魂，并让他再次回归到天主教当中，便是功绩一件。但对于这个人在现实生活中是好是坏他却并没有在意，只要这个人去做弥撒就可以了。当然，这种想法也并非天主教徒所独有的，凡是宗教徒皆是如此，因为他们只有信仰却不重视如何做人。

朋维尔先生对我说："上帝的声音在指引你，你到安纳西去吧！在那你可以见到一位仁善的夫人，她在撒丁王的恩待下，可以把别人的灵魂像对待自己的灵魂一样从错误荒唐中拯救出来！”他说的是刚刚信奉天主教的华伦夫人。其实他给出的主意是神甫们迫使华伦夫人花钱照看那些投奔华伦夫人的，背叛了新教而皈依天主教的糊涂家伙们的一种手段，因为撒丁王每年都给华伦夫人两千法郎年金，这或许让神甫们有些不平衡。我对去求这位仁善的夫人照顾我的事情感到万分耻辱。我很想有人供我吃穿，但却不要嗟来之食，更何况我对女信徒不感兴趣。但朋维尔先生不断催我，我也饱受饥饿之苦，同时我认为能有个目标，出去走走也不错，所以虽然心里别扭，但还是决定直奔安纳西。因为我不着急，所以一天的路程我走了三天才到。路上每看到府邸时我就想过去碰碰运气，似乎一定会有奇遇在向我招手。但我生来害羞，所以从未去敲过门，更不用说进去看看了。我的同伴教会了我很多好听的歌，我常在好看的窗户下面动听地唱起来，但奇怪的是，我总也见不到有什么贵妇或漂亮的小姐被我的歌喉吸引出来。

这一天，我到了安纳西，终于遇见了和我想像中完全不同的华伦夫人。这个阶段奠定了我的性格基调，我不能一笔带过。我当时已经过了十六岁，长得虽算不上是个英俊少年，但也娇小玲珑，双腿细直匀称，神情潇洒，面容清丽，唇薄秀美，毛发黑亮，眼小微陷，但目光炽热，透出了深藏在热血中的激情。但我并未曾过多地留意过我的容貌，甚至不曾想过，直到我风采消减时，才想起它带给我的好处。所以我除了年幼而胆小之外，还因为生性感情丰富而怯懦，我总是害怕惹人不快。而且，虽然我知识渊博，但却不通世务，也不懂社交礼仪，我的知识不但帮不了我，反而让我感到不足，于是我便更畏缩了。

因为害怕华伦夫人对我的来访不够重视，我便想了一个很管用的招数。我以演讲家的特色写了一封词藻华丽的信，信中全是我在书中看到的名句和当小徒弟时学到的话。我将才华发挥到了极致，就为了在华伦夫人心中树立一个好印像。我把德·朋维尔先生的介绍信一并附在信封里，然后惶恐不安地上门去拜会了她。我到的时候，华伦夫人恰好刚出门到教堂去了。那天是1728年的圣枝仪式日[2]，我赶到教堂，发现了她的身影，追上去和她聊了一阵……啊！那个地方我永世难忘，在那里我不知留下多少眼泪和热吻。我要用金栏杆围住[3]这块带给我幸福的区域，供所有人瞻仰！我的悲惨命运就是在这个地方被华伦夫人拯救的，任何尊重这一类纪念物的人，都该来到这里行跪拜之礼！

她房子的后面有一条通道，右边的房舍和花园之间隔着一条小溪，左边院墙上有一道便门，从这扇门可以直通方济各会[4]的教堂。当时华伦夫人正要进门，听到我喊她便转过身来。这一瞬间，我惊讶到了极点！我原以为她是个又丑又老的女人，我觉得朋维尔先生口中的仁善夫人都是那副模样。但出现在我面前的却是一张如此美貌的脸，她双眼美丽动人，充满柔情蜜意，容光照人，不可方物，而前胸更是饱满撩人——我这个刚入天主教的小小信徒，一眼便看遍了她的周身。她立刻俘虏了我的心和灵魂。毫无疑问，由如此美貌的传教士来传教，所有人都会成为信徒的。我双手颤抖着把信交到她手里，她笑吟吟地接过去拆开，对德·朋维尔先生的信只扫了一眼，就专注地看起我的信来。她从头到尾看得很仔细，如果不是仆人提醒她该进教堂了，她恐怕会再看一遍。她对我说："可怜的孩子，你年纪轻轻就四处流浪，真是可惜。"她的声音让我发抖，还没等我说话，她便又说道："回家去等我吧，让仆人们给你做点早饭，等弥撒结束之后我再来找你详谈。"

华伦夫人全名叫路易丝—艾里欧洛尔·德·华伦，她出身于拉都尔·德·庇勒家族，那是沃州韦维市的老牌贵族。她丈夫华伦先生是洛桑市卢瓦家的维拉尔丹先生的大儿子，她很年轻的时候就跟他结婚了，但婚后却没有子嗣。因为婚姻不幸，家庭琐事又让她心烦意乱，难以忍受，华伦夫人就趁维克多—阿麦德王[5]到艾维安来的时候，跑过湖去拜会他，随后投靠了这位国王。她因一时草率，背叛了丈夫、家族和家乡。这一点和我很像，她也常因此而愁苦不堪。而那位善于假装热忱的信奉天主教的国王便收留了华伦夫人，还给她每年一千五百彼埃蒙利弗尔[6]的年金。平素向来有些吝啬的撒丁王这次能有如此大的手笔，也算说得过去了。但当国王听到谣言，说他贪图华伦夫人的美色时，就派卫队把华伦夫人护送到了安纳西。在安纳西圣母访问会女修道院[7]里，由米歇尔—嘉布里埃尔·德·贝尔勒（他是日内瓦的名誉主教）主持仪式，华伦夫人宣誓弃新教而皈依天主教。

我来到安纳西时，她已经在这待了六年之久，她出生于世纪之初，时年二十八岁。她的美主要不在于脸蛋而在于气质，所以才能永久保持少女般的风采。她待人温和柔媚，目光多情，笑容有如天使。她和我一样双唇小巧，有一头罕见的灰色秀发，她随手梳拢一下，就显得风情万种。她身材稍显矮小，虽然整体看来没什么不相称的，但体态略显矮胖。不过，她的头、胸、手和胳膊都是如此完美，世间难寻。

她受到的教育略显庞杂，因为她跟我一样，母亲早在她出生时就死了，所以她学习时没有明确的方向和选择。她父亲、私人教师、学校的老师们，都曾教给过她一些东西。而她更从情人们身上学了不少东西，尤其是一位叫塔维尔的先生。塔维尔先生文雅博学，并以此感染了那些他爱的女人。但庞杂的教育揉在一起，彼此间必定互相影响，而她又不擅长协调这种不良影响，所以她所学的知识虽多，却不能突显出她的智慧。比如她虽然学过哲学和物理学，但在父亲的影响下她同时也对经验医学和炼金术大感兴趣。她配制过很多药水、酊剂、香料和所谓的“神妙丹药”，并自诩懂很多秘方。一些跑江湖混饭吃的骗子便借此缠在她身边，败尽她的家产。她的智慧、禀赋和资质便全浪费在药炉和药剂上了，而她本可以凭借这些资本出入上流社会的。

她错误的根源在于总是因为精力旺盛而不得轻闲。她心中的理想并非像普通女人那样只想着偷情寻欢，而是要成就更大的事业，有一番作为。德·隆格维尔夫人[8]如果和她地位相同，也只会成为一个浪荡的女人；而她要是和德·隆格维尔夫人调换一下位置，一定会把国家治理得很好。她有志难舒，凭她的才干，如果有一定的社会地位，便能天下闻名，而她实际的地位却埋没了她。她办事时，总是目标远大，但不切实际，所以她的手段实际上力度不够，最后总是因为别人的失误而告败。她因为这样的失败毁了自己，别人却毫发无损。她的满腔雄心虽然让她灾难重重，但最大的作用却是在她去女修道院隐居之时，最终并没让她在那里度过残生。因为枯燥无聊的修女生活和客室中乏味的交谈，对于她这种心思非常活跃的人来说是难以忍受的。她不甘平凡寂寞，总有新的目标，而只有自由才能让她实现那些目标。善良的贝尔勒主教和弗朗索瓦·德·萨勒有很多相似之处，尽管没弗朗索瓦·德·萨勒那样聪明。他视华伦夫人为女儿，而华伦夫人却又和尚达尔夫人[9]颇为相似。如果不是华伦夫人的个性使她不甘于在修道院过平静的生活，而是最终渐渐适应了那个环境的话，那就和尚达尔夫人几乎一模一样了。新入教的女教徒，本该按主教的指导从小事做起去虔诚修行，但华伦夫人即使不这样，也不能说明她不虔诚。无论动机如何，她从生到死都对天主教极为虔诚，我深知这一点，我也确信她只是不喜欢在人前表达出来而已，她的信仰十分坚定，用不着假装。但在此处详谈她的信仰不大合适，后文会有详述。

不承认心灵可以互通的人，请说说你的道理吧！我和华伦夫人第一次见面、交流、对望时，我就对她一见倾心，并对她生出一种永远不会改变的彻底的信任。如果我对她是爱情（熟悉我们交往历程的人或许不会这么认为），那为何随着爱情的滋生，我内心却全是与爱无关的安静、从容、平和、踏实和信任等情感呢？为什么这样一位和我初次见面的亲切、庄重、迷人、高贵的女人，一位令我命运的好坏仅取决于她对我是否关心的女人，出现在我面前时，我就立刻觉得轻松自在、愉快舒服，还自信可以博她之爱呢？为什么我丝毫不觉困窘、害羞、拘紧呢？我这个生性腼腆、遇事慌张又涉世不深的人，为什么一见她便好像我们早已熟识，因而言谈亲昵自然，举止毫不拘束呢？没有欲望的爱情不是我想要的，因为我有欲望，世上哪有既不牵肠挂肚、又无欲望的爱情？又有谁会对自己的爱人是否也爱着自己毫不在意呢？但我从未问过她是否爱我，我只这样追问过我自己。她也一样，而且对这一点似乎不是特别在乎。我对这个魅力无限的女人一定有些特别的情感因素，后面我会讲述一些出人意料的怪事。

说到我的前途问题时，为了更充分地交流，她便留我吃午饭。我人生中第一次在吃饭时没把心思放在吃的东西上，连那为我们上饭的女仆都说，以我的岁数和体格，又是长途跋涉而来的客人，竟连饭都不想吃，这种情况当真少见。但华伦夫人对我印像还不错，倒是让一位和我们同桌吃饭的大胖子有些尴尬，他吃得又猛又快，一人足抵六人。我心神不宁，没有食欲，一种新的情绪涌上心头，使我无法再去思考别的事情了。

华伦夫人想了解我的经历，我这才又回复到在师傅家里时已经消失了的那种积极和主动的状态，打起精神讲起我的经历。我越是引得她对我关心，她就越会疼惜我的不幸。她的神情举止，都显露出对我的怜悯之心。她不敢让我再回日内瓦，以她的身份，这样做可是违悖天主教义的重罪。她清楚自己正在被监视，因此要言行谨慎才行。但当她用那种感人至深的语气描述我父亲内心的痛苦时，很明显，她是赞同我回家去陪伴我父亲的。但她却没料到这无意中说出来的话在以后将不利于她。我不但已经决定不回日内瓦去（我之前已经说过了），我还感到她越是言辞动听，触动我的心弦，我就越不想离开她。我觉得回日内瓦等于把我俩千山万水地隔开，这距离难以逾越，到时我必定还会回来，倒不如现在咬牙坚持留下来。华伦夫人见劝说无效，也只好收声以免招灾惹祸，但却用一种同情的眼光看着我说：“可怜的孩子，你应当按上帝对你的召唤，去你该去的地方，等你大了，就会记得我说的话。”可我想连她自己也没想到，这一次她居然说中了。

不过困难还是很多的。我年幼离家，该如何讨生活呢？我做学徒又中途辍止，手艺差劲得很。但就算学得纯熟，在萨瓦这地方也没用，因为这里很穷，手艺人也无钱可赚。而一直闷头吃饭的那个大胖子在餐中休息时却出了个主意。他说这个绝妙的建议是源自“天授”，可从后来的情况看，还不如说是地底下冒上来的馊主意。他是想让我去都灵碰碰运气，因为都灵有一个教养院，专门培训那些准备皈依天主教的新教徒。他说我要是去了，不但生活和精神都能安顿下来，等我正式进入了教会，还能凭着男女信徒的仁慈，找一份合适的工作。“至于旅费，”他接着说，“只要夫人能跟主教大人提一提这件好事，主教一定会出于仁慈之心来帮你的，而且夫人也特别乐于助人。”他点了点头，以示肯定，同时补充道：“也一定会愿意掏钱的。”

我觉得他这些让我接受施舍的建议叫我无法忍受，我心里不舒服，便闭嘴不说话。华伦夫人对这事似乎也不是很上心，只淡淡地说这样的善事人人有责，她可以跟主教建议一下。但这事对大胖子是有利的，他就怕华伦夫人不依他的建议行事，便暗中跟那些管事的神甫们提前谈妥了。所以当华伦夫人因为不放心我这次都灵之旅而向主教提及此事时，才发觉大局已定，主教很痛快地给了她一点钱供我去都灵。她不方便把我留下来，因为我已经是个小伙子了，以我们两个的年龄来看，她把我留在身边确实很不妥。

华伦夫人既然已经决定了我下一步的行程，我也只能听她的话，而心里其实也不是很反感。虽然都灵离安纳西的距离可比日内瓦远多了，但它毕竟是首都，我想它和安纳西的关系至少比和一个信仰异教的外国城市的关系更近一些。而且我此行是为了听从华伦夫人的安排，这要好过生活在她身边。再说我本身就热爱旅行，我觉得我年纪轻轻就可以跋山涉水，爬上阿尔卑斯山的顶峰俯视同侪，世上还有比这更美妙的事吗？况且日内瓦人根本无法抵挡四处旅行的诱惑，因此我便答应了。而那个大胖子和他妻子在两天之后也要出发，于是华伦夫人就将我托付给这夫妻俩照看，装有我旅费的钱包也由他俩代为保管。华伦夫人还偷偷地给我塞了一些钱和路上用的东西，并且对我细细叮嘱了一番。就这样，我们在复活节前的周三那天正式出发了。

然而在我出发的第二天，我的父亲便在里瓦尔先生的陪同下来安纳西找我。里瓦尔先生也是个钟表匠，他很博学，他写的诗比拉莫特写的还优美，口才也跟他不相上下。他为人很正派，但是怀才不遇，最终也只是把他的儿子培养成为了一个喜剧演员而已。

他们和华伦夫人见了面，听她说了我的事，之后相对叹息一番。本来他们骑着马，可以轻松追上步行中的我，但却没有追来。舅舅贝尔纳也跟他们一样曾来到孔菲涅翁看我，得知我在安纳西之后，却又返回日内瓦了。我的亲人们似乎是跟我的命星联起了手，要把我推进那充满未知的命运之口里。我哥哥就是因为缺乏家人的照料和关爱而离家出走的，此后便不知所踪。

我父亲为人正派耿直，意志坚强，德行高尚。在我心目中他是个好父亲。他很爱我，但他也爱玩乐和享受，我离家之后，他那些新的爱好和娱乐便把他对我的爱给稀释了。他在尼翁又结了婚，虽然这个第二任妻子年纪大到不能生育，但她也有自己的家人，于是我父亲就有了另一个家庭和生活，也就不怎么想着我了。父亲渐渐老去，却无钱养老。我和哥哥从母亲手里得到的遗产，因我们的外出而由我父亲掌管。他不是有意想动这笔钱，也不会因为钱就不再管我，只是这种想法无形中影响了他对我的感情，否则他会更爱我。所以我认为这就是他之所以到了安纳西之后就没有再追我的原因，尽管他知道其实追到尚贝里就能追上。自那以后，我每次回去看我父亲，也只能感受到父爱而已，他却并不挽留我。

我很清楚父亲是个有仁爱之心且品德高尚的人，因此他这种做法让我不断自省，从而使我的灵魂得以安宁。同时，我由此得出了唯一一条和道德有关且有实际作用的重要原则，即一个人要避免义务与利益之间的矛盾，不能在别人的痛苦中寻求自己的幸福。我相信，一个人如果不积极避免这种处境，那无论他有多么良善公平，也早晚会在无形中堕落，甚至变得邪恶不仁。

我一直将这原则铭记在心，虽然施行较晚，但却贯穿了我言行的始终。坚守这种原则让我在众人面前尤其是亲人面前，显得非常另类和愚昧。于是大家就指责我特立独行，不合常理。其实，我的行为和别人是否相同根本不重要，我只是发自内心地想按原则把事情办好罢了。所以每当我和他人的利益相冲突时，我总会尽我所能从那些不自觉产生的希望对方倒霉吃亏的不良心态中挣扎出来。

两年前[10]，元帅大人[11]想把我的名字写在他的遗嘱上，我坚决拒绝了。我说无论给我多少钱，我都不会把我的名字写入别人遗嘱，更不用说写入元帅大人的遗嘱了。他只好听我的。而现在他又想给我拿一笔终身年金，这次我却同意了。可能有人会说，这样一来你卢梭不就更占便宜了吗？或许吧。可是，恩人和长辈啊！如果你先我而死，我就什么也得不到了，我这么做就是不想因你的死而获利啊！

在我看来，这才是唯一真正符合人情事理的好哲学。我越来越感受到这一哲理的精深奥妙，所以我最近写书时常用各种方式反复阐述这一观点，但肤浅的人是不会理解的。写完这本书后如果我还有命继续写下去，我会在《爱弥儿》的续篇[12]中写一个与此哲理有关的触动人心的故事，从而提醒读者们注意这一点。但作为一个旅行者，我回顾的内容已经足够了，我该上路了。

我的旅程非常愉快，比我想像的好。那个大胖子其实也不像他看起来那么讨厌。他已人到中年，花白的头发捆成短辫，长得像个当兵的，高音大嗓，性情活跃，步伐矫健，大肚能食。他会的手艺很杂，但样样通样样松。他说他曾想在安纳西建一个手工厂，华伦夫人当然觉得这个想法不错。他去都灵就是为了获得大臣的准许，旅费则由别人提供。他很会钻营，常和神甫们混在一起，装出很愿意为他们服务的殷勤模样。他曾在神甫的学校里学过一些虔诚信徒才会用的术语，他总是引用这些术语，仿佛自己是个伟大的人物。《圣经》中的拉丁文他其实只会一段，但却每天重复千遍，好像每遍都不同似的。同时他总是惦记着去花别人身上的钱，他比骗子要更有心机。他在对我说教时，语气就像诱骗新丁入伍的军官，就像腰挎长剑的隐士皮埃尔正在那鼓吹十字军的伟大。

他夫人萨布兰太太则非常温和善良。她白天不爱说话，但到了晚上则正相反。我跟他们同睡一房，他们晚上发出的那种声音总是吵醒我，如果我明白这些声音的缘由恐怕就更难入睡了。但我当时都没往那方面想，在这方面我比较迟钝，看来只好让本能来慢慢地引导我了。

我快乐地跟他们继续前行，旅程中没有任何意外，我全身心都沉浸在这种幸福的状态里。

我那时年轻气盛，精力十足，又毫无牵挂，所以对别人和自己都充满信心。这就是我人生中那段短暂但却非常美好的时期，青春的朝气像是渗透了我的全身，浸入了我的灵魂。旅途的乐趣则让一切都变得很美好。我那躁动难安的心有了目标，便不再虚浮无根，这目标框定了我空想的界线。我就像华伦夫人的一件作品，或是弟子、良友，甚至情郎。她那些温和的话语、轻柔的抚摸、无微不至的关怀以及她那洋溢着爱情的目光，常常在我脑海里浮现，不断滋养着我的灵魂，使我如同沉醉在梦里。我命运中所有的害怕和不安都不能破坏这个梦。我认为她让我去都灵是为了让我在那里找份工作谋生，我不用多想，因为她会替我操心。我毫无压力和负担，步伐便更加矫健了。我想的全是青春梦想、美好的盼望和辉煌的前途。我眼前的一切，都像是我未来美好人生的见证。在我的想像中，仿佛家家都在举行富有乡土气息的宴会；草场上到处都是嬉闹玩乐的人；河边可以看到人们在洗浴、散心和垂钓；树枝上结满果实；树荫下年轻人在幽会；山间是一桶桶的牛奶和奶油，形成一幅幅恬静闲适、安宁平和的美妙图景。总之，无论看到什么都会令我沉醉。这雄伟、缤纷、多姿的美好景像如此强烈地吸引着我。而此时，我开始显出些虚荣心。像我这样小小年纪就能到意大利去，一路跋山涉水，跟随着汉尼拔[13]的足迹，这都不是我这种年龄的人能得到的光荣。此外，我们还总在上等的驿站歇息吃饭。我胃口好，食物也好，实话实说，我不必在食物面前客气，可以尽情地吃，而且萨布兰先生吃的东西比我可多多了。

这场旅行前后一共花了七八天时间，我从未有过这样开心的旅程。我们得迁就萨布兰太太，她走得较慢，所以这次出来其实就相当于一场长途的散心。我对所有在这次旅行中遇到的事物都极感兴趣，尤其是那些高山，而徒步行走也很有意思。长这么大，我只在这次的旅途中徒步行走过，而且还一直开开心心的。而在以后的日子里，因为事务繁忙，出门又要携带行李，我便不得不像个绅士一样雇车上路了，而操心、烦恼和困惑也随之而来。我便只想着尽快到达，而不是像这次旅行一样，心系途中之乐了。在巴黎时，我曾打算找两个也很喜欢旅行的同伴，每人咬牙花五十路易，再用上一年的时间，一起去意大利步行旅游，只带一个背行李的贴身仆人。那时很多人都来找过我商议这事，但他们只是表面上说得热闹，却没有人想动真格的，因为他们认为这事不现实。我记得跟狄德罗和格里姆热烈地讨论过这个计划，也说服了他俩。我认为这事就算是定下来了，没想到最终还是成了泡影。因为格里姆的真实目的，只是想借着这次旅行，让狄德罗去触犯宗教的禁忌，然后再让我当替罪羊，进宗教裁判所受审。

旅程很愉快，可惜我们最终还是到了都灵，我心中不免有些遗憾。要不是想在都灵游玩一番，又想尽快功成名就而成为大人物，这种遗憾之情怕是让人难以忍受。我那时觉得自己比当学徒时身份要高多了，但出乎我意料的是，我很快就连个学徒都比不上了。

我刚才说了一些小事，下面还会接着说一些乏味之极的琐事，所以我得先行解释一下并求得各位的原谅。我既然要和大家坦诚相对，就不会隐瞒一丝一毫，我必须一直站在大家面前，让大家全面地看到我内心的迷茫，洞察我人生中的全部死角，眼珠不错地盯着我，否则读者一旦发现记述中的细小空缺就会想："他当时跑哪去了？"随后就会责怪我有所隐瞒。我宁愿把我人性中的恶完整全面地说出来，也不想因为隐瞒而让读者将这种“恶”在想像中不断扩大。

我身上暗藏的那点钱和东西全没了，因为我说话露出了马脚。我的疏忽让他们夫妻俩有了收获。萨布兰太太对我用尽了所有招数，甚至把华伦夫人系在我剑柄上作装饰用的一条银丝带都给拿去了，那可是我最喜欢的东西了。如果不是我全力抗争，短剑也得让他们拿走。不过在旅程中，他们倒如数地替我付了所有花费，但也把我给洗劫一空。我一到都灵，钱没了，衣服没了，就连替换的内衣都没了，我只好自食其力去赚钱了。

我把华伦夫人等人的介绍信交给收信人，很快，我就被人领到了志愿领洗者教养院。不过，我可是受生活所迫才去的啊！我一到这就见到一个大铁门。我刚迈进大门，大铁门就立刻被人紧紧地上了两道锁。这种开始的方式让我压力很大。随后有人带我进了一间大房子，我立刻动起了心思。房间里头有一个木制祭台，上面有一个大十字架，祭台四周摆着四五把木制的好像上过蜡的椅子，其实只是使用太多不断摩擦造成的效果。房间里只有这些家具。大厅里有四五个面相凶恶的人，他们都和我身份一样，可这些人简直就像为魔鬼服务的人，哪有半点上帝儿女的样子！其中有两个家伙是克罗地亚人，一个说自己是犹太人，另一个则说是摩尔人。他们两个一直在西班牙和意大利两地流浪行乞，但无论在哪儿，他们都会在利益的驱动下接受天主教的教义和洗礼。在院子里另有一扇铁门，这时它缓缓打开，志愿受洗礼的女人们从门外走了进来。我们是一样的，都是通过改教宣誓的形式入教的，而并非接受洗礼。她们都是丑恶的女人，基督的“羊圈”【14】可从来没遭受过如此程度的污染。其中就一个模样看起来还不错，挺迷人的。她跟我岁数相仿佛，可能大我一两岁，双眼咕噜噜乱转。我们的目光偶尔撞在一起，我便产生一种想认识她的念头。她是三个月之前来的，虽然后来又待了将近两个月，但我根本没机会跟她搭讪，因为那个监管我们的老太婆把她看得很紧。而那位气派俨然的教士也总死缠着她不放，一门心思要让她改教，对这女人所用的心思远超他人。可以看出来，虽然表面上不像，但这女人应该很愚蠢，因为训导她所花的时间比别人可长多了。那位教士总认为她还达不到宣誓的要求，但她终于厌烦了这种困闷的生活，非要离开这里，入教与否都无所谓了。所以，得在她还没改变初衷的情况下抓紧时间引她入教，否则，她要闹起来，说不定推门就走。

为了迎接我，这几个志愿领洗者都被聚到一起开了个小会。有人对大家进行了简要的训导，叫我别辜负上帝对我的眷顾，又让其他人为我祈祷，并鼓励他们今后要给我当个好榜样。会后，等那些圣洁的女人们全都回了修道院，我才有工夫带着惊奇之心不慌不忙地观察我的住处。

次日清晨，修道院又把大家聚集起来进行了训教，而我也是这时候才开始设计我接下来的计划的，还深入思考了使我陷入当前这种境况的原因。

我过去、现在、以后一直都会说的一个事实，我越来越笃信的一个事实，就是假如世上只有一个孩子接受过正确而优良的教育的话，那孩子一定是我。我出生在一个家庭文化不同于普通百姓的家里，我的长辈们对我的教诲非常开明，对我而言，他们也都称得起是贤德的好榜样。父亲虽然爱玩乐，但他刚正不阿，虔诚信教。他在外面八面玲珑，人缘很好，在家里却严格遵行基督教义，我从小就接受了他向我灌输的道德观念。我三个姑姑都很贤淑雅惠。大姑和二姑是虔诚的教徒，三姑则特别文雅智慧而又善解人意，她可能是三人中最为虔诚的，尽管表面上不太看得出来。后来，我从这个应该受到尊敬的家庭又转到了朗伯西埃先生家里。朗伯西埃先生是教士，也对人传道。他笃信上帝，真诚可靠，表里如一。他们兄妹俩发现我身上有着虔诚的禀性，于是就对我细心教诲，耐心引导，发掘并培养着我这份天性。这两个值得尊重的人的教育方式都非常坦诚、认真、理智，所以他们对我传道时，我毫不反感，且在此之后总是感触颇深，并决定一生都要过得有意义有价值。而且因为我铭记着他们的教诲，所以几乎没有违反过誓言。但贝尔纳舅母表现出来的那种虔诚却令我反感，因为她的虔城只是表面文章，从不注重做人的本质。等到了我师傅身边，宗教几乎就和我绝缘了，但我的观念始终如一。我也庆幸没遇到引诱我学坏的不良少年。我虽然变得淘气胡闹，却并非没有信仰之徒。

因此，我当时对宗教信仰持有的态度和想法完全符合我的年纪，甚至我觉得和普通孩子相比要深得多。但此时我却为何要遮掩我的观念呢？因为我小时候早熟得不像个孩子，我的感受和思想就像是大人一样。我天生与众不同，随着年龄的增长我才逐渐变得普通了。我在这把自己夸得像个神童似的，肯定会有人笑话我的。尽情笑吧，但笑完了之后，麻烦大家另外找一个像我当时一样能够沉迷于小说并被小说情节所感动的六岁小孩吧。如果还有一个这样的小孩，我就承认我这种自夸炫耀非常可笑，然后立即认错。

所以我觉得，为了让宗教信仰能在人类社会中传承下去，就一定不能跟孩子们传道宣教，因为小孩无法像成人一样去理解上帝的意义。这结论并非源于我的个人经验，而是通过对其他人大量观察得出来的结果，因为我明白，我个人的经验根本不适用于旁人。我六岁时，接受能力和理解能力就远超同龄人了，所以，除非你能找到几个跟我一样的六岁小孩来，然后等他们七岁时再向他们讲讲上帝，那才不成问题。

众所周知，不管是孩子还是大人，其信仰的宗教取决于其生存环境的信仰传统，这是自然规律，道理很明显。这种类型的信仰很少会增强，相反，有时还会减弱。所以说，对宗教的信仰本质上其实是在受教育当中形成的，所以我在信仰新教的同时，对天主教便充满了反感，这种心态在我的家乡日内瓦非常普遍。人们常批评天主教的偶像崇拜太过极端，又把他们的教士描绘得阴鸷恐怖。我心里也有这种强烈的情感。我早年时只要往教堂里一张望，或是一见到穿白色衣服的神甫，或是一听见迎神队伍里响起的钟声，就立刻吓得瑟瑟发抖不能自控，不久以后到城里时才好了一些。可是一回到乡下的教堂，那种感觉还会回来，因为这些教堂和当初给我留下恐怖印象的那些教堂太像了！但日内瓦附近慈祥的神甫们爱抚当地孩子的情景，却与之形成了明显的反差。在送临终圣体时响起的钟声虽然依然让我害怕，但教堂里人们做弥撒和晚间祈祷时传来的钟声，却又让我能迅速联想起午餐和餐后甜点、水果之类的美食。朋维尔先生那次的款待对我影响也很深刻。这些事情都让我有些动摇。我原来对罗马旧教的认识只有娱乐和美食两个方面，觉得适应这里的生活并不困难，至于正式入教的想法在我头脑中也只是一闪念，觉得遥不可及。现在却没法改变了！我带着憎恶的情绪许下了违心的誓言，还得面对那些无法回避的后果。我身边那些新教徒也给不了我改教的勇气，所以我不能继续掩饰我的内心了，我觉得我改宗加入天主教的行为，不过是一种恶棍的行径罢了！尽管我涉世不深，但也已经意识到，这两个宗教不管谁真谁假，我此时都要背叛我原有的信仰了。就算我选对了，我也会在心底里蒙骗上帝，从而遭到大家的蔑视。我越想对自己就越痛恨，并且责怪命运将我陷于这种困窘的境地，好像今天的结果与我自己无关似的。这些念头偶尔会特别剧烈，如果我在产生这种念头的时候发现大门开着，我想我肯定会立即狂奔而逃的。但这样的情况并未发生，所以我这份决心不久也就淡化了。

太多的隐秘的心思暗中互相冲击着，所以我的内心烦乱难安。此外，当初坚决不回日内瓦的誓言，无颜见江东父老的心情，跋山涉水的艰难，人离乡贱、不名一文、孑然一身的窘境，这一切都让我觉得我内心的惭愧之情不过是迟来的懊悔。我假装极力谴责以往的过错，微小的错误也被我无限放大，以便将以后的过失说成是之前错误导致的必然结果。我没有对自己说“你犯的只是小错，只要你愿意改过就能无罪”，却反而对自己说“为你既往的过失哀叹吧，同时你将不得不继续如此犯错”。

确实，当时我那么年轻，要想违背誓言或是令人对我失望，以便破除自制的禁锢，并悍然宣称决不背叛我先辈们的宗教，这得有多么强大的气魄啊！但像我这种年轻人不可能拥有这样的勇气，侥幸成功几乎是不可能的。事已至此，我也已经身不由己，无能为力。我越是反抗，人们就越是绞尽脑汁地来压制我。

在大好时机已过时才发牢骚说自己不够努力是大多数人的心理，这种看似诡辩的说法也正是我失败的原因。人只有在犯错的时候才发觉勇气最为可贵，如果我们做事能够一直保持稳妥明智，勇气就不是必要的了。但那些原本易于抵抗的诱惑却能强烈地吸引我们，只因我们掉以轻心，忽视了其中潜在的危害，才会被它们所俘虏。我们都是在无形中掉进原本可以轻松躲开的陷阱的。而一旦陷入了困境，就得靠极大的勇气和毅力才能从中挣扎逃离出来。我们堕落到谷底无力回天之时，才会祷告上苍：“为何你让我如此脆弱？”上帝却不理会我们，而是跟我们的内心说：“你的软弱是我造成的，导致了你无法从困境中爬出来，但我之前可把你打造得非常坚强啊，就是为了不让你跌进深渊哪！”

我尚未决定成为真正的天主教徒，不过离最终的时限还远，关于改教我可以一点点去习惯适应。再者，说不定在这段时间里，也许一些意外事件能帮我走出困境。我决定尽全力来抵抗天主教义对我的侵蚀，以争取更多的时间。而我的虚荣心也很快地令我淡忘了之前改教的决心。自打我发现我有时会难住那些想要对我传教的人之后，我便认为不费吹灰之力就能顶得他们哑口无言。我甚至满腔热情地去做这些事，感觉挺有趣的，因为我总能在他们教育我的同时反过来去教育他们。我当时确信只要他们被我说服，就能转而加入新教。

于是，这些人才发现在学识和精神两个方面，我都比他们预想的难对付多了。……这些天主教徒没想到凭我的资质和年纪居然会叫他们这些宗教素养颇深的人如此难堪。再者，我虽然连圣体都还没拜领过，也缺乏这方面的教育，但朗伯西埃先生却曾经教给过我大量的相关知识。此外，我头脑中还有一些让这些人头痛万分的藏货，那就是《教会与帝国史》这本书上的知识，我跟父亲在一起时就已经把这本书背得滚瓜烂熟。虽然随着时间的推移，我对书中内容渐渐有些忘却，但却随着激烈的辨论逐渐又回到了我的记忆中。

有个老神甫，个子不高，不苟言笑，他叫我们集合，对我们进行首次布道。不过这次布道会看起来却不像是在讨论教理问题，而更像教理问答会。那老神甫只注重讲授知识，却从不允许大家提出质疑。但在我面前这招就不好使了，每次到我发言时，我都要向他追问每一个难题，一个也不会漏掉。结果时间便因此而拖长很多，大伙都很厌烦我这样。那老神甫说个不停，越说火越大，先是支吾含糊，最后理屈词穷，就以自己不太懂法语为借口灰溜溜地跑掉了。次日，他们因为怕我昨天那种无礼的态度会带坏其他人，就让我单独跟另一位神甫住在一块。这位神甫年纪较轻，擅长造那种无谓的长句，而且显得非常自命不凡。我认为，真正学识渊博的人是向来不会自大的。但我并没被他这种高高在上的气势镇住，我觉得以自己的才华完全可以信心百倍地回答他，并竭尽所能在各个方面都让他无话可说。他想引圣奥古斯丁、圣格雷果尔[15]和其他圣人的话来压倒我，但当他见我对这些圣师著作中的内容几乎跟他一样熟悉时，不由得惊诧不已。其实我根本没看过这些圣人的书（他可能也没怎么看过），但我却能熟记勒絮尔著作中的断落句子，所以他每引出一段内容，我就用这个圣人说过的另一段话来跟他辩论，而并不正面驳斥。这就让他倍感难堪。但最终还是他赢了，有两点原因：一是他比我势力大，我心里清楚他管束着我，我再无知也懂得不能把人逼进死胡同的道理，我非常明白那个小个子老神甫对我和我的学问都非常反感；二是我不像这个年轻神甫那样钻研过相关知识，所以他进行论证的独特方法我一点也搞不清楚，而且每当他预感到将要被我问倒时，他就以离题太远为由，把辩论一直拖到第二天。他有时甚至硬说我所引用的内容都是瞎编的，还积极主动地替我在原著中翻找，说书中一定没有这些引文。他认为这样风险较小，因为他觉得我会的都是一些肤浅的知识，我多半不怎么会查书。而且我的拉丁语造诣又不高，就算我确定某本著作里一定有那段引文，也根本不能准确地找出来。甚至，我怀疑那些曾受过他指责与嘲讽的新教牧师们所用过的那些不诚实的治学手段，他本人可能也同样用过。我相信，他为了不令自己处于被我反驳到无言以对的尴尬境地，有时甚至会瞎编一气。

每天都是这些无聊的争辩，时间就在斗口、说祷文和胡混当中慢慢流失了。

除此之外，我又遇到了一件极为恶心的事，那个摩尔人居然相中了我！

在那几天里，这个相貌丑陋、行为无耻的家伙总是企图亲近我，还做了很多荒唐猥琐的举动，把我吓得不轻。

我把他的事向众人说了出来，没想到那位老太婆总管却叫我不要乱说话。看得出来，这件事让她相当生气，牙齿咬得咯吱吱直响。

我听她嘀咕道："无耻的混蛋！下流的牲口！"但我不明白这事为什么不能四处去说，所以我还是见人就提。可能是我做得太过了，第二天一大早，一个管理员就跑来把我狠狠地臭骂了一通，指责我不该大惊小怪的，有损神圣道院的声誉。他训斥了我很长时间，还跟我说了一些我不明白的事，但我可不觉得他是为了解释给我听，因为他以为我心里有数，只是不愿意才竭力反抗罢了。他一脸正经地跟我说，这种事和淫秽的事没有区别，都是绝对不允许的。但那人的企图于我而言却并不算是羞辱，"人家觉得你可爱，你有什么可急的？"他还毫无顾忌地跟我说，他以前也遇到过这样的事。当时因为事发突然，他来不及抵抗，但事后一点也不觉得有什么。他不知廉耻地用那种直白的词汇，还猜测我是因为怕疼才拒绝的，于是告诉我完全不必害怕紧张，大惊小怪根本不值当。

这个下流胚子的话让我万分诧异，因为他完全不是在为自己辩解，他开导我的这些话好像是为了我好似的。他觉得这是非常平常普通的事儿，所以完全用不着私下里和我说。我俩旁边还站着一个教士，他也持有同样的看法。他们这种毫不在乎的态度彻底把我弄蒙了，竟令我相信这确实是世间常态，只不过我以前没经历过罢了。所以他跟我说的这些并没有让我生气，但少不了憎恶和反感之情。我亲身经历的这件事，特别是我近距离看到的那一幕，都刻在了我的记忆里，每当回想起来仍然感到恶心。不知为何，我对这事的厌恶之情竟延伸到了这个辩护人的身上，我难以控制自己的表情和神态，他显然也看了出来，知道自己刚才说的话效果不佳。他很不友善地朝我瞪着，自那以后，他便绞尽脑汁地在各个方面为难我，给我小鞋穿。在这种环境压力之下，我觉得再也没有别的出路了，就一个办法可以让我离开这里。以往我对采用这种方法并不积极，现在我可一点儿也等不及了！

但这件事其实也在某种程度上保护了我，让我一生都远离这种事；而且一见到这样的人，便会想到那个恐怖的摩尔人的言行神情，心里立即充满压抑不住的恶心。与此同时，这件事反倒让女人成为我心中的焦点。我认为应该尊重女人并对她们温柔以待，作为男人对女性轻视和无礼的一种补偿。所以，每当那个摩尔人出现在我脑海里的时候，我连丑陋到无以复加的女人都开始崇敬了。

至于大家对那个摩尔人有什么样的看法我并不清楚，但我想除了罗朗扎太太以外，别人对他的看法不会有什么变化。此事过后，他便不再跟我接近，更不找我聊天了。一周后，在神圣肃穆的仪式中他受了洗，全身裹在白色衣服里，这代表他新生的灵魂是纯洁的。次日，他便离开了教养院。自那以后，我们再未见面。

又过了一个月才轮到我受洗。对我的导师而言，想引导我这个难对付的家伙皈依正教，并由此获得成就感，毕竟是得花点时间的。而且，为了显示他将我驯服得很到位，他还让我把所有的信条重新都复习了一遍。

终于，我接受了导师们对我的充分教导，而导师们也总算对我表示了满意。我这才加入到迎圣体的队伍中，到圣约翰总堂去，以庄重的态度发誓放弃新教，然后接受洗礼。虽然那帮人其实并没真的给我施洗，但和真正的洗礼仪式倒也无甚区别。他们这么做，只是想让大家明白，新教教徒不是正宗的基督徒。我穿了一件滚着白花边的灰色袍子，这是专门在这种仪式上穿的服装。我身前身后那两人人手一只铜盘，不住地用钥匙敲打着，而人们则按自己诚意的程度和对我们这些人关心的程度往盘子里扔钱。一句话，天主教的各种繁琐仪式全都进行了一遍，从而保证可以通过这种盛大的仪式来更好地教导大众，但在我而言则属于羞辱。而最后，因为我不是犹太人，所以他们竟然没把那件我很想要的袍子给我，而是给了摩尔人。

啰嗦了一通，却还没完事呢。因为受洗之后，我们还得去宗教裁判所等着他们赦免我们这些异教徒的罪，在那再举行一番仪式才能返回天主教会。那仪式当年亨利四世本人入教时也遵行过[16]，只不过当时是由他的心腹大臣替他参加的。现场那位裁判神甫虽然让人肃然起敬，但他的神态和动作仍无法抚平我内心的恐怖。他问了一些关于我信仰、身份和家人的情况后，忽然很突兀地问我，我母亲死后是不是下了地狱。我的恐惧感最终还是压制住了我那行将爆发的怒火，我生硬地说："我想她不会在地狱里，她在去世时上帝应该对她打开了怀抱。"这个神甫什么都没说，但却做了个不以为然的表情。

总算都结束了，可就在我认为他们或许能按我的意愿给我安排个合适的工作的时候，这帮家伙却把我轰了出去，倒是把那些布施（大概二十多法郎）都塞到了我手里。他们叮嘱我要做一个仁善的教徒，不要愧对上帝的关照，在祝我好运之后，就立即关上了门，我之前所设想的一切都随着这"砰"的一声消散了。

我一切远大的梦想，就这样迅速灰飞烟灭了，我刚才进行的一切为了利益的行为，只在我的记忆里留下了我那愚蠢叛教者的影子。不难想像随着我美梦的突然破灭，一切的反差是如此之大。原来做的是平步青云的美梦，忽然间却跌入最凄惨的困境；早上还在幻想着豪华住宅任我挑选，晚上却已经头无片瓦遮身。有人会想，如此痛苦的绝望突然将我拽下深渊，我必然会自怨自艾，责怪自己亲手制造了苦果，但却完全不是这样。这是我生平头一回被禁锢了两个多月，所以我最先体会到的其实是自由再次回到身边的狂喜。过了这么久奴隶般的生活，我终于又做回了自己的主人并且有了行动的自由。在这样一个发达富裕，到处都是富贵人士的大城市里，我的资质和才华只要能被人赏识，就立刻会受到重视。况且我身上有二十多法郎，这足以支撑很长一段时间了。在我眼中，这笔钱多得就像是个可供我随意取用的宝库，我可以对这笔钱自由支配，而不用参考任何人的意见。我人生中还是头一次这么富有，所以我根本没有自暴自弃，一蹶不振，更不会哭天抹泪，我只是更换了新的目标，我的自尊心一如往夕。我是如此地自信和从容，我觉得像是迈出了人生的一大步，而且全凭一己之力，我自豪无比。

为了满足好奇心，我首先要在城里好好玩一圈，哪怕只是为了显示一下我拥有的自由，也得四处转转。我非常喜欢军乐，所以得去看看哨兵上岗的情形；我爱听神甫的合唱，所以我会跟着教会迎圣体的队伍，以便于听他们唱歌。王宫我也得游览一番，我惴惴不安地向前走，跟着那些同样要进王宫的人。还好，没人上前阻拦我，可能跟我腋下夹着个小包有关吧。不管这些了，反正当我站在宫殿里时，我就觉得自己特别神气，仿佛我在这宫殿里住了很久一样。因为我到处走个不停，最后疲劳不堪，饥肠辘辘，天又热得厉害，我便迈步进了一家乳品店。店主给我端来蛋糕、奶酪和两个我最爱的彼埃蒙长条面包，我总共才花了五六个苏，便吃了生平最美味的一顿饭。

我得有个落脚的地方。因为彼埃蒙话我大致会说了，能够跟人交流，所以没花多大力气就找到了。不过我可是以我身上钱的多少为根据选择的，并没有任性地按个人兴趣去选择。别人跟我说，在波街有一个军人的夫人，她家对闲散人士提供住处，每晚只要一个苏。于是，我便住在了她家的一张破床上，从此安稳地住了下来。这个女人年纪不大，但已经是五六个孩子的母亲了。她一家人和租房的客人全都挤在同一间房里。一直到我离开她家之前都是这样。但无论怎样，她的确算是个好女人，虽然她骂的脏话难以入耳，整天衣衫凌乱，头发披散，但为人很善良，又很勤快，对我也不错，甚至还给我帮过几个小忙。

我一连好几天过得都是轻松、自由、闲适和不断满足好奇心的快乐日子。我在城内外四处闲逛，东看一眼，西瞧一下，寻找着所有我认为新奇好玩的事物。而对我这种初来乍道且从未到过首都这种大城市的年轻人来说，一切都是新鲜好玩的。我尤其喜欢在特定的时间去王宫游玩，天天早上都去参加皇室小教堂的弥撒。我觉得能够和亲王以及他的随从们共处在同一个小教堂里是很美妙的事。但我很快就看腻了王宫的豪华气派，因为这些东西从不变化，也就逐渐地不再吸引我了。但是，我之所以天天去王宫，另一个重要的原因是我喜欢上了音乐，音乐之美强烈地吸引着我。而当时欧洲最好的交响乐队就在王宫里为撒丁王服务，像索密士、德雅丹、伯佐芝等音乐大师都曾在王宫里展示过他们在音乐方面的才华。其实，只要把最简单的小乐器演奏好了就足够了，就完全能抓住年轻人的心，让他们激动兴奋，产生共鸣，所以没必要非得弄那么大的排场。再说我对于王宫里那些堂皇的气派也不过是惊讶赞叹而已，却毫不羡慕。在这辉煌华丽的王宫中，我只关心一件事，就是是否能找到一个令人尊重的年轻公主，然后跟她之间发生一场风花雪月的浪漫故事。

而我后来真的几乎就要在一个不像王宫那么豪华的场合搞出一场粉色事件来，如果那件事成功了，那将让人愉快万分。

我虽然一直尽量省着花钱，但还是无意中发现身上的钱快花光了。我之所以节俭是因为我对吃的要求不高，而并非出于精打算细。即使是现在，美味佳肴也没有提高我吃东西的品味。在我眼中，不管是从前还是现在，天底下都再也没有比田园风味的饭菜更好的美食了。那些美味的乳制品、鸡蛋、青菜、奶酪、黑面包和普普通通的葡萄酒，就足以让我美美地大吃一顿。只要身边没有那些带着讨厌神情的膳食长和仆人们围着我，我吃什么都甜美无比。那时我经常只花五六个苏就吃得美美的，而后来花六七个法郎吃的饭反倒不如从前的饭菜。我能管得住嘴，是因为我能抵得住诱惑。但我其实也并非真正地有节制，因为只要有我中意的食物，我也会尽情地享受。梨子、蛋糕、奶酪、彼埃蒙面包和勾兑得宜的蒙费拉葡萄酒都是我的最爱，仅凭这些就可以满足我的食欲了。但虽然是这样，那二十法郎还是就快花光了。日子一天天过去，钱的问题越来越明显。虽然我还是个什么事都不多操心的年轻人，但前途渺茫造成的焦虑很快就发展为恐惧。我所有的幻想都落空了，只想找个能养活我自己的工作，但这也是很难的。我想到我学过的镂刻手艺，但我那点本事拿不出手，镂刻师傅肯定不会要我这种伙计的，况且在都灵也很难找到这一行的师傅。于是，在好运到来之前，我只能上门挨个向一家家店铺的主人们推荐我自己，做一些在银器上镂刻花纹或标记的工作，工钱任他们给，盼望着通过降低薪水来吸引店主。可是这个方法没什么效果，我几乎处处碰钉子。就算找到工作也没什么收入，不过就是够吃几顿饭的。但一天早上，我走在贡特拉·洛瓦街上时，无意中看到一家商店的橱窗后面有一个年轻貌美的女店主。虽然我面对女人时会很害羞，但当时还是不加思索地走了进去，并主动向她介绍我这点小本事。她非但没有把我赶出去，还请我坐下，让我说说之前的经历。她听后对我表示非常同情，还鼓励我要再次拾起人生的信心，她说，好的基督徒肯定不会扔下我不理不睬的。后来，她又叫人去附近的一家金器店借一套我需要用的镂刻工具，同时还亲自给我拿来一份早点。这种开始的局面看来是个好预兆，后来事情的发展也证明了这一点。看得出，我那点手艺让她比较满意，而我的内心稍稍平静下来之后，跟她天南海北地那一通闲聊似乎更让她满意。她风度娴雅，衣着华美，所以她虽然亲切温和，但她的风采仍然使我心生敬意，不敢造次。她热情的款待、怜悯的语气和那温婉的气度，让我迅速地放松下来。我觉得我已经成功了，而且将来一定会有更进一步的成绩。不过，虽然她是个意大利女人，漂亮又难免看起来风情万种，但却特别庄重沉稳。而我又害羞怯懦，所以事情便无法发展得太快，时间也不足以让我们成就好事。我们那些短暂相处的时光总能让我一回忆起来就欣慰至极。而且我确定，我在她身上找到了恰如初恋般的甜美滋味和最纯洁的情感。

她是个颇具风情的棕发女人，通过她的脸就能看出她天性善良。而她那温婉平和的神情则将她那股活泼爽朗的劲头儿衬托得更加撩人。她叫巴西尔太太，有一个比她大的丈夫。他丈夫很爱吃醋，所以他外出办事时，就指使一个郁郁寡欢、不招女人喜欢的伙计盯着巴西尔太太。而这个伙计心机也不少，但却只会胡乱发火。他非常讨厌我，尽管他笛子吹得还不错，我也挺爱听的。

我一到女店主的店里来，那个埃癸斯托斯[17]一样的家伙就气得嘟嘟囔囔。他对我十分轻蔑，而女店主也毫无顾忌地那样对他。她甚至故意在他面前对我很亲昵，就像故意找乐似的，这令那伙计很难堪。这种报复的方式很中我的意，如果我俩独处时，她也能这样对我，那就更让我满意了。但她却并没有那样对我，至少形式不同。也许她觉得我年纪有点小，也许她有些矜持，缺少主动性，也许她就是端庄贤淑的女人，反正她对我的态度较为保守。虽然这并不会让人觉得隔着千山万水，但我却莫名地对她有些敬畏。我在她身上找不到像在华伦夫人那感到的那种既情真意切又情意绵绵的感觉，我主要感到害怕畏惧而不是尊敬，而且她对我亲昵的程度也远不如华伦夫人。我窘迫且谨慎，甚至不敢和她对视，在她面前呼吸都不能顺畅。但如果让我跟她分开却又会立刻感觉生不如死。在她不留意的时候，我色咪咪的目光常在她身上游走不停。她衣服上点缀的花式，秀美迷人的脚尖，手套与袖口之间露出来的那段如藕白臂，还有在脖颈和围巾之间偶尔露出来的细腻皮肤，都是我注目的地方。每个部位都令我心生向往。我总是死盯着露出来的部分，更想对隐藏的部分一睹为快，这使我头昏眼花，胸闷气短，呼吸渐促，不知该怎么办才好，我只能在我们平时的默然相对中暗自长叹。好在巴西尔太太忙着做活，因而并没在意我的举动，至少我觉得她不在意。但有时我会看到她披肩下身体起伏不定的样子，这危险情形会让我神不守舍。而当我的热情燃烧到无法自制的时候，她却会以一种沉稳的语调冲我说点什么，我便会迅速地冷静下来。

我和她单独相处时，她基本上都是这种态度，从未通过一言一行来表明我们之间有那么点互相知心的意思，甚至连一个暧昧的眼神都没给过我。这种情况让我同时感到苦恼和甜蜜这两种矛盾的情感，只是我内心单纯，根本不懂个中原因。不过看起来，她似乎并不反感跟我单独相处，因为这种独处的机会主要是她提供的。当然，她可能也是无心的，因为她并没借机跟我表露过内心，同样，也没给我表达的机会。

有一天，那个伙计乏味无聊的叨咕让她实在是腻烦极了，她就上楼回自己房里去了。我把手里的那点活计赶紧做完，跟着上楼去找她。她屋门半掩，我进去时见她正背对着门在窗前绣花，没有察觉到我进来。她当时背对着我，而外面街上又车马往来，声音嘈杂不堪，所以自然也没听见我的声音。她穿衣打扮向来考究，而那天她打扮得更是妖艳。只见她身姿优雅，蛲首低垂，皓颈微露，漂亮的盘龙发髻上插着很多花。我向她凝视片刻，觉得她的俏脸有一种吸引人的魔力，叫我难以自持。我一进来便扑地而跪，激动地把手臂伸向她。我确定她不可能听到我的声音，也看不到我。但万没料到，壁炉上有一面镜子让她看到了我。我不知道我如此冲动的举动会让她作何感想。她没正眼看我，一句话也不说，只是侧过脸来，轻轻用手指指了一下面前的垫子，示意我坐下。我害怕得颤抖着扑向她所指的方向。但令人难以置信的是，在这种情况下我竟没有更大胆的举动。我不敢出声，也不敢正视她的双眼，甚至不敢借这种手足无措的情态去摸一摸她，伏在她膝上待一会儿。我噤若寒蝉，呆坐不动，但心情却如海浪般起落，激荡不休。我表现出来的只有兴奋、欣喜和感动。而更主要的，则是一股被焦虑感所束缚住的火热欲望，因为我可不确定她是否真的会生我的气，我很怕惹她不快。

她表现得也不是很镇定从容，好像比我还有些紧张害羞。她看我出现在她面前，心里也很不安，见我受她指引坐在那里之后，便开始显得慌张局促。她开始意识到刚才那个未经思考就冒冒失失做出来的手势有些不妥。她既不招呼我，也没赶我走，只是一直盯着手里的绣花，努力装作好像没看见我在她身旁的样子。我再笨也知道她不但跟我一样尴尬，说不定内心的渴望也和我一样，只是同时也感到万分羞涩罢了，但她的情形并没让我鼓足勇气继续做点什么。她比我年长五六岁，所以我觉得她应该比我更加主动。我以为她既然没做些什么来给我壮胆，那就说明她不想我有过分的举动。就算是现在，我也觉得我的猜想没错。况且以她的头脑，一定明白这个道理：像我这种毛头小子，对于偷情这种事，除了需要勇气，还得有人来引导才行。

如果不是有人突然出现，我真不清楚这个令人焦虑又沉默无言的局面该怎样收尾，也不确定我俩会在这种滑稽而甜蜜的气氛下僵持多长时间。就在我的欲望上升到峰顶之时，我忽然听到了隔壁厨房开门的声音。于是巴西尔太太变得十分慌张，胡乱比划着手势，颤声对我说："赶紧起来，罗西纳来了！"我一跃而起，同时将她伸向我的一只手抓住，猛力地亲了两下。而亲第二下时，我发觉她的纤纤玉手竟微微碰了碰我的嘴唇。我从未经历过如此美好的瞬间，可惜这样的机会没再出现过，所以这段萌芽中的爱情也就戛然而止了。

但正因如此，可爱的巴西尔太太才让我痴迷不已。我后来对社会和女人的认识日渐加深，随着了解的深入，她在我内心的形像也越来越完美。她如果经验稍丰，必定会采用别的方式来鼓舞一个小伙子。虽说她内心软弱，但却单纯质朴，她会不知不觉地被诱惑她的那种意识所牵引。从诸多迹像来看，这是她头一次春心荡漾，所以有些羞涩。而我要想消除她的羞涩之情，只怕比消除我自己的还要困难得多。但这一点我做不到，不过却在她身上尝到了妙不可言的甜美滋味，尽管我连她的衣服边都没能碰一下。但我认为，只有你深爱着的好女人所给予你的快乐才是最珍贵的。只要能在她身边，她做的一切都是对我的宠爱！手指轻轻一指，手背在我嘴唇上轻轻一按，都是她给我的宠爱！而这些小小的举动直到现在想起来还能让我意乱情迷。

之后的两天里，我一直也没找到能和她独处的机会。她似乎并不想创造这种机会。她的态度倒并没有冷淡，只是比平时更稳重了。我觉得她是在回避我的目光，怕管不住自己的眼睛。而那个讨厌的伙计此时则更加叫人憎恶，他甚至阴阳怪气地说靠着女人会让我平步青云。我没想到我一时的疏忽大意竟会走漏了风声，不禁担心后怕。我和女店主之间两心互知的那点暧昧小事，本不必遮掩；但现在为防止事情泄漏，我便想在上面罩上一层神秘感。这让我在寻找和巴西尔太太互相暧昧的机会时变得异常小心，因为我不想出什么纰漏，所以就导致一次机会也找不到。

我还有一种至今仍纠缠着我的情爱方面的怪癖，这种怪癖叠加在我懦弱的天性上，就让那个伙计的预言遭到了否定。那即是，当我爱得太诚挚深沉时，反倒使爱情不容易向前发展了。世上从未有过像我这种既热烈又如此纯洁、高尚的爱情！我愿意为实现我爱人的幸福而一次次地牺牲我的幸福。她宝贵的名声更胜于我的性命。我宁可放弃所有的快乐，也要保证她内心短暂的安宁。因此我行动时就十分仔细、十分隐匿、十分慎重，最终导致没有任何结果。我在女人面前频繁失败，就因为我的爱太深厚了。

现在回头说说那个吹笛子的“埃癸斯托斯”吧。这家伙虽然愈发地讨人嫌，但奇怪的是，他似乎比以前更殷勤了。巴西尔太太从看重我的第一天起，就在设法想让我成为店里最重要的伙计。因为我学过算术，她当时便跟那个家伙商量，想让他来教我如何管账。但那个伙计死活不同意，可能是怕我顶了他的位置。所以我的工作除了镂刻，便只是抄几份单据，誊写几个账本，以及把一些意大利文的商业信件翻译成法文。但没想到那个伙计突然间又想起教我管账那件事来了，他这回说可以教我记那种复式账簿，等巴西尔先生回来时，我就可以掌握一套为他工作的本事了。我说不清他语调和神情里透出来的那种虚假、狡诈和嘲讽，反正我信不过他。但是巴西尔太太抢在我张嘴之前，就冷冷地回复说我很感激他的好意和帮助，但她是想给我发挥才智的机会，有更大的发展，还说像我这种有才华的人如果这辈子只是当个伙计不免十分可惜。

她曾多次提及想给我引荐一位能帮助我的贵人。她这个想法的确很明智，她是想通过这种方式让我顺势离开她。我们沉默无语且彼此心照不宣的这种情况发生在星期四。星期天她在家设宴请客，有一位面容慈祥的多明我会的教士是最重要的客人，她便将我介绍给他。这位教士十分亲切，祝贺我改教，还详细地问了我的经历，我也因此得知巴西尔太太已经把我的来历原原本本地告诉了他。随后，他用手背轻轻拍了拍我的脸蛋，告诫我说做人要仁义善良，敢做敢为。他还让我有机会去找他，以便好好交谈一番。从众人对他尊敬的程度来看，他一定是个有身份的人。再从他用慈父般的语气跟巴西尔太太说话时的情形来看，他应该是她的忏悔师。而他表现出来的与其身分地位非常契合的亲切态度中，还含有对巴西尔太太的尊重和佩服。当时我对这一点没什么认识，不如现在感受得深刻。如果当时我能领悟这一点的话，我一定会极为感动。因为这个连她的忏悔师都对她颇为尊重的年轻女人，竟然都对我动了心!

由于人多桌小，便给我和那个伙计另加了一张小桌子，我便幸运地跟那个伙计对面而坐。但给我们端上来的菜肴却多得很，看起来，这些菜可不是看在那个伙计的份上才端来的。宴会非常顺利，大家都吃得很开心，女人们都开朗活跃，谈笑风生；男人们则绅士有礼，大献殷勤，巴西尔夫人宴客礼宾的风度雅致迷人。哪知刚进行一半，便听见有一辆马车在房门口停了下来，片刻之后一个男人走了上来，这人正是家里的男主人巴西尔先生。我到现在还清楚地记着他进屋时的那副模样：当时他身穿一件大红色上衣，衣服上用得竟是金质钮扣，从那一瞬间开始，我就对红色产生了一种极度反感的心理。巴西尔先生高大英俊，气度非凡，但却有些盛气凌人，看意思像是要把大伙都给镇住似的，尽管前来的都是他朋友。巴西尔夫人激动地扑过去，一把就搂住了他的脖子，亲热得不得了，但他却颇为冷淡。他跟大伙都打了声招呼，便拿起仆人送过来的餐具大口吃了起来。有人问起他这次外出的经历，他却把头转向我这边扫了几眼，非常不客气地问小桌子那边的小毛孩是谁。巴西尔夫人便不加隐瞒地说了。他又问我是不是住下来了，巴西尔夫人说没有住下。哪知这个粗鲁的男人竟然大声说：“干什么不住啊？这小子白天都能住在我家，那晚上自然也可以住下来啊！”气氛有些尴尬，多明我会的那位教士便开口说话了。他先把巴西尔太太认真地赞扬一番，随后也夸了我几句。最后他表态说，巴西尔先先不但不该怪罪他太太那仁善助人之心，还应该向她学习才是，因为巴西尔夫人的行为没半点不合规矩。巴西尔先生闻言怒气冲冲，予以反驳，但碍于教士的情面，最终还是压住了火气。不过，通过这些信息，我已经能判断出他一定掌握了我的一些情况，而且这肯定是那个坏伙计从中做了手脚，定是他暗中进言，说了我的坏话。

宴会刚一结束，那坏伙计就在巴西尔先生的指使下，趾高气昂地来到我面前，叫我快点滚蛋，不许再回来。他还对我极尽挖苦贬损之能事，好像这么做挺光荣伟大似的。我默然无语地走出了他的家门，心里暗自难过。我倒并非因为要跟可爱的巴西尔夫人分开而伤心，而是因为想到她必定会受到她那不可理喻的丈夫的粗暴对待。他不希望妻子红杏出墙，有损家风当然没错。但巴西尔夫人忠贞贤淑，且出身正经，只是有些风情万种罢了。所以我认为巴西尔先生错了，他的做法必将给他招致不幸。

我人生中第一次艳遇就这样走向了终场。我曾几次三番有意在那条街附近打转，想再看看那个叫我思念的女人，但都没有结果。我没看见她，倒看见巴西尔先生和那个伙计了。那伙计一见我便抄起一把大木尺对我比划，那模样肯定不是在向我问好，而是在吓唬我。既然对方防范如此严密，我也就放弃了，从此顿足止步，一直离那条街远远的。我也打算过去看看多明我会的那位教士，可我却不知道他叫什么。我在修道院的附近乱逛，盼着可以和他偶遇，但也没有结果。后来我又经历了很多事，便把这段相思之情暂时放到了一边，很快便彻底把她忘了。我回到了从前，又成为一个质朴、天真、单纯的人，在女人方面，我也心如止水，不再动情。

但巴西尔夫人送给我一些小礼物，总算填充了一下我的小包裹，虽然礼物不多，但充分地体现了她的细腻。她是想让我衣帽整洁而不是只为好看；她盼着我不再吃苦，而并不想让我显摆什么。从日内瓦来的时候我带了几件外衣，衣服挺好，目前还能穿。她给我的只有一顶帽子，还有几件替换的内衣。我很想要一副套袖，但她却不给我，她觉得我干干净净的就可以了。说实话，如果能跟她在一起，我可以天天保持整洁干净，根本不用多说。

这事过去几天之后，租给我房子的女房东说能帮我找个活计，说有个贵妇想见我一面。我一听就觉得这一次又会是个奇遇，因为我心里总想着这种事。但这次的事却算不上是走运。一个仆人领我去了那位贵妇家里，把我介绍给她主人。那贵妇盘问了我几句，上下打量我一番，觉得我还算讨人喜欢，就把我留下给她当仆人，却不是我想要的那种受宠的心腹亲随。我也得穿仆人的衣服，不过和其他仆人的衣服有些不同——我的衣服上没有装饰。这一来，那衣服就跟老百姓的衣服没什么区别。我之前还幻想着能有一番奇遇，这下彻底泄气了。

这位贵妇便是维尔塞里斯伯爵夫人，她无儿无女，一人寡居。她死去的丈夫是彼埃蒙人，她也一样。但我起初却觉得她应该是萨瓦人，因为她的法语非常纯正。在我心目中，彼埃蒙人可说不出如此纯正的法语。她徐娘半老，气度高贵，才华横溢，对法国文学既热爱又精通。她用法文写了很多文章和诗词。尤其她写的信件，跟塞维涅夫人[18]的风格笔法非常接近，甚至有几封信写得能以假乱真。我每天的任务，就是将她口授的内容记录成文字。我其实倒挺喜欢这种活计的。而她之所以不亲笔写东西，是因为患有乳腺肿瘤，痛苦得拿不起笔。

维尔塞里斯夫人不止是有才情，还很宽容、坚强。她病情加重的那阵子，我一直守在她的病榻旁。她强忍痛楚的情形我都看在眼里，我未见她有些许的软弱，也从未见她抵抗病痛时有失从容，她一直保持着贵妇应有的仪表和姿态。她如此坚强倒并非因为对哲学有深刻的认识，因为那时候哲学还不为大众所知，她对哲学的意义和内涵并不了解。她极端的个性坚强得近乎冷漠，情感有如古井不波。不管于己于人都是这样。所以说，她虽然也对可怜人行些善举，但我想并非出于同情心和怜悯之心，而只是为了行善而行善。我服侍了她三个月，对这一点感受颇深。我原本以为，她会怜爱一个经常出现在身边又有前途的年轻人，从而在临终前给这个年轻人提供些必要的帮助，但我最终却一无所获。或许是她觉得我还不够资格，或许是因为有些人只顾自己的利益而天天纠缠她，使她无暇顾及我。

不过我还有些印象，她确实曾经对我有些好奇，想了解我的过去，也会问我些事情。她喜欢看我写给华伦夫人的信，也喜欢听我说说情感经历。但她的这种交流方式显然有问题，因为她只想听我说，却不吐露自己的心事。我倒是愿意向别人倾诉心情，只要对方愿意听。但她却只是语气平淡地问我一些无趣的问题，对我的回答却不加褒贬，这就让我觉得她只是随口问问，并非出于对我的关心。如果我不确定对方对我的话作何感想，就会不安害怕，于是就不想多说了，就怕失口说出不利于己的内容。以一种枯燥不含感情的语气问别人问题，这毛病可能是有才华的女人们的共性。她觉得不显露自己的内心，就可以深入了解对方的想法，却不知这反倒会让对方丧失倾诉的勇气。因为一个男人面对这种问话方式时会立刻警惕起来，他会认为对面的女人只是想套自己的话而已，而不是出于关心和真情。此时，男人会选择撒谎、沉默，甚至是装傻，也不愿为女人的好奇心所戏耍、玩弄。要想了解别人的内心就得先吐露自己的真情，否则必定没有好结果。

我从维尔塞里斯夫人那里没听到过一句温和、怜爱和关切的话。她总是一脸淡漠地问我些什么，我便也敷衍回答。我的话短少简单，以致她因为觉得无趣乏味而感到腻烦不耐。此后，她也就不再问我什么了，只在嘱咐我办好她要我做的工作时才跟我说上两句。她不以我的为人看待我，而只是以我如何完成她交待下来的任务看待我。因为在她眼里我不过是个手下人，所以我也没法在她面前表现出我的另一面。

我认为在我这一生中，某些人为了一己私欲而使用的狡诈手腕对我所产生的危害，就是始于此时。这使我对滋生这种私心的虚伪情态产生了本能的憎恶。维尔塞里斯夫人无儿无女，只有侄子德·拉·洛克伯爵才能继承她的财产。洛克伯爵一直奉承迎合她，想尽办法博她欢心。而她家里那些佣仆看到她死期将至，也全都惦记着从她身上捞取利益，所以总是在她身边打转，她也就无暇顾及我了。她的管家罗朗茨先生很有心机。他老婆心机更深，这女人非常擅长讨女主人的欢心，使得她更像是女主人的朋友而不是花钱雇佣的女仆。她把她一个叫朋塔勒的侄女安插在夫人身边当侍女。这女孩极为狡猾，装得像个出身名门的小姐，替她姑妈去监视女主人的言行。结果使得夫人只能通过他们三个的眼睛来看事、看人，也只能通过他们三个的手来办事。我只是服从他们而已，从不去迎合这三个家伙，我可不想在我们共同的女主人之外，还成为仆人的仆人。因此他们对我极不放心，他们心里明白，我可不是一个能一辈子甘愿当仆人的人。他们害怕夫人也这样看我，因为要是给我调换工作便会使他们的薪水相应减少。像这种过度贪婪的人，是不可能用正确的眼光看待世事的。他们总觉得遗嘱上写在别人名下的遗产，就像是从他们腰包中抢过去的一样。夫人喜欢把写信作为病中的消遣，但这三个人绕了个大圈子借医生的嘴来劝她不要再写，说这会累坏她，不利于疾病的恢复。他们瞎编了个理由，硬说我不会照顾病中的人，就叫两个抬轿子的粗鲁家伙替我去照顾她。他们一直纠缠在夫人身边，旁人不得靠近，以致在夫人写遗嘱时，我有长达一个星期都不能跨进她的房间。一个星期之后，我才能进出她的房间，而那时我更加勤快。可怜的夫人病痛缠身，这让我难过异常。她和痛苦抗争时的顽强精神，使我对她油然生出一种极大的尊重和悲悯。我曾在她的房间偷偷饮泣，却并没有让任何人发现。

她最终还是走了。我眼看着她停止了呼吸。这个女人走完了她才华横溢、学识广博的一生，她死得像个哲人。我想说，正是她严谨真诚的履行天主教义时所表现出来的内心的安宁沉静，才令我看到天主教的可爱之处。她性情向来严肃，在她临终的时候，却扬溢着快乐之情，十分自然，并非假装。这明显是理性战胜了难过的情绪的表现。在人生的最后两天，她才躺在床上起不了身，但却一直平静地跟大家说话，好像停不下来一样。最后，她不再出声，被临终时的痛苦所笼罩。忽然，她放了个屁。“太好了！”她转头说道，“放屁的女人可不会死。”但这却是她人生的结束语。

她在遗嘱中交待，下等仆人们可以多得一年的薪水，但我却并不在她家仆人之列，所以我一分钱也没有得到。不过，洛克伯爵仍然给了我三十个利弗尔，还说我那件仆人的制服也归我了。如果按罗朗茨先生的想法，他可是想从我身上把这件衣服给扒走的。洛克伯爵还承诺会给我找份工作，让我到时去找他。我曾去过找过他两三次，却一直没能跟他对上话。我就灰心丧气了，此后就再没去过。但大家很快就会知道，我这种做法可以说是错到了极点。

接下来，我要把在维尔塞里斯夫人家发生的事全都讲完！虽然表面上看起来我跟当初并没什么两样，但我离开她家时的心情和来的时候差别极大。我是带着极大的愧疚感和懊悔感离开的，这些感受四十年来一直压在我心里，不但没有随着时间的推移而减轻，反而愈发强烈。有谁会认为一个小孩犯的错会造成如此可怕严重的后果呢？就是因为这种后果非常明确，我才一直内心不安。我使一位善良、真诚、可亲，同时又比我高尚得多的好女孩蒙上了不白之冤。

一个家庭崩溃时，不免会有些混乱，也容易丢东西。但因为仆人们都忠诚无比，罗朗茨夫妇也非常仔细认真，所以列在财产清单里的东西非常齐全。只有朋塔勒小姐不见了一条丝带，那是一条银色和玫瑰色相间的旧丝带。其实她家里有很多好东西我都有机会拿走，可我却鬼使神差地相中了这条丝带，所以我趁人不备时把丝带偷了过来。但没等我藏好它，就被人看见了。人们质问我是从哪偷的，我慌张失措，哑口无言，最后，我满脸通红，竟撒谎说是玛丽蓉给我的。玛丽蓉是个年轻姑娘，她来自莫里昂山村，是夫人的厨娘。自从夫人生病以后，就不在家里请客了，所以她辞退了原来的厨师，让玛丽蓉给她做饭；因为夫人生病后只能吃粥汤一类的流食，不能吃荤肉油腻。玛丽蓉长得很美，有一种山里人才有的健康肤色，而且她性情温柔害羞，所以人见人爱。所有人都知道她很忠心，人品又端正，所以我一说出她的名字，在场众人都是一惊。虽然大家更倾向于相信她，但事情必须搞清，所以还是派人把她叫了过来。众人聚在一起，洛克伯爵也来了。玛丽蓉来了以后，有人把丝带拿出来让她看，我则在一旁不停地说就是她偷的。她万分诧异，呆在那里一句话也说不出来，只是用一种魔鬼都会害怕的眼光看向我，但我却并不理会。最终她矢口否认了，但却并没有发火，也没责骂我，她只是说让大家摸摸自己的良心，不要诬陷一个从未害过人的善良的姑娘。但我却仍旧卑鄙地指证她，当着她的面说就是她给了我这条丝带。可怜的玛丽蓉终于哭了出来，对我说；“卢梭，我一直认为你是个好人，没想到你把我害得这么苦，但我可不会像你一样。”她不再跟我多说什么，只是继续坚定地用质朴的话为自己辩解，却没有骂我一句。她说话非常温和，而我说话却语气坚定，相较之下，当然对她不利。这场景真是无法想像，一方面是我魔鬼一样可怕的心，另一方面却是她天使一样的温柔。到底谁是小偷，当时也不好判断，但大家是偏向于我的。当时因为家里太乱，所以大家也都没心思非得把这事弄个水落石出，洛克伯爵最后说道：“就让有罪者的良心去为蒙冤的人报仇吧。”然后就把我俩都给辞退了。他果然说中了，我没有一天不受良心的谴责。[19]

我不知道玛丽蓉后来的境遇如何，但很明显，她想再找一份好工作就很难了。她蒙受莫大冤屈，我极大地损害了她的名誉。虽然偷的只是不值钱的东西，但终究是偷，何况还借用这小玩意去勾搭一个年轻人。在众人眼中，玛丽蓉已经成为一个偷窃、说谎又拒不悔改的集诸多恶习于一身的坏女人，这显然不会招人喜欢。我甚至认为，我对她最大的损害还不是贫困和被人抛弃，而是她如此年轻，心灵就受到这么大的创伤，谁知道她之后会是什么样的下场呢？是我使她陷于如此困苦的境地，我悔恨万分的心情难以忍受，每当我想到是因为我的丑恶才使她前途比我更惨时，我的心情是多么悲痛难当啊！

这段痛苦的记忆，常使我心烦意乱，夜间难以入睡。半睡半醒之间，我仿佛能看到可怜的玛丽蓉站在我面前指责我的罪行，一切好像就发生在昨天。当我的生活较为平静时，这段记忆给我带来的痛苦就轻一些；但如果我的生活动荡起伏，这段记忆就使我无法得到那种无辜受害者的身份所能获得的安慰。这经历常让我想起我自己在一本书中说过的话：处在人生巅峰时，自责之心是沉睡着的；处在人生低谷时，它就立即醒来了。但我却从未跟任何朋友提起过这件事，好减轻内心的愧疚；即使是跟最要好的朋友我也没提及过，甚至对华伦夫人也一样。我只跟人们说我确实做了一件让自己的良心永远受到谴责的罪行，却从未说过其中的详情。我的良心上一直压着这个沉重的负担，从来就没有减轻过。我想说，正是因为我想摆脱这个负担，所以才决心在书中详细讲述我的忏悔之情。

上述内容都十分坦诚，我想不会有人觉得里面有掩饰自己罪行的话。但如果我怕别人说我有为自己辩护之嫌，而不说出当时我内心全部真实的想法，那就不符合本书的初衷了。当时，我给玛丽蓉栽赃确实不是故意要伤害她，恰恰反倒出于我对她的友情。我知道这话不会有人相信，但事实如此。我被人发现的时候，心里正想着她，所以想也没想就顺势说出了她的名字，把偷东西的罪行推到了她的头上。可我偷那条丝带其实是想送给她的，所以后来她站在我面前时，我的心顿时就碎了。可是因为很多人在场，因此我才一口咬定是她偷的。我这个人不怕别人责罚我，却非常害怕丢人，甚至要甚于害怕死亡、罪行和其他的一切。我当时真想一头钻进地里。那顽固的耻辱心打败了一切，这是我厚颜无耻去撒谎的唯一原因。罪名越重我越怕认罪，所以只好瞎说。我最怕被人当成小偷、说谎的人和冤枉别人的人。当时大家都非常激动，我只好如此。如果大家能给我些时间和空间，容我平静下来，我想我一定会说实话的。如果洛克伯爵把我叫到一边，私下里跟我说："你可不能诬赖好人，假如真是你偷的，你承认就没事了。"我想我肯定会跪在他脚下认错的。可就在我认错的勇气需要被鼓舞的时候，大家却只是吓唬我。再者，我那时还小，童年时期才刚刚过去，我还是个小孩子。童年时期的罪行对人的影响要比成年时期大，但如果犯的错是因为缺乏坚强的意志力造成的，那影响就小得多了。我这个错误也不过如此，没有什么了不起的。所以当我想起这件事时，让我难受的主要是它造成的恶果，而并非事件本身。所以这件事其实也有它的好处，那就是我一想起我这个人生中唯一一次的错误，就怕得要死，于是顿时打消了我再犯罪的念头。我想我之所以对撒谎这件事深恶痛绝，就是因为我曾经撒过一个如此丑恶卑鄙的巨大谎言。我觉得我犯的这个罪行如果需要补偿的话，那就应该是我晚年的各种灾难痛苦和不幸，还有我四十多年来在任何困难的境遇下都坚守着的正直人品以及荣誉感。更何况已经有非常多的人为可怜的玛丽蓉报了大仇，所以虽然我对她的伤害非常之大，但在我临终之际她一定会原谅我的。这件事我只能说这么多了，原谅我以后再也不会提它。

注释：

【1】当时在加尔文的带领和推动之下，法国的宗教改革以日内瓦市最为活跃，所以萨瓦保守的天主教贵族对日内瓦人非常排斥痛恨，常叫嚣着要用勺子将他们吃掉。而这些人的领袖则是德·朋维尔家族。

【2】是天主教的一个节日，定在复活节前最邻近的那个周日。

【3】后来在1928年的时候，为纪念卢梭和华伦夫人见面200周年，该地点真的建起了一圈金栏杆。

【4】隶属天主教的一个苦修会，由圣方济所建立，由教皇所扶持。本质上属于为教皇服务的宗教官方组织，可以用来打击异端，代言宗教形像。因此会中成员并不特别注重隐居修持，而常刻意炫耀贫穷。

【5】即前文所说的撒丁王，这是他的名字。

【6】彼埃蒙利弗尔和前文所提及的法国利弗尔在当时购买力差不多，前者兑换

比值稍高一些。

【7】隶属天主教的女修道会。

【8】即安妮·德·波旁，有极强的社会活动能力和政治能力。路易十四年幼登基时，红衣主教马萨林等人意图加强中央专制和集权，被国内民众强烈反对，导致民众投石砸窗，遂引发投石党运动。而德·隆格维尔公爵夫人便是第一次运动的领导者之一，在两次投石党运动中也发挥了极积作用。

【9】即若翰纳·方济加·尚达尔，天主教修女，与人联手创建圣母访问女修道院并任第一任院长，地位极尊崇，被称为“圣妇”。

【10】根据相关资料，卢梭的手稿中曾标明那一年是1763年。

【11】是指乔治·凯特元帅，雅格宾派成员，后文有详述。

【12】这个续篇其实并没有写出来，当时卢梭正在写其他两部作品，无暇顾及该书，而且健康状况也不佳，对《爱弥儿》的续篇他尚未动笔便病死了。

【13】即汉尼拔·巴卡，北非迦太基著名将领，和亚历山大、恺撒、拿破仑并称欧洲四大名将，担任过马其顿国王，多次打击罗马军队。他曾带队翻越阿尔卑斯山，卢梭文中的意思即是指这一点。

【14】基督教里用“羊圈”指代教会。“羊圈”是指《旧约》里的律法，喻意是将人的思想约束在圈里，其实是指律法对人的约束。但教义认为这只是暂时的，教众们最终要像羊追求草场一样，去奔向基督的怀抱。

【15】两人都是著名的僧人，受人推崇，有很多圣人言论。

【16】开创波旁王朝的亨利四世原来曾信奉新教，但后来曾因故弃离新教。

【17】希腊神话当中一个因乱伦而生出来的阴险小人。阿伽门农出征特洛伊时将妻子交给他照顾，结果两人通奸，最后还合谋杀了凯旋的阿伽门农。卢梭将伙计比成此人，与这个伙计当时的身份和男主人交待给他的任务颇为相似，同时也暗含对巴西尔先生的诅咒。

【18】即玛丽·德·拉比坦—尚塞尔，法国女作家，擅长写书信，被称为“书简家”或“尺牍家”，代表作有《书简集》。

【19】从卢梭后期的作品看，他确实对此事耿耿于怀，悔懊歉疚，倍受折磨。从他的遗作《一个孤独的散步者的梦》当中可以看到相关的记述。

第三章

我从维尔塞里斯夫人家离开时，情况和我刚来的时候相差无几。我再次回到了租给我房子的那个女客店主人那里，一住就是五六个星期。这段时间里，因为我身体无恙，年纪又轻，还无所事事，所以时常会觉得内心苦闷。我烦乱不安，神情恍惚，如在梦中，时而哭泣，时而长叹。我渴望着幸福生活，却又不知道这份幸福到底长什么样子。我甚至觉得我所盼望的那份幸福根本不存在！我当时那种困扰无法用语言来形容，而且也不会有人能想像得出来。因为大多数人已经身处在那既烦恼却又甜美的大好生活当中，沉浸在梦想中，提前品尝着属于未来的幸福感。我整天想的都是那些姑娘和少妇，但却不知道这些女人于我有什么用。我满脑子都是女人，却又不知道如何跟她们发展。此时，如果能有一个戈登小姐那样的好姑娘陪我一会儿，叫我去死我也情愿。但我们现在都已经不是孩童，再也不能如儿时一样在一起嬉戏了。与情爱之事相伴随的羞耻心，随着年龄的增加而变得愈发强烈，这使我的害羞之情达到了无法克制的程度。但不管是在那时还是后来，我都没有向女人主动提出过情爱之事。即使我明知对方根本就不在乎，只等着我首先开口，我也没有提过这样的要求；除非是对方先提出来并且强迫我就范，否则我不敢有什么妄动。

一天，我缩在一个院子的角落里，院子里有一眼井，村里的姑娘们常来这里汲水。在院子一头有一道斜坡，那里有几条通道通往地窖。我对这几条地下通道进行了一番观察，发现通道长且昏暗，且向前延伸不知通向什么地方。所以我觉得如果有人发现了我，我就往通道里跑，一定不会有事的。我信心满满，于是便向那些来汲水的姑娘们摆出了一个极为愚蠢的姿势，本意是为了勾引她们，其实却滑稽得很。有些聪明的姑娘装作没看见，有的却大笑起来，另外几个则倍感受辱，不禁大声尖叫。我立即往通道里跑，耳中听到后面不少人在追我，居然还有一个男人的声音（我万万没想到姑娘堆里什么时候冒出个男人来）。我更紧张了，高一脚浅一脚地跑进了地下通道。脚步声、女人的尖叫声、男人的吼声，各种声音像是粘在了我的后面，追赶着我。我原本以为通道的昏暗能隐藏我的身形，哪知前面却突然亮了起来。我吓得全身打颤，快步跑向通道里面，可一面墙却突然出现在我面前，我无路可走了，只能待在原地等待惩罚。一个壮汉抢上来一把抓住了我，这男人满脸胡子，戴着一顶大帽子，腰间挎着一把砍刀。他身后则是四五个老太婆，人人手里一把扫帚。此外，还有那个尖叫着带人来追我的臭女人，我想她一定是想亲眼瞧瞧我这个暴露狂的德行。

那男人扭着我的手臂，粗声问我是干什么的。可想而知，我哪还能说出什么话来。但我当时倒镇定了下来，而且一闪念蹦出个好主意来，这主意最后竟然帮我成功地脱了身。我当时向他哀求，求他看在我如此年轻又如此丢人的份上放过我。我还骗他说我在外乡是个有身份的年轻人，但精神上有点病，不想被家人关在家里，所以逃了出来。如果他把我交给我的家人，我就彻底糟糕了。我还答应他，如果他能放我一马，我日后一定会施以重谢的。真没想到，我的这些谎言和可怜的表情居然打动了他！他简单地训了我几句，就把我给放了。那臭女人和几个老太婆看我就这么走了，自然都很不高兴。我这才发现，原来那个最凶的壮汉对我才有用，如果他不在场，那几个女人肯定不会轻饶我。我边走边听她们在后面咕哝，也不知说些什么。但我却无所谓，只要那个男的不拿着刀参加战斗，以年轻小伙子的身手，那几个女人拿着几把烂扫帚可对付不了。

几天后，我跟一个住在我隔壁的年轻神甫上街去，竟迎面遇到了那个壮汉。他一眼就认出了我，模仿着我的语气笑话我说："我是个亲王啊！但又是个懦弱小鬼！尊敬的殿下，你还是少耍花样了。"他没再说别的，我害臊地低头走开，不过仍然感谢他给我留了些面子。我确定，那几个老太婆一定会怪他轻易相信我。但不管怎样，这个彼埃蒙的壮汉是个好人，我对他心怀感激。毕竟这事太可笑了，如果换作旁人，就算不想把我怎样，只是想笑话笑话我，那也会当场把我羞辱得无地自容的。这事的后果倒不严重，但让我消停了好一阵。

我给维尔塞里斯夫人服务时认得不少朋友，且跟他们时有往来。其中一个是萨瓦的格姆神甫，我常去看望他。他给麦拉尔雷德伯爵家的子女们授课。他年纪不大，不爱交友，但见识广博，正直聪明，且非常诚实。我跟他往来并不是为了找工作，况且以他的实力还帮不上我的忙，而是我从他身上发现了很多可以使我一生受用不尽的宝贵之处，主要是那些道德规范和名言警句。在我的爱好和观念的形成阶段，我的人生标准总是高低起伏。我有时想成为阿喀琉斯一样的英雄人物，有时却又想变成德尔西特[1]那样的小人。格姆先生耐心地教导我做人要安守本分，要会学认识自我。他与我相处时，既不纵容我，也不伤害我的自尊。他认真地分析了我的禀性和才干，还指出了我身上阻碍才能发挥的因素。他的结论是，我的禀赋不会让我发达，相反却能让我不去追名逐利。他向我讲述了什么才是真正的人生，令我恍然大悟，原来我之前的想法都错了。他说一个明达的人在困境中该如何坚持而追求到幸福，他还说美德是真正幸福的支柱，所以无论在何时何地我们都要贤达开明。他的话让我不再羡慕贪图功名利禄，并证明了那些统治者们并不比任何人高明和幸福。他有一些话常在我脑海浮现，他说："如果所有人都能了解别人内心的想法，那谦虚的人就要比高傲的人多多了。"这话确实是至理明言，又不矫情造作，使我受益良多，心态也一直因此而安宁，更加地守本分。他讲解了善良的真正价值，让我觉得自己以前的看法是多么地肤浅，对善良的理解太过极端了。他告诉我，如果将道德的标准定得太高，是不会对社会产生实际的好处的，因为标准过高很容易使人从高处掉下来。每个人都应该从小事做起，尽好自己的本分，如此坚持下去就和英雄没有太大的区别。这样做可以让人倍生成就感和幸福感，一直受人尊重远胜于偶尔的几次掌声。

要想明白人生于世应尽的责任，得先了解人生价值的本源。我的人生历程导致了我当时的困境，所以我在此处得聊聊宗教了。读者们能猜得出来，《爱弥儿》当中那位萨瓦牧师[2]的原型，有一大部分内容就来源于这位格姆先生。而其他那些他所遵行的信条和对宗教的见解，甚至他劝我回家时说的话，都跟我后来写给大家看的内容一模一样。所以他对我所说的话，我不用多说大家也能想像得出来。但我还得补充两句，他所说的那些充满教育价值的话，其间蕴含着丰富的哲理，虽然那时没对我起到明显的作用，但却在我心中永远埋下了道德和宗教的两颗种子，只等着那只能够把它们培育成熟的温暖的手来呵护其萌发。

虽然我加入天主教颇为勉强，但他仍然感动了我。我很喜欢他的话，毫不厌烦，因为他说得简洁明白，尤其是其中蕴含的真诚关爱。那些真心盼望我好的人，要比那些曾经帮助过我的人更让我敬爱万分。况且我对别人内心的观察向来正确，因此我发自内心地敬爱格姆先生，简直就是他的第二弟子。跟格姆先生的往来让我获益良多，改变了我整天游手好闲而想去做坏事的生活状态。

一天，出乎我意料，洛克伯爵居然让人来找我。因为之前我一连几次都没跟他说上话，所以就有些腻烦，不情愿去他那里。我想他早把我给忘了，或者对我印像不佳，但我大错特错了，他其实曾屡次见到我对他姑姑照顾有加，无微不至，心中有数。他还跟他姑姑讲了一件与我有关的事，可这事连我自己都没印像了。这次他找我来，热情地招待了我。他说他之前对我的许诺并非空头支票，他当真想替我谋个出路，现在已经有结果了。他说我如果在这条路上走得好，以后一定会成为一个大人物，至于怎样才能干好，就全看我自己的努力了。他这次给我的工作仍是去一个贵族家庭里当仆人，但只要主人相中了我的才华，我就会有更多的机会。我一听又是去做仆人不禁泄气，心中非常不满，不住地嘟囔着。但很快我的自信就涌起来了，怒气渐消。因为我觉得以我的才华，根本就不像个当仆人的，所以那家主人一定会器重我。

洛克伯爵便把我领到了古丰伯爵家里。古丰伯爵是王后的侍从长，是著名的索拉尔家族的族长。他气派俨然，但对我招待殷勤，使我十分感动。他对我的事很感兴趣，不住地问我，我回答得也很认真。他对洛克伯爵说我长得招人喜欢，看起来颇有能力，但未必说明我处处优秀，各方面还得再观察一下。随后他跟我说："孩子，万事开头难，但你的工作比较简单，好好地干，让大家都喜欢你就是你唯一的任务。而我是不会亏待你的。"他立刻领我去见他儿媳布莱耶侯爵的夫人，向她介绍我，然后又向他小儿子古丰神甫介绍我。我觉得这个开头不错，他们既然对我如此热情，再结合各种表现来看，应该不会就当我是个仆人了。确实，在他家里我没有被当成一个仆人，虽然我和其他仆人共用一个食堂，但我可以不穿仆人的衣服。

有一回，为人轻浮的法弗里亚伯爵让我站在马车的后挡板上随他外出，他祖父古丰伯爵立刻喝止了他，还下令说不想再看见我站在车后挡板上。当然，我在古丰伯爵家里还得做些仆人的活，比如服侍主人用餐。但我比较自由，不专门听命于谁。我的工作就是将主人口授的信件记下来，或者在法弗里亚伯爵的吩咐下剪贴图样。白天我几乎可以自由安排时间。但我没意识到这样下去危险得很，而且也不合情理，因为太过清闲、无事可做时，我会染上那些原本离我很远的不良习惯。

所幸并没发生这样的情况。格姆先生说过的一些话一直在我耳边响起，我真是爱听他的话，所以我常溜出去找他。我想看到我溜出去的那些人是不会知道我去哪里的。只有格姆先生的言论和指点才是最为正确的。我工作之初还不错，勤劳、认真、热忱，大家都觉得我挺好的。格姆神甫对人情事理认识得很深刻，他跟我说一开始工作不要太热情，否则后来一松懈别人就会挑剔。他又说："你起初的工作态度，是别人认识你的标尺，不能用力过度，要保守一些，等到后来再渐渐加强。做任何事皆同一理，后来的一定要比之前的强才行。”

因为大家对我的些许才干没有认真地考察和分析，觉得我不过如此而已，所以也不想让我有所展示。虽然古丰伯爵屡次提及想让我展现才华，但后来他琐事缠身，基本上已经忘了我了。他儿子布莱耶侯爵也是驻维也纳大使，王宫中的政治斗争也波及到了古丰伯爵家里，家里人心惶惶，好几个星期都混乱不堪，也没人有工夫顾及我。但我一直都特别地勤快，毫不散漫。可这时偏发生一件对我利害相关的事，这事让我一方面不受旁的干扰，另一方面却让我工作不再认真。

布莱耶小姐与我年纪相若，她身形匀称，容貌娇美，秀发柔顺。虽然她原来是棕色头发，但脸上却满是金发美女的柔情。她穿的是合身的宫中礼服，更突显了她曼妙的身材，胸脯和双肩露在外面，而她又正穿着丧服，所以衬托得肤色更加细腻迷人。有人会说，我作为仆人不该死盯着一位尊贵的小姐。对，我是错了，但我确实看了好几眼，而且旁人其实也都在偷看，比如总管和打扫房间的仆人就总是在用餐时聊起小姐的美貌来，而且说话粗鲁，不堪入耳。我还没傻到以为小姐会相中我的程度，我知道自己的仆人身份，所以很本分，从不多想。我特别爱看她，喜欢听她说的话，通过这些话可以看出小姐的才智和人品。如果非要说我有什么想法的话，那就是想要积极地为她服务，就是这些，并未超出我的本分。用餐时，我想尽办法为她做些仆人该做的事。只要她的贴身仆人刚一走开，我就立即凑上去。如果没法接近她，我就站在对面凝视着她的双眼，猜测她的心理，准备为她换菜或是做点别的什么。我绞尽脑汁想要引起她的关注，盼望着她能给我下令做些事，或是朝我看上一眼，说点什么，但这些都没有发生过。让我最受不了的是我在她眼里就像空气，但她哥哥却会在用餐时跟我说上几句话。他有一回说了句不大体面的话，但我回答得却颇为高明、恰当，这才引得她留意了我，还扭头看了我一眼。虽然这一眼时间不长，但我内心的兴奋无法言喻。第二天我又很好地把握了一次机会。这天伯爵府里设宴请客，总管身穿盛装，佩剑戴帽，这身让人大吃一惊的装束我可是头一次看见。席间，有人看到了伯爵家里的一张有国徽图案的壁毯，见上面绣着索拉尔家族的著名箴言：“Tel fiert qui ne tue Pas.”因为彼埃蒙人一般不大了解法语，所以有一个客人说这句话里有一处拼写方面的错误，即“fiert”中多了个“t”。

古丰伯爵正要解答这个质疑，一撇眼间恰好看见我在偷笑，一副欲言又止的样子，于是就叫我说说看。我说字母“t”并非多余，因为“fiert”是古法文词，它意思的来源并非表示“恫吓”的单词“ferus”，而是源自表示“打伤”的单词“ferit”，所以这句话的意思其实应该是“伤而不杀”。

众人顿时呆住了，都大吃一惊，所有人的目光都投向了我。我长这么大都没见过人竟会吃惊成这个样子。但让我高兴的是，布莱耶小姐对我的回答显然十分欣赏，如此骄傲的小姐便又看了我一眼。她看我这两眼都一样的宝贵。随后她又看向古丰伯爵，看样子是想听她祖父能夸奖我两句。果然，古丰伯爵特别满意，着实把我狠狠地表扬了一通，也引得满座宾朋对我鼓掌赞扬。虽然时间不长，但已经足以令我陶醉了。我觉得这个难得的瞬间，使我被命运挤压的才华得以舒展。过了片刻，布莱耶小姐又看了我一眼，用略显羞涩而温和的语气叫我给她端杯水。我一听就立刻跑去给她端了杯水。但因为激动我抖得厉害，当我端着一满杯水走到她近前时，竟然把水洒到了她的身上和盘子里。她哥哥法弗里亚伯爵非常生气，呵斥我抖个什么劲，结果让我更加惶恐。这时，我发现布莱耶小姐满面飞霞，连眼白都红了。

这段甜蜜时光到这里就走到尽头了。各位读者会发现，这段经历同上次和巴西尔夫人之间的经历，在结果上没有两样。甚至我以后人生中的爱情经历都是如此，我所有的爱情从未有过圆满的结局。我带着内心的渴望守在布莱耶夫人卧室外的过厅里，等着和小姐再次相遇时好能发生些什么，最后却是空等一场。她的女儿布莱耶小姐，不再对我有任何关注。她进出房间时虽从我面前经过，但却看都不看我一眼，而我也羞于抬头看她。

我还做过一件蠢事。有一次她无意间掉了一只手套，正好掉在我面前，但我竟然没第一时间抢过去捡起来放在嘴边亲吻，只是傻站着，最后让一个胖得像猪一样的仆人捡了去。而且我发现，布莱耶夫人好像也不喜爱我，我就更感不安了。她不再叫我替她办事，就连我主动要为她做些什么，她都拒绝。她有一回见我在过厅那发愣，就不快地问我是不是没事干了。我很不安，觉得应该离开过厅去干活了，一开始有点舍不得，但后来琐事缠身，我就把这事渐渐忘了。

布莱耶夫人对我不满，但她公公古丰伯爵却在我受冷落时给了我很多安慰和关心。宴会那天的晚上，他找我聊了足有半个小时，显然他很愿意跟我聊天，我也受到了他的鼓励。古丰伯爵和蔼可亲，很有学问，只是没有维尔塞里斯夫人学问大，但人很善良，所以我给他办事非常愉快。他介绍我去给他儿子古丰神甫做事，说他儿子非常欣赏我，如果我能好好干就会大有收获，还能学到很多我没有的本事。

第二天我就去了。古丰神甫没有把我当下人，还亲切地让我也坐在火炉旁，然后问了我一些问题。我这才意识到我虽然学问很杂，却都不精通，尤其是拉丁文最为差劲，于是他说可以教我学拉丁文。他还让我从第二天起，每天上午都去找他学拉丁文。大家可以看得出来，我的人生中总有这样奇怪的事情：在同一时期里，我的身份既高又低；在同一个家里，我既是学生又是下人；我一边服侍主人的生活起居，另一边却又能向只有国王子女们才有资格聘请到的名师学习。

古丰神甫是古丰伯爵的小儿子，家人都盼望着他将来能成为主教。所以古丰神甫就一定要比一般的贵族子弟掌握更多的知识，博学广记，增加学问。他上的是锡耶纳大学，几年下来他也有了克鲁斯卡学院的语言纯洁癖：说话时要求语音纯正，写字时要求文字中规中矩。他学问渊博，在都灵的声望堪比当年丹若甫神甫在巴黎的名望。但他并不爱好神学，后来便专心于文学研究，这在意大利的高级神职人中颇为平常。他满腹诗书，也用拉丁文和意大利文写诗，都非常优美。他似乎有意要把这些本事传给我，同时还想把我学到的杂学梳理一番。但或许因为我跟他说的话太过散漫，让他不知我的底细深浅，又或许是因为他觉得初级拉丁文过于简单，所以教学之初就把标准定得很高。他先是让我翻译弗得尔的寓言，很快就让我翻译维吉尔的诗，可我根本看不懂诗里的意思。这种教法虽然能让我被迫抓紧时间学习拉丁文，但结果却是，我可能一生都学不好拉丁文了。但我当时学习很努力，古丰神甫教得也非常卖力，这让我一直很感激他。我上午基本上一直和他在一起，向他学习，有时也服侍他，但并非伺候他的生活起居，而是为他抄写东西，或者笔录他口授的文件。这些工作也让我学到了很多东西，甚至要比古丰神甫直接教给我的还要多。我学会了正宗的意大利文，还开始热爱文学，特别是学会了如何鉴别书籍的优劣，这在拉·特里布太太那里可学不到。这些学习的收获为我以后独立工作做了很好的铺垫。

我一生中，只有这段时间才没去想女人，想的都是如何能有所成就。古丰神甫很满意，总在人前表扬我，他父亲古丰伯爵更是出奇地欣赏我。法弗里亚伯爵就跟我说过，古丰伯爵在国王面前都提到了我的名字。布莱耶夫人对我的态度也好了一些。最终，我在他们家非常得宠，导致别的仆人非常嫉妒。他们见我成为古丰神甫的学生，便认为可能我以后就不会像他们一样一直当个仆人了。

我无意中听到了仆人们在谈论我，说的是这个索拉尔大家族的人们对我前途的安排。我将这些话认真琢磨了一番，心想：古丰伯爵领导的这个索拉尔大家族中，有些人想当驻外大使，甚至是大臣；因此古丰伯爵他们可能早有计划，要扶植一个有学问、有才干的人，而这个人一定要听命、效忠于他们。说实话，古丰伯爵这个远见卓识的计划很不错，只有愿意给新人上位的机会，并且眼光放得长远的大贵族才能有这样的见识。但我当时并不清楚这个计划的详情，所以觉得有些难以理解。再说他让我效忠于他家的时间太长，而我的野心充其量就是想找个发达的机遇而已。而且这个计划当中并没有女人的参与，我就觉得走这条路去求发展有点太漫长、太苦闷，也太费力了。其实我这个想法完全错误，因为不涉及女人的计划，才是稳当有效的计划，毕竟女人所偏爱的那种才能不如我具备的才能。

万事顺利，我几乎得到了所有人的尊重，人们也不再考验我。他们都觉得我前途无量，现在虽然寄人篱下，但以后一定会功成名就的。但我却觉得不能让旁人来摆弄我的命运，我要通过别的道路走向成功。这里，我得说明一下我天生的性格，我也不用说得太多，只要能讲清楚就行了。

在都灵，像我这样改信天主教的人不少，但我不愿意跟这些人来往。不过，其中有几个日内瓦人却跟他们不同。一个叫穆萨尔的先生，外号“大嘴”，他是细笔画工，跟我还沾点亲戚。他听说我在古丰伯爵那里工作，便跟另一个名叫巴克勒的日内瓦人一起来看望我。这个巴克勒我也认识，他是我以前做小徒弟时的伙伴。这人很诙谐风趣，说话挺逗乐的，他年纪不大，逗乐的话大家都爱听。我很快就喜欢上了他，甚至还舍不得跟他分开。但他很快就要回日内瓦去，这对我而言将是一个巨大的损失！我为了抓紧时间跟他相处，便跟他寸步不离，而其实他也同样不想离开我。起初，我还不至于不请假就溜出去找他玩，但别人发现他总是来找我玩时，就不再让他进来。我急得不行，脑子里只想着巴克勒。打那以后我什么都不干了，也不去古丰神甫那里学习，也不在家里服侍伯爵。大家发现大白天的却总是找不到我的人影，不禁都来教训我，我却充耳不闻。后来他们又吓唬我，说要把我辞了。这样的威胁逼得我下了一个决心：我要跟巴克勒一起走！那时我感到，只有跟巴克勒一起旅行才是最重要的事。我脑子里想像的全是跟他一起出行的乐趣。再说，没准还可以看到华伦夫人，虽然要等很长时间才行。至于回日内瓦看看，反倒不在我的计划之中。我脑海中浮现出来的是一幅幅如油画般的美好景像：山峦起伏层叠，大地绿草茵茵，树林茂密，流水潺潺，其间是大大小小的村庄。图景中每一样事物都美得妙不可言，对这次旅行的想像完全占据了我的灵魂。想起上次来都灵的旅途中看到的美妙风景，我开心得要死。再说，这次出游将不受任何人的管束，完全由自己拿主意，而且还有一个风趣和善的伙伴陪着我，这是多么地美好啊！除了疯子，又有谁会放弃这样的旅行而去追逐那遥不可及、困难重重却又未必成功的发达梦呢？而且这个梦就算最后真地实现了，无论成就有多大，都比不了青年时期哪怕只有一刻钟的自由和欢乐。

因为我始终心存这些看似美妙但荒唐无比的想法，所以我就绞尽脑汁地想让主人家辞退我。实话实说，这也非常不容易呢！一天晚上，我正要回家，管家跟我说，伯爵先生已经把我给辞退了。我一听心中暗想：我要的就是这个！他们主动辞退我，正好可以让我撇清自己，借口说是他们赶我走，我才被迫无奈离开的。我做的事原本已经很荒唐了，现在居然还这么想，我真是个忘恩负义的小人！法弗里亚伯爵叫人告诉我，让我明天上午走之前先去他那里一趟，要跟我说点什么。大家当时觉得我头脑可能挺混乱的，应该不会去见法弗里亚伯爵，便跟我说，我只有去见了法弗里亚伯爵之后，总管才会给我发薪水。说心里话，我不该要这笔钱，因为在这个家庭里没有人把我看成下人，所以我们双方之前也没商定要支付我多少钱。

法弗里亚伯爵年轻且鲁莽，但这次找我去所说的话却合情合理，语气也颇为温柔。他当时动情地跟我说，他的叔叔古丰神甫和祖父古丰伯爵都非常关心我，也对我给予了很大的期望。他说我这次的决定是错误且有风险的，而且会付出很大的代价。他还提出一个妥善处理此事的方法，只要我不再和勾搭我的那个坏家伙见面，别的事都好商量。

我知道，这些话并非他本人的意思。我再傻也猜得出来这是古丰伯爵的善意忠告，他是为了我好，我非常感动。但我鬼迷了心窍，念念不忘这次有趣的旅行，什么也无法消除它对我的诱惑。我已经丧失理智。我的态度非常坚决，说话也非常强硬，也显得十分傲慢，断然拒绝了对方的要求，说道："你们已经辞退了我，我也同意了，还说这些做什么呢？不管以后我有什么下场，我也不想被同一个主人赶走我两次！"法弗里亚伯爵怒不可遏（他生气是合理的），把我骂得狗血淋头，抓着我的肩膀一把就把我推了出去，随后用力地关上了门。我昂首挺胸，像个得胜的将军一样出了大门。为了避免第二次冲突，我竟连古丰神甫的门都没登，一句道谢的话都没有，就这样走了。

如果大家想知道我为什么会有如此不合情理的做法，就得先了解我为何会对一些毫无重要性的事物如此着迷，为何我会对那些无谓的事物如此专注，尽管这些东西有时显得极为荒唐和虚幻。那些毫无价值、莫名其妙的计划，常让我兴趣大增，以致我觉得有可能梦想成真。我当时都快十九岁了，但却把我的人生全都寄托在了一个小瓶子上面，梦想着靠它就能安身立命。这一点有谁会相信呢？关于这瓶子的事，请听我详细叙说一遍。

几个星期之前，古丰神甫送给我一个小玩具，那是一个“埃农”喷水器，小巧好看，我非常喜欢，天天把玩。我跟巴克勒在一起商量旅行计划的时候，我总是在玩这个喷水器。忽然我们想到个好主意，觉得这小东西挺有用，能够让我们在旅途中多玩几天。这世上难道还有比这个喷水器好玩的事物吗？我们两个荒唐地认为，在乡村，只要把这个喷水器拿出来，那些没见过世面的乡民们一准会被这小东西吸引的，然后好酒好菜地招待我们。我俩觉得乡下人不会吝惜这些饭菜的。如果他们不让过路客吃饱，就会被人家说心地不够善良。我们以为乡下处处是盛会和婚礼庆典，凭我们的口才和这个喷水器里的一点儿水就能去我们想去的任何地方。类似这样的计划，我俩设计了一个又一个，没完没了。我们计划先去北边，去征服阿尔卑斯山，但不会在某个地方驻足止步。

一切就绪，我们终于要将计划付诸实践了。我背叛了我的主人、老师、学业、大好前程，还有那眼看就要得到的荣华富贵，可我竟然一点痛惜之情都没有。我接下来要过的是真真正正的流浪生活。永别了，都灵！永别了，王宫、追求、虚荣、女人，还有我企盼了一年多的人生奇遇。于是我们拿着喷水器踏上了旅程。虽然兜里没钱，但内心充实且兴奋，只想着到各地去游玩，享受其中的快乐。因为我们制定这些计划的最终目的，就是为了这份快乐！

这次的行为虽然荒唐，但是我们还是和预期的一样获得了很多的乐趣。不过有的时候却不大一样，比如在某地的客店里，虽然我们的喷水器可以让客店的女老板和女佣们笑个不停，但最后还是得付店钱，一分都不能少。但这也没什么，因为喷水器只是我们没钱时用来救急的东西。后来又发生了一次意外，在快到布拉芒的时候，喷水器坏了，这倒是叫我们省了不少心，因为这玩意儿其实一直让人觉得挺累赘的，只是我俩谁也没说出口罢了。所以我俩反而更加高兴，还不断自嘲，觉得之前很愚蠢。当我们的衣服和鞋都破烂不堪时，竟然以为靠这东西可以赚到钱，然后买新的穿。我们继续向前，心情不变，但路线不再迂回，而是直奔目的地。因为身上的钱已经快花光了，再不抓紧赶路可不行了。

到尚贝里的时候，我开始想一些事情。但我想的并不是这次选择的荒谬，毕竟没有谁会对刚发生的事着急进行总结。我想的是华伦夫人会怎样对我。在我心里，华伦夫人的家就像是我自己的家一样。我在古丰伯爵家工作时，曾跟她通过书信，所以她了解我当时的情况，还在信里恭喜我，又让我不能辜负了古丰伯爵一家人。她觉得只要我谨慎小心，以后一定会有前途。可是现如今，我又回到她家了，她会怎么想呢？我倒是不怕被拒之门外，但我怕她伤心难过。我宁可忍受穷困，也不想她责备我。我决定默默地忍受她对我的不满，然后尽我所能平息她的怒火。在人世间，只有她是我的亲人，她要是再讨厌我，我就不能活了。

而让我发愁的是巴克勒。我可不想把这个累赘带到华伦夫人身边，但是想摆脱他也不容易。在这段旅程的最后一天，我故意对他很冷淡，就为了能跟他分手。他虽然没什么头脑，但又不傻，一看我这样就立刻明白了。可是他对我这种不讲义气的行为却一点也没有生气。刚一进安纳西的城门，他便拥抱了我，说道：“你到家了，回家吧！再见！”说完转身便走了，很快便消失在人群里。此后，我们未再见过面。虽然和他只相处了六个星期，但这段回忆我永远无法忘记。

华伦夫人的家就在不远处。我的心剧烈地跳着，双腿发抖，眼前发花，耳中嗡鸣。我不得不频繁地停下来调整我的呼吸和情绪。我是在担心不会得到华伦夫人的包容吗？我这么年轻，难道会被饥饿和死亡吓倒？绝对不会！我敢对天发誓：我这一辈子，绝不会因为有了钱就趾高气昂，没了钱就慌张不安。在我这充满苦难的一生中，虽然我经常食不裹腹，起居无常，但我看待荣华富贵和贫困潦倒的态度没什么两样。没钱吃饭，我就去要饭或者干脆偷东西，却不会因为饿肚子而惶恐不宁。世上没有几个人的人生像我这样充满了叹息和哭泣，但我却从不会因为贫穷无依或害怕变穷而叹息流泪。命运曾多次考验过我，但我那些幸福和痛苦的感受都跟命运没有关系，我恰恰是在生活有保障的时候，才会感到不幸和痛苦。

我终于见到华伦夫人了，我走上前凝视着她的表情，一见之下，不禁松了一口气。她张嘴和我说话，我闻言立即跪了下来，像疯了一样抓着她的手吻个不停。我不知道她之前是否听说了我的事，反正脸上没有什么惊讶的表情。“这孩子真可怜！”她的语气中充满了安慰，说道：“你回来了？你还太小，不适合走这么远的路。还好事情不算太糟，我也就放心了。”她让我把这一年多的经历给她讲一遍。我说得不是很详尽，但我没撒谎，除了几个细节没说，其他的事我合盘托出，对我的错误也未加辩解。

后来我们谈到了我的住处问题，她问了问身边的女佣，想听听她的想法，我在一旁则不敢作声。终于华伦夫人同意我留在她家里，我高兴得差点蹦了起来。当看到仆人把我的旅行包提进我的房间时，我兴奋的心情恰似圣普乐看见别人赶着他的马车进了沃尔马夫人[3]家车棚时的心情。而且华伦夫人说这并非只是让我暂住，我听后更加高兴。我站在那发呆，华伦夫人以为我在担心什么，便说："不用管别人说什么，随他们便。既然是上帝引领你回来，我就不会违背上帝的旨意。"

我终于安心地住了下来，但这并非说明幸福的生活就这样开始了，只能说是个准备阶段。虽然我天生就擅长感悟生活之乐，或者说这只是一种本能，但毕竟得有相应的环境才可以表现出来。如果没有这些外界诱因，就算一个人再生来多情也感觉不出来，还没等他体验到人生之乐，恐怕就死掉了。以前我生活的情况就是这样。如果我跟华伦夫人不曾相识，或者相处时间不长，又没有她对我的温情相待，我也就会永远是那个老样子了。因此说，只知道追求爱的人，未必就能体验人生美的真谛。我还有另一种类型的感情，不像爱情那么强烈，但甜蜜程度却胜过爱情千万倍。这种感情有时会和爱情相伴生，但大多数情况下两者无关。它不是单纯的友谊，因为它比友情更加迷人。这种感情不会在同性之间滋生。我目前还很难描述清楚，但以后总会想明白的，因为凡是和感情相关的事，都只能在它们带来的感受中慢慢体会出来。

华伦夫人的房子很大，但是老旧，有一间作为花厅的房间装修得很漂亮，摆满了摆设，这就是我的房间。这间房在一条过道上，我跟华伦夫人的第一次谈话就在这里。透过窗户，可以看到小溪和花园。这些风景让我这个年轻的住客浮想联翩。离开波塞以后，我头一次住在窗前有花有草的屋子里。而我之前离开安纳西以后，所有住过的房子周围都有墙挡着，窗外全是一间接一间的房屋和灰黑肮脏的街道。而现在能住在这样的环境里，我的心无比的快乐和温暖，我能从中感受到华伦夫人的柔情。这些美景就是华伦夫人对我的恩情。我认为她是有意把我安排在美景当中的，带着悠闲的心情跟在她身边，四周是优美的景色，花红柳绿，五彩缤纷，她的美和春天的美交织在一起向我扑来，这一切简直太美好了！我那颗一直被压抑着的心终于舒展了，我的呼吸终于畅快自由了。

华伦夫人的家并不像都灵某些建筑那么豪华，但房间干净、整洁，与豪华的装修相比，另有一番古朴的味道。她的银餐具很少，没有值钱的瓷器，厨房里也没有挂着野味，地窖里也没有名酒，但家里却储备了丰富充足的食物。她用陶瓷杯子装着上等咖啡给客人喝。有人登门，她一定要留人家吃饭。不论是工人、邮差还是路人，不管什么身份，都会在她家吃饱喝足才离开。她身边有五个仆人，漂亮的贴身侍女叫默尔塞赫，是弗里堡人；一个男仆叫克洛德·阿勒，跟华伦夫人是同乡，后文我还要提到这个人；还有一个女厨师和两个轿夫。两个轿夫专门在她出门时给她抬轿子，只不过她不常出门。她一年只有两千利弗尔年金，相比这些开销而言便显得有些不足。幸好她住的地方物价不高，地产也丰富，所以钱虽然不多，生活倒也过得去。但她却不知节省，钱一到手就花没了，导致常常欠了很多债务。

她治理家务的方式正合我意，所以我也趁机享乐。我只是不喜欢她用餐的时间太长。她不喜欢汤和菜刚上桌时的气味，她会因此头晕很久，要缓过来之后才能吃东西。因此，在开始时她只能跟我们闲聊，等过了半小时才开动。有这时间我都吃三顿饭了。她刚吃第一口的时候我就已经饱了，但我只好陪着她，相当于吃了双倍，却也不难受。就这样，我在她家里享受着甜蜜的生活，日子清闲，觉得以她的财力完全可以永远这么快乐下去。但我那时还不了解具体情况，觉得她很富有。可后来才知道原来她已经预支了不少年金，我便再也快乐不起来了。想到未来的苦日子，心情哪能好得起来？我觉得她早晚会家道破败，这也是我无法逃避的。

我刚来的时候，我跟她的关系就非常密切。在以后的日子里，她也一直对我像亲人一样。她管我叫“孩子”，我则叫她“妈妈”，甚至多年以后，我们之间的年龄差异感完全消失的时候，我们还是这样互相称呼。这种称呼将我们两人之间密切的关系、纯朴的感情、心灵的互通，都表示得贴切到位。她就像我慈祥的母亲，一心只为我好。虽然我对她的感情中有一部分和肉体有关，但这并没有使我们之间的关系变得扭曲，反而将它装点得更加甜蜜。能够被这样一位年轻貌美的妈妈所抚爱，这让我时时陶醉在幸福里。我所说的“抚爱”只是表面意思，她虽然经常吻我，如慈母般爱我，但我从未有过非分之想。有人或许会说，你们后来不是发展成那种关系了吗？不错，但后来的事不能和之前的事混为一谈！

我们首次见面的那一瞬间，她才真正地让我动过情、吃过惊。我可从未偷瞄过她饱满的胸脯，虽然这个部位最能让我留意。跟她在一起，我既不冲动也没有邪念，只有那数说不清的宁静的沉醉感。我可以这样与她相伴一生，直到永远，永不厌倦。她是唯一一个让我觉得跟她说话不无聊的人，不像跟那些说话无趣的人交谈时，出于礼貌，我还要死撑着如受刑般地听下去。我们独处时的闲谈，基本上是在东扯西扯，絮叨些没意义的闲话，但只要无人打扰，我们就会说个不停。她从不催我说什么，反倒因为我话多总要叫我闭嘴。因为她时常会想些心事，做些计划，所以需要沉思。这是好事！我便不再说话，默默地看着她思考问题。我觉得这时的我，是世界上最幸福的男人了。我还有一个古怪的癖好，就是总想找各种机会跟她独处，并享受其中的一切快乐，尽管我并不强求这样的机会。这种情况下，如果有人草率地闯进来打断我们，我会气得疯掉。不管来人是什么样的人，我都嘟囔着发牢骚，然后赶紧离开，我可不想在我跟她之间多个第三者看着我俩说话。我跑去隔壁的房间，一分一秒地掐算着时间，在心里反复咒骂那个讨厌的家伙。真想不通，这人哪来这么多话要说呢？但我要说的话比他可多多了。

只有不在她身边时，我才明显地体会到自己对她的依恋有多强烈。只要跟她一见面，我就立刻高兴起来。她外出办事的时候，我在家里分秒难耐。想陪在她身边的焦急心情有时竟让我痛哭流涕。我永远不会忘记，有一天是盛大的节日，她去教堂祷告，我只能一个人孤零零地在郊外散步，但脑海里却充满了她的身影，心里只有陪伴她直到永远的想法。我看得很透，这个想法现在是无法实现的，我此时此刻的幸福感也不会长久。心念及此，我的内心忧伤重重，但却还达不到沮丧的程度，因为有一个令人喜悦的希望将愁绪冲淡了。那是头脑中浮现出来的一种幻像，那动人心弦的如同音乐般的钟声，鸟儿快乐的啼叫，太阳洒下来的灿烂光辉，稀疏错落的村舍（其中有一间应该就是我们爱的小屋），一起构成了一幅美妙的图景。这景像深深地打动了我，却又让我感伤满怀，神思迷乱，感觉幸福已经到来，仿佛我俩已经飞入了这美景之中，开始了新的生活。我无限喜悦，陶醉在这无法用语言来形容的欢乐当中，哪还有心思去想肉体的欢乐？我从未如此动情地去用心建构过未来的美好生活。而最叫人惊奇的是，我的这种憧憬后来居然成为了现实，而且现实和想像的情况完全一样。如果说理性的人其头脑中的幻想如同先知的预言的话，那我当时的情况正是这样。我所建构的幻想中只有一点是错的，那就是这份幸福的持续时间。我憧憬的是天长地久，一生不变。可现实中这份幸福不过只有一瞬。看来，长久的幸福对我来说不过是个梦，还没等这个梦成为现实，我就怅然醒来。

我独处时常会因为想念她而做些傻事。我无法一一详述，因为多得说不完。比如我无数次地亲吻她睡过的床；无数次地亲吻她的纤手抚摸过的窗帘和家具；无数次地亲吻她走过的地板……甚至有时在她面前我的举动也会因控制不住而显得疯狂和荒唐。

有一次吃饭时，我看到她刚放进嘴里的一块肉上面有根头发，便立即大喊出来。她反射性地把肉吐了出来，我却立刻把这块肉抓了起来，往嘴里猛塞，然后用力吞了下去。我现在的状态就像是一个疯狂的情人，只有一点差别，就是我们还没有发生过实质性的关系。所以我的这些举动，从道理上分析，是难以想像其合理性的。

我从意大利回来之后，我的状态跟去之前完全不同。或许在同龄人当中，也不会有谁能以我这种方式回来。我这次回来，童贞之身未失，但童贞之心已失。随着年龄的增长，身体的本能终于燃烧了起来。我沉醉于和她朝夕相对、幸福快乐的生活里，无论她是否在我身边，我都将她视为我慈爱的母亲、可爱的姐姐、漂亮的女友，从来没有想过别的。我一直如此对她，谁也抢不走她在我心目中的位置。她的身影深深扎根在我心里。在世上，似乎只有她的温柔和亲切才不会让我想着别的女人，这对她和别的女人都起到了保护的作用。总之，我爱她，所以我才不越雷池一步。关于我对她的那种感觉，其实我现在也说不大清。至于我对她的依恋中是否夹杂有别的成分，就让别人随便议论去吧。我只想说，如果大家觉得我的这种情感古怪透顶的话，那后来还有更古怪的呢。

虽然我每天活得都挺高兴，但做的工作却没什么意思。我天天帮她写各种计划，誊写各种稿件，进行账目收支记录，挑草药、磨药粉以及看管蒸馏器。我还得答对那些路人、乞丐和各类访客，比如士兵、药剂师、风骚的女人、修道院的司铎和杂役，形形色色各种人等都归我应付。这些家伙太招人恨了，我天天在心里咒骂他们，真希望他们全都被魔鬼抓到地狱去！但她却对谁都笑脸相迎。她看到我生气的样子，有时会笑得前仰后合；我越生气她就笑得越厉害，最后搞得连我也跟着一起笑了。其实，我叨咕发牢骚的时候，内心是快乐的。有时，她也会故意捉弄我，比如当来了一个讨人嫌的家伙跟她说话时，她就会故意拖长时间来气我。她还时而偷看我一眼，眼中带着调皮的笑，气得我特别想给她一拳。当她看见我碍于礼节，忍着不对访客发火，只是非常生气地看着她时，才止住笑声。不过我虽然生气，心里其实也觉得这场面很好玩。

以上这些琐事虽然我也不是很喜欢，但还不算太坏，至少是我所追求的生活方式的组成部分。我身边每天上演的这些事情，都不中我的意，但都能让我喜欢。如果不是因为那些药材的气味非常讨厌，而引得我为了回避难闻的气味做出许多怪模样的话，我想我最后会喜欢上制药的。制药这门手艺带给我的最大一项好处是，我随便拿起一本书来一闻，就能立刻判断出这是不是一本跟药学知识有关的书（这可是我第一次敢吹的牛皮）。而我确实常常判断正确。华伦夫人总是叫我去品那些特别苦的药，这让我左右为难。虽然我极力反抗，做出难看的表情，把嘴闭得紧紧的，但她那沾着药液的纤细手指只要一伸过来，我就只好张嘴去尝药的味道。当华伦夫人带着我，把制药工具都搬到一起而准备大干一场时，我俩之间一定会上演一出她追我跑、又叫又笑的好戏。如果别人光听这些声音，肯定不会以为我们是在制药，而是在演什么滑稽戏呢。

我每天也不全把心思都耗在这些琐事上。我在房里找到了几本书，像《旁观者》[4]、帝芬道夫的著作、圣埃弗尔蒙的著作，还有《亨利亚德》。虽然我现在看书的兴致大减，但闲来无事之时也看上几眼。我最爱看《旁观者》，从书中得到很多收获。古丰神甫曾跟我说过，读书最重要的并非数量，而是思考的深度，这个教诲对我影响很深。我反复琢磨作者写作的方法特点，研究如何才能把句子写得优美以及如何辨别正宗法语和外省法语。比如在《亨利亚德》中有这样两行诗：

Soit qu' un ancien respect pour le sang de leurs maitres.

Parlat encor pour lui dans le coeur de ces traitres. [5]

这就纠正了像我一样的日内瓦人常会犯的拼写毛病。其中动词“parlst”是第三人称虚拟式，有个“t”。而我以前不管是写还是说，用的可一直都是第三人称直陈式过去时“parla”。

我有时跟华伦夫人聊起这些书，有时就在她身边看书，看得有滋有味。我重点练习阅读发音的起伏，收获颇多。我之前提到过，华伦夫人也是有才华的，她又正值青春鼎盛，所以有很多文人都想借着指导她阅读名著为由来博取她的好感。我觉得她和新教徒的思想很像。她常提到拜尔，也很推崇早就被法国人忘到脑后的圣埃弗尔蒙。但这对她在文学上的影响不大，一涉及文学方面，她仍能侃侃而谈。她一生出入上流社会，所以她那沃州人哆里哆气的说话腔调已经不太明显了。沃州的女人都觉得谈吐文雅才符合上流社会的风范，所以说起话来都绉绉的。

华伦夫人只去过一次王宫，当时虽然只是路过，但这短暂的观察也足以使她了解很多情况了。她在宫中有不少朋友，虽然有些人对她心生嫉妒，背地里说了她很多坏话，比如欠债什么的，但她仍然可以拿到年金。她社交经验丰富，又擅长交际和利用人脉，这些都是她最喜欢提起的话题。而像我这种喜欢空想的人，也正需要好好学学这样的本事。我们一起读拉布吕耶尔的书，这人是她的最爱，对于拉罗什科福[6]的书却不怎么爱看，觉得其中充满了伤感气息。而这一点对于那些不按人的真面目来评价人的年轻人来说，应该会感受得更为深刻。一说起道德，她就越说越远，这种情况下，我只能靠吻她的嘴和手来支撑着耐心听下去了。

这生活太惬意了！但美是不能长久的。这方面我早有预感，我就知道一切都将结束。在享受这种生活的甜蜜时，只有这一点才会让我的心悬起来。在这种嘻笑逗闹的氛围中，她为我的未来做了打算，但我没有按她的计划行事。好在她明白，光是了解我的才华和能力还不够，最重要的是找到发挥它们的机会，但这就需要时间了。正是由于她对我才能的过分重视，才使得她对以何种方式发挥我的才能感到为难，最终造成我才能的延迟发挥。但因为她把事情安排得颇为周详，所以我对这个进度倒也满意。只是她对我的期望值太高了，让我有点难以承受。我平静的生活就这样被打破了。

她有个亲戚叫奥波纳，这人常上门拜访。他聪明狡诈，而且两人有一点相似，就是都经常想一出是一出。但他虽然经常出去冒险，却也没有经济上的窘迫。他不久前向红衣主教德·弗勒里提了一个发行彩票的计划，程序复杂无比，主教却不动心，他只好去都灵的宫廷碰运气，没想到那里真地接受了这个想法。他在安纳西的这段时间里爱上了一个有夫之妇，那女人是当地治安官的妻子。这位夫人美丽大方，是华伦夫人家里的常客，在所有女客人中，我最喜欢她。奥波纳先生刚见到我的时候，经华伦夫人一介绍，便说可以给我找个差事干干，但得先考验我一番，看我适合做哪一行。

华伦夫人几次三番地让我去他那里办事，却又不说具体的内容。奥波纳总让我发表意见，好借机看看我的才能。他总告诉我不要紧张，还跟我扯些闲话，天南海北地一通说，看起来一点也没有考验人的意思，非常自然，就好像他特别愿意跟我聊天似的。这一点让我彻底着了迷。一番考察之后，他说我这人虽然看起来挺聪明伶俐的，但说实话，我虽然不算愚蠢却也没什么真才实学。总之，我不会有什么前途的，顶多在乡村当个布道师。他就是这么跟华伦夫人评价我的。别人这么看我已经不是第一次了，但却不是最后一次，因为马塞隆先生后来也是这么说我的，大家也都同意他的看法。

大家之所以这么看我，跟我的性格有很大关系，我得解释一下。首先我得说，别人对我的评价我并不同意，不管是奥波纳先生还是马塞隆先生，或者是别的什么人，实话实说，我根本不当回事。

我身上有两个互相矛盾的成分，谁知道它们两个是怎么扭在一起的。其中一个是火热之心，燃烧起来的冲动；另一个则是混乱的思想，是后知后觉。这两者完全不应该属于同一个人。激情总是第一个快速地出现，迅速占据我的心灵，但它却同时也给我带来混乱。我对一切都能感知却看不明白，我容易激动却思维迟缓。我只能在冷静状态下考虑问题。让人惊讶的是，只要有足够的时间，我就能想到解决问题的好办法；对问题的认识也鞭辟入里；闲来无事，我也能作几首好诗。但只要时间仓促，心情着急，我就没有做成过一件恰当的事，说过一句合适的话。就像俗话说的，西班牙人只在下棋时才是明白智慧的。我就是这样，我只有在写信时才会灵感涌现，词句华丽。我听过这样一个笑话：一个萨瓦省的大公离开巴黎很远后，才想如何回敬刚才那个粗鲁的巴黎商不礼貌的话，于是转头朝着巴黎的方向破口大骂："臭小贩，小心你的脑袋！"我就像这个大公一样，只不过是个事后诸葛。

我不只是跟别人交谈时感觉走在头脑的前面，一个人工作时也一样。脑海里的思维碎片像海浪一样翻涌，让我耳鸣心慌，但就是一点头绪也没有。这种时刻，我常眼不能视物，手不能执笔，只能放松下来，耐心地等待着海潮的平息，然后理清顺序，使之条理分明。但这要花很长时间。大家都看过意大利歌剧吧？换场景时，下面观众常乱成一片，声音嘈杂四起，得过一段时间才能平静。同时，台上正在换道具，也又乱又吵。但等一切就绪，各就各位时，所有人都会惊讶，因为在观众面前出现了一个全新的美丽场景。我每次写东西的时候，脑子里就这么乱。但只要我足够耐心，就能充分地描绘出万物之美。我敢说我此时的状态，是其他任何作家都比不了的。

所以写作对我来说是很难的。我的稿了上面满是修改勾抹的地方，甚至乱到无法辨认。但也可以看出我写东西时花了多少心思啊！我每篇稿子都要誊写好几遍才能拿去印。而且我无法闭门造车，我得到大自然里去才会有灵感，或是在夜里辗转难眠时才会文思泉涌。对我这种记忆力不佳，连几首完整的诗都背不下来的人来说，写作的速度不慢才怪。有时我得接连构思五六天才能动笔。所以，我那些花了大量心思才完成的作品，其质量要比书信之类随手写完的东西强得多。我对如何写好一封信没什么概念，所以写信对我来说有如受刑。就连写一封不重要的信，也得花上几个小时。如果要马上动笔，我都不知该如何开始和结束。我的信内容混乱拖沓，让人看不明白我的意图和中心思想。

我不仅要花很大的力气才能把我自己的意思表达清楚，去理解别人心思的时候也一样。我常对他人进行研究、分析，算是个好的观察家；但我对所见所闻却不能立刻看出名堂，得事后慢慢整理才有结论。我的本事只能在回忆中充分发挥出来。对于那些外界的信息，无论是人还是事，我当时都没有什么感想，也看不出个中奥妙，让我受触动的只是事物的外在表像。而事后努力回想时，时间、地点、环境以及人物的声音、神态等细节要素才能全部浮出水面，一幕幕清晰地如在眼前。此时，根据别人的言行和处事方式，我就能洞悉他的内心思想，很少有误。

我独处时尚如此，和别人交谈时就更差劲了。要想对话得体，就得反应快、想得充分，这对我来说可太难了！一想到交谈时的繁多礼节，而又明知自己一定会出错，我就紧张害怕。我想不通为什么有的人就能在大庭广众之下谈笑自如。在众人面前说话，要把所有人的方方面面都考虑到位，这样才能不得罪谁。那些经常出入上流社会的人肯定有这方面的诀窍，他们知道什么话该说，什么话不伤人。而这些人其实也有说错话的时候。他们尚且如此，我这种少经世事的人又会怎样呢？我不可能不说错话的！而两个人单独交谈时更是难办，因为话不能停。人家问你，你必须立刻把话接上。对方说完了，你就得找个话茬引出下一步的对话。就凭这点，我就不想跟人交谈。最别扭的是，有些情况下人们非要我说点什么，没话也得找话。或许这和我不想受束缚的性格有关，一定要我说的话，我就可能乱说一气。

更难办的是，我没词儿的时候本应该闭嘴不说，但我却像是失去了控制一样越说越急，说的还全是无用的话。如果全是废话倒也罢了，可偏偏常脱口而出那种叫我无地自容的蠢话。我一直想克制或遮掩这个毛病，但却总是反将它暴露在人前。这种例子很多，我举一个说说。这不是我还是个毛头小伙子时发生的事，而是我已经颇有名气，能够装得从容不迫、夸夸其谈时发生的事。

一天晚上，我跟贡铎公爵夫妇还有一个贵妇人一起聊天。看着他们三个聊得火热，我很想插话，但他们不给我机会，这导致我后来插的那句话愚蠢到极点！当时，贡铎公爵的夫人因为胃不好，所以叫仆人送上来一块鸦片膏。另外那个贵妇看夫人疼得直咧嘴，便笑道："是特农香先生[7]做的鸦片膏吗？"夫人模仿她的语气回答说不是。就在这时，我，自以为是的卢梭，忽然说了一句蠢话："就算是他做的也没什么用！"大家顿时都惊呆了。过了好半天，大家把话题扯到别的方向上，才将此事忽略过去。如果是普通女人，顶多觉得我在开玩笑；但对一位绝不允许别人言语不敬的公爵夫人来说，我这话很失礼。尽管我并非有意伤人，但也不应该。我想贡铎公爵和另外那个贵妇一定一直强忍着笑。我忘不了这件事，除了因为这事本身挺典型，还因为它产生了一种常使我头脑中浮现出这句话的可怕后果。

通过上面这个例子，大家就能看出我虽不傻却总不被人看好的原因。就连那些深具判断力、善于识人的人都这么看我。而更惨的是，我虽然模样看似不简单，但常令人失望，所以在大家眼中，我就是个笨蛋。上述那件事虽然是个特殊的个案，但对于了解我后面讲述的内容大有帮助，同时也能对大家觉得我出于孤僻性格而做出来的那些事进行解释（其实我一点也不孤僻）。因为我清楚，在社交场合，我的弱点会暴露无遗，我的实际才情也无法展示，所以我很少和人来往。我闭门不出，在家里写作，因为我最合适过这种生活。我和别人相处时，对方根本看不到我的内秀，甚至根本不认为我有才情。比如杜宾夫人就是这么看我的。她很聪明，可是我在她家一住多年，她却看不出我的才华，她还多次亲口告诉我这点。当然，也有例外，后面我再细说。

于是人们就这样判定了我才能的大小，选定了适合我的工作，接下来就看我如何表现了。但问题是我并没正式上过学，我的拉丁文水平连神甫都做不了。华伦夫人想送我去神学院进修，便跟院长商议此事。院长格罗先生是个忠厚的遣使会教士，他又矮又瘦，一头灰色的头发，是我见过的最有才学但并不做作的遣使会教士。我认为我的这个评价定位十分精准。

他常会来拜访华伦夫人。每次华伦夫人都会热情相迎，有时还故意逗他，比如叫他给自己系上衣后面的带子，他倒也欣然答应。而在他给华伦夫人系带子的时候，华伦夫人却故意走来走去，从这头跑到那头，这个格罗院长就被牵着乱转，跌跌撞撞的，嘴里还不停地唠叨着："行啦，别再跑啦，就快好了！"那情形真是有趣。

格罗院长爽快地同意了妈妈的请求，答应教我，吃住方面收点钱就行了。现在就看主教的意见了，而主教也同意了，还答应先替我把钱垫上，而且在我考核通过之前，我可以不穿教服。

真是好大的变化啊！我只能服从安排。我带着沉重的心情进了神学院。神学院的房子一点生气都没有，而我则刚从温柔美丽的华伦夫人家里离开，这房子在我眼里就更显得死气沉沉的了。我什么也没拿，只恳求妈妈让我带一本能给我安慰的书，那是一本乐谱。华伦夫人会的科目中，有一项就是音乐。她嗓子好，唱歌也不错，还会用羽管键琴弹些曲子。她以前教过我唱歌。那时我连圣诗都唱不好，所以先学的是比较简单的曲目。她只教了我八九次，中途还总是有人来打扰，所以我其实没学会什么，不会识谱唱歌，甚至连乐谱符号认识得都不多。但我很喜欢音乐，所以就自己研究学习。我带到神学院的这本乐谱可不简单，是克莱朗波谱的合唱曲。像我这样一个对于变调和节拍都不懂的外行，最后还是看懂了谱子，还能准确地唱出合唱曲《阿尔菲和阿赫都斯》的第一首咏叹调和宣叙调。大家可以看得出来，我得有多坚强，得流多少汗水才做到这一点啊！当然，乐谱本身就把节拍写得很准确，只要对照拍子唱出来就没问题。

在这里，有一个教我拉丁文的讨厌的遣使会神甫，他总是为难我，弄得我连拉丁文都不想学了。这人留着黑亮的小平头，脸上油光闪亮像是涂了蜜的面包，声音却粗如水牛，双眼像猫头鹰，短短的胡须就像野猪的鬃毛。这人笑起来总像是在嘲笑谁，手脚笨拙得像个木偶。我已经记不住他的名字了，但他带着阴险奸笑的脸我却记得很清楚，让我一想起来就周身发颤。有一次，我俩在走廊里碰了面，他挺有礼貌地用他那油腻的方形帽对着我晃了几下，让我进他那如同牢房一样可怕的房间去。大家对比一下，同样是教师，这么个家伙跟古丰神甫怎么比啊！两人之间何止是天壤之别啊！

我估计再跟他相处两个月我就得疯掉。善良的格罗先生发现我不大对劲，平日里食不下咽，心事重重，人都瘦了，他略一思索就猜到了原委。想解决我的问题很容易，给我换一个温和的老师就行了。我的新老师叫嘉迪耶，是弗西尼的教士，他年纪不大，这次是来神学院深造的。他一是想帮格罗先生一个忙，二是为人善良仁慈，所以愿意挤出宝贵的时间来教我。嘉迪耶先生相貌堂堂，一头金发，红色的胡须，气质风度一看就是弗西尼人。他大智若愚，又让人觉得他是个充满爱心的人，两只如同大海般的蓝色眼睛里充满了柔情和忧伤，让人一见到他的目光就对他充满关心。这个可怜的年轻教士，他的目光和声音似乎预示了他终生困苦的命运。

我对这位新老师能见其外而知其内，觉得他细心和善，就好像陪我一起学习似的，而不是在教导我。因为有之前教我拉丁文的讨厌家伙作为对比衬托，所以我不久就喜欢上了这位新老师。但他虽然教得卖力，我学得也很努力，他的教学方法也对路子，但我就是进步微小。真是奇怪，我理解能力一直挺好的，但从小到大我也只是跟着我父亲和朗伯西埃先生才学了一些东西，跟别的老师就再没学过什么了。我的那些知识都是自学来的，这一点后文有述。我急躁没有耐心，不想受约束和时间的限制。我越是想好好学习，就越是听不进去。而我又怕老师着急，所以只能装明白，于是老师以为我懂了，自然就接着讲，最终我便一无所获。我学习得按自己的步骤和节奏进行，而不想跟着别人的脚步。

很快就是圣职受任礼的日子了，嘉迪耶先生要回乡去当副祭师。我祝愿他能有所成就，但这些祝愿就如同以前我对自己的祝愿一样，没一个实现的。后来，我听说他成为一个教区的神甫，但却跟一个姑娘不清不楚，还有了孩子。我知道他从未把心思放在女人身上，却只对这个姑娘产生了爱情。他的教区管理很严格，像他这种行为是极大的丑闻。按照规定，神甫只能跟已婚女人生孩子，所以他进了监狱，名声彻底地败坏了，最后被赶出了教会。他后来的处境我不是很清楚，但因为我非常同情他的遭遇，所以在我写《爱弥儿》的时候，便将他的形像跟格姆先生揉合在一起，成为了那个萨瓦省的牧师。让我欣慰的是，我在书中将他们两个的形像写得很好。

我在神学院学习时，奥波纳先生因为被人发现他勾引有夫之妇，所以那个女人的当地方官的丈夫柯尔维奇就把奥波纳先生从安纳西赶走了。柯尔维奇的做法就相当于“看菜园的狗”【8】，因为虽然他妻子非常漂亮，但他根本看不上他妻子山外人【9】的作派，对她粗暴无礼，毫无疼爱，还提出过离婚。这人很坏，阴险如鼹鼠，狡诈似枭鸟。后来他欺压良善，结果也被大家赶跑了。俗话说，普罗旺斯人对敌人以歌曲复仇，而我们的奥波纳先生则是用喜剧来复仇。他写了一个喜剧剧本寄给华伦夫人，我也看到了，觉得非常不错，甚至使我也产生了写剧本的冲动，证明我并非如他所评价的那么笨。但直到后来我到了尚贝里才写了个叫《自恋者》的剧本。在剧本的序里我说我当时十八岁，其实我撒谎了，真实年龄要大好多。

大概就在这个时期发生了一件不太重要的事，但对我的影响不小，而且虽然后来我都把它给忘了，但社会上的人却还在那议论不休。神学院里规定我们每周可以出去一趟，我就不说我都是怎么度过的了。一个周日，我回到了华伦夫人家里，正巧她家附近一间方济各会的房子着火了。那是方济各会的厨房，里面全是干柴，一下子就烧起来了。火借风势，也波及到了华伦夫人家的房顶。当时非常危险，所有人都往外搬东西，都堆在我原来房间窗外不远处的花园里。我之前说过，花园和我的窗户之间有一条小溪。我当时非常急，什么都往外搬，就连沉重的石臼都扔出去了。幸好有人拦着我，要不然大玻璃镜子都叫我扔了。正巧那天主教也来了，便帮着把华伦夫人扶到花园里，随后大家开始祈祷。我去得晚了一些，见众人都跪下祈祷便一同跪下。哪知就在祈祷中风向忽变，本来就快要包裹住华伦夫人房子的大火忽然被吹向了另一个方向，结果房子一点事也没有。两年后，主教贝尔奈过世了，安东尼会的那些修士们开始收集资料好为他举行宣福礼。布应德神甫来找我的时候，我就把这件事写成了资料提供给他。这事我没做错，但错的是我竟认为这件事属于奇迹，而非祈祷之功。我的确看到主教在祈祷，也的确看见风向及时地变了，这两点都是事实，我可以证明，但两者之间的因果关系我显然无法证明。作为一个真正的信徒，我不会撒谎的。所以，出于对奇迹的喜爱（这是人的共性），出于对主教的尊重，出于我自己也为此事贡献了一份力而自豪骄傲的心态，我便将此事错误地定性为奇迹了。但说实话，如果这个奇迹当真是诚心祈祷的结果，那我也是发挥了作用的。

过了三十多年，我的书《山中来信》出版了，弗雷隆先生不知怎么就看到了这份材料，还在他的文章中引用了。他能发现这份材料当然是好事，而偏巧就在这个时候发现，那就更有意思了。

命里注定没有一样工作是适合我的。尽管嘉迪耶先生对我的评价不低，但这和我的成绩不对应，所以大家觉得我不能再待下去了。主教和院长都很失望，便把我送回了华伦夫人那里。不过他们说我虽然不够资格当神甫，但确实是个没沾染恶习的好孩子。因此他们虽然对我的评论不高，但华伦夫人却并没有将我拒之门外。

我拿着那本乐谱得意地回到了华伦夫人家里。这乐谱教会了我很多东西，而我在神学院里却只学会了一首《阿尔菲和阿赫都斯》。华伦夫人见我热爱音乐，就想让我专心学习音乐。我在她身边有很多机会学音乐，因为她每周至少要开一次小型音乐会。音乐会里负责指挥的，是一个来自巴黎的叫勒·梅特的教堂音乐总监。勒·梅特是非常棒的作曲家，常来看望华伦夫人。这年轻人身材匀实，开朗活泼，总是笑脸迎人，虽然没多大学问，但看起来很善良。华伦夫人向他介绍我，我们互相都很喜欢对方。华伦夫人很快就跟他谈妥了食宿费用问题，随后我就去了他家。我在他家度过了一个愉快的冬天。而且让我高兴的是，教堂的儿童唱诗班离华伦夫人家非常近，所以我们常抽空去华伦夫人那里，还留下一块吃晚饭。

我在唱诗班天天唱歌，生活非常快乐。在唱诗班跟同龄人和那些音乐家们打交道，这可比在神学院里跟那些神甫们在一起让人愉快得多了。但唱诗班虽然比神学院相对自由快乐一些，规矩却也不少，而我最喜欢的却是无拘无束的生活。在这整整半年的时间里，我并没有游手好闲，就在妈妈家和教堂之间往返，从没出去闲逛，甚至都没动过这个念头。在我的一生中，只有这段时间的心情是最为安静平和的，每次回想起来都充满了轻松和愉快。在这段时间里，我所生活过的那些环境中，有几处是非常美好的，到现在回想起来都清晰如在眼前。我能记得时间、地点、人物、环境中的各种事物、天气、温度、弥漫在空气中的气味、天空的颜色以及那环境里特有的不凡之处。每当回想起这些，我就像是身回旧地，脑海中浮现出唱诗里孩子们唱的歌曲、大家的动作、大司铎身上华丽而肃穆的教士服装、神甫们的坎肩、孩子们头上的锥形帽、音乐家的神情、吹低音巴松管的跛脚老木匠还有拉小提琴的小个子的金头发的神甫。我还能想起勒·梅特先生去唱诗班指挥前换衣服时的情形：他解下腰间佩剑，在便服外面披一件旧长袍，然后再套一件漂亮的宽袖白色短上衣。我则心怀骄傲之情拿起一支笛子，坐在祭坛的乐队席上，心里想着演出结束后的美味饭菜，同时等着勒·梅特先生上场指挥曲子，那可是他特意为我所安排的一小段笛子独奏。总而言之，我心里浮现出来的那些美好回忆，让我感受到了和当初一样的喜悦心情，甚至更加美妙。有一次，那是圣诞节前的一个周日凌晨，我还赖在床上睡觉，朦胧中便听到从教堂外的台阶上传来按教堂仪式要求所唱的美妙歌声。那是《圣洁的众星之神》中的颂歌，节拍长短交替，声音柔和清亮。默尔塞赫小姐是华伦夫人的贴身女佣，她也会唱歌，我就曾在勒·梅特先生的安排下，跟她合唱过《献礼曲》。华伦夫人认真地听完后显得非常高兴。就连那个差点被唱诗班的孩子们气哭的善良女仆佩琳娜的样子，我都记得清清楚楚。啊，这些幸福甜蜜、无忧无虑的时光啊！让我既感快乐，又感叹往事已矣，心中流淌过一丝淡淡的忧伤。

我在安纳西生活了将近一年，没做过任何错事，大家对我的印象很好。我离开都灵后就没再做过傻事。华伦夫人对我看管严格，我便也没做过错事。华伦夫人很擅长教育人，从来都是耐心指引，这让她成为我心中唯一的情感寄托，但并非疯狂的那种。我的心将我的理智培育得更强，这足以证明我的这份情感并不疯狂。这唯一的情感消耗了我全部的精力，以至于我什么也没好学，就连音乐都学得差强人意，虽然我下了不少的苦功。但这并不是我的错，我确是在辛苦学习，但我却总是分神溜号，叹息不已。这让我又能奈何呢？我努力好学，追求上进，该做的我全做了；但只要有个人过来撩拨我一下，我就可能又要去做蠢事了。可没想到还真的出现了这样的一个人，于是发生了一件件意料之外的事。大家将会看到，我头脑中那些混乱的念头又要开始兴风作浪了。

二月里一个很冷的晚上，大家围坐着烤火，忽然听到外面传来敲门声，敲的是家里靠街的那扇门。佩琳娜提灯下去开门，过不多时，她领着一个年轻人走了进来。那年轻人从容地走上前，向勒·梅特先生轻施一礼，又客气了几句。他说他是个法国音乐家，但现在落魄了，所以想留在教堂做工，赚些盘缠。勒·梅特先生闻言大吃一惊，他热爱法国，也热爱音乐，又乐于助人，于是对这个年轻人非常同情，便答应了他，同时留他住下来。那年轻人正有这样的要求，客气了两句就留了下来。他也坐下来烤火，跟大家闲聊天。我在一旁观察他，他矮个宽肩，虽然没有什么明显的残疾，但总感觉哪里不对劲。最后我看出他是个“溜肩驼子”，而且走路时显得腿脚有些跛。他的黑上衣不是很旧，但却破了几个洞，上面罩着补丁。他的衬衣做工考究，袖口还有花边，但却脏兮兮的。他的小腿上套着肥大的腿套，肥大到几乎能塞进去两条腿，而腋下则夹着一顶挡雪小帽。他的这身打扮挺可笑的，但气派俨然，脸也秀气得很，招人喜欢。他能说会道，但态度略显浮滑。这都说明这个人生性跳脱，但受过正规教育。虽然他现在因落魄而求助于他人，但却不是真正的乞食者，倒像个舞台上的小丑。他叫汪杜尔·德·维尔洛夫，来自巴黎，但迷了路。说到中途，他似乎忘了他那音乐家的身份，还说要到格勒诺布尔去找一位在议会工作的亲戚。

吃晚饭时，大家聊到了音乐。这人很健谈，还说得挺有道理。而且不管是大演奏家、名曲曲目、名演员、美女，还是大人物什么的，他好像全都认识，别人说什么他立即就能把话茬儿接上。可是一旦话题深入，他就开始东扯西扯了，不住地逗大家笑，也就没人再讨论刚才的问题了。那天是周六，第二天有一场音乐会要在教堂举行，勒·梅特先生便邀他献唱，他痛快地答应了。当问及他所唱的声部时，他说是男高音，但随后便又把话题扯远了。去教堂之前，勒·梅特先生把他负责要唱的那部分曲子的歌片给他看，好提前熟悉一下。哪知他都不正眼看，那傲慢的神情足足叫勒·梅特先生吃了一大惊。他低声对我说：“我想他可能连谱都不认识。”我也对此表示担心，不安地进了教堂，心咚咚直跳，因为我怕那个年轻人出丑。

音乐会开始了，结果他一开口，我就立即放心了。因为他唱得很好，不仅嗓音好，旋律也拿捏得准，非常有味道。我听了之后兴奋得不得了。

弥撒过后，汪杜尔先生受到了大家的赞扬。他对大家的答谢虽然语言俏皮诙谐，但还是挺诚恳的。勒·梅特先生用力地拥抱他，我也一样。他见我高兴成这样，也挺满意的。

我敢肯定有人会认为，像巴克勒那种没头脑的人都能让我着迷，更不消说汪杜尔先生这种知书达礼、才华横溢、机巧老道的浮滑浪子了。不错，正是如此。我觉得所有和我处境相似的年轻人都会这样，尤其是爱才的人就更会仰慕他的才华。不可否认的是，汪杜尔先生确实满腹才情，而且有一种与其年龄不相称的特点，就是韬光养晦，不刻意显露才能。他确实爱胡说八说、爱吹牛，对他不明白的事就胡说一通；但对于他掌握熟知的事，他反倒什么都不说了。他在等待时机的到来，而即使机会来了，他也不急于把本事抖出来。这种做法更能让人觉得他深不可测。他跟人说笑时，爱玩笑逗乐，胡扯八扯。他一直以微笑示人，但从不笑得很大声。他能把最低俗的事情用文雅的方式说出来，让人听了也不反感。甚至最端庄严肃的女人也会奇怪，为什么听他如此胡说却不阻止，却又一点也不生气？他喜欢放荡的女人，但他的作派是不会抓住女人的心的，那只能哗众取宠，博女人一笑罢了。所幸他的才能不少，在一个推崇才华的地方，他恐怕难以长久地囿于音乐家的行列。

我是通过一番理性的思考才喜欢汪杜尔先生的。所以虽然他比巴克勒先生更让我强烈而长久地喜欢，却没发生什么乱七八糟的事。我喜欢跟他相处、聊天，喜欢他所有的言行举动，甚至他的每一句话在我心里都像是真理。但我对他的仰慕还达不到难舍难离的地步，因为在华伦夫人的监管之下，我不会做出格的事。而且我觉得他的观念作派并不适合我。我所追求的是享乐，他对这一点也不理解，而我又怕他笑话我而不便说出来。但我很愿意让他跟华伦夫人加深认识，我便经常兴奋地对华伦夫人说起他，勒·梅特先生也同样夸奖他。华伦夫人终于同意我带着他来登门拜会了，但结果却糟透了。汪杜尔先生居然说华伦夫人故作文雅，炫耀才学；而华伦夫人则认为他浮滑无良，是个小痞子。华伦夫人很担心他会把我带坏，所以禁止我再带他上门，还跟我说了很多交上这种朋友的坏处。华伦夫人叫我慎行慎思，少跟这种人来往。所幸我跟汪杜尔先生很快分开了，所以我的为人和观念都没受他什么影响。

勒·梅特先生爱好音乐和美酒。吃饭时他喝酒很少，可一旦工作起来就喝个不停，以致他的女仆形成了习惯，一看到他展纸，持琴，准备作曲，就立刻把酒一壶接一壶地送到他跟前。不过勒·梅特虽然常喝得醉气熏天，却从未醉倒过。他是个大好青年，非常乐观，华伦夫人都笑称他为“小猫”。可是他总这么喝下去对他的身体和情绪都有不良的影响，所以他常很多疑，火气也大。他说话向来细声细语，待人有礼，就算面对唱诗班里的孩子都没说过重话。但他同时也不允许别人对他不敬，这倒合情理。但他却有点辨事不明，总搞错别人话里的真实意思，导致常为小事发火。

往日辉煌的日内瓦教务大会，现在也在流亡中渐渐衰败（过去很多大人物都积极参加），但仍自视高贵，要求有资格参加的人至少是贵族或索尔邦神学院的经师。这个大会有一个虽然合情理但太过严格的要求，即不只看个人的成就，还得看你的出身如何。就连神甫们对其所雇佣的俗家人要求也很严。可怜的勒·梅特就受到了这样严格的对待，特别是一个叫维多勒的领唱神甫。这人虽然算是待人有礼，但因为出身高贵，所以目中无人，经常忽视勒·梅特的才华与能力。勒·梅特无法忍受这种轻视的态度。在那年的圣周[10]期间，大主教循例请神甫们用餐，勒·梅特自然也在其中，但他却和维多勒在餐桌上吵得不可开交。维多勒对着勒·梅特做了个失礼的动作，又说了一些非常不中听的话，气得勒·梅特不顾众人劝阻，决定第二天就离开。华伦夫人在他登门道别时极力挽留，却没有起作用。他是想报复那些看不起他的人，因为复活节的音乐活动由他指挥，他一离开，对方一定会乱了阵脚。但他也有为难的地方，他很难带走那些乐谱，因为装乐谱的箱子太大太沉了，没法随身携带。

见无法挽留，华伦夫人便决定尽其所能地帮他。我觉得华伦夫人做的是对的，换成是我也会这么做，就算是现在也是一样。因为勒·梅特对华伦夫人的帮助不少，不管是关于唱歌还是生活方面，他都真心实意地按华伦夫人的想法把事办好。所以华伦夫人当时的做法不过是对一个朋友的诚意回报。当然，华伦夫人这么做的时候心里可没想着这是在报答和了结心愿。她让我一路跟着勒·梅特直到里昂，而如果勒·梅特需要我陪得更远，我也得听他的。后来华伦夫人承认她其实也想借这个机会让我远离汪杜尔。而关于搬箱子的事，她忠实的仆人克洛德·阿奈认为不能在安纳西雇牲口大车，因为那样就必然会被发现。所以要在夜里搬着箱子一直走到附近的村落再雇驴车。等到了西赛尔就是法国境内了，那时就没什么可遮掩的了。大家都觉得阿奈的意见很好。我们晚上七点便起身上路。华伦夫人在勒·梅特的钱袋里装满了钱，却说是给我的盘缠，其实就是对勒·梅特的支助。阿奈和我以最快的速度将箱子一气抬到最近的村子，随后雇了头驴上路，当晚就到了西赛尔。

我之前提过，我偶尔会处事反常，像是变了个模样，以致旁人会将我错认为是另一个人。现举例说明一下。西赛尔的神甫雷德勒先跟勒·梅特很熟，因为他是圣皮埃尔修士会的人，所以我们这次最不该遇到的就是他。但我想的不一样，我觉得应该直接上门去借宿，让他觉得我们此行是经过教务大会的批准的，只是途经此地才上门求宿的。勒·梅特听后觉得挺有意思，既能发泄一番，又能戏耍一下教务大会这帮人。所以我们便径直登门拜访。雷德勒不明内情，对我们盛情款待。勒·梅特撒谎说，他受主教之托去柏勒，要在复活节当天的音乐活动中指挥大家唱他编写的歌曲；又说几天之后，等活动结束了，他还要再回安纳西，届时还会从他家路过。我则在一旁溜边抹缝，把假话说得跟真的似的。我说得自然大方，让雷德勒认为我是个不错的小伙子，当我是朋友，还连连夸奖我。我们在他家又吃又住，雷德勒先生都不知道该如何款待我们才好了。第二天我们离开时，他还热情地跟我们约定，返程时一定要再登门，好多住几天。我们走了一段，见四周无人，我俩立刻捧腹大笑。说实话，现在我一想起这事来还忍俊不禁。当时我们都没想到临时瞎编的谎话竟然那么完美，把雷德勒狠狠地捉弄了一通。如果勒·梅特先生不酗酒，不胡说八道，又不犯病的话，这个笑话够我们笑上一路。勒·梅特好像有癫痫，发作时让我手足无措，不知如何是好，心里挺害怕，我就觉得应该想办法尽早跟他分手。

就像我俩对雷德勒说的谎言内容一样，我俩真是到柏勒过的复活节。虽然我们不请自来，但乐队的指挥和其余众人还是对我们非常热情。勒·梅特在行界很有名望，值得大家尊重。柏勒的那个指挥非常看好自己的作品，所以想让勒·梅特品评一番。勒·梅特人品端正，他从不嫉妒别人的好，也从不顺情说好话，而且水准要比那些外省的乐队指挥高明许多，这一点众人皆知。所以大家没把勒·梅特看成同行，而是当成前辈。

我们在柏勒住了四五天，随后继续上路，此后没再发生什么事了。到了里昂，我们入住兹悲圣母旅馆，在那等乐谱箱子的到来。因为我们在雷德勒家里时，骗他帮我们把箱子送到罗纳河的船上运来。在此期间，勒·梅特先生去拜访朋友，包括方济各会的加东神甫（后文对他有所提及）和里昂的多尔坦神甫——他是个伯爵。这两人也热情地招待了勒·梅特，但不久之后却又出卖了他。自从雷德勒家出来，勒·梅特便是恶运缠身。

到里昂的第三天，我俩走在离入住的旅店不远的一条街上时，他突然又犯病了，而且很严重。我吓得不轻，立即大声叫人帮忙，我说我们就住在附近的旅店，希望能有好心人帮我把他送回去。但就在好心人围上来帮忙救一个人事不知、口泛白沫的羊角疯病人时，我这个原本是他唯一可以依靠的朋友却趁机跑掉了。天哪！我终于把第三件[11]难以启齿的混账事完完全全地说出来了。如果还有这种丑事的话，那我干脆就不往下写了。

我之前所说的事，每一件在当时的环境里都会留下蛛丝马迹，并非无人知晓。但下一卷我要说的那些事，基本上就只有我自己才知道了。这些事荒唐无比，好在后果都不严重。我的脑子虽然有时会乱套，像是另一个人的思想附体一样，但好在最终还是回到原来的节奏上。于是，我就不再做荒唐事了，或者说就算做了，也是符合我天性的荒唐举动。我青年时期的事，印象颇不清晰，一是因为没有发生什么让我印象深刻的事；二是因为我到处奔波劳碌，居无定所，生活没有着落，所以难免搞错时空。我只是凭印象去写，没有可供查阅的资料或文件作为辅助。我一生中的那些事，有些就像是发生在昨天，但也有不少缺失和空白之处，我就只能用如同我那段模糊记忆一样的模糊文字来填补。我在一些小事上会搞错，在缺乏可靠的材料时，就更容易写错。但对于大事要事，我确信我写得非常精准，忠于事实。我下面也会用这样的态度写作，请大家相信我的承诺。

我当时离开了勒·梅特先生，立刻决定回安纳西。我们是因为特殊的原因而秘密离开安纳西的，所以我此前一直在担心安全问题，而没有考虑过是否回去。现在安全不再是问题了，我立刻就思念起华伦夫人了。现在什么也无法留住我，我只有一个念头：回去找我“妈妈”！我对她的感情和依赖，让我心中所有空想的打算和无边的野心都消失无踪。只有守在她身旁过每一天才是幸福的生活。离她越远，就等于离幸福越远。我有过多次长途旅行，却总能清楚地记得这些旅途中的情况。但只有从里昂到安纳西的这一路上的情况，我却没有一点印象，因为我行路匆匆，根本无心观赏美景。除了离开昂动和到达安纳西这一始一终两段过程的情况还能记得一些之外，其余的都不记得了。大家替我想想，我怎么可能记得住这段旅途呢？我终于回到了安纳西，但华伦夫人却去了巴黎！

我一直也不知道她为什么要去巴黎。如果我一定要问，她也会说。但世上恐怕只有我一个人对朋友的秘密毫无兴趣，所以我什么也没问。我只顾眼前，眼前的一切已经足以填充我的内心了。除了以往那些可供我日后消遣的欢乐时光，我的心被装得满满的，毫无缝隙。她也跟我说了一点内情，我大概想到了她此行的目的，可能和撒丁王退位从而在都灵引起的革命有关。她怕革命之后会被冷落，所以便求助于奥波纳，让他暗中帮忙，继续从法国宫廷内部得到利益。她跟我提起过很多次，希望宫廷能接济她，因为法国宫廷大事不断，没工夫像都灵那样总是讨厌地监督着她。但事情却很奇怪，因为她回来之后，我根本没从外界听到什么闲言闲语，她的年金也没断过。[12]不少人觉得她去巴黎是有别的任务，可能是主教暗中命她代替自己去法国宫廷办事，也可能是受了更有地位的人的指使，所以她从巴黎回来之后才异常兴奋。如果外界猜得没错，那么这些背后的大人物，派遣这样一位美丽又极具谈判才能的优秀女人到巴黎办事，还真是用人得宜！[13]

注释：

【1】阿喀琉斯是希腊神话中著名的半神式英雄人物，武力惊人，全身刀枪不入，是战神级的人物，在特洛伊战争中是希腊联军第一勇士。全身只有足跟腱是其罩门，最后被帕里斯一箭射中脚踝而亡。所谓“阿喀琉斯之踝”即是指人的致命弱点。而德尔西特则是特洛伊战争中希腊联军中的卑鄙小人，形像丑陋，为人刻薄，最后死于阿喀琉斯之手。

【2】卢梭和教育有关的作品《爱弥儿》当中有一部分内容名为《一个萨瓦省的牧师的信仰自白》。文中所指即此段落中的牧师形像。

【3】这其实是卢梭自己写的一部小说《新爱洛伊丝》中的一段情节，文中的两个名字分别是这部小说的男女主人公的名字。

【4】《旁观者》原来是英国的一份报刊，后来才成册出版。

【5】这两句诗的大意为：也许对旧主后裔仍心存恭敬，故此在叛贼心中便为之悲呼。

【6】法国散文家，著有《警句集》一书，此人性情消极悲观，华伦夫人所说的“伤感气息”即是指这一点而言。

【7】特农香是当时的欧洲名医，还成为伏尔泰的私人医生。他擅长用鸦片膏治疗妇女性病，文中那贵妇这么说显然带有调笑意味。此外，鸦片的主要成分有明显的解痉止痛功用，所以用药效果应该非常明显。但鸦片往往并不针对病因，只是对症治疗时效果显著，所以看来当时特农香医生的医术还是较为粗糙的。

【8】意为狗并不吃菜，却对来犯者汪汪直叫。这和中国的一句俗谚意义相似。

【9】“山外”即指阿尔卑斯山之外，其实指的是意大利。而法国人当时普遍认为意大利人都搞同性恋，所以此处柯尔维奇似乎是在骂他妻子搞女同性恋。但这并不能说明柯尔维奇的妻子真是同性恋，可能只是柯尔维奇作为粗人对妻子的一种泛泛的辱骂。

【10】复活节前的一周，前文所提及的“圣枝仪式日”即圣周的开始。

【11】第二件事是指卢梭冤枉玛丽蓉偷丝带的事，而第一件是指卢梭的露阴癖。

【12】从其他资料上看，华伦夫人后来其实没有领到年金，从1749年开始就断了，而且中间可能还停发过。这里卢梭要么记忆有误，要么不明内情，要么就是为其在华伦夫人家里寄居和不劳而获的行为进行矫饰。

【13】从表像上看，华伦夫人这次去巴黎，似乎跟撒丁王的逊位关系不大，但肯定是参与了一项政治意味较浓的行动。不过限于史料，她此行的真实目的和内情尚不能确定。

第四章

（1730—1731）

我回到了安纳西的家，可是却没有看见她。大家可以想到我是多么地痛苦！多么地吃惊！于是，我开始对自己扔下勒·梅特先生后偷偷溜走的行为感到内疚；尤其是我知道了他的不幸遭遇后，更加羞愧，心情也就越发沉重。

那只乐谱箱可是他的全部财产啊！为了抢运这只宝贵箱子，我们可是费了好大的劲。刚运到里昂，就被多尔坦伯爵打发人扣下了，原因是主教会事先写信告诉伯爵，说我们是携物潜逃。这个箱子可是勒·梅特先生的所有家当，以及今后生活的唯一来源，更是他一生辛勤劳动的成果。他再三要求归还，结果却是徒劳无功。关于这只箱子的所有权问题，起码要通过诉讼程序来解决。可是他们根本没有这样做，而是按照强者的办法武断地解决。这位可怜的先生，就这样失去了自己艺术天才的成果，青年时代的所有作品，还有晚年生活的保证。

当时，我受到的打击非常严重，身心几乎全部崩溃。不过那时候我还年轻，再伤心的事情，过不久就会想出一套安慰自己的办法。我希望尽早得到华伦夫人的消息，虽然我不知道她在巴黎的住址，她也不知道我已经回到家。至于我丢下勒·梅特先生的事情，全面来看也不能算是多大罪过。他逃走的时候，我已经帮了忙，这也是我唯一能为他做到的事情。即便我和他一起留在法国，也没法治好他的病，更保不住他的箱子，除了加大他的花销，可没有一点好处。对于这件事情，我当时就是这样看的，可是今天我不这样认为。我们刚做完一件丑事后，并不会很快后悔；而是很久以后，当我们每一次想起它的时候，心里才会加倍难受。因为一个人做过的丑事，是永远无法消失的。

关于妈妈的事情，我唯一能做的，就是再三等待。因为巴黎那么大，根本就无从寻找，而且路费也是个很大的问题。要想得到她的消息，还是待在安纳西最妥当，这就是我留下来的理由。不过在安纳西的时候，我做的有些事情却不太好：有一位曾经照顾过我，而且还可以继续照顾我的主教，我没有去拜访他。原因是华伦夫人不在身边，我怕他责问我悄悄逃走的事情。我也没有到神学院去，因为格罗先生已经离开那儿了。实际上，所有的熟人我都没有去拜访。我本来想去拜见地方长官夫人，可是没有那个胆量。还有一件更糟糕的事情：我又遇见了汪杜尔先生。虽然这个人我很欣赏，可我出走以后根本没想起他。

这次见面我发现他是安纳西的名人了，非常受欢迎，尤其是贵妇们都争先恐后邀请他。他这样的成功简直使我晕头转向。那时候我只能看见一个汪杜尔先生，几乎连华伦夫人都忘记了。为了方便向他请教，我提出和他住在一起，他居然同意了。

有个鞋匠是个爱逗乐子的人，喜欢用方言叫妻子“骚娘们”——其实这样的叫法倒挺配她。汪杜尔先生就住在这位鞋匠的家里。鞋匠和妻子经常吵架，这时汪杜尔先生就站到旁边，看起来好像是劝解，其实是想让他们吵得更久一些。他故意用普罗旺斯口音说一些挑逗他们的话，通常会收到很好的效果：他们吵得越来越凶，让人忍不住哈哈大笑。一个上午的时间就这样不知不觉地过去了。到了下午两三点 ，我们吃过食物后，汪杜尔就去他经常出入的交际场所消遣了，而且晚饭也在那儿吃。我就一个人随便走走，一边回想着他那奇妙的本领，羡慕、赞叹着他那少见的才能，同时咒骂着自己倒霉的命运。唉！我对生活是有多么不了解呀，如果我不是这样的固执、愚蠢，不但能过上他那样快活的生活，而且会比他幸福一百倍。

华伦夫人出门只带了阿奈一个人，我前面提到过的贴身女仆默尔塞赫留下来了。我发现她依旧住在夫人那套房间里。默尔塞赫比我的年纪稍微大一些，长得不是很美，但是非常可爱。这位弗里堡姑娘心眼不坏，除了有时候不太听女主人的话之外，我还真没发现她有其他缺点。我经常去看望她，也算是老相识了。每次见到她，我都会想起一位更加可爱的女人，所以就喜欢上她了。

默尔塞赫有好几个女性朋友，其中有一位日内瓦姑娘吉罗小姐，她竟爱上了我。真是活该我倒霉！她老是逼着默尔塞赫带着我到她家去。因为我喜欢默尔塞赫，还因为那里有几位年轻姑娘是我愿意见到的，也就听之任之了。吉罗小姐想尽办法挑逗我，可是我腻烦透了。每当她那干瘪且被西班牙烟草薰黑了的嘴接近我的脸，我真想吐她一脸唾沫。可是，每一次我都强行忍住了。除了这一点不愉快，我和这些姑娘玩得还不错。她们每一个人都极力向我示好，也许是想讨好吉罗小姐，也许是想讨好我。这一切，我只视作友谊。后来，我有时会想，当时只要我愿意，和她们的关系其实可以发展得更深一些。不过，当时我并没有这样的心思，也不想这样做。

我内心里喜欢的是贵族小姐。像女仆、女裁缝、女小贩，这一类女人吸引不了我。每个人都有自己的理想，我的理想就是这样。关于这一点，我和贺拉斯的想法不一样。这绝对不是因为羡慕出身、地位的虚荣心作祟。我喜欢的姑娘要有娇嫩的皮肤，以及一双纤纤玉手，服饰也要雅致，整个人看起来有一种清秀飘逸的气质。不仅如此，她的言谈举止还要大方得体，文静优雅；衣裙剪裁得当，款式精美；鞋子也要看起来精巧；还有丝带、花边之类的小配饰要和头发的颜色衬托得协调美观。假如一个女子具备了上述条件，就算相貌差一些，我也会偏爱她。有时候我也会为自己的想法感到可笑，可是，我心里忍不住这样想。

意想不到的好事竟然来了，但是怎样抓住这个机会就要看我了。我多么喜欢不时回味青年时代的欢乐时光啊！它们是那么甜蜜，那么短促，那么难得！可是我却如此轻易就享受到了呀！只要我一想起这些时光，心里就会有一种单纯的快乐，我缺少的正是这样的快乐，以此恢复我的勇气，能够忍受晚年生活的烦恼。

有一天清晨，天气看起来非常好，我急匆匆穿上衣服赶到野外看日出。我纵情地享受这样的美景。还记得，那是圣约翰节后的日子。大地穿上了美丽的衣裳，五彩缤纷；夜莺欢歌，仿佛知道春天已接近了尾声，因此唱得特别卖力，所有的鸟儿用大合唱的方式送别残春，同时迎接美丽夏日的光临。这样的美景，是我这样的年龄不可能再见的日子；也是和我一样居住在这块凄凉土地上的人们，从来没有见过的一天[1]。

不知什么时候，我已经走出了城市，热气渐渐升腾，我在一个山谷的树荫下慢慢走着，一道潺潺溪水，在我的身畔缓缓流淌。就在这时，身后传来马蹄嘚嘚声以及少女喊叫声，她们好像遇到了什么难处，可是仍旧笑得很开心。我转过头，只见她们正朝我大声呼喊。走过去才发现，原来是我认识的两位小姐，格拉芬丽小姐和嘉莉小姐。她们骑马的水平并不高，不知道如何让马涉过溪流。这位格拉芬丽小姐是一个非常讨人喜欢的伯尔尼姑娘，因为在老家做了一些不好的事情被赶了出来，可那是她那个年龄容易犯的错。我在华伦夫人家里看到过她几次，她现在处处以华伦夫人为榜样，不过格拉芬丽小姐并不像华伦夫人那样，可以领取一份年金。还好，她和嘉莉小姐相遇了，两个人很投缘，成了好朋友。运气真不错！嘉莉小姐因此请求母亲同意，让她在没有找到职业以前和自己作伴。嘉莉小姐与格拉芬丽小姐相比更美一些，也小了一岁，而且她的举止有一种无法形容的娴雅大方，身材也很好，苗条匀称。对于一个正处于青春年华的美丽少女，这就是她最大的魅力。她们两个人的性格非常相似，都很温柔，假如没有情人的打扰，我相信她们会永远亲密地在一起。

她们和我讲要到图讷去，因为嘉莉夫人在那里有一座古堡。可是她们不会驱马过河，让我帮忙。我提出的第一种方法是：用鞭子赶马。可是她们担心我让马踢到，又担心自己会摔下来。就这样我采用了第二种办法：我牵着嘉莉小姐的马过河，另一匹马也轻松地跟着过来了，结果是我的衣服让河水淹没了膝盖。事后，我打算和两位小姐告别，准备就这样傻乎乎地离开。可是，她们俩悄声说了几句话以后，由格拉芬丽小姐和我说："等一下，请不要走，我们绝不能就这样让你走开。为了帮到我们，你的衣服都弄湿了，我们如果不把你的衣服弄干，心里会过意不去的。现在，你已经被我们'俘虏'了，请跟我们一起走吧。"我的眼睛紧盯着嘉莉小姐，心怦怦乱跳。她看见我吃惊的样子，笑了起来："不错，您就是我们的俘虏，快骑到她的马背上，我们一定要好好招待你。"

"小姐，我并不认识您的母亲，她看见我和你们一起回去会怎样看这件事情呢？"

格拉芬丽小姐告诉我："她的母亲不在古堡，图讷只有我们俩个人。今天晚上我们还要回城去，咱们一起做个伴吧。"

她说的话在我身上产生了明显的效果，简直比触电还要快。我纵身跳上了格拉芬丽小姐的马背，兴奋得直发抖。为了骑得稳一些，我不得已搂住了她的腰，我的心跳得厉害，就连她也感觉到了。她和我说，她的心也跳得厉害，因为害怕从马背上掉下去。听她说这句话的意思，好像是请求我从后面摸摸她的心，有没有跳得那样厉害。可是我没有那个胆，一路上我的双臂像腰带似的搂紧了她，一丝也没敢挪动。也许哪位女士读到这里，会赏给我一耳光，打得还挺有理。

回去的路上，大家都很开心，两位小姐像小鸟一样叽叽喳喳说个没完，也因此引起了我谈话的兴致。那天直到晚上，我们三个人的嘴就没有停过。她俩对待我的态度很随和，没有让我感到拘束，我的舌头和眼睛也因此全部活跃起来了。有几次，我和她们其中的一个单独待在一起时，说话会有点发窘。可是离开的那一位很快就回来了，我们没有多余的时间弄清楚为什么会这样。

回到图讷，我先烘干了自己的衣服，然后我们就开始吃早餐。之后，最正式的事情就是准备午饭。可是两位小姐一边做事，一边开小差——时不时地去亲亲佃户的几个孩子。搞得我这个可怜的帮手在一旁干着急，只有眼馋的份。做饭的食材事先从城里送了过来，品种很多，做一顿丰盛的午餐绰绰有余，尤其是点心花样很多。令人遗憾的是，送东西的人忘了带葡萄酒。这件事情对于不常喝酒的小姐们来说，并不是很重要。可是我有点不高兴，本来想借酒壮胆，这下全完了。她们俩好像也有点恼火，或许心里面想得和我一样？

这事我可不敢相信：看她们天真可爱、活泼美丽的样子，是那么纯真无暇。况且，她们俩和我又能做出什么事情呢？她们派人四处寻找葡萄酒，都是无功而返。原因是这一带的农民太穷了，根本喝不起酒。她们因此向我致歉。我说："你们千万不要为了这一点小事为难。在这儿，不要酒我也会酩酊大醉的。"这是我当天壮着胆子，说出了唯一的殷勤话。可是这两个淘气鬼一定可以看出来，我可是说了一句大实话。

我们的午饭就在佃户的厨房里吃的。两位小姐端坐在长桌两头的凳子上，我则坐在她俩中间，一个只有三条腿的矮凳上。这是一顿多么美好的午餐呀！又是多么醉人的回忆！我只需要付出一点点，就能享受到这样纯洁而真实的快乐，我为什么还要去寻找别的快乐，巴黎的美味佳肴怎能与此相比？我的意思并不是指进餐时的口腹之欲，主要是身边这两位美丽的小姐，她们秀色可餐，令人遐想。

吃午饭时，我们有意省下点东西：没有喝早餐余下的咖啡，打算下午和她们带来的甜品一起享用。为了有个好胃口，我们一起去果园采摘樱桃，以便当作餐后甜食。我攀上了樱桃树，连枝带叶地摘下一束束樱桃投给她们，她们则把吃剩下樱桃核透过树枝缝丢还给我。其中一次，嘉莉小姐两手张开围裙，头微微朝后仰，做出了接樱桃的姿势。我瞄准了，稳稳地将一束樱桃枝扔在她的胸口。她忍不住开怀大笑，我也跟着大笑起来。

那天我们就这样开开心心、自由自在地度过了，谁也没有乱开玩笑，说一句过头的话。大家都很规矩，但是这样的表现不是假装的，完全发自内心。我的胆子很小，整整一天的时间，最无法控制的举动就是抓住嘉莉小姐的手吻了一下。确实，依照当时的情况，她允许我轻轻吻一下，已经非常不容易了。当时房间就我们两个人，我的呼吸很急，她低下了头。我本来想说些什么，来不及张口就匆匆吻了她的手。她把我亲过的手慢慢抽了回去，脸上的神色看不出是否生气。我迟疑着想要对她说些什么话，就在这时，格拉芬丽小姐进来了。这时，我忽然觉得她的样子有点丑。

到了最后，她们一起认为：到了天黑回城有点晚，现在的时间正好可以在天黑前赶回去。于是，我们急忙准备和来时一样骑着各自的马往回赶。假如我的胆子够大，会提议改变一下上午的位置，我骑到嘉莉小姐身后的马背上去。事实上，嘉莉小姐已经用眼神告知我了她的心思。可惜我没敢说出来，她也不能主动提出要和我骑同一匹马。回家的路上，我们都在惋惜这一天的时间过得太快。不过，我们也没有抱怨白天的快乐时光短暂，因为大家玩得很开心，不曾浪费一分一秒，等于无形中延长了白天的时间。

我们在早上相遇的地方告别。分别时，我们依依不舍，怀着激动的心情约定以后再相见。虽说我们在一起仅仅相处了十二个小时，却感觉好像有几个世纪的亲密感情一样。以后，这两位可爱的姑娘想起这一幕，只会感到温馨甜蜜，绝不会有半分令人愧疚的场景。从我们三个人之间纯洁情谊得到的快乐，要比肉欲的欢乐更加美好。我们三人真心相爱，并没有做出任何不能见人的事情；我们情愿这样永远相爱。天真烂漫的性格自有它特别的吸引力，它远远胜过肉欲的享乐，它将永远存在我们的心间。对于我，深深明白：这样的一天，这样美好的回忆，和我这一生得到的其他乐趣比起来更加让我难忘、令我心醉神迷。我当然知道如何区别这两位可爱的姑娘：对她们我同样喜欢，假如格拉芬丽小姐做我的情人，也不错；不过，假如我可以选择的话，我非常希望她可以做我的好朋友，非常亲密的那种。无论怎样，当我离开她们的时候，忽然间觉得没了她们其中的任何一个，我会没法活下去。无法预料的是，从此一别，这一生我们再也没有相见，短暂美丽的爱情就这样消失了。这样的结果，谁又能想到呢?

看到这里，大家对我的风流情史不免觉得好笑，认为我费了这样大的劲得到的所有收获不过是亲了嘉莉小姐的手罢了。啊！亲爱的读者朋友们，你们大错特错，我得到一个吻就结束的爱情可比你们一个吻开始的爱情有意思得多。

昨晚汪杜尔睡得很迟，我回来的时间不长，他也进门了。这一晚，我不像以往那样看见他就很开心。我小心地守护着自己的秘密，不想让他知道我今天有怎样的经历。白天，两位小姐和我谈起他时很是看不起，得知我同这样一个人交往非常不高兴。显然，她们的观点影响了我，我现在对他也有点看不起了。况且只要是分散了我对两位小姐思念之情的事情，我都会感到厌烦。但是，当汪杜尔谈起我目前的状况时，我不得不正视自己的处境。马上就想到这个人还是有用的！我的情况相当不妙，已经步入山穷水尽的地步了。虽然我的花销不大，可是钱袋马上就要变得空荡荡了。我一直得不到华伦夫人的消息，也没有其他的财产来源，真是无法预料自己将要变成什么模样。每次想到身为嘉莉小姐的朋友，却将要成为乞丐的事情，我就乱了分寸，真不知该怎样是好。

汪杜尔说，他和预审法官说起过我，预备明天和我到法官先生家里吃午饭。他还说这位法官先生是一个爱帮朋友忙的人，既聪明又有学问，为人谦和，自己有才也很看重有才能的人。无论怎样，认识他都是一件不错的事情。说着说着，他又和平常一样，把最严肃和最琐碎的事情搅和在一起谈。他让我看一首从巴黎流传过来的歌词，是按照当时正上演的穆雷的一出歌剧的调子谱写的。他说：西蒙法官非常喜欢这首歌的歌词，想照一样的曲调写上一首，还让汪杜尔也写上一首。奇怪的是这个汪杜尔居然异想天开，要我也写上一首。他希望三首歌词一个接一个地出现在世人面前，如同《笑林传奇》里一辆接一辆的华贵马车一样的效果，让看得人眼花缭乱，目瞪口呆才好。

那天晚上，我一夜都没有睡觉，费尽心血写歌词。虽说这是我有生以来第一次写歌词，可是感觉还不错，稍微说一句不谦虚的话：写得相当不错！假如这首歌放到前天晚上写，可能就不是这样的水平了。理由是：我写的这首歌表达的正是我刚经历过的美好爱情。早晨汪杜尔起床后，我让他欣赏刚写好的歌词。他接过看了看，说：写得不错！信手将写好的歌词装进了自己的衣兜里，绝口不提他写歌词的事情。然后，他就带着我到法官先生家吃午饭去了。

西蒙先生一点都没有法官的架子，对我们非常热情。这两位博览群书的才子真是相见恨晚，谈得特别投机，喜欢说一些他们认为有趣的话题。我只需要安静地坐在旁边当好听众就行了，一句也没插嘴。可是我感到很奇怪，他们都没有提起写歌词的事情，我当然更不能提。根据我的观察，他们当天就没计划谈论我写的歌词。

这次见面，我的表现让西蒙先生很满意，但是他对我的印象仅此而已。之前，其实我们已经在华伦夫人家见过几次面，只是他不怎么注意我罢了。所以，我们真正意义上的相识应该从此次见面开始。虽然没有达到原定计划，但是他带给我的好处在以后的日子得到了实现。现在想起来，还是不错的。

我认为很有必要描述一下他的外貌，不然肯定是一个非常大的疏忽——尤其是他那预审法官的尊贵身份以及让他甚为自得的才能。要是一句话都不说，凭想像大家是不可能猜到的。这位预审法官的个子绝对不够二尺[2]，他的两条腿像棍子一样细长。假设那两条腿能像棍子一样直立，也许会让他看起来高一些。问题是他那两条腿老是斜叉着，就像是两根岔开的圆规脚一样。他看起来又矮又瘦，矮小得令人难以想像。他要是敢光着身子，一定有人说他长得像一只蚂蚱。他的脑袋倒是长得不错，看起来五官端正，眼睛明亮，一副高贵的模样。但是这样漂亮的脑袋和他的身子搭配起来就好像一根树桩上安了个假脑壳。唯一的好处是在打扮方面可以省一笔钱，单是他那一幅庞大的假发就能够遮蔽全身。

谈话的时候，他会交替使用两种截然不同的声音，真是对比分明。刚开始感觉还比较悦耳，但是继续听下去就会让人受不了。他这两种声音，前者庄重、响亮，我把他理解为出自脑袋的声音；后者听起来很清楚，但是尖锐刺耳，我认为可以和他的身躯相媲美。

当他冷静地、慢慢地讲话时，他的呼吸声稳而匀称，声音低沉；但是他的情绪一旦激动起来，马上语速变得飞快，声音尖利，好像吹响的哨子。到了这个时候，想要让他回到刚才沉稳的样子，就比较难了。

我对西蒙先生外在形像描写的一点都不夸张。虽然他长成那个样子，为人却极其风流，而且工于词令。他对自己的穿着非常讲究，几乎到了妖艳的程度。他为了展现自己的优点，喜欢早晨躺在床上会客。原因是人们只会注意那颗放在枕头上的漂亮脑袋，而不去想像他的身体是什么样子。因为他的这种偏好，反而闹出了不少笑话。我敢打赌，他搞出的一个闹剧，整个安纳西的人到现在都还记得。

某一天清晨，他躺在床上——也许是坐在床上，总之是等待他的一个诉讼当事人。他的头上戴了一顶做工精美的白色睡帽，帽子上装饰了两根玫瑰红的漂亮丝带。这时有一个乡下农民来拜访他，恰好家里的女仆不在。

法官先生听到连续的敲门声，就大声喊了一句："进来！"不巧的是，这一声是尖嗓子，像女人一般。农民进来后张望了一圈，寻找女人声音传来的位置。然后他就看见床上有个人戴了一顶圆锥形的漂亮女帽，上面两根别致的丝带更让他确认是刚才说话的"女人"了。于是他一迭声向"夫人"道歉，想要退出去。这让西蒙先生非常不高兴，说话声越发尖厉。这下子，可怜的乡下人更认为床上是个女人，觉得自己被侮辱了，生气得咒骂起来，他骂床上的"懒婆娘"一点规矩都不懂，骂法官先生在自己家里没有立好规矩。听了这样的话，西蒙先生差点气炸肚皮，随手抄起身边的夜壶朝他那可怜的当事人扔过去。

真是巧得很，就在这时，他的女仆回来了！

法官先生虽说身体上受到了上帝的亏待，是个侏儒，不过他在智力上却得到了相应的补偿。他天资聪慧，人又刻苦，两者结合也就更加聪明了。他在法学上的造诣很高，不过他好像不太喜欢自己的老本行；他真正感兴趣的是文学，还很成功。他特别喜欢将文学书上的名言警句和浓词艳句运用到生活中，以便彰显他的文学才华，哪怕和女士们在一起时也是这样。

他可以把《佳句集锦》或者类似书里面的一些优美句子烂在肚子里，随性发挥就可以成就一篇华丽的篇章或者堂皇的演讲。哪怕是六十年前的老故事，他都有本事述说的仿佛就发生在昨天。不但如此，他还懂音乐，特别是用男低音唱出来还非常好听。

总而言之，这样一位多才多艺的法官，实属难得！

他喜欢向安纳西的贵妇们献殷勤，所以她们对他非常宠溺，就像是对待围在她们身后打转的小猴。可是他看不透这里面的区别，曾试图向一些美女示爱，结果惹得她们差点笑破肚皮。有一位名字叫作埃巴妮的女士，曾经这样评价：能够让他这样一个怪物跪下来亲亲女人的手，就已经给了他天大的脸面。

由于他博览群书，谈话时也喜欢引经据典，所以他说出的话不但有水平，就是听者也感觉受益良多。之后，我经常到他家向他请教关于读书的事情，对我特别有帮助。我住在尚贝里的时候，时不时从住地赶到安纳西看望他。他特别欣赏我在学习上孜孜不倦的精神，不断激励我上进，并且教我如何读书，让我颇受教益。只可惜一个绝顶聪明的人身材长成那个样子，真是让人遗憾。过了几年，也不知道发生了什么变故，让他每日忧愁，竟然抱憾死去，实在让人惋惜。这个人确实不错，也许刚开始的时候会让人感到可笑，可是相处多了肯定会爱上他的。其实我们之间的交往并不是太多，不过我可没少受他的教诲。真不知该怎样表达我对他的感激之情，因此写下一段文字以作纪念。

稍微有点空闲时间，我就跑到嘉莉小姐家的那条街上去，幻想着也许有人到她家里或者会有人出来，哪怕有人打开窗子也好，我都会欣喜若狂的！可是，什么都没有在我的面前出现，哪怕是一只猫。我在她家附近张望的时候，发现她的门一直紧闭着，就像里面根本没有人住。那条街道窄狭、寂寥，只要有人经过，都会引人注目。偶尔，会有人出现在街上，或者出入她家附近的房子。我一个人突兀地站在街道，觉得非常尴尬。我猜，或许有人可以想到我总是出现在那里的理由。每想到这里我就觉得自己如同让人鞭打了一般。尽管，我的梦想是与她见面的欢乐；与此相比，我更注重自己心爱之人的名誉，以及她安宁的生活不被打扰。

后来，我决定放弃这种西班牙式情人的追求，再说，我的手里也没有吉他可弹，还是用手中的笔给格拉芬丽小姐写信比较好。本来我是想写给嘉莉小姐的，可是我不敢这样做；还是先写给她的朋友格拉芬丽小姐，况且她算是我和嘉莉小姐的中间人。嗯，我们的关系也很好。

写好信，我想让吉罗小姐转交过去。这是上次我和两位小姐分手时约好的，还是她们先想出的这种办法。因为吉罗小姐是位做针线活的女裁缝，经常到嘉莉夫人家干活。虽然我觉得由吉罗小姐做我们的传话人并不合适，但是又怕找不到合适的人选，也就没敢挑剔。而且，我也不敢让她们知道吉罗小姐一直对我想入非非。说老实话，要是让两位小姐觉得像吉罗小姐这样的人也敢和她们一样打我的主意，可真是一种耻辱。后来我想了想，确实也少不了这么一个跑腿的人，虽然不理想，聊胜于无吧。因此我下定决心，无论冒多大的风险，都要想办法让吉罗小姐把信送过去。

我刚说了一句话，吉罗就明白了我的意思。我想，她是从我那呆头呆脑、一幅面红耳赤的模样中猜出来的。大家可以想一想：让她去给两位姑娘送这样的信，她该有多恼火！意外的是，她居然同意了，很快就把信送了过去。第二天清晨，她让我到她的家里取信。我马不停蹄地跑了过去，疯狂地吻着回信。这件事情不需要详细描述，大家可以想到。我想特别提出的是，吉罗小姐的态度实在出乎我的意料，稳重中透着诡异，一改从前的轻浮样子。她心里很清楚，以她的三十七岁“高龄”，还长了一对兔子眼、豁鼻梁，一张口就是破锣似的嗓门，肤色又黑，怎样都竞争不过那俩位妙龄美少女的。她悄然做了一个决定：她宁愿不要我，也不会如了我们的愿！当然，她会为我们保守秘密。

吉罗打起了默尔塞赫的算盘，因为默尔塞赫很久都没有女主人的消息了，她一直都想得空回弗里堡看看。现在机会来了，吉罗张口就说中了默尔塞赫的心事。这位弗里堡姑娘决定马上回家。吉罗建议：姑娘家一个人回去实在不妥，还是由我陪同护送比较合适。单纯的默尔塞赫平日里对我的印象挺好，所以她认为吉罗说得对极了。不出当日，她们就来告诉我这个决定。问题是，我当时也不觉得她们这样随便指使我不妥当。我同意了，认为此次行程不过一个星期罢了。不过我同时告诉她们，我的经济非常紧张，可负担不起路费。默尔塞赫说路费由她承担。我想要补上默尔塞赫多掏的钱，提议先把她的小行李包寄走，我们两个步行，就可以省下雇车的费用。她们觉得这个办法很不错，当下拍板就这样做。

我说了这么多和自己有关的艳遇，感到很不好意思。事实上，我没有从这些姑娘们身上捞到任何实质性的好处，也就可以大胆地讲出来：默尔塞赫和吉罗相比年纪要小一些，没有她懂得那么多，从来没有说过一句撩拨我的话；她只是喜欢学我的声音和语气说话，并且不断重复。旅途中，我不但没有能力照料她，反而要劳驾她照顾我，十分细心。只是到了晚上我们睡在一间房里的时候，她似乎有点胆怯，好像在防着我。

我们风华正茂：一个是二十岁的小伙子，一个是二十五岁的大姑娘。我们这样近距离的在一起，虽然次数不多，但是这其中的分寸我们把握住了。说心里话，默尔塞赫长得不难看，可是当时我的心地非常纯净，根本没打算在路上做什么风流事情——其实，我的心里有时也会有没法控制的欲念，可是我有点傻，不知道该怎么下手！我没法想像一个没有结婚的大姑娘和小伙子到底怎样才能睡在一起。意识深处，我想大约要经过几个世纪的准备才可以走到这一步。假如这位可爱的默尔塞赫小姐以为给我出了几个盘缠就想在我身上讨到什么便宜，那她可要失算了。一路上，从始至终，我们之间很清白，顺顺利利地走到了目的地——弗里堡。

走过日内瓦，我没有看望任何人，我从桥上走过，心情久久难以平静。这座幸福之城，每当我看到它的城墙、每当我进入它的市区，我的心情都会因为过于激动而受不了。这座城市因为它的崇高、自由使我的心灵纯净，灵魂得到了升华。平等、团结，还有淳朴的民风，这一切是多么重要啊！我为失去了这一切痛悔万分、潸然泪下！我犯下的错不可弥补，可是犯下这种错又是多么的自然、不可阻挡！我有理由相信我已经在我的祖国看到了所有，它们已经深深刻在我心。

想要到达目的地，必须经过尼翁，如果不进城看望我的老父亲，我会后悔死的。我让默尔塞赫待在旅馆，然后毅然去看望他老人家。哎呀！我之前的担心真是毫无道理。他一见到我马上张开双臂拥抱我，在他的怀里，我们泪如雨下。刚开始，他以为我准备长期待在他身边。我和他谈了目前的情况以及今后的打算，他平和地说出了不赞成的原因，并且指出了这样做存在的危险性，并严肃地和我说：大脑发热的情况下做出的荒谬事情越少越好。好在，他没有强迫我留下来。我觉得，他这样做非常好。但可以确定一点：他没有尽自己所能挽留我。追究原因，也许是他认为，我走上的是一条无法回头的道路；也许是他对于我这样大一个儿子实在不知该怎样才好。直到后来我才明白，他对我和默尔塞赫小姐有一种不切实际的期望。不过他这样看很正常。

我的继母人还不错，就是有点装模作样。她假意挽留我吃饭，我可不是那种没眼力的人。我说：返程的时候，我会尽量和他们多处些日子。我有个从水路运过来的包裹，放在身边实在累赘，就暂时放到了他们家。第二天清晨离开尼翁的时候我很开心，我总算见到了自己的父亲，也算尽了点孝心。

终于平安抵达弗里堡，默尔塞赫小姐对我的热情随着旅途一点点减退，到了终点索性冷漠得像个陌生人。她的父亲家庭状况并不是很好，待我的态度也很平常，所以我就住到了小旅馆。到了第二天我去看望他们的时候，他们邀请我在家里吃午饭，我同意了。道别时，我们都很平静，晚上我还住在旅馆，天明就走了，究竟要到哪里去，我也说不清楚。

我错过了一生中上帝又一次给我幸福生活的机会。默尔塞赫是个好女孩，虽然人不是很漂亮，但是可爱；好像死板些，做事情却讲道理；当然也会闹点小别扭，不过哭一会儿鼻子就完事了，不会做出什么出格的事情。她确实爱我，假如我愿意，娶她为妻还是比较容易的事情。和她在一起还可以继承她父亲的事业，由于音乐的缘故，我会爱上她父亲的事业，然后就在弗里堡安家了。弗里堡这样的小城不是特别有吸引力，可是这里的居民们都是一些好人。可以肯定，我在这里不会过上想要的快乐生活，可换来的却是一辈子的平静。关于这一点，我心里很清楚。假如生活再给我一个这样的机会，我一定毫不犹豫地把它抓住，不会有半分迟疑。

我没有回尼翁，而是临时起意直奔洛桑。那里有个美丽的湖泊，我想去看一看。我做事情没有多大动机，很多时候只是随性而为。过于远大的理想，实现的可能性不是很大，我的兴趣也没几分。对于未来，我的看法比较消极，无论多么宏大的计划不过是猴子捞月的幻想。我也是个平常人，想做的某件事不能够太费劲；假如要花费我很多的精力和时间，那我情愿不做。轻而易举就可以实现的愿望，那简直比天堂还要美。就算是当时让我欢乐无比的事情，如果过后会痛苦，那我也会逃得远远的。我就是这样一个人，向往着纯粹的欢乐，一点杂质都不能有，无论事前还是事后。

我必须找到一个就近的地方休息，因为我迷路了。黄昏的时候，我赶到了穆东，身上的钱已经差不多花光了，只留下十个克勒蔡尔用作明天的午饭钱，仅此而已！我走进了洛桑附近一个小村的旅店，拿出一副能够付饭钱的做派，吃饱喝足后不管不顾地上了床，美美地睡了一个晚上。第二日，我吃过早饭，店主算账的结果是七个巴兹。不过，我告诉店家没有钱了，准备拿自己的上衣来抵债。

老实人吓得连连摇头，发誓赌咒：苍天作证，我可没有扒过哪个人的衣服，我也不愿为了七个巴兹坏了做人的规矩。他要我穿上外衣，什么时候有钱什么时候过来付。对于店主的好心肠我很感动，但是相比之后的回忆，我当时感动的程度并不大。事实上，没几天的功夫，我就托了个关系好的人把钱送了过去，而且带去了浓浓的感谢之情。十五年以后，我从意大利归来经过洛桑，让我难过的是，自己竟然想不起那家旅店以及店主的名字。假如能够回忆起来，我一定登门拜访，用发自内心的喜悦告诉他，当年的善举是值得的。确实，一个人做好事如果是为了表现自己，那么无论他做出的好事有多了不起，都不如这个普普通通的店老板发自内心的善良更值得称道。

接近洛桑时，我开始想办法改变自己目前的处境，因为我不想让后母看见自己糟糕的样子。我觉得这次徒步旅行的自己就和当年刚到安纳西的汪杜尔一样。两相比较，我的想法就多了。虽然我没有汪杜尔的风度翩翩，也没有和他比肩的才能，但是我愿以小汪杜尔自比，在洛桑闯出一番名堂。我准备教授音乐谋生——其实我不懂音乐；和大家说我来自巴黎——其实我也没到过巴黎！虽然这套计划不错，可是根本就没有适合我的音乐学院；再说我也不敢在艺术家面前冒充行家。我决定先找一家价钱便宜的落脚之地再说。有人介绍，一位佩洛特先生的家开着临时旅馆，价钱合理。果然这位先生是世界第一大好人，他热烈向我表示欢迎。我告诉他的是上面编出来的一套瞎话，他完全相信了，同意帮忙给我找几个学生，我可以赚到钱再支付食宿费。

这里的费用是一天五埃居，按说并不贵，可我还是觉得这是一笔非常大的费用。他提议先入半伙，也就是午饭只有一份浓汤，晚饭可以稍好一点。我答应了。性情忠厚的佩洛特先生对我照顾有加。想出了很多的方法。有时候我就想：为什么我在青年时代遇到的大部分是好人呢？但是到了老年时候恰好换了个情形，好人变得很少，难道现在的好人成了濒危物种了吗？答案当然是否定的，原因是我现在接触的社会阶层和年轻时是不一样的。在所谓的下层社会，自然的真情流露是他们的生活常态，尽管有时候也许会装模作样一番，毕竟少之又少；但是在那些“上层社会”，人性的真、善、美被遏制了，他们的感情是跟着利益走的，一切都是虚情假意，嘴上的功夫。

在洛桑安顿好后，我给父亲写信告诉了我的消息，他把我寄存的小包裹给寄过来了，随来的还有一封写给我的信，信里颇有一些逆耳忠言让我受益匪浅。我记得前面交代过，我的思维有时会非常混乱，整个人都变了。我给大家举一个非常明显的例子，您想要知道那时候我的脑袋发昏成什么样子，想知道那时候我崇拜汪杜尔先生是多么疯狂，只需要了解一下那时候的我做了多少件令人捧腹的事情就可以了。

第一，我根本不识歌谱，居然公开做起了音乐教师。虽然我和勒·梅特先生在一起的六个月多少也了解一点有关音乐的知识，可是真要在现实中运用起来差得太远；尤其是和他那样的大师级人物学习，基础知识的掌握反而差一些。其次，我认为身为日内瓦的巴黎人，身为一个有新教信仰国家的天主教徒，我必须改头换面，一如我曾抛弃我的祖国和我的信仰一样。我绞尽脑汁让自己和我想要学习的对像神似。他叫做汪杜尔·德·维尔勒夫，我就将自己的姓氏由“卢梭”改变成“沃索尔”，再加一个“维尔勒夫”。这样一来，我的全称就是：沃索尔·德·维尔勒夫。

汪杜尔从来不和人炫耀自己会作曲；我恰好相反，明明不会作曲，偏偏见人就夸口说自己是个作曲行家。其实最简单的小调我都不会作，非要公然宣称自己是作曲家。我想要的机会来了，有一位叫做特雷托郎的法学家，非常热爱音乐，喜欢在自己家里举办音乐会。有人介绍让我为他服务，为了露一手我在作曲方面的才能，我决定作一首曲子让他开开眼。打定主意，我像一个真正的作曲家一样为他的音乐会忙碌起来。为了这首曲子我整整操劳了两个星期，然后认真眷写清楚，标定了音部，划分出章节，使人乍眼看果然有模有样，分明就是一部不错的音乐作品。说出来似乎让人无法相信，可这是真的！为了让这首佳作越发耀眼醒目，在曲子的最后我特意填上了一段美妙的小步舞曲。当年这段曲子传遍了街头巷尾，直到今天还有人记起这段无法忘却的歌词：

水性杨花靓小妞
对人不平让我愁
呀！你的克拉丽丝
欺骗了你的一片芳心
……

这是一首汪杜尔教给我的男低音歌曲，因为原先的歌词过于粗俗下流，所以我就记住了它。我弃掉原来的歌词，将这首小步舞曲放在了曲子的最后，并且配上了低音，信誓旦旦和人家说就是我作的。

大家准备演奏我的曲子之前，我将乐章类型、演奏风格，还有各个音部的配合高谈阔论了好长一段时间，不过大家校音仅仅花了五六分钟。对我来讲那五六分钟犹如五六个世纪一样漫长。最后我看大家一切就绪，于是手拿一个大纸卷有模有样地在指挥台上击打几下，提醒大家“注意”，大家随之安静下来，我煞有其事打起了拍子，演奏会终于开始……

天哪！自从这个世界产生了法国歌曲，从来没有人听过如此糟糕的音乐。姑且不论人家对我所谓的音乐才华是一个什么样的看法，反正谁也没有料到这次的音乐会居然是这样的效果。乐手们使劲憋着笑，但是他们的表情真是怪极了；听众们惊恐地睁大了眼睛，他们真想堵住耳朵，可是又不能这么做；台上的乐手们见此光景故意捣乱，他们故意搞出的噪音都能穿透盲人的耳膜。我强作镇定地指挥着，头上冷汗直冒，但为了脸面，也不能就这样丢下一走了之。我身旁的人悄悄议论着听众的反应，有的说：“真是让人受不了，太疯狂了。”有的说：“这是什么乱七八糟的东西。”更有甚者，有人低声惊呼：“天哪！这是巫婆在号丧吗？”

可怜的让—雅克啊！在这令人要命的时候，你能否想到未来某一天你会站在法国国王和宫廷贵族面前为他们演奏，你创作的乐曲将要赢得大家雷鸣般的掌声以及赞不绝口的称道[3]？坐在四周包厢里的贵妇们将会悄声耳语：“这是多么动听的音乐！多么醉人的旋律啊！他的每一句歌词都深得我心！”

相比之下，最让大家捧腹的还是我那首自作聪明的小步舞曲。刚演奏了几个小节，全场就爆发出阵阵大笑的声音，不少人喝起了倒彩。有人发誓说，这首曲子的作者将会因为它“声名远扬”，到哪儿都会成为言论的中心。那时我羞愧的心情难以形容，不用多说，大家一定能够猜出来。这糟糕的局面我怨不得别人，纯粹是咎由自取。

第二日，有一位名字叫作鲁托德的乐队成员特意来看望我。他真是一位忠厚人，并没有对昨晚的事情进行评价。不过，由于我自己的原因，遭遇打击后心情的极度后悔、懊恼、失望等多种复杂的情感，逼迫我老老实实和他进行了坦白。我泪如雨下，告诉他其实我根本就不懂什么音乐，还把事情的前后原原本本说了出来。我请求他替我保密，他同意了；而且，我非常相信他做出的承诺。

事实上，当天晚上，我的“大名”就传遍了洛桑的大街小巷。奇怪的是，这里的居民没有一个人用另类的眼光看待我；就连佩洛特先生也没有赶我出去，而是让我继续留在他的家里吃住。

我仍旧待在洛桑，心情烦闷极了。以这样的方式开场，我在洛桑的日子不会好过。愿意做我学生的孩子不过是两三个说着德语的乡下男孩。他们呆头呆脑，我是半斤八两，凑在一起真是让人啼笑皆非。他们在我这里肯定学不出什么名堂。有一家愿意请我做家庭音乐教师，可是我这个学生是一个比较乖张的小女孩，她喜欢拿出一张又一张的乐谱假意请教我。她发现我什么都不懂，就开心地在我面前唱起来，还要教我怎样唱。我哪里懂得什么歌谱？就像那场音乐会，我根本就不懂音乐节奏，甚至他们演奏的是不是我写的曲子都听不出来。

虽然我的日子过得这样难过，好在我和两位可爱的女友不时有信件往来，她们体贴地抚慰我受伤的心灵，我认为也只有她们才有这样的力量。在这难熬的日子里，什么都比不上一个女人的爱，能够让我开心一些。遗憾的是，我们之间的联系不久就终止了，从此再无联系。当然责任在我，我变换了住所却忘记告诉她们新的住址；还有我一直在为自己的处境忙碌，就把这件事情忘记了。

好久，我都没有提起可怜的华伦夫人了。假如大家认为我已将她遗忘，可真是大错特错！我每时每刻都在想她，盼望着见到她。这不是为了生活，是由于心的需要。但是，无论我对她的爱有多么深沉，都不妨碍我会爱上别的女人。因为这两者是不一样的：我和其他女人的爱是由于她们的外表美丽，假如有一天她们变得丑陋，我的爱也就停止了；可是华伦夫人不一样，就算是将来她变成又老又丑的老太婆，我的爱都不会因此减少分毫。刚开始我也爱她年轻时美好的容颜，渐渐才发现我爱的是她这个人，无论她是什么样子，我对她的爱都不会改变。我明白自己欠她的情，不过我没有仔细想过这个问题。其实不管她对我付出多少，我的心不会因此增减几分。我们的爱不是责任、义务、利益，或者性格之类。我和她的爱，是因为我的生命因她而始，我生命的所有就是为了爱她。每次我爱上了其他女人，的确会因此分心，想念华伦夫人的时间减少了。可是每当我想起华伦夫人，我的心是那么快活！况且，不管我有没有爱上其他女人，只要想起她，我就知道：只要离开了华伦夫人，我的生活不会幸福。

虽然这么长时间我得不到她的一点消息，可是我不相信她会忘记我，也不相信自己就这样永远失去了她。我告诉自己：她迟早会知道我在四处流浪，也一定会送信给我。我肯定会找到她，不会错！一定可以！想想看，我可以住在她的家乡，可以走在她曾经走过的街道上，可以看看她曾经住过的房子，所有的一切，我已经够幸福，虽然这样的幸福感纯属自我安慰。那时我的心理很奇怪：不到万不得已，我绝不和任何人打探她的消息，就连她的名字我也不会提。我怕一提起她的名字，心里的秘密就会顺着嘴巴泄露，就会有人猜到我和她的关系，一定会给她带来烦恼。还有，我觉得只要提起她的名字，会有人告诉我和她有关的坏话。毕竟她离家以后大家议论纷纷，甚至对她的为人都有看法。我可不想听他们说出那些我不爱听的话，索性什么也不说好了。

学生来我这里学习的时间并不多，而且从洛桑到华伦夫人的出生地不过四法里，所以我就去玩了两三天。我的心情非常好！日内瓦湖以及岸边秀丽的风光，于我始终有一种难言的吸引力。每次来到沃州，我都会想起出生在此地的华伦夫人以及曾在这里生活的父亲，还有让我情窦初开的维尔松小姐，包括年少时仅有的几次快乐之旅。除了这些，我认为其中另有神秘的原因强烈召唤着我，我因此心潮澎湃！幸福本来距我很近，我出生就应该享受，却从来也不曾得到它。每当想起这些，我滚烫的一颗心马上就飞到了沃州，将心愿寄情在它的美丽山水之间。我想在湖边有个果园，一个可以交心的朋友，还有一个可心的妻子，养一头奶牛……当然还少不了一条小船。拥有这一切，我将在这里过上向往已久的幸福生活。我也会为自己不切实际的想法觉得可笑：我真是太天真了，只是为了幻想中的幸福我曾经跑到沃州好几次；但是我每去一次就会惊讶地发现，这里民众的性格，特别是女人根本不是我心目中的样子。我认为这里的人配不上如此美妙的风景，太不相称了！

这一次在沃州，我带着淡淡的忧郁以及心灵深处无法抑制的幸福感沿着湖畔慢慢前行。我心怀满腔的热情勾勒了无数美好的画面，现在我距它这么近，几乎可以触摸到。我控制不住自己的情绪，孩子似的流了满脸的泪水。我忍不住放声大哭，以至于好几次不得不停下脚步，坐在了岸边的一块岩石上，任由自己的泪水尽情洒落湖中。

我最终到了韦维，并且住在一家名叫“拉克勒”的旅馆。前两天，我一个人待在旅馆，哪里也不想去。关于我对这座城市的感情，我每一次旅行的文字里都会专门描述，而且将小说[4]的几个主人公安排在此地。我满怀一颗赤子之心想要对那些懂得欣赏的感情丰富的人们说：“请到韦维去，看看那里的美景如画，欣赏那里的湖光山色，你可以在湖面泛舟而行。感受一下大自然的鬼斧神工，是否专为朱莉、克莱尔还有圣普乐而创造？遗憾的是，现在已是物是人非，那里再也找不到他们的身影。”

关于韦维的情况到此为止。接下来谈一谈我在洛桑的情况。

我信仰天主教，于是就像个真正的教徒一样，每星期天到距离洛桑两法里的亚桑斯做弥撒——当然是天气允许的情况下。一般我会和其他的天主教徒结伴而行，尤其是和有个来自巴黎的刺绣工人一起居多——抱歉，他的名字我想不起来了。他可不是我这样的冒牌货，而是如假包换、真正意义上的巴黎人，就如同香槟省一样的好人。

他非常爱自己的祖国，所以从来没有对我这个巴黎人的身份产生过怀疑，他不愿揭穿我，只是想和一个人谈谈巴黎，自己心中牵挂的地方。

有一个园丁在大法官克鲁札先生家做事，他就不一样了，他不但认定我是个假货，还觉得巴黎的名誉会因为我受到伤害。他经常像发现了秘密一样审问我，脸上透露出一种诡异的笑。有一回，他竟然要我说说巴黎的新市场有什么样的特色商品。这我怎么知道？只得胡编乱造一通，接下来的情形大家可以想到。直到今天，类似的问题还在困扰我，虽然我已经在巴黎生活了二十年。按说，我对这个城市的情况还算是了解，不过，谁要是拿类似的问题让我回答，我肯定还答不上来。人们会从我面红耳赤的样子，得出我从来没有到过巴黎的结论。所以，看待一件事情要是角度弄错了，同样会得出一个错误的观点。

我搞不清自己在洛桑停留了多长时间，只知道在那里生活不下去，于是就离开了，继续走到纳沙泰尔。我在纳沙泰尔住了一个冬天，运气还不错，招到了几个学生，赚了一些钱。我马上还清了欠下佩洛特的债务——这是一个好心人，虽然我欠下他不少的债，可是上次我离开他的家以后，很快就将我的行李寄了过来。

我在教别人音乐的时候，自己慢慢也得到了提升。我的日子因此过得挺好，按常理，有头脑的人对这样的生活会感到满意。可是我这颗不安生的心不知还想要做什么，只要有空余时间，也许是星期天，我会到乡下或者不远的树林里随便走走。一边走一边想，一边想一边叹气，就这样漫无目的，通常到了天黑才回到城里。

有一次，我徒步走到了名叫布德利的地方，在一个小酒店吃着午饭，遇见了一位满脸络腮胡的人。他穿着希腊款式的外套，头顶皮帽子，这通身气派，结合他的相貌，可以看出是个身份很高的人物。不过他说的话没有人能听懂，是那种不好辨别的方言，有点接近意大利语。恰巧，他说出的每一句话，我全部能听懂，也只有我一个人能听懂。他在酒店用手语和老板以及本地人手忙脚乱地比划着，非常滑稽。于是，我走上前去用意大利语和他说了一些话，他马上听懂了。他开心地走到我面前，热情地拥抱着我。我们很快成了好朋友，而且从这一刻起，我成了他的翻译。他吃的午饭酒菜俱全，很丰盛；相比之下，我吃的食物就寒酸多了。他请我一同就餐，我客套了几句就和他坐在了一起，我们边吃边聊，相见恨晚。

他说自己是耶路撒冷修道院院长、希腊正教的主教，这次是为了再建圣墓[5]的事情到欧洲各个国家游说募捐的。他拿出气派的证书给我看，它们是俄国女皇、奥地利皇帝和其他国家君主颁发的，总之不少。他对于募集到的善款非常满意，可是在德国却遇到了不小的困难，原因是他连一句德语、法语、或者拉丁语都不会说，只好用法兰克语、土耳其语、希腊语和人交流，这导致他在德国筹集到的款数并不多。现在，他请我做他的翻译兼秘书。也许他认为我不是一个难说话的人，虽然我当时穿了一件崭新的紫色外套还挺配这个翻译官的新身份，但是气派是谈不上的。这一点，他的眼光不错，我们很快就达成了共识。事实上，我根本没有什么要求；相反，他却对我做了不少的承诺。就这样，我们两个既没有中间人，彼此又不熟悉的情况下，我将自己交给了他。

第二天，我们就动身到耶路撒冷去了。我们先到了弗里堡，在那里他的收获不大。原因是他的主教身份让他无法找个人募捐，所以只能到元老院说明自己此行的目的。元老院给了他点小钱，然后我们继续前行，到了伯尔尼。这里办事情的程序比较麻烦，光是审核他那许多的证件都不是一天能做完的事情。

我们住在当地最高档的"猎鹰饭店"，能住在这里的都是身份高贵的人；餐厅里就餐的人不少，准备的都是上好的食品。长期以来我吃的都很清淡，趁此良机当然要好好开开荤了。主教先生本身就是一位上流社会的人，如今看到这么多能够谈到一起的先生们，心情变得很好。他和他们边吃边聊，越聊越开心，不断卖弄自己那一套希腊式的高贵学识。有一次餐后吃点心时，他拿起钳子夹核桃不留神夹破了手指，血冒了出来。当时，他伸出受伤的手指风趣地大笑："先生们请看，这里流的是一个货真价实的古希腊人的鲜血。"

到了伯尔尼，我在工作上的能力对他还是很有帮助的，比我自己预期的要好很多。我能说会道，比为我自己做事还要上心。在伯尔尼办事比弗里堡要麻烦得多，和这里的首脑要进行长而繁琐的交涉，还有文件的各种审核，一连串的手续办完后，元老院才同意接见主教先生。我以翻译的身份和他进了元老院，真没有想到，元老院竟然让我先发言。这真让我惊讶，元老们经过长久的讨论后竟然要我独自和他们再讲一遍，仿佛刚才他们什么也没做一样。大家可以想到，我有多不好意思。

唉！我本来是个性格内向的人，现在，我将要对伯尔尼的元老们发表即席讲话。天啊，这简直要我的命！还好我胆子够大，我简单将主教来这里的目的讲了一下，而且对各国君主的慷慨解囊大大感激了一番。为了获得元老们的支持，我采用了激将的方法，声称以他们一贯的乐善好施肯定会解囊相助。最后，为了让各个教派的基督徒安心，我热情地加了一句：愿上帝赐福给所有参与这一善举的人们。我不敢肯定是因为我的这番讲话起到了绝对的效果，但是能够看出他们非常喜欢。

最后，将要离开元老院的时候，主教大人得到了一份非常可观的捐赠，同时他这位秘书的工作能力受到了热情洋溢的肯定。关于夸奖我的话，我可没有一字一句翻译给他听。这可是我有生以来第一次公开在当权者面前讲话呀！而且讲得这么漂亮，说出的话抑扬顿挫。在我的一生当中，仅有这一次。一样的人，他的才华在不同的时期展现出截然不同的水平。我在伊弗东有一位老朋友罗甘先生，因为我过去向本市图书馆赠书的缘故，三年前我去看望他的时候，市府派出了代表团向我表示谢意。代表团的先生们一个接一个向我表示感谢——瑞士人真是个个都是好口才！我必须向他们致答谢词，可是我却被他们搞得晕乎乎的，真不知怎么办才好。我感觉脑袋就如同一锅浆糊，什么话也说不上来，毫无疑问地当众出丑。我这个人虽然胆子天生就不大，不过年轻的时候也挺不错的；谁知随着年龄增加，阅历变深，越是到了人多的场合，越是没有了以前的从容和自信。

依主教的安排，我们离开伯尔尼后，直奔索勒尔，然后再次进入德国，最后从匈牙利或者波兰回国，旅行的线路相当长。值得高兴的是，主教的钱囊越来越鼓，旅费根本花不了几个钱，我们才不在乎多走路。对于我来讲，怎样都高兴，骑马也好、步行也罢，能够旅行一辈子才好哩！不过到了后来，我才发现自己没有那么好的命。

到了索勒尔，第一件事我们要去拜会法国大使。说起来也是这位主教先生运气不好，这位德·波纳克侯爵以前出任过法国驻土耳其大使，他对圣墓的事情知道得清清楚楚，允许主教拜见的时间仅有一刻钟。我没有一同进去的权利，主要是大使先生可以听懂法兰克语，而且意大利语讲得也和我一样好。等到希腊主教出来后，我刚想一同离去，却让人拦下了，他们要我进去拜见大使先生。因为我声称自己是巴黎人，就和其他巴黎人一样必须接受大使的管理。大使要我和他说老实话，讲清楚自己的真实身份。我同意了，但希望只和他一个人谈。大使接受了我的要求，他领着我进了书房后，随即关上门。我当即跪在了他面前，一股脑儿说出了所有的话，毫无保留，有什么说什么。其实我早就攒了一肚子的话想要找个人倾诉，我既然能够和那个乐手鲁托德讲，有什么理由向德·波纳克大使隐瞒所谓的秘密呢？

大使对我的态度和经历比较满意，他牵着我的手进了大使夫人的房子，向她简单介绍了我的情况。德·波纳克夫人对我很亲切，和我说千万不要跟那个希腊教士四处跑。于是，大使决定让我暂时留在使馆内，随后考虑个安置我的方法。我想向那位可怜的主教告个别，我们之间总归有一段时间的交情。可是，我的请求并没有被获准，他们已经派人通知了我被扣留的消息。过了一刻钟，有人送来了我的小包裹。

负责照顾我的是大使的秘书拉马蒂尼埃先生，他带着我到了已经预备好的房间，告诉我说："在德·吕克伯爵时期，有一个与您同姓的名人[6]住在这间房子，您应该努力争取在各方面都超越他。等到有一天谈起你们，可以称你们是'卢梭一号'和'卢梭二号'。"他这样生硬地将我们两个放在一起，我当时认为毫无意义。假如我可以预测到为了和他平起平坐，将要付出怎样的代价，我大概连听的兴趣都没有。

然而，秘书先生说得那一番话还是勾起了我的好奇心。我找来曾经住在这个房间的"卢梭一号"的作品看了看，同时还因为得到了人家的几句好话，就真以为自己是具备诗人气质的天才。为了试笔，我写了一首称颂波纳克夫人的诗，不过，我对于写诗的热情并没有持续下去。我时不时写些现在看来非常庸俗的诗句，唯一的好处是锻炼了我写词炼句的本领以及可以写出优美的散文。不过，我从来没有发现法国诗歌有那样大的魅力，可以吸引我奋不顾身投入其中。

拉马蒂尼埃先生为了试探我的文字能力，要我书面记录曾经和大使先生说过的话。于是我写了一封长信给他。听说后来这封信让一位名叫马利扬纳的先生保存了——他曾在德·波纳克侯爵手下任职多年。德·古尔代叶先生继任大使后，马利扬纳接替了拉马蒂尼埃先生的秘书职务。我曾拜托马尔泽尔布先生[7]替我弄到这封信的抄件。假如我可以通过他、或者什么人得到抄件，我会以附录的形式将它收在这本《忏悔录》里。

有了上面的事情，我那许多不切实际的浪漫想法渐渐减弱。譬如，我不但对德·波纳克夫人没有产生爱意，还感觉到我在她丈夫领导下工作是没有多大前途的。现任秘书是拉马蒂尼埃先生，可是马里扬纳先生时刻等着补他的缺，我顶多做一个秘书助理。这个职位，我根本不感兴趣。因为这个原因，有人问起我以后的打算，我则明明白白告诉他：我想去巴黎。大使先生非常赞同我的主意，好处是他终于可以摆脱我。梅尔维耶先生是使馆的秘书兼翻译，他和我讲，他有一位瑞士籍上校的朋友，名字叫戈达尔先生，正在法国军队服役；上校朋友有位小侄子也在军中，正想找一个人作伴。梅尔维耶认为我是个合适的人选。对于我来讲，只要去巴黎就是好事情，何况这也是个旅行的机会，就更加好了。我们很快就把这件事情定下来了，他们给了我一百法郎的费用，还有几封介绍信，交代了一些需要注意的事项后，我就开开心心踏上了旅程。

关于这趟旅行，我足足花了两个星期，它是我一生中最高兴的旅行之一。那时候人年轻，有的是劲头，口袋里的钱足够花，对未来又充满了希望。所以，我一路闲云野鹤似的慢慢走着。不了解我的人会以为我是苦中作乐，要是他们知道我内心的真实想法，肯定会大吃一惊。瑰丽的梦想与我一路同行，我那豪放的想像力从未像现在这样广阔无边。假若有人请我搭坐他的马车，或者路上的行人想要和我搭讪，我肯定非常生气，原因是他破坏了我臆想中的海市蜃楼。

现在，我向往的是美好的军旅生涯。因为我将要拜见的是一名威武的军人，况且已经有人为我安排好一切，此去我肯定会当上士官。我好像看见自己已经穿上军官服，一根洁白的羽毛插在了军帽上。每想到自己神气活现的模样，我就按捺不住一颗飞扬的心。我对几何学和城防建设多少懂一些，还有一位工程师舅舅，算得上半个军人世家。虽然我的视力不太好，是个麻烦；不过我胆大心细，遇事冷静，两相抵消，正好！有一本书上曾经介绍过朔母贝格元帅，我记得他的眼睛就近视得颇为厉害。同样是近视眼，他可以当元帅，卢梭怎么不可以呢？

这样一对比，我更加兴奋了，真是越想越激动，简直无法控制自己：眼前到处是城堡、战壕、士兵，还有炮队；而我好像将军一样，迎着炮声和硝烟，盯着望远镜，冷静地下达着作战命令。不过，当我看见森林与河流，当走过美丽的原野时，我忍不住发出一声叹息：唉！我是多么爱这美丽的大自然啊！我忽然觉得，不管我获得多么显赫的军功，可是在我的心灵深处根本不喜欢硝烟弥漫的场面。就在一瞬间，我仿佛置身芳草连天的牧场，再也不去考虑那些军功之类的事情了。

到了巴黎郊外，我眼中看到的景像和头脑里想到的画面实在差得太远！我曾经在都灵见到过漂亮的市容、美丽的街景和整齐划一的房舍，它让我以为巴黎的面貌一定更好。我心目中的巴黎是这样的：一个美丽、繁华、壮观的大都会，市容壮观，街道干净，随处可见富丽堂皇的房舍。我由圣马尔索走进巴黎，一进城臭味扑面而来，窄而脏的街道，房子又破又烂，烟囱里冒出的黑烟让空气变得污浊；触目皆是贫穷的市民——满大街晃悠的乞丐、等待拉客的车夫、替人缝补旧衣裳和兜售茶汤的妇女、卖旧帽子的老女人。这一切的一切，都让我惊讶无比，甚至我后来真的到了巴黎，看到的所有繁华景像都无法抵消我初次进城的印像。我心里始终有一种反感情绪，不想长久居住在巴黎——虽然它有法国首善之地的称号。毫不客气地说，我后来住在巴黎的原因，就是想在这里赚一笔钱，让我有能力搬到其他地方住。

太过丰富的想像力就造成了这样的后果：有些事情别人本来就是夸夸其谈，想象力能再夸大一倍；别人已经修饰过的话语，他可以再添油加醋地传达得更令人心动。人家在我面前夸赞巴黎，我居然可以想成古巴比伦。可想而知，我要是真正到了巴比伦，肯定和想像中的巴比伦相差甚远，一样让我灰心丧气。巴黎歌剧院在我面前就遭到了同样的命运：刚到巴黎第二天，我迫不及待地跑到歌剧院观赏，发现也不过如此。后来的凡尔赛宫之行，再后来到大海边，所有的一切都是这样。自己亲眼看到的情况和他们在我耳边说出来的简直不能相比。原因是，不管是人们的极力炫耀，以及事物本身都没有我想像出来的美好。

他们介绍给我的人对我的态度可不好——我一直以为自己的运气不错呢。我怀着美好的愿望先去见苏尔贝克先生，他看见我时样子平淡极了。他是一位退了休的军官，在巴涅尔过的日子很平常，我去看了他好几次，在那里甚至连白开水都喝不上一口。梅尔维耶先生的弟媳妇和小侄子对我还热情一些。这位侄子是一位近卫军军官。母子俩不但友好地接待我，还请我留在家里吃饭。所以，我在巴黎时经常去他们家做客。我猜梅尔韦耶夫人年轻的时候肯定漂亮——虽然现在人过中年，头发却依然乌黑发亮，梳了两个旧式的发髻贴着两边鬓角，模样非常俏丽，透着聪明劲。可以看出，她也觉得我很聪明，而且很喜欢我的表现。

我随后就发现他们的态度起不了多大作用，尽管夫人想出很多方法帮我的忙，可是没有人帮她的忙。其实对于法国人，应该有个公正的态度：一旦他们答应了你，就会想办法实现诺言，从来不说空话。这可以说他们都是真心实意的。但是，也有假意关心你，其实是动动嘴皮子的时候。相比之下，瑞士人那一套浮夸的做法只能骗骗小孩子，或者傻瓜。法国人的态度有一种欺骗性，其原因是：他们说话简单，让人误以为他们不愿意全部告诉你，是想要给你一个最后的礼物。我还想指出：他们所有的感情都发自内心，他们本质上乐意帮助别人。虽然他们作风轻浮，喜欢见一个爱一个，导致了一些非议。他们喜欢怎么想就怎么做，不过这样的感情来去如风。和你在一起，心里就只有你，一离开很快就忘了。他们就是这样，心无定性，全凭当时的一股子冲动和干劲。

所以，我得到了很多没有用的赞赏，真正能帮上我的却没有一个。按照原先的计划，我应该照顾戈达尔上校的侄子，不过这位上校虽然很富裕，却是一个小气鬼。他看见我这副穷酸样，就想白使唤我，要我到他侄子那里做不挣钱的男仆，根本不是做什么老师。给他侄子做跟班，唯一的好处是不用服兵役，可是只能领一份候补士官的薪水。他起初打算随便给我弄一套士兵的衣服，经过我的激烈反对以后很不情愿地给了一套军官服。戈尔达上校的做法让梅尔维耶夫人很生气，她劝我不要接受他的条件，他的儿子也是同样的意思。我打算另谋高就，可是越着急越是无路可走。眼下，我带的一百法郎快花光了，心急似油煎；好在大使先生没有忘记我，又汇了一些钱来，解了我的燃眉之急。

可见，如果我当初再多忍耐些，他一定会替我想办法的。话又说回来，我可做不出眼巴巴四处求人提拔的事情。现在，我心灰意冷根本不愿见到任何人。真是完了，一切都完了！我现在最想见到亲爱的华伦夫人，可是到哪里才能找到她呢？梅尔维耶夫人已经对我的过去比较了解，她四处帮我探听消息，很长时间都没结果。后来她和我说：华伦夫人已经在两个月前离开了巴黎，可是不清楚她究竟是去了都灵还是萨瓦，也许是回瑞士了。就是这仅有的消息，都足以让我下定决心去寻找她。我觉得，无论她在何方，在外省总比巴黎要容易寻找得多。

离开巴黎的时候，我新学的诗歌才华又一次得到锻炼。我采用诗歌体给上校先生写了一封信，好好地讽刺了他一番。我让梅尔维耶夫人看这封信——我以为夫人会责备我，谁知她忍不住大笑起来。夫人说我揶揄戈达尔的那些话不错，她儿子也忍不住笑了。看来，他们都不喜欢上校先生，而且赞成我将信寄给上校的主意。接下来，我写上地址，封好信，一直到了奥克塞尔才把信发出去——因为那时候的巴黎还不收寄本市信件。

直到现在，我每次想起上校先生读到那首形容他的讽刺诗时气急败坏的模样，都忍不住捧腹大笑。我记得诗的开头两句是这么写的：

你这个懒洋洋的老东西，
妄图让我教你的侄子。
别做梦我能对你的鬼差遣有兴趣。

老实讲，我这首小诗写得不怎么样，不过也有几分风趣。这说明我写讽刺诗还是有点才气的。我这个人不爱记仇，以至于我在这方面的才能没有得到充分锻炼。但是有一点我敢肯定，假如我的性格要是争强斗胜的话，想要攻击我的人是不容易做到的。关于这一点，大家只要看看我偶尔为自己辩论写就的论战性文章就可以了。

最让我遗憾的是，我从来没有写过旅行日记，致使生活中的很多细节我都想不起来了。我敢打赌，我的想法从来没有一个人徒步旅行时那样丰富，能够感知自己的存在，活得那样真实，那样有意义。步行确实能够启发我的大脑，假如我一直坐着不动，我的头脑好像也一起停滞了。所以，只要我的身体处于活动状态，脑子也很快跟着动起来了。走在美丽的乡间小路上，呼吸着清香的空气，一路欣赏着不一样的山水风光；还有步行引起的食欲，在小酒馆就餐时，感受着那里的自由气氛，以及健康的身体，远离我生活中必须依靠的人和事。

这一切，都让我轻松。我的心灵自由自在，我有了思考重大问题的勇气。我纵情将自己置身于世间万物，我随性选择，支配它们。我就是大自然的主人，它们都得听从我的安排。我看过了一种事物，再看另一种事物；合我心意的，我便与它们心灵交融，不分彼此。我被迷人的世界环绕，我的身心都陷入了甜蜜。假如我此刻提起笔来，将这些醉人的事物进行描述，我将用怎样的笔触和瑰丽的文章才能将它们表现出来啊！有人以为，在我快要晚年时写的书里可以看到这些。真令人惋惜啊！青年时候的我徒步旅行时看过那么多让人心旷神怡的美景，当时也打了腹稿，想要把它们写出来；只可惜始终未能如愿。假如我当初做到了，到了今天读起来该是多么的舒心啊！

也许会有人问我，那你当时为何不写出来呢？我的答案是：为什么因为其他人想要知道的缘故，就让我停下欣赏的脚步呢？当我的思想在天际神游的时候，哪里会有其他心思去想为世界上所有的人写文章的事情。况且，我身边哪有如此现成的笔和纸；假如我连这些琐碎的事情都要一一考虑清楚，那我干脆啥也别干了。而且连我自己也无法预料将有什么样的想法，在什么时间产生，这些我根本没法决定。有时候什么灵感都没有，有时候哗啦一下全来了，来势凶猛，我简直招架不住。这时候我无论怎样都写不完，哪有那么多的时间让我支配。其实我每到一个地方想的，就是肚子饿的时候怎样可以吃到好东西；第二天上路还是什么都不想，只盼着一路上开开心心。我可以感觉到一个崭新的大门已经为我打开，乐园在等待着我，我一心只想找到它。

我的心情从来没有像现在这样好。去巴黎的路上，我心里装的全部是到那儿以后将要做的事情，我向往的是自己要面对的新工作，而且我也怀着极大的热忱走完了所有的路，可是它不是我心里向往的，况且见到的人和事同我心中所想差得太远。那个所谓的戈尔达上校，还有他的侄子，和我这样一个英雄根本无法相比。感谢上帝，我终于摆脱了所有束缚，可以在自己的梦幻乐园任意遨游，现在我的脑海中再也容不下其他事物。有好几次我迷路了，不过要是让我一直按正确的路线走，我反而不开心。回到里昂，我就不得已要走进现实生活，因此我盼望着里昂的道路越远越好，最好一直到不了。

有一次，我特意绕路去看一个我认为非常美丽的地方，那里的风景简直让我沉醉。我不住地徘徊，绕了好几圈，到了最后居然迷路了。我怎么也找不到来时的路，来回绕了几个小时，又累又饿，一点劲都没有，只得走进一个农民的家中。从外面看上去他的房子实在不怎么样，不过却是这里仅有的住户了。我误以为这里的人们和日内瓦、瑞士的一样过得安逸，喜欢待客。我让房主人给我做一些吃的，饭钱照付。他却只给我拿来一块粗糙的面包和拂去了奶皮的牛奶，而且告诉我他家里只有这些了。我饿坏了，一边喝牛奶，一边吃面包，食欲大开，连面包渣都没有剩下。可是这些东西对于一个饿慌了的人来说，是远远不够的。

房主人观察了我好一会儿，从刚才的表现看出我说的都是实话。然后他告诉我，已经看出我是一个面相善良的男青年，肯定不会告发他的。说完他就打开了厨房旁边的一个活门，走进去为我拿来了一块比较大的纯小麦面包、一块切过的火腿，还有一瓶葡萄酒——只是看见酒瓶我就非常高兴了！另外还煎了一大盘鸡蛋，让我吃到了平常难以享受到的美食。最后我要结账的时候，他的脸色立刻紧张起来，说什么也不要我的钱，而且怕得要命。这真奇怪！

我一再追问，他才犹犹豫豫吐出了几个恐怖的字："苛税"、"地窖硕鼠"。最后他告诉了我藏起食品的原因：藏小麦面包因为担心征收人头税；藏酒是怕征收附加税。假如有人发现他还有填饱肚子之外的食物，那就全完了。他说的话我以前听都没有听过，从此便留下了无法忘怀的记忆。我对不幸的人民抱有深刻的同情心，对压榨他们的那些人怀有无法抑制的憎恶感，就是从这位农民开始的。他的生活过得挺好，却不敢大大方方公开享用自己辛苦工作换来的面包；如果他不装出大家都很贫穷的模样，就要遭到破产的命运。我走出来的时候，心里气愤难平，越想越愤怒！同时对拥有这片肥沃土地的人们同情不已：大自然对他们丰厚的馈赠却让他们成为酷吏们抢掠的对像。

这样深刻的体会是我此次旅行中最难忘记的。除了这件事情，我只能记起接近里昂的时候，有意绕路去里翁尼河欣赏沿岸的风景。我和父亲曾经共同看过一本小说《阿斯特蕾》[8]，我一直无法忘记书中描写的故事。我一路打听前往弗雷茨的路，问到一位女店主的时候，她和我说，那里有非常多的铁厂，生产的铁器很实用，那里的操作工最挣钱了。她好心说了一系列夸奖的话，反而像一瓢冰水泼向了我这颗热情的心。我灰心极了，再也不想到遍地铁匠的地方寻找狄阿娜和西尔旺德赫。唉！那个好心肠的女人，绝对认为我是想找个铁匠铺学一门手艺，才这样热情地鼓励我。

我这次到里昂其实另有目的，一到那里，我直奔莎索特女修道院求见华伦夫人的好朋友莎特莱小姐。我前一次和勒·梅特先生来里昂的时候，华伦夫人曾经让我替她捎过一封信，所以我和莎特莱小姐关系比较熟悉。她和我讲，华伦夫人的确来过这里，但是也许她已经到彼埃蒙了；何况，华伦夫人走的时候，她自己也搞不准会不会到萨瓦停几天。莎特莱小姐还和我说，假如我愿意，她帮我写封信问问华伦夫人现在的情况；她建议我最好在里昂等等准信。我觉得莎特莱小姐的提议很好，不过我不想和她说我非常需要华伦夫人的消息，因为我口袋里的钱不多了，不能在里昂等的时间过长。我不想和她说的原因，倒不是怕她冷眼看我。事实上，她接待我的态度很好。不过，她越是以平等的姿态看我，我越发不想让自己从一个朋友的“儿子”一下子跌落到乞丐的地位。

我认为，我在这一章写的这些情况，已经可以交代清楚前因后果。好像我在此期间又去过一次里昂，不过准确的时间却记不起来，只知道当时身上的钱袋快要空了，而且还有个让人感到羞耻的事情让我永远都记得那个特别的里昂之行。

有一天晚上吃过便饭后，我独自坐在贝莱古广场想如何改变眼下的困难处境。然后，有个戴便帽的、好像是丝绸厂的男工人走过来坐在我身边，里昂人称之为织锦工。他开口和我搭话，我也回应了他，就这样谈了起来。我们说了不到一刻钟的话，他就以淡漠的、平稳的语气要我和他玩玩。我刚想问他玩什么，他什么话都不说，挨紧了我的身子不断比划。虽然天色昏黑，恍恍惚惚我也明白了他的意图。不过，他不敢在大庭广众之下侵犯我的身体，好像也没打算这样做。他觉得这种事情没什么，以为我也这样想。我被他那不知耻的样子吓了一跳，二话不说撒腿就跑，非常担心那个不要脸的家伙追上来。我心慌意乱，本来是由圣多米尼克跑到我的住所，可是我在慌乱之下朝着码头跑了，一直过了木桥才停下脚步。我浑身发抖，好像刚才做坏事的是我自己。

这一次的里昂之行，我还遇到过和刚才类似的事情，而且相当危险。当时因为身上钱快要没了，我硬是省着花，很少到旅店吃饭，后来索性到小饭馆吃。因为在旅店一顿饭钱需花费二十五个苏，但是小饭馆仅要五六个苏就管饱。不在旅店吃饭，当然不能厚着脸皮住在那里。倒不是我欠了旅店多少钱，实在是我多占一个房间就会让女店家赔一个房间的钱，我做不出那样的事情。

当时的季节很不错，有一个天气炎热的晚上，我决定到广场度过这个夜晚。我刚躺在一张长椅上，走过来一位神甫，他看见我就这样躺着，就问我是不是没有地方住。于是我据实相告，他看起来很同情我，坐在身边和我说了一会话。他说出的话，让我以为他是全世界最善良的人。他觉得我已经对他产生信任，就和我说，他虽然有住的地方，不过地方狭小，仅有一个房间；但是又不忍心看我在广场过夜，假如给我另找住处又太晚了；如果我愿意和他在一个床上将就一晚上，他可以给我腾出一半的床铺。这真是喜从天降，我欣然同意了，并且把他视作我此时最有用的朋友。我们就这样结伴而行到了他住的地方。他使用打火石点亮了灯。可以看到他的房间虽然不大，但是整齐干净。他热情地招待我，从柜子里取出一个玻璃瓶，里面盛着酒泡樱桃。然后我们两个人都吃了两粒，就躺下睡了。

我这才发现神甫和从前安纳西教养院那个摩尔人有着相同的癖好，不过他不像犹太人那样粗爆，也许他怕过于强硬了我会拼命反抗，况且只要我出声喊叫一定有人听见；也可能他不是很有信心，不敢直接提出要做那种事情。他采取的办法是慢慢撩拨我，让我渐渐适应他的行为。不过，我有了上一次的经历，很快就发觉他的目的。我忽然间感到恐惧极了：我不知道自己现在在哪儿，也不知道这个人的真实身份；我还担心自己贸然出声会遭遇不测。我决定想办法保护自己：先是假意不明白他想做什么，然后对他的挑逗行为显出厌烦抗拒的样子。我的方法生效了，他不得已停止了下一步动作。见时机成熟，我用温柔的、坚决的口气和他讲了自己在安纳西遭遇过的事情，表明了自己刚才反常的原因，同时又让他感觉自己的行为并没有受到怀疑。我谈起这些的时候用的是深恶痛绝的词句，甚至让他也觉得那种事情腌臜透顶，于是他终于放弃了自己的想法。然后，我们两个相安无事地睡了一晚。有趣的是，第二天早上他居然和我讲了一些有益的人生哲理之类的话。可见此君虽然生活作风不检点，但还是个懂廉耻的人。

吃早饭的时候，神甫脸上并没有露出不高兴的神色。他请女房东的其中一个女儿给我们把早餐送上来。这个长相漂亮的女孩子说她没空；神甫又求她的姐姐送饭，而这个女孩子根本就不搭理他。我们就这样干等着，也没人给我们送什么早餐。后来，我们不得不走进那两个女孩子的房间催促，她们看见神甫的模样非常不高兴，至于我就更不受待见了。那个姐姐甚至借转身的机会用尖尖的鞋后跟故意踩了我的一个脚趾头——恰巧这根脚趾头上有一个非常疼的鸡眼，我不得已在鞋尖上弄出一个洞；妹妹在我准备坐下时一下子从身后抽走了椅子。就在这时，她们的母亲从窗外往里泼进一盆水，正好倒在我的脸上。不论我走到哪里，她们总说要找东西，借故驱赶我。这样的羞辱，我这一辈子都没有受过。我能够看见她们眼睛中的轻蔑和嘲笑。我当时的脑子也真是笨，居然没有看出她们这样做的原因，还以为她们都疯了。

我开始害怕了，而那个神甫却在旁边装聋作哑，最后他自己也觉得没有吃到早饭的可能，只好悻悻离开了，我当然紧随其后走了出去，心里还高兴自己可算是摆脱了那三个没有教养的泼妇。走了没多远神甫提议到咖啡馆吃早点，我当然没同意，虽然肚子饿得要命，他也没再坚持，然后又走了三四步我们就分开了。我发现他也挺高兴，终于可以把我甩开了，让我以后无法分辨那所房子。因为这两件事，我对里昂人的感觉很不好，我认为它是欧洲道德品质最差的城市。事实上，这样的事情不论在巴黎还是在其他城市我都没有遇到过。

每次想到我在里昂面临的绝境，我就想不出这个城市的半分优点。假如我可以和其他人一样在旅店不断赊欠，我的生活也不会有多大困难，管饱是没问题的。可是有些事情我做不来，也不愿去做。我用以下事情说明这个情况。虽然我这一生都处在穷困之中，经常连面包都吃不上。可是我从来没做过让债主上门讨账的事情，一次都没有。我欠别人的钱一直都是及时归还，不会让人三番两次上门吵闹。我这个人宁愿受穷也不愿少人家的钱。

穷到流浪街头，这个滋味当然不好受。我在里昂遇到了好几次这样的事情，我将仅有的几个苏用来买面包果腹，也不愿浪费在旅馆。我认为一个人饿死的可能性要大过困死。奇怪的是，我处在那样的极端困境下，我的情绪很好，不焦躁，不悲哀，也不发愁，而是安静地等待沙特莱小姐的答复。我无论是睡在野外还是广场的长凳上，和睡在绵软的大床上一样都可以做着同样甜蜜的梦。

我依然能记起，有一天晚上我在城外的罗尼河或者索恩河畔的路上睡了一夜。在这里可以看到对岸的路边有很多的花坛，因为白天天气炎热，到了夜间的风景就特别美丽，晶莹的露水湿润了本已晒蔫了的花。虽然没有风，却十分凉爽，夜空宁静。日落时分，夕阳在天边染红了一片云彩，河水也变成了玫瑰色，茂密的树林中传来夜莺此起彼伏的歌声。这一切真是让人感到神清气爽，我尽情享用着所有的美景，美中不足的是，只有我一个人在欣赏。我沉醉其中，一直游荡到深夜都不觉得疲倦，实在困极了，就舒舒服服缩进了墙里的壁龛，又或许是假门的石板。身旁的树冠是最华丽的床幔，一只夜莺正好落在上面唱歌，我听着听着就睡熟了。一觉醒来精神百倍，此时天光大亮，我睁眼一看，眼前竟是清水碧草，一派怡人的自然美景。

我站起身来轻快地活动了几下筋骨，忽然觉得饥肠辘辘，便开开心心回城，计划用仅有的两枚银币吃顿好点的早饭。我心情棒极了，一路上边走边唱，我还记得唱的是巴迪士坦的一首歌，叫作《托梅里的温泉》。我当时可以记得这支曲子的全部歌词。我真要感谢亲爱的巴迪士坦和他那首旋律优美的曲子，让我吃到一顿比计划中更为丰盛的早餐，还有我意料之外的豪华午餐。我边走边唱，正得意的时候，好像听见身后有人叫我。我回头一看，发现是一位安多尼会修士，他对我唱的歌好像很有兴趣。他上前和我问了好，问我懂不懂音乐。我说“多少懂点儿”，其实我是想说：“懂得还不少”。他问了我一些问题；我就将自己的经历大略说了下。他问我有没有抄写过乐谱。我告诉他“经常抄”。这是老实话，我认为要想学好音乐没有比抄乐谱更好的办法。他点点头：“现在你可以到我那里做几天工作,只要你保证足不出户，我包吃包住，满足供应。”我连忙答应，就和他走了。

这位安多尼会教士的名字叫洛里什翁。他精通音乐，喜欢举办音乐会，常组织朋友们一起唱上几曲。但是他太过狂热，以至于把这件阳光向上的事情做得过了头，不得不转成了地下工作偷偷地做。他带我走进抄乐谱的一间小屋，里面有他抄写的许多乐谱。他交给我几张乐谱供我抄写，还说我唱过的那首曲子要特别注意，因为那是他几天后将要唱的曲子。

我在那里足足抄了三四天乐谱，除了吃饭时间，一步也没有离开那间房子。我这一生从来没有像那几日一样感觉饿过，也没有吃得那么好过。他亲自把饭给我送来，我想假若他们平时也吃得这么好，那他们的生活一定处于上等水平。我这段时间已经饿瘦了，这些营养丰富的食物来的正是时候，恰好可以让我好好补补身子——虽然我对饮食并没有多少研究。

我在工作中付出的努力和我的食欲成正比，这话一点都不夸大。不过，虽然我很努力，却不够仔细。几天后，我又在街上看到了洛里什翁先生。他和我说，我抄写的乐谱几乎让他无法演唱，里面抄错、遗漏、重复等错误太多。我承认，之后我尽管以抄写乐谱为生，但我的确最不适合这份工作；其中的原因不是我抄写的音符不美，也不是让人无法看清，而是因为长时间工作产生的厌烦心理，精力无法集中，以至于我花在改错上的时间比抄谱的时间还长；假如抄好后不仔细校对改错，那样的乐谱会让人根本没法演唱。

就像这一次，我的本心是想把工作干好，但是抄得太快，反而弄个一团糟。虽然此次的事情办砸了，但是洛里什翁先生一直对我很好，在我要走的时候，还送给我了一埃居，真是让我汗颜。不过，这件事情却让我在精神上站起来了。几天以后，华伦夫人从尚贝里给我寄来了信和到她那里的路费，这太让我高兴了！从那以后，我虽然手头的钱还不是很宽裕，但是也没有落到饿肚皮的地步。我以感恩的心把这段日子受到的苦难视作上帝对我特别的考验，这是我一生中最后一次忍受又穷又饿的时光了。

我在里昂等待莎特莱小姐将华伦夫人委托她的几件事情办完，于是又住了七八天。这些天，我拜见莎特莱小姐的次数比从前多了，我很喜欢和她谈起她的女朋友，况且我现在也不怕她看出我窘迫的处境，说起话来也不必掩着藏着的了。莎特莱小姐不年轻了，她是那种不是很漂亮却非常有风度的女人，随和的态度让人感到非常亲切。我喜欢从道德的角度揣摩人还是和她学来的，从这方面讲，她是我的第一任老师。她还喜欢看勒萨日的小说，特别是他的《吉尔·布拉斯》这本书。她介绍给我，还把书借给我读，我看得非常有兴致。但是我那时还不太成熟，没有达到可以读懂它的程度，我感兴趣的是充满激情的小说。就这样我愉快地在莎特莱小姐不大的客厅里度过了一些日子，受益匪浅。可以肯定，一个年轻人和一位头脑聪明、学识修养都非常不错的女人在一起交谈，受到的教育要比教条死板的书本有用得多。

我在沙索特修会还认识了几位修女和她们的女朋友，有一位叫作塞尔的十四岁少女，我当时也不是很注意，没想到八九年以后，我却疯狂地爱上了她。因为她真是一个值得爱的好姑娘。

在迫切想要见到华伦夫人的日子里，我那喜欢幻想的爱好停止了。原因是，期盼中真实的幸福将要回到我的手中，也就不去空想其他的幸福了，我们将要久别重逢。华伦夫人在信中告诉我：已经在离她不远的地方为我找了一份比较体面的工作，她希望可以适合我，也可以有个照应。我整天猜想究竟是一份什么样的工作，可是我没有未卜先知的本领，哪能知道呢？因为我的路费充足，莎特莱小姐建议我骑马，可是我不想那样做。结果我是对的，假如我一路骑马而行，就会失去这一生最后一次徒步旅行机会。按说我住在莫蒂埃的日子，也经常在附近步行，不过我认为那不属于徒步旅行。

我发现了一个奇怪的现像，我的想像力总是在逆境中异常丰富，在生活相对平稳的时期却平静无波；我这个总是异想天开的脑袋无法停留在生活的表像，而且也不喜欢美化事物，更向往创造性地思考新的事情。我觉得现成的事物在我的脑海里不过是个复制品，可是我的脑子喜欢假想全新的事物。譬如在严寒的冬天想像春天的美好，还必须将自己放在破烂的房子里才会调动思维。我以前说过很多次这样的话，假如将我扔进巴士底狱，我就能写出一部有关自由的学说。

这次离开里昂，我眼前浮现的都是美好的未来。心情和不久前离开巴黎的时候形成鲜明的对比，那一次的情绪有多懊恼这次就有多高兴，而且理由非常充分。这次旅行，我没有产生丝毫如同上次旅行那样美妙的幻想，我的心情平静，这是真的。我距离我的好朋友越来越近，忍不住心潮起伏：尽管我设想了和她日夜相对的快乐，却没有因此沉迷；我知道，我们很快相见，真实的幸福一定会来到，我对此并无新奇之感。相反，让我烦恼的是，将要去面对的工作，总认为这不是一件让我开心的事情。我的思想平和，没有去想那些乱七八糟的东西。沿途所有的风景都让我着迷，我非常喜欢欣赏自然风光，路边的树木、河流、农舍都让我心生欢喜。我担心自己迷路，到了岔口总是反复琢磨，好在那样的事情一次也没有发生。总而言之，我的心这一次听从大脑的指挥，没有到处游荡，我让它去哪儿它就去哪儿，没有到处游走，沿着目的前进。

直到今天我在讲这些事情的时候，仿佛自己还在那次的路上。虽然我离亲爱的华伦夫人越来越近，可是我不想因此加快步伐。开心是一回事，爱好又是一回事情。我喜欢慢慢走着，想歇息就歇息，这样慢慢悠悠的旅途正是我向往的。天气好的时候，在一个风景优美的地方慢慢走着，并没有急事情撵着我赶路，到了终点就可以见到想要见到的人。在我的眼中风景秀美的地方并不是指平原地区，再美我也不喜欢。我爱好的是水深浪险、岩石突兀、树林幽深、山峦起伏、山路奇险、两边是深不见底的悬崖，这样在旁人眼中会要命的环境。快到尚贝里的时候终于如我所愿，欣赏到了那里的险峻之美：距离被埃歇勒峡谷一劈两半的高山不远处，山崖凿出了一条大路的下面，有个名字叫作沙耶的地方，在深不见底的绝谷中奔流着一条小河。因为安全的缘故路边砌了一面护墙。我扶住护墙往下看，忍不住头昏眼花，但是有幸看到这样的美景非常快乐！我特别喜欢这样的感觉，但是安全上不能有问题。我趴着护墙看了好几个小时：看深蓝的河水和溅起的白色泡沫，听哗啦啦的流水声，脚下深谷的树丛上方，鸟类飞来飞去，发出了时断时续的叫声。我走到地势平缓、树丛稀疏的山坡，找了些能搬动的大石头放在护墙上一块一块推下去，看到它们滚到谷底然后跳起来，再摔下去，碎石四溅的状态，真是快活极了。

距离尚贝里更近的地方，我又观赏了一处与此完全不同的景色。我沿着山路走到了一生当中看见到的最美的瀑布面前，山势极陡，水流如同脱缰的野马顺势冲下山崖，形成了一座水与山崖做成的拱桥，圆弧跨度非常宽，足够行人从山崖和瀑布之间走过，如果不注意会打湿路人的衣服。我此次就是如此，水从高处直扑了下来，形成了肉眼看不到的雨丝，离得太近了刚开始还不觉得，一小会就发现浑身都湿透了。

我终于到了目的地，又见到她了。她不是一个人。我走进屋子的时候，负责财政的总监先生正在她那里。她一声不吭地拉起我的手，用最打动人心的语气、风度，将我介绍给总监先生。她说："先生，这就是我曾经和您提起过的，让人可怜的年轻人，麻烦您多加关照，您认为他值得关照多久就按您的心意办吧。有您在，我就不会再为他操心了。"她又转身和我说："我亲爱的孩子，你要感谢总管先生的安排，以后你就要为国王效劳了。"我睁大了眼睛，一句话都没说，心里却胡思乱想开了。光听华伦夫人说话，我开始有了野心，以为自己马上就要做小总管了。我的前途并没有像一开始想像的那样好，不过肯定有饭吃，对当时的我来说这已经足够了。那时的我，迫在眉睫的事情就是解决吃饭问题。

国王维克多—阿默德按照以往几次战争的结局以及祖上流传下来的江山，认定迟早有一日落到其他人手里，就开始绞尽脑汁搜刮老百姓。前几年，他就下令要贵族纳税，之后命令全国进行土地普查，摸底后按土地的多少课税，更为平等的摊开了税额。这项工作其实在他父王的统治时期就已经开始，一直到了现在的国王才完成。这项庞大的工作总共用了二三百人，里面的职务有：被称作几何学家的土地测量员，以及负责登记的文书。华伦夫人给我安排的工作就是文书一职。这份工作虽然工资不是很高，不过在这个国家生活富裕还是很有保障的。可惜这只是一项短期的工作，据说任务完成后有可能再行安置其他的工作。华伦夫人看事情的眼光独到，长官先生向她承诺将对我予以特别的关怀，结束这项工作后会有一份相对稳定的职业等待着我。

我回到华伦夫人身边后没几天就开始工作了。工作并不困难，我很快就能够熟练运用。于是，从离开日内瓦到现在，经历了四五年的劳累、奔波、流浪，做过不少的荒唐事，也吃过难以计数的苦头，我终于开始风风光光凭自己的本事养活自己。

关于我步入青年时代所发生的这一串长长的故事，可能会有人认为我很幼稚。我想说的是，虽然我有些方面生来就如同大人一样的成熟，不过还有很多地方，长时间内我就是一个孩子，直到现在我还脱不了孩子气。我从没有在公众面前说过我是一个多大的人物，想要知晓成年的我，就要先明白我的过去——那个青年时候的我。

通常，一件事情最初在我脑子里留下的印像，并没有在我事后想起它的时候感触深；而且我当初所有的观念都停留在表面，那些刻在我脑子里的印记一直存在，而且后来形成的痕迹非但没有擦掉原先的刻痕，两者反而相互交融，完美地融合在一起。我的思想和感情存在着必然的连贯性，要想对后者有个准确的评价，就先要了解前因。我的文章每一处都会着重叙述事情的起因，方便大家看出两者间的关系。我采用多种形式和读者吐露心曲，让大伙从多方面观察；我用事情的前因后果来说明真相，让我每一个细微的心理活动都在读者的视线之内，到了最后由读者根据事情的因果去判断是非。

假定是我自己下结论：“我的性格就是如此。”读者也许以为，即使我不会欺骗他们，但有可能是我下错了结论。所以，我宁愿诚实地把自己所经历的一切，还有我自己做的所有事情详实地描述出来，读者就不会走入岔道；当然，除非我是故意那样做；不过我觉得用那样的办法不可能达到目的。收集信息，对事情发生后所牵涉到的人物进行评论，那是读者需要做的事情；假如读者发错了结论，该负责任的也是他们。所以，为了让读者有个准确的评判，我的描述光有诚实是不够的，必须尽可能详实；判断事情的重要性，权利不在于我。我能做的是说出一切事情，让读者去筛选。

现在为止，我能够鼓起所有的勇气努力做到的就是这些；以后也是这样，丝毫不会懈怠。可是，我对于中年时期的回忆并没有青年时期记忆鲜活。所以，我一开始要尽可能利用青年时的事情，而且是越详细越好。假如我对于中年时的回忆也采用这样的方法描述，有些性格暴躁的读者可能要厌倦，不过我本人却没有这样看。我唯一忧虑的是：不是说得太多而是担心遗漏或者不够诚实。我不会隐藏事情的真相。

注释：

【1】这里指卢梭于1766年到1767年，居住在英国斯塔福德郡的伍德期间，写下了这段文字；同样，文章里“这块凄凉的土地”也是指伍德。

【2】此处指古法尺。

【3】这段话中说的：“赢得大家雷鸣般的掌声以及赞不绝口的称道”，是指卢梭创作的《乡村巫师》芭蕾舞剧，于1752年10月18日在法国的枫丹白露离宫上演，获得了空前的成功。

【4】文中的“小说”是指《新爱洛伊丝》；“几个主人公”是指下文所述朱莉、克莱尔以及圣普乐。

【5】此处指位于耶路撒冷的耶稣墓地。

【6】此处指诗人让—巴普蒂斯特·卢梭（1670—1741年）。

【7】马尔泽尔布（1721—1794年），法国政治家，法国路易时代，曾任图书总监、宫内大臣。

【8】这是法国17世纪小说家奥·于尔菲（1567—1625年）的一部言情小说，本段中提起的狄阿娜和西尔旺得赫，是本部小说中彼此爱恋的一对情人。

第五章

（1730—1739）

就像我在前面说过的，我大约是1732年到了尚贝里，并且在土地普查局为国王效力。当时我已经满二十岁了，即将迈入二十一岁的门槛。按我那时的岁数，我的智力水平相当高，可是判断事物的能力比较差劲。我急切要有一个人教我如何适应环境，如何和人打交道。那几年的生活经历并没有根治我过于浪漫、爱幻想的毛病。我虽然受了许多的苦，可是对人情世故仍然一窍不通，好像我根本没有从以往的生活经历中总结学习。

我住在华伦夫人家，也就相当于我自己的家。可是我们现在住的房子并没有安纳西的好，既没有花园和小溪，又看不到美丽的自然风光。她本人住的房子都是阴暗潮湿，破败不堪，而我住的是里面最差劲的一间：窗外的高墙堵住了阳光和新鲜的空气，窗户下面是一条死胡同。因为空气不流通，采光又不好，狭窄的小屋光线暗淡，地板都腐烂了。有蟋蟀和老鼠光临的日子是不好过的，非常不舒服。不过话要分两头说，我终归是和华伦夫人在一起，就守在在她的身边；况且这又不是办公场所，根本不必担心别人的看法。所以我才不会在意这些小事情。

令人费解的是，她为什么要来到尚贝里住这样破烂的一处房子，而且是有意为之。其实这就是她聪明之处，关于这一点我也无法为她保守秘密：她不愿意去都灵的原因，是她认为那里刚发生的革命和宫廷之间的关系实在不好，这样的情况下到那里是不妥当的。可是由于她自己和宫廷的关系，又不能不去那露个脸，然后才能保住自己的年金，特别是她明白财政总监圣洛朗伯爵对她态度冷淡。而这位财政总监在尚贝里有一座建得不怎么样的旧房子，地段也不好，多年都无人问津，一直空着。所以华伦夫人就迁居到了尚贝里，租下了这房子，就这样改善了和总监大人的关系。这要比她本人到尚贝里办事效果好多了。她不但保住了年金，还多了一个圣洛朗伯爵这样的好朋友。

她家里的摆设和以前基本一样，包括忠诚的克洛德·阿勒还留在她身边。关于这个人，我在前面介绍过：他是出自穆特鲁的一个农民，年轻时就在汝拉山采集花草配置瑞士茶。华伦夫人以为，她的佣人中有一位懂植物的人，是件很好的事情，所以她就雇下了克洛德·阿勒。阿勒对于植物的研究非常痴迷，华伦夫人又非常支持，导致年纪轻轻就如同一位真正的植物学家那样知识丰富。假如不是英年早逝，他或许会在植物学上取得一定成就；他很诚实，即使在和他同样诚实的人群当中依然被公认为是最诚实的人。他不苟言笑，因为我的岁数比他小，他就担起了管教我的责任，让我少犯了许多的错误；他对待我的态度十分严肃，我根本不敢在他面前随随便便做出任何不恰当的事情。他甚至在华伦夫人面前都很有分量。华伦夫人很了解他优秀的工作才能，也知道他人品好，又对她一片忠心，所以她十分看重阿勒。他确实是一个少见的人才，像他这样的，我一生当中也只见过一个。他遇事头脑冷静，说话简洁准确；稳重的举止下隐藏着热烈的心，不过他从来没有露出来。这种狂热的感情日益炙烤着他的心，最终导致他做出了一件非常蠢的事情——吞鸦片自尽。

这个悲剧在我来这里不久后就发生了。因为这件事情，我才知道这个年轻人和他的女主人之间是怎样的一种亲密关系——假如不是她亲自和我谈起，我是无论如何也不会往这方面想的。

假如对一个人的爱情、依恋和忠诚与对方的付出应该成正比的话，他完全有理由得到同等的回报。他平时的行为完全可以证明他有资格得到足够的回报，他也没有随意滥用她对他的信任。他们两个很少争吵，即使辩论两句也能愉快地和好。但是那一次的争论结局却异常糟糕：华伦夫人在盛怒之下对他说了一句不太好听的话，让他觉得下不来台，沮丧之下就拿起旁边的鸦片酊喝了下去。万幸的是华伦夫人当时由于心情激动，在屋子里不停的来回走动，忽然发现装鸦片酊的瓶子空了，瞬间就明白发生了什么样的事情。她大声呼喊着跑去救他。我因为听到了她的声音急忙跟着跑了过去，她诚实地说出了他们之间发生的事情，并且求我帮助。我们好一番折腾才让阿勒吐出了鸦片，看到这样的事情，我觉得自己怎么像个傻瓜一样，为什么之前就没有发现他们之间的蛛丝马迹呢？但是这怪不得我，依照阿勒一贯的处事风格，比我眼尖的人也发现不了。事情过去以后，他们俩个又重归于好，就像什么事情都没有发生过。他这样的做法，连我都感动了。从此，我对阿勒尊敬之余又多了佩服。一定意义上，他成了我的老师，我认为这样看事情比较好。

当我明白，除我以外还有其他人和华伦夫人有着更加亲密的关系时，我的心里非常痛苦。虽然我从来没想过要占据这样的地位，不过看到别人占了位置后的心情是非常难过的，我觉得这样的感情很自然——有人分享了本是我一个人的爱。不过，我没有怨恨他，反而爱屋及乌，因为我爱着华伦夫人的缘故也就更加爱他。我最大的心愿就是华伦夫人能够幸福，既然她因为他的缘故得到了幸福，我同样祝福他也获得幸福。阿勒非常明白女主人的心思，也就以博大的胸怀看待她选出来的朋友们。他自然而然地当了我的上司，并不是因为高于我的地位，而是由于人家的智商高过了我。我没有胆量做出一件会受到他批评的事情，关于这一点，他对我的态度是严厉的。我们就这样愉快地相处着，每个人都感觉到了幸福，谁也不能把我们分开——除了死亡。

我想举出一个这位可爱女士品德高贵的例子：她有本事让所有爱她的人都相亲相爱，争风吃醋和妒忌这样不好的情绪在她高贵品格的影响下根本没有发生过。她周围的人不会相互诋毁、恶意诽谤。请各位读者看完这段话想一想，你身边有没有这样的女人值得这样赞美。假如存在，为了你一生的安宁和幸福，即使这个女人出身低微，也请你全心全意去爱她。

从我1741年来到尚贝里到离开的这八九年时间，值得我重点叙述的事情不多，因为我在这段时间内生活得一直很开心、很平静。这样的生活在健全我的性格方面帮助是非常大的。假如生活中纷争不休，矛盾频出，就不会过上这样安宁的日子。

在这难得珍贵的日子里，我从前杂乱的思想得到了系统的教育，打下了坚实的基础。所以当我今后遇到了狂风暴雨，依然能够做到保持自我、不改本色。我进步的过程是润物细无声的，之间虽然没有发生多少值得记录的事情，不过我认为应当在这里详尽地写出来。

刚开始，我几乎将心思全部放在了工作上。再说，土地普查局的工作繁忙，我没多余的时间去想其他的事情。即使有一点点的空余，我还想多陪陪我亲爱的华伦夫人。我根本没有想过读书的事情，况且也没时间。不过当我摸索出了工作中的一些窍门，不是太费脑子的时候，我的心思又活动起来了，读书马上又成了我迫切的需求。越是难以抽出时间，我反而越是按捺不住。期间，不是因为有了其他兴趣的干扰，打搅了我读书的专心程度，有可能又回到了我在杜康曼老师家的读书迷时代。

虽然我们的工作不需要过于高深的数学知识，可是有的情况下会遭遇不小的困难。为了攻破这个难题，我买了数学方面的书籍，努力自学。趋于实用的算术，假如要算得精确，并不是想像中那样简单。有的式子相当长，计算起来非常繁琐。据我观察，就是高明的几何学家有时候也会头晕。我还发现，只要你多动动脑子，加上实地运用，就会有非常明晰的概念，因此找到相对简单的方式。同时随着这些方法的发现，又进一步刺激了我的求知欲。

找到正确的方法让我的心灵倍感愉悦，让本来郁闷乏味的工作变得有趣了许多。我感觉，以自己研究问题的深入程度，只要是可以用数字解决的问题，没有什么事情可以难倒我。直到现在，虽然我当时学习的知识已经渐渐从我的脑海里消失，但是还有一些内容隔了三十年的时光依然刻在了我的心里。就在前几天，我去达文波尔的一个朋友家，看到他的孩子们在演算术题，我兴致勃勃，很快就把一道最难的题给解出来了。当我写出正确答案的时候，仿佛又回到了尚贝里的幸福岁月。

现在让我们继续谈论当时在尚贝里的生活。我发现测量员在为丈量出来的图纸上色的时候，竟然勾起了我对绘画的热忱。我花钱买了一些颜料，几个月不出门在家里练习画一些花花草草。很遗憾，我对这门艺术的天分不高，不过却是真心喜欢，以至于到了最后人们拉着拽着，才迫使我放下了手中的笔。我就是这样，只要喜欢上一件事情，就会孜孜不倦地追求，以至于疯狂地爱上它。所以在这个世界上，我只忙于追求自己喜欢的事情，其他的根本不屑一顾。就算是随着后来的年龄增长，我都不会改变这个爱好。就是我现在写着这本书，脑子也有点不清楚了，我仍然沉醉于另一门学科[1]的探索。其实关于这门学科，我本来是一个什么都不懂的门外汉，可是热衷于研究它的人都是在青年时期，活到我这么大年纪的人，都只能放弃了。可是，我却刚刚开始。

在尚贝里的时候，其实是研究植物这门学科的最好机会。每当阿勒采到了新品种植物回来，我就能从他的眼神里看出那种特别的开心。有几次，我差点提出要和他一起出门采摘；而且我相信，我仅需要和他出门一次，就会深深喜欢上这样的事情。也许我现在就是一个名闻遐迩的大植物学家。这个世上，从没有其他事情能够像植物学一样迎合了我热爱大自然的天性。所以，我在乡间生活的这十年，差不多每天都去采一些植物。说句心里话，我做这样的事情并不是为了取得什么样的学术成果；相反，我认为研究它是药剂师该做的事情，我可是一点皮毛都不懂得，也没有想过要认真对待它。虽然华伦夫人也非常喜欢植物，不过她只留下配置药剂时可以经常用到的，至于其他方面的价值根本就没有考虑过。

当时的我还分不清植物学、解剖学、化学这三门学科的差异，觉得反正它们都属于医学领域。至于每天了解它们，只是为了大家聊天的时候可以找到共同话题让谈话变得有趣些。高兴的时候，华伦夫人还会轻轻拍我的脸表示爱抚。

几乎是同一个时期，我对音乐一天比一天爱得热烈，很快就取代了其他的兴趣，是的，我敢肯定自己是为了音乐而生，我童年的时候就喜欢它，直至一生，只有音乐是我从未改变的爱好。

让我感到诧异的是，如此让我看重的艺术，我接受它的过程却非常迟钝；虽然我自认为学习了一辈子的音乐，却从来没有达到翻开乐谱就能演唱的高度。那时候，我特别青睐它的原因其实很简单：只是因为华伦夫人喜欢，而我可以和她一起演唱。我们两个人都有各自属于自己的兴趣，可是音乐却是我们共同的话题，我非常愿意利用这一点和她多待一会，她好像也同意。当时我对音乐的学习非常努力，和她的水平已经差不离。一首全新的曲子，我们一起练习两三遍，就可以用完全正确的音调把它唱出来。通常是，她在火炉边忙着熬药，我会和她说："妈妈，这一首二重唱非常好听。我觉得您一定会爱上它，宁愿不去管那些草药。"我嘴里说着，同时我的手已经将她拖到了羽管键琴的位置。然后我们两个就会忘记所有，完全沉浸在音乐里，直到苦艾和刺柏的焦糊味道将我们拉回现实。华伦夫人抓起焦了的黑末子抹在我的脸上，我们两个开怀大笑，这时候是最开心的时刻。

读者朋友们看到了，我将自己仅有的一点闲余时间加以利用，做了这么多的事情。其实，我还有一种活动，比所有其他的活动都让人高兴。

事实上，我们住在这狭小潮湿的房子里很不舒服，根本透不过起来。我们经常到外面吸取一些新鲜的空气。阿勒劝说华伦夫人在离市区不远的地方租下了一个可以培育植物的园子，不远处还有个很不错的农家小院。我们在小屋里定制了一些家具和床，然后经常到那里生活。有时，我就睡在此地，渐渐的我喜欢上了那里——真是个不错的安乐窝。我费了些功夫把小家装点了一番，放了几本书，往墙上挂了一些版画，希望华伦夫人散步的时候来到这里会感到开心。我认为想念一个人，只有处于时常思念的情绪中才可以得到最大的享受，这就是我离开她的原因。这是我的怪癖之一，至于这样的事情，我不愿过多解释，就想明明白白地把事情讲出来。

有一次，卢森堡夫人用嘲讽的口气和我说：她认识的人当中，有一个人离开了他的情人，原因是可以在另外一个地方给情人写信。听了这样的故事，我当时就说：

“我将以他为荣。”接着又补充了一句：“事实上我已经那样做了多次了。”其实，我和华伦夫人在一起时，从来没有想过因为想要更好的爱，就要离开她的事情。原因是我同她单独在一起的时候，和我独自一人的感觉是一样的自在、放松。这种感觉是和其他人从未有过的，无论这个人是谁，也无论我们之间的关系有多深厚。让我无奈的是，华伦夫人身边经常有许多我不喜欢的人，我很不高兴，就只好躲到这个小家了。在这里，我可以放纵自己的思绪，热烈地爱着自己的母亲，根本不用担心不速之客的闯入。

我的生活是这样的平静，工作、学习、爱好，它们之间我协调得很好。当我享受生活的宁静之美时，欧洲可不是这样的。皇帝[2]和法国同时向对方宣战，撒丁王也卷入了这场战争[3]。刚开始，法国军队途经彼埃蒙攻打米兰。其中有一个纵队要路过尚贝里，其中有一个团叫作香槟团，特里穆耶公爵就任上校团长。有个介绍人让我去拜见他，他答应了我许多事情，不过后来全都丢到九霄云外了。我们家的小院子恰好位于郊区的高处，当部队经过时我正好可以看见他们。

我非常关注这次战争的结果，仿佛它的成败和我有着密不可分的关系一样。之前，我对国家大事根本不关心，但是现在我经常从报纸上阅读相关消息。我对于法国是有偏爱之心的，只要看见报纸上讲它得胜了，哪怕是小小的战役，我都开心不已；假如看见它失败了，我就忧愁不已，仿佛那样的后果将要由我承担。假如这样的疯狂只是瞬间的情绪闪过，我就不会多耗费精力去谈论这样的事情。实际上，它在我的心里扎了根，导致以后的我成为巴黎专制政体的反对派以及共和主义有力的支持者时，我对这个自己眼中奴颜婢膝的国家和不断抨击的政府，还是不自觉地抱有不可解释的偏爱之心。所以，我对于自己的心和行动这两种完全相反的态度感到羞愧。我不敢向人流露出对于法国的感情，甚至，只要得知法国吃了败仗，我就无情地笑话它，内心却比任何人都要难过。我坚信，世界上只有我这么一个傻瓜生活在如此优待我的国家，而自己的内心又是如此尊敬的国度，却非要做出一副看不起它的假样子。我的行为越来越偏执，致使我离开了法兰西后，政府、官员、作家各级人士终于联合起来向我疯狂打击、报复，在所有人都对我大加诋毁的时候，我依然无法改变对这个国家疯狂的爱。我发自肺腑地爱着法国人，虽然他们对我可不好。当英国节节胜利的时候，我预感它必然失败；当我看到它露出衰象时，我就日思夜盼，盼望由法国人唱这胜利的凯歌；当法国终于无往而不胜的时候，我那可叹的囚徒生涯终于得到解救。

我用了很长时间寻找自己如此偏爱法国的理由，终于让我在产生它的环境中找到了根由：因为我对文学发自内心的热爱，让我以同样的疯狂爱上了法国的图书以及写出它们的作家，还有培育这些作家的摇篮——法国。也是机缘巧合，那时候，我正在看布朗托姆写的《名将传》，满脑子全是克里松、洛特雷克、巴亚尔、科里尼、特里穆耶和蒙莫朗西这些英雄人物。然后，整齐威武的法国军队从我的面前走过；于是，我把这些士兵看作了英雄的孩子和未来的继承人。每次只要有队伍经过，我就会联想到那些年在彼埃蒙立下诸多赫赫军功的黑旗军。我那所有出自书中的想像都用在了他们身上。再加上我不间断地阅读那些法国出版的书籍，从而加深了我对法国的感情，到了最后演变成任谁也无法摧毁的、坚定的爱！

到了后来，我在旅行的过程中发现了许多志同道合者。无论哪一个国家，只要是热爱读书或者从事与文字相关工作的人，多少都会受到这种情绪的影响，使他们完全忽略因为法国人的傲慢引起的不悦。法国小说与法国男人相比，更容易俘获别国女子的芳心；闻名世界的法国歌剧院吸引了大量的外国人前来欣赏；法国优秀的戏剧艺术能够让各国的年轻人纷纷而来，戏剧终了时，他们已经为之倾倒。总之，法国文学如同一个风情万种、充满魅力的高贵女子，让所有充满才情的人们拜倒在她的石榴裙下。当法国人军事失利的时候，我觉得：因为军人而黯淡的法国荣誉，几乎是这个国家的文学家、哲学家来战斗。

我现在成为了一个热恋着法国的法国人。我时刻关注着有关战争的消息，总是跟在同样急切的人群身后一起去广场等待送报人将要带来的信。我就像寓言故事中的那头蠢驴一样——或许还要蠢一些——心里七上八下，急着探听自己将来的“主人”是哪一个[4]。当时关于我们将要属于法国的消息传得沸沸扬扬，据说萨瓦要和米兰对调。我完全有理由担心：假如战争的结果于同盟国不利，华伦夫人的年金将会被取消。但是，我对那些朋友们非常有信心：这次，虽然布洛格里的军队被突然袭击，幸运的是撒丁王及时施以援手。撒丁王的举动出乎了世人的预料，也让我有了信心。

当战争在意大利打得如火如荼，法国却是歌乐声声。拉摩的歌剧名震法国，他的那些枯涩难懂的理论书籍也跟着成了畅销书。有一次，我听到有人议论他那本《和声学》，于是马不停蹄一连找了好几家书店才买到了那本书。没想到，我突然得了一种急性炎症，来势非常迅猛，表面看好像是很快病愈了。事实上，我在病后的恢复相当慢，整整持续了一个月。在这期间，我可以静下心来认真看《和声学》。不过我发现，这本书的篇幅过于长，论点也不清晰，结构松散，文字、层次都够拖拉。我需要花费很多的时间和精力才能弄懂他想表达的意思。所以我就放下，学习唱歌去了，以便我的眼睛可以得到休息。我学习的是，由贝尔尼耶谱写的一组合唱曲。这组曲子到现在都熟记在我的心间，甚至有那么四五首都在我的心里生了根，其中就有《酣睡的情人》这一首曲子。另外，我还利用这段日子学习了《被一只蜜蜂蜇了的情人》，它是克列朗波作的曲子，很美。

更让人兴奋的是，从瓦尔道斯特来了一位名叫巴勒神甫的风琴家。这位年轻的音乐家弹一手很不错的羽管键琴，而且待人也好。我们相识之后，很快就成为惺惺相惜的好朋友。他的老师是一位意大利修士，也是一位在音乐上很有建树的人。我把他的见解和拉摩的书一起研究、比较，才豁然明白伴奏、谐音、和声的意义。要想深入学习，第一步就是练习听力，我和华伦夫人提议每月举办一场小型演唱会。她表示同意后，我丢下手头的一切，不分夜昼地操心音乐会的事情。就算这样我都忙得四脚朝天，挑选乐谱，预备乐器，分配音部，邀请演唱人员……具体由华伦夫人和我在前面提到的加东神甫担任领唱；有位名叫罗什的舞蹈老师和他的儿子负责拉小提琴；土地普查局工作的彼埃蒙音乐家卡纳瓦负责拉大提琴——他日后在巴黎结婚定居；巴勒神甫负责弹羽管键琴；而我，则手持指挥棒担任指挥。读者朋友想像一下，这样的场面是多么壮观！和特雷托朗先生家的演唱会不差多少。

华伦夫人最近才改信天主教，而且靠国王赏赐的年金生活。所以有一些信徒对于她在家里举办音乐会的事情不满。但不少正直、诚实的人们认为音乐会是格调高雅的活动。这次音乐会真正的领头人是一位非常有才华的修士——加东神甫。他有才华也很招人喜欢，不过他后来的不幸遭遇却让我非常痛心。只要一想起他，我的脑海中浮现的就是我们曾经度过的那段快乐时光，直到现在，我依然想念他。加东神甫是一位方济各会修士，他这一生做出的最不光彩的事情，就是伙同多尔坦伯爵一起扣下了可怜的“小猫”那一箱乐谱。

加东神甫在巴黎生活了很长时间，是索尔邦神学院的学士，同上流社会过从甚密，特别是同当时的撒丁王的大使昂特蒙侯爵关系非常好。他身材高大挺拔，面庞微胖，眼泡凸出，墨黑的头发未加修饰地鬈曲在两额边。他神态透出一种高贵，开朗又谦和，庄重而风雅，既无普通教士的伪善，也不是时髦人物的轻浮放浪；虽然他也时髦，但言谈间透出的却是正派人的风采。他不觉得穿修士袍是一种耻辱，懂得尊重自己，身处上流社会永远保持自己尊贵的修士身份。加东神甫的学问虽然不是渊博多才，但是处于上流社会已经足够了。不过他并不是到处炫耀自己的才能，而是在适当的场合稍微地露一下，也就更显的他学问深厚。因为他经常过着上流社会的生活，所以花在交际方面的功夫比他研究学问要深。他非常聪明，才艺双全，人情世故长袖善舞。就算他没有这许多的优点，无论走到哪里都会受到众人的欢迎，但是这丝毫没有让他做出玩忽职守的事情。所以，虽然竞争对手非常嫉妒他，他仍然被选作那个省的教区参议，也就是大家经常提起的戴着珍珠项链的一位人物。

这位加东神甫和华伦夫人在昂特蒙侯爵家认识。他知道了我们举办音乐会的事情，就说想参加；他不但参加了，而且因为他的加入音乐会更加出彩。因为我们都喜欢音乐，共同的话题让我们结下了友谊。尽管我们俩对音乐都非常热爱，但之间的区别在于：他真的是一位音乐家，我只能够滥竽充数而已。我、卡纳瓦、巴勒神甫，三个人常去他的家里演奏音乐；过节日的时候还喜欢特意到教堂里欣赏他的风琴演奏；我们常常聚在他的家里吃饭。作为一个修士来说，如此的性格豪爽、性情高雅，喜欢享乐却不庸俗，实在不多见。

当我们举办音乐会的那些日子，他便留在华伦夫人家里吃晚饭。晚餐桌上，大家莫名开心，说说笑笑，有时还会一起唱歌。我那时完全放开了，才思敏捷，不时有绝妙的金句脱口而出。加东神甫笑逐颜开，态度可亲；华伦夫人姿态从容，开朗而不失高雅。巴勒神甫因为一副粗嗓子总是受到大家善意的取笑。那让人无比怀念，欢乐又甜蜜的青年时光呀，你为什么那样迅疾地离开了我们!

对于这位可怜的加东神甫就写到这里，也没什么可说的了。最后，我简单交代一下他的结局：加东神甫的多才多艺，不和其他教士同流合污的高贵品质引起了同行的不满、嫉妒，形容得更确切一些，恨之入骨，想要置之死地！他们全部起来反对他，而且煽动一些小教士出面与他竞争唱对台戏，给他捏造了很多根本就不存在的罪名后，解除了他在教内的职务。把他从自己那个虽然朴实，但别具一格的房子撵了出去，不知道流亡哪里去了。那帮得志小人用尽一切手段诽谤他、羞辱他，致使他那高贵的自尊心受了很大的伤害。这位曾经是上流社会最活跃的风云人物，最终的结果是忧郁地惨死在监狱那张脏兮兮的床上。所有见过他的人都为他痛心疾首。他们一致认为，加东神甫一生最大的错，就是选择做了修士。

在这个悠闲自在的小圈子里，我快速对音乐产生了一种近似痴狂的爱：除了它，世上所有的一切都不在我的眼里了。我现在非常讨厌去办公室工作，那些刻板的制度和永不停息的抄写工作对我来说，比上了酷刑还让人难过，到了最后我想辞职。只有辞职，我才可能全神贯注学习音乐。毫无疑问，我这荒唐的念头肯定会遭到华伦夫人的反对：任性地辞去一份有固定收入，而且受人尊重的工作，和一些不懂事的年轻人混在一起玩音乐，一定是脑子有问题了；就算是我如愿实现了自己的梦想，那也没有多大的前途，说破天不过是个音乐家罢了。

华伦夫人的心愿是要我干一番大事业的，关于奥波纳先生对我的评价她持一种怀疑态度；现在看到我一门心思想要学习她眼中的"雕虫小技"，心里非常难过；所以她再三念一首在外地流行的谚语给我听："唱歌好，跳舞好，赚来的钱也很少。"但是，她看到我热爱音乐几乎痴狂，上班却是心不在焉的状态，认为我迟早会让人辞退。与其这样，倒不如自己主动辞职的好。我告诉她：眼下的工作做不长，还要给人说好话；与其仰人鼻息，不如踏踏实实学习一门技艺养活自己；况且我现在要走的路是我们两个人都喜欢的，就算我重新学习其他技术，不一定有把握能学好。万一走错了路，过了现在这个学习状态，那我就一无是处，就没有更好的谋生之路了。她同意我的做法，不过却不是因为我口若悬河的大道理；而是因为我的死缠烂打，另加上许多讨好的话。于是我以大功告成的心态，找到土地普查局长柯赛里先生，满面荣光地向他递了辞呈，没有说明任何原因，就这样离开了我曾经的工作岗位。不过我的心情和两年前[5]刚上班是一样高兴——或者说，还要更兴奋些！

我的这一荒唐之举，意外获得了当地居民的赞赏和尊敬。他们的态度让我在新的工作中得到了实际好处。有一部分人认为我敢于这样做，肯定是因为不缺钱——事实上我没有！还有一部分人觉得我丢掉铁饭碗，全身心地搞音乐，肯定才华不小。

俗话说得好：山中无老虎，猴子称大王。于是我忽然间成了大家眼中的优秀音乐教师，不过这里有几个教音乐的也确实不怎么样。总而言之，我唱的每一首歌都是韵味十足，悦耳动听；再配上我这一张年轻漂亮的脸蛋，很快就招到了几个女学生。事实证明，我以前当文书赚的钱根本没有现在当音乐教师挣得多。

甚至我这次的改变，对生活情调上的变化也是从阴极一下子转换到了阳极。在土地普查局工作，每天固定要和不喜欢的人在一起做八个小时不喜欢的工作。办公室里终日弥漫着一股浓浓的汗臭味，那些家伙每日里乱糟糟的连澡都不爱洗，头发也不弄齐整，身上沾满了灰尘或者泥土。有时我会因为忙碌不堪的工作和空气中的酸臭味弄得心情苦闷极了，整日里都是晕头转向。现在，终于旧貌换新颜了，和我在一起打交道的都是一些衣着光鲜的体面人。我非常受欢迎，他们这些上流人都争着聘请我，他们待我的态度殷勤有加，时常比过节日还要隆重。每天都有漂漂亮亮的小姐们在恭候我，我闻到的是各种鲜花的香味。我们一起唱唱歌、聊聊天、说说笑话，心情真是好极了。我走进一个家去，然后还有另外一家，他们的态度都是一样的热情开朗。就算土地普查局给我开出的工资和我教音乐一样高，我都要义无反顾地选择后者。我认为自己这一步完全走对了，根本没有后悔的理由。哪怕是现在的我行事稳重，再也不会做那些随随便便的事情，按今天的理智眼光来检讨我一生的行为，我都不会否定当初的决定。

我的一生，也只有这一次，我听任自己的爱好做出决定，结果也让我满意。当地的人们对我的态度热情有礼、和蔼可亲，让我觉得和上流人士打交道是一个快乐的事情。于是我有了一种坚定观点：现在的我之所以不愿和人打交道，责任在对方，而不是我。

遗憾的是萨瓦人不是很有钱，这句话还可以这样理解：假如他们每个都是有钱人，那才是一件不好的事情。正因为他们介于富人和穷人之间的中产者，他们才成了最适合交往的好人，假如说这个世界确实存在让人安心生活，而且具有一定生活情调的地方，那么我认为就是尚贝里了。生活在尚贝里的当地贵族，他们手中的钱倒是让他们过上了富足的生活，但是想要跻身政坛是远远不够的。正因为有限的财力限制了他们的欲望，所以他们只能够依照西内阿斯的告诫[6]。他们只好年轻时参加军队服役，年老了解甲归田。这样的人生安排让他们既有了荣誉，又有了理智。萨瓦省的女人个个都是美人，其实她们不必这么漂亮都让人喜欢，她们每个人都很会打扮自己，懂得扬长避短。只会让你无视她们的缺点，只见其美丽之处。我因为工作的原因，每天都会见到不同的女孩，尚贝里的姑娘们没有一个不是看起来楚楚可怜，美丽动人。或许有人以为是我先见为主的因素，好像有点道理。可是我有什么理由偏爱她们呢？就是到了现在，每次想起那些女学生，我都会高兴万分。我用一种愉快的心情回忆着她们的美丽风姿，回忆着我们共同度过的纯真无邪的青春岁月。

我首先要提起的女孩子名字叫梅娜蕾德，她和我是邻居，同时是格姆先生一个学生的妹妹。她和大多数女孩一样身材苗条，一头棕色的头发，眼睛亮得好像要和你说些什么话。她非常活泼，但是一点都不轻佻。正常情况下我上午到她家，这时候的她穿着在家时的衣服，头发随意拢起，简简单单地簪了一朵花——而且是因为我的到来特意插的，我离开以后就取下了。

我根本不怕这个世上的任何东西，除了穿家常衣服的美丽女人。假若她们梳妆打扮一番，整整齐齐的，我就不害怕了。就像芒东小姐，因为我通常是下午见到她，虽然也很美丽，但由于穿戴整齐的缘故，我反而不害怕她。她的美和梅娜蕾德小姐是不一样的：她的头发透着浅灰的金色，身材小小的，皮肤白嫩。她的嗓音好像吹响的笛子一样清脆，不过她从来不会敞开嗓门和你说话。她在胸前围了一块围巾，用来掩饰胸口上让开水烫伤的疤痕——但还能看见一点。有时我也会注意到，不过一小会儿后就看不见了，我会让其他更为诱人的事物吸引。夏莱小姐是我的邻居，她可是一位发育不错的姑娘：身材丰满，长得高高的，肩膀很漂亮；长得好看但是不能称为美人，不过她优雅的气质、温和善良的性格让她在一群少女当中显得出类拔萃。夏莱小姐的姐姐可是尚贝里最美丽的女人，不过她自己不学音乐而是让自己的女儿学。这个小女孩岁数小，长得很漂亮，一天一个样，长大后一定是和妈妈一样的大美人。唯一的遗憾是，她的头发略微透着棕红色。我在圣母访问会还有一位女学生，这位年轻的法国小姐也是我比较偏爱的，虽然名字我想不起来了。 她和修女们在一起养成了说话缓慢的习惯；不过，她说话懒散，语音却比较亮，和她的气质有点不一样。而且她人虽然聪明，却好像不太喜欢让人发现自己的这一优点。她刚开始学习时拖拖拉拉的，持续了一两个月，才愿意按照我的教学方法学习，才让我有了教好她的信心。不过要做到这个，可不是我一个人的事情。我教学的时候是认真的，自始至终投入了所有的精力；不过我不太愿意按规定的时间强迫式的授课。其实无论做什么事情，我最无法忍受的就是条条框框，哪怕我本心最想做的高兴事。听说，信奉伊斯兰教的国家，天一透亮就有官员沿街大声发布命令，宣布做丈夫的对妻子应尽的责任。换了我，让我固定时候去做那样的事情，那我肯定是不行的。

我也有几个来自一般家庭的女学生，里面有个人造成我和华伦夫人关系变化的间接因素，随后我将谈到。现在我想细致地讲讲这件事情的开端。腊尔小姐是一个香料商的女儿，长得就像一个真正的希腊雕像。假如世上真有雕塑一般的美女，我一定认为她是我见过的最美丽的女人。但她脸上的表情呆到让人无法想像的地步，她没有开心的时候，也没有生气的时候；如果有人欲图不轨，她也会无所谓的——因为她是一个傻子。

为了确保她的安全，她的妈妈一步也不离开她。为了想让女儿活泼起来，于是请了年轻的教师教她学唱歌。甚至老师撩拨女学生时，妈妈也同样撩拨这位年轻的老师，但是没有一点用。腊尔夫人天性活泼，举手投足间透出一种女儿缺少的妩媚动人之态。她小小的脸蛋虽然不是那么好看，不过却很娇憨可爱，除了脸上那几粒雀斑。她的眼睛不太好，经常是红红的，大概是有炎症。每天上午她会特意为我备下奶油咖啡，而且亲我的时候喜欢紧紧贴着我的唇。如果我像她亲我一样亲她的女儿，她会怎么想？不过这些都不是什么太大的事情，纵然是腊尔先生在，也一样这样接吻，说几句开玩笑的话。腊尔先生是个老实人，非常爱自己的女儿；他的老婆也不曾背着他做出有损名誉的事情，好像也没这种必要。

我把腊尔夫人的这种热情看作纯粹的友情，从来也不曾放在心间。热情的腊尔夫人越来越活泼了，让我感到有些不耐烦。如果我恰巧白天有事从她的门前经过，没有和她单独说话，她就会怨妇一般嘟囔着什么。所以我有事的时候，宁愿绕路从别的街道走，她那个门可是好进不好出。

腊尔夫人对我的态度多少也感动了我，我不觉得这是需要隐瞒的事情，就如实告诉了华伦夫人，就算是真有什么，我也会和华伦夫人说的。我们无话不谈，她在我面前就如同上帝一样。不过她对这件事情的看法和我不一样，我觉得不过是单纯的友谊；华伦夫人则认为腊尔夫人肯定有不良企图：她要让我这个不解风情的呆子明白她这样做的目的究竟是什么。另外，华伦夫人认为，由这样一个女人教她的孩子谈情爱是错误的；而且我有可能落入以自己的年龄和阅历无法辨识的危险，她当仁不让要保护我。确实，在这期间，还有人为我撒下了一张更加危险的网，虽然我躲过了；不过华伦夫人觉得我一定还会遇到其他的危险。她要尽自己所能想办法保护我了。

另外一位女学生，她的母亲芒东伯爵夫人是一位很聪明的女人；不过，她的心可不好。她喜欢挑拨离间，让许多的家庭闹矛盾，特别是让昂特蒙一家几乎陷入了绝境。华伦夫人与芒东夫人熟悉一些，对她的性格比较清楚。芒东夫人喜欢上一个人，不过她不曾向那个人表白，那个人也没和她说过什么。可是芒东夫人却恨起了华伦夫人，原因是那个人对华伦夫人的印象不错。她想了好多办法害华伦夫人，都没有得逞。

我给你们讲一个很好笑的事情。有一次，她们两个人和几位先生结伴到乡下去，里面就有我刚才说起的那位先生。后来的某一天，芒东夫人和一位先生说闲话：华伦夫人就是一个喜欢装模作样的小市民，没一点贵夫人的风度，整日用胸巾把胸脯围得严严实实，难看死了！那位先生说话爱开玩笑，就和她说："最后这一点华伦夫人有她的道理。据我所知，她胸上有一块疤痕，有老鼠那么大。而且还很像，看起来就像一只老鼠在跑。"爱与恨这两种情绪最容易使人轻信。芒东夫人决定利用这件事情让妈妈当众出洋相。一天，妈妈和芒东夫人那个意中人玩牌，芒东夫人悄悄走到妈妈背后用力把椅背往下压，妈妈不由自主仰起身子，她则一把揪下胸巾。结果是，这位先生没有看见什么大老鼠，而是他看一眼就无法忘却的东西。芒东夫人没有想到事情的结果和她预料的完全相反。

我不属于芒东夫人感兴趣的类型，她喜欢的是那些拜倒在她裙下的人物。但是她有点对我另眼相待——她可没有看上我这张脸，而是因为大家纷纷称道的才能。她觉得我的才能对她还有点用。她经常写一些诗歌、小曲讽刺人，她认为我可以帮她写诗，谱写曲子，和她一起嘲弄尚贝里的居民，让他们家家不宁。假如要追究责任人，她一定会全部推到我的头上。那么，我的后半生就完了，将会因为这个女人而吃官司，然后被关进监狱。

幸运的是，一切并未发生。芒东夫人留我在家里吃过几次饭，想试试我在吃饭的时候会不会说一些让她感兴趣的话。不过，她失望了，她觉得我像傻子一样不开窍。说实在话，我也觉得自己是个不开窍的榆木疙瘩；我多想和汪杜尔先生一样有本事，能够成为当地贵妇人的座上宾。所以，我很抱歉。不过，正是因为我的愚笨，让我躲过了很多可能发生的危险。

我在芒东夫人家是一个名副其实的音乐老师，只是教她的女儿学习唱歌罢了。所以，我在尚贝里可以得到大家的喜欢，长期过着平静的生活。这样的生活比她眼中所谓的才子好得多。

不管怎样，华伦夫人为了让我摆脱年轻人可能遇到的危险，认为现在是把我当作大人看的时候了，而且这件事情是目前最重要的。果然，她采取行动了，办法却是其他任何女人都想不到的。我发现她的表情比往日严肃了许多，说出的话也多了说教的意味。她以前的语气是轻快的，现在变得庄重，但不严厉，仿佛是和我解释一些事情。我寻思了好半天也弄不清到底发生了什么事情，只好直接问她。

原来她弯来绕去，要的就是这样的结果。她提议：第二天我们两个一起去小园子走走。我同意了。她提前做好了种种安排，为的是第二天只有我们两个在一起。她将用一整天的时间来调整我们之间的关系，让我可以慢慢领悟。

她并没有和其他的女人一样设计种种圈套勾引我，或者刺激我的肉欲。她的感情真挚，说出的话充满了理性的光辉。她打开了我的心扉，将我领入了一个崭新的世界。不过，刚开始的时候，不论她的态度多么中肯，说出的话多么富有哲理；我根本没有和往常一样认真听，更没有往心里去。因为她完全是有备而来，这让我非常惶恐，忍不住猜测她到底想要做什么。

我好容易明白了，她说的那种事情对我简直太震撼，太新鲜了。虽然我和她耳鬓厮磨了这么久，可是从来没有想到过，一次都没有。所以，我一旦领会了她的意图，满脑子乱哄哄的，想的都是这种事情。她所说的话，我一句也听不进去了。我的心里眼里全都是她，哪里还顾得上再用耳朵去听呢？

老师为了让学生注意听讲，通常喜欢先抛出一个他们有兴趣的话题吸引注意力。但是这样做，往往取到的是一个反效果。就连我自己在写《爱弥儿》的时候，也没有避开这种错误的做法。年轻人已经让老师双手捧出的耀眼东西所吸引，他们的心思全部在那个上面，巴不得马上搞清楚是怎么回事。其他的一切早就是耳旁风了，哪里还会听你慢悠悠地讲，他们觉得根本没必要。假如你想让别人认真听你说话，就不要着急亮出你的底牌。

华伦夫人好像不太明白这个道理，她有个做事情必须主次分明、先后有序的怪毛病，会把一些根本不需要讲的事情详详细细地告诉你。事实上，我一旦看出了自己将要得到的实惠，马上一口答应了，哪里还会听什么条件呢？在这样的情况下，难道还有哪个男人傻乎乎地想要和她讨价还价吗？假如世界上真有这样的男人。我想，没有一个女人会原谅他的行为。

然后，她一本正经地要我对自己做出的承诺办一个正规的手续，她给了我八天的时间考虑。我想马上告诉她这件事情根本不需要八天。不过也真奇怪，事实上我需要用八天的时间认真考虑：她的想法太有意思了，越是打动了我的心，我的脑筋越亢奋，确实要时间认真梳理。

或许有人认为，这八天的时间对我来说，比八个世纪还要漫长。其实你们错了，我倒是希望真有八个世纪那么长呢。真不知道该怎样描写我那时候的心情：我既害怕着它的到来，又盼着它快点来到；我担心着自己一心想要的事情，有一天真的会变成现实；我甚至想找个办法让我不去享受。

读者朋友可以想像一下，那时的我正值青春年华，体内旺盛的荷尔蒙、无法遏制的雄性冲动。我周身的血液都似乎在燃烧，一颗向往爱情的心已经迷醉。我不能再等了！况且，这是一个我想要得到的女人。在此之前，我根本没有接触任何女人的经验。这让我很好奇，我充分发挥了自己的想像力。现在，来自身体的欲求、思想上的爱慕与依恋，以及强烈的好奇心，这三者结合在一起让我急于成为一个男子汉，一个真正意义上的男子汉。

大家千万不要忽略一点：华伦夫人的温柔让我更加依恋，一日胜似一日。只有和她在一起，我才会感觉到快乐。甚至于，我离开她，只是为了更加想念她。我爱的，不仅是她善良可爱的品格，还有她女性的魅力和美丽的容颜。总之，我完全爱上了她这个人，她的所有，一切值得我爱的地方，我都爱。

你们不要以为她比我大了十一二岁，和我相比就是一个老妇女。实际上，从五六年前我第一次看见她，就被她吸引了。这些年，她几乎没有变化；不，在我的眼里，根本没有变化。她永远让人着迷，虽然身材比从前略胖了一点点。不过，她的眼睛还像少女一般晶莹闪亮，皮肤也非常光滑，胸部饱满，头发是那种美丽的金色……总之，一切都是那么美丽，我见犹怜。她活泼的性格，说话的声音，举手投足，都让我心动。甚至到了今天，我只要一听到少女银铃般的声音，都会让我心动。

在这八天的时间，我最担心的就是把握不住自己，企图将占有她的时间提前。大家以后可以看见，我年龄稍大一些的时候，每次一想起有个我爱慕的女人正等待着我，我将要在她身边得到些许安慰，我马上就热血沸腾了。可是要我不经过再三考虑就走过和她之间那条短短的路[7]，那也是办不到的。当时我正值青春年华，究竟是什么原因，让我对有生以来将要享受的肉体之欢如此镇定自若呢？

我居然在时间越迫近眼前时，心里的忧郁反而多于快乐。可以肯定的是，假如我当时能找到合适的理由拒绝她，我一定心甘情愿这样做。在我和她耳鬓厮磨的热恋期间，我曾经做过一些奇怪的事。刚才我说的这些事情，大家肯定无论如何也想不到。

看到这儿，大家肯定觉得像她这种曾经委身于其他男人，现在又愿意献身于我的女人，我肯会看不起，连同她的形像在我的心目中都是一落千丈。假如你们要这样看待问题，那就大错特错。不错，她这样周旋在两个男人中间，确实让我感到难过。我有这样的感觉很正常，况且这种事情对她对我都不太体面。但是，我对她的爱依然如旧。

我打赌，我只有在自己不占有她的时候，对她的爱才是最真诚的。她有一颗干净的心和一副冷静的头脑，我坚信，她之所以这样做绝对不是为了享受，而是为了让我不至于掉进他人的陷阱中。她坚信，假如不这样做，我遭受那样的命运是肯定的。她之所以违背自己应当遵守的本分，纯粹是为了保护我，同时又不抑制我男人的天性。

关于所谓的本分，她的看法和其他女人是不一样的。对于这一点，在后面，我将会叙述。我心疼她，也心疼我自己。我好想和她说："不要，妈妈。您不要这样做；即使您不这样做，我都会和您保证我是属于您的。"但是我没有这么做，因为这样的事情是只可以意会不可以言传的，就连我自己都觉得不是真的。然而，也只有这样的女人才能让我经受起诱惑，才能让我不去想其他的女人。不错，我虽然不想占有华伦夫人；但是，更不想占有其他女人。所有让我离开华伦夫人的事情都是坏事。

长期和她在一起，过着天真烂漫的日子，不但无法削弱我们之间的感情，却让我更加喜欢她了。只是我们现在变得越发温柔浪漫，情意绵绵，很少追求男欢女爱。我始终叫她妈妈，像母亲一样对待她，我觉得，我们之间就是真正的母子关系。这就是，尽管我爱她爱得深沉，却不愿意占有她的真实原因。

我的记忆非常清晰，刚开始我对她的爱含有大量的淫邪因素。在安纳西，我对她简直是神魂颠倒；去了尚贝里就不一样了。我虽然爱她爱到脚都挪不开，不过基本上是因为她，不是我自己。我和她在一起，向往的是心灵的安宁与祥和，并不是感官上的刺激。她在我的心里，母亲、女友、情妇、姐姐，都是又都不是，她远远胜过其中的每一个角色。所以，我根本没把她看作一个单纯的情人。归根结底，我非常的爱她，不敢存半点非分之心。我心里完全清楚这点。

让我感到害怕、感到好奇的日子终于来了。我有言在先就不能后退，我怀着诚意去实践自己的诺言；虽然我不想要对方报偿，可我还是得到了。我出生以来首次被一个女人拥抱，还是一个我爱的女人。我幸福吗？不，那只是一种来自肉体的享受，还有心灵深处无法克制的忧伤。我这是犯了乱伦罪！有两三次，我的心情过于激动，紧紧地将她搂在怀里，泪水落在了她的胸脯上。但是她的态度非常平静，没有伤心，也没有激动。因为她并不沉湎于男女之事，也就不觉得这种事情有多美好，或者因此而后悔。

我重复一次，她所有的过错都是因为做事情用错了方法，并不是因为她想享受情欲。她的家庭出身很好，为人正直、单纯，性情爽快，很有生活情调。她完全可以成为道德高尚的优秀女人。她崇尚美德，却从没有听从来自心灵的忠告；她遵从的是大脑中让她步入歧路的错误指令。她的错误思想曾经让她屡次迷路，来自心灵的光辉一次又一次为她指明了方向。遗憾的是，她对哲学的理解颇有点自以为是，所以她据此为自己定下的处世标准背叛了她善良纯洁的天性以及属于她的光明之路。

她的哲学老师塔维尔先生是她的第一个情人，他为她灌输的那些所谓哲学，只不过是为了引她上钩而胡编乱造的。他发觉她是一个守妇道的女人，忠实于自己的丈夫，恪守本分，态度不卑不亢，用对付普通妇人的手段无法轻易得手，就编造了一些诡辩之言向她进攻：说她往日恪守的那些妇道，全是一些大人欺骗小孩的废话，目的只是要孩子听话而已；把两性的结合说成一件轻描淡写的事情，夫妻间的忠诚也只是表面功夫，不过是怕外人议论。当妻子的只要做到让自己的丈夫放心就可以；同理，做了不忠的事情只要不被别人发现就万事大吉。那么，对于受蒙骗的丈夫来说，和妻子没有背叛他是一样的。至于自己的良心，和一切都未发生是一样的。通过这一番说辞，她相信了自己的老师，相信夫妻间相互不忠根本不是什么重要的事情，之所以成为丑事完全是因为让外人知晓，搞得人尽皆知。总之，这个坏家伙最终达到了目的。不过，他只是蒙蔽了一个年轻女子辨别是非的能力，而不至于损害她的心灵。

塔维尔到了最后也得到报应，过去他教她对付丈夫的办法也同样落到他的头上。关于这一点，我不知道他会不会后悔。听说，柏雷律师取代了他的位置。据我分析，正是应该保护她拒绝接受他错误观点的理性，成为她日后抛弃他的理由。她一直搞不清楚大家为什么将自己眼中毫不起眼的小事看得那么重。她觉得控制欲望是一件简单的事，根本不能称之为高尚品德。

尽管她没有因为自己去套用那个错误观点，不过她因为别人的原因滥用了。她肯这么做，是因为还有一个与她善良天性相符的错误观点做出的结果。哪怕她和她的朋友们是最纯真的友谊，为了维护他们之间最纯粹友谊，她会不顾一切。可是她以为，让一个男人离不开一个女人，最好就是肉体的结合。让人吃惊的是，她差不多每次都能成功。她确实很值得爱，越是和她相处，越能够发现她的优点很多。需要特别说明的是，从她第一次和丈夫以外的男人发生关系开始，她接受的都是一些可怜的人。相比之下，那些显赫贵族无论在她身上下多少工夫，都是瞎子点灯——白费蜡！

假如她因为同情准备爱上的那个男人，到了最后不能得到她的，那一定是这个男人太差劲了。尽管她有时候选择的一些人根本配不上她，但是造成这个错误的原因，并不是因为她动机不良——她的心始终是高尚的；只是因为她心胸过于宽阔，为人太善良，也太容易动感情，而误导她做出了错误的决定。

虽然她有一些错误的观点将其引入歧途，但是她又始终坚持着一些让人称道的美德。尽管她因为自身的弱点犯了一些错误，却很少是因贪欲造成，而且她用很多的美德去弥补了这一缺点。她的哲学老师的确在这一点将她领入了歧途，不过在其他方面也有过好的教导。她不是一个能让色欲左右的人，所以在处理事情的时候她的脑筋非常清楚；当她一旦意识到自己的思路错误，很快就可以校准自己的行为。无论她做出的事情结果如何，她的动机始终是美好的。

她不是一个表里不一、搬弄是非的人；她做人正直无私，待人厚道，信守承诺；她从来不会存心伤害他人，这个世界没有让她觉得不能原谅的人和事。就算是她考虑问题不周到，随随便便委身于人，但是从来没有用这种事去达成某种见不得人的交易。她滥情，但绝不出卖爱情！尽管她因为生计做出了一些权宜之事。但是，如果苏格拉底能够尊重阿丝帕西[8]，那么他也一定尊重华伦夫人。

我一开始就能料到，我所说的华伦夫人有时候对人多情，有时候对人冷漠，会有人认为我是自相矛盾。通常情况下，他们这样的看法是有道理的。我想，这可能是造物主的错：将这两种截然相反的性格糅合在一个人身上，可我发现她就是这样一个人。几乎认识华伦夫人的人们都了解，她的性格就是这样奇怪。甚至有很多了解她的人依然健在！

另外，我还想特别说明一点：在她心中，让她感到唯一高兴的事情，就是让所有她爱的人都高兴。针对我所说的上述情况，大家爱怎么想就怎么想，哪怕他们一点点地分析，认为我说的全是假话，那也由他们去吧！我的义务是说出实情，并不是强迫他们相信。

我还想指出一点，我刚才说出的话，全部是我和她有了男女关系以后，在交谈中仔细了解到的。只有在我们深入了解以后，我才发现我们真是情真意长，缠缠绵绵。她的关心确实对我的成长有很大帮助，而且是值得的。在她的指导下，我在学习方面的才能日益增长。在以前，她对我的态度就是在和小孩子讲话；现在，她已经把我当作一个大人了，甚至商量一些关于她的事情。

她和我说出的所有，都富含深意，让我动情之余，开始反省自己。她和我说的那些体己话，我从中得到的好处比她教训我的时候得到的更多。我们能够感受到对方发自肺腑的真情，同时也会敞开自己的心扉接纳对方的真情流露。一位刻板教师的滔滔不绝，抵不上一个心爱女子的轻声慢语。

我能够对她做出如此高的评价，完全得益于我们的关系日益加深。她对我的评价是：尽管外貌上看起来有点笨，日后如果想踏入上流社会，还是可以培养的；要是我将来如愿步入上层社会，前程不可限量。自从有了这个想法，她不只是花了很多的精力培养我的才能，还包括我的仪容仪表，如何能得到大家的喜爱和尊重。

假如一个人进入上流社会后成为成功人士，同时还继续保持自己高尚的品德——我认为是不可能的。除了华伦夫人教我的办法以外，我觉得至少还有一种捷径可走。她熟悉人情世故，待人接物游刃有余。和任何人打交道，她从不轻易许诺，态度沉稳，不欺瞒任何人，也不得罪任何人。可是，这种本领是她性格中与生俱来的，别人根本学不来。她一再教育我，可我怎么也学不会，恐怕我是这个世上最不适合学习这种本领的人了。

她不遗余力，聘请了舞蹈老师和击剑老师，结果都一样。虽然我身姿灵活，可是我连一个小步舞曲都学不会，因为我脚掌长了鸡眼，只能用脚后跟走路。这件事情，罗什[9]根本没办法让我改掉。我脚步轻盈，可是连一道小沟都过不去。更让人啼笑皆非的是，我在剑术厅学习了三个月，可是只停留在用剑抵挡的初级阶段，根本学不会如何进攻。因为我的手腕不灵活，胳膊也没劲，老师只需用剑轻轻一碰，我的剑就“当啷”一声落地。

再说，教这两门课的老师，我都不喜欢。我不认为用剑杀人是一件光彩的事情。为了让我明白他讲课的技术高明，非要用他一窍不通的音乐打比方：非要说剑术冲刺的第三步和第四部和音乐里的第三音程和第四音程类似；每当他佯攻的时候，偏要告诉我注意半升音符——在古代音乐里，半升音符和剑术的佯攻发音是一样的。每次他把我的剑击落的时候，嘴角就挂出嘲讽的微笑，说这是休止符。总而言之，像这样蹩脚的老师，我一辈子只见过一个——虽然他帽子上插着漂亮的羽毛、胸前披着铮亮的护甲。

我根本学不进剑术，时间不长就怀着厌恶的心理放弃了。不过，我对另外一个更为实用的学问却颇有心得。那就是对眼前的一切要知足，不要去奢望不属于自己所谓的命运。所以，我认为自己生来就没有扬名显贵的福气。我现在最大的愿望就是能让华伦夫人过得更幸福。所以，就算是我喜欢的音乐，每次迫不得已离开她出去授课的时候，心里都觉得是一种多余的负担。

虽然，我不知道阿勒有没有发现我和华伦夫人的这种关系，不过我相信根本瞒不过他。他是一个眼光锐利、行事非常谨慎的人。他说话不会两面三刀，却不等于他不会隐藏心事。看他的神色，好像一无所知；不过在行动上，他似乎什么都明白了。他的表现不是因为心灵肮脏，而是因为他完全同意女主人的办事原则，因此他不能让女主人讳背自己的做事原则。虽然他们两个一样年轻，可是他的举手投足却非常成熟谨慎，甚至在他的眼里，我和华伦夫人就是两个需要宽容的小孩子。我们也视他为值得尊重的人，并且对他始终保持敬意。我得知华伦夫人对他的感情有多深厚，也是在我们有了特殊关系后的事情。

因为华伦夫人明白我的喜怒哀乐，以及我的全部身心都属于她，所以她就让我明白了她对阿勒深重的爱意，从而让我也是同样爱他。她一再说明，这样做不是因为友谊，而是出于对他的尊重。她完全明白，这样说明问题肯定会得到我的理解与支持。她很多次对我和阿勒表明态度：我们两个都是她美好生活不可缺少的人。她说出的话深深地感动了我们，我们流着眼泪相互深情地拥抱。恳请看到这里的各位女士不要嘲笑她，因为她具备那样的性格和身体，有这样的需要也无需大惊小怪，因为这全部来自她心灵的需求。

所以，我们三个就这样组建了可能是世界上独一无二的家庭。我们的思想、需求、愿望都是相互交流共有的，完全围绕着小家庭转。我们已经习惯了三个人在一起生活，坚不可破，以至于吃饭的时候忽然间少了一个人或者来了一个客人，都会觉得不舒服。虽然她和我们两个人的关系各有定位，不过我们都感觉两个人在一起没有三个人在一起开心。我们三个人在一起之所以没有猜忌之心，是因为完全相互信任；我们没有感到百无聊赖，是由于我们都很忙。妈妈每天忙于制定生活中的各项计划，她忙个四脚朝天，也不会让我们闲着。而且我们两个人都有属于自己的工作，哪里还有多余的时间。

我以为，百无聊赖的生活对社会的危害性远大于独自一人；这世上再没有什么事情，比几个人聚在一个房间里没有目标的神吹胡侃对人的心灵伤害大了；而且特别容易散布闲话，制造事端。假如大家的生活都非常忙碌，就只有在商量正经事的时候聚在一起说说话；否则的话，大家闲坐在一起，东一句、西一句扯个没完没了，这样的情景真是让人讨厌。我敢断言，假如想让一个团体里的人生活的都快乐，就得让他们每一个人都有事可做，还得是让他们费点心思才能做好的事情。就像编结子，就因为太简单了，几个编结子的女人到了一起，还是和没事人一样喜欢乱说闲话；绣花的女人就不一样了，她们必须一心一意地绣花，就顾不上聊天了。假设在这个时候，有十几个无所事事的人出现在她们面前，忽而坐下，忽而站起，忽而来回走动，那才让人讨厌、笑掉大牙呢！像这样的人，做什么事情都会为自己和别人带来麻烦的。

譬如我在莫蒂埃，就经常到女邻居家编丝带。假设我以后要回到社交圈，我就随身带一个不倒翁放到衣兜里，方便不时拿出来把玩，免得没话找话说。假如人人都像我这样做，就不会学坏了。人和人之间就可以诚心交往，愉快交流。要是有人觉得我的意见可笑，那你就尽情笑话吧。归根结底，我以为行走在现在的世界，最实用的忠告"要和不倒翁一样凡事不开口为好"。

遗憾的是，虽然我们的本意是想回避生活中的烦恼，可是不太容易办到：每天的不速之客太多了，让我们不胜其烦。我们三个人待在一起的时间非常少。我还是像以前一样烦他们，只不过我没有多余的时间去想这件事罢了。我那可怜的华伦夫人还是和以前一样喜欢讲究排场，甚至有过之无不及，家里的财政越是减少，她越是想着发大财。而且年龄越大，她的这种幻想越执拗。眼下，她对人际交往和娱乐活动爱好渐渐淡薄，将生活的重心转到了收集各种各样的药品秘方，计划凭着这一举动一炮而红。

家里每天都有形形色色的江湖郎中出入，他们胡吹乱侃说是能够让她挣很多很多的钱，其实不过是骗几个零花钱而已。那伙骗子无一例外都是带着钱走出家门的。有许多事情到现在我也弄不明白，比如：她在很长时间内一直大把大把地往外花钱，却从来没有花光过；同时还可以让她的债主不用担心她还债的能力。

在这期间，她列入重点计划的是：打算在尚贝里筹建一个皇家植物园，还要雇佣一个领工资的专业园艺师。至于这个人是谁，我不多说大家也能猜到。尚贝里正好位于阿尔卑斯山中部，是一个非常适合培育植物的地方。华伦夫人的做事风格从来都是确定一个计划以后，马上就会想到另一个配套计划。她打算植物园建立后，紧跟着成立一个制药培训班。这项计划对尚贝里的确有益，因为这个小山城非常穷困，缺乏专业的药剂师——一直都是城里的医生兼职。恰好，宫廷的首席医师格洛西先生自维克多国王驾崩后也跟着辞了职，回到尚贝里。妈妈以为，这件事情对她的计划非常有利，或者她的计划正是因为格洛西回到了尚贝里制定的。

现在，她怀着满腔热忱着手说服格洛西。可是，这个人可没那么好说话；而且他还是我这辈子见过的最粗鲁、最刻薄的一个人。关于这一点，我为大家举几个例子：有一次，他和几位医生共同会诊一位病人，有一位来自安纳西的青年医生，过去给这个病人看过好几次病。由于这位年轻人对医生行业的一些规矩不太懂，发表了与首席医师截然不同的意见。不过这位格洛西先生也没有直接斥责他，而是问这位年轻人回去的时间、经过的地方、坐哪个驿车。年轻医生一一据实做了回答，到了最后还问首席医师是否需要他效劳。“不、不、不。”这位刻薄的首席医师说，“我只是想在你坐上马车的时候，去窗子边看看，一头蠢驴坐在里面是什么样子。”他的富有和吝啬同样广为人知：他的朋友有一次向他借钱，而且提供了可靠的担保。可是他紧紧拽住朋友的胳膊，牙齿咬得咯咯直响：“亲爱的朋友，今天就是天上的圣彼得和我借十个皮斯托尔，哪怕他用圣灵的名义担保，我都不会借给他钱。”还有一次，萨瓦总督庇贡伯爵诚恳地请他到家里吃饭。由于他提前去了伯爵家，此时伯爵正好在念经文，只好邀请他一起念。他当时做了一个可怕的表情就跪下了，可是刚念了两句“圣母玛利亚”，就忽然站起身，抓起手杖，一声不吭就走。庇贡伯爵急忙追上去和他说：“格洛西先生，格洛西请别走，我的厨房里正为您烤着肥山鹑。”格洛西扭头冲着伯爵先生说：“哪怕伯爵先生今天请我吃烤天使，我也非走不可。”

华伦夫人打算拉拢的宫廷首席医师格洛西先生，就是这样一个不好打交道的人；不过他最终还是对华伦夫人俯首帖耳、言听计从。他经常从百忙之中抽空来家里看望她；他对阿勒的评价也非常高，称赞他是一个有学问的人。尤其让人意外的是，首席医师对阿勒很佩服，根本不在意他从前的身份，对他非常器重。需要正视的是，尽管阿勒很早就摆脱了仆人身份，可是大家都知道他的过去。所以还需借这位首席医师的名望和态度，才能让大家对他改变看法。

阿勒平日喜欢一件黑色上衣，经常将假发梳得服服帖帖，举止稳重大方。他在医药和植物学领域的专业积累相当丰厚，如果再有医学权威人士的支持，还是很有希望获得大家信任而出任皇家植物园技师的——前提是皇家植物园可以按计划实现。

这个计划获得了格洛西的衷心称赞与支持。他说只待局势平稳，就和宫廷提出建议，从公益事业方面划拨经费实施。假如这个计划真的能够实现，我很可能因为出于对这门科学的衷心喜爱，终其一生以全付精力投身植物学事业。然而谁也没有料到，一个突发事件打破了原有的计划，导致满盘皆输。这也说明我渐渐沦为苦命人的确是命中注定的事情，是上帝堵死了我走向幸福生活的每一条通道，是他有意让我遭受诸多苦难。

一天，格洛西先生让阿勒到阿尔卑斯山采苦蒿。这种植物很少见，只有这个山上才有。阿勒回到家后忽然发起了高烧，确诊为胸膜炎。听说他这次采摘的苦蒿专治此病，却没能救下他的命。尽管善良的华伦夫人和我对他精心照顾，尽管医学高手格洛西对他尽心尽力，他还是在生病的第五天经过一番痛苦的挣扎后撒手离去了。在他临终的时候，只有我怀着真切的悲痛之心在安慰他。假如他当时心灵还清楚，我说出的话对他也是一种安抚。就这样，我失去了这辈子最忠诚的朋友，一个非常少见的、值得尊重的人。他用自己的智慧和勤奋补偿了教育程度的缺憾。他虽然是一个佣人，可是他的心是高贵的。假如他尚在人世，并且遇到合适的机会，他一定会向大家证明自己的确是一个品学皆优的人。

次日，我以一种极端悲痛的心情和华伦夫人谈论起他。说着说着，我忽然产生了一种强烈的不太光彩的想法：我想得到他的衣物，特别是那件我青睐的黑色外套。在华伦夫人面前，我一直都是心里想什么，嘴上就说什么，所以我就直率地说了出来。唉！这个世上再没有什么比我这还大煞风景的话，更让她真切地感受到失去阿勒的事实；恰好这位刚过世的先生是一个高贵无私的人。可怜的伤心女人，她不但没有回答我，反而背过脸痛哭失声起来。这饱含真情的眼泪呀，每一滴都落进了我的心，将我肮脏的灵魂洗涤得干干净净。从此，我再没有过类似的卑鄙念头。

阿勒的离去，不但给华伦夫人带来精神上的沉重打击，还让她的家庭经济状况陷入了无可挽救的境地。在这之后，她的家境一蹶不振。阿勒是一个精打细算的人，女主人的家让他管理的头头是道。每个人都敬畏他井井有条、脚踏实地的做事风格，平日里谁也不敢随意浪费；就是华伦夫人自己也因为担心他的严厉批评努力克制花钱大手大脚的坏习惯。对华伦夫人来讲，阿勒仅仅爱她是不够的，她还需要他尊重自己。所以她只要挥霍金钱，不管是自己的还是人家的，他都要对她严厉批评。况且他的观点是正确的，华伦夫人当然会担忧。

我和阿勒的观点是一样的，并且和她提出过建议，可是我没有他权威，华伦夫人当然听不进去。眼下，阿勒走了，只好由我顶替他的职位；可是我一没能力，二没兴趣，也就不能胜任这份工作。我不够细心，即便发现了不对劲的事情也没有当面指出的勇气，只能够自己背地里发几句牢骚。造成的结果是，其他人爱怎么做就怎么做，随他们的便。而且华伦夫人虽然对我和阿勒一样的重用，可是我根本没有与他并重的能力，我又年轻，说话总是抓不住要害，说出的话就没人听。每当我想管理家务，或者批评谁的时候，华伦夫人就很亲昵地拍拍我的小脸蛋，悄悄说一句：“好啦，好啦，我的小管家。”然后，我只好乖乖闭嘴，去做我该做的事情。

我以前就预料到，像她那样花钱如流水，迟早会陷入穷困潦倒的处境。更何况我现在坐上了家庭总管的位子，对于这方面更加担忧了。这期间，我甚至养成了一生都无法改掉的吝啬习惯。出了偶尔的心血来潮，我不会随便花掉一文钱。以前，我从不为口袋里的钱发愁，可是现在，我要开始留意自己的钱袋了。我之所以成为一个小气鬼，完全是想为华伦夫人存一点钱，以备后用——山穷水尽的那一天迟早会来的。

另外，我还担心她的债主们会提出要求抵扣她的年金，也许她的年金会被完全取消。因为我从来也没有见过什么大世面，于是天真地以为，自己手里攒的这点小钱可能有一天会起到大作用。为了攒住这笔小钱，我必须背着她干。在华伦夫人忙着到处借钱，拆东墙补西墙的时候，想要做好这件事情可不容易。我像老鼠一样到处在家里寻找墙角旮旯，藏了几个金路易，幻想着一点一滴地积成一笔大钱，在她走投无路的时候交给她。遗憾的是，我太笨了，藏钱的几个地方全部让她发现。为了提醒我，她拿走了金路易，在原处放下更多的其他钱币。我只好不好意思地将所有的钱交到公账上，她总是拿这些钱给我买一些新衣服或者怀表、银剑这类的东西。

我终于确定，像这样一点一点地攒钱并不是什么好办法，对华伦夫人来说也是起不到多大作用。我再三考虑的结果是：我必须学习一技之能，在她没有能力养活我、也无法养活自己的时候，让我来供养她。遗憾的是，我的计划有点随心所欲，总是想在音乐这个行当挣大钱。我绞尽脑汁构思了很多音乐主题和歌曲，认为我只要好好努力，就一定能成为奥尔菲[10]式的当代名家，秘鲁所有的钱都是为了我的歌曲准备的。

按我目前的水平，识别简谱的能力问题不大，关键是要学会作曲。现在的问题是，自从勒·梅特先生走后，萨瓦省根本找不到一个懂得和声学的人；我找不到一个可以教我作曲的老师，仅凭着拉摩的《和声学》是不可能学会的。

到了这里，大家又要看到我不断做着和原有计划相反的事情。在我自以为是认为很快到达目的地的时刻，就有一双看不见的手推着我朝着相反的方向驶去。汪杜尔多次和我说，他的作曲老师布朗沙神甫人品学问皆优。此人现在贝藏松大教堂做音乐指导，而且还担任着凡尔赛教堂的音乐总监。我想去贝藏松找神甫拜师学艺，而且我的主意得到了华伦夫人的赞同。她花了很多的钱为我准备行李，琳琅满目，应有尽有。

我这个计划本来的目的是为了增加这个家的财政收入制定的，没想到刚执行就让她破费了八百法郎，而且很有可能因为投入太多导致她破产。虽然这个计划非常荒谬，可是我的心中充满了希望，华伦夫人也是这样。不同之处在于：我觉的这样做对她有利，她觉得这样做对我有利。

我想让汪杜尔给写封介绍信，没想到他已经离开了安纳西。我现在唯一能证明和汪杜尔关系的，只是一张他过去亲手写给我的四声部弥撒曲。于是，我就带着这部曲子动身去贝藏松了。途中，经过日内瓦我看望了几位亲戚；在尼翁，我再次拜见了我的父亲。他还像从前那样招待我，而且主动提议让我骑着马先走，他随后替我将行李寄到贝藏松。

我终于到了贝藏松，布朗沙神甫待我非常热情，他同意收我当学生，而且将在生活上对我予以照顾。意外发生了，当我们准备进入教学程序的时候，父亲给我寄来了一封信：我的包裹在瑞士边境的鲁斯让法国设立的岗哨没收了。真是晴天霹雳！我连忙请贝藏松的几位朋友帮我打听法国关卡没收我包裹的原因是什么。我发誓包裹里面没有带违禁品，我真想不明白他们扣留行李的理由是什么。

到了最后，事情总算弄明白了。这是一件很有意思的事情，我认为值得在这里给诸位说明一下。有一位名叫杜维维耶的里昂人，是我在尚贝里认识的，年龄比较大。这个人比较善良，过去法国奥尔良公爵执政时期在签证局工作，后来到了土地普查局。由于他有学问，懂音乐，阅历也深，对人态度友好；而且我们同在一个办公室工作，身边有一群粗野之人比较着，就露出了他的雅致。所以我们两个人的关系比较好。

他有几个巴黎的朋友，书信往来频繁，他们为他寄来了一些小报刊登的八卦文章。像这种花边新闻，瞬间流行，又瞬间就没影了。来无影，去无踪。假如不是有人刻意提起，也不会想起来。杜维维耶先生在我的带领下曾经到家里吃过几次饭，他想要讨好我，就给了我几份这样的报纸，他以为我和他也是同样的爱好。老实说，我对这些东西根本就嗤之以鼻，甚至一辈子都不会瞧一眼。但是为了他的面子，我收下了那些乱七八糟的东西，放在了我的衣兜里，偶尔当手纸使用，再没有其他的用途。我平时连想都想不起。不幸的事情发生了：其中有一张遗留在我的新衣服的口袋里，而这件新衣服，我也是在和同事们聚会的时候穿过两次。有一个冉森派教徒仿写拉辛的《米特里达特》的笔法在报纸上发表了一首打油诗。写得差劲极了，我瞟了两眼就把它顺手塞进了衣兜里。

就是这件事情造成了我的包裹被没收。那些办事的法国官员们为了表明对此事的高度重视，洋洋洒洒地写了一通言过其实的“工作纪要”，附在了我的行李清单前面。他们说那首打油诗出自日内瓦，目的是偷运到法国非法印刷和宣传。官员们借机大作文章，把上帝和教会以外的人大骂了一顿。同时又对自己高度的警惕性沾沾自喜，因为是他们及时阻止了这件罪恶之事的发生。他们的结论是：我带的所有衣物都充斥着异教徒的气息，必须统统没收。

我一点办法都没有，根本打听不出行李的消息。那些办事的官员要我提供这个证明、那个批示，还有一些乱七八糟的结论。没办法，到了后来我只好决定放弃那些行李，统统放弃！我唯一后悔的事情就是未将鲁斯关卡的“工作纪要”保存下来，一起收进本书发表，让大家“美文共观赏”，那才是一件美妙的事情。

没有了行李，我在布朗沙神甫那里什么事情也做不成，于是决定马上返回尚贝里。我思前想后，觉得自己做什么事情也不顺，也就下定决心，此后永远和华伦夫人在一起，发生任何事情都不分开，不再做无谓的挣扎。华伦夫人对我的归来高兴极了，仿佛我为她带回了稀世珍宝，并且从里到外为我添置新衣。其实这件事情，对我们两个都是一个不小的损失，但是很快就都忘记了。

遭受打击之后，我继续研究拉摩的《和声学》，而且最终弄懂了它，还试着做了几首新曲子。这次的成功极大地鼓舞了我。贝尔加尔德伯爵是昂特蒙侯爵的儿子，他在奥古斯都国王去世后由德累斯登回到了尚贝里。他过去在巴黎生活过，时间很长；他热爱音乐，特别是拉摩的歌曲。朗吉伯爵是他的弟弟，拉的一手好琴；德·拉都尔伯爵夫人是他的妹妹，唱的歌很好听。在我们几个人的带动下，尚贝里的人们热爱音乐的喜好成了一种风气。我们计划举办一场公开的演唱会，刚开始，大家计划让我任指挥；可是后来他们担心我的能力，于是做了新的安排。我在音乐会上演奏了自己创作的几首新曲子，虽然谈不上完美无缺，不过里面的一首合唱曲非常受欢迎。尤其是有好多新颖的曲调，大家没有料到作者竟然是我。

有几个人质疑我：一个连乐谱也看不懂的人居然能创造出如此优秀的曲子，搞不好是剽窃别人的作品。为了验证他们的观点，一天上午，朗吉先生来拜访我，带来一首克列朗波作的一首合唱曲。他告诉我，为了方便演唱，他将这首曲子变了调；不过，一旦变调，克列朗波的曲子根本没法演唱，所以希望我为它配一个低音部。我的答复是：这件事情不简单，现场完成的难度相当大。他认定我是推辞，非要我做一段低音部宣叙调。我只好答应，但肯定没有平日里做得好。因为我一贯做事情都是在轻松自在的环境下完成。但是我这次现场发挥的低音部宣叙调起码按着规矩来，而且就在他的面前，这下他们没话说了。于是，我那几个女学生还是跟着我学音乐。后来，他们有一次举办演唱会没有邀请我，这让我对音乐的喜好有点减退。

和这个时间差不多，战争终于结束，法国军队从连绵不绝的阿尔卑斯山回来了。有几位军官来到家里拜访华伦夫人，其中一位洛特雷克伯爵是奥尔良团的上校团长，后来担任驻日内瓦的全权公使，最后升为法国的陆军元帅。华伦夫人向他介绍了我。他听了华伦夫人的话，表现出特别关心我的模样，而且做了非常多的承诺。可惜一直到他离世的那一年，才想起了我，不过那时候的我已经不需要他的帮助了。当时法国驻都灵大使的儿子——年轻的塞勒克特尔侯爵也在尚贝尔。

有一次，我和他都在芒东夫人家里吃晚饭。吃过饭后，大家随便聊起了音乐。我发现他对音乐非常懂。当时有一部叫《耶弗德》的歌剧非常红，他就谈起了它，然后让人把乐谱拿来，并提出要和我一同演唱。这个举动让我浑身发抖。他一翻开乐谱，恰好还是那段有名气的二重唱：

人间、地狱、直至天堂，
所有的灵，他们全在主的面前发抖。

他说："我打算唱这六个声部，您想唱哪几个音部？"当时，我还不了解法国人快速转变音部的唱法，虽然我偶尔也能唱上几段，可是我认为一个人唱两个音部都不可能，更别说六个音部了。我在演唱的时候，感到最困难的就是由一个音部忽然一下跳到另一个音部，眼睛还得紧紧盯着乐谱。塞勒克特尔侯爵看到我的表情以为我对音乐不在行。或许是为了弄明白这个问题，他请我记录由他特意为芒东小姐准备的一首歌。我没有推辞，于是他唱歌，我记录。他唱完我也记完了，并没有请他重复演唱。最后，他拿起我写的谱子一看，一点错都没有，完全正确！他兴奋得赞不绝口。

实际上，这样的事情很简单，以我的音乐造诣比较容易办到。我这个人缺少的就是这种做事情一看就会的鬼机灵——在其他方面我也是这样，音乐方面尤其突出。必须经过反复的探索和学习，才能攀到一看乐谱就明白的高度。无论如何，他消除了我在音乐方面受到的那一点点小羞辱，和留在我心里的阴霾，我很感谢他。大概十二年，或者十五年以后，我在巴黎的社交场所又见了他几次；有好几次，我想旧事重提，想对他表示铭心刻骨的感激之情。可是那时的他已经双目失明，我担心从前的事会勾起他的伤痛之情，也就放弃了。

现在的我，将要进入连接从前与现在生活的特殊时期。能从过去持续到现在的友情，对我而言是难得珍贵的。这样的感情常常让我想起从前名不见经传的快乐时光，让我留恋不已。当时，一些愿意和我来往的人，都是一片赤忱地爱上了我这样的人，不是为了攀比的虚荣心，也不是想要设计陷阱害我。

在这个时期，我第一次和我的老朋友高福古认识。虽然有人在我们中间不断制造矛盾，想要挑拨我们，可是他还是爱我一如当初，一直到了生命的尽头才停止了对我的爱。这么多弥足珍贵呀！令人遗憾的是，他刚刚离世了。我们的友情一直到他心脏停止跳动的时刻，才完成了一个阶段。高福古先生是我有生见过的最可爱的人，所有见过他的人都会不由自主爱上他，并且产生最深重的敬意。我这一生，从来没有见过一个人能和他一样举止大方、通达事理、待人亲切。他赢得了大家的信任，再性格拘束的人见到他都会不由地微笑，好像是见到了多年没见的老朋友，譬如我。

他说出的话，他的语气，还有他的外貌一切都是那么和谐。他说出的话会不由自主地打动你的心。他待人真诚，每天都是和颜悦色，这是他的天性和后天的修养结合的结果。他爱着每一个人，不加选择地帮助他们，竭诚为所有需要他的朋友效劳——事实上，每个接近他的人都是他的朋友。高福古只是一个普通钟表师傅的儿子，子承父业，他也成了一名钟表工。不过，他的修养让他走向了另外一个圈子，而且融洽地进入了那个圈子。他认识了那时候法国驻日内瓦的常驻代表德·拉·克洛苏尔先生，并且成为了要好的朋友。德·拉·克洛苏尔先生又将他介绍给对他人生大有裨益的几个巴黎朋友。因为他们的帮助，他取得了瓦勒的食盐经销权，每年有两万利弗尔的利润。一个男人能有这样的财富已经非常了不起，可是在情感方面，他也非常好运，喜欢他的女人数都数不过来，所以他必须好好挑选，而且如愿抱得佳人归。最让人奇怪和赞叹的是，他和每一个行当的人都有关系，走到哪儿都受人欢迎，从来没有人嫉恨他。我可以肯定，他到死都没有一个仇人。唉！真是一个幸运的人。

他每年都到艾克斯温泉浴场和那儿的上流人士拉拢交情，萨瓦省的几个贵族都和他有关系。他经常从艾克斯到尚贝里拜访贝尔加尔德伯爵，以及伯爵的父亲昂特蒙侯爵。华伦夫人就是在侯爵家里和他认识的，然后把我介绍给他。第一次见面，其实并没有什么印象，几年后，在一个我将要写到的地方，我们再一次见面了，并且结下了深厚的友谊。

现在，我终于可以聊一聊我这位好朋友。需要说明的是，我不是因为私人感情去追忆他的往事。他的确是一个可爱的、优秀的、值得大家去缅怀的人。说起来，就像他这样完美的人，也存在缺点。关于这一点，我会在后面写到。不过，一个没有缺点的人，反而不那么可爱了。他隐藏了自身的缺点，只是想让大家尽可能多喜欢他，基于这个原因，我认为可以原谅。

几乎在同时，我另外又认识一个人，交往比较频繁。由于和他的接触，我开始有了难以泯灭的想要追求幸福的愿望。这个人是孔济埃先生，我们刚认识的时候，他是萨瓦省的一名贵族，非常的年轻可爱。当时，他忽然想学习音乐；准确地说，他其实想借此结识懂音乐的行家。他人聪明，喜欢艺术，性格平易近人，容易交往。这和我的性格很接近，所以我们很快就成了好朋友。当时，文学和哲学在我的脑海里处于萌芽状态，只要遇到合适的机会，稍加培育后，很快就可以茁壮成长。给予我这种机会的就是孔济埃先生。

他喜欢音乐，但是天赋不高，我们在一起的时候，常常不知不觉就谈到了其他事情。比如，我们共同吃饭、聊天，谈谈市面上新出版的书籍，但是没有一句话和音乐有关系。那时候，伏尔泰与普鲁士王储[11]之间的书信往来正是街头巷尾热议的话题。我们也不可避免地经常谈起这两位名声显赫的人物。

这两位：一位是将要登基的王储，而且他已经向世人证明了自己将要成为伟大人物的能力；另一位，他的名誉在当时遭受的污蔑和他后来受到世人的仰慕同样多。我们对他的不幸怀着深刻的同情：伏尔泰自出生后就像一个一生都过不上幸福生活的人，他人到哪里，不幸就跟到哪里，如影随形。好像所有的苦难都是特意为卓越的天才人物准备的。不过，普鲁士王储青年时期也不幸福。

伏尔泰写的所有文章，我们两个都要认真地阅读。因为读书产生的浓厚兴趣，让我也产生了写文章的想法，还要尽可能地模仿这位优秀作家的文笔与写作风格。不久，他写的《哲学书信》面世。尽管这本书不是他的顶尖作品，但是却引我走上了学问研究与认真读书的正确方向。从那以后，我的这个爱好一天天深厚，再也没有发生改变。

需要说明的是，让我一门心思真正研究学问的机会并没有来。我的性格还是那么浮躁，那么容易见异思迁。直到现在，虽然有所改观，但是并未彻底。我这种性情的养成和华伦夫人家乱哄哄的家庭环境有很大的关系，每天都是宾客临门，我根本没有办法静下心来做学问。我心里看得清楚，这些人不过是为了骗她的钱。这让我如坐针毡。从我得到华伦夫人的信任，接了阿勒的工作以来，我深刻地感觉到了家境的变化——真是越来越糟糕，这让我非常忧虑。我无数次和她说明情况，求她改变生活方式，可是根本没用。我不惜跪在她的脚下，告诉她家庭将要面临的巨变。我一再申明，愿意带头节省家庭开销；我反复地说：宁愿年轻的时候受点苦，也不要老来债台高筑，债主临门。华伦夫人被我感动了，其实她也深有同感。可是，只要家里再来一个花言巧语的骗子，她马上就将我的话抛到九霄云外了。

经历了无数次失败后，我只好眼不见为净，避走他乡。除了远远躲开那扇我没能守好的大门，还能怎么样呢？我去日内瓦、里昂、尼翁短期旅游，这可以让我暂时忘却心中的忧愁。尽管这笔不小的旅费开销加重了我的忧愁，可是我对上帝发誓：假如我省下的每一个铜板能让华伦夫人从中受益，那我愿意处处节俭，绝不乱花一文钱。我清楚的知道，自己余下的所有钱，都将进入那些骗子的钱袋。于是我便利用了华伦夫人张口必应的性格弱点，和那些无赖一样都来骗她的钱。我对自己的行为有个精妙的比喻：就像肉店里养的一条狗，既然没法看守那些肉，倒不如早早叼走属于自己的那一份，也不错！

光华伦夫人那里就有很多让我出门的理由。她和很多地方的人都有来往，有不少的事情要办，经常需要委派一个靠得住的人过去办理。她次次都让我去，一拍即合，皆大欢喜，我可以四处旅游了。

通过这些旅行，我结交了一些好朋友，他们都对我之后的人生道路提供了帮助。就像我在里昂认识的佩里雄先生，按他当时接待我的态度判断，我有理由后悔没有和他深交。还有待人和蔼的帕里索先生，关于他，我将在合适的时机再谈。到了格勒诺布尔，我结识了黛邦斯夫人以及巴尔多朗什议长的夫人。议长夫人是一个头脑聪明的女人，假如我经常拜见她，肯定会成为朋友的。在日内瓦，我结识了德·拉·克洛苏先生，他是法国常驻日内瓦的代表。我们常常一起回忆我的母亲，尽管她已经过世很多年，可是他依然清晰地记得母亲当年的风姿。

此外，我还认识了巴里约父子两个。老巴里约喜欢将我当作他的孙子看待。他待人友善，是我认识的最值得尊敬的人之一。共和国动荡的时候，这一对拥有公民权的父子分别参加了两个对立的派系：儿子参加了市民派，父亲加入了政府派。1973年的时候，人们用手中的武器分别捍卫各派的权益。当时我正好在日内瓦，亲眼看见这一对父子分别手握武器从同一个大门跑出来。一个到政府大楼集合，另一个跑到他们派所在的集结地。他们非常清楚地知道：两个小时后，他们将要狭路相逢，面对面地厮杀。这样恐怖的场景深深地刻在了我的脑海，导致我发下誓言：假若有一天我恢复了公民身份，绝对不参加任何内战，永远反对国家内部用武力手段夺取自由；无论遇到什么问题，永不采用同室操戈的办法解决。我用实际行动证明自己曾经在处理一件非常麻烦的事件中遵守了这一诺言。我认为，这种克制的态度是值得称道的。

值得一提的是，我当时对日内瓦还没有那种因为后来的武装力量激发的爱国主义情怀。我曾因一时冲动酿成了一起严重事件，大家可以从这件事情发现，我当时和爱国主义距离有多远。这件事情我当时没有想起来，现在更要补上。

贝尔纳是我的舅舅，几年前为了监修他设计的查尔斯城，去了卡罗来纳。不久他就在当地去世了。还有我苦命的表哥，也在为普鲁士国王服兵役的时候病故了。就这样，几乎是同时我的舅妈丧失了她的丈夫和儿子。因为这个原因，她对我这个唯一的至亲倾注了很深的感情。我在日内瓦期间，就住在她的家里。舅舅留下了不少的书，有空的时候我就翻阅那些书籍。我从中发现了许多有价值的书和没人留意的信件。

我舅妈对书稿从来不感兴趣，那些纸堆我想拿多少就拿多少。不过，我只带走了两三本由外祖父贝尔纳牧师亲手写了批注的书，其中有一本是洛豪尔特身故后出版的《文集》，是四开本的。那本书的空白处写满了精妙绝伦的注解。我看了后，不由对数学产生了浓厚的兴趣。我很后悔把这本书留在了华伦夫人的书柜里，而不是保存在自己的身边。除此之外，我还带走了大约五六份手稿，仅有一本已经刊印成书，它就是非常有名的米舍里·杜克雷写的备忘录。杜克雷是一个学识渊博的人，唯一的缺点就是爱高谈阔论，尤其是喜欢评点国事。这让他遭到日内瓦政府官员的残酷迫害，导致最后毙命于阿尔贝格城堡。他还被监禁在那里好几年，好像是和伯尔尼的阴谋事件有关。

这本书的主题是对日内瓦庞大但不切实际的城防工作计划，提出了尖锐但非常中肯的建议。这项工作计划已经有部分落到实处。部分专家因为不清楚这项庞大工作的真正目的，进行了大肆嘲讽。杜克雷先生因为这个建议，被城防委员会拿掉了委员资格。不过他对此事的意见是：暂且不论他是两百人议会的其中一员，哪怕他只是一名普通的公民，都有权利发表意见。于是就有了这份备忘录。不过他做事有欠考虑，竟然将备忘录刊印成册；好在没有对外公开，只是准备了两百份计划在议会内部发放。这些册子的命运，最终让小议会命令邮局全部扣留。

没想到我会在舅舅的故纸堆中发现这本书以及对应的答辩论，于是我就把这两份文件都带走了。我这趟旅行是在离开土地普查局以后，当时我和柯赛里律师主任的关系很好，不久税务处的领导请求我当他孩子的教父，让柯赛里夫人当教母。我高兴坏了，觉得有这样的机会接触柯律师是一个非常有面子的事情。所以就努力做出一副和大人物身份相配的样子，以此表示我受之无愧。

基于这个因素，我为了表明自己是一个知晓国家核心秘密的上流人物，就将手中这份非常珍贵的备忘录拿给柯赛里律师看了。当时，也不知出于什么心理，我准备了后手，没有给他舅舅写的答辩录。答辩录是手写稿，他希望看到的是杜克雷印成册子的备忘录。他一眼就发现了这本书的价值，还有我的愚蠢。从此以后，我连这本书的面都见不上了；而且怎样都讨要不回来，干脆做了顺水人情，将这份他已经占有的文件当礼物名正言顺给了他。

我断定，他绝对将这件很少见但是没有多大用处的册子带到都灵宫献宝了，谎称自己因为它花了非常多的钱，然后借机大捞一笔。幸运的是，在风云变幻中撒丁王攻打日内瓦的几率很小。不过世事难料，假如不幸真的发生，我因为自己愚不可及的虚荣心犯下的罪过可不小。

我就这样虚度了两三年的时光，或者制药，或者旅行。我想认真做好一件事情，可是不知该做什么才好。就在这段日子，我越来越喜爱读书了，时常去拜见一些文人，听他们谈论文学，偶尔自己也插两句嘴。不过我说的都是书本上现成的内容，鹦鹉学舌而已，并没有属于自己的见解。我只要到了日内瓦，都要挤出时间拜见老友西蒙先生。听他讲讲巴耶和柯罗米埃平【12】，对文学圈非常独到的见解，从而有利地提高了我的求知欲。

在尚贝里期间，我经常拜访一位多明我会的修士——抱歉，我记不起他的名字了。他是一位物理学老师，人很不错，经常为我做一些物理学小实验，引起了我极大的兴趣。于是，我也学着他的办法制作密写墨水：将生石灰、硫化砷和水装进瓶子里，有多半瓶的样子，然后塞紧瓶盖，刚塞好瓶盖，瓶子里马上沸腾了。我刚想拔掉瓶塞，已经太迟了，瓶子炸弹一般“砰”一声响了。炸出来的液体溅了我一脸，还喝了一口含有硫化砷和生石灰的水，几乎要我的命。整整六个星期，我双眼什么都看不见，差点成了盲人。这件事情给我的教训是：不懂物理学试验的基本常识，千万不要贸然动手。

这件事情来的真不是时候，最近我的健康状况非常不好。我根本想不通，我的身体素来不错，也没做什么过于劳累的工作，身体素质怎么一天天差了。我的肩膀很宽，胸围也宽，呼吸应该非常通畅。可是最近感到气短胸闷，透不过气来；有时候心跳加快，咳血，身体时常发着低烧，根本就没有好过。真不明白，我时值壮年，内脏没出问题，也没有做对身体不好的事情，为什么忽然虚弱成这个样子呢？

有句老话，情深伤人。我就是这样的，为了让自己过得有意义，我对自己喜爱的事物过于执着，无形中损伤了我的身体。也许有人问我，你到底想要得到什么？其实我喜欢的都是一些微不足道的小事情，可是它们在我的心里比得到绝世美女或者皇上登基还要重要。

说到这里，我想先说一说女人。不错，我是得到了一个女人，男人的本能好像是得到了安慰，可是我的精神却变得不安。在肉体的满足下，我渴望着真正的爱情。尽管我有一位温柔慈祥的母亲、热烈的女友，可是我想要一位真正的爱人。

我的脑海中经常是一位其他的女人代替华伦夫人躺在我的身边，为了安慰自己，我努力将华伦夫人想像成别的女人模样。只要一想起我身边的女人是自己的“妈妈”，即便我将她紧紧搂在怀里，我的欲望马上降低，甚至是冰点。我会让她的温柔感动得落泪，可是我不快乐！男人的快乐！这样的快乐男人非有不可吗？唉！我的心里忍不住叹气，悄悄思量：假如我的一生真的有机会享受这样的两情相悦，我这个病歪歪的身体不一定有福消受。

我对女人渴望得要命，可是却一直找不到真实的对像。这恐怕是最伤身体的事情。而且，只要想起可怜的华伦夫人愈发糟糕的境遇，想到她迟早会因为过度消费走向破产，我就忧思难眠。我过于发达的大脑已经勾勒出灾难的后果和恐怖的惨状。我悲伤地想到：因为妈妈的破产，我不得已离开这个我为之热爱的女人，这简直让我感到生之无望。让我焦虑难安的原因就是这样，渴望与忧思深深地摧残着我的躯体和灵魂。

对于音乐的追求同时也损耗着我的精神。我着迷一般研读着拉摩那几本天书，硬是把书的内容刻在了脑子里。此外，我还要走东家、赴西家为那些学生教授音乐，赶写一首接一首的曲子，通常一写就是一整夜。这些都非常损耗精力。唉！我为什么要花费时间谈论这些事情？既然我的大脑里有那么多荒谬的想法，往往又随着兴趣的改变只是坚持了一两天，还有那些旅行、音乐会、散步、聊天或者观赏戏剧等等，根本不需要事先计划就能够办到的事情。我为什么要不顾一切地去追寻？那本《克里夫兰》[13]，曾经让我如痴似醉的为了书中的主人公的痛苦而痛苦，尽管他的痛苦是出于想像，可是他的痛苦比我本身的痛苦让我更加忧愁。

巴格列先生是一个日内瓦人，他过去在彼得大帝时期的俄国宫廷供职。这个人是我认识的人当中最卑鄙、最目空无人的家伙。他一肚子坏水，他出的坏主意和他本人一样坏。他曾放言，只要他愿意，百万财产将如大河波涛般涌入他的钱囊。挣钱对他而言根本不是什么难事。他来尚贝里的正事本来是要到参议院办事情，可是他放着主职不做，却在华伦夫人身上大下功夫，宣传自己空手套白狼的本事，榨取华伦夫人身上仅存的一点小钱。我非常厌恶他，他也发觉了。像我这种藏不住心事的人，想要发现这一点是很容易的事情，所以他要尽各种手腕讨我的欢心。他说自己棋术高明，并且愿意教我，我不情愿地答应了。我刚学了几招就领悟了，第一局接近尾声时，我就用他开始教我的招数下赢了他。

此后，我就迷上了下棋。我买了棋和棋谱，不分昼夜地学习，企图把那些招数烂在肚里。经过两三个月的苦思冥想后，我决定到咖啡馆小试身手。那时候，我整个人都变了样，就像一个憔悴的傻瓜。我和巴格列先生当场对弈，从第一盘到第二十盘，我统统都输了。脑子里原本背下来的高招全都乱糟糟的。我的想像力仿佛冻住了一般，糟透了。我反复地研究费里多尔和斯塔玛的棋谱，累了个半死，结果是不进反退。后来我有意停了一段时间让自己消化吸收，心态平和的时候再去找人过招，结果还是一样，水平停留在最初将死巴格列的时候。我认为，就是再学几个世纪，也不过如此。或许有人以为，下棋修身养性，是件快乐的事情。可是我不是这样的，当我实在没精力研究下棋，出去见人的时候，人家差点把我当作坟墓里挖出来的活死人。再这样下去，我很快会离开人世的。大家可以想像，就我这样一个死脑筋、下死功夫的人，想要有一个良好的身体，的确是件困难的事情。

糟糕的身体直接影响了我的情绪，从思想到身体，我都变得安静了，不再想出门旅行的事情。我整日待在屋里，心情变得郁郁寡欢，经常会没有来由地唉声叹气，甚至流泪。我觉得自己还未享受生命的乐趣，就要离开了；还有我那可怜的华伦夫人，一想到她将要面临的苦难，我便不由地流泪。我这辈子的遗憾，就是离她而去，让她独自在世上受苦。终日这样胡思乱想，我终于病倒了。华伦夫人对我的悉心照料，胜过了每一位母亲照顾自己的亲生孩子。其实，这也是个好事，她就没有精力去折腾那些乱七八糟的计划了，也因此躲开了那些无赖。假如我就这样死了，也算死得其所，我的灵魂将获得安宁。

如果是那样，该多好呀！虽然我没有享受到生之幸福，但也不会体会到人生的悲哀。我将平静地离开这个世界，而且我的生命将在华伦夫人身上延续，虽死犹生！如果不是因为担心着她今后的命运，我将会安静地闭上眼睛，从此长眠。好在，我的担忧将会因为她的温柔而多了一丝甜蜜，我的痛苦也因此减轻了。我和她说过这样的话："我的命运就系在了你的身上，为了我，你一定要幸福呀！"我病得厉害的时候，有几次拖着病歪歪的身体慢慢挪到她的房间，对她昔日的理财方式发出忠告。我发誓，我说的话都是合理而中肯的，最重要的，我为她的今后担忧着。我发现自己的眼泪比药和食品都有用：我只要坐在她的床边，紧握她的双手和她大哭一场，我的精神忽然间就提起劲了。

我们这样深夜谈心，往往就是几个小时。回去的时候，我感觉情绪好极了。她对我许下的诺言让我产生了新的希望。所以，我安静地进入梦乡。一切的一切，都有上帝来安排。天哪，在我承受了一生所有的痛苦和心灵煎熬以后，肉体于我而言，反而不算什么。我确定生命将要结束的时候，也不过像现在这样，并不会比这个更痛苦。

基于妈妈的悉心照料，我又活过来了。我确定，也只有她才能救了我。我不是很信任医生开出的药，但我深信来自朋友的真切关心，那些和幸福有关的友谊，比其他的所有都能产生更好的疗效。如果世上真的存在幸福与甜蜜，应该是我们相依为命的感觉。虽然我们出于男女之间的情谊并没有因此而增加——明显是不可能的，可是我们比从前更贴心、更融洽。我完全转化成了她的孩子，她对我比亲生母亲还要亲，我们谁也离不开谁，好像我们的生命早已合二为一。我们不但需要彼此，甚至，只要我们还在一起，所以的一切就都满足了。我们无心考虑其他的事情，唯一在乎的就是彼此的幸福和相互的拥有。我们的彼此拥有，是这世上很少见的，它不是从前那种男女情爱的占有，而是出于心灵的相拥。它和感官的享乐、性欲、年龄以及容颜的美貌没有关系，仅在生命的消亡后那些，人之所以为人的，高贵的拥有。

这样弥足珍贵的感情，为什么没有给我和她的晚年生活带来美好生活呢？首先，这责任不在于我，我非常坦荡；同时也不在她，起码她不是有意的，真要寻找责任，应该是一个人难以克服的本性。但是，那样悲哀的结果并不是忽然间降临的。感谢上苍，我们度过了短暂却弥足珍贵的过渡阶段。它的结束不是因为我的原因。

我尽管大病初愈，可是精力并没有调养过来。我还是经常胸闷、低烧、身上发软。我对所有的事情都提不起兴趣，只想着在我最爱的女人身边安度余生，慢慢地改变她，让她明白什么是幸福，什么是生活中真正的美。而我将尽自己所能让她成为一个真正幸福的女人。不过我感觉到，在这个冷冷清清的房间，只有我们两个终日相对，这样的生活也实在没有多大趣味。

改变这种生活的良机竟然来临了，华伦夫人让我必须到乡下去买牛奶。我的意见是：假如她肯和我同行的话，我一定照办。于是她马上就同意了。我们开始考虑到哪个地方去，我们在郊区虽然有个园子，可是它的四周都有其他人的房子和花园，并没有乡下所具备的清幽环境。而且，从阿勒离世后，为了省钱，我们就离开了那里；其他的事情也多，就没有精力去照料那些植物，只好任其荒废。

我趁着她现在对城市生活的厌倦，提议彻底放弃那个园林，另择一处远离城市、环境清幽的农家小屋，远远避开那些无赖。假如她愿意听我的，这个如同天使赐福的好主意很可能保佑我们终生都过上安宁的生活。可惜，我们没有这样的福气。华伦夫人早已习惯了优渥的生活，一下子让她放弃从前，去过那种相对清苦的日子，她断然忍受不了。而我不同，受过的苦已经够多，并坚信有朝一日会以自己的行动为正义、善良的人们树立榜样：我不耍阴谋诡计，不党同伐异，凭一片赤忱之心向世人揭示真理。

她担心得罪房东，不敢很快搬出现在的房子。她和我说出了自己的计划："我心里也愿意搬到乡下，可是即便搬到乡下，我们的生活也离不开钱。假定现在就退掉这所烂房子，我们很可能会丢掉经济来源。当我们在森林里没饭吃的时候，还得回到城里来，那将要比现在麻烦。顶好的办法是我们照样保留这所房子，我们付圣洛朗伯爵房租，他也照旧给我提供年金。我们一面到乡下找农家小屋生活，过我们的好日子；一面留着现在的房子方便回城办事。"

于是，事情就这样敲定了。我们考察了几处地方后，择定搬到夏梅特。这个地方属于孔济埃先生，距离尚贝里非常近，可是地方偏远幽静，感觉上好像真的离城百里之遥。在两座不是太高的山丘之间，是一条南北走向的山谷，溪水从谷底的乱石和树丛中淌过。半山腰散落着几座稀疏的小屋，对于喜爱幽居生活的人讲，这里绝对是一个不错的地方。我们挑选了两三处后，选中了最漂亮的那所。这座房子的主人是卢瓦滋先生，他现在军队服役。房子非常宜居：前面是一个梯形花园，上面种了葡萄树，下面是一处漂亮的果园，对面有一处不大的栗树林；不远处还有一眼泉水，后面山上是一片可以用来放牧的草地。总而言之，适于我们乡间生活的全部设施都具备了。

我记得，大概1736年的夏末秋初，我们搬到了这里。我们头一夜准备休息的时候，我高兴地抱紧华伦夫人，眼含热泪和她讲：“亲爱的，住在这里真让人感觉宁静呀，假如我们在这里无法找到幸福，那么到任何地方都找不到了。”

注释：

【1】此处指植物学。

【2】奥地利国王查理六世（1685—1740年），1711—1740年在位。

【3】此处指1733年10月发生的以俄国、奥地利为一方，以法国和西班牙、撒丁国王为另一方的关于波兰王位继承的战争。

【4】这里指法国17世纪寓言作家拉封登（1621—1695年）的《老人与驴》。

【5】卢梭在这里的回忆有失误。根据土地普查局1732年6月7日为他结算的工资单记载，前后一共给他发放的是五十五个实际工作日的工资，共计一百一十利弗尔。按此推算，卢梭在土地普查局工作了几个月而不是几年。

【6】西内阿斯是古埃及皮鲁斯国王皮鲁士（公元前318—272年）的谋臣。明智的西内阿斯劝告皮鲁士放弃征服世界的野心。但是后者不听，在公元前280年以极大的伤亡换取了远征罗马的胜利；皮鲁士继续进军希腊，于公元前272年攻占阿尔果城时让一个老妇人从屋顶砸下的瓦片打中头部而死。见《名人传·皮鲁士传》

【7】“我爱慕的女人”这里是指乌德托夫人，她当时住在奥波纳，卢梭住在退庐隐，两地相隔只是“一段短短的路”。参见本书第九章。

【8】阿丝帕西是公元前5世纪希腊政治家伯里克利的情人。当时，雅典的一些学界名流经常在她的家中聚会，包括苏格拉底。

【9】指卢梭的舞蹈老师。

【10】古希腊民间流传的行咏诗人。传说他发明了古代的齐特拉琴以及七弦琴。

【11】此处指弗雷德里克二世。

【12】巴耶，指安德里安·巴耶（1649—1706年），法国知名的文学评论家，著作《论几名学者对几名作家的主要著作之评论》；柯罗米埃，指保尔·柯罗米埃（1638—1692年），他是法国17世纪知名的基督教作家。

【13】作者为法国小说家普列伏神甫。于1932—1739年断断续续发表了一部长篇小说，共四卷，全名是《克伦威尔先生的私生子克里夫兰的故事》。

第六章

（1737—1740）

我的愿望是拥有一片土地，不大也不小。里面有一座美丽的花园，一条小溪潺潺从房前流过，之外还想有一片小小的森林。[1]

我不想接着说：“诸神慈悲，赐予我的已经远远超越了我的想像。”[2]没关系，其他的，我什么都放弃，哪怕是富丽堂皇的宅邸，统统放弃。眼前所有的已经足够。我很久以前就说过，而且切身体会：所有者和实际拥有者是完全不一样的两个人，譬如丈夫和情夫。

我一生唯一度过的短暂幸福生活便从此开始。我真正感受到的人生乐趣，那段稍纵即逝的安宁生活，也是从此开始。那让人无限回味的美好时光呀，请在我的回忆中慢点走，让我可以再一次回味那一段美好的人生之旅；请不要张开你的翅膀如同飞鸟一般一掠而过。我该怎样写，才能将这段真实却又动人心魄的往事拉得稍微长一些？要怎样写才能将这不断重复的故事让读者感到喜欢？要怎样安排才能不停地写着一样的故事，让我自己不至于感到单调乏味？假如这一切都是客观存在的真实，那我无论怎样写都有办法处理这些琐碎单调的故事；假如这一切的美好只是我自己出于说不清的原因而造成的感觉呢，我该怎样描述才能达到最好的效果呢？

每天，太阳升起我就开开心心起床，真是快活极了。然后我高高兴兴地出门散步。我看见华伦夫人就会感到幸福，即便离开她我也是幸福的。我走遍了整条山谷，我在山坡上、森林中四处闲逛。我看书，帮华伦夫人干一些家务。我慢悠悠地在园子劳动。无论我走到哪里，幸福都跟着我，如影随行。幸福它不针对那件事情，它发自我的内心，从来都没有离开过。

这段幸福时光所发生的一切，以及我的所思所想。每一件我都清清楚楚地记得。可是这之后的事情，有的我只是偶然能想起；即便记起来了，也是散碎的，非常不全面。只有这段时间的记忆，我一点都不曾忘记，一切都仿佛在昨天。关于我的想像力，在年轻的时候总是关注前方；而现在，则是一味地回忆，似乎想用回忆来补偿我永远失落的愿望。我觉得未来没有我值得追求的，只有不断回顾往事，才让我感到些许安慰。特别是这段时间的回忆，让我感到幸福如此真切，导致我即使遇到了很多的不幸，也是如此幸福。

关于这一段的回忆，我举一个例子就可以说明它们是多么真实、生动。我们第一次去夏梅特的时候，华伦夫人在前面坐轿，我押后步行。因为山路崎岖，华伦夫人身体又沉，她担心轿夫们身体不支，快走了一半的时候，她下轿步行。途中，她发现路边篱笆里有蓝色的小花，就和我说：“看见了吗，长春花还开着呢？”我从前并没有见过长春花，现在也来不及弯下身子细看，我的视力又不好，站着身子根本看不清地上的植物，我就那样略瞟了一眼。此后，将近三十年的时间，我都没有见过这样的花。1764年，我同友人迪佩鲁先生在克列西埃的时候，一起爬上了一座小山，山顶上有一个别致的小亭，迪佩鲁先生颇有创意地称它为“观景亭”。我当时在采集植物标本。我一边走一边在树丛中寻觅，忽然高兴地叫了起来：“是长春花呀！”细细一看，的确是长春花。迪佩鲁只知道我异常激动，但他不知道其中的缘由。如果有一天，他看到了这里，肯定清楚了。由这一朵小小的野花给我留下的深刻印像，大家一定可以发现那段时间的一切在我的心中该是怎样的分量。

乡下的新鲜空气并没有让我彻底恢复健康。我的身子本来就不好，现在更加虚弱了。我喝不下牛奶，一喝就反胃，只能中断了。那时候正流行泉水治百病，我开始尝试着喝，也许是方法不当，不但没有治好我的病，还几乎让我丧命。我每天清晨起床后，就带了一个杯子走到有泉水的地方，边走边喝，满满喝上两大杯。我彻底戒酒，用餐的时候都滴酒不沾。大部分山水的水质都硬，不好消化。不到两个月的时间，我的情况变得非常糟，硬是把好好的一个胃给搞坏了，吃任何东西都不消化。看情况，我的病治好的希望非常渺茫了。就在这时候，我身上忽然发生一个非常奇怪的事情，这件事情本身和它对我之后的人生影响都是令人费解的。

一天清晨，我感觉自己的病情好像比往日严重了。当时我去搬一张不大的桌子，忽然察觉浑身产生了一种无法形容的颤动，就像一场剧烈的暴风雨降临到了我的血脉，瞬间传遍了我的全身。我感受到了动脉跳动的声音，非常激烈，尤其是颈动脉异常明显。另外，还有两耳强烈的耳鸣声，声音可以分为四种：沉重的嗡嗡声、流水一样潺潺声、尖利的哨子声，还有我刚才形容的跳动声。我甚至不用碰自己的身体，就能清晰地知道它们每分钟跳动的次数。耳鸣声那样厉害，导致我失去了听觉，变成了真正的聋子。此后，我的听力的确下降了。

大家想像一下我那时候的恐惧，我断定自己要完蛋了。我睡在床上，胆战心惊地和人们为我请来的医生描述着自己的病情。不但我认为自己不行了，甚至医生也是这样看待的。但是，他还是尽了医生的职责，为我看病，然后讲了一大堆的医学知识。不过我一个字都听不懂。然后，他就按着那一套理论为我治疗；反正我也是个和死人差不多的人。可是，这样的治疗让人既讨厌又难受，关键是还没有多大效果。很快我就放弃了治疗。几星期后，我觉得自己的身体不好也不坏，还是老样子，索性不管它了，忍着强烈的耳鸣声和脉搏的剧烈跳动下地了。直到现在，三十年了，这个病一直这样。

以前，我是一个特别贪睡的人。自从得了这个病，我就开始失眠了，总也睡不好觉。所以我断定自己将不久于人世，有了这样的念头，相当长时间里我没再想治病的事情，总归是活不长了，我决心好好度过余生。

因为上苍的格外恩赐，虽然我的身体状况不佳，但是并没有遇到难以忍受的痛苦。耳鸣虽然干扰了我的情绪，但是并没有带来过分的烦忧；夜里经常失眠、憋气，可是除此之外，并没有其他的不适；还好，气短的毛病始终维持在最初的状态，没有发展成气喘。也只有在我跑步运动的时候，稍微严重一些。

这个本该摧毁我身体的病情，造成的后果只是冷却了我的激情。从而解救了我的心灵，我每天都在为此而感谢上苍。我可以这样讲，只有把自己看作一个死人时才可以感受生的乐趣。也只有在这个状态下，才能真正领悟那些曾经拥有，但是现在必须放弃的事物的珍贵，然后用一颗前所未有的真心关注更加崇高的事情。我现在的心态，就好像必须尽快做好自己从前没有尽到责任的工作一样。尽管我以前常常因为自己的思维方式误解了宗教的真实意义，但我并非不信教的人。于是，我很轻松地又投入到宗教的怀抱。

关于宗教，在许多人眼里是虚幻的，但是对于那些将希望寄托于宗教的人而言，自有它特殊的意义。在这一点上，是华伦夫人教给我的，比那些神学家有用得多。

华伦夫人对任何事情都有属于自己的理解，宗教上也不例外，关于宗教她有一套属于自己的观点。她那套观点非常有意思：一部分颇有道理，一部分很荒谬，还有一部分和她自身的性格和所受教育程度有关。通常，教徒眼中的上帝都是他们内心描绘出的模样。正直的人，他眼中的上帝就是正直的；奸邪的人，心目中的上帝和他本人是一样的。至于心性善良的人，他们根本不相信地狱的存在；而心有愤懑的信徒，他们当然相信地狱，恨不得将世上所有的人都打入地狱——除了他自己。

让我惊讶的是，善良的费纳龙[3]居然在他的《忒勒马科斯历险记》一书中大谈特谈地狱，仿佛他的确相信地狱存在。我却觉得他在说谎话，原因是无论多正直的人，一旦做到主教的位置，都会迫不得已说一些违心话。

华伦夫人历来不说谎，这个善良的女子，从来没有想过上帝会锱铢必较。纵使最虔诚的教徒，他们对上帝的认知依然停留在“公正的审判者”这样一个层面。华伦夫人心目中的上帝，对世人充满了慈悲之心。她常说的一句话是：假如上帝严格按照他制定的标准来要求我们，那将有失公允；因为他并没有赐福我们每一个人都具备同样的能力，如果他处处让我们行端坐正，没有一点闪失；那相当于要求我们必须执行他未曾教导我们的法则。更让人惊讶的是，她不相信地狱，却认可炼狱。

天主教认为，即便是好人，死后也必须到炼狱将尘世带来的所有罪过洗涤干净，才可以干干净净地升入天堂。

我认为深层次的原因是，华伦夫人不明白要如何对待坏人的灵魂，既不想将他们打入地狱，也不想让他们随随便便地和好人混在一起。所以，不管是这个世界，还是什么地方，必须有一个对付恶人的地方。

还有一个更加让人感觉奇特之处是，按照她的理解，原罪和赎罪的理论将无枝可依，基督教的基础都会产生动摇，起码天主教是没有继续存在的理由。可是，华伦夫人却是一个虔诚的天主教徒，确切地讲，她自认为是。有一点可以肯定，她这种自信来自内心。她认为人们对于《圣经》的理解过于呆板，受表面字义的拘束。她认为，《圣经》上永远的苦难，是一种比喻，这样说的主要目的是吓唬人。关于耶稣的死，她理解为上帝树立了榜样，真正的上帝是仁慈的，以此教育世人爱上帝，同时要彼此爱护。

总之，她忠诚于自己信仰的宗教，真心遵守它的每一条教义。若是和她逐条讨论，你将发现，虽然她遵守每一条，但是她的理解和教会的理解完全是两码事。因为她性格单纯朴实，她讲出的每一句话都简洁有力，比修士的长篇阔论更有说服力，经常让忏悔师下不来台。她直爽地和忏悔师说道：“我是个虔诚的天主教徒，从始至终都会那样做，真诚遵守教会的所有决定。我可能对自己信仰的宗教了解不是很全面，可是我能控制自己的思想，毫无私心地服从于教会。我相信你的一切，你还要求什么呢？”

据我了解，即便世上从未出现基督教的道德约束，她也会遵守。因为她的性格本来如此。教会的所有规定，她都会遵守，无论它的重用性如何。假如不允许她开斋，她便会一直守斋的。她这样做的目的其实是为了讨得上帝欢心。她这些观点都来自塔维尔先生和她讲述的理论，确切地说，她认为是正确的。

她能够每天和二十个男人睡觉，却心安理得。关于这方面，她也有顾虑，但是抵不上情欲。很多女人对于这种事情的顾虑其实没有她多，两者的区别是：她们是无法抵御情欲的引诱，可她是被那套狡诈哲学所迷惑。我在和她最亲密的时候谈过这些问题，她的神态和平常完全一样；假如有事情中断了我们的谈话，过一阵再接着谈，她的神态依然那样平和。这一切和她的做人标准是一样的，一切不过是社会行为问题。每个有思想的人都可以按照具体情况对待，而是否照它去做，则取决于自己，谈不上触犯上帝的问题。

这一点，我不同意她的观点。可是我不想因为反驳而出言冒犯她。而且，我也愿意定一条制度让大家遵守，除了我自己。不过，我熟知她的性格不会违反自己的原则，况且她不是一个容易被欺骗的人。假如我要求特别对待，她就会对所有喜欢的人特别。此时，我仅仅是谈到她的行为不合常理之处时，捎带着说说她让人觉得不可思议的地方。她的行为对我并没有产生影响。可是，我已经彻底诚实地论说了对她各个方面的见解，我就遵守诺言全部讲出来。

现在来谈谈我自己。我发现，她的那套原则正好可以保护我心灵抵御死亡的恐惧及其可怕的后果。所以，我安心地按照她的方法办事。我对她比任何时候都要依恋，希望可以将快要不属于我的生命转移到她的身上。在加倍的爱恋中，我深晓自己来日无多，将来的命运已经无需牵挂，我的内心异常宁静甚至于快乐。这缓解了我陷入极端的恐惧和期望的心理。我安心地享受着自己来日无多的时光，而且发现多种有趣的爱好可以让我的生活过得更愉快，同时培养了对乡间生活的热情。我们渐渐爱上了养一些花花草草，以及饲养家禽和奶牛。这些琐碎的事情差不多用去了整个白天，但是我的心情依旧安宁，它对身体的康复效果比药品和牛奶都要好，在这样的状态下我的健康慢慢恢复了。

采摘葡萄和其他水果虽然比较忙碌，但是我们快乐地度过了那一年的剩余时光。

我们更加热爱乡间生活，更加热爱身边那些淳朴的人们。遗憾的是，冬天很快来临，我们被迫如同逃亡一样又回到了城里。我很难过，担心自己等不到来年春天，担心从此和夏梅特永别了。我恋恋不舍地告别了那里的土地，那里的一草一木，无数次回头张望。回城以后，我没有再为那几个女学生授课，断绝了一切社交活动，整天将自己窝在家里，能见到的只有华伦夫人和萨洛蒙先生。

萨洛蒙先生是我和华伦夫人的医生，他是一个诚实的人，而且学识渊博。对笛卡尔的著作颇有心得，说起宇宙中的种种现像，就会非常健谈，涛涛不绝。和他在一起，我的精神非常振奋，大受脾益，比开出的那些药有用多了。我素来不爱和人天南海北胡侃，只有他例外。我认为，自己这颗久经束缚的心已经从谈话中找到了渴望的东西。因为喜欢听他谈话，我开始有意识地寻找和那些知识相关的书籍。我认为，能够将宗教和科学融会贯通的书籍，莫过于奥拉托利会以及波尔—罗亚尔神学院的教士们的著作。我开始废寝忘食地研读这些书。

我买了一本拉米神父的《科学简介》，它是一本入门级的书籍，介绍了相关的基本著作。我前后读了上百遍，下决心将它当作科学指导书。我的身体非常不好，正因为如此，我才带着坚定的意志一步步走上了学术研究的道路。尽管我每天都觉得是生命中的最后一天，但是我依旧努力，仿佛我的生命还将延续。曾经有人认为，我每天埋头苦读对健康有害。而事实恰恰相反，它对我的身心都起到了莫大的益处。理由很简单，我越是用心读书，越是其乐融融，也就没工夫瞎捉摸自己的病情。如此，疾病对我的影响反而微不足道了。

不错，我的病没有因此好转。可是我的心不再像从前一样痛苦，这使我渐渐适应了身体的虚弱和夜间失眠；我用思想代替了体力上的劳累，所以认为身体的日渐衰老是一个不可阻挡的事情，直至死亡。

这样的观点，让我不再对生命做无谓的操劳，我下决心不吃那些药物。萨洛蒙医生也认为那些药对我没多大效果，所以没再强迫我。现在，他就给华伦夫人开一些可有可无的安慰型药品，以缓解她心里的痛苦。这样做，既可以让病人抱有希望，又可以维护医生的名声。我不再采纳节食疗法。该喝就喝，过着正常人的生活。唯一的区别是一切量力，不做过分的事情。我开始外出看望朋友，尤其是孔济埃先生。对于和他的交流，我非常开心。结果，也许是我认识到学习对于生命的意义，也许是我内心还抱着生的希望，我越学越来劲了。

我抓紧搜寻可以带到另一个世界的书籍，而且除了书以外，我没有可以带走的任何东西。我常常光顾布沙尔书店，眼看着春天就要来了，我就到这家书店选了几本书。假如我还能活下去，就带着它们到夏梅特去。

幸运的是，我活下来了，我纵情地享受着生活的美好。当我看到初春的树木发出了幼芽，真是快乐得无以复加。能够再一次看到春天的景色，对我而言，好似在天堂复活。积雪刚刚消融，我们迫不及待地离开了城里那所牢笼似的房子，早早奔到了夏梅特听夜莺歌唱。就是那个时候，我没有认为自己会死。说起来也真怪，我在乡间生活，根本没有得过什么大病。我的身体是不好，可是不至于卧床不起。当我感觉到自己的身体糟糕的时候，我就和他们说："你们要是看到我不行了，就把我抬到橡树下，到了那里，我肯定会起死回生的。"

我挺着虚弱的身体，重新干起了农活，但是我会量力而行。我最烦心的是，自己不能一个人干活，用铁锹刚翻了几下地，立马上气不接下气，大汗淋漓，再也不能继续下去。我刚一弯腰，马上心跳加速，感觉血液直冲脑门，迫使我直起了身子。所以，我只好做一些轻松的活，譬如养鸽子。我非常喜欢这件工作，一连几个小时都不会厌倦。鸽子胆小，怕生人，但它们非常亲近我，我到哪里，它们就跟到哪里。我想要哪只鸽子，它就温顺地任我所为。只要我走进菜园子，很快就会有几只鸽子落在我的肩膀、头上。我是喜欢它们，可是总这样形影不离，我也感到麻烦，还得想办法赶走它们。我喜欢动物，特别是那种胆小温顺的野生小动物。我特别愿意驯养它们，我认为，将它们驯养到愿意亲近我，是件很有意思的事情。我从来不愿因为他们信任我，去做出伤害它们的事情。我希望它们对我的爱是自由的、随性的。

我前面交代过，到这里带了几本书。我只要得空，就会看书。可是，我读书没有用对方法，往往适得其反，我下的功夫和从中学到的知识不成正比。我错在想要从一本书中受益，就认为要涉猎与这本书有关的所有知识，甚至都没想到我要求的，可能作者本人都不具备。他写这本书的时候，需要涉及的知识其实参考了其他的书本资料。因为这个想法，我看书的时候经常停下来，看了一本又一本；有时候，我打算攻读的书没有看够十页，可是我已经跑到图书馆查阅了好几本和这本书有关的书籍。我执着地实践这样的笨拙方法，不但浪费了时间，还将自己弄得越发糊涂了，一本都没看懂，更谈不上完全搞清楚。好在，我及时纠正了这一错误，才没有让自己陷入无穷无尽的迷宫里。

一个人要是真心做学问，他发现的第一件事情是：每门学科之间是相互贯通的，它们相互启发、补充，乃至解释，根本不能完全割裂，它们是一体的。虽然一个人的精力不可能学透所有的知识，只能设立一项为主要科目；但是，假如他对其他的科目完全不了解，那么他在主要科目下将会遇到难以解决的问题。我认为自己的学习计划不错，只需改变一下方法。

因为学科的种类过多，所以从何处着手就成了第一个需要解决的问题。刚开始，我打算将它们全部集中起来分类，很快发现应当采取完全相反的办法：一项一项地分类研究，到了最后融会贯通，然后是全面综合。此时我深刻意识到，怎样综合才是最正确的。

关于这一点，多动脑勤思考，补充了我知识的缺陷；细致理性的分析，引导我走向正确的道路。以后，不管我是活着还是死去，我都不愿再浪费时间。我很快二十五岁了，还是茫然无知，想要武装自己，就必须和时间赛跑，争分夺秒。我不知道死神什么时间光顾，于是下定决心：不管情况怎样变化，我都要对一门学科学习一些基本知识。一方面试验自己的天分，一方面决定自己究竟适合学习哪一门知识。

在这项计划的执行过程中，我发现了一个前所未有的好处：每分每秒的散碎时间我都利用上了。实际上，我的天资并不适合研究学问。只要看书的时间稍长，我就疲倦不堪。假如要我全神贯注地研究一个问题，特别是按照其他人的思路考虑，我撑不到半小时。如果按照我自己的方法，虽然花费的时间长一点，但是非常有效果。假如逼着我研究哪位作家的书，我至多看几页就头晕眼花，恨不得马上将书丢掉，即便到了最后也是枉然，还是稀里糊涂，什么都不明白。

如果让我研究不一样的问题，哪怕中间不休息，我都能轻松搞定一个又一个。我依照这个办法布置学习计划，同时交叉研究不同的科目，虽然忙得四脚朝天，但是一点都不累。

我承认，理整园子和做家务活也是个有益健康的活动。在我学习劲头一天高似一天的状态下，我很快就发现了两者皆顾的好办法，学习工作两不误，根本不会出现耽误哪一个的事情。

尽管我讲了这么多自己感觉很有意思，可是让读者时常感到厌倦的细节。不过出于审慎，还有我没讲到的地方，假如我不说，大家是怎样都想不到的。比如，为了更加合理地分配我的时间，我做过多种不同的试验。我在过着田园生活的时候，尽管身体不好，可是这是我一生当中最有价值的时光。其中的两三个月，我这样生活：我按照思想将要发展的方向，选择一年中最美好的季节和地方享受我认为最有意义的人生之乐；同时享受甜蜜的家庭生活——假如我和她之间亲密无间的关系可以称之为家庭生活。我努力享受着新知识带给我的人生乐趣。在我的眼里，仿佛这些知识已经属于我，甚至已经超过了我当初的预期。在我的生活中，读书的乐趣已经成为最幸福的事情。

关于我在时间分配上做出的试验，就不去细谈了。在我的眼里，它虽然有意思，但是过于简单，没有细说的价值。况且真正的幸福是无法用语言形容的，它只能在自己的心里。因为它不是众多事件的综合，而是永远。我常常反复提出这种观点，之后，只要想起它们，我会比现在讲得细致。总而言之，我每天的生活虽然会有细微的变化，但是有了大致的轮廓，具体如下：

每天清晨太阳还未升起我就起床，走过房屋边的果园，沿着葡萄园上面一条幽静的山间小路走到尚贝里。途中，我边走边祈祷。我的祷告没有停留在嘴皮子上，而是发自真心的赞美创世之神，它让我眼前的世界如此美丽。我祷告的时候不想在房间里进行，因为我觉得人类制造的墙壁以及其他小东西将妨碍我和上帝之间的交流。我欣赏上帝创造的一切，感觉我的灵魂已经到了他的面前。我带着一颗干净的心祷告，一定会讨得上帝的欢心。我只有一个请求，希望我牵挂的女人不被贫病和邪恶侵扰，可以得到所有正直之人该有的命运；希望我们在未来的日子里岁月静好，平安幸福。我祈祷的时候，自我反省以及衷心赞美上帝的语言远远多于祈求。我深深地认为，面对上帝的时候，想要让他赐给我们真正的幸福，祈求是没多大用的，最好是做一个正直无畏的人，让自己配得上他赐给我们的福分。

我足足逛了一圈才信步往家返，满怀喜悦欣赏着身边的田园美景。只要是自然之美，我的眼睛就没有看够的时候，我的整个身心都沉浸其中。我远远地观察着华伦夫人的房间，要是她已经将外板窗打开，我就开心地快步回家；要是窗户还关着，我就到园子里，也许干点轻松的零散活，也许温习昨天看过的书籍。窗户一打开，我就回房去，温柔地抱着两眼迷蒙的她。我们的拥抱是纯洁甜蜜的，在干净清澈的怀抱里，我们感受到了和情欲截然相反的幸福。

早餐我们一般喝牛奶咖啡，这是我俩一天最安静的时光。我们一边享用着早点，一边自在地聊天，通常会花去很多的时间，我非常喜欢。关于这一点，我比较欣赏英国和瑞士这两个国家人们的早餐习惯，全家人把它当作正餐，聚在一起吃；可是法国就不一样了，各在各的房间里，随随便便吃点东西了事。闲聊上一两个小时后，我开始看自己的书，一直到中午。

我最初读的是哲学，比如波尔—罗亚尔修道院编著的《逻辑学》，英国人洛克（1632—1704年）在1690年出版的《人类理解论》，及法国人马尔布朗神（1638—1715年）和笛卡尔（1596—1650年）、德国人莱布尼茨（1646—1716年）等人的著作。很快我就发现，这些学者的许多观点是无法自圆其说的。所以，我打算把他们的观点全部集中起来。结果，这个计划根本没法落实，白白浪费了很多时间不说，还把自己搞得面容憔悴。最后我放弃了这个计划，另外又琢磨了一种比较好的学习方法。后来我之所以能取得一些成绩，都要归功于它。

有一点可以肯定，我研究学问的能力真的很差。我为自己制定了一个硬规矩：无论读哪位作者的著作，一定顺着作者本人的思路往下看，阅读的过程中绝不掺杂我自己或者哪个人的意见，更不要和作者的观点发生冲突。我告诉自己：现在要做的事情，就是把别人的意见全部收集到自己的大脑；姑且不论对与错，只要人家有道理就好；等到收集到了足够的数量，就可以进行比较和甄别。

我明白这样的方法存在缺陷，可是从基础知识累积的方面讲，还是卓有成效的。最初几年，我干脆顺着别人的思路走，大量吸收他们的观点，自己完全不去动脑筋思考；几年过后，当我认为知识数量的积累达到我可以不求助他人就能够独立思索的时候，就开始回想那些读过的书，然后理性地比较、鉴别。这种工作通常在我出门旅行或者无暇看书的时候进行。甚至我对自己老师的意见也要进行评价。在判断事物的能力方面，我虽然起步过晚，可是依旧活力充沛。后来我的作品出版时，没有人指责我是人云亦云或抄袭别人的观点。

之后，我着手学习初级几何。不过，因为我一心想弥补记忆力弱的缺点，于是不断地从头学起，没有多大进步。我对欧几里得的几何学没有多大兴趣，原因是他偏向于一连串的证明推理，并不讲明概念间的关系。我倾向拉米神甫的几何学，他是我最爱的作者之一，直到如今，我依旧对他的书充满兴趣。然后，我接着钻研代数，我依然采用拉米神甫的几何学当作入门书籍。学到一定深度后，我开始看雷诺神甫的《计算学》，紧接着是他的《图像解答》。对于这本书，我大概看了一下，没有细读。我并没有搞清楚怎样把代数用到几何解析，不想在问题没弄清楚前就贸然运用这样的方法解题。我感觉采取方程式解析几何学，好像是用手摇风琴奏乐。我头一次用数字计算得知二项式的平方等于二项式数字每一项的平方加上两个项的乘积的二倍时，虽然计算完全正确，可是我根本不敢相信，一直到我做出图形时，才敢确定。我之所以疑惑，不是因为代数只求未知量就不喜欢它。只是觉得将它运用到面积计算时，就必须依照图形进行演算，不然我根本弄不明白怎样下手解析。

再后来，我开始学习拉丁文。这是一门让我感到最困难的课程，所以从未取得多大进步。 我刚开始看的是波尔—罗亚尔修道院编著的《拉丁文入门》，可是一无所获。那些顺口溜一样的诗文读起来非常不舒服，特别是一大堆的语法要求让我看得糊里糊涂，常常是看到后面想不起前面。我认为，对于一个记忆力不是特别好的人，死记硬背大量的单词其实不合适，可是我学习拉丁文的初衷就是为了强化这方面的能力。最终我还是放弃了，因为我对拉丁文的语法非常熟悉，想读一些比较浅显的拉丁文著作，查阅字典就可以了。这个办法对我来说，很有效果。我学习翻译，练习的是心译，而不是笔译。经过长期练习，我终于能比较顺利地看一些拉丁文书籍，可是，我还不会用拉丁文写作，也不会和人用拉丁语交流。我只不过取了这一点点的成绩，居然有人将我排入了学者之中，这让我很不好意思，自愧弗如。

采用这样的自学方法，存在的缺点就是：我一直学不会拉丁文的韵律学，至于诗词的格律，更加差劲。我特别想品味拉丁语诗词和散文中蕴含的音韵之美，为此下了很多的功夫，最后发现，想要无师自通是不可能的。因为我我学过各类诗体中最简单的六音节诗，所以费了很大的劲将维吉尔作的诗词细致地过了一遍，标注了韵脚以及音节。然后，当我不明白某个音节的长短音时，就去查阅那本维吉尔的书。事实上，因为我不清楚诗词有时可以不讲究格律，所以对这本维吉尔的书理解了不少地方。由此可知，自学有它的优势，可是也存在无法避免的缺陷，特别是付出的努力简直无法想像。关于这一点，我心知肚明。

我看书通常到接近中午的时候，就停下了。假如这时候，午饭还没有做好，我就到园子里干一些小活，或者给我那群宝贝鸽子们喂点吃的。一直到华伦夫人喊我吃饭的时候，忽然间就食欲大开，开心地跑回家了。而且，不管我的身体多么虚弱，胃口从来没有受到影响。我们不停地聊着家里的琐碎事情，一直持续到华伦夫人准备吃饭时才住嘴。当天气晴朗的时候，每星期我们会去屋后的一个凉亭里喝上两三次咖啡。凉亭四周花木围绕，空气特别清凉。我专门种了一些忽布花，以便天气炎热的时候到此乘凉，非常享受！在这里，通常我们坐上大约一个小时的样子，聊聊我们的生活，顺便欣赏我们俩培育的蔬菜和花木，真是越聊越开心。

园子的另一端，我还养了一箱蜜蜂，妈妈经常陪我去看它们。我怀着喜悦的心情看着蜂群忙忙碌碌，它们采了花粉飞回来，腿上沾的花粉太多了，沉重得让它们差点飞不动，真让人开心！刚开始，我的好奇心太强了，再加上不小心，让这些小家伙蜇了几次。后来，我们之间很熟悉了，无论我离它们多近，它们也随便我。哪怕是蜂箱里的蜜蜂多得要分群，它们在我身边密密麻麻飞来飞去，落到我的脸上、手上，也不会有一个蜜蜂来蜇我。其实，每一个动物对人类都存在戒备心理，而且我认为它们是正确的；不过，当它们认定人类不会伤害它们的时候，就会非常信赖你。所以，我认为，只有野蛮人才会利用它们的信任，做出欺骗它们的事情。

到了下午，我接着看书。对于下午的安排，与其说是工作、学习，倒不如说是游戏和休息更加恰当。用过午饭，我一般不会闷在房间里读书，下午的天气通常很热，我多干点活身子就受不了。我喜欢随性看一些历史和地理之类的书，因为我的记性不太好，看这些书不需要费多大精力，看多少算多少。我计划看贝托神甫（1583—1652年）于1628年出版的《编年史图解》。这是一本描述朝代更迭、战乱，以及天像地震等各类自然现像的书籍。为此，我掉入了迷宫一样的编年史学。尽管我不喜欢作者把一些散漫不羁的事情都连缀在一起，可是我非常欣赏他对天体运行和气候变化的精准观测。假如我拥有一套专业的仪器，我肯定会爱上天文学。眼下，我只能运用书本中的天文学基本知识，和一个望远镜对天空进行大概的观测。我的眼睛近视得厉害，只能从望远镜中观测一些比较大的天体。

到这里，我给大家讲一个让我现在想起来都觉得好笑的事情。为了研究星座，我购进一幅平面天体图把它镶进一个框子。每逢晴朗的夜空，我就把这个框子带到园子，安放在四根和我身量一样高的柱子上。天体平面图朝下，必须点一根蜡烛才能看见。因为怕风把蜡烛吹灭，我就把蜡烛固定在桶里，而这个桶就放在四根柱子正中的地面上。观测的时候，我首先看天体图，再用望远镜观察天上的星星，如此轮换进行。我就是这样学习观测星座和星星的。

我在前面交代过，我们租卢瓦赫先生的这个园子在高台上。大路上的人很容易就能看见园子里的人在做什么。有一天深夜，有几个农民从大路上走过，当时我和以往一样在观测星体。他们看见了蜡烛透过天体图发出的亮光，但是搞不清是怎么一回事——桶边遮挡了里面的蜡烛，让他们看不见里面的情形。还有四根柱子上的木框和画满图形的天体图以及反复转动的望远镜，这些情形让他们吓坏了，认为我在那里施展魔法。我那天的打扮也让他们惊诧不已：头戴一顶便帽，上面再加一顶有两个帽耳的大帽；身上还穿了一件华伦夫人强加给我的女式小棉袄。这所有的一切，在他们的眼中我就成了十足的巫师。再加上当时已近深夜，他们认定我是在作法召集一干巫师狂欢。他们吓坏了，撒腿就跑，而且迅速唤醒周围的邻居，诉说了刚才看到的一切。

一传十，十传百，第二天这里的人们都知道，我在卢瓦赫先生的园子召集了一干巫师开会。幸运的是，当天恰巧有两个耶稣会的修士来夏梅特探视我们。他们听到那些亲眼目睹我“施魔术”的农民抱怨时，也不清楚发生了什么事情，于是说了一些安慰他们的话，才了解此事。不然，我也无法判断这会引发怎样的严重后果。当两位修士到家和我们说起这件事的时候，我就原原本本诉说了一遍，他们得知后，忍不住大笑了起来。为了防止此类事情的发生，从此以后，我想参看天体图，就在房间里进行，也不点蜡烛。

我在《山间信札》里写过一些有关我在威尼斯表演魔术的情况，原话是这样的：1743年，有人在威尼斯演示了新魔术……这位魔术师的名字叫让—雅克·卢梭，他是法国驻威尼斯的一等秘书[4]。我打赌，只要看过那段句子的读者，肯定明白我一早就具备做一个大魔术师的潜质。

综上所述，都是我在夏梅特居住期间，不从事农活的场景。我很喜欢在田间劳作，只要在体力可以承受的范围，我可以干得和农民同样出色。只是我的身子太虚弱了，往往心有余而力不足。遗憾的是，我追求务农和学术研究一样优秀，结局是什么也做不成。

我固执地认为只要下功夫，一定可以让记忆力得到提高。于是，我随身携带一本书，顽强地边劳动边背诵。让我感到不可思议的是：像我这样死脑筋的人，学习没有达到预料的效果，居然还让我差点变成一个傻瓜，比如维吉尔的田园诗歌，我不知下了多少工夫，到最后一句也背不下来。

我不管是锄地，还是喂鸽子，或者是果园采集果子，都喜欢随带一本书，就这样让我遗失或者毁掉的书籍不知有多少。由于我干起农活常常忘乎所以，一些放在树下或者篱笆旁的书本经常忘了拿。过去差不多半个月想起来的时候，它们早已让蜗牛或者蚂蚁啃得面目全非。后来，我学习的热忱转变成了偏执，这让我看起来更像一个傻子，哪怕是在地里劳动的时候也会不时冒出几句书上的内容。

我对波尔—罗亚尔修道院和奥拉托利会出版的著作读得比较多，这让我变成半个冉森派信徒。尽管我赞成这些书中的观点，但是也会对他们严苛的神学观感到惊恐。从前我对地狱并不放在心上，现在那些恐怖的描述渐渐侵扰了我的心灵。如果不是华伦夫人的再三安抚，那可怖的学说完全可以让我的心智混乱。我和华伦夫人是同一个忏悔师，他也用尽各种招数让我的心灵保持平衡。他是耶稣会的埃默神甫，这位老人非常善良，让人一见之下不由心生敬意。尽管他是耶稣会修士，可是依然如孩子般纯洁干净。他的道德观不宽容，可是讲究人情。这和我的观点不谋而合，正好可以化解冉森派教义对我的不良影响。

这位慈善的老人和他的好友柯必埃神甫经常来夏梅特探望我和妈妈。这样遥远难行的山路，只要每次看到他们的身影都会让我们受教。我祈祷上帝庇护他们的灵魂一如他们待我们一样。当时的他们华伦夫人年事已高，不知道他们现在是否安好。我时常到尚贝里拜访他们，和他们身边的人关系也不错，时常随性翻阅着他们的藏书。只要一想起这段快乐的日子，我就会想到耶稣会修士。爱屋及乌，因为两位慈善的老人，我也爱上了后者。虽然我认为他们的教义很偏激，可是我从来没有真正厌恶过他们。

我非常好奇，别人是否也和我一样天真。虽然我一心读书，生活上也是快乐无忧，而且还有人不断为我宽怀，可是我仍然被地狱的惨状折磨得心神不宁。我扪心自问："现在的我做得如何？要是我马上死掉的话，是否会下地狱呢？"依照冉森派的说法，这是肯定的。可是凭良心说，我认为不应该这样。我为此困惑不已，心事重重。为了得到解脱，我想出了一个十分搞笑的方法。可是，我要是撞见也有人做出同样的事情，肯定先把他当成一个疯子关起来不可。那一天，我陷入这个让人无限苦恼的问题时，随手抓了几块石子朝着前面的几颗大树扔去。按我平常的水平，估计一颗也打不住。扔着，扔着，我突然想为什么不用扔石头的办法来解救自己呢？我的办法是：用这几块石头去击打对面的大树，打中了，我的灵魂得到救赎，升入天堂；砸不中，我必将堕入地狱。

我打定主意后，手颤心慌将石子扔了出去。太好了，我竟然一下子砸中了树干的正中心！说起来，这件事情很简单。因为我砸的是自己特意选好的一颗既粗壮又距离自己最近的树木。可是从那以后，我坚信自己的灵魂一定得到救赎。当回首这段往事时，我不知该可笑还是怪自己幼稚。那些大人们肯定会冷笑的，随便你们笑吧。可是，请你们不要讥笑我当时低落的心情，那时候的我就是这样的，这是真心话。

我认为自己这种惶恐的心情，其实是因为对宗教极端忠诚的缘故。好在，这样的状态不是常有的；大部分情况下，我的心绪非常好。关于死亡的降临，我的心态不是悲伤，而是一种顺其自然的忧伤，甚至有一丝莫名的开心。前段时间，我在故纸堆中找到了一篇写给自己的励志短文。文中描写了我对于自己将死在有勇气直面死亡的年龄感到幸运。原因是我将可以忍受肉体上的极端痛苦，精神上也不会感受太大的折磨。我的观点真是太对了！

我特别担忧，自己活着就要饱受磨难，这好像是对晚年生活的预感。对于幸福生活，我一辈子都没像现在这样想得明白：心中最向往的幸福就是过好当下，对于从前不要过分后悔，对未来也不要过于担忧。哪怕最虔诚信徒，都会有看起来不大，但是相当强烈的想要享受感官刺激的欲望。他们盼望纵情享受教义允许的单纯快乐，但是世人以为修士的欲望比犯罪严重。我很明白他们为什么有这样的观点，原因是，他们容不得其他人享有他们已经失去的那种单纯的快乐。

那时，我曾经快乐地享有这种幸福。对于这些开心的事情，我以孩童般幼稚的心情看待；夸张一些，形容成天使的心也不过分。何况这样无忧无虑的快乐，真如天堂一般宁静呢。无论是在蒙塔尼约勒的草地上用午饭，还是在凉亭内享用餐后点心，或者是采摘水果，以及在灯下和工人们剥亚麻皮，这所有的事情，对我而言，比过节日还要快乐。对此，华伦夫人也是同样开心。我和华伦夫人一起出远门，更是一件令人开心的事情。因为我们自由自在地说着心里话。

让我无法忘怀的一次远行，正好是圣路易纪念日——华伦夫人出嫁前的全名是弗朗索瓦滋·路易斯·德·拉都尔，路易斯就出自这位圣徒。当时天尚未亮，我们去附近一座小教堂做完由加尔默罗会修士主持的弥撒后，就早早出发了。我建议到从没有光顾过的对面山上游玩。我们这次出行需要整整一天的时间，于是让人先将食品送了过去。华伦夫人的身材尽管有点发福，不过步行还是可以的。我们两个越过一座座山丘，穿过一片片的森林；偶尔会顶着骄阳前行，但更多是走在树荫下。我们走走歇歇，一晃就过去了好几个小时。我们一边走一边聊着生活上的事情，还有我们相依相偎的关系，我们想像着未来的美好，并且希望可以这样长长久久。

这一天我们过着惬意的生活，一切都很如愿。刚下过雨的天空是透明的蓝，看不到一丝尘埃，有风吹来，树叶轻轻摇摆；涧水淙淙，如此静谧的乡间美景让我们陶醉。我们在一个农民家里吃午饭，他们全家诚挚地祝愿我们幸福。这一家可亲的萨瓦人真善良啊！吃过午饭，我们就到树荫下歇息。之后，我去捡一些干树枝准备煮咖啡，华伦夫人则去草丛里采一些药草。中间我为她采了一束鲜花，华伦夫人开心地给我讲了许多有趣的花朵知识。按说，这应该引起我对植物学的兴趣。可是，那段时间我钻研的学科太多了，根本无暇顾及。而且，那天我忽然升起一种复杂的情绪：我们的交谈，做过的事情，还有周遭让我感动的环境，都让我想起大约七八年前在安纳西时候，心中向往的梦想生活。它和今天的生活多么相近呀！我不由留下了激动的泪水，于是对亲爱的华伦夫人说："妈妈，这就是我盼望已久的生活。从此，我再不幻想其他的事情。只要有你，我的生活便圆满了，希望以后永远如此。愿这样的快乐永远伴随着我们，直到生命的终结。"

我的幸福就这样一天天地延续着，没有任何外来事物打扰我们，这样的幸福生活让人心旷神怡。但愿这样的生活永不停歇，直到生命终止。但这一切并不代表让我忧郁的起源彻底消失，而是它已经顺着其他的方向游走。我尽自己最大的努力将它往好的方向引导，以便寻找补救的办法。华伦夫人对田园生活很喜欢，而且没有因为我的缘故分心。她渐渐爱上了干农活，并且卖了农作物换钱。关于这一点，她是个行家，而且愿意发挥这一优点。现在的她，已经不局限于房屋四周的土地；开始另外租地来种一些农产品，或者是一块牧场放养牛和羊。她不再是以前那样无事可做，而是一心想在农业方面大展拳脚，朝着农场主的方向发展。

关于这一点，我不希望她一下子将规模做大。她花钱散漫惯了，一定会受骗的，于是我提出了不少的反对意见。可是，想想多少会获得一些收益，也可以补贴家用，也就不多嘴了。在我的眼中，她现在想要做的事情，比从前的种种计划要靠谱得多。我不指望靠她挣大钱，可是与其让她做那些没把握的事情，还不如让她在这方面耗点精力，也省得受人骗。如此一想，我就盼望着自己的身体尽快好起来，可以帮助她照顾事业。于是，我就不得已放下了书本，也没闲工夫去考虑自己的病了。这样一来，我的身体意想不到地好了很多。

这一年的冬天，从意大利归来的巴里约神甫，赠送了我几本书，我印像特别深刻的是邦齐利神甫编著的《音乐史》、《音乐论文集》两本书。它们让我对音乐历史有了浓烈的爱好，而且打定主意对这门学科做一番深层次的研究。巴里约神甫在我们家住了一段时间。

几个月前我已经是成年人了，我计划第二年春天去日内瓦领取母亲名下的遗产，起码是在获知哥哥的准信前拿到属于自己的一份。这件事情之前就做了安排。当我到达日内瓦的时候，父亲也在那里。而且他到的比较早，虽然以前关于他的判决还在有效期，但是并没有人寻找他的不是。我想是因为人们佩服他的胆量，并且敬重他的人品，有意装了个糊涂；况且官员们正忙着筹备一个快要实施的工作计划，也不愿在这个节骨眼引起人们对我父亲当年遭受不公正待遇的愤怒。

我之前担心，有人在我改信天主教的问题上找麻烦，让我没法顺利地继承遗产。结果还比较幸运。关于这一点，日内瓦的法律规定没有伯尔尼的严苛。到日内瓦，谁要是胆敢改变信仰，面临的将是公民身份和财产的双重丢失。关于我应继承的遗产，期间并没有产生争执，可是我得到的非常少。尽管人们都知道我的哥哥不在了，可是还没有确凿的凭证，所以我不能得到属于他的那一份遗产。于是我把属于他的那一份尽数留给了父亲，以便让他安享晚年。

我办完相关手续后，刚领到那笔钱就去买了一些书，然后尽快回家，将剩下的钱都交给了华伦夫人。当我将钱递给她的时候心里比自己领到钱的一瞬间还要开心。她收下钱的时候态度平静，一看就是见过大世面的人，而且在以后还把这些钱都花在了我的身上。按华伦夫人的表现，不管这些钱是从哪里来的，她都会这样安排。

让人烦恼的是我的身体一天不如一天，脸色苍白，人瘦的都能看出身上的肋骨。脉搏和心率还是那样跳得厉害，胸口发闷，身子虚弱得几乎没法动弹；稍一弯腰就头晕眼黑，什么事情都不能做。对于我这样喜爱运动的人，这些状况根本让人没法忍受。除了这些毛病，我还患有严重的神经衰弱。经常毫无来由地想要大哭一场，哪怕是树叶掉到地上或者小鸟的叫声都会吓我一大跳。即使过着如此幸福的田园生活，我也时常多愁善感。一切状况表明我已经过够了幸福的生活，这些有害的情绪极大地侵扰了我的思维，变得异常混乱。唉！我们存在这个世界根本就不是为了享受快乐的。

我的灵魂和身体，即便不是同时承受痛苦，起码有一方在遭受苦难；一方享受了美好，总是以另一方的苦难为代价。比如，我的心灵在快乐地欣赏美好事物时，我越来越虚弱的身体却阻止了我的幸福。我一直搞不清楚这一切是怎么回事，究竟是哪里出了问题。就像现在，虽然我已白发苍苍，病魔缠身，可是我的精力非常充沛，足以抵抗各种病痛。我写出这段话的时候，已经六十岁了，浑身都是病；可是我觉得，这饱受苦难的晚年生活比起当年的青春年华更加富有活力。

之后，我又学了一些生理学，于是对解剖知识有了兴趣。我开始逐个研究自己身体的各个组成部分，细心地了解它们的作用。这一下，竟然我觉得它们都是有毛病的。我惊讶的是，自己的身体虚弱成这个样子，还在好好地活着。只要我看到书中关于病痛的描写，我就对号入座认为自己就是这样的。再这样继续下去，我敢打赌，好好一个人，没病也会整出病来的。

我发现书中的每一种病症都可以在自己身上找到同样的症状，我就认为这些病我都有。这个大概就是人们常说的疑心病吧。一个人看的医书多了，就避免不了患上这种病。我不断钻研、对比的结果是：我认定自己的心脏长了一个肿瘤。关于这一点，萨洛蒙有些嗤之以鼻。按说，我应当按照这个观点更加坚定从前的决心。可是，我没那样做。而是费劲心机想治好心脏上的“肌瘤”，恨不得立马就有医治的良方。

一次，阿勒去蒙彼利埃观赏植物园，并且拜会园艺长索瓦日时，有人和他说费茨先生治好过这种病。华伦夫人忽然想起了这件旧事，于是和我说明情况。我立刻决定去寻找费茨先生。因为心情迫切，我就具备了去蒙彼利埃的精神和能力，用的费用是从日内瓦带回来的钱。在华伦夫人的极力支持下，我起身到了蒙彼利埃。

其实，我跑那么远去寻找医生真不值得!

一路上，骑马挺累人，我到了格勒诺改坐一辆马车。到了穆瓦朗，有五六辆马车跟在了我的马车后。看起来，特别像喜剧故事中描写的马车队。他们陪送一位芳名是科伦比埃的新娘子出嫁。和她在一起的是拉尔纳日夫人，虽然没有新娘子年轻貌美。可是也有几分动人之处。科伦比埃到了诺曼斯就是目的地，可是拉尔纳日夫人还要继续赶路，到圣灵桥边上的圣安得奥尔小镇。

大家肯定以为，我这样内向的人是无法很快和这些美丽的女人打成一片的。不过，由于我们一路同行，找到的又是一家旅馆，我又不愿意让她们以为我是一个不好相处的人，只好虚与委蛇和她们在一张桌子上吃饭，渐渐也就熟悉了。但是，我的真心是不愿和她们这样熟络的。那么多人说话太闹了，对我这样的病人并不相宜。

不过，看起来聪明的女人大多有强烈的好奇心。为了结交一个男人，总是运用手腕将他玩得团团转。我这次就是这样的情况。科伦比埃没这个必要，因为她的身边有好几个年轻的男仆人供她使唤。何况我们马上就要分手了。拉尔纳日夫人就不一样了，她的身边没有一个男子，实在寂寞。她想有个人在路上和她说说话，就再三主动贴近我。

这一下完蛋了！可怜的让一雅克，什么发烧、肌瘤、神经衰弱之类病症，统统见鬼去吧！只要看见她，全部好了。除了心跳的症状，她可不想给我治好。我的身体原因是联系我和她之间的纽带。她得知我要到蒙彼利埃看病，而且认为我不是一个花花公子。按说女人一般不会喜欢身体孱弱的男人，可是这位夫人却对我非常关心。早上，她打发人来探视我的病情，还请我和她们喝可可茶，关切地询问我的睡眠情况。第一次，我习惯性地说了一句“不知道。”这让她们认为我脑筋不清楚，于是上上下下打量我。我不认为这样细致的观察对我有什么坏处。有一次，我无意听见科伦比埃和她的女伴说：“尽管他不太会说话，可是挺讨人喜欢。”这让我有了很大信心，觉得自己真的讨人喜欢。

随着我们越来越熟悉，不可避免的要谈到一些私人问题，譬如：你来自哪里，做什么的之类。这让我有点难堪：只要是和上流人士在一起，尤其是上流社会自命风雅的女人，只要得知我最近改信天主教，很快就白眼相向。那时，我也不知怎样想的，冲口就说自己是英国人，而且是英国的激进人士。我告诉她们，自己是达丁先生。于是，她们就称呼我为达丁先生。

随行的人中，有一个叫作托里尼昂的侯爵是一个非常讨厌的家伙。他和我一样都是个病人，可是年纪大，脾气也大。居然到我跟前卖嘴，说他认识詹姆士国王，熟悉那个想要偷窥王座的人，还和我大谈日耳曼王宫的情况。我那时真是如鲠在喉，真不知该怎样才好。关于这些，我只是通过一些小报或者哈密尔顿伯爵的文章有所了解。还好我应对恰当，几句话就应付了。假如他要和我探讨英语，那就露馅了，因为我连一句英语都不懂。

我们相见甚欢，谁也不舍得分手，于是我们有意放慢了脚步，走的非常慢。到了圣玛瑟林恰巧是个星期天，我陪拉尔纳日夫人一起去做弥撒。可这下几乎弄坏了！在教堂，我的举止和自己以往上教堂一样的虔诚。她见我这个样子，认定我是一个忠实的教徒，就对我抱有很坏的看法。两天以后她果然亲自和我说了这样的话。之后，我为了转变在她心目中的形象，可是使了不小的劲。

拉尔纳日夫人可是个情场老手，看准了目标就不会轻易放手。她好几次明显在试探我的反应。可是我以为，她肯定不是看上了我的外表，只是想捉弄我罢了。为了验证这个观点，我做了不少的傻事，简直赛过了《遗赠》中的蠢侯爵[5]。

尽管拉尔纳日夫人不断向我递飞眼，还说了不少的情话。可是，即便换个比我聪明的人也不会认为她是倾心于我。她越是待我好，我越是觉得自己观点正确。最让我难过的是：我居然动了真感情。我悲伤地和自己，也和臆想中的她说：“要是这一切能够实现，我一定是最幸运的男人。”我认为，就是自己这春心初动的模样，让她下决心搞定我。

在诺曼斯，科伦比埃和她的人马和我们在此告别。我和托里尼昂侯爵、拉尔纳日夫人三个人以愉快的心情慢悠悠地向前走。托里尼昂侯爵尽管身体不佳，脾气也不好，可他人不坏。他只是不想掩饰自己的真实心理。因为拉尔纳日夫人毫不掩饰对我的情感，托里尼昂侯爵甚至比我还早看出了其中的问题。他那些旁敲侧击的话本该引起我的怀疑，可是我这个糊涂虫居然以为，他和拉尔纳日夫人一起串通起来捉弄我。我这样的糊涂虫，居然在最有希望当风流人士的重要时刻变成了一个不解风情的傻瓜。我真搞不懂拉尔纳日夫人怎么不讨厌我这张苦瓜脸，为什么不一脚把我踹飞。说起来，这个女人还是挺有眼光，她知道我虽然看起来笨了些，可是有一颗热情浪漫的心。

最后，她颇费了一番周折，才让我了解她的情感。那天，根据以往的惯例，我们在瓦朗士家吃过午饭后会停下来。我们在城外的圣雅克旅馆住下。我永远记得这家旅馆的名字和拉尔纳日夫人的那个房间。午饭后，她提出到外面散步。因为托里尼昂先生绝对不想去，所以这是我们两个人相处的最好时机。我们的旅程余下的不多了，她下决心要利用这次机会。我们顺着城外的水渠散步。我再一次和她说起自己的病情，她回应的声音非常温柔。还不时挽起我的胳膊放在她高耸的胸脯上，也只有我这样的傻瓜才会不懂她的意图；可笑的是，我当时也激动不已。

我说过，她非常讨人喜欢；而且，意乱情迷的她非常撩人，不知不觉带上了几分女性的妩媚。我很想回应她，可是我担心这样会冒犯了她，让她瞧不起，从此成了别人的笑谈，更怕那个性格直率的托里尼昂侯爵说我冒失。所以我努力克制自己，以至于我也对自己胆小如鼠的样子生气了，可是我无法战胜自己。当时的我，比遭受酷刑还要难受。我根本想不起书中那些曾经熟悉的情话，而且，那些话在大路边上讲也是挺滑稽的。我晕乎乎的根本不知如何是好，只好一句话也不说，仿佛是在和人赌气。我最害怕的事情发生了，拉尔纳日夫人一下搂紧了我的脖子，将她的嘴唇紧紧贴在了我的唇上，才打破了难言的僵局。

这一下我明白了，还犹豫什么呢？我马上变成了懂得情趣的男人，正是两情欢愉的时候。以前，由于我不能确定她对我的态度，所以才收敛自己。我热烈的眼神，发烫的嘴唇，我的心和所有的感觉，都没有和当时一样能够更完整地投入状态。我终于圆满地补偿了自己从未享受过的欢乐。虽然拉尔纳日夫人为了现在的欢乐费了不少的脑筋，可是我认为她一定不会后悔自己的付出。

哪怕我垂垂老矣，可是只要想到这个迷人的女人，都是一件开心的事情。我说她迷人是有道理的。虽然她算不上年轻貌美，可也并不丑，看起来很有活力，而且从外表看不是个笨女人。和其他女人比较，她脸色不够娇嫩，可我认为是脂粉擦得太多了，伤害了皮肤。她虽然行事不够谨慎，却因此变得可爱了。你可以看见她以后选择不去爱，可是一旦拥有了她，就一定会喜欢的。这些可以说明，她对别人不会和我一样。

我们俩的秘密肯定逃不过托里尼昂侯爵的眼睛。从他讥讽我的话语中可以听出，表面上是嘲笑我，实际上对我充满了同情。他认为我是一个让女色俘虏的可怜虫，一个泼悍女人纵情的牺牲品。他说出的每一句话、每一个笑容、每一个眼神都看不出发现了我们的秘密，所以我天真地以为已经成功骗过了他。拉尔纳日夫人比我看得透彻，她和我说：我们两个的事情，侯爵肯定发现了，他只是出于好心不想当面拆我们的台罢了。确实，像他那样明白事理的人不多见。即便是知道之后，他也只是取笑了我几句，并没有说多余的话。在我看来，他那些看似玩笑的话其实含有几分赞叹之意，至少认为我不像表面一样蠢头蠢脑。

这一点他搞错了，但是问题不大。我正好可以利用他的失策，有意让他讥讽一下。然后故意反驳他几句，或者技巧性地言语相讥。这样大家当时笑话的就是他，可不是我。顺便让拉尔纳日夫人看看，我是如何绝妙运用了她教给我的手腕。我变了，不是从前的让—雅克了。

我们此时旅行，不但天气适宜，地方也是风景秀美，真让人心情舒畅。这样幸福的生活多亏托里尼昂侯爵的精心布置。可是，我不高兴他过于关心我的居住问题：他喜欢打发男仆提前订下旅馆的房间；那个讨厌的男仆，或许是出于他本人的意愿，或许是主人交办——老是将拉尔纳日夫人的房间安排到侯爵隔壁，将我的房间安排到另一头。

这样做的结果，非但没有难住我们，反而添了几分偷情的味道。这样甜蜜的生活大约有四五天，在这短暂的日子里，我沉醉在快乐之中。在这方面，她是我一生中仅有的欢乐。我不妨坦陈地交代，假如不是拉尔纳日夫人，我有可能在没尝到此间滋味前就离世。

我和她之间尽管不是纯粹的爱情，起码是她向我付出温情后，我给予的一种报答。她能够纵情地享受情欲的欢乐，而且不丧失理智；是因为她在享受过程中，从我们无数的温柔情话中听到了我的真心话。我的一生，仅有过一次真正的爱情，但是对像不是她。我对她的爱和其他女人不一样，和我对华伦夫人的爱也不一样。我和华伦夫人的爱，欢乐中带着忧伤，还有一丝内疚。我总觉得自己占有华伦夫人，不但让她感受不到幸福，反而有辱她高贵的身份。所以，占有拉尔纳日夫人，让我的情绪得到彻底的放松，比在华伦夫人身边快活多了。我可以感受到男性的尊严和骄傲，而且可以和她一起分享其中的欢乐。

由于托里尼昂侯爵是本地人，所以我记不清他在什么地方和我们分手。之后，直到蒙德利马尔，就剩下我和拉尔纳日夫人两人了。她打发女仆坐到我的车子上，而我就可以和她一起坐到她的车子里。这样当然是最好了，至于旅行途中的景色，我什么都想不起来了。到了蒙德利马尔，她因为要办一些事情，我们就待了三天。期间，她只是需要拜见一个人才离开了我一刻钟。因为这次拜会，带来了一些不必要的麻烦，都是些无关紧要的邀请和回访。拉尔纳日夫人借口身体不适，全部推掉了。我们每天都在天气最好的时候到一些风景优美的地方游玩。啊！这三天时间真让人难以忘怀！直到今天，我每次想起来，都是万分留恋。而这样的欢乐从此不会再现。

旅途中的露水情缘是不会长久的，我们必须分开了。而且现在分手，正当其时。我这样认为，并不是因为感到厌倦。事实是，我对她的情谊一天比一天浓烈。之所以这样认为，是因为拉尔纳日夫人虽然一再克制自己，可是我的精力快不行了。但是，临近分别时，我也要将自己有限的精力利用起来，好好享受一番。她因为担心我让其他的本地女人勾引，也同意了。为了减轻相思之苦，我们做了下次见面的安排：既然这样的生活有利于我的身体康复，到了冬天我就到圣昂德奥尔小镇去，让拉尔纳日夫人继续照顾我。但是，为了不让人议论，我一定要在蒙彼利埃住上一个多月，给她空出安排的时间。接着，她把我今后应当注意的事项，都仔细交代了一番。

我们约好，在这一个多月的时间里，一定要经常联系。她一再吩咐我注意调养身体，看病要找个知名的医生，遵医嘱，无论医生交代的多麻烦。我一旦和她会面，她是一定要督促我的。她说的这一番话完全出自真心，也看出了她对我的爱。她现在的态度比起我们在床上的时候更能表明她发自内心的爱。她从我的行头能够看出我的窘迫，实际上她本人也不富有。可是我们分别的时候，她硬是要把身上的钱分一半给我。我好不容易才拒绝掉。虽然我们最后没能在一起，可是我的内心一直忘不了她。

我从她的神态判断，她对我也动了真感情。

我一路上带着美好的回忆，赶快了行程。能够坐在舒服的马车里，回味曾经的幸福和将要到来的新生活，真是一件快活的事情。我的脑子里，除了想像中圣昂德奥尔小镇的快乐生活，再也装不下别的。我心心念念都是拉尔纳日夫人和有关她的一切，仿佛世上的所有人都跟我没有任何关系，包括亲爱的华伦夫人也想不起来了。

我仔细回想着拉尔纳日夫人和我说过的所有话，并且发挥想像。好像已经看见了她的房屋、邻居，以及她的朋友们，还有生活中的方方面面。她家里有一个女儿，而且无数次和我表明女儿在她心目中的至高地位。她的宝贝女儿，已经年满十五岁，长得甜美可爱，性格温柔大方。拉尔纳日夫人一再和我承诺，她的女儿肯定会爱上我。她说的这番话印在了我的脑海里，让我不停地寻思这位姑娘将以什么样的态度待我。

从圣灵桥到雷穆兰的路上，我着了魔一样考虑这个问题。有人建议我去看看加尔大桥[6]。这样的机会我肯定不会错过。用过早餐后，我联系了一名导游带我去游览加尔大桥。这是我第一次看见古罗马人建造的大桥，我很早就想见识了。近前一看，它的磅礴气势的确出乎我的意料；也只有古罗马人才能修建出这样宏伟的建筑物。它寂静地矗立在一片荒野之中，更加凸显出典雅端庄的气质，真让人叹为观止！

它虽然名义上是一座桥，实质上是一个输水的渡槽。我忍不住想，他们是怎样把那么多的石头从大老远的采石场运来的？又是谁将这难以计数的劳工集中到了这荒野之中？我认真打量了一遍这座大桥的上下三层后，崇敬之情油然而生。我的脚步很轻很轻，高大的桥洞响起的回音，让我觉得仿佛是建设者洪亮的说话声。我好像一只小虫迷失在这座恢弘的建筑里，虽然我很小，可是有一种无法形容的力量鼓舞着我的心灵。我忍不住感叹："假如我出生在古罗马的时代该多好呀！"我在那里一连停了好几个小时，沉醉在这迷人的世界里。可是我回来的时候忍不住想：拉尔纳日夫人只是担忧我被蒙彼利埃的女人吸引，可是她怎么也想不到我会让加尔大桥勾得神魂颠倒。这是谁也想不到的。

在尼姆，我观赏了圆形剧场。按理说它比加尔大桥雄伟得多，可是它给我的印象却很平常。其中的原因，可能是我对加尔大桥的印象先入为主，相比之下，就感觉其他的没什么了不起。也许是因为它位于市中心，让人感觉施工难度不是太大，而且这座华丽的大剧场四周都是一些破败不堪的小房子，就连剧场里面也有不少的破旧小房子，看起来还不如周围那些房屋。这一切和漂亮的圆形大剧场比较起来，是那么的不协调，让观者的心情非常不快。

在这之后，我还去看了维诺纳的竞赛场，尽管它看起来比尼姆圆形剧场小很多，也没有它华丽，可是人家保存得相当不错，所以给观者留下好印象也是情理之中的事情。法国人一向大大咧咧，根本不在乎古建筑。况且他们无论干什么事情都是开头大张旗鼓，末了草草收尾。即使工程结束后也不去认真维护。

我彻底改变了，而且我的欲念一旦让某种美好的事物勾起来，马上兴致高昂，我甚至在吕奈尔桥酒店故意留了一天，只是为了在这所全欧洲最受欢迎的餐厅享受美味。谁也想不到荒野之地的一个孤岛一样的房子，居然可以搞到海鲜和野味，而且可以喝到昂贵的佳酿。这本身就是一件稀罕的事儿，再加上这里的老板对待客人的态度，和富贵之家的座上宾没什么两样。这一切居然只收三十五个苏！可惜他的经营时间并不长，原因在于过分追求名声，反而为之所累。

在路上，我根本想不起自己的病，最终到了蒙彼利埃才记起此行的目的。现在，我的神经衰弱好了，其他的症状都还在。尽管我已经适应了现在的状况，也不再那么苦恼。可是这种事情无论搁到谁的头上，都无法忍受。而且认为自己肯定命不长了。这些病对我精神上的打击远远大于它本身的痛苦。所以，当强烈的欲望分散了精神的时候，也就感受不到痛苦。可是我的病又是确实存在的，不是凭空捏造的。所以当我一闲下来，这些病又都找上门了。

我想起了拉尔纳日夫人的忠告，于是马上去拜访当地最有名望的医生，尤其是费茨医生。为了方便，我干脆住到了其中一位医生的家里，包了食宿。他是一位爱尔兰人，名字叫菲茨—莫里斯。他家里有不少包食宿的学生。这件事情比较合适，他对住在家里的病人看病不收钱，而且就连收的那些食宿费也非常少。他依照盖茨医生开出的处方抓药，悉心调理我的身体。莫里斯医生讲究节食疗法，反正我在他家里的时候，从来不担心自己会积食。但是，我对这样的做法不是很赞成。现在的食品，和前段时间托里尼昂侯爵做出来的相比较。我认为，从营养的角度，莫里斯医生的明显落了下风。

虽然这里对于节食的要求比较严苛，好在我还活下来了。而且，那帮青年学生每天朝气蓬勃，对我这样的人确实有好处。至少，我不会陷入以往的忧郁状态。我每天早上按时吃药，还要喝一种不知名堂的矿泉水——我感觉是瓦尔的。另外要做的事情，就是和拉尔纳日夫人不间断地鸿雁传书。收信人是卢梭，但是以朋友的身份代替达丁先生收的。中午时分，我经常和一个桌上吃饭的某一位青年出去散散步。

这些年轻人都很不错，总是等到大家聚齐了才一起用餐。吃过午饭直到黄昏时分，我们很多人结伴到城外玩几场木槌球，打输的一方请大家吃零食。通常我不参加这样的运动，一是因为身体状况不允许，第二我不清楚该项运动的技巧。可是我关心最后的结果，所以我和玩球的运动员们一起在坑坑洼洼的地面上来回跑。对于我来讲，这的确是一项适合的健身运动，而且玩得又开心。最后我们一起到城外的无名小酒店吃些东西，大家都很开心。虽然这里的女服务员个个美丽，但是我们都很绅士，没有人做出轻浮的举动。

菲茨—莫里斯是我们的队长，他是个玩槌球的高手。我们这些年轻人的表现可是和这里的大学生盛传的坏名声不一样。他们是挺健谈，可是一点都不轻浮。无论哪一种自由的生活方式，都是我所热爱的。眼下的快乐生活，真是再好不过，我真希望它永远这样。这些学生当中有几个来自爱尔兰，我计划向他们学习英语，将来到了圣昂德奥尔小镇肯定能派上用场。这样的日子快来了，最近拉尔纳日夫人总是写信问起这件事情，我也有这样的打算。

能够明显看出莫里斯医生并没有找到我的病因，他把我看作没病找病的人，只是用淡牛奶、矿泉水和一些野菜应付我。在这一点上，医生和哲学家的看法与神学家完全不一样，他们只认可自己能够理解的事情，具体的办法要看他们能否解释。这些先生们既然找不到我的病因，就认为我没有病，谁又敢质疑他们的渊博知识呢？我认为他们纯粹是拿我开涮，浪费我的钱罢了。与其这样，索性到圣昂德奥尔小镇找那个女人去。她的作用可比医生们强多了，而且更惹人爱。打定主意后，我很快就离开了蒙彼利埃。

我大约在11月底动身。在这座城市生活了一个多月或者两个月，我共花费了大概十二个路易，身体没有恢复，也没有其他的收获。除了和莫里斯医生学了一些初级的解剖学，多少有点用处，却因为我实在无法忍受尸体的恶臭放弃了。

我心里感觉自己去圣昂德奥尔小镇并不合适。到了通往圣灵桥的路上，我还在思索：这条路既可以到达圣昂德奥尔小镇，也可以到达尚贝里。我想起了华伦夫人和她写给我的那么多书信，虽然比拉尔纳日夫人少了些，但是也够多了。我开始后悔自己的行为，这样的想法在来时的路上就有，现在更加强烈了。它唤醒了我的理智，并且战胜了对情欲的向往。我认真想：第一，我这次想要冒充“达丁先生”可没有上次容易了；小镇上只有一个人到过英国，或者可以识别英国人的样子，或者懂得英语，就会识别我这个假货。拉尔纳日夫人的家人因此会讨厌我，甚至是逐客令。第二，我对她的女儿想念到了一种不正常的程度，坐立难安，我怕自己会情不自禁爱上她的女儿。

这样一想，马上打击了我要去拉尔纳日夫人家里的热情。她对我如此真心，我怎么好意思再动她女儿的心思，甚至给她的家庭制造矛盾，让她们丢人呢？我就这样报答她对我的一片真心吗？这样的念头让我毛骨悚然。我心里想：只要这卑鄙的意念露出苗头，就一定要想办法战胜它，坚决遏制。可是我为什么要这样做呢？时间长了，拉尔纳日夫人肯定会厌倦我；我虽爱着她的女儿却不能出口，这是一件多么难熬的事情呀！因为想要享用早就体味过的片刻之欢，将自己置于苦恼、悲伤、羞愧，充满无穷悔恨的境地值得吗？而且，我对她的幻想已经失去了激情，虽然纵欲的念头还有，可是动力没了。

而且，我想到了自己的境况和责任，还有我那善良的华伦夫人。她已经债台高筑，现在我又花费了这么多钱，她的负担更重了。她一心扑在我的身上，可是我却无耻地背叛了她。这一切，都让我羞愧不已，强烈的负疚感终于占了上风。快要到达圣灵桥的时候，我狠下心，一步都没有在圣昂德奥尔小镇停留，快马加鞭往前走。我坚定地按照理性的决定做事，虽然我发出了一声轻叹，可是这是我有生以来，第一次对自己满意。

我告诉自己：“我欣赏你的当机立断，终于能够为了责任放弃感官的享乐。”这是我第一次从书本中领悟的道理：遇事多思考，善于分析比较。前一阵我制定了一套为人处世的标准，还为自己日常行事能够遵守感到沾沾自喜；惭愧的是，我虎头蛇尾，并没有做到持之以恒，刚才还差一点背叛了自己立下的规矩。最终，我的羞耻感和内心的道德观都起了一定的作用。懂得羞耻虽然谈不上好的品德，可是关键时刻它起到的作用不容小觑。在这里，如果我说的有不合适的地方，还请大家谅解。

良好的行为习惯可以滋润一个人的心灵，让他的灵魂变得高尚。其实，每个人都有自身的弱点，一个人能否抵御外界的不良诱惑，就要看他日常的行为习惯如何。我决定从欲望的迷惑中恢复理智，寻找从前的自己。我对未来的美好生活充满期望，为了尽快弥补往日的过错，我快马加鞭往家里赶。我发誓，从今后做一个品德高尚的人；将自己的所有的爱献给最爱的华伦夫人，一生忠诚于她，爱恋她，再不受其他欲望的引诱。我一心盼望着从此改邪归正后就可以获得新生，遗憾的是，不幸的命运正等待着我。当我满心欢喜，幻想着纯洁无暇的幸福生活时，一系列的不幸正向我走来。

我在瓦朗士给华伦夫人写了一封信，将预计回家的日期通知了她。但是因为归家心切，我一路让车夫急速前行，所以到家的时间比原定计划早了半天。为了按说好的时间到家，我有意在巴里扬多停了半日。尽管我急切地想要见到她，可是为了在重逢的快乐里加一点期盼的滋味，我宁愿这样做。按照惯例，我这样做是对的：我每一次的远行归来，重逢的那一刻，我们开心的程度不亚于过节。这次肯定也一样！所以，尽管我心急如焚，可是我认为将相见的那一刻稍微延后一点，是非常值得的。

我准时回家，很远就开始在大路上寻找华伦夫人的身影。我离家越来越近了，我的心开始狂跳。因为我自从到了城里就开始徒步走，一到家就累得气透不过来。不过，从院子到家门口、窗口，我都没有看到人影。这一切让我心慌意乱，以为家里发生了意外。我进门以后，发现家里挺平静，还有几个工人在厨房吃东西。甚至有个女佣看见我居然惊讶不已，她说：根本不知道我要回家的事情。我到了楼上，好容易看见了我最爱的华伦夫人。我疾步走到她的身边，跪在她的脚下。

华伦夫人抱着我说："亲爱的孩子，是你回来了吗？旅途还好吗？身体现在恢复的怎么样？"她这样的接待方式，让我手足无措。我问她有没有收到我给她的信。她回答："收到了。"我说："我以为您没有收到呢。"我们再没有继续说下去。我看见一个熟悉的年轻人和她在一起。我去蒙彼利埃之前在家里见过他，可是这一次，他可能在家里住下了。这件事是真的。我知道了，他把我的位置抢了。

他来自沃州，父亲叫温曾里德，是希戎堡的守门人，也可以称为"大管家"。这位大管家的儿子是一名美发师，而且以这样的身份踏入了上流社会和华伦夫人的家。她对所有的来访者一律热情接待，如果是沃州人，更加青眼相看。他有一头淡金色的头发，身材魁梧。但是相貌和智力都很平常。说起话来油嘴滑舌，和意大利喜剧里那个善于讨好女人的小白脸利昂德是一个德性。他总是用那种职业性的油嘴不停地介绍他的桃花运，说了好几个和他有过露水情缘的侯爵夫人，而且毫不客气地说出了人家的芳名；甚至说，所有让他美发的美丽妇人，都让他勾搭成奸了。

这真是一个没有见识的愚蠢家伙，一举一动都透着粗鲁。不过，他在其他方面还是有长处的。我不在家的日子，华伦夫人居然找了这样一个人做帮手，而且还是我到家后的合作搭档。

啊！假如远在天国的灵魂能从圣洁的光辉中看到尘世发生的这一切。我最亲、最敬重的人儿，请宽恕我：我无法像原谅我自己一样原谅你，而且把我们两个的过错在读者面前坦陈。我愿意对你和对我自己一样的真实。关于这一点，你失去的没有我失去的多。唉！假如将你考虑不全的地方看作缺点，那么请您告诉我：你那颗永远善良的心，你的温柔可爱，还有你真诚以及优秀的品德，为什么没有帮助你战胜自己的缺点呢？你无论做过什么事情，心里从没有起过恶念；你做出的事情不好，可是你的一颗心始终是干净的。假如所有的人把自己做过的事情都逐项列出来，不管是好事，还是坏事，我想看看，有哪个女人胆敢将自己的秘密公开，又有哪个能够和你比肩？

我这位新搭档，对待女主人交办的事情，无论大事小事确实办得不错。他将自己当作女主人聘用的管家。他做事的风格和我完全不一样：我说话轻言轻语，简单利落；他喜欢大声嚷嚷。他每天在园子里、牧场、马厩，还有喂养飞禽的地方转悠，无论到了哪里都要大声指点一番。除了花园，因为那里的工作太安静了，他没法嚷嚷。他最爱干的事情：锯木头、劈木头，或者装车拉料。他的手里总是拿一把斧子，或者十字镐，满世界嚷嚷，指手画脚。我搞不清楚他究竟干了几个人的工作，可是从他的语气判断，仿佛是同时做了十几个人的一样。他每天制造出来的匆忙模样，欺骗了我善良的华伦夫人。她以为，这个年轻人对她尽心竭力，也是个不可多得的好帮手。为了让他更加卖力，她使用了所有的手腕，特别是那个她觉得最有用的高招。

大家应该明白我对待她的那份心思，以及永不背叛的真感情，特别是经历了风波后，战胜一切回归她身边的那种迫切心情。可是，这始料不及的巨变，真是太意外了。请大家换位思考。我对美好生活的愿望瞬间落空了，一切的一切都没有了。青年时代，我就和她一起生活；可是现在，我重新变成了孤家寡人。这太可怕了，今后的日子该怎么继续？尽管我还年轻，可是我所有活力都消失了，还有那种对于未来的憧憬，也一去不回头了。从此，我那颗浪漫多情的心处于垂死状态。前路茫茫，剩下的不过是毫无意义的残生。尽管有时候，我还希翼着那个幸福的影子能够激发我的渴望，可是那样的幸福已经变味了。即使我得到了，我也不会感受到幸福的滋味。

我太笨了，又太自信了。虽然我感觉那个新搭档和华伦夫人说话的口气不一般，可是我固执地以为那是华伦夫人为人随和的原因。要不是她亲口和我说，我是无论如何也不愿意相信的。我回到家后不久，她就用很随便的口气把他们之间的事情一五一十交代了。那时候，如果不是我拼命控制自己的脾气，她那个样子是足够我大发脾气的。她觉得这件事情的形成，其实原因很简单：我对家里的事情太不关心了，还总是出远门；所以她感到空虚寂寞，就找了一个人来代替我。

听了这话我难过极了："妈妈呀！你怎么反倒说起我的不是呢？我是那样的爱你，你为什么要这样对我？您过去救下我的命，就是为了剥夺我生命中最可贵的感情吗？我会因此气死，而你也将为此后悔。"她当时的态度是那样的淡漠，我简直要疯掉了。她说："别孩子气，没有人会为了这样的事情气死；而且你还和从前一样，一切都没变。我们两个的关系还是一样的亲密无间，除非我死，否则对你的爱意不会减少一分。"她和我讲了这么多，其实就想表达一个意思：我的一切都没有受到损害，但是要和另一个人学会分享。

我从来没有和现在一样，强烈感受到自己对她执着的爱，我的灵魂是那样的高贵圣洁。我一下子扑到她的脚边，紧紧抱着她的两腿，忍不住哭了起来："不！妈妈，我爱你那样深，怎么会允许轻薄你的事情发生。你既然和我结合了，我就要担负起对你的责任。我对你倍加珍爱，怎么会和其他人一起分享你？当初我占有了你，就感到后悔莫及，这样的心情随着我对你深沉的爱一天天增加。从今往后，我不会再做那种让我感到后悔的事情。我将永远爱你，敬你，希望你能够对得起我对你的一片心。我认为，现在最重要的事情，是维护你的名声，而不是占有你的身体。妈妈，属于你的事情，我将决定权奉送给你。为了让我们的灵魂结合，我情愿牺牲自己的所有，我情愿死上一千次，也不和那个糟践了我最亲的人一起分享。"

我毫不动摇地执行这个决定。我认为，现在的这种态度和当初做出决定的观点是吻合的。就从那一刻起，我以纯粹的儿子身份和华伦夫人相处。我很清楚地发现，她的心底并不赞同我的做法，但是她也没采取任何方式挽救：既没用温柔的情话开导我，也没用亲昵的动作暗示我，或者花点其他的小心思之类。虽然女人们玩起这些手段轻松自如。

我被迫寻找一条属于自己的道路，一时间又没有好的办法，索性偏执地在她身上想起了办法：我一定要让她做一个幸福的人，哪怕为此付出所有。这就是我为自己定下的目标。她的幸福就是我的幸福，无论她心里怎样想，不要试图将我们分开。

关于高尚的品德，我的内心深处早已播下它的种子，随着学识修养的提高，只待逆境的考验就可以茁壮生长。眼下我的不幸遭遇，已经让它渐渐觉醒。我想达到毫不计较个人得失的高度，要做的第一件事情，就是完全抛开对新搭档的怨憎心和嫉妒心，真心地和他交好；我想帮助他成长，让他懂得什么是真正的幸福，也许，我会想办法让他有资格享受这种幸福。总之，当初阿勒是怎样待我，我就以同样的方法对待现在这个年轻人。不过我得承认，人和人的资质是不一样的。

我很有自知之明，虽然我的学识修养比阿勒高，而且也和气。可是我承认自己没有他做事稳重老练，也没有他在工人面前有威信。我试图在新人身上多挖掘一些优点，但是抵不过阿勒的幸运，譬如待人友善、懂得感恩。作为一个新人，特别要懂得“谦受益，满招损”的道理。可是这些，我在他的身上没有发现。我试图帮助的这个人，认为我只会夸夸其谈，他自己才是这个家庭的权威人士。他认为只要到这个家到处显摆，多发一些命令就能体现自己的价值；他认为手中的农具比我的书更有意义。

其实换个角度，他的观点也有一定的道理。可是，因此摆出唯我独尊的架子，就有几分可笑了。他对待劳工的态度就和最没有见识的财主是一样的，到了后来，不但对我如此，甚至对妈妈也是那样。他认为“温曾里德”的名字不尊贵，就改了一个“德·古尔迪耶”的姓名。最后，就是因为这个姓名在尚贝里和摩里安搞到人尽皆知，并且在摩里安成家立业。

最后，这个不可一世的东西俨然变成了这个家的主宰，而我则成了一个可有可无的人。如果他偶然间看我不顺眼，就会将这股怒气撒到华伦夫人身上。如果我不想看到华伦夫人受到那样的待遇，就只好装聋作哑由着他胡来。他劈木头的时候，都要摆出舍我其谁的神气劲，而我只能站在旁边假装出欣赏的样子。其实，这位新人的心眼倒不坏，对我也没有什么坏心眼。当他难得平静的时候，也能谦虚地听进别人的话，甚至承认自己不够聪明。可是，他这边刚承认错误，转眼接着干从前的那些蠢事情。

他不但脑子平庸，就连爱好也让人无法忍受。他占据了一位尊贵的夫人还不满足，居然又勾搭上了一位老掉牙的女佣。虽然华伦夫人不喜欢这位头发棕红的女佣，但是因为这件事情的缘故还得继续留着。当我知道这件稀罕事以后，差点给气昏过去。可是，我很快又知道了一件让我真正伤心的事情，而且一下子就崩溃了，那就是：华伦夫人现在对我变得冷淡了。

和心爱的女人控制情欲是一件非常愚蠢的事情，无论她们表面上多么矜持，多么赞同，事实上，她们的内心绝对不会原谅你这样做。追根究底，并不是因为男人这样做，让她们的性生活受到了压抑，真正的原因在于，她们认为男人这种行为，是因为心里没有了她们的位置。即便是最理性、最淡漠的女人，认为一个男人犯下最不可原谅的错误，就是分明有能力和她共享男女之情，但是他偏要拒绝。华伦夫人同样不能免俗。我因为尊敬的缘故，不想做出轻贱她的事情；可她偏不当回事，非要质疑我的动机，觉得我是不爱她了。

从那以后，我们之间再也找不到曾经的心有灵犀了。她只是和那个年轻人闹了矛盾才会和我敞开心胸，但是他们一日和好如初，马上就无视我了。到了最后，她也慢慢开始排斥我。虽然，她一看见我还是兴高采烈，可是并不是认为我非要出现在她的面前。就算一连好几日没看见我，也无所谓。

以前这个家以我为轴心，我享受着双重甜蜜。可是现在，我渐渐被孤立了，变得形只影单。我渐渐适应了被边缘化的生活，我远远地离开了这个家的人和事。为了不让自己伤心，我将自己关在房里读书，或者躲到树林里暗自伤神。这样的生活很快让我无法忍受。我想，我们两个已经貌合神离。只见她的人，不见她的心，让我痛不欲生；假如离开她，也许会开心一点。我将自己打算离开家的事情和她说了，她十分同意。

格勒诺布尔有一位德邦夫人是华伦夫人的好友，她的丈夫德邦先生和里昂大法官马布里先生又是好朋友。于是，德邦先生向法官先生介绍，让我到他家里做教师。就这样，我开始了里昂之行。分别时，我们都没有离愁之情，这件事要是放在了从前，哪怕是分开小小一段日子，都会让我们痛不欲生。

我差不多完成了一个家庭教师的知识储备，而且认为自己可以胜任这份工作。在马布里先生家任职的一年时间，我有足够的时间认识自己。假如没有意外的事情刺激我乱发脾气，这份工作我还是可以胜任的，我的付出和所得将是正比。我会和一个善良的天使一样，不顾一切地付出；反之，我比撒旦还要冲动。譬如：假如我的学生不听教导，我肯定大发脾气；他们胆敢和我对着干，我会用拳头让他们记住教训，但是这肯定不是一个有效的教学方法。我的两个学生完全是两种人。老大圣玛丽，不仅人长得清秀，性格也是活泼可爱，虽然有些粗枝大叶，也很捣蛋，可是他让人开心。孔狄亚克是老二，不仅人长得笨，脾气也是奇犟无比，呆头呆脑，学习就不用提了。

大家发挥一下想像力，就这两个宝贝学生，我的教学工作能顺利吗？假如我可以再多一些耐心和理智，也许我能成功。不过，我恰巧不是这样的人。所以我的工作毫无进展，那两个孩子也越发不好管了。我分析其原因是，并非我没有付出努力，而是我的教学方法有待提高，克制力也不行。我对待他们基本就是三个手段：以情动人、以理服人、坏脾气吓唬人。这样做非但没多大用，还有一定的反作用。为了劝圣玛丽好好读书，我说得声泪俱下，连自己也感动了；我讲的那些大道理真是滔滔不绝，讲的嗓子直冒烟。对此，他也能回应一些颇有道理的话语，我便以为他领会了我的真谛，是一个极聪明的孩子。可是老二孔狄亚克，真让人头疼：他一天到晚闷声不响，什么也听不进去。我是情有了，理讲了，他却依旧无动于衷，那个怪脾气，任谁也没辙。当我被他气得想要发疯的时候，他反而在一旁冷静的像一个哲人。比较之下，我反而像一个不可理喻的坏孩子。

对于自己的弱点，我其实很清楚。我甚至下功夫认真研究了这两个学生的心理状况。他们每一次和我要的那些小手段，我都看得明明白白。不过，即便我看清了问题的核心所在，可是找不到解决它的办法。一次次的失败，证明我所做的，正是我应该极力避免的。

在这里，我是教学生不在行，甚至连我自己都很失败。德邦夫人当初介绍我的时候，还拜托马布里夫人教我学会上流社会的礼仪。马布里夫人在我身上的确下了一番功夫，盼望我可以为她的家庭增辉。但是我太不受教了，性格又内向，导致她对我彻底丧失了信心，索性扔下不管了。而且，我又变成了看见漂亮女人就爱的人；虽然她不搭理我，可是我管不了自己的心。我是那样轻浮，她很快就看穿了。好在，我一直没敢捅破那层窗户纸，她对我也是淡漠极了。不管我怎样自作多情，一切都没有用，很快我就放弃了。

我和华伦夫人在一起，很早就改掉了手脚不干净的恶习。因为家里的一切，我可以光明正大地拿出来享用，完全犯不上那样做。况且，我为自己定了一条高尚的原则，我根本不想做那卑劣的事情，而我也确实守住了底线。究其原因，不是因为我抵御了诱惑，是因为我完全切断了劣根。现在我有点发愁，假如我再一次面对诱惑，我有可能故态复萌。关于这一点，我在法官家里发生的一件事情就可以证明。尽管四处都有唾手可得的小东西，可是我连正眼都不瞧。唯有阿尔布瓦出产的白葡萄酒佳酿，让我心动不已。

我在吃饭时喝过一些，感觉滋味醇美。这种酒唯一的缺点，就是颜色看起来不清澈。我毛遂自荐，说自己是个滤酒高手。所以，他们就把这件事情交办给我。确实，所有的酒都让我过滤了一遍，效果虽然不是很明显，不过喝起来滋味还行，而且，我在滤酒的时候，顺了几瓶酒放在自己的房间里。

我在品尝美酒的时候，通常喜欢就点小点心。可是怎样才能搞到这种小点心呢？总不至于吃过饭后，再拿几块面包回房吧。打发佣人到外面买，就会露馅，还让主人丢脸：会让人家误以为主人不给我管饱饭。我自己出去买又不像话：一个佩着短剑的上流人士光顾面包店，这像怎么回事。后来，我想起一个蠢公主曾经说过的话：有人和她说，“农民穷得没有面包吃了”，她的答复是：“可以让他们吃奶油蛋糕。”

所以，我现在打算出去买奶油蛋糕。这件事情落实起来颇费了一番周折。虽说只是一件小事情，可是我只能偷偷摸摸地一个人去。一连走过大概一二十家糕点铺，我一家都没敢进去。我必须看见铺子里只有一个人，而且对我面带微笑，我才有胆量进去。但是，当我搞定了面包的事情，独自一人待在房间里，一边读书，一边品味美酒，是多么的心旷神怡呀！我很享受没人打扰的状态下，边吃边读书。书本就是我最好的伴侣，当我边吃边看的时候，仿佛书本也在和我一起享受美味。

我从来都不是不懂廉耻、恣意放荡的人，我一辈子都没有喝醉过。但是我这个毫不起眼的小偷行为还是让主人发觉了——是喝光的酒瓶让我露出了马脚。主人明面上看不出异样，唯一的区别就是不再让我管理酒窖。法官先生对于这件事情做得非常小心，真是一个心地善良的人。虽然他的外表看起来严厉，可是我知道那是因为职业的原因。其实他的为人非常和蔼，心地也好。他身为本地最高级别的司法长官，能有着一颗善良的心，是我没有料到的。正是因为他的大度以及对我的尊敬，我才有勇气在他的家里继续生活下去。最后，我决定离开这里的原因，是因为我对这份工作失去了耐心，而且清楚地看到自己并不适合干这一行，再说我的处境多少有点尴尬。所以，当我尽自己的能力做了一年后，终于决定放弃了。我确实没有能力将这两个孩子教育好；对于这一点，法官先生和我的观点一样。我认为，假定不是我全面考量后主动提出辞去这份工作，他决不会主动辞去我。可是，如果他继续当好人，一味迁就于我，以此让我可以继续做下去，这也是我不愿意看到的。

尤其让我不能忍受的是：我总是拿现在的生活和夏梅特的美好时光比较。我不断地回忆那里的花园和森林，以及结满果实的园子，还有清澈的泉水。特别是那个我为之而生的女人。能够让那里的一切散发出动人的光辉，只有她——华伦夫人！只要一想起我们曾经心心相印的日子，我就坐立不安，干什么事情都没有劲。我无数次想过，马上动身走到她的身边，哪怕是看上她一眼，即刻倒地而亡，我也心甘情愿。

后来，我决定付诸行动，而不是一味地空想，无论如何我都要回到她身边。我和自己说：如果我比从前再多一些温柔和耐心，一定会重新获得她全部的爱，我的幸福生活还会再现。是的，我要不顾一切回到她的身边，满怀青年时期的所有热情朝她飞奔。啊！假如我能够在她接待我的态度中，发现从前四分之一的热情，我肯定会开心死的。于是，我对回家的事情订下了一个最周密的安排，而且付诸行动了。

世事真是难料！她还是一如既往的热情，而她这种热情是与生俱来的，对所有的人都一样。可是我这次回家想要寻找的是我们过去的幸福。我只在她的身边待上半个小时，就明白所有的一切都结束了。我重新回到了曾经迫使我离开家门的难堪处境。可是，我认为这一切不能怪任何人。那个年轻人其实还不错，接待我的时候是发自内心的高兴。只不过，从前的我是她的唯一，她也是我的唯一。现在，他们两个那么好，我反而变成了最多余的人。这让我如何能忍受呢？从前这里是我的家，现在我如同外人一样住在这里。这里的一切都能证明我曾经的幸福，可是现在不一样了，它们已经不属于我了。假如我还在外地，还能眼不见为净。我越是不断地回想从前，越是感觉今天的孤单。不管怎样，都没用了。

我只能和离家前那样，除了一起吃饭。其他的时间，我把自己关在房里闷头读书，聊以安慰自己。我预感，从前的担忧即将到来，我努力在自己身上想办法，希望在华伦夫人走投无路的时候帮助她。以前我在家里，总是想办法料理家务，避免向坏的方向发展。可是我一离开，那个管家花钱很大方，凡事都讲究阔气，动辄是高头大马，富丽的马车，还要带一帮人耀武扬威，生怕邻居不知道他是贵族人家。除此之外，他不断投资自己并不精通的产业。华伦夫人那点可怜的年金到不了年底就让他败光了，每季度的农产品所得都被银行抵押，房租一拖再拖，债务累累。我预料华伦夫人的年金迟早得让宫廷扣发，甚至取缔。总而言之，我感觉灾难一天天逼近了，每次想起来我就愁眉不展。

只有我那温馨的小屋是我可以得到安慰的地方。在这里，我一面想办法让自己获得平静，一面寻找可以拯救华伦夫人的办法。我对自己以前做过的努力回想了一遍，又不断冒出很多的幻想，期望我善良的华伦夫人可以得到救赎。我知道自己没有渊博的学识可以跻身文坛，扬名显贵。可是我的脑袋忽然灵光一现，而且这个想法让我满怀信心——音乐，我尽管没有再担任音乐教师，可是我并没有丢掉它。而且，这些年的积累让我具备了深厚的音乐知识。我回想自己当初识别音符时遇到问题，特别是在练习唱谱方面，终于领悟到其中有一部分问题是我本身的原因造成的，还有一部分是因为这门学科本身挺有难度，不是所有的人都有一学就会的聪明脑袋。

我仔细研究了每个音符的样子，发觉它们的设计存在一些缺陷。我很久以前就想用数字写乐谱[7]，采用这样的方法记录乐谱，可以让那些繁琐的线条和符号变得简单。我现在面临的难题是解决八度音节、时值和节拍的问题。日思夜想，我终于琢磨出了解决的方式。不管什么音乐，我都能够用数字符号精准地记录。我认为自己发财的机会到了。我衷心盼望能够和最爱的女人分享这笔财富，我恨不得立刻到巴黎宣布我的发明，它很快将在乐曲界掀起一场暴风雨。关于路费的问题，我从里昂回家的时候带了一些钱，又卖掉了一些书籍。我只用了两个星期的时间打点行李，很快启程。我满怀愿望，和上次去都灵带了埃农喷水器一样的好心情，带着我的新发明出发了。唉！我这个人，向来是这样。

这些就是我在青年时代犯下的一些错误，都写在这里了。我发誓，我说的这一切都是真实的，我完全按照自己的内心如实写下来。即便是以后我的年岁再大一些，品德再高尚一些，我也是这样记录。关于我的将来，也只能写到这里。时间在继续，有些事情终将露出它本来的面目。假如有幸让后人记住我的名字，或许会有那么一天，大家会明白我有哪些话没有说出口。到时候，读者就会知道我现在不愿意提起的原因。

注释：

【1】和【2】分别引自拉丁诗人贺拉斯（大约公元前65—前8年）的《讽刺诗》之第二章、第六章。

【3】费纳龙（1651—1715年），任法国冈布雷天主教主教，曾经是法国路易十四之孙布高涅公爵的老师。《忒勒马科斯历险记》是费纳龙为公爵写的“快餐文学”，它的实质是“政治教科书”。看似神话小说，其实却是针砭时弊，因此让路易十四解除了他的教师工作。

【4】出自卢梭《山间信札》书信三，巴黎米尼约版本，第62页脚注。

【5】这是法国剧作家马利伏（1688—1763年）编写的独幕戏剧。剧中的侯爵爱上了伯爵夫人，可是他性格内向，没胆量告白，一而再，再而三，想说又不敢说的傻样，让观者捧腹大笑。

【6】其实它不是一座大桥，只是古罗马人建设水道时，在低处建造的石拱卷渡槽，位于法国尼姆，有个现存的罗马水道长度大约四十公里，渡槽最高的地方距离地面大约有四十米。

【7】其实就是今天的简谱。

第七章

我沉寂忍耐了两年之久，终于还是重新拿起笔来了。亲爱的读者，请先不要讨论我迫不得已重新拾起笔的种种原因：因为只有把本书读完之后，你们才能够做出评断。

你们大家已经看到了，我的青年时代在一种平稳的、相当美好的生活中流逝了，在这个过程中既没有大祸也没有大福。这种平庸的局面大部分是我那种虽然很热烈却又十分软弱的天性造成的；我的这种天性，很难振作起来又极其容易灰心；它要受到强烈的震撼才能摆脱平庸的状态，却又由于懒怠恢复原态；这种天性老是把我拉回到我自认生来就很适合的那种悠哉宁静的生活，既没有大的美德，更没有大的恶行，因而它不容许我在善和恶的方面有很大的作为。

我即将展示的画面与之前的画面差别有多大啊！命运在前三十年间一直朝着有利于我天性的方向发展；可是到了后三十年，就时刻和我的天性相冲突了；在这种事与愿违的矛盾之中，我出现了很多失误，遭遇了一些闻所未闻的不幸。可是在这期间，我没有收获一切能给逆境带来荣誉的品德，也没有使我变得坚强。

本书的上部分是完全凭记忆写成的，其中一定有一些疏漏。而下部分也得凭记忆去写，其中的疏漏可能比上部分更多。我美好的前半生，都是在既安宁又纯洁的境况中度过的，那些美妙的往事给我留下了很多滋味无穷的印象，使我忍不住不断地回忆。可是，人们在接下来的内容里会看到，对于我后半生的回忆，我的感触是多么不同啊。重温这些回忆，对我来说，就是重新感受一遍它们的苦涩。我想尽量避免拿这些凄凉的回忆来加剧我现状的辛酸，于是当我需要重述往事的时候，有些事情就再也想不起来了。这种对于痛苦往事的健忘，正是上天在我多舛的命运中安排的一种安慰。我的记忆力让我只回想以往那些快乐的事，因而抵消了我对于那些坏事的想像力，让我的想像力得以平衡，没有把未来看作是一团黑。

我曾经收集了一些资料，这是为了弥补我记忆的不足以及提示我如何写作此书，但是现在这些资料都已落入他人之手，没法找回来了。如今我唯一能依靠的向导是忠实可靠的情感之链，它们为我的人生贴上了难以磨灭的标签。通过我的感情，就可以推知我这辈子经历过的所有事情的前因后果。我能够轻易地忘却我的那些不幸经历，但是我没法忘掉我的那些过失，更加不能够忘掉我那些美好的感情。我的这些有关过失和感情的回忆是十分刻骨铭心的，永远也不会从我心里消失殆尽。我很可能漏掉一些事实，或者把一些事情发生的时间和地点弄错。但是，只要是我曾深有感触的事情，我的记忆都不会有偏差。我的感情驱使我做出来的事情，我也不会记错；而这些就是我在这本书里想要讲述的。这本《忏悔录》的主旨，就是要让人们正确地了解我一生的种种境遇以及当时的内心情感。我向读者许诺的，正是我心灵的历史，我不需要借助其他的材料，我只要像我从过去到现在一直所做的那样，倾吐自己内心的声音，就足以真实地记述这部历史了。

十分幸运的是，我找到了一个信函抄录本。这里面记载了一段六七年的时间里发生的事情。这些信件的原件现在都在迪佩鲁先生手里。这个抄录本记载的事情终止到1760年，其中有我居住在退隐庐以及与我那些所谓的朋友们闹矛盾的一整个时期。我一生中最难以忘怀的时光就是这一段，我的一切不幸的根源皆源起于这段时光。至于较近的信件原件，我手边能留下的已经为数不多，我没有将它们继续抄在那本抄本上，这是为了避免它分量太重了，而被我的那些阿耳戈斯式敌人发现。以后如果我觉得这些原件能提供某些情况的时候，不管是对我有利还是不利，我都会在本书中转录出来。我不害怕读者指责我不是在写忏悔录，而是在写自辩书；因为一旦真理为我辩护，没有人能让我去掩盖粉饰事实。

这本书的上下两部分的相同之处在于：都是在如实地讲述事情的经过。而下部分之所以写得好，是因为它讲述的故事十分重要。除此而外，它在各方面都比不上上部分。这本书的上部分是在伍顿或特里堡写的，当时心情舒畅，怡然自得，十分愉快。我要回忆的往事，每一件都能给我带来新的欢乐。我越回忆它们，便越能感觉到新的乐趣。同时我可以无拘无束地反复修改，一直到把文字斟酌得满意为止。今天，我的记忆力和脑力都已经衰退了，我几乎不能做任何工作了；所以，我写下这部分，是勉力为之，心头压着无限的忧伤。文中所记述的尽是一些大灾大难和背信弃义的行为以及一些令人痛心疾首的往事。我本想把我所要说出的一切埋葬在永恒的黑夜里；然而，这些事情我既不能不说，也不能不躲躲藏藏，耍花招做假像，昧着良心做出我生来就不会做的事。我头上的屋顶长着眼睛，我周围的墙壁长着耳朵。四周有很多心怀恶意、目不转睛的密探和监视人包围着我，让我心绪不宁，惶恐不安，把临时想到的几句话匆忙地记在纸上，几乎连读第二遍的时间都没有，更不用说修改和润色了。我知道人们不断地在我的周围树起无穷的障碍的原因，是他们害怕真理从缝隙里钻出去。我该怎么做，才能让真理露头呢？我尝试过一些方法，可是收效甚微。人们可以想像，在这样一种环境下，要写出动人的文章，还要加上引人入胜的色彩是多么困难的一件事情。因此，我要预先声明一下：凡是想要阅读我这一册书的人，我不能保证他们往下读的时候不会感到厌烦，除非他们是想要彻底地了解一个人，真诚地爱着正义和真理。

写完上半部分的时候，我正怀着怅惘的心情动身去巴黎，可我的心却留在了夏梅特。我在夏梅特建造着我心里的海市蜃楼，我梦想未来的某一天，我的华伦夫人能够回心转意，我已经把那套新的记谱法当作是一笔一定会到手的财富了。

我在里昂住了些时日，拜访了一些朋友，请人写了几封去巴黎的介绍信，还卖掉随身带来的几本几何学的书。马布里先生和他的夫人见到我十分高兴，请我吃了好几次饭。马布里神甫就是我在他家里认识的，我还见到了之前在他们家认识的孔狄亚克神甫。他们都来探望他们的兄长。马布里神甫给我写了几封到巴黎的介绍信，其中有一封是给封特奈尔先生的，另一封则是给克吕斯伯爵的。我和两位先生很投缘，其中最为投缘的是封特奈尔先生，他一直对我怀着深情厚谊，直到他去世。他曾经在和我促膝谈心的时候给过我许多很好的劝告，十分可惜的是我并没有把这些劝告听进去。

我又遇到了博尔德先生。我和他相识已久，他曾经多次真心实意地帮助过我。这一次，他还是一样热心，帮助我把那几本几何书卖掉了。而且他还亲自托人替我写了几封带去巴黎的介绍信。我又拜会了地方长官先生，之前是波尔德先生介绍我们认识的，这次我又通过他结识了黎歇留公爵。那时公爵正在里昂，巴吕先生带我去见他。他十分热情地接待了我，还让我到了巴黎后去看他。后来我的确去探望了他好几次，可是，和地位这样高的人交往，我却始终没有得到任何实质上的好处。

音乐家达维也在我此次遇见的人之列，之前有一次我在旅行中遇到困难，达维帮助了我。他曾借给我或者不如直接说是赠送给我一顶便帽和几双袜子，虽然我们后来也时常见面，但我却始终没有物归原主，他也一直没有所要。不过我后来也送过他一件礼物，这件礼物的价值和那顶帽子与几双袜子差不多。如果要说我应该做些什么事，我是可以把自己描述得更好些的，但是我现在说的是自己真实的行为，这两件事有本质的区别。

我又有一次见到了高贵慷慨的佩里雄先生，这次他也是一如既往的大方豪爽，他替我付了驿车车费，就像当年好心的贝尔纳替我付车费一样。外科医生帕里索也在我这次见到的人之列，他是世界上最心地善良、乐善好施的人；我还见到了他照顾了十年的果德弗瓦。这位果德弗瓦除了性情温柔、心地善良外，没有其他的好处，所有人见到她都一定会对她表示怜悯，一离开她就忍不住要怀念她；那时候她已经是肺痨病的晚期，没过多久就与世长辞了。有句话叫作："观其友便知其人。"[1]你只要见过那温柔的戈德弗鲁瓦，巴里索是个多么善良的人也就显而易见了。

对于上面写到的这些善良美好的人们，我都心怀感激。但是后来我还是和他们都疏远了，追究其原因，当然不是因为我忘恩负义，而是我一贯的疏懒导致了我们的生疏。他们对我的深情厚谊，我时刻谨记着，但是我认为今后用行动来报答他们，比写信表达感激之情要更好。勤写书信始终是我做不到的事情；而且我一旦开始疏于写信问候，就会感到十分惭愧，不知该如何来弥补我的过失，这种愧疚越发加重，后来就不再提笔了。这样一来，我就和他们断了联系，看起来好像是我把朋友们全忘掉了。然而，帕里索和佩里雄对此简直毫不介意，对我始终热情如故；可波尔德却不是这样的，人们在二十年后的波尔德先生身上可以看到，当一个才华横溢的人自认为被人疏远了的时候，他会为自己的自尊心寻求怎样的报复。

在离开里昂之前，我不应该忘掉一个可爱的人。这次我又见到了她，我简直高兴坏了，她在我的心里留下了美好的印记。我所说的就是我在上一部分里提到过的赛尔小姐；后来我再见到她是住在马布里先生家里的时候。我这次到里昂的旅行，时间比较充裕悠闲，所以和她相会的次数也比较多。我对她动了心，我也有理由相信她也对我动了心。可是她对我是如此真诚和信任，使我根本不能产生滥用这种真诚和信任的念头。她没有任何钱财，我也身无长物；我们的处境实在太相似了，所以我们结合起来是困难重重的，而且我心里还盘算着其他的事情，根本不考虑现在结婚。赛尔小姐告诉我，有一位年轻的商人日勒弗先生似乎很想追求她。我在她家见过他一两次，看起来是个挺老实的人，应该是个正派人，而且所有人都说他忠诚老实。我深信他们的结合会幸福美满，所以我希望他们能快点结合。后来他果然如我所愿娶了赛尔小姐。为了不打扰他们纯洁的爱情，我赶紧离开了里昂，并衷心祝愿他们百年好合。让我感到遗憾的是，我的祝愿在尘世只维持了很短一段时间，因为我后来听说她婚后两三年就去世了。我一路上都十分怀念她，我当时以及后来每次想起她的时候都会感觉到，为了义务和道德牺牲固然是很痛苦的，但是这种牺牲在我的心里留下的温馨的回忆，这是一种甜蜜的补偿。

我上一次到巴黎旅行，看到的大部分是这个城市糟糕的一面。而这次旅行，我看到了这座城市很多美好的方面。不过，这些美好的方面不包括我住的地方。我顺着波尔德先生给的地址，住进了位于索尔邦神学院附近的科尔迪埃路的圣冈丹旅馆。这里的街、旅馆、房间都糟透了。出人意料的是，这个糟糕的旅馆里却曾住过许多杰出的人，像是格雷塞、波尔德、马布里神甫和孔狄亚克神甫以及其他一些人，可惜的是，我去的时候没有见到他们中的任何一个。不过我在那里遇到了一位名叫博纳丰的先生，他的脚有点跛，非常喜欢和人争论，说起话来咬文嚼字的，一副绅士的样子。后来在他的介绍下，我认识了罗甘先生，他是我所有朋友中年纪最大的。后来，我又通过罗甘先生认识了哲学家狄德罗先生。关于狄德罗先生，接下来我会多次提到他。

我是在1741年的秋天来到巴黎的，那时我身上只有十五个路易的现款以及我写的《纳尔西斯》喜剧和新的音乐记谱法，这些就是我的全部家当了。因此我必须抓紧时间，用这两件东西去寻求出路。我赶紧拿出我带来的介绍信。一个长相俊朗又有才华横溢的年轻人到了巴黎，一定会受到热情的接待的。我受到了热情的接待，但是这种接待虽然给了我很多愉快，但是没有什么实际的用处。在我带着介绍信去见的人中，只有三位对我有些用处，一位是萨瓦贵族德梅桑先生，时任宫廷侍从，看得出他是莎丽妮安公主的宠臣；一位是铭文研究院的秘书博茨先生，他是国王办公室的纪念章保管员；还有一位是耶稣会教士卡斯特尔神甫，他是表音键琴的发明者。除了德梅桑先生外，其余二人都是马布里神甫介绍给我的。

德梅桑先生见我十分急切，便给我介绍了两个人：一位是波尔多法院的院长加斯克先生，他拉得一手好提琴；另一位是当时住在索尔邦神学院的勒翁神甫，他是个年纪很轻的贵族，为人十分可爱，可是他在社交场中以诺汉骑士的名字风靡一时之后就英年早逝了。这两人都曾经异想天开，要学习作曲。我教了他们几个月，赚了些钱维持生计。勒翁神甫跟我成了很好的朋友，想让我做他的秘书，可他并不富有，只能付给我八百法郎，我很歉然地推辞了，因为这点钱实在不能维持我的衣食住行。

博茨先生十分热情地接待了我。他热爱有学问的人，而且他自己也有学问，只不过有点学究气。博茨夫人简直能让人误以为是他的女儿，她光彩照人，身材娇小。

我有几次在他们家吃饭，在博茨夫人的面前，我显得蠢笨不已。她的举止大方随意，更衬托了我的羞涩，我的一举一动都显得格外可笑。当她把菜碟送到我面前的时候，我总是羞涩地伸出叉子叉上一小块，反复几次之后，她只能把打算给我的菜碟交给仆人送到我面前，自己转过身去，怕我看见她笑。令她没有料到的是，我这乡下佬并不真的是一草包。博茨先生把我介绍给他的朋友雷沃穆尔先生，这位雷沃穆尔先生在每星期五研究院开院务会的日子都来他家里吃饭。博茨先生把我关于音乐改革的方案对他谈了。雷沃穆尔先生向科学院提交了我的建议书，并被该院接受了。到了预定的日子，雷沃穆尔先生把我引进科学院，向在场的人介绍了我。当天，也就是1742年8月22日，我荣幸地在科学院里宣读了我早就准备好的论文。尽管这个大名鼎鼎的科学院的确十分严谨肃穆，但我并没有像在博茨夫人面前那样腼腆，我的宣读和答辩都还应付得很从容。我的论文很成功，并博得许多好评，这些好评既使我惊讶，又使我欣喜。我很难想像，科学院院士承认一个不是院内的人通晓音乐。审查我的论文的委员是麦朗、埃洛和弗什三位先生，他们当然都是饱学之士，但他们中没有一个是真正懂得音乐的，至少懂得的程度还不足以审查我的论文。

在我和这几位先生交流的过程中，我发现，非常惊讶并且深信不疑地发现，学者们虽然有时比一般人的成见少，但是他们一旦有了成见，对成见的坚持却比一般人更固执。尽管他们反驳得十分无力和不正确，尽管我在回答问题的时候有些胆怯、措辞不当，但是我提出的理由是不容置疑的，然而我却没有一次能使他们真正理解我的话，也没能使他们满意。让我惊讶的是，他们总是还没听懂我的话就开始进行反驳。一个不知道是何方神圣的苏艾迪修士，说他很早之前就想出了用数字表达音阶的方法，他想以此来表明我的记谱法不算是新鲜玩意。可事实上我从来就没有听说过什么苏艾迪修士，况且他那套七音记谱法根本没有考虑八度音，和我发明的简单便捷的记谱法不可同日而语。我的记谱法可以用数字把音乐里的一切标识，如谱号、休止符、节拍、八度音、速度、音值等等都表示出来，而苏艾迪的记谱法里就不能做到；当然，如果只是说七个音符的基本表达法，那么说他是最初的发明人也没什么不妥。但是，这几位先生不仅对这种原始发明评价过高，而且在谈到记谱法的内容时，简直不知所云，一派胡言。我的记谱法的最大优点就是省略了变调和改变音符的麻烦，所以同样的一支曲子，不论用什么调来演唱，只要你在曲子开头换一个字母，整支曲子就可以根据你的意思记录下来并且变调了。这些先生们听信了巴黎乱弹琴的乐师的说法，认为变调演奏法是毫无价值的，他们依据这点，极力反对我的体系的最大优点。他们说，我的音符适合用在声乐上，不适合用在器乐上。而实际上，我的音符不仅适用于声乐，更适用于器乐。科学院根据这几位先生的报告，给我发了一张奖状，极尽溢美之词，但字里行间却可以看出，他们认为我的记谱法既不新颖，又没什么用处。我后来写了一本题为《现代音乐论》的书把这件事情披露了出来，我认为没有必要把这样一张奖状作为这本书的插图。

这件事使我认识到，为了正确评判一个专业的问题，一个人哪怕对各门科学的知识都很了解，但如果没有对这一问题专门进行研究，那他的判断远远不如一个知识浅陋但是对这一门学问有深入研究的人。对于我这套记谱法，只有拉摩提出的反对意见是有些道理的。他从我刚向他解释我的体系的时候就看出了这其中的弱点。“你那些符号，”他对我说，“在简单明了地确定音值这一方面是很好的，而且还能十分清楚地表现音程，用简单便捷的方式来表示复杂的东西，这些都是优于普通记谱法的地方。但是不足之处在于需要用大脑去思考，而大脑的运转速度显然是跟不上演奏的速度的。 而音符的位置十分明显放在前面，不需要用脑子去想。如果有一高一低两个音符，用一大串中间的音符把它们连接起来，我一眼就可以看出由此到彼的顺序变化的速度，而如果用你的记谱法，就要把那些数字一个一个拼出来才能弄清楚，根本不能一眼看出来。”我觉得拉摩的这个反对意见是无法反驳的，于是我立刻就表示了赞同。虽然这个反对意见既简单又明了，但是也只有造诣颇深的人才能说出来。当时没有一个院士能够想到这个问题，这是不足为奇的。而令人感到惊奇的是，那些大学者尽管学富五车，但他们却不懂得每个人只能够审查自己本行以内的事物。

我结识了许多巴黎文坛中的杰出人物，这得益于我经常去拜访审查我论文的几位委员和其他院士。所以，当我后来进入学术界的时候，虽然在身份上是新人，但已经和他们结识已久了。而目前，我还是把所有心血放在记谱法上面，一心想要在音乐这门艺术中掀起一场革命，从而达到一举成名的目的；艺术领域的这种一举成名，在巴黎就一定能够让你名利双收。我关门闭户，连续好几个月废寝忘食，以一种说不出的热情把我向科学院宣读的论文彻底改写成一本以公众为受众的通俗易懂的书。接下来困难的就是要找到一个肯接受我的手稿的书商，因为要铸新字需要花很多钱。书商们是不愿意把钱投在新作者身上的，而我却认为用我的作品捞回我买面包的钱似乎是天经地义的。

博纳丰帮我找到了老基约，老基约和我签订了合同，利润平分，而出版所需的费用则由我一人负担。这件事情的结果是，这位老基约把事情办砸了，他没有赚到钱，我的出版税也白付了。第一版书出版后，我却没有拿到一分钱。虽然德封登神甫答应努力为我宣传，一些报刊也对这本书颇有好评，但是书的销路似乎还是不佳。

我的记谱法最大的障碍，就是人家担心这种方法如果不能广泛运用，学的时间就算白费了。而我对此的解释是，我的方法可以使音符表达的意思更清楚，如果开始先掌握了我的记谱法，然后用普通的方法学音乐，反而可以节省很多时间。为了拿事实说话，我免费为一位名叫德鲁琳的美国女人教音乐。她是罗甘先生介绍给我的。三个月之后，她就能看懂用我的音符记录下来的任何乐曲，甚至能看着谱子唱任何困难不太大的乐曲，比我自己唱得还好。这个实验的成功是十分惊人的，但是却没有人知道。如果是别人，一定会登报大吹特吹；但是我虽然有一些才能发明一些有益的东西，却没有自吹自擂的才能。

和上次的埃农喷水器一样，这次用记谱法发财的愿望也落空了。可是，这一次我已经到了而立之年了。在巴黎街头，是没有办法在没有钱的情况下活下去的。在这种极端窘迫的情况下，我所采取的办法，只有没有好好读过本书第一部的人才会对此感到惊讶。前段时间碌碌无为，现在我需要休息一阵子。我不仅没有灰心丧气，反而悠闲地过起日子来；为了让老天爷有时间从容地解决问题，我不慌不忙地花着我仅剩的那些钱，同时也没有放弃悠闲的享乐，只是在花钱上稍微谨慎了一点，我去咖啡馆的频率变成了两天一次，去剧院的频率变成了一周两次。关于寻花问柳的费用，我没有可以缩减的，因为我从没有在这方面花过钱，只有唯一的一次例外，后面我会说到。

虽然我手里的钱不够维持三个月的花费，但我却一个人生活的那么安闲愉悦，充满信心，这既是我生活一大特点，也是我性格的一大怪癖。我迫切地想被人想起，这种强烈的愿望使我不敢去抛头露面，越是需要登门拜访的时候，我就越觉得这种拜访很无聊，甚至连那些院士们，以及那些我已经结识了的文坛前辈，我都不想去见了。只有马利伏、马布里神甫、封特奈尔，我有时还继续去看看他们。我甚至给马利伏看了我创作的喜剧《纳尔西斯》。他很欣赏，并且很开心地对其进行了修改。狄德罗的岁数比他们年轻，和我差不多大。他喜欢音乐，也懂得音乐理论。我们常在一起聊音乐，他还对我谈了他的一些写作计划。就这样，没过多久我们两人之间就建立了亲密无间的关系，这种关系一直持续了十五年，要不是他不小心成为了一名作家，这种关系将会维持得更久。

谁也想不到在我不得不去乞讨面包之前所仅剩的这短暂而宝贵的时间里，我干了些什么：我利用这些时间来背诵大段大段的诗歌，这些作品我曾经读了不下一百遍，又忘掉一百遍。我每天上午十点左右在卢森堡公园里散步，身边有一本维吉尔或者卢梭[2]的集子。我每天到午餐时间才离开公园，有时背一首颂歌，有时背一首田园诗，虽然刚背熟了今天的就忘掉了昨天的，但我完全没有灰心的感受。我还记得，尼西阿斯[3]在叙拉古惨败之后，被俘的雅典人通过背诵荷马史诗来维持生计。我要学习这种博闻强记的本领，好好锻炼我的记忆力，把所有诗人的作品都背下来，以备将来穷途潦倒之时，靠背诵诗歌为生。

下棋是我消磨时间的另一个方法。如果我不到剧院去，那么下午就要到摩日咖啡馆去和人对局。勒加尔先生、于松先生，还有菲里多尔先生就是我在这里认识的。虽然和名家下了棋，可是我的棋艺却并没有什么大的长进。但这并不能使我怀疑：总有一天我会超过他们。我认为，这足够让我靠它吃饭了。不管我迷上了哪一行，我总是抱着同样的想法。我心里想："不管哪一行，我只要成了尖子，就一定会走运，因为不管谁成了一个行业的尖子，谁就准能走运；因此，只要机会一来，我凭着本领就能时来运转、一帆风顺。"我有这种幼稚的想法，不是出于我的脑子出了问题，而是因为我的懒惰。我一想到要奋发就必须做出巨大而又艰苦的努力，我就非常害怕。因此我极力为自己的懒惰找借口，想要用一套合适的论据来掩盖自己的懒惰。

就这样，我安逸地等待钱财散尽；我深信，如果不是卡斯特尔神甫把我从昏睡的状态中解救出来，我一定会散尽钱财走投无路。我有时会在去咖啡馆的途中顺便去看看这位卡斯特尔神甫。他虽然有点疯疯癫癫，但确实是个好人。他看我这样整日无所事事，虚度光阴，表示十分惊讶。他对我说："既然音乐家们和学者们不赏识你，你就改变前进的方向，以女人为突破口。也许这条路会让你更容易成功。我已经在贝桑瓦尔夫人面前提起过你，你可以代表我去看看她。她为人很和善，你又是她丈夫和儿子的同乡，她一定很高兴看到你。你在她家里将见到她的女儿布洛格里夫人，她是个才华横溢的女人。我还在杜宾夫人面前谈到过你，你可以把自己的作品带给她欣赏，她很想见见你，会很欢迎你的。在巴黎，什么事都得依靠女人：女人仿佛是曲线，而聪明人就是渐近线；他们不断地靠近女人，却永远触及不到女人。"

拜访女人这种事情，对我来说是可怕的，像受苦役一样。我推迟了一天又一天，终于鼓起勇气去拜访贝桑瓦尔夫人。她亲切热情地接待了我。布洛格里夫人一走进来，她就对布洛格里夫人说："女儿，这就是卡斯特尔神甫向我们谈起过的卢梭先生。"布洛格里夫人把我的记谱法夸奖了一番，并且把我领到她的羽管键琴边看她演奏，让我看出她是研究过我的记谱法的。我一看她家里的挂钟显示快到一点了，就赶紧起身告辞，贝桑瓦尔夫人对我说："你住得太远，就别走了，留在这里吃饭吧。"我也就毫不推脱地留下了。一刻钟后，我从她们的谈话中意识到，她原来是请我在下人的房里吃饭。内桑瓦尔夫人为人是没话说的，但是却没什么知识，而且身上有一种出身波兰贵族的傲气，不懂得尊敬有才之士。这一次，她甚至只凭我的举止而不是根据我的服装来判断我；我的服装虽然很简单，但却十分整洁，看起来绝不是应该在下人房里吃饭的人。我已经很久不到下人房间去了，绝对不想重新到那去。我也没有直接显示我的不快，只是对贝桑瓦尔夫人说，有一件小事急需我处理，我必须立刻回去，说着就要起身。布洛格里夫人走到她母亲身边，对她耳语了几句，这些话很有用。贝桑瓦尔夫人站起身来拦住我，对我说："如果你赏脸跟我们一起用餐，我将很荣幸。"我觉得再端着架子就显得太不聪明了，于是我就留了下来。而且，布洛格里夫人的好意使我很感动，我对她产生了尊敬之情。我很乐意与她一起进餐，并且希望日后我们更熟的时候，她不会后悔曾帮我获得这次荣幸。她们家的老友德·拉穆瓦尼翁院长先生也在酒桌上。他跟布洛格里夫人一样，讲着一口巴黎社交界的行话，用词十分花哨，说一些高深莫测的隐语。而可怜的让一雅克在这方面就显得相形见绌了。我非常识相地一言不发，没有卖弄聪明。要是我一直就这样安分就好了，我就绝不会跌进今天这样的深渊里了。

我心里十分难过，因为我是这样笨拙，也没有在布洛格里夫人面前露一手，来证明我应该得到她的垂青。吃完饭后，我就又想起我那老一套了。我衣袋里装着一首我在里昂的时候写给帕里索的诗歌。这首诗本来就充满了热情，我朗诵时更加把这份热情表达得淋漓尽致，最后他们三人都感动得流下了眼泪。大概是我的虚荣心在作怪，也可能确实是这样，我总觉得布洛格里夫人仿佛在用眼神告诉她的母亲："怎么样，妈妈，我说这个人该跟你一同用餐，不该跟下人一起用餐，我说的没错吧？"在这之前我的心里总是不痛快，报复了他们一阵之后，我才感到痛快。布洛格里夫人更加觉得我很好，她认为我不久就会成为一个风靡巴黎的风流人物。

布洛格里夫人发现我缺乏经验，为了指导我，她送给我一本某伯爵的回忆录，并且告诉我：“这本书是一位良师益友，你将来在社交场中为人处世会需要它的，时不时地拿出来参考参考对你有好处。”我出于对布洛格里夫人的感激之情，把这本书整整保存了二十年，但每次一想到这位贵妇人似乎认为我很有才华，我就不禁哑然失笑。我读了这本书之后，马上就想跟作者交朋友。我这个油然而生的想法后来果然应验了：他后来成了我在文学界所结交的唯一一个真正的朋友。

从此，我就敢于信赖贝桑瓦尔男爵夫人和布洛格里侯爵夫人了，她们既然这么关心我，就决不会让我一直陷入困境的；后来证明我果然猜对了。现在让我们来谈谈我是怎样去登门拜访杜宾夫人的，这次登门对我后来的经历有着十分深远的影响。

杜宾夫人是萨穆尔·贝尔纳和封丹夫人的女儿。杜宾夫人有姊妹三人，可以称之为三朵金花：拉·都什夫人跟金斯顿公爵私奔去了英国；达尔蒂夫人是孔迪亲王的情妇，而且，不仅仅是情妇，还是他唯一真正的朋友，她性格温柔、忠厚、聪明、可爱，尤其是整天都是笑容满面的样子；最后是杜宾夫人，她是三姐妹中最美丽的，也只有她一人没有因为自己的言行引得别人说闲话。杜宾先生待客殷勤，所以得以娶到了她。他盛情地招待了她的母亲，母亲十分感激，把女儿嫁给了他，还给他安排了包税官的职位以及一笔丰厚的财产。我第一次见到杜宾夫人时，她是巴黎最美的女人之一。她一边梳妆一边接待我，胳臂裸露在衣服外面，头发松松地披在肩上，衣着也凌乱着。这种打扮我还是第一次见到，我忍不住手足无措起来；总之一句话：我爱上杜宾夫人了。

我的慌乱表现似乎没有让她产生什么不好的印像，因为她根本没有觉察到。她阅读过我的著作，现在见到了作者，她表示很高兴。当她谈到我的音乐计划时，能看得出她非常专业，一边唱，一边自己用羽管键琴伴奏。她还留我吃饭，让我坐在她的旁边。我如坠梦中，受宠若惊。她许诺我可以再去看她，于是我滥用起这个承诺来。我几乎天天都往她家跑，每周在她家里吃两三顿饭。我有很多话想对她倾诉，却总是不敢开口。有好几个理由加剧了我的胆小。走进富家豪族的大门，就相当于走上了亨通之路；从我当时的境况来看，我决不愿意发生差错让这个贵族的大门关上。杜宾夫人大部分时候都十分可爱，十分随和，但是有时也很严肃和冷淡，我在她的言行中找不出一点挑逗我让我胆大妄为的意思。她的门第，和当时巴黎跟任何一家比，都称得上是最豪华的，座上的宾客纵横各个领域，人数虽然不那么多，但也可以说是集各界之精华了：有大名鼎鼎的权贵，有叱咤文坛的文人，也有巴黎的美女。你在她家见到的，净是些王公贵族和各国的大使。洛昂王妃、弗尔卡基埃伯爵夫人、米尔布瓦夫人、布里尼约勒夫人、赫尔维夫人，这些都是她的朋友。封特奈尔先生、圣皮埃尔神甫、萨里耶神甫、弗尔蒙先生、贝尼先生、布封先生、伏尔泰先生，都和她是一个圈子里的人，这些人常常在她家里用餐。虽然她一本正经的态度不怎么受到年轻人的欢迎，但是她的座上客都是经过千挑万选的、有身份的、令人尊敬的人；在这些尊贵的人里面，可怜的让—雅克当然也就不敢怀有丝毫炫耀自己的心思。虽然我不敢说话，但也不甘心什么都不表达，于是我就大着胆子写起信来。一连两天，她都没有给我回信，什么话都不说。到了第三天的时候，她把信退还给我，当面用冷淡得使我心寒的语调对我说了几句规劝的话。我欲言又止，最后什么都没有说，我那一见钟情的爱冲动和希望都纷纷幻灭了。我在很礼貌地解释了一番之后就又一如既往地继续和她相处。从此向她绝口不提一个字，甚至都不再放肆地看她了。

我以为人们已经忘记了我干的这件蠢事，但事实上并不是这样。杜宾先生和前妻有一个儿子，弗兰克耶先生，也就是杜宾夫人的继子，他的年纪跟我和杜宾夫人差不多。他很聪明，长得也漂亮，而且野心勃勃。有人说他追求过他的后母。唯一的依据就是杜宾夫人给他娶了一个其貌不扬但是性格温和的媳妇。这个媳妇跟他们俩都处得非常融洽。弗兰克耶先生多才多艺，对音乐颇有造诣，这是我们之间交往的纽带。我经常去看望他，我也很喜欢他。突然有一天他突然暗示我杜宾夫人觉得我去拜访她的频率太高，让我以后别再去了。如果在她把我的信退回来的时候提出来这个委婉的请求的话，那倒还是合适的。但是现在事情已经过去了八九天，而且没有其他说得通的由头，我总觉得有点不对劲。更加奇怪的是，我并没有因此不受弗兰克耶夫妇的欢迎。后来，我确实去的少了，而且如果不是社宾夫人又突然有了出人意料的怪念头的话，我是绝不会再去的。因为她的儿子要更换家庭教师，有八九天的时间无人照管，她托我临时照应一下她的儿子。这八九天对我而言简直是活受罪，不过一想到这是杜宾夫人的吩咐时，就有了些安慰，咬着牙坚持下去。那个时候的舍农索就性格乖张，脾气暴戾，后因此让其家庭蒙羞，最后在波旁岛丧了命。在我照管他的那几天，我的任务是防止他做坏事，害人害己。虽然工作很少，但是我已经费尽心力，如果再叫我照看他一星期的话，哪怕是杜宾夫人以身相许，我都不干。

弗兰克耶先生和我成为了朋友，我们经常结伴学习。我们一起在卢埃勒先生家学习化学。我想离他更近，因此我从圣冈丹旅馆搬出来，住到维尔德勒路的网球场附近，网球场的对面就是杜宾先生家所在的普拉特里埃街。在那里，由于我对自己身体的疏忽，我患上了感冒，然后恶化成了肺炎，几乎要了我的命。我在年轻的时候总要得这一类的炎症，比如胸膜炎，还有我最容易得的咽喉炎，我在这里就不把所有炎症的名字都列出来了。这些病都曾使我徘徊在死亡边缘，足以让死神和我熟识了。我在病后休养的时候仔细考虑了一下我当时的处境，我对自己的羞怯、软弱和疏懒表示十分痛恨；由于我的疏懒，尽管我心急如焚，却还是整日无所事事，经常处于贫困之中。在我得病的前一晚，我去听了当时正在上演的罗瓦耶的一部歌剧，这部歌剧的名字我记不得了。虽然我经常推崇别人的才华，对自己的才华极度不自信，但是我还是认为这部歌剧的音乐太软弱，没有热情，毫无创意。我甚至想："我觉得我可以做得更好。"但是，当我一想到编写歌剧的工作实在是太繁琐了，又听到本行的艺术家们把这说得高深莫测，所以一直不敢轻易尝试，连想一想都感到脸红。况且，去哪里找一个既愿意为我提供歌词并且愿意按照我的意思改词的人呢？我生病期间，这种作曲和写歌剧的念头不时浮上我的心头，我甚至在发烧昏迷的时候还编写了一些独唱曲、二重唱曲和合唱曲。我曾写过两三首即兴之作，如果大师们愿意听我演奏的话，他们一定会惊叹的。啊！如果有人能把高烧病人的梦呓记下来，人们会惊奇地发现，他的梦呓竟然是伟大的作品呢！

在我养病期间，这些音乐和歌剧的题材不时在我心里萦回，不过没有以前那么热烈。由于反反复复地思考这个问题，我下定决心要试试看能不能自己连词带曲独立写一部歌剧。这已经不完全是我第一次尝试了。我曾经在尚贝里写过一部悲歌剧，题为《伊菲克斯与阿纳克萨雷特》，我自己知道写的不好，于是后来投进火里烧掉了。后来我在里昂写了一部叫作《新世界的发现》的歌剧，我把它念给波尔德先生、马布里神甫、特鲁布勒神甫和其他几个人听了，尽管我已经为序幕和第一幕配好了乐曲，而且达维看了之后说有些片段可以与彪龙奇尼[4]的作品相媲美，我还是把它烧了。

这一次，在动笔之前，我先费了好大一番工夫统筹了一下全局的布局。我想在一出英雄芭蕾舞剧里，用三幕独立的场景表现三个不同的题材，每个题材配上不同的音乐。我给这部歌剧取名为《风流的缪斯》[6]，因为每一个幕都是写一个诗人的爱情故事。我的第一幕的配乐十分刚劲，表现塔索[7]；第二幕的配乐十分缠绵，表现奥维德[8]；第三幕题为《阿纳克列翁》[9]，曲子中表现了赞美酒神的欢快气氛。我先用第一幕试手，怀着巨大的热情埋头创作，从这巨大的热情里我第一次感受到作曲的乐趣。

有一天晚上，我刚要进剧院的时候，心里突然涌现出了灵感，急切地想要写作。于是我便把准备拿去买票钱放回了口袋，赶忙跑回家关门闭户，把窗帘拉得紧紧的，不让半点光线透进来，然后倒在床上，我沉醉于灵感之中，只花了七八个小时就把那一幕的大致内容构思出来了。可以这么说，我对斐娜尔公主的爱慕（因为那时我自己就是塔索）以及我在她那位办事不公的兄长面前表现出来的那种高傲和坚定的感情，让我度过了美妙的一夜，比让我真正躺在公主怀中还要美好。到了早晨，我所构思的乐曲只有很小一部分还记得，但是，就是这几乎被疲倦和睡意驱散的一小部分，也仍然能看出这些曲子宏伟的气势。

但是这次，我没有把创作歌剧一直搞下去，因为有其他事情转移了我的精力。我跟杜宾一家交往密切的时候，也会去看看贝桑瓦尔夫人和布洛格里夫人，她们也没有忘记我。禁卫军统领德·蒙台居伯爵先生刚刚被任命为驻威尼斯大使。这是靠巴尔雅克提携上来的大使。他的哥哥蒙台居骑士是世子的近侍，认识这两位夫人，也认识阿拉利神甫，他是法兰西学士院的院士，我有时也和他见面。布洛格里夫人知道大使要寻觅一个秘书，于是推荐了我。我们面谈了，我提出要五十路易的薪金。因为担任这个职务，需要衣着华丽来撑持场面，我所要的薪金并不算多。可是他却只肯给我一百个皮斯托尔的薪金，去威尼斯的路费由我自备。这种条件是很可笑的，我们没法谈下去了。弗兰克耶先生又开始拼命挽留我，最终，我留下来了，蒙台居先生带着另外一个秘书走了。这个秘书叫福洛先生，是外交部派来的。一到威尼斯，他们俩就闹翻了，福洛发现自己的同事是一个疯子，转头就走。蒙台居因为身边只有一个叫比尼士的年轻神甫，他只能在秘书的指导下写写信，而不能胜任秘书工作，于是又想到了我。他的骑士哥哥十分精明，劝说了我很久，暗示秘书会有些别的收益，终于把我说动了，我就接受了一千法郎的薪金。又另外得到二十个路易的路费，于是我就动身了。

到达里昂之后，我原想从蒙塞里斯走以便顺路探望一下我那可怜的华伦夫人。可是一方面由于当时正在打仗，并且想省下一点路费，另一方面又要到正在普罗旺斯地区指挥军队的米尔普瓦先生那里去拿护照，所以我就走水路，从罗讷河顺流而下，到土伦去坐海船。德·蒙台居先生因为缺不了我，接连写信催我赶紧动身，可是却有一个出人意料的事件延误了我的行程。

那时候墨西拿正在流行瘟疫。守在那里的英国舰队搜查了我搭乘的海船。使得我们在一个艰苦漫长的航程之后，又在热那亚被检疫隔离了二十一天。按照他们的规定，旅客可以自由选择检疫期的居住地点，可以留在船上也可以搬到检疫所去。不过他们事先告知我们，检疫所还没有来得及布置，除了四周的墙壁之外什么都没有，所以大家都选择了留船受检。可是我宁愿冒险住到检疫所去，因为船上酷热，空间狭窄，既无法活动，又多蚤虱。我被带到一座三层楼的大房子里，里面什么都没有，窗户、床铺、桌子、椅子这些一样都没有，想坐没有板凳，想睡没有稻草。他们把我的大衣、旅行袋和两个箱子搬进房子里，然后就把大门锁上了。然后我就一个人在房子里走来走去，一层一层乱窜，一间一间走动，也还是感觉到十分无聊。

虽然很无聊，但是我还是没有后悔跑来检疫所而不是留在船上。我像鲁滨逊一样，开始探索新的生活，准备像度过终身一样去度过那二十一天。我的第一个乐趣是捉虱子，这些虱子都是我从船上带过来的。我把全身上下的衣服换了好多遍，直到身上一个虱子都没有了。然后我就开始布置我要住的那个房间。我用上衣和衬衫做成床垫，又把几条大毛巾缝在一起做成褥单，用睡衣当作盖被，卷起大衣当作枕头。接下来我把一个箱子放平当作凳子，把另一个箱子竖起来当作桌子。在桌上放上我带来的纸张和文具盒，用十几本书排成了一个小书架的样子。反正我把房间收拾得十分舒适，就是缺少窗户和窗帘而已。我在这座空荡荡的检疫所里，就像住在维尔德勒路的网球场一样便利。给我送饭的是两个掷弹兵，肩上扛着上了刺刀的枪，护送我的饭菜，真是大有气势；我的餐厅就是楼梯，餐桌是梯口的平台，平台下的梯级是我的椅子；饭菜摆好之后，送饭的掷弹兵摇一摇铃，就算是请我入席了。在两顿饭之间的时间里，如果我不看书写字，也不布置房间，那我就会去新教徒公墓散步，这公墓就像是我的庭院；我爬到一个面对着海港的墓灯台上，眺望港口，看着船舶进进出出。像这样，我度过了十四天，要是没有法国大使容维尔先生的话，我会像这样整整度过二十一天，完全不会感到厌烦。可是，我给他写了一封信，这封信上沾上了醋和香料，还被熏得半焦，信纸还消了毒，就是这样一封信让我的居留期缩短了八天。这八天是在容维尔先生的家里度过的。在他家里当然要比在检疫所舒服很多。他对我十分热情友好。他的秘书杜邦也是个很棒的人，带着我在热那亚城里和乡下拜访了很多地方，玩得十分愉快，因此我跟他成为了好朋友，后来也时常写信，一直继续了很长时间。后来我横穿了伦巴第继续我的行程，旅途很愉快。我途径米兰、维罗纳、布雷西亚、帕多瓦，最后终于到了威尼斯，大使先生等得十分着急。

一堆公文堆在我的办公桌上，这些公文有些是朝廷送过来的，有些是别的大使馆送来的，只要是用密码写的公文他都看不懂，尽管翻译这些公文的密码本他都有。在此之前，我从来没有在机关里做过事，也从来没见过使节的密码本，所以一开始我以为办起来会很棘手。但是等我真正开始做这些事情的时候我发现并没有那么困难，我只用了不到一星期的时间，就把所有的密函翻译完了。这些函件其实完全没有必要使用密码，因为只有驻威尼斯的大使是个清闲的职务，像蒙台居这样的人，哪怕是最小的事情，别人都不愿意托他去办理。他在我来之前简直是束手无策，因为他既不会口授文件，自己也不会写，所以我的到来对他来说是雪中送炭的。他自己也察觉到了这点，因此对我很好。除此之外，他对我友善还有另外一个原因，他的前任弗鲁勒先生因为神经失常而离职后，就由法国领事勒布隆先生接任馆务，而蒙台居先生到了之后，勒布隆先生仍然代为办理，一直到蒙台居先生熟悉馆务。蒙太居先生这个人虽然自己办事不力，但是却忌妒别人代办事情，所以他不喜欢这位领事。我到任之后，他就把大使馆秘书的职务拿过来交给我了。由于职务与身份是分不开的，于是他就给了我秘书的身份。我在他身边的时候，他一直是让我用这个身份和参议院及参议院的外交官员打交道。事实上，他不想要一个领事或朝廷派来的办事员当大使馆的秘书，而是想要自己人担任这个职位，这是一件自然而然的事情。

这让我的处境变得十分轻松惬意，可以防止他那些意大利籍的雇员、侍从以及他的大部分职员在大使馆里跟我争权夺利。我很成功地利用了我的权力来维持大使的特权。比如，好几次使馆区被人侵犯，都被我及时制止了，而这些事情，他那些威尼斯籍的官员是没有办法阻止的。除此之外，我从来不容许有匪徒到大使馆来避难。虽然包庇匪徒可以得到好处，而大使阁下也可以从分得一部分好处。

大使阁下甚至厚着脸皮要求分享一份秘书处那些称为“办公费”的外快。当时正赶上战争时期，免不了要签发很多护照。每份护照都是秘书办理和副署，并需要支付给秘书一西昆[10]。我的所有前任秘书每签一份护照就要收取一西昆，不管对方是法国人还是外国人。我觉得这个惯例不公道，所以，虽然我不是法国人，但是我却为法国人废除了这一西昆的护照费。但是，只要不是法国人，我是一定要收取这个费用的。例如：西班牙王后的宠臣的弟弟斯科提侯爵派人来要了一份护照，但是却没有把一西昆的护照费送来给我，于是我就派人向他索取。那个好报复的意大利人对于我这个大胆的做法一直耿耿于怀。在大家都知道了我在护照税方面的这一改革之后，来办理护照的人全都冒充法国人了。他们说的话是极其难听的南腔北调，他们自称是普罗旺斯人、庇卡底人、勃艮第人。我的耳朵这么灵，是绝对不会受骗的，没有一个意大利人能少交一个西昆，也没有一个法国人会误付。蒙台居先生本来什么都不知道的，我居然愚蠢地把我的改革告诉他了。一听到“西昆”这两个字，他就竖起了耳朵。他对法国人免收护照费一事没有任何意见，但是对于非法国人缴纳的一西昆护照费却要求我和他平分。我十分愤慨了，非常干脆地拒绝了他的要求。我生气倒不是为我自己的利益受到了侵犯，而是觉得他太卑鄙了。他还坚持要我接受他的要求，于是我就发火了：“不，先生！您有您的利益，我有我的利益，请把属于我的利益留给我，而我的利益我永远也不会让给你一文钱。”他眼见没法分到钱，就又想了一个办法，不知羞耻地对我说，既然他给了我办公费，那么办公室的开支就应该由我负担了。我不想在这一点上跟他斤斤计较，于是我自掏腰包，买了办公室用的墨水、纸张、火漆、蜡烛、丝绳，甚至还花钱叫人另刻了图章。他一分钱都没有补贴我。但是我还是把护照费的收入分了一小部分给了比尼士神甫，他是个老实的年轻人，从来没想过要分这些钱。他对我很真诚友好，我对他也就同样很友好，我们一直相处得很融洽。

经过一段时间的工作以后，我觉得业务没有原先所想像的那么难办。一开始，我怕我是个新人，大使自己也是个新人，而且他又无知又固执，只要我出于我的良心想为他和国王做一点有利的事情，他都要故意跟我唱反调。在他做过的所有事情中，最明智的一件就是，他和西班牙大使马利侯爵关系很好。马利侯爵为人能干精明，只要他愿意，他就可以牵着蒙台居的鼻子走。可是他出于两国王室的共同利益，给蒙台居先生提了很多很好的建议。如果蒙太居先生在工作中不那么自以为是的话，这些忠告都是非常好的。他们两人唯一要配合做好的事情就是想办法让威尼斯人保持中立。威尼斯人总是嘴上说着忠实地保持中立的立场，暗地里却公开把军火卖给奥地利军队，甚至给他们输送兵源，谎称是逃兵。我相信蒙台居先生是想对威尼斯共和国示好的，所以他也就不顾我的劝阻，硬要我在每份报告里都强调威尼斯共和国不会违反中立的诺言。这个可怜虫又固执又蠢，总是要求我写很多荒唐的文件，做很多荒唐的事情。既然他要求这样，我也只能照做。可是有些时候我觉得我的工作实在是让人难以忍受，甚至难以进行下去。比如，虽然一点都没有保密的必要，但是他一定要在给国王或者外交大臣的报告里全部用密码。我告诉他，朝廷上的公文要求星期五到，我们的复文星期六就要发出，根本没有时间用密码写。而且我还有许多信件要写，这些也都要赶上同一个邮班发出。他想了个棒极了的法子，他让我星期四就给第二天要到的文件拟好复文。他自己觉得他这个主意简直太妙了。所以，虽然我跟他说这太荒谬了，根本行不通，结果他还是让我这么做。我在他手下任职的一整个时期里，我先要把他在一周内告诉我的零零碎碎的话和我无意中听来的微不足道的消息记录下来，然后就根据这点材料，在每个星期四早晨把星期六要发出复文草稿送给他看，他看了之后只是在答复星期五来文的文件基础上匆匆忙忙地做点增补或者修改。他还有个有趣的怪癖，把他的函件变得可笑得难以置信：收到每一则消息他都发回到原来的地方，而不是往外发。他向阿默罗先生[11]报告宫廷消息，向莫尔巴先生[12]报告来自巴黎的消息，向达弗兰古尔先生[13]报告来自瑞典的消息，给拉·什塔尔先生[14]报告来自圣彼得堡的消息，他有时还要把他们每人发出的消息寄回给本人，只是让我稍微修改一下词语。在我送给他请签署的文件中，他只粗略地看一下发给宫廷的呈文，给别的大使的公函他看都不看就签上名字，这让我有了一点点自由，能把给大使的公文照我的意思修改，至少能达到交流消息的作用。但是我想修改最重要的文件是不可能的。他不时心血来潮在公文里加一些他临时想到的别出心裁的话，这就让我不得不再重新匆忙把他胡诌的话加上去，再用密码把全文重抄一遍。有很多次为了他的荣誉，我真的很想用密码写进一点其他的话。但是我又觉得这样不忠于他的原话没什么道理，所以最后还是照他的意思办，后果由他自负。而我也不过是向他坦率进言，好好尽我的职责而已。

我始终这样正直热诚地工作，的确值得从他那里得到不同于他给我的回报。上天赋予我善良的本性，我又受过善良女人的教导，自己也曾努力地修身养性，现在正是我表现我的天性、教育和修养的时候了，而事实上我也正是这样做的。那时候我孤身一人，没有人指导，又没有任何经验，远在异乡，服务于异国，周围都是一些无赖，这些无赖为了自身的利益，为了不让我的善良来衬托出他们的丑恶，便极力怂恿我与他们同流合污，而我却坚决不这样做。我用心为法兰西服务，虽然我对法兰西没有任何义务可言，但是我还是全心全意地为大使效劳。我站在一个凸出的岗位上，做得令人无话可说，所以我理应并且也确实受到了威尼斯共和国和所有与我们通讯的大使们的尊敬，也受到了所有住在威尼斯的法国人的尊敬，包括那个被我顶掉的领事。我知道我做的很多工作原本都是属于他的，实在是很抱歉，尽管这些业务给我的麻烦比乐趣要多得多。

德·蒙台居先生毫无保留地信赖马利侯爵，马利侯爵指点他职务上的事情，所以蒙台居对自己的工作毫不上心，要不是有我的帮助，住在威尼斯的法国人都不会感到有一个大使的存在。在他们需要保护的时候，大使总是直接把他们打发走，甚至不听他们说话，所以他们也就对大使灰心了。在此之后，再也没有法国人跟在他后面或者和他吃饭了，因为他从来不请法国人吃饭。我经常帮他做一些本应是他做的事情：求他或求我办事的法国人，我都竭尽所能帮助他们。在任何别的国度里，我可能会去做更多的事情。但是在这里，我的地位不高，我见不到那些有权势的人，因此常常要找领事帮忙。这位领事的家安在了这里，所以办事的时候总是有所顾忌，因此不敢放手做他想做的事情。当我看到他办事时畏首畏尾的样子，我就大着胆子去交涉，其中有好几次都成功了。有一次交涉，我现在想起来还觉得很好笑。谁都想到巴黎的戏迷能够看到科娜琳和她的姐姐卡米叶全是我的功劳。这是真实的事情。她们的父亲维洛勒茨已经代表他和两个女儿和一个意大利戏班签订了合同；可是他在收到两千法郎的路费之后，不但没有动身去戏班，反而悄悄地跑到威尼斯来，在圣·吕克戏院演出；科娜琳当时虽然还是个孩子，但是已经有很多人捧她了。热弗雷公爵以王室首席侍从的身份给大使写了一封信，派大使去找他们父女。德·蒙台居先生把信交给我，唯一的指示只有三个字：“你看看。”我去找勒布隆先生，请他去和圣·吕克戏院的贵族进行交涉。我记得这贵族大概是叫朱斯提涅阿尼，让他辞退维洛勒茨，理由是维洛勒茨已经确定了要为国王演出。勒布隆没有把我交给他的事情放在心上，把事情办得很糟糕。朱斯提涅阿尼闪烁其词，维洛勒茨也没有被解雇。我很生气。当时正值狂欢节，我披上斗篷，戴上面具，坐在一只平底的小船上，让人带我去朱斯提涅阿尼的公馆。所有看到我这只挂着大使馆旗号的船的人都吃了一惊：这种事情在威尼斯是前所未有的。我走进朱斯提涅阿尼的公馆，让人通报说有一位戴面具的女士求见。我一被引进客厅，就摘下面具，报上了我的真名。那位参议员吓得脸色惨白，手足无措。“先生。”我用威尼斯的语调对他说，“非常抱歉打搅到了阁下。但是在你的圣吕克戏院里有个叫维洛勒茨的人，他已经签了合约，要为法国国王服务了。我们曾派人来索要他，但是一直没有结果，这次，我以法国国王的名义向你要人。”我这短短的几句话产生了巨大的效果。我一离开，这个人就跑去把他的遭遇向大法官报告，被大法官一顿臭骂。维洛勒茨当天就被辞退了。我派人告诉他，如果他一星期内不动身，我就要派人把他抓起来。于是他就乖乖地动身了。

还有一次，我单枪匹马，几乎没有靠任何别人帮助解决了一位商船船长的困难。这位船长的名字叫作奥利维，是一位马赛人；船的名字我忘记了。他的船员曾跟共和国雇佣的斯洛文尼亚人吵架，并且发生了打斗，于是船被扣留了，受到了严厉的处分，除船长以外，任何人不得许可不准上船或者下船。船长请求大使帮忙，大使没有搭理他；他跑去找领事，领事说这不是商务方面的事情，无权过问。船长不知道该怎么办，就找到了我。我对蒙台居先生说，他应该准许我为这件事发一份备忘录给参议院。我已经忘记了他是否同意这样做，也忘记了我是否提交了备忘录，但是我记得很清楚，我的交涉没有任何作用，船还是继续被扣留。我不得不又想了一个办法，结果成功了。我的新办法是：把这件事情的写成报告插进给莫尔巴先生的公文里。就是这么一件事情，我也花了不少气力才得到蒙台居先生的同意。我知道我们的公文虽然不需要接受拆开检查，但是在威尼斯却经常被人拆检。我有确凿的证据，我发现日报上的很多消息都是一字不改地照抄我们的公文。对于这种非法行为，我曾向大使提出抗议，但他始终没有什么举措。这次我把扣押船只的案件插到公文里，就是要利用他们拆检公文的那种好奇心，等他们拆开信件后看见我的报告后一定会感到害怕，然后他们就不得不释放被扣的船只，如果这件事情真要等候宫廷下了指示之后才交涉的话，船长早就破产了。我做完这些之后，还亲自到商船上去讯问船员。我请了领事馆主任秘书巴迪策勒神甫和我一起去。他勉强答应和我一起去，那班可怜的家伙生怕得罪参议院。因为有禁令，我不能上船，于是就待在我的平底小船上一边做笔录，一边大声地挨个讯问船员，引导他们说出有利于他们的话。我本来是请巴迪策勒神甫发问并且做笔录的，因为这本来就是他的工作，可是他怎么都不同意，不仅一言不发，而且也不太愿意在笔录上副署自己的名字。我这种做法虽然有点冒失，但是效果很好，在外交大臣回复之前商船就被释放了。船长要给我送礼，我温和地拍了拍他的肩膀对他说："奥利维船长，请你想想，我连现成的护照费都不向法国人收取，难道借着国王对你的保护来牟取私利么？"他极力邀请我在船上吃饭，我同意了，还邀西班牙大使馆秘书卡里欧和我一同前去。这位卡里欧是个聪明人，后来担任过驻巴黎大使馆的秘书和代办，我在当时像我们的大使们那样，与他相处得很和睦。

当我毫无半点私心，尽力做好我所能做的一切事情的时候，如果我把所有事情的细节都处理得井井有条、细致周密，既帮助了别人，自己也不至于吃苦头，那该有多好啊！可是我处在这样的岗位上，稍有差错就会产生严重的后果。我总是小心翼翼地做事情，避免在工作中出现疏漏。凡是工作中由我负责的事，我都做得有条不紊、一丝不苟。我只是在匆匆忙忙地翻译密码时犯过几个错误，阿默罗先生的属下曾抱怨过一次。除此之外，不管是大使还是任何别人，都没有说过我工作中有任何疏漏。像我这样大大咧咧的人能做到这样也算不错了。然而，在负责的一些私人事务中，我却经常健忘，粗心大意，由于我办事公平，所以总是自己吃亏，绝不等到别人先抱怨我。举一个例子，这件事和我离开威尼斯一事有关，它的影响一直持续到我回到巴黎之后。

我们的厨师名叫鲁塞罗，他从法国带来了一张二百法郎的借据，这是一个叫扎勒托·纳尼的威尼斯贵族写给鲁塞罗的一个做假发的朋友的，扎勒托从他那买了假发。鲁塞罗把这张借据交给我，托我要回一点钱。我们都知道，威尼斯贵族有个老习惯，在外国欠了债，回国后就不还了；你如果逼他们还钱，他们就一直拖着，倒霉的债权人耗尽时间和金钱之后，不得不放弃，或者被几个钱打发掉。我请勒布隆先生去跟扎勒托谈判，扎勒托承认了借钱的事情，但不肯还钱。折腾了一番之后，他最后答应还三西昆。当勒布隆拿着借据到他那的时候，说好的三西昆还没有准备好，只好继续等着。在这期间，我跟大使闹翻了，将要离开大使馆。我把大使馆的文件都整理得整整齐齐放在办公室，唯独鲁塞罗的那张借据找不到了。勒布隆先生坚称他把借据还给了我。我知道他为人正派，他说的话是绝对值得相信的，但是我无论如何也想不起来这张借据被我放到哪里去了。既然扎勒托已经承认了债务，我就请勒布隆先生想办法要回这三西昆，给他一张收据，或者叫他再重新写一张借据，予以注销。扎勒托知道借据丢了之后，对两种办法都不接受。我只能自己拿出三西昆来付给鲁塞罗，来补偿借据的损失。他不接受，把债权人的地址给了我，让我到巴黎去跟债权人商量。那个假发商知道了这些事之后，索要他的借据，否则就按照借据上写的金额还钱给他。我当时气极了，真想想方设法把那张借据找到！最后我只能付了二百法郎，而且还是在我手头最感拮据的时候。丢失借据反而让债权人要回了全部欠款，而如果该他倒霉，借据找到了，他恐怕连扎勒托·纳尼答应的那十个埃居也要不回来！

我自信我在这种职务上有一定才能，所以对办公事很感兴趣。除了跟我的朋友卡里欧和我不久之后就要谈到的那位品德高尚的阿尔图纳交往，或者闲暇时到圣马克广场去娱乐和看戏，以及与他们两位一起去串串门以外，工作就是我唯一的乐趣。虽然我的工作并不十分繁琐，而且还有比尼士神甫做助手，但是因为要处理的公文数量很多，再加上是战争时期，我还是相当忙碌的。我大部分工作都在上午完成，碰到有邮班的日子，我有时要忙到半夜。其他时候，我就埋头研究我正在从事的这个行业，我希望凭着开始的成绩，以后获得较好的任用。对于我的工作，所有人都赞不绝口。首先是大使，他高度赞扬我的工作态度，从来没有对我有过一句抱怨。后来他之所以暴怒，完全是因为我多次诉苦都没有效果，执意辞职的缘故。凡是跟我们有通信关系的法国的大使们和大臣们，都在他面前称赞他的秘书。对于这些夸奖，他原本应该感到高兴才对，但他那古怪的脑子却想的完全相反。特别是在一个重要场合，他听到人家夸赞我，竟然气的一辈子也不原谅我了。这件事我要花点功夫好好说明一下。

他这个人缺乏自觉性，就连在星期六差不多所有公文都要发出的那一天，他等不到所有工作完成便要出门。他不停地催促我，要我把给国王和大臣的报告发出去。而他自己匆匆忙忙签了字以后，就不知所踪了，留下来的大部分函件都没有签署。如果函件内容只是一些消息的话，我还可以把它们改成通报，可是如果内容涉及国家大事，就一定要有人签署，也就是说只好由我来签了。我们刚从国王驻维也纳代办万森先生那里收到了一个重要情报，我就这样办理了。那时罗布科维茨亲王[15]正带兵向那不勒斯进军，嘉日伯爵从容不迫地转移了阵地。这是本世纪最精彩的一次战略行动，但是知道的欧洲人不多。情报上说，有一个人——万森先生把他的面貌特征都说明了，已经从维也纳动身，经过威尼斯，潜入阿布鲁士地区，在那里煽动民众，让他们在奥军到达时闹事，里应外合。蒙台居伯爵不管事，而且他也刚好不在家，我就把这情报直接转发给德·洛比塔尔侯爵[16]了。情报转得非常及时，波旁王朝之所以能保全那不勒斯王国，也许还多亏了我这个经常挨骂的让—雅克呢。

德·洛比塔尔侯爵在感谢他的同事蒙台居的时候，特别提到他的秘书和秘书对共同事业所做出的贡献。本该自责自己贻误军机的蒙台居伯爵却认为这番夸赞之中含有指责他的意思，所以说起这件事情的时候很不高兴。我曾经对驻君士坦丁堡大使卡斯特拉纳伯爵一样权宜行事，虽然事情没有那么重要。那时候到君士坦丁堡没有别的邮班，只有参议院有时会派专差给他的外交官送信，专差出发时总是先通知一下法国大使，以便顺便把信带给大使的同僚。通常来说，通知是前一两天送到，但是人家太不把蒙台居先生放在眼里，在信差出发前一两小时才来告诉他，走走形式。这就使得我有好几次只能越俎代庖，在他不在的时候替他写信寄出。德·卡斯特拉纳先生回信中总要提到我，对我赞不绝口；容维尔先生从热那亚寄信来，也要夸赞我一番。蒙台居先生对此很不高兴。

我承认，我从不放过出头露面的机会，但我也从不乱出风头。我觉得，只要好好工作，想得到人们的赏识，好人褒奖是天经地义的。我不认为我的尽忠职守是大使对我不满的真正原因，但是我可以肯定，直到我们分手的那天为止，他所历数出来的对我不满的理由就只有这么一条。

他那个大使馆，一点都不没有大使馆的样子，里面都是些品行不端的流氓，使馆里的法国人总是受到欺负，意大利人却耀武扬威；甚至在意大利人中，长期在大使馆工作的好员工都被无端辞退了，比如大使的第一随员，这个人在弗鲁勒伯爵手下就是第一随员，我记得他的名字叫贝阿提伯爵，或者是和这个差不多的名字。德·蒙台居先生的第二随员是他自己挑选的，名叫多米里克·维塔利，这人原是芒杜城的一个恶棍，而蒙台居大使却把大使馆的总务交给他负责。他用曲意奉承和不择手段克扣雇员的薪水取得了大使的信任并成了他的宠儿，使仅存的几个正直人和领导他们的秘书都吃了很多苦头。对于坏人而言，正人君子正直的眼光就能使他们提心吊胆；单是这一点就足以让这个坏蛋对我怀恨在心了。除此之外，还有一个原因，使他对我的怨恨变得更加深刻。我一定要把这个原因说出来，让大家来判断是不是我真的有什么地方做得不对。

按照惯例，大使在五个戏院中的每一个戏院都有一个包厢。每天午饭时间，他指定要去哪个戏院看戏，他选完了之后是我选，其余包厢再由其他随员们挑选。我出门时就拿走我选定的包厢的钥匙。有一天，维塔利不在，我就让我的侍仆把钥匙送到我选的那个房间里。维塔利不给，说他已经把这个房间分配掉了。我很生气，特别我的侍仆当着大家的面汇报了他去要钥匙的经过。晚上，维塔利想向我道歉，我没有接受。“先生，”我对他说，“你明天在拒绝我的侍仆拿钥匙的那个时间到我受了侮辱的那所房子里来，当着那些看见我受侮辱的人的面向我道歉；否则后天无论如何我们中必须有一个离开这个大使馆。”我这样坚决的语气让他恐慌了。到了指定的时间和地点，他果真公开向我道歉了，那种谄媚恭顺的样子只有他能做得出来。但事实上他表面对我卑躬屈膝，暗地里却用那种意大利式的阴险手段对付我：最后他虽然没能煽动大使辞退我，却逼我不得不主动辞职。

这样一个卑鄙的小人当然不可能了解我的为人，但是他知道我身上哪一方面是可以被他攻破的弱点。他知道我对于无心的过错是极端宽厚、温和的，而对于有预谋的侮辱则毫不手软；他知道我在处理公务的时候是很认真严肃的，不仅时刻注意对别人敬重，而且也要求别人对我尊重。他就从这方面入手，终于让我忍无可忍。他把大使馆弄得乌烟瘴气，把我为了处理好上下级关系、保持那种与尊严分不开的端庄气氛而制定的规章制度破坏无遗。一个单位没有女人，就需要用严格的纪律来努力维持住的那点庄严肃穆的气氛。他不久就把我们的单位变成了流氓集聚、藏污纳垢的场所。他设计把第二随员赶走了，给大使找来一个跟他一样的货色来担任这个职务，这人之前是在马耳他十字街开妓院的。这两个坏蛋狼狈为奸，在大使馆里耀武扬威、横行霸道，就连大使的办公室都没那么整洁了，而且整个大使馆没有一个角落能让正人君子受得了。

大使阁下通常是不在大使馆里吃晚饭的，我和我的随员们晚上就单开一桌，比尼士神甫和其他随员们也和我们一起吃饭。就在最简陋的小饭馆里，餐具干净整洁，桌布也不是很脏，吃的也要好一些。桌上只有一支脏的小蜡烛，用的是锡碟子和铁叉子。吃饭反正是在饭馆里，倒也就罢了。可是连我的专用平底小船都没了。在所有大使馆的秘书当中，只有我一个人要临时租用平底小船，不然就只能步行。从此以后，除了到参议院外，我都没有大使阁下的仆役跟随了。而且，使馆里发生的一些事，闹得满城风雨。大使手下的官员们都大声抱怨。事情虽然都是维塔利引起来的，他却抱怨得比谁都凶，因为他知道，我们受到这种不成体统的嘲弄，我比谁都难堪。整个大使馆只有我一个人不肯把家丑外扬。我在大使面前表示了强烈的不满，我责怪其他的人，也埋怨他本人，而他却背后使坏，每天总给我一个新的侮辱。为了在其他大使馆的秘书面前维持体面，为了穿的有面子，我不得不多花钱，我的薪金全都花光了。每次我一向他要钱，他就大谈他是怎样器重我、怎样信任我，仿佛这两样东西能代替钱买到一切似的。

那两个恶棍最后竟然让他们那位头脑本来就不太清楚的主人完全晕头转向了，他们怂恿大使不断地买古董，使他血本无归。明明是上了别人的当，他们非告诉大使是赚钱的交易。他们撺掇他花了两倍的钱在布伦塔河岸租了一所别墅，他们和屋主平分了他多付的钱。别墅里的房间都按照当地的习惯镶嵌着瓷砖，配有华美的大理石做成的圆柱和方柱，蒙台居先生却花了不少钱，让人把这些用杉木板盖起来，唯一理由就是在巴黎房间都是钉上一层护墙板的。在驻威尼斯的各国大使中间，只有他一个人不准他的见习随员佩剑，不准他的随身侍役执仗，理由和前面说的相似。他就是这么奇怪的一个人，他也许是出于同样的理由看我不顺眼，唯一的理由就是我一向公事公办。

他暴躁的脾气，粗暴的对待，我都尽力忍受了，我把那当作是他性情脾气的问题，而不是出于仇恨。但是，我一旦发现他有意要剥夺我由于尽忠职守换来的那点荣誉的时候，我就再也不能忍了。我第一次发现他存心挤兑我，是在他宴请当时在威尼斯的摩德纳公爵和他的家属吃饭的时候。他告诉我说宴会上没有我的座位。我没有生气，但是满心不快地回答他说："既然我很荣幸地天天都和大使一同吃饭，所以即使是摩德纳公爵亲自要求不让我同席，为了大使阁下和我本身职位的尊严，你也应该拒绝。"他气势汹汹地对我说："这一次的宴会连我的随员们都不同席，而你只是个小小的秘书，连起码的贵族都不是，还想与国家元首同席？""没错，先生，"我反驳说，"我的这个高贵的职位是阁下赋予的，只要我在职一天，我比你的随员，那些贵族或自称贵族的人，都要高一级。他们出席的场合我能出席。你应该知道，将来你任满回国的那天，仪节和自古以来的习惯都规定我要穿着礼服跟在你后面，在圣马克宫的宴席上与你同席。我不明白，一个人能够并且应该参加威尼斯国王和参议院的公宴，为什么反而不能参加宴请摩德纳公爵先生的私宴。"虽然我的理由无法被反驳，大使却始终不肯让步。不过，我们并没有机会再为此争执，因为摩德纳公爵根本就没有来赴宴。

从此以后，他就一直给我找些不痛快，给我不公平的待遇，极力剥夺属于我的职位的许多小特权，让他那亲爱的维塔利去享受那些特权。我确信，如果他想要让他代替我到参议院去的话，他一定会这样干的。一开始他让比尼士神甫在他的书房里替他写私人信件，现在他竟然让他来给莫尔巴先生写奥利维船长案件的报告了。这案子明明只有我一个人参与，可他在报告里却绝口不提我，甚至连附在报告里的笔录副本，也只字不提那是我写的，反而说是巴蒂策勒写的，其实帕巴蒂策勒一句话也没有说。他是想排挤我，讨他那个宠儿的欢心，倒不是想脱离我。他也知道，想找一个人接替我不可能像当时我接替福洛先生那么容易了。福洛先生已经把他的劣行到处宣扬开了。他绝对需要一个懂意大利文的秘书来替他办理参议院的公务，因为参议院的复文都是用意大利文写的；他需要的这个秘书既能为他办理公文和事务，不需要他操心，而且还要对他那些无能的随员老爷们卑躬屈膝。因此，他又要把我留在身边，又要排挤我，把我放在离我的祖国和他的祖国都很远的土地上，没有路费回去。如果他做得不那么过分，也许他会达到目的。然而维塔利却另有图谋，他要逼我下决心走人，最后他成功了。我发现我的所有努力都是白费，大使对我的辛勤工作不仅不表示感谢，反而还百般刁难，我不仅在馆内感到不快，在馆外也受到不公正的待遇，而且他已经把自己搞的声名狼藉，不管他善待我还是亏待我，对我来说都没什么好处。于是我打定主意，向他请了长假，同时给他留下时间，让他找一个新的秘书。他对于我的辞职，不置可否，态度一如往常。我看情况并没有好转，而且他也不积极找人接手，就写信给他的哥哥，详细说明情况，请他转告大使阁下准我辞职，并且强调说我是绝对不可能再待下去了。我等候了很久都没有收到回信，我开始觉得为难了。但是最后大使收到了他哥哥的一封信，这封信的用词一定很难听，因为他虽然平时喜欢发脾气，但我从来没看见他发这么大的火。他先用不堪入耳的话破口大骂，然后无话可说，就说我出卖了他的密码。我哑然失笑，用嘲讽的口吻问他是不是相信在威尼斯能有一个傻子肯花一个埃居来买这种东西。这个回答把他气得口吐白沫，他装模作样喊他的仆从来，要把我从窗口扔出去。直到那个时候，我都是很镇定的，但一听到这话，我也就发起火来了。我跑到门口，把插销一拉，把门从里面锁起来，然后踱着方步走到他面前对他说："伯爵先生，别这样，这是我们两个人的事，不必惊动你的仆从。"我的行为和我的话让他冷静了下来，他的举止表现出他很害怕。我看他消气了，就说了几句话向他告辞，然后，不等他回话就把门打开走了出去，昂首挺胸地从他的仆从身边走过。仆从们照例站了起来，看样子，与其说他们会站在他那边，倒不如说是站在我这边。我没有上楼回到自己的房间，而是走下了楼梯，离开了大使馆，永远不回去了。

我直接到勒布隆先生家里告诉了他事件的经过。他并没有很惊讶，他清楚大使的为人。他留我在家里吃了午饭，这顿午饭虽然是临时准备的，却十分丰盛。威尼斯所有有声望的法国人都在座，但没有一个大使的人。领事把我的事告诉了大家。大家听了，都异口同声地叫了起来，这一叫当然不是在同情大使阁下。大使阁下没有结算我的薪金，一分钱都没有给我，我全身上下只有几个路易，回程的路费都凑不齐。这时大家都解囊相助，我在勒布隆先生那里拿了二十几个西昆，在圣西尔先生手里也拿了这么多钱。除了勒布隆外，我和圣西尔先生最亲密。其他所有的人的帮助我都谢绝了。在等待启程期间，我住在领事馆秘书家里，以此向社会证明，法国人并不都像大使那样对我不公。大使看到我丢了差事反而更受大家欢迎，而他虽然是大使，却被大家冷落，感到十分生气，完全没了理智，所作所为简直像疯子一样。他竟然不顾体统，给参议院发了一个公函，要求逮捕我。我一得到比尼士神甫给我的这个消息，反而决定再多待十五天，不像原本打算的那样，第三天就启程。大家看到我这么做都很赞成，我受到了大家的一致敬佩。参议院官员对大使的那份莫名其妙的公函，不屑于答复，并且托领事转告我，我想在威尼斯待多久就待多久，不必在乎一个疯子的看法。我照旧去看望朋友。我去向西班牙大使辞行，他友好地接待了我；我又去向那不勒斯的大臣费罗奇蒂伯爵辞行，可是他不在家，于是我就写了一封信给他，他极其客气地回了我一封信。最后，我终于启程了，虽然手头很拮据，但没有留下很多债，只有上述两笔借款和另外一名叫作莫郎狄的商人的五十几个埃居，卡里欧替我还了这笔钱，虽然后来我们常常会面，我却没有还给卡里欧，而其他的两笔借款，我后来一有钱就立刻还清了。

我在离开威尼斯之前不得不谈一谈这个城市的那些著名的娱乐活动，至少要谈一谈我在威尼斯的时候所曾参加的那很小的一部分活动。读过这本书的人都知道，在我少年时代，很少参与这种符合年龄的游戏，或者说，我很少追求一般人所说的少年欢乐。我在威尼斯也没有改变我的爱好；我的工作繁忙，我也没有寻欢逐乐的机会。不过，我对那些无伤大雅的简单的消遣更有兴趣起来。第一个消遣也是最愉快的消遣，那就是和一些有才之士交往，如勒布隆、圣西尔、卡里欧、阿尔图纳先生，还有一个孚尔兰地方的绅士，我很抱歉忘了他的名字，但他那可爱的外表，每一想起都让我触动很深。在我平生所认识的人里面，他和我是最心有灵犀的。我们还和两三个英国人相交密切，他们都才气横溢，和我们一样爱好音乐。这些先生们都有妻子、女友或情妇；他们的情妇也大都是有教养的女人，大家就在她们家里唱歌跳舞或者赌博，但是次数很少，因为我们有对美的追求，又有艺术才华和对戏剧的鉴赏力，因此我们觉得赌博这种娱乐太乏味了，它只是寂寞无聊的人们的消遣。巴黎的人们对意大利的音乐是有成见的，我本来有这种成见，但是大自然赐予了我一种可以破除一切成见的锐敏感。不久，我就对意大利的音乐产生了一种只有知音才能感受到的那种热爱了。我听到了威尼斯的船夫曲之后，觉得之前从来都没有听到过唱歌。不久之后，我又对歌剧深深地着了迷，以致当我一心想听演唱时，如果别人在包厢里谈笑、吃东西、嬉闹，我就会偷偷地抛开同伴跑到一边去。我自己一个人在包厢里尽情领略歌剧的魅力。虽然歌剧很长，我也能一直听完。有一次，在圣克里索斯托姆剧院，我竟然睡着了，比在床上睡得还熟。清脆宏亮的歌声也不能吵醒我。但是最后把我惊醒的那支歌曲，那甜美的和声、天仙般的歌喉所带给我的那种美妙的感受，有谁能表达出来呢？我一下子张开耳朵、睁开眼睛的时候，那是多么美妙的觉醒，多么迷醉的喜悦，多么出神入化的境界啊！我觉得我仿佛置身天堂了。那支迷人的歌曲，我现在还记得，一辈子也忘不掉，它的开头是这样的；

那个美人细心呵护我，
她的柔情温暖了我的心。

我想要这支歌曲的谱子，不久之后还真就被我弄到了，而且把它保存了很久，不过纸上的曲子和心上的曲子是不一样的。音符虽然相同，但是给人的感受却不一样。这支奇妙的歌曲永远只能在我的脑海里出现，就像它惊醒我的那天唱的那样。

还有一种音乐，我觉得比歌剧院的音乐还要好，不仅是在意大利，哪怕在全世界也无可比拟，那就是“善堂音乐”。所谓“善堂”，就是一些慈善机构，是为了专门教育贫苦女孩子而设立的，这些女孩子们养成后由共和国资助，要么出嫁，要么进修道院。在这些女孩子学习的技艺之中，音乐排在第一位。每个星期日，在四所学校的每一所教堂里，晚祷时都有规模很大的合唱队和乐队演奏的圣曲，演奏者和指挥都是意大利著名的音乐大师，演唱者全是女孩子，年龄最大的还不到二十岁，都站在按着栅栏的舞台上演唱。我真想像不出哪种音乐能如此悦耳动人：内容的丰富、曲调的幽雅、嗓音的婉转、演奏的精准，这一切配合起来给人一种印像当然与宗教的气氛不那么协调，但是我深信没有一个人的心能不被打动。卡里欧和我对芒迪冈蒂学校的晚课从来没有缺席过一次，而且每次必到的还不止我们两个人。那个教堂里充满了音乐爱好者，就连歌剧院的演员们也来听她们演唱来培养自己真正的鉴赏趣味。最使我扫兴的是那道讨厌的栅栏，只听得到歌声，却看不到那些美若天仙的女子，我老是这样抱怨着。有一天我在勒布隆先生家里又说起了这件事，他就对我说：“如果你真的这么好奇，非要看看那些小姑娘不可，我可以满足你的愿望。我是这所学校的董事之一，我请你在学校里跟她们一起吃点心。”他这话一天没有践行，我就一天不让他安宁。当我走进那所关着我急切想见到的那些美女的大厅的时候，我感到一阵从来没有感受过的爱的冲动。勒布隆先生把那些我只闻其声、只知其名的著名的“歌手”一一向我作了介绍，“这位是苏菲……”，这位苏菲长得令人作呕；“这位是卡蒂娜……”，卡蒂娜长了一脸麻子……几乎没有一个姑娘没有明显的缺陷。我那个专会折磨人的勒布隆先生看到我惊愕难堪的苦样子，忍不住发笑。然而我发现也有两三个女孩子长的还过得去，但她们都只是在合唱队里唱歌的。我感到失望极了。在吃点心的时候，人家捉弄她们，她们也都开心地大笑。丑陋并不影响心灵美，我发现她们的心灵都很美。我心里想："没有心灵美就不能唱出如此美妙的歌，她们的心灵是很美的。"最后，我对她们的看法完全改变了，等到我走出"善堂"时几乎爱上了所有的丑姑娘。我依然觉得她们唱得很好，她们的嗓音掩盖了她们的面容了，以至于只要她们是在唱歌，我总是不管眼睛看到了什么，硬要把她们想像为美人。

在意大利听音乐十分便宜，只要你喜爱它，你就可以随意欣赏。我租了一架管羽键琴，花一个小埃居，就请了四五个演奏家每星期到我家里来一次，和他们一起练习歌剧院里我最爱的歌曲。我在家里把我的《风流的缪斯》里的合奏曲试着演奏了几段。也许它们真的很动听，也许是人家故意要奉承我，圣约翰·克利索斯托姆歌剧院的芭蕾舞教师托人向我要去了两首曲子。我很高兴地听到这两首曲子由那个知名的交响乐乐队演奏出来，并由一个叫白蒂娜的小姑娘担任伴舞。这个小白蒂娜长得很漂亮，特别可爱，由我们的一个西班牙朋友法戈亚加抚养的，我们常在她家举行晚会。

谈到女人，在威尼斯这样的城市里，不可能有人和女人没有沾染。可能会有人问我：你在这方面就没有什么可忏悔的吗？我回答：有，我正要说这些事呢。我会用和过去同样坦率态度来忏悔。

对于娼妓，我一直是厌恶的，可是我当时在威尼斯没有什么机会接触女人，由于我的职务关系，大部分当地的人家我都接触不到。勒布隆先生的三个女儿都很可爱，但是不容易亲近，而且我太尊重她们的父亲和母亲了，所以从来没有想过打她们的主意。我倒更喜欢一位名叫卡塔尼奥的姑娘，她是普鲁士国王外交代表的女儿，可是卡里欧已经爱上她了，甚至已经谈婚论嫁了。卡里欧很阔绰，而我却是个穷光蛋；他的薪金是一百路易，而我的薪金只有一百个皮斯托尔；除了我不愿夺人所爱外，我还知道无论在哪里，尤其是在威尼斯这样的地方，像我这样囊中羞涩的人，是不应该花钱去搞风流韵事的。我还没有摆脱掉用伤害身体来满足欲望的习惯；而且我太忙了，天气又太热，所以并没有强烈的生理需求。所以在威尼斯有将近一年的时间，我都和之前在巴黎的时候一样老实，直到十八个月后离开这里的时候，除了下面所说的两次特殊的机会外，我都没有接触过异性。

第一次机会是大使馆里的红人维塔利给我的，在我逼他向我正式道歉之后不久。

有一天，大家在餐桌上谈起威尼斯的种种消遣，他们都责怪我不该对所有消遣中最有趣味的一种那么冷淡，他们说威尼斯的妓女是如何如何温存媚人，说全世界再也找不到能和她们相比的妓女。维塔利说我一定要结识一下其中最可爱的一个女人，他说他愿意带我去，并且保证我一定会满意。我听到他这样献殷勤，忍不住笑起来了；而年纪较大、令人尊敬的皮阿蒂伯爵以一个意大利人少有的那种坦率态度对我说，他觉得我很聪明，绝不会让我的仇敌带我去逛妓院的。事实也正是如此，我从没有往这方面想。可是，尽管如此，我最后还是莫名其妙地被他拖去了。这完全不合我的理智，甚至违背了我的意志，完全是因为一时软弱，怕表现出对别人的不信任，也像当地人说的那样，为了不至于显得太迂腐。我们去见的是那个潘多阿娜姑娘，她长得很漂亮，甚至可以说得上美，可是不是我喜欢的那种美。维塔利把我带到她那就走了。我打发人买一些冰糕来，让她唱了会儿歌，待了半个小时之后，我拿出一个杜卡特[17]放在桌上就准备走了。但是她的心理奇怪得很，她说没有做那种事，就不接受这一个杜卡特；而我也傻得出奇，一听便立刻和她做了那种事，使她顺理成章地得到报酬。我回到使馆之后，觉得自己染上梅毒了，我进门的第一件事就是派人去找一位外科医生来给我看病。连续三个星期，我精神上的不安简直无可比拟，可事实上我的身体并没有任何真正的不适和明显的症状来让我感到精神不安。我就不能想像有谁从潘多阿娜姑娘怀里出来会不被感染。哪怕那位外科医生尽全力向我解释，也不能使我安心。最后他告诉我，我的体质与众不同，不容易感染，我这才相信了。医生说的话还是有道理的，因为我比任何人都少去寻花问柳，所以我的健康没有受到损害。不过，虽然医生都这么说了，我却仍旧没有放纵自己。我敢说，我从来没有滥用过我的这种得天独厚。

我第二次艳遇的对像虽然也是一个妓女，但是不管起因还是后果，都和第一个的性质迥然不同。我前面已经说过，奥利维船长曾在他的船上请我吃过饭，我还带了西班牙大使馆的秘书一起去。我本以为会受到礼炮和船员列队欢迎，但是一声礼炮也没有响。这让我很不高兴，我发现卡里欧也很生气。可不是么，在商船上，那些身份比不上我们的人还受到礼炮欢迎，何况我觉得我为船长尽心地办了事情，理应得到他的另眼看待。我的情绪无法掩饰，因为我一向不加掩饰自己的内心，尽管菜肴很好，奥利维也殷勤招待，我一入席就面露愠色，吃得很少，话说得更少。

到了第一次祝酒的时候，我想，这下总该有礼炮了吧。可还是没有。卡里欧知道我的心思，看我嘟嘟囔囔像个孩子，就暗自发笑。饭吃到三分之一的时候，我看见一艘平底小船越来越近了。“天哪，先生。”船长对我说，“当心点，你的冤家来了。”我问他这话是什么意思，他用一个笑话回答了我。平底小船刚靠近我们的船，只见走出了一个十分漂亮的年轻女人，她光彩照人，穿着艳丽，步履轻盈，三下两下就到了房间里。我还没有注意到有人在我旁边摆上了一份餐具，她就坐在了我的身边。她妩媚活泼，头发是棕色的，年龄最多不过二十岁。她只会说意大利语。单是她那语调就够叫我晕晕乎乎的了。她边吃边说个不停，盯着我看了好一会儿，突然叫道：“圣母啊！原来是我亲爱的布雷蒙，我有好久没有看见你了！”说着就往我怀里一坐，把嘴唇贴在我的嘴唇上，把我搂得几乎窒息。她那双只有东方人才有的大黑眼珠把火一样的热情放进了我的心里，虽然一开始的惊讶使我有些不知所措，但是欢乐很快就把我迷住了。尽管有许多人看着，但还是需要那个美人亲口让我不要慌乱，才使我有所克制，因为我醉了，或者可以说是发狂了。当她看到我已经痴迷到她所预期的程度，她的那股亲热劲才缓和了些，但是她的活泼并没有稍减。她把让她那么兴奋的原因告诉我（谁知道是真是假），她说我长得跟托斯卡纳海关关长布雷蒙先生一模一样，把我错认做是他了。她说她曾经迷恋过他，现在依然迷恋他。可她只怪自己太傻，抛弃了布雷蒙，现在她就要拿我来代替布雷蒙了，她说她爱我，因为她看中了我；因为同样的理由，我也得爱她。她想爱我多久，我就得爱她多久，将来如果她把我抛弃了，我也得和她那亲爱的布雷蒙一样忍耐。她是这样说的，也是这样做的。她把我当作下人一样，把她的手套、扇子、腰带和帽子都交给我保管，命令我到这到那，做这做那，我都一一照办。她叫我去把她的小船打发走，因为她要坐我的小船，我马上就去照办了。她叫我把位子让给卡里欧来坐，因为她有话对他说，我也照办了。他们俩在一起窃窃私语，说了很久，我也就任由他们谈去。后来她喊我，我立刻到她身边。“听着，查内托，”她对我说，“我不愿意接受法国式的爱，这样的爱没有意思。要是你觉得腻了，你随时可以走，万万不可以人在心不在。我有言在先，办什么事情可得干脆利落。”饭后。我们一起到缪拉诺镇去参观玻璃厂。她买了很多小玩意儿，毫不客气地让我们付了钱，可她自己却到处赏人家小费，花的钱比我们多得多。看她自己挥霍和让我们挥霍的那种不在乎的样子，很明显她是个视金钱如粪土的人。她要别人为她付账，我看，不过是出于爱慕虚荣。人家捧她，她才感到开心。

晚上，我们把她送回家了。和她谈话的时候，我看到她梳桩台上有两支手枪。“哎呀！”我拿起一支来，对她说，“这是个新式的香粉盒子。请问这是用来干嘛的？我看你有的是厉害的武器，比这玩意厉害多了。”她以同样的口吻开了几句玩笑之后，带着一种更加妩媚、天真、高傲的表情对我们说：“我不爱的人，我也好声好气对待他们，只不过他们需要多花点钱来补偿他们带给我的麻烦，这是很公平的。可是，我虽然能忍受他们的爱抚，但不能忍受他们的侮辱。谁对我不尊重，我就给谁一枪。”

我和她分别的时候，跟她约定第二天再去看她。我准时到达，只见她穿着一件只有南欧人才穿的妖艳的便装。这种便装虽然我记得很清楚，但是也不想多费笔墨去描写了。我只说一点，那就是这种便装的袖口和胸口都镶着缀有玫瑰色绒球的丝线。这就把她美丽的肤色衬得格外鲜艳。后来我发现这种便装是威尼斯的时装。这种衣服穿在身上是如此美丽动人，可是居然没有传到法国，我感到非常不解。对于即将感受到的那种感官的享受，我是难以想像的。我有时回忆起拉尔纳日夫人的时候，还会感到如痴如醉，但是，要是和我的朱莉达比起来，她真是又老又丑还很冷漠！这个迷人的姑娘到底有多么妩媚风流，读者不要试图去想像，因为你永远也想像不到。修院里的童贞女也没有她那么鲜嫩，后宫里的妃嫔也没有她那么妖娆，天堂里的仙女也没有她那么美丽动人。这样的美女，凡人的心灵和感官从来没有享受过。它在我的心里放进了我渴望得到的幸福，却又在我的混乱的脑子放进了毒害这种幸福的毒药。

如果在我的一生中有一件事最足以反映出我的本性的话，那就是我接下来要叙述的这件事了。我现在正努力记住我写本书的宗旨，因此我要努力抛弃妨碍实现本书宗旨的那种假正经。不管你是谁，你如果想了解我的话，就大着胆子把下面的两三页读完吧，这样你就会彻底了解让—雅克·卢梭了。

我走进一个妓女的卧室，就像是走进爱与美的神庙，仿佛她就是美神和爱神的化身。我绝对不相信，你领略过她使我感到的那种情感之后，会不产生爱慕之情。当我刚刚开始和她亲昵的时候，我感受到了她的媚态与爱抚是如此甜蜜，唯恐失去这个果实，便急于要去摘取。忽然，我感到不是欲火在我的全身燃烧，而是冰块在我的血管中奔流，我的两腿发软，几乎晕倒，我赶快坐下来，哭得像个小孩一样。

谁能猜到我哭泣的原因，谁能猜到我当时心里想的是什么呢？我对自己说：“我即将占有的这个对像是大自然和爱神的杰作。她的精神、她的身体、她的一切都是完美的，她善良高贵，可爱美好。王公大人只配做她的奴隶，手拿权杖的君主都应该拜倒在她的脚底。然而，她竟做了可怜的娼妓，让人蹂躏；一个商船船长竟然支配着她让她扑到我的怀里来，明明知道我一无所有，而我的才能她又不能明白，因此在她眼里便等于没有。这其中必然有点不可思议的原因。要么是我的心灵欺骗了我，欺骗了我的感官，把一个丑妓女看成了天仙，要么就一定有我不知道的暗疾，破坏了她的柔媚的效果，让那些本来想争夺她的人们对她产生厌恶。”于是我开始仔细地探索这个暗疾了，但是我从没有想过会有什么梅毒的问题。她的肤色的光泽、牙齿的洁白、呼吸的清新、浑身的清洁，都绝对使我想不到这一点，反倒让我觉得自从跟潘多阿娜姑娘接触以后我的身体出现了毛病，配不上她呢。我深信，这一次，我是不会错的。

这些思绪，不早不晚赶在这个时候让我心神不安，甚至哭了起来。朱莉达在这种场合下看到这样的情景，感到十分新奇，竟不知所措起来。她在房间里兜了一个圈子，又照了照镜子之后，就看出来了——并且我的眼光也向她证明了这一点——我这种泄气绝不是因为嫌恶。她很容易把我这阵泄气消除，把我那小小的羞愧感驱散。可是，当我准备与她亲热时，却发现她的身体有缺陷。我始终有种无法向她掩饰的不安心情，最后她终于脸红了，整了整衣服，爬起来，一言不发地走过去趴在窗口。我想去坐到她的身边，可她却走开了，找了张躺椅坐下，一忽儿又站起身来，在房里踱来踱去，一边摇着扇子，一边用冷淡而轻蔑的语气对我说：“书呆子，丢开女人，回去研究你的数学去吧。”

在离开她家之前，我想要约定第二天再来的时间，她把时间推到了第三天，并且带着嘲讽的微笑说我也需要休息一下了。这段时间我过得很纠结，心里老想着她的媚态和风韵，痛感自己行事的荒唐，一个劲儿地自责，悔恨我把那么好的时光白白糟蹋了。要不是我那么糊涂，那段时光就是我一生最美好的时光。我怀着万分急躁的心情等待着补偿损失的机会。我心里十分不安，想不明白为什么这个姑娘长得那么完美却身陷风尘。到了约定的时刻，我简直是飞奔去了她那里。我不知道她那火热的心是不是会对我这次的拜访感到满意。我想，她的傲气至少会因此得到一点满足的，于是我心里就感受到了一点安慰，打算让她看看我是多么用心地弥补自己的过错。可是她却让我扑了个空。我的平底小船一靠岸，我就让船夫去通报。船夫回来对我说，她在前一天到佛罗伦萨去了。如果说当我占有她的时候没有感觉到我有多爱她，当我失去她的时候，我却强烈地感觉到了。这份悔恨之情始终萦绕在我的心头。不管她在我的眼里是多么可爱、多么妩媚，我还是能够自我排遣失去她的苦闷心情。而我真正不能排遣的，是我给她留下了一个可鄙的印像。

以上就是我的两次艳遇。除此之外，我在威尼斯的那十八个月里除了一段包养女人的经历就没有什么可说的了。卡里欧是很风流的人物，他觉得老是往别人包定的姑娘家里跑实在是没意思，便突发奇想，自己也来包一个姑娘。因为我和他俩形影不离，他便提出了一个在威尼斯屡见不鲜的办法：我们两人一起包一个姑娘。我同意了。问题是要找一个靠得住的女人。他找来找去，居然不知道在哪里找到了一个十一二岁的小姑娘，她狠心的母亲正在设法把她卖掉。我们俩一起去看她。我一见到这姑娘，心肠都软了。她是个金发美人，温柔的像只羔羊，你绝不会想到她是意大利人。在威尼斯，生活水平很低。我们给了母亲几个钱，以后就由我们负责供养她的女儿了。这孩子嗓子很好，为了教她一个谋生的技艺，我们给她买了一架羽管键琴，还为她请了个教唱歌的老师。所有这一切，我们每人每月还花不到两个西昆，但我们却省下了许多其他的花费。不过，由于得等到她成年我们才能“享用”，这未免在收获之前播种得过早了。然而，我们只在晚上没事的时候到她那里去，跟那天真无邪的孩子说活做游戏，我们觉得这种消遣也许比占有她更有意思。女人最使我们留恋的，不一定在于感官的享受，而是在于在她们身边所感受到的某种情趣。不知不觉的，我的心就依恋上这个小安卓莉达了，不过那是一种慈父般的感情，完全没有欲望掺杂其中，感觉越深，就越没有欲望在其中。我甚至觉得，将来这孩子长大了，我要是占有她，那也和犯了乱伦罪一样，这简直让我毛骨悚然。善良的卡里欧也这么想。我们没想到自己寻来快乐和原先想要的快乐同样有趣，但是性质却截然不同。我敢担保，不管这可怜的女孩子将来长得有多美，我们都不会成为她的童贞的破坏者，相反地会极力保护她的童贞。可惜的是，我的灾难在这之后不久就发生了，我没有时间去继续参与这一善举，我在这件事上只能夸奖我自己的想法始终是端正的而已。现在让我们再回头谈谈我的旅行吧。

我从蒙台居先生家里出来，本来的打算是回到日内瓦，等运气转好一点，扫除了障碍之后好让我回到我那可怜的华伦夫人身边。可是，蒙台居和我那场争吵已经闹得满城风雨，而他又愚蠢地把这事报告了朝廷，于是我做出决定，回到巴黎到朝廷去为我的行为做个交代，并控诉这个疯子对我的种种不公。我从威尼斯写信把我这个决定告诉了在阿默罗先生死后代理外交部部务的杜德耶先生。我写完信就立即动身，取道贝加姆、科摩和多摩多索拉，我穿过圣普隆隘口。在锡翁，法国代办舍尼翁先生热情地接待了我。在日内瓦，德·拉·克洛苏尔先生也同样热情；我又一次见到了高弗古尔先生，因为我有一点钱要从他手里拿回来。我经过尼翁的时候，没有去看我父亲，我心里其实很难过，但是我觉得还是不要在倒霉之后出现在我继母的面前，因为她一定一味怪我不好，不愿意听我解释。开书店的杜维亚尔是我父亲的老朋友，他把我狠狠训斥了一顿。我对他解释了不去看父亲的原因后，为了弥补我的这个过失，同时也为了避免见到我的继母，我就雇了一辆车，和他一起回到尼翁，住在一家小酒店里。杜维亚尔去找我父亲，我父亲一听到消息就赶紧奔来拥抱我。我们共进了晚餐，度过了一个愉快的夜晚。第二天早晨，我又和杜维亚尔一起回到日内瓦。我一直把他为我做的这件大好事铭记在心。

去巴黎最近的路线并不经过里昂，但是我还是要去一下里昂，以便查清楚蒙台居先生对我做的一个十分卑鄙的诈骗行为。我曾经托人从巴黎给我寄一个小箱子，里面装着一件金边绣花上衣、几副套袖、六双白丝袜，就这几件东西。根据蒙台居先生的提议，我把这小箱子，或者更准确地说，把这个小盒子附在他的行李里。他亲手写的那张有很多虚报数字的单子上也记着我这个箱子的运费。他说我的箱子是重十一担[18]的大行李，他替我付了一笔极大的运费，这笔钱要从我的薪金里扣除。承罗甘先生把他的侄子布瓦·德·拉·都尔先生介绍给我帮忙，我在里昂和马赛两处海关的记录簿上查实了那个所谓大件行李只有四十五斤[19]，并且只按这个重量收了运费。我把这份证明材料附在蒙台居先生的账单上，然后就带着这些材料和其他好几份有同等效力的材料到巴黎去了，利用它们揭露蒙台居先生的可恶嘴脸。在这次长途旅行中，我在科摩，在瓦勒，以及其他地方，都遇见过一些奇妙的事情。我游览了许多地方，其中有波罗美岛，非常值得描写一番。但是我现在时间紧急，又有暗探盯着，不得不急匆忙地完成这部作品。而创作这些东西，本来是需要闲暇和安静的，而我却缺乏这两个条件。如果有朝一日老天眷顾，让我能过上比较安定清闲的日子，我一定要把这部作品重写一遍，或者至少加上一个“补遗”，我觉得这是很有必要的。

我和蒙台居先生的这桩公案，早就传到了巴黎。我一到巴黎，就发现所有的人，不管是机关里人还是社会上的公众，都觉得大使的行为荒谬至极。但是，尽管如此，尽管威尼斯的公众也一致谴责，尽管我拿出了不容反驳的证据，我却没有得到任何公正处理。我不但没有得到道歉和赔偿，连被大使故意扣下的薪水也没有补发，唯一的理由就是：我不是法国人，无权得到这个国家保护，这件事只是他和我的私事。大家都认为我是受了欺负和损害，认为大使是个混蛋，行事荒唐不公，这桩公案是他永远的耻辱。然而不管怎么样，他毕竟是大使，而我只是一个秘书。官场的规矩就是像大家所说的那样，官官相护。我注定是得不到任何公平的处理。我想，只要我大声嚷嚷，公开斥责这个疯子（他本来就是疯子），到最后总会有人叫我不要和一个疯子一般见识的，这正是我要的结果。我决心要等到有人出来说公道话才住手，但是当时没有外交大臣。他们虽然让我吵翻了天，甚至还鼓励我，与我站在同一阵线上，但是事情还是毫无进展。最后，我感到大家都说我有理，可我却始终讨不回公道，自己也失掉勇气了，便只好罢手，不了了之。

唯一对我态度不好的人，是贝桑瓦尔夫人，我怎么也料想不到她会这样对我。她满脑子的等级观念和贵族的特权思想，总是认为一个大使绝不会对不起他的秘书。她接待我的态度是和她这种成见一致的。我受了很大的刺激，一离开就给她写了一封也许是我生平用词最激烈的一封信，从此就再也不和她来往了。卡斯特尔神甫待我态度比较好些，但是透过他那耶稣会派的油腔滑调，我还是看出了他遵循的是社会上那种恃强凌弱的老规矩。我生来很高傲，而且我坚决认为自己在这件事上是对的，所以我不能忍受他这种偏私的态度，从此就不再去看他了，也不再到耶稣会去了，因为我在那里本来就认识他一个人。而且，耶稣会的人都是专横阴险的，跟那位善良好心的埃默神甫大不一样，我对他们避而远之，所以从那时起，我就再也没有见过他们中间的任何一人，只有贝尔蒂埃神甫例外，他在杜宾先生家和杜宾先生一起，撰文竭力批驳孟德斯鸠。

我和蒙太居先生的纠纷到这里就结束了，以后都不再提了。在我们争吵的时候，我曾对他说过，他不需要秘书，只需要一个账房先生。他果然接受了这个意见，在我走了之后果然找了一个账房先生来接替我，这个账房先生不到一年就偷了他两三万利弗尔。蒙台居先生把他赶走了，并把他送进了监牢，又赶走了好几个随员，闹得满城风雨，丑态百出；他到处和人争吵，连贩夫走卒也不能忍受，最后，他因为荒唐事做得太多，被召回国革职了。在他所受到的朝廷的遣责中，他与我的那场风波也没有被忘记。他回巴黎之后不久，就派他的管家来跟我结账，把该付我的钱都付了。我当时正等钱用，我在威尼斯欠的债，都是凭信用借的，这些债务时刻压在我的心头。我用蒙台居先生给我的钱把这些债都偿清了，连扎勒托·纳尼的那张借条也还清了。人家欠我的钱，爱给多少就给多少；可我欠别人的钱，必须分文不少地还清。我还完了所有的债务之后，又和以前一样，一贫如洗了，但总算无债一身轻了。从那时我就再也没有听人说起过蒙台居先生，就连他的死讯也是在社会上听到的。愿上帝原谅这个可怜的人吧！他不适合做大使，就像我在儿童时代不适合干诉讼承揽人一样。不过，这事情能否做好也完全在于他，他本可以在我的帮助之下，做一个好大使，与此同时，也可以把我很快地提拔到古丰伯爵在我青年时代为我准备的位置上。后来我年龄大了点，也只能靠自己去闯荡了。

我虽然理由充分，但是申诉无门，这就让我的心里产生了愤慨，反对我们这种愚昧的社会制度，在这种社会制度里，真正的公益和真正的正义总为某种莫名其妙的表面秩序所牺牲，而这种表面秩序实际上是具有破坏性的，任由强者欺负弱者，官府不会维护弱者。有两个原因阻止我的愤慨，不让它像后来那样发芽壮大。其中一个原因是，我自己是这件事的当事人，而个人利害从来不会产生伟大而崇高的效果，没法在我心里激起出于对正义与美的最纯洁的爱才能产生的圣洁的内心冲动。还有一个原因是友谊的影响力，它以一种更真诚的感情优势，缓和并且平息了我的愤怒。我曾经在威尼斯结识了一个比斯开人，他是卡里欧的朋友，同时也称得上是一切善良的人的朋友。这位可爱的青年多才多艺、品德高尚，不久之前他为了培养美术鉴赏力，周游了意大利，因为想不出还有什么好学的了，便打算直接回国。我对他说，像他那样有天分的人，是应该钻研科学的，艺术不过是一种消遣。我劝他到巴黎住上六个月，以便培养他对科学的爱好。他听信了我的话，到巴黎来了。我到巴黎时，他已经先我一步到了，正在那里等我。他一个人住在一个大房子里，我同意了他要我分住半间的邀请。我发现他正在努力地钻研高深的学问。没有一门知识是他所无法研究的；他博闻强记，消化着一切，进步飞快。求知欲让他心神不安，他自己却不知道。他是多么感谢我为他指引了方向、给他提供了精神食粮啊！我在他身上发现丰富的学识与美好的品德，我感到这就是我需要的朋友，于是我们变成了莫逆之交。虽然我们的兴趣不同，总是争辩。两个人又都固执，所以对很多问题都各执己见，但我们却谁也离不开谁，尽管不断争辩，却谁也不愿意对方不是一个喜欢争辩的人。

伊格纳西奥·埃马努埃尔·德·阿尔图纳是只有西班牙才能产生出来的那种罕见的人，可惜西班牙像他这种为国争光的人实在是太少了。他没有他的国人普遍有的那种狂热的民族心理，他的头脑里不会有报复观念，就像他的心里不会有情欲一样。他非常豪爽，根本不会记仇怀怨，我经常听他冷静地说，任何俗世中的人都不能触犯他的灵魂。他风流俊雅却不沉迷女色。他喜欢跟朋友的情妇一起玩，但是他从来都没有过情妇，他也没有过找情妇的念头。他跟女人在一起游玩就像跟漂亮的孩子们在一起玩游戏一样。他心里强烈的道德观念从来不容许他产生情欲之火。

他周游列国之后就结婚了。他年纪不大就去世了，留下了几个孩子。我相信，并且确信，他的妻子是第一个也是唯一使他领略爱情之乐的女人。他外表上是一个像西班牙人一样的信徒，但是内心里却像天使般的虔诚。除了我以外，我这辈子只见到他是这么尊重信仰自由的。他从来没有打听过任何一个人在宗教问题上的看法。他从来不在乎他的朋友是犹太人，还是新教徒，或者是土耳其人；也不管他们是妄信者还是无神论者，只要这人是正派的就行了。他对一些无关紧要的意见，又固执又顽强，可是一谈到宗教，甚至一谈到道德的时候，他就慎重起来，甚至缄默了，或者只简单说一句："我只对我自己负责。"真是令人难以置信，一个人的灵魂是这样超逸，但是对细节却细致入微。他把他一天的日程按照严格的标准分配着，事先规定好每一分每一秒该做什么事，严格地按时工作。以至于时钟响了，哪怕书中的一个句子没有读完，他都会立刻把书合上。他每一段时间都各有用途：思考、谈话、做日课、读洛克的著作、祈祷、走亲访友、听音乐、搞绘画，任何娱乐或者其他旁骛之事都不能搅乱这种秩序，只有急待履行的义务能够搅乱这种秩序。当他把他的时间表给我看，让我也照做的时候，我先是觉得可笑，最后竟然佩服得流出泪来。他从来不妨碍别人的事，也不许别人妨碍他；有人出于礼貌来探望他，他竟粗声厉气地对待人家。他的性子很急，但是从不跟别人斗气；他经常生气，但却从来没见过他发火。他的脾气令人很愉快：他开得起玩笑，自己也喜欢开玩笑，甚至俏皮话也说得很漂亮。他一来了兴致，就叫叫嚷嚷、嘻嘻哈哈，老远就能听见他的声音。但是，他一边叫嚷，一边又面带微笑，在激动中说出一句半句笑话来把大家逗乐。他没有西班牙人的肤色，也没有西班牙人那种粘液质的气质。他的皮肤白皙，面颊红润，一头栗色近乎金黄的头发。他身材高大，仪表堂堂。他身体的构造正适合寄寓他的灵魂。

这位心灵和头脑同样聪明的人是很受人尊敬的，他做了我的朋友，他可以作为一个例子，用来说明我的朋友是什么样的人。我们相处得实在太好了，以至于我们想要在一起生活一辈子。我准备过几年就到阿士科细亚去，住在他的田庄。这个计划我们在他启程前就商量好了。但我们对抗不了那些不以意志为转移的因素。后来我遇到了一些灾难，他结婚了，最后他的死亡把我们永远分开了。

世上的事就是这样，坏人的险恶阴谋总是能够得逞，好人的美好计划却永远不会实现。

我深感寄人篱下的苦楚，便决计不再去投靠别人。以前，我制定了许多野心勃勃的计划，但是往往一开始就都破灭了，而我一开始做得那么好的外交工作，到最后也被人排挤了出去。所以我决定不再依靠任何人，自己独立生活，充分发挥我的才能。现在我已经慢慢开始知道我有多少才能了，过去我一直低估了我的才华。

我开始继续写那部因为去威尼斯而中断的歌剧[20]，为了专心致意地工作，不受打扰，我在阿尔图纳走了之后就回到我以前居住的圣冈丹旅馆。这家旅馆坐落在一个偏僻的小区，离卢森堡公园很近，比住在那条熙熙攘攘的圣奥诺雷街更能使我安安心心地工作。在那里，有一个上天赋予我最大的慰藉在等着我。正是由于这个慰藉，我才得以度过这个苦难。这不是一种转瞬即逝的经历，我得详细说说这其中的原委。

这家旅馆里有一个新老板娘，是奥尔良人。她从家乡雇了一个女孩子，约摸二十二三岁的样子，专在店里做些洗洗缝缝的活。她也和新老板娘一样和我们同桌吃饭。这个女孩子名叫黛莱丝·勒瓦赛尔，出身良好。她父亲以前在奥尔良造币厂工作，母亲是一位商人。他们家的孩子众多。奥尔良造币厂倒闭之后，她的父亲就失业了，后来她的母亲也破产了，便不再做买卖了，跟丈夫和女儿一起来到巴黎，靠女儿一个人工作养活全家。

我第一次看见这个女孩出现在餐桌上的时候，就被她那种淳朴的气质吸引了，特别是她那又活泼又温柔的眼神，是独一无二的。同桌吃饭的人，除了博纳丰先生以外，还有好几个爱尔兰神甫、加斯科尼人，以及其他几个和他们差不多的人。我们的老板娘自己也有过风流史；只有我一个人的言谈举止还算端庄。别人逗弄那个小姑娘时，我就出言护着她。马上，大家就都嘲笑起我来了。就算我一开始对这个可怜的小姑娘没有任何兴趣，出于这种同情和这帮人的嘲笑，我也会产生兴趣的。我历来主张言谈举止要端庄体面，尤其是对女人。我公开地成为她的袒护人了。我看她对我的关心也是很有感触的。她的眼神里流露的和不敢说出来的感激之情，变得更加动人了。

她很腼腆，我也很腼腆。这种共同的秉性似乎是妨碍我们的心接近的，可我们却很快就变得情投意合了。老板娘发觉了，非常气愤，而她那粗暴的做法反而帮了我的忙。这可怜的小姑娘明白，在整个旅馆里只有我是她唯一的保护者，因此，她一见我出门就难过，殷切地希望她的保护人早点回来。我们心心相印，两情相悦，不久就产生了应有的效果。她从我的言行中感觉到我是一个正直的人，而她确实没有看错。我从她的言行中感觉到她是一个单纯、质朴而又不爱俏的女子，事实证明我也没有看错。我预先向她保证，我永远不会抛弃她，但是也永远不会和她结婚。爱情、尊敬、真诚，这是我取得成功的秘诀；也正因为她的善良、温柔、忠厚，所以尽管我在女人面前胆子不大，却十分幸运地取得了美满的结果。

她担心我在她身上找不到她以为我想要找的东西便会不高兴，这种畏惧心理是推迟了我的享受幸福的首要原因。我看到她在献身给我之前的心神不宁，惴惴不安，想说什么又不敢说。我实在想不出是什么原因让她感到为难，于是做了一种既不正确又对她的品行具有侮辱性的猜测：我以为她是警告我，如果和她接触就会有染病的危险。于是，我开始胡思乱想起来。这些胡思乱想虽然不能阻止我去追求她，但是我有好多天都因此感到很不开心。因为我们彼此不了解对方的想法。所以我们每次一谈到这个问题，句句都像是哑谜，双方都含糊其词，真是好笑之极。她大概以为我完全疯了，我也不知道该怎么看待她才好。最后，我们把话挑明了：她向我哭诉说她刚一成年就犯了她这一生中唯一的一次错误：这个错误是她的无知和诱奸人的诡计造成的。我一知道了实情，就高兴得叫了起来："什么童贞不童贞的，在巴黎，过了二十岁的姑娘，哪还有什么童贞！啊！我的黛莱丝啊，我占有了笃实而健康的你，实在是太幸福了！我才不要找我根本不想找的东西。"

我最初的用意还只是跟她玩玩而已。后来我发现我想要的不只是跟她玩玩，我想让她做我的伴侣。我跟这位美好的女子熟悉了很多，又对我当时的处境稍做思考之后，我便感觉到，我原本只是想找点乐子，而现在所做的却大大有助于我的幸福。我的雄心壮志熄灭了之后，需要一种强烈的情感来充实我的心。简单地说，我需要有个人来代替华伦夫人：既然我不能再跟华伦夫人一起生活了，我就需要另一个人来跟她的学生一起生活，并且我必须要在这人身上发现她曾在我身上发现的那种心灵的质朴与温柔。我必须以个人生活和家庭生活的那种温馨来弥补我所失去的大好前程。当我独处的时候，我的心灵是非常空虚的，需要另外一颗心来使它变得充实。大自然为了让我得到那颗心创造了我，可命运却把那颗心从我身边夺去了，至少是使我远离了它。从此以后，我就是孤独的。因为，对我来说，要么得到全部，要么失去所有，这是没法折中的。我在黛莱丝身上找到了我所需要的华伦夫人的替代者；因为她，我得到了当前情况所允许拥有的最大的幸福。

刚开始的时候我想培养她的智慧，结果却是白费劲。她的智力一直是大自然原先赋予她的那样，无论怎么教育都无济于事。我毫不羞愧地承认，她一直没有养成阅读的习惯，字也写得马马虎虎。当我后来住在新小田园路的朋沙特兰旅馆时，窗对面有一只大钟，我用了一个多月的时间教她看钟点，可是直到现在她都不怎么会看。尽管我费尽心思去教她一年十二个月的顺序，可她总是搞不清。她不识数目字，不会算账，也不会数钱。她说话时用的词句常和她所要表达的意思相反。我曾把她的那些颠三倒四的词汇编成了一本小册子拿给卢森堡夫人取乐。她说的那些驴唇不对马嘴的话，在我接触的那些社交圈子里已经变成无人不知的笑柄了。然而，这样迟钝甚至是愚蠢的一个人，却在困难的情况下给我出了好多好主意。在瑞士、英国、法国，在我遇到大灾大难的时候，她往往能意识到我意识不到的问题，并且给我出了许多好主意；我盲目走进险境，是她把我从险境中拉了出来。在那些高贵的夫人和王公大人的面前，她的感情、她的见识、她的应对和她的举止，都为她赢得了普遍的赞美，很多人在我面前夸赞她，而且都是很真诚的夸赞。

我们在所喜爱的人的身旁，感情就能孕育智慧、充实心灵，并不怎么需要在这以外去寻求行事的指南。我和我的黛莱丝一起生活，就像和世界上最美的天才一起生活一样惬意。她的母亲曾经和蒙比波侯爵夫人一起受教育，并对此感到非常自豪，她经常自以为是，想要教导女儿。她狡诈无比，破坏了我们两人之间的纯朴关系。我原来不敢带黛莱丝出门，可是由于讨厌她母亲的絮叨，就渐渐克服了这种羞耻心，常常带着她到乡间去散步、吃点心，这使我感到无比美妙。我看到她全心全意地爱着我，就更加深了我对她的温情。对我来说，和她甜蜜地生活在一起就已经足够了：我不再操心我的前途，只希望现在的状态能永远持续下去，对于其他事情，我别无所求。

有了这份爱情，我觉得其他任何消遣都是多余的、无趣的。从此，我除了去黛莱丝家以外哪儿也不去，几乎把她家当成了我的家。这种深居简出的生活对我的工作实在太有利了，不到三个月工夫，我就把那部歌剧的词曲全部写完了，只有几段伴奏和中音部没写了。这种枯燥的工作我很讨厌，就建议费里多尔来写，将来和他分享收益。他一共来了两次，在《奥维德》那一幕里配了几段中音部。可是，他对这一项既辛苦收益又遥遥无期的工作没有兴趣，干脆不再来了，最后还是我自己完成了这些工作。

我把歌舞剧写出来了，接下来的问题是怎么卖出去：这相当于让我另写一部更加困难的歌剧。在巴黎，一个与世隔绝的人是什么也干不成的。之前高福古尔先生从日内瓦回来，把我介绍给了拉·波普里尼埃尔先生，我想借他的力量崭露头角。拉·波普里尼埃尔先生是拉摩先生音乐事业的支持者，波普里尼埃尔夫人又是拉摩最谦恭的学生；而大家都知道，拉摩当时在这家人家有巨大的威信。我估计他会欣赏他的学生的作品，于是就想把我的作品拿给他看。但他却拒绝了我，说他不看谱，因为太累了。拉·波普里尼埃尔先生说，可以演奏给他听，并且主动说替我找几个乐师来演奏几段。我当然求之不得。拉摩也同意了，不过还是嘀嘀咕咕地说，一个没有名师指点全凭自修学会音乐的人能做出什么好曲子来。我赶快挑出五六段最精彩的曲子让乐师演奏。他们找来了十几个合奏乐手，演唱的有阿尔贝、贝哈尔和布尔波勒小姐。序曲一演奏，拉摩就用夸张的言辞赞美，暗示这不可能是我写出来的。每奏一段他都显得很不耐烦。但是到了男高音合唱的时候，歌声雄壮嘹亮，伴奏富丽堂皇，他就按捺不住了，他粗暴地喊着我的名字，对我说，他刚刚听到的乐曲，一部分是音乐界的高手写的，其余的都出自不懂音乐的人之手。没错，我的作品的质量的确是参差不齐的，又不合常理，有的地方十分出色，有的地方却平淡无奇。一个人全靠断断续续的才气，没有扎实的基本功，写出来的作品必然是这个样子。拉摩说我是个小剽窃手，既没有音乐才能，又没有审美的能力。在座的其他人，特别是主人，却不这么想。黎歇留先生那时候时常见到拉·波普里尼埃尔先生和拉·波普里尼埃尔夫人，他听人谈起我的作品，很想把我的作品全部听一听，如果觉得满意，还想拿到宫廷里去演出。后来，我的作品果然由宫廷出钱，在御前游乐总管波勒瓦尔先生家里，用大合唱队和大乐队演奏了，指挥是弗朗克尔。演出的效果惊人：公爵先生不断叫好喝彩，而且在《塔索》那一幕的合唱完毕后，他站起身走到我面前，握着我的手对我说："卢梭先生，这段和声真是引人入胜。我从来没听到过比这更美妙的和声了。我要让这部作品在凡尔赛宫演出。"拉·波普里尼埃尔夫人当时在场，但她却一句话都没说。拉摩虽曾被邀请，却没有出席。第二天，拉·波普里尼埃尔夫人在她的梳妆室里态度冷淡地接待了我，她故意贬低我的作品，对我说，虽然开始一些花里胡哨的调子暂时迷惑了黎歇留先生，但是后来他醒悟过来了。她劝我别对这部歌剧抱有什么希望。不一会儿，公爵先生也到了，可他对我说的话却完全不同，他恭维了一番我的才华，他似乎依然想把我的歌剧拿到宫里演奏给国王听。他说："只有《塔索》那一幕不能在宫廷里演，需要另外写一幕。"听了这一句话，我就跑回家关起门来写新的剧本，三星期后我另写了一幕，主题是描述赫希奥德[21]受到一个女诗神启发的故事。我设法把我音乐才华的发展过程和拉摩对我的才华的嫉妒写进了音乐里。这新写的一幕没有《塔索》那样奔放高亢，但是一气呵成，音色浑厚凝重，音乐典雅美妙，如果另外两幕都能像这一幕一样好的话，全剧一定会演得很棒的。然而，当我正要把这个剧本润色完毕时，另一件事又把这部歌剧的演奏时间推迟了。

在丰特努瓦战役[22]后的那个冬天，凡尔赛宫举行了许多庆祝会，这期间在小赛马厅演出了好几部歌剧，其中有拉摩配乐、伏尔泰作词的《纳瓦尔公主》。这部歌剧经过修正改编，改名为《拉米尔的庆祝会》。这个新题材要求把原剧的几场幕间剧的词和曲都改掉，但问题是很难找到一个能承担这双重任务的人。伏尔泰当时在洛林，他和拉摩两个人都忙着写《光荣的圣殿》那部歌剧，忙不过来。于是黎歇留先生想到了我，请我我来担任改编任务。为了使我能更好地知道该做什么，他把歌词和乐曲分开送给我。我觉得第一件事就是要得到原作者同意，之后才能修改歌词，所以我就给伏尔泰写了一封语气很恭敬的信。以下就是他的答复（原件见卷宗A，No.1）：

先生：

直到现在为止，作词和作曲这不可得兼的才能，你竟能全都有。

对我来说，这就是使我钦佩仰慕你的两条充分的理由。我为你感到很抱歉，因为你把这两种难得的才能用在了一部不大值得你修改的作品上面。几个月前，黎歇留公爵先生一定要我在非常短的时间里拟出几场既乏味又支离破碎的戏剧的大纲，本来说是要配合歌舞的，可是这些歌舞跟这几场戏又很不协调。我只好听从要求，写得十分糟糕。我把这个毫无价值的初稿给黎歇留公爵先生寄过去了，本来以为不会被采用，或者再退回来修改一番。幸好现在这个剧本交到你手里了，就请你完全自由发挥吧。里面的内容我全都记不清了。它只是一份写得仓促的初稿，必然是错漏百出，我确信你将会纠正一切错误，弥补很多不足。

我记得在这些缺陷里有这样一个最明显的地方：在连接上一场与下一场的幕间剧里，没有提到那位格蕾纳迪娜公主为什么一从牢房里出来就突然到了一座花园或者宫殿里。既然为她举行欢庆宴会的是一位西班牙的贵人，而不是一个魔术师，那么任何事都不能带上魔术色彩。先生，我记得不太清楚，麻烦你再检查一下这个情节。请你看一看是不是需要加这么一个场景：牢房门刚一打开，我们的公主就被人从监狱请到专门为她准备的金碧辉煌的宫殿里去了。我知道这些都没什么价值可言，不值得一个有思想的人把这些零零碎碎的小事当作正经事去做；可是，既然要尽量不让人感到不快，就要尽可能做得合情合理，哪怕是一场无聊的幕间剧。

我把一切都托付给你和巴洛先生，希望不久就有机会能够向你当面致谢。专此，顺致敬意。

1745年12月15日

这封信，和他日后写给我的那些措辞高傲的信比起来，实在是太客气了，这真是令人惊讶。那时他以为我是黎歇留先生面前的红人，大家都知道他为人十分圆滑，这使得他不得不对我这么个新人客气一些，到他看清这个新人有多大身份的时候，态度就不一样了。

得到了伏尔泰先生的允许，我就不必顾忌拉摩了，反正他是一门心思要害我的，我立即动手干了起来，才花了两个月就改完了。歌词改动得不多，我尽量让人感觉不出风格上的不同，我自信我做到了这一点。而音乐方面的改动要困难得多，费时也较多。除了要另写几支包括序曲在内的几段过场曲子外，我负责整理的宣叙调都异常困难，这是因为很多合奏曲和合唱曲的调子差别很大，都必须用几行诗和极快的转调联缀起来，我没有更改或者挪动拉摩的任何一段曲子，因为不想让他责怪我篡改原作。我整理的这套宣叙调很成功，它音调高昂，气势雄健，转折巧妙。人家既然看得起我，让我跟两个高手一起创作，我的才气也就自然而然地迸发出来了；我可以说，在这个没有名利而且外人根本就不知道内情的工作里，我差不多总是全力以赴，没有辱没我那两位榜样。

这个剧本就照着我改写的那样，在大歌剧院里彩排起来了。三个作者里，只有我在场。伏尔泰那时候不在巴黎，拉摩没有去，可能是躲起来了。

第一段的独白很凄怆。开头一句是：

死神啊！快把我这苦难的一生了结吧！

感情基调如此，当然要配上相应的音乐。然而，拉·波普里尼埃尔夫人却根据这一点批判我，刻薄地说我写的是送葬曲。黎歇留先生很公正地说要查一查这段独白的唱词是谁作的。我就把他送给我的原稿给他看了，证明这部分是伏尔泰写的。“既然这样，”他说，“要怪就怪伏尔泰。”彩排过程中，只要是我作的，就都受到了拉·波普里尼埃尔夫人的批评和黎歇留先生的拥护。然而，毕竟我碰到的对手实在太强大了，我接到通知说，我写的曲子里有好几处地方需要修改，而且必须要向拉摩先生请教。我本来期待能得到夸奖，而我也的确应该受到夸奖，可现在却得到了这样的结果。我伤心极了，失魂落魄地回到家里，筋疲力尽，肝胆俱碎。我病倒了，足足六个星期出不了门。

拉摩只是负责修改拉·波普里尼埃尔夫人指定的部分，可他却派人来找我，问我要那部大歌剧的序曲，说要用它来代替我这次新写的那个。幸而我感觉到这其中的蹊跷，于是就拒绝了。由于五六天之后就要演出了，来不及新写，于是就只能仍旧用我写的那个序曲。这个序曲是意大利风格的，当时这种风格在法国还是十分新颖的。可是，它得到了听众的好评，据我的亲戚穆萨尔先生的女婿、御膳房总管瓦尔玛勒特先生告诉我，音乐爱好者都对我的音乐作品很满意，没有人能辨别出哪些曲子是我写的，哪些是拉摩写的。但是拉摩却和拉·波普里尼埃尔夫人串通好了，费尽心思不让别人知道我参与了作品的创作。在散发给现场观众的小册子上，作者通常都是一个一个列出来的，可这本小册子却只署了伏尔泰的名字，拉摩宁愿不署自己的名字，也不要看到我的名字和他的名字并列在一起。

我的身体一恢复到能出门的时候，就立刻想去见黎歇留先生。但是为时已晚，他已经去往敦刻尔克指挥开往苏格兰去的部队的登陆工作了。他回来时，我又开始犯懒，心想现在找他已经迟了。从此以后，我就再没有见过他了，于是我就失掉了我的作品应得的名声和报酬；我的时间、劳动、愁苦、疾病，以及我花在看病上的金钱，只能由我自己承担了，没有给我带来一分钱的补偿。不过我始终觉得黎歇留先生真心对我好，赏识我的才华，可是我的运气欠佳，又有拉·波普里尼埃尔夫人，这就使他的好心没有产生任何好的效果。

我一直力求博得这个女人的欢心，而且经常在适当的时候登门拜访，可这个女人却对我如此憎恶，我实在是百思不得其解。后来高福古先生把其中的原委点了出来："首先她和拉摩太要好，她是拉摩的拥护者，不许任何人成为他的竞争对手；另外，你生来就带了一个罪过，因为你是日内瓦人，就凭这一点她就会把你打到十八层地狱，永不原谅你。"说到这里，他就给我解释，于贝尔神甫是日内瓦人，也是拉·波普里尼埃尔先生的挚友，他曾尽力阻止拉·波普里尼埃尔先生娶这个女人，因为他深知她的为人。结婚之后，她就对于贝尔神甫恨之入骨，并且连带着憎恨所有的日内瓦人。"虽然拉·波普里尼埃尔先生对你很友善。"高福古又说，"但是据我看，你别指望他支持你。因为他太宠爱他的妻子了，而他的妻子又那么憎恨你，她内心险恶，又有手段，你跟这一家人一辈子也处不好的。”我听了这话就死心了。

差不多就在这个时候，高福古又帮了我一个雪里送炭的大忙。我贤德慈爱的父亲去世了，享年约六十岁。要是在其他时候，我的处境没这么艰难使我自顾不暇的话，我会更加悲哀的。在他在世时，我不愿分我母亲剩余的遗产，这份微薄的收益一直由他享用着。现在他去世了，我就没有什么好顾虑的了。可麻烦的是，关于我哥哥的死亡，没有一个合法的证明，这就成了我接受遗产的一个障碍。高福古答应替我解决这个难题。多亏了罗尔姆律师帮忙，这难题果真解决了。那时候由于我十分需要这笔小小的资金，而事情的发展情况我还不知道，所以我焦急地等待着最后的消息。有天晚上，我从外面回到家里，收到了告知这个消息的来信，我拿起信来就想拆，紧张得手都在发抖，可心里却对这种急躁感到羞愧。“怎么啦！”我鄙视地对自己说，“让—雅克竟然为了钱急成这样吗？”于是我立刻把信放到壁炉台上，脱了衣服，安安静静地睡了，比平时睡得还熟。第二天早晨我起得很迟，已经忘了我那封信了。穿衣服的时候，我又看到了那封信，我不慌不忙地把信拆开，看见了里面的一张支票。我高兴极了，但是最让我感到快乐的是我做到了克制自己。我这一生中像这种克制自己的事，不下数十次，但是时间实在太匆促，不能一一叙述了。我把这笔钱里的一小部分寄给了我那可怜的华伦夫人，回想起我曾经有一次把全部款项双手奉给她，禁不住怆然泪下。她给我的每一封信都使我感受到了她的窘境。她寄给我很多配方和秘诀，说这个可以用来致富，也能给她带来好处。穷困的感觉已经使她心力交瘁了。我寄给她的那一点钱，一定会成为她身边那些骗子的囊中之物，她享受不到一分。一想到这些，我就灰心了，我不能把我生活必需的一点钱给那些骗子，尤其是我试图把她从那些骗子的包围中解脱出来却徒劳无功之后。这些我后面会说到。

光阴似箭， 口袋里的钱也越来越少了。我们表面上是两个人生活，实际上却是四个人生活，或者更确切地说，是七八个人一起生活。因为，虽然黛莱丝是个十分淡泊名利的女人，可她的母亲却完全相反。她一看我接济了她，家境稍微好了一点，就把全家老小都带来了。什么姊妹、儿女、孙女、外甥女，一窝蜂都来了，只有她的长女因为嫁给了昂热市车马行老板没有来。我为黛莱丝置备的所有东西都被她母亲拿去给那群饿鬼分掉了。因为跟我一起生活的不是一个贪心的女子，而我自己也没有受到疯狂的爱情的摆布，所以我也不会因此做傻事。黛莱丝的生活能过得像样而不奢华，经济上不紧张，我就很满足了，我同意她把她的工作收入全部交给她的母亲，而且我还在其他方面帮助了他们。可是厄运总是不放过我，华伦夫人被一群骗子缠住了，黛莱丝又被她的一家人缠住了。她们两个人，谁也没有享受到我为她们提供的帮助。说起来也挺奇怪，黛莱丝是勒瓦赛尔太太最小的女儿，所有女儿中只有她一个人没有得到父母的嫁妆，然而现在却是她一个人养着父母。这可怜的孩子，过去长久地挨哥哥姐姐们的打，甚至连侄女和外甥女都打她，现在又受到他们的掠夺。她以前不能反抗他们的打骂，现在不能反抗他们的巧取豪夺。他们中只有一个叫作戈登·勒杜克的外甥女，还比较和蔼温和。可是后来受到他们的影响和教唆，也变坏了。因为我经常跟她们俩在一起，也就跟着她们互相称呼，我叫戈登“外甥女”，叫黛莱丝“姨妈”。这就是我一直称黛莱丝为“姨妈”的由来，我的朋友们有时也开玩笑跟着叫她“姨妈”。

谁都可以感觉到，在这种情况下，我只能刻不容缓地想办法摆脱困境。我估计黎歇留先生已经把我忘记了，在宫廷方面是没有指望了，于是我又做了几次尝试，想看看我的歌剧能不能拿到巴黎去演出。但是这期间我遇到了很多困难，这些困难要很长时间才能克服，我心急如焚。于是，我就想起把我写的那部小喜剧《纳尔西斯》拿到意大利剧院去。结果剧本被接受了，我得到了几张长期入场券，这使我开心不已，但也仅此而已。我天天走访喜剧演员们，最后我都跑厌了，最终这部小喜剧也没能上演，所以我干脆就不去找他们了。我又回到最后剩下的一条门路，也是我本来就该走的门路。当我常去拜访拉·波普里尼埃尔先生家里的时候，就疏远了杜宾先生家。这两家的夫人虽然是亲戚，但是相处得并不好，彼此很少见面。两家的客人也各不来往，只有迪埃利约两家都去。我请求他设法把我重新拉到杜宾先生家去。那时，弗兰克耶先生正在学习博物学和化学，建了一个实验室。我看得出他是想进科学院当院士的，为了达到这个目标，他需要著一本书。他认为我在这方面可能有点用处。杜宾夫人也想写一本书，她在我身上也打着差不多同样的主意。他们两很想合请我担任秘书的职务，这就是迪埃利约责怪我不去登门拜访的理由。我首先要求弗兰克耶先生利用他和耶尔约特的人脉把我的作品拿到歌剧院去排演，他答应了。结果《风流的缪斯》果真有了排演的机会，先后在后台和大剧院排了好几次。彩排那天，现场来了很多观众，演出中有好几段都得到了观众的热烈喝彩。然而，我自己在雷贝尔指挥得很糟糕的那个演出过程中，感觉到这个剧本是没法通过的，不经过重大修改就不能演出。因此我什么都没说，把剧本收回了，免得让人退给我；可是，有一些迹像使我清楚地知道，纵然剧本写得尽善尽美，也通过不了。弗兰克耶先生答应我的是剧本有机会排演，而不是有机会演出。他的确严格遵守了他的诺言。我在这件事和在许多别的事情上，都看出了他和杜宾夫人不想让我在社会上成名，也许他们怕人家在看到他们的书时，怀疑是我代笔的。可是，杜宾夫人一直认为我的资质平平，她始终也只是要我做一些照她的口述做笔录的工作，或者叫我查查资料。因此，如果出现这种怀疑，对她来说似乎有失公平。

这最后一次的失败让我完全失去信心了。我放弃了所有进取和成名的计划，从此以后再也不想靠着才华一鸣惊人了。这些才能，我有也好，没有也罢，反正都不能让我走运。以后，我只花时间和精力来维持我和黛莱丝的生活，谁接济我们，我就讨谁的欢心。从此之后，我就死心塌地地跟着杜宾夫人和弗兰克耶先生了。这当然不能让我过得很富裕，我前两年每年只能拿到八九百法郎，勉强维持了最基本的生活，因为他们家附近的房租相当高，我租不起那里的公寓，另外我还要在位于巴黎城边的圣雅克路的尽头租一个房子。不论阴晴，我几乎每晚都要回到那里去吃饭。不久之后我也就习惯了这种生活方式，甚至还喜欢上了我这个新工作。我爱上了化学，跟着弗兰克耶先生到卢埃勒先生家听了好几次课之后，我们就不识好歹地对粗知皮毛的这门科学写起论文来。1747年，我们到都兰去过秋天，住在舍农索城堡，这座府第是舍尔河上的王家宫殿，是亨利二世为狄亚娜·德·普瓦蒂埃建造的，用她姓名首字母组成的图案依稀可见。现在这座城堡是包税人杜宾先生的了。在这个美丽的地方，我们玩得很开心，吃得也很好，我胖了很多。我们在那大搞音乐。我写了几首三重唱，曲调都相当和谐。如果将来有机会写补遗的话，也许我会详细写写这几首曲子。我们还在那演喜剧。我花了十五天时间写了一部名叫《冒失的婚约》的三幕剧。读者可以在我的文稿中看到这个剧本，它除了欢情洋溢之外，没有什么优点。我在那里还写了几篇小作品，其中有一篇名叫《西尔维的幽径》的诗剧，这本是沿着舍尔河的那座公园里的一条小径的名字。我虽然写了这些东西，但是也没有中断我在化学方面的研究工作和我在杜宾夫人身边做的工作。

当我在舍农索变胖的时候，我那可怜的黛莱丝也在巴黎变胖了，不过那是另一种胖；我回去之后发现我做的那档子事竟比我预计的快得多。以我当时的处境来说，要不是同桌吃饭的伙伴们早就给我想出了唯一能使我摆脱困境的办法，这事会使我尴尬万分的。这是一个重要的信息，我不能说得过于简洁。我在解说这件事情的时候，要么为自己辩解，要么引咎自责，而这两点我都不会做。

在阿尔图纳逗留巴黎的时候，我们不在饭馆里吃饭，通常都是在附近，也就是歌剧院那条死胡同对面的一个裁缝的女人拉赛尔大娘家里吃饭。这里伙食很不好，不过因为包饭的人都是可信的正派人，所以仍然很受人欢迎。她家不接受不认识的客人，要包饭的话必须有一个老食客介绍。格拉维尔队长是个放荡的老汉，对人很有礼貌而且很有才情，但是说起话来满是脏话，他就住在那个裁缝家，招来了一批嘻嘻哈哈、衣着华丽的警卫队和枪兵队里的年轻军官。诺朗队长是歌剧院全体舞女的保护人，天天在包饭馆里说那些美人的新鲜事。杜·普勒西斯先生是退休陆军中校，是一位善良的老人，还有昂塞勒[23]，是长枪队的军官，他们俩在这些年轻人之间维持秩序。来包饭的也有商人、经纪人、粮商，他们都有礼貌，为人很正派，是各自行业的头面人物，如贝斯先生、弗尔卡德先生，还有一些人的名字我都忘记了。总之，在这里吃饭的有各行各业像样的人物，只有教士和司法界人士例外，我从来没有在包饭馆里见过这些人；而这也是大家的一种约定俗成的规矩，不要把这种人介绍进来。在这里包饭的人相当多，大家都是十分愉快地交谈而又不喧哗，讲一些笑话却又不粗俗。那个老队长，尽管讲他那许许多多内容都是一些不堪的故事，却从来不失宫廷里那种文雅的风度，每一句有伤风化的话都妙趣横生，所以连女人也可以原谅他。他的谈话给同桌的人定下了标准：所有年轻人都说自己的艳遇，既放肆又风趣。跟姑娘们有关的故事自然是少不了的，因为到拉赛尔大娘家那条巷子正对着杜莎大娘的店铺，杜莎大娘是个著名的时装商人，当时店里雇了许多漂亮姑娘，我们这些年轻先生们饭前饭后总喜欢去和她们聊聊。要是我胆子大一点的话，一定也会和他们一样去寻开心的，只要敢跟他们一起进去就成了，可我不敢。在阿尔图纳走后我还常到拉赛尔大娘家吃饭。我在她那里听到很多有趣的轶事，同时也就渐渐学会了他们的那些处世箴言。谢天谢地，还好我没有学会他们的生活作风。那里最普通的话题有：受害的体面人物、带绿帽子的男人、被诱奸的女人、私生子。他们说谁最能叫育婴堂添丁进口，谁的功劳就最大。我也受到了影响，我也接受了在亲切而体面的人物中流行的那种想法。我对自己说："既然当地的风俗如此，我生活在这里，照此办理就行了。"这正是此时我要寻求的办法。于是我下决心采取了这个办法。唯一需要克服的是黛莱丝的顾忌，我说得口干舌燥，她却还是不肯采取这唯一能保全她面子的办法。她的母亲怕有了孩子给她带来麻烦，就帮着我说话，最后她被说服了。我们找了个名叫古安小姐的稳当可靠的接生婆，她住在圣欧士塔什街的尽头，我们把这件事托了她。到了要生的那一天，黛莱丝就被她母亲带到古安家去分娩了。我到古安家去看了她好几次，并带给她两张卡片，上面写着孩子的出生日期，一式两份，放一份在婴儿的襁褓里，由接生婆按通常的方式把他送到育婴堂去。第二年又出了同样的岔子，我采取了同样的办法，只是忘了放卡片。这一次我依然没有深思熟虑，她依然不太赞同，最后她还是叹息着答应了。读者将陆续看到这种不幸的行为在我的思想上和命运上所产生的后果。至于目前，就先叙述到这里吧。至于这件事的后果，既让我始料所及又十分惨痛，竟迫使我时常谈到这个问题。

我要在这里说一说我第一次见到埃皮奈夫人的情况，她的名字将在这本回忆录里常常出现：她原名德士克拉维尔小姐，刚刚和包税人拉里夫·德·贝勒加尔德先生的儿子埃皮奈先生结婚。她的丈夫和弗兰克耶先生一样是位音乐家，她本人也是一位音乐家，他们三个人出于对这门艺术的爱好变得亲密无间。弗兰克耶先生把我介绍给埃皮奈夫人，我们有时一同在她家吃晚餐。她平易近人，机智聪明，多才多艺，结识这样一个女人当然是件好事。可是她有个朋友叫艾特小姐，人们都说她心眼儿很坏，她和瓦罗利骑士同居，这位骑士的名声也不好。我觉得和这两个人的交往对埃皮奈夫人是不好的。埃皮奈夫人虽然为人处世极好苛求，却有一些绝好的优点，足以调解或弥补她做得过头的事情。弗兰克耶先生对我很好，她在他的影响下对我也有些友好。他坦白地告诉我说他和埃皮奈夫人有暧昧关系，这种关系，如果不是它已经成了连埃皮奈先生都知道的公开的秘密，我在这里原本是不会说的。弗兰克耶先生甚至还告诉我关于这位夫人的一些很离奇的隐私。这些隐私，她自己从来没有告诉过我，也从来没想过我会知道，因为我现在以及未来都不会对她或其他任何人提起的。他们双方对我的信任让我的处境变得非常尴尬，尤其是在弗兰克耶夫人面前，因为她很了解我，即使知道我跟她的情敌有来往，对我还是信任有加。我努力安慰这个可怜的女人，她的丈夫显然是辜负了他们的爱情。这三个人说什么，我都不散布，十分忠实地保守着他们的秘密，他们三人不管哪一个也别想从我嘴里套出另两个人的秘密来，同时我对这两个女人中的哪一个也不隐瞒我和对方的交情。弗兰克耶夫人曾经多次想利用我做一些事，都被我严词拒绝了；埃皮奈夫人有一次想托我带一封信给弗兰克耶先生，不但同样被我严词拒绝，并且我还郑重声明，如果她想让我永远不再进她家大门，她只需要向我再提一个同样的请求就行了。我应该为埃皮奈夫人说句公道话：我这种态度不但没有使她不满，她反而把这事对弗兰克耶先生说了，把我夸奖了一番，继续热情招待我。这三个人我都是要应付的，我多多少少需要倚仗着他们，同时我也依恋着他们的。在这三个人的风波迭起的关系中，我就是这样行事的，始终是正直坚定，所以我得到了他们对我的友谊、尊敬和信任。尽管我看起来又蠢又笨，埃皮奈夫人还要让我进舍夫雷特俱乐部，这是贝勒加尔德先生在圣丹尼附近的一座公馆。那里有个戏台，他们时常在那演戏。他们要我也演一个角色，我一连背了六个月的台词，可是上了台还是从头到尾都需要人提词。这次演出之后，他们再也不叫我一起演戏了。

我认识了埃皮奈夫人，同时也认识了她的小姑子德·贝勒加尔德小姐，她不久之后就嫁人了，成了乌德托伯爵夫人。我初见她是在她结婚的前夕，她带着我去看她的新房，并且用她那天生的媚人的亲昵态度跟我交谈了很久。我觉得她非常可爱，可是我怎么也想不到这个年轻女人将来会主宰着我一生的命运，并且，尽管她是无心的，却把我推进了我今天所处的这个万丈深渊。

虽然我从威尼斯回来之后一直没有谈到狄德罗，也没有谈到我的朋友罗甘，但这并不代表我疏远了他们两人，尤其是狄德罗，我和他的交谊一天比一天亲密起来。我有个黛莱丝，他有个纳内蒂，这使我们两个人之间又多了一个相同点。但不同的是我的黛莱丝长得和他的纳内蒂一样好看，但是脾气温顺，性情可爱；而他的纳内蒂却是个粗野吵闹的泼妇，一看就没什么教养。然而他却和她正式结婚了。如果他有约在先，这样做当然很好。至于我，却不曾许下这样的约，所以我不急于结婚。

我也早就认识了孔狄亚克神甫，他当时跟我一样，在文坛上默默无闻，但是他的学识已经注定了日后会成名。我也许是第一个看出他的禀赋并且认识他的价值的人。他似乎也乐于和我相处，当我住在让一圣丹尼街歌剧院附近关起门写《埃西奥德》那一幕戏的时候，他有时会过来和我一起吃饭。他当时正在写他的第一部著作《人类知识起源论》。他写完了之后，很难找到一个书商肯出版这本书。巴黎的书商对任何新手都是傲慢而刁难的，而且形而上学在当时又很不流行，不是一个能够吸引人们注意力的题材。我对狄德罗说起了孔狄亚克和他的著作，之后又引见他们认识了。他们俩果然一见如故。狄德罗说服书商杜朗接受了神甫的手稿，这位大玄学家便从他的第一本书里得到了一百埃居的稿费，简直像是得了一笔飞来之财一样。就连这点稿费，如果没有我，或许还拿不到呢。我们三个人住的地方离得很远，于是约好每星期在王宫广场聚会一次，一起到一家名叫“大花篮”的饭店去吃饭。这种一周一聚的活动很合狄德罗的心意。他这个人几乎是有约必爽的，可是对这个约会却从来没有爽过约。我在一次聚会中提出了办一个期刊的计划，命名为《嘲笑者》，由狄德罗和我两人轮流执笔。第一期由我匆匆主编完成，这就让我认识了达朗贝尔，因为狄德罗跟他谈过这件事。由于有些意外事件的干扰，这个计划也就夭折了。

这两位作家目前在着手编一部《百科词典》，开始只准备把钱伯斯的《百科词典》翻译过来，就像狄德罗最近译完的那部詹姆士的《医学词典》一样。狄德罗要我给这《百科词典》帮点忙，建议由我来编写音乐部分，我答应了。他只给所有参加这项工作的作家三个月的限期，我就在限期内草草写完了。后来我发现我是唯一如期完稿的人。我把我的手稿交给他了。这个手稿我是请弗兰克耶先生的一个名叫杜邦的仆人誊清的，他写得一手好字，我自掏腰包给了他十埃居的报酬，可这十埃居一直没有人给我报销。狄德罗曾经说过书商答应给我报酬，后来他一直没有再提，而我也一直没有开口要。

《百科词典》的工作由于狄德罗的入狱被打断了。他的《哲学思想录》给他招来了一些麻烦，但是后来也就不了了之了。这次《关于盲人的信》就不一样了。这篇文章里除了几句涉及私人外貌的话以外，其他没什么可责难的。[24]但是就是这几句话得罪了杜普蕾·德·圣莫尔夫人和雷奥米尔先生，因此，狄德罗被关进了万森纳监狱。我无法形容我的朋友的不幸带给我的焦虑感。我那易于伤感的糟糕想像力总是把坏事想得更坏，这次是真的慌张起来了。我以为他要在那里坐一辈子牢。我急得快疯了，赶紧写信给蓬巴杜尔夫人，请求她帮忙游说把他放出来，或者想办法把我和他关在一起。我这封信没有收到任何回复：因为这封信写得太不理智了，无法产生任何效果。没过多久，可怜的狄德罗在监狱中得到了很多照顾，对于这件事我绝对不会说是我那封信的功劳。可是如果他在监狱中的生活还像原来那样水深火热的话，我一定会伤心得死在那座可怕的监狱墙外的。还有，即使我的信没有产生任何效果，我也没有拿它到处吹嘘，因为我只对几个人提起过，甚至从来没有告诉过狄德罗本人。

注释：

【1】除非他当时选择朋友的时候就已经错了，或者他欣赏的人后来因为一些原因转变了性格（事实上这并不是绝对不可能的事情）。如果大家刻板地理解这条“观

其友便知其人”的法则的话，那么就会用苏格拉底的妻子克桑迪普的样子来评判苏格拉底，用狄戎的朋友卡里普斯的样子来评判狄戎。这样评判就无比荒谬、错的离谱了。此外，人们万万不可错用这条法则来评判我的妻子。没错，她的智力十分有限而其极其容易上当受骗，很多愚蠢的行为简直超出了我的想像，但单单从她的性格来说，她是一个非常善良淳朴、没有丝毫坏心眼的女人。她值得我发自内心地敬爱她；在我有生之年，我会爱她到老。——原著者注

【2】指诗人让—巴普蒂斯特·卢梭（1671—1741年）。

【3】尼西阿斯（公元前470—前413年）：雅典政治家和军事家；公元前415年率军远征西西里，在叙拉古战败被俘。

【4】彪龙奇尼（1670—1750年）：意大利作曲家。

【6】指希腊神话故事中分别掌管诗歌和音乐等艺术的九位仙女。

【7】塔索（1544—1595年）：意大利诗人，主要作品有《被解放的耶路撒冷》等。

【8】奥维德（公元前43—18年）：拉丁诗人，主要作品有《爱的艺术》和《变形记》等。

【9】阿纳克列翁：公元前6世纪的希腊抒情诗人，其作品已大部分散失，只留下一些残缺不全的片段。

【10】威尼斯政府发明的一种金币。

【11】阿默罗当时在朝中任外交部国务秘书。

【12】莫尔巴当时在巴黎任海军部国务秘书。

【13】这里卢梭的记忆出现了错误。卢梭在威尼斯期间，法国驻瑞典大使是兰马利侯爵，而不是达弗兰古尔；达弗兰古尔是1749年才被任命为法国驻瑞典大使的。

【14】拉·什塔尔当时在彼得堡任法国驻沙皇俄国的大使。

【15】罗布科维茨亲王（1702—1753年）是文中提到的这次战役奥地利军队统帅。

【16】德·洛比塔尔侯爵是当时法国驻那不勒斯王国的大使。

【17】威尼斯的一种小金币

【18】按法国旧制，一担等于一百旧制斤。

【19】这里说的“斤”指法国旧制斤，等于四百九十克。

【20】指《风流的缪斯》。

【21】赫希奥德（约公元前8世纪）：与荷马齐名的古希腊诗人。

【22】指1745年5月11日法国萨克斯元帅在丰特努瓦大败英国、奥地利、荷兰和汉诺威四国联军之役。

【23】我为这位昂塞勒先生写了一部名字叫做《战俘》的喜剧，是在法国军队在巴伐利亚和波西米亚惨败之后写的。我一直不敢承认我是这部作品的作者，也不敢拿给任何人看。我之所以这样小心翼翼，其中的原因说来也奇怪，那就是法国的国王、法兰西这个国家和法国人从来没有受到过他们在这部喜剧里受到的那种真诚的称赞，而我是一个彻底的共和派和投石党人，所以我不敢承认我是这个其信条和我的信条完全相反的国家的拥护者。对于法国遭受的灾难，我比法国人还痛心。我在本书上册已经谈到了我从什么时候开始和因什么缘故使我对法国如此真诚地热爱的。这种热爱，我一直不好意思表达，因为我怕人家说我胆子小，千方百计讨好法国人。——原著者注

【24】文中《关于盲人的信》是简称。这篇文章的全名是：《供眼睛正常的人阅读的关于盲人的信》。巴黎当局借口文章对德·圣莫尔夫人那双美丽的眼睛开了玩笑，便把狄德罗抓进了监狱。这是表面原因，而真实原因是狄德罗在文章中宣扬唯物主义，他以英国盲人数学家桑德森（1682—1739年）为例，说这位数学家自幼双目失明，从来没见过天上的光明，因此他意识不到上帝的存在；他对外界事物的认知，全凭自己的感知。狄德罗在文章中反复陈述感觉论的观点，以达到宣扬唯物主义无神论的目的。

第八章

写完前章之后，我必须得暂停一下。从这一章开始，我那无休止的悲惨遭遇就要开始了，让我从头给你们讲起。

我曾经在巴黎最显贵的两户人家生活过，虽然并我不怎样擅长处世，但也不可避免地在那里结识几个人。尤其是在杜宾夫人家里，我就认识了萨克森—戈特王国的储君和他的师傅图恩男爵。并在拉·波普里尼埃尔先生家中我又认识了多才的塞基先生，他是图恩男爵的挚友，因为编印了一本异常精美的《卢梭文集》[1]而享誉文坛。图恩男爵曾邀塞基先生和我一同到丰特栾—苏—波瓦住了几天，因为储君在这个地方有座房子。我们俩人都去了。而当我从万森纳监狱旁边经过，一见到那座城堡的时候，我就有一阵心如刀割的难受感觉，那时男爵发现了我脸上异常的表情。于是晚饭时，储君就说起了关于狄德罗被关禁的事，男爵想要我发表言论，就责怪狄德罗太不谨慎，我听了就立刻为他辩解起来，言辞激烈反而显得我太冲动了。不过这种偏激的情绪是因为我不幸的朋友，所以大家也都原谅了我，并且把话题岔开到其他事情上去了。当时餐桌上还有两个德国人，他们都是储君的随从。一位是克鲁普费尔先生，聪明机智，是储君私人教堂的牧师，后来接替了男爵，成为了储君的师傅；另一位是个青年人，叫格里姆，身份是储君的侍读，正等着另寻职业，他的衣着寒酸就说明他急需找一份好的职业。自那天晚上，克鲁普费尔先生和我开始结识了，我们聊的很投机，不久就成了要好的朋友。而我跟格里姆的结识，发展得就不那么的快速：他不愿斩露头角，完全没有后来出名时那种的神气。而在第二天午餐时，大家聊起了音乐，他说了很多自己的想法，并说得很好。我听说他可以用钢琴来伴奏，非常高兴。饭后，主人让人拿来乐谱，我们就借用储君的钢琴演奏起来，整整玩了一天。就是这样，我们之间产生了很深的友谊。对我而言，这份友谊，开始是那么的甜蜜，后来慢慢变得那么可悲。关于这一点，后面我要详细谈谈的。

一回到巴黎，我就得到了到喜讯说狄德罗已经从单间牢房里出来了，还能在万森纳监狱的房屋和园子里自由活动，只要不超出这个界限，朋友都可以接见。听到这个消息却不能立刻奔去看他，我那时心里是多么难受啊！我因为有无法摆脱的要事，不得不在杜宾夫人家里暂留了两三天，我却急得像是等了三四百年，一结束后，我就飞奔到万森纳，和我的朋友相拥一起。真是难以形容那时的心情啊！他当时并不是单独一人，达朗贝尔和圣堂的司库同他一起。可是我一推门进去，眼里就只有他一个人，我大叫一声，飞似的扑了上去，把脸贴在他的脸上，双手紧紧把他抱住，什么话都说不出来，有的只是眼泪。我激动得差点连气都喘不过来。他挣脱我的双臂后，第一个动作就是把头转向那个教士，对他说："先生，你看到了吧，我的朋友是怎样的爱我。"当时我完全处在激动的情绪之中，没有想到这种利用我的激情和友谊来做自我夸耀的做法，但是后来我想到了这件事，总觉得如果那时我是狄德罗，这绝不会是我说出的第一句话。

我发现监狱生活给他带来的刺激很大，城堡在他的心里留下了可怕的阴影。虽然现在的生活环境已经非常舒适，可以在花园里可以自由漫步，没有约束，而花园连围墙都没有，但是他仍需要朋友的陪伴才不感到孤单，才能不让他的愁绪困扰他。毋庸置疑，我肯定是最能同情他的苦恼的人，我也一直相信，我是最能让他得到安慰的人。因此这样，不管我的事务是多么的忙碌，我至多隔两天就会去看望他一次，有时会一人去，有时会和他的妻子一同前去，就这样陪他度过一个下午。

1749年的夏天真的很热，从巴黎到万森纳大概有两法里。当时我并不富裕，没有钱去雇马车，所以在我一人去时就会选择步行，下午两点钟出发，大步快走，以尽快到达。路两边的树木，根据当地的做法，都是剪得光秃秃的，连一点点的阴凉都没有。我经常是又累又热，走不动路，便躺到地上，一动不动。为了让速度慢下来，我就想到了一个办法，那就是随身带一本书或者杂志。只是有一天，我带了一份《法兰西信使报》，一边走一边看，忽然看到了一个题目，那是第戎科学院刊登的次年征文：《科学与艺术的进步对风俗是净化还是败坏》[2]。

一看到这个题目的瞬间，我就像看到了另一个世界，自己仿佛变成了另一个人。虽然我对当时的情况记得非常清晰，但是详细的情形却自从我在写给马尔泽尔布先生的四封信之一[3]中提出之后，我就完全记不起来了。值得说明一下，这个奇怪现像，是我的记忆力的一个奇特之处。在我需要它的时候，它就会出现在我的脑中，让我回忆的一清二楚。可是一旦我把它写在了纸上，这些记忆就会随风而去，再也记不起来。另外这个特点在学习音乐的过程中也经常出现。在我学习音乐之前，我能背出很多的歌曲，而当我一学会了用读谱的方式来唱歌，就连一支曲子都记不得，全部忘光。在那些我最爱的曲子之中，今天是没有一支能完整背出来的。

有件事，我非常清楚地记得，就是我在到万森纳后内心激动得几乎快要发狂。狄德罗看到我的样子并询问了缘由，我就向他说明了其中原因，并把我用铅笔在那棵橡树底下写出的一段布里西乌斯式[4]的文字读给他听。他听了之后积极鼓励我继续拓展思路，写出文章去参加比赛。我照他的话做了，而从这一刻起，我就掉入了万劫不复的境地。自次，伴随我一生无法避免的不幸与灾难，都是在那一刻注定开始的。

我内心的情感也以无法想像的速度爆发起来，追随着我思想的步伐共同前进。我对真理、自由和美德的追求占据了所有，它战胜我对其他一切的欲望；而最让人惊奇的是这种狂热状态居然在我的心里持续长达四五年之久，也许在其他任何人的心里都不曾那样出现过。

我笔下的这篇讲演方式也很奇特，后来在我其他著作里几乎一直延用了这种方式。我的失眠之夜，全部被我用在写讲稿上面。我躺在床上，闭着眼睛思考，把文章段落、布局思来想去，等到我觉的这段文字满意的时候，我就把它暂存到脑海里的一块空间，直到能提笔写到纸上展现出来为止。但是在我起床穿衣之后，又会无缘无故地迅速遗忘，等到拿起笔来开始写的时候，那些拟好了的文字段落几乎忘得一干二净。于是我就想出解决办法，就是请勒瓦塞尔太太来做我的秘书。幸好在这以前，我就已经让她和她的丈夫、女儿都搬到离我较近的地方来住。善良的勒瓦塞尔太太，为了让我能省去一个仆人，她每天早晨都来替我生炉子，帮忙做一些杂事。每次她一到，我就把夜里想出的文章口述给她，让她代我记录下来。这个特殊的办法，我持续用了很久，也确实帮我免掉了很多的可能遗忘的文字。

这篇文章写好后，我便拿给狄德罗看，他很满意，也指出了几处他的想法供我修改。然而，这篇作品也有很多不足，虽然文字激昂、热情洋溢，却完全缺乏逻辑，在段落层次上也显得不分明。在我写的一切作品之中，就要数它最缺乏推理，词句参差不匀，缺少和谐之美。不过，不论一个人与生俱来的天资有多高，写作艺术也是要循序渐进、一步一步学好的。

这篇文章被我寄出去之后，我想除了格里姆以外，就没有对其他人说起过。自从他到弗里埃茨伯爵家以后，我和他的来往就开始非常密切。他有一架钢琴，这里也就做了我们聚会、娱乐的地点，我一有空闲时间就去找他，跟他围在钢琴旁边伴奏、唱歌，我们从早到晚，甚至是从晚上到第二天早上，无休无止地唱意大利歌曲和威尼斯船夫曲，一刻都停不下来。要是有谁来找我，如果在杜宾家里找不到，肯定能在格里姆家里把我找到，即便没有，那至少我也是跟他在一起，可能在散步，可能在听戏。本来我是有意大利剧院的长期免费入场券，但因为格里姆不喜欢这个剧院，所以我也就不去了，都是跟他一起花钱到他喜欢的法兰西剧院去，他对这个剧院情有独钟。最后，那种强烈与其交往的意愿把我跟这个青年人紧紧连在一起，一刻都不愿分离，就连那可怜的黛莱丝都被我疏远了。这里所谓疏远，也就是说我和她相处的时间变的少了，然而我对她的依恋之情，这一生都是那么的强烈，永不衰减。

我的空闲时间很少，不能兼顾到各个方面，为了能够经常看到我心爱的黛莱丝，就又开始想到如何和黛莱丝住到一起来的念头；这个念头我本来早就有了，只是因为她的家里人口众多，特别是我没有多余的钱用来置备家具，就使这计划一直没能实施起来。而这次出现了可以为此做一番努力的机会，我就立刻把握住了。弗兰克耶先生和杜宾夫人感慨我一年八九百法郎不够开销，于是主动把我的年薪提高到五十路易，而且杜宾夫人在听说我要置办家具后，又额外给我提供了帮助。我们把黛莱丝原有的一点家具也搬了过来，在格莱内尔·圣奥诺雷路的朗格道克旅馆里租下了一套小公寓房子，住在这座公寓里的人都很正派，和我们相处很融洽。我们尽最大能力把那里布置了一下，并安逸地住了七年，一直到我搬出住进退隐庐为止。

黛莱丝的父亲是个性格非常好的人，十分温和，但也特别怕老婆，因此他还给她老婆起了个绰号，叫“刑事犯检察官”。而格里姆后来又开着玩笑，把这个绰号从母亲头上移到女儿头上了，来戏称我的黛莱丝。对于勒瓦赛尔太太，她不是不聪明，换句话说不是没有才能；她甚至还通过表现出上流社会的礼仪和风度沾沾自喜呢。但是她那副诡秘讨好巴结的样子叫我受不了；她还常常教给她女儿一些坏主意，叫她在我面前说谎话，又让她去刻意奉承我的许多朋友，甚至是挑拨他们之间以及他们跟我的关系。话说回来，她这个母亲做的倒是相当好，因为这样做是能给她带来好处的，既能为自己女儿掩盖过失，又能从中获得利益。这个女人，虽然我对她细心照顾，无微不至，还送了她不少小礼物，只是希望她能对我好些，但收获颇微，让我无能为力，她便成为我的小家庭矛盾的罪魁祸首。不过，还是可以说，我生活在这里的六七年时间中，感受到了最美满的家庭幸福。我的黛莱丝有一颗天使的心。我们之间的感情随着我们的关系亲密而持续增加，我们一天比一天更觉得彼此是对方的佳偶。如果要把我们在一起时的幸福描写出来的，它们会是如此的简单以至于让人发笑的。我们经常在城外手牵手散步，遇到小酒店时，也会花上十个或八个苏来小吃一顿；我们紧靠着那大窗口，坐在两张面对面的小椅子上，吃着简单的晚餐，椅子就放在与窗口同宽的大木箱上。此时，窗台就变成了我们的桌子，我们一同呼吸着新鲜空气，欣赏窗外景物和看着过往的行人，虽然那是在五层楼上，我们却能一边吃着，一边恍若置身街道之中。这样的晚餐，只有半磅大面包、一小块奶饼、几个樱桃、四品脱葡萄酒，可是我们吃的很开心，谁能描写得出，或者感觉得到这种简单晚餐的乐趣呢？而这种感觉是因为我们的友谊、信任和亲密，是发自灵魂的温馨啊！这样的晚餐是多么的美妙呀！有时我们不知不觉就忘了时间，在那儿一直待到半夜，如果不是她母亲来提醒我们，真不知道时间已经那么晚了。但是现在还是放下这些细节不谈吧，它们显得既乏味又可笑，我一直就是这样说的，也能够深深地体验到，真正的乐趣是无法用言语和文字描绘出来的。

差不多也在这个时候，我还有过一次比较粗鄙的享乐，也是我应当自责并引以为戒的最后一次那样的享乐。我曾谈到过，克鲁普费尔牧师是一位很可爱的人，我和他交往之密切，不亚于与格里姆，并且这样的亲密关系一直保存着。他们两个有时也会一同在我家吃饭。这些饭菜，虽然太简单一点，却经常被克鲁普费尔妙趣横生的玩笑和格里姆令人发笑的德语腔调（他那时还没有成为法语纯正癖者）搞得欢快至极。我们不在乎小宴会的饭菜是否可口、精致，而在意吃饭时开心的心情和氛围，我们彼此相处甚好，以致寸步不能相离。克鲁普费尔在他的寓所里包养了一个小姑娘，不过她仍然可以去接客，因为他无法独自养活这个姑娘。

有一天晚上，我们走进咖啡馆，遇到他正从里面出来，准备到那姑娘家吃晚餐。于是我们就嘲笑他，他心存报复，便邀我们一起去姑娘家吃饭，那时就轮到他嘲笑我们了。我们发现那个可怜的小姑娘天性相当好，十分温柔、善良，还不习惯那一行，我们还看到一个老鸨正在极力调教她。愉快的闲谈和餐桌上的畅饮使我们忘乎所以。而那位好克鲁普费尔说请客就要请的彻底，不能仅仅只是吃饭：于是我们三人先后与那个小姑娘到隔壁房里去了，弄得她哭笑不得。其中格里姆一口咬定说他没有碰这个姑娘，而之所以和她在房间里待那么久，是故意让我们着急，想拿我们来寻开心的。可是，如果他这次当真没有做过什么的话，也有所反常，是由于他不好意思，因为他在搬进弗里埃茨伯爵家之前，就是住在这圣罗什区的一些妓女家里的。

我从这个姑娘住的穆瓦洛街走出来时，羞惭得就同圣普乐[5]从他被灌醉的那所小房子里走出来一样，我写着他的故事[6]，也联想到我自己的故事。黛莱丝会根据某种迹像，特别是当发现我那种慌慌张张的表情时，就会肯定我做了什么亏心事，而我为了减轻心头的负担和不安，就会马上跟她坦白所有。也幸亏我是这样做的，因为第二天格里姆就幸灾乐祸地跑来对她数落我的罪过，并且添油加醋描绘当时情景。从那之后，他总是一抓住机会就旧事重提，让黛莱丝记起这段往事：在这一点上，他是特别不应当的，因为我那么地信任他，我就有权期待他不会做出让我失望的事。而我的黛莱丝忠厚的心地，我再次更为深切地感受到了。她嫌弃格里姆的作风超过了抱怨我的薄幸，她只用缠绵而动人的话轻轻责备了我，并没有表现出任何愤恨的表情。

这样绝好的女子，心地有多么忠厚单纯，头脑就有多么的简单，对于这方面，仅仅几件事就够说明一切了。不过眼前的一件事，我觉得还是值得补写下来。我曾告诉她说克鲁普费尔是个主管神甫兼萨克斯—戈特储君的私人牧师，对她说来，这是那么特殊存在的一种人物，以至于她把很多不相干的概念非常好笑又不可思议地混淆在一起——居然把克鲁普费尔当作教皇了。有一次我回到家，她对我说教皇来找过我，开始我以为她疯了，就叫她详细解释给我听，然后我才恍然大悟，之后我就赶忙跑去把这个事情的前因后果告诉格里姆和克鲁普费尔。我们从此以后，就把一直把克鲁普费尔称之为教皇，又把穆瓦洛街的那个小姑娘叫作教皇皇后珍妮。这样一来我们就变的乐不可支，常常笑得上气不接下气。有人硬是说我曾在一封信中表明，自己平生只笑过两次，很显然这种人是没接触过那个时代的我，也不了解少年时代的我，不然的话，他们是绝不会有这样的想法。

次年，即1750年，当我已经快要忘记我的那篇文章时，忽然收到消息说它在第戎获奖了。这个消息又让我记起当时我写出那篇文章时的那些观点和思想，并且对它们给予了新的力量，使得我的父亲、我的祖国，以及普鲁塔克在我童年时代埋在心中的那种英雄主义与道德观念的种子开始破土而出。从此我就认为，人的一生只有做到自由而有道德、无视财富与物欲而傲然自得，才是最高尚、最伟大的。虽然面对别人的嗤笑本不该存在而我表现出来的羞愧与畏惧，妨碍了我的行事准则，阻止我与当时的处事信条决绝，我却从此坚定决心，只要再有违背我意志的事情，我一定抱着必胜信念按照自己意志，便毫不迟疑地付诸实践并坚持到底。

当我正以哲学角度对人类的各种责任与义务进行探讨的时候，有一件事突然而至，这又促使了我对自己的责任与义务予以更深的思考。黛莱丝第三次怀孕了。由于对自己太过真诚，由于内心的高傲，决不肯拿自己的行动来否定自己的原则，我便开始独自思考我的孩子们的前途，还有我和他们母亲之间存在的关联。我把自己置于自然、正义和理性的法则之下，是在宗教的法则下——这个宗教是和它的创造者一样神圣、纯粹和永恒，而人们却装模作样，想要净化它，实际上反而是把它玷污了。人们用他们自认为合理的方式，把它化为一种只会说空话的宗教，因为订立的无数条规不切实际，所以大家只能草草谈谈而不能付诸行动，最终成为空架子。

我对自己行为所造成的严重后果固然是估计错了，但是当时我心灵是宁静的，其泰然程度却是异常惊人的。如果我一出生就是坏人，忽视大自然的亲切呼声，并且内心深处从未萌发过任何正义感和人道感，那么变得铁石心肠倒是极其自然不过的。然而，我的内心是那样的热烈，情感是那样丰富；我是那样的容易产生感情波动，我的依恋之情是如此强烈并难以控制，在需要舍弃感情时又感到肝肠寸断般的痛楚；我对他人生来就这么亲切，又如此热爱伟大的真、美与正义；我无法忍受任何类型的邪恶，并且不记仇、不害人，甚至就连一丝这样的念头都没出现过；我看到一切高尚的、正直的、可爱的东西又心生敬意，受尘世的美而感动——所有这一切真的能与那种恣意践踏美好的思想和败坏道德的行为相协调一起、共同生存在一个人的灵魂里吗？不能，我认为绝不可能，这是绝对办不到的事。让一雅克从出生到现在，也不曾一时一刻是一个无情的、没心没肺的人，绝不会是一个丢失天性的父亲。我的做法可能是做错的，但我的心肠不是冷的。如果要我说明我的理由，那就太多了。既然这些错误的理由曾经能蛊惑我，它们自然也就能蛊惑更多的人，我可不希望将来可能读到我这本书的青年人，再去犯同样的错误。我想说明的仅仅一点，那就是我的错误缘由：我没有经济能力抚养我的几个孩子，因而把他们交由国家去教育，我宁愿让他们成为工人、农民而不让他们变成无业游民和财富追逐者。那时我还没意识到自己的错，还以为是做了作为一位公民和慈父所应做的事，大概是柏拉图共和国的思想影响了我。从那时起，我灵魂上的悔恨，一直不停地告诫我，我过去所做的是错误的；但是，那时我的理智还没意识到这一点，我还不时地感谢上帝保佑了他们，我认为我这样的处理，让他们避免遭受与他们父亲一样的命运，也避免了万一我一贫如洗而抛弃他们，那时他们将会面临更大的困境。如果我把他们交给了埃皮奈夫人或卢森堡夫人抚养——她们或是出于友谊，或是因为慷慨，又或者有其他动机，都曾向我提出愿意抚养他们长大成人，然而我的孩子们会不会就真的很幸福呢？至少，会不会被陪养成为一个正派的人呢？这我就不知道了，但我可以肯定的是，人们会使他们怨恨父母，甚至是背弃他们的父母——如果这样，倒不如让他们根本不知道自己的父母是谁，岂不很好。

因此我的第三个孩子又和前面两个一样，被送到了育婴堂，并且后来的两个孩子同样按照这个方法办理了：我一共有过五个孩子。对于这种处理方式，当时我看来是很好的，合情合理又不触犯法律，而我之所以没有在公开场合宣扬，这完全是为了顾全妻子黛莱丝的面子。但是，凡是清楚我们俩的关系的人，我都讲了，我告诉过狄德罗和格里姆，后来我又和埃皮奈夫人讲过，再往后，我还告诉过卢森堡夫人。而在我告诉他们这些事的时候，都是毫无顾虑、坦白直率的，没有任何无奈，我不认为这有何不可告人。若是我想瞒过大家，其实也是很容易的，因为古安小姐为人真诚，能够保守秘密，我完全可以信任她。在我的朋友当中，我唯一因利害关系而被详细告知实情的是医生蒂埃里，我那可怜的黛莱丝在怀孕期间生病，他曾来为她诊治。总之，我的行为完全公开，不保守任何秘密，对此，不仅是因为我从来就不知道有什么事要去隐瞒我的朋友，也因为我对这件事看不出有错的地方。在权衡全部利害得失后，我觉得这是我为孩子们选择的最合理的安置方式，或者说，我所认为的最好的未来。我从过去到现在，一直愿意自己小时候也受到和他们一样的教育和抚养。

当我这样对人吐露衷肠的时候，勒瓦赛尔太太也是对人毫无顾忌，只不过不是和我一样没有任何私心。我曾把她和她的女儿一起介绍给杜宾夫人，杜宾夫人因为我的缘故，把她们照顾得无微不至。她就把女儿的所有事全都告诉了杜宾夫人，但是她却没有告诉杜宾夫人我不顾自己收入微薄而一直尽力供养她们。杜宾夫人是仁慈心善并且慷慨大方的，所以杜宾夫人又另外给了她们一些钱。这些事，黛莱丝受着她母亲的指使，在我住巴黎期间一直瞒着我。只是在我搬到退隐庐后，在一次倾谈别的事情时，她才把其中实情告诉我。我那时并不知道我们的事已被杜宾夫人知道的这么一清二楚，因为她在我面前从来未做过丝毫透露；就是现在，我也还不确定她的媳妇舍农索夫人是不是也熟知我们的事，不过她的前儿媳弗兰格耶夫人是清楚的，并且她的肚子是留不住话的，这件事她在第二年就跟我谈起了，不过那时我已经离开了她家，在这种情况下，我不得不为这个问题给她写了一封信（这封信在我的文稿箱中存有手抄）。我在这封信里所做出的论述，都是我能说出并且不会连累到勒瓦赛尔太太和她家人的那一部分，而最根本的理由这一方面，我却是只字未提。

对于杜宾夫人的谨慎和舍农索夫人与我的友谊，我都是深信不疑的，我同样也相信弗兰格耶夫人的品行，更何况在我的秘密被众人哄传之前早就已经去世了。可见泄漏这个秘密的只能是我私下告诉过的那些人，而且实际上也只是我跟他们交情破裂之后才传出去的。单凭这一现像来看，就能发现他们的别有用心：对于我所应受的谴责，我不会推卸，我宁愿承受这种谴责，但是不愿接受出于他们内心的邪恶而发出的诋毁。我犯的错是大的，但只能算是一种错误：我忽视了我的责任和义务，然而那种恶意害人的念头却从未出现在我的心头；我对于那几个根本不曾见过的孩子，自然不会产生强烈的父爱。但是，他们出卖朋友的信任，撕毁最神圣的信义，刻意把我们心中的秘密泄露出去，来败坏一个虽在离开他们却依然捍卫他们名誉的人，这一切就不是错误那么简单了，而是灵魂上的卑污和丑恶了。

我曾许诺写我的忏悔录，真实地忏悔我的过错，而不是把它写成我的辩护书；因此，关于此事，我就说到这里为止吧。实话实说在我，说公道评判在各位读者，我绝对不会向读者提出过多的要求。

在舍农索先生结婚之后，使我觉得他的家里氛围更加令人愉悦了，因为新娘非常的贤惠，是个十分可爱的年轻女人，她觉得我是在为杜宾先生办理文书工作的人当中，做得最出色的，也因此对我另眼看待。她是罗什舒雅尔子爵夫人的独生女，而罗什舒雅尔夫人则又是弗里埃茨伯爵的亲密好友，于是通过伯爵她也就成了格里姆的好友。不过，格里姆能进女儿的家门，这其中还有我的功劳。由于他们两人脾气对不上，性格有些不合，这段友谊就没有太多的进展。格里姆在那时起就开始想巴结权势了，他宁愿选择和母亲做朋友，也不愿和女儿深交，因为母亲交际圈很广，并且都是在上流社会，而女儿也不愿和格里姆交好，她想要的朋友是那些可靠的又合她口味的，不搞任何阴谋，也不想攀高结贵。杜宾夫人没有在舍农索夫人身上看到她所期望的顺从，于是常常让她独自一人守在家里，过着冷清寂寞的日子，而舍农索夫人也非同一般，心高气傲，或许是因为出生名门，宁愿放弃外面世界的乐趣，几乎独自一人守在自己小屋子里，也不愿忍受她生来就讨厌的那种管束和压迫。这种不畏权势、坚持自我的品格加强了我对她的好感，因为我的天性让我面对有着不幸遭遇的人会产生强烈的同情。我发现她喜爱独自思考，寻根问底，有时会掺杂着个人主义。她的言谈举止，无法让人想到她是从女修道院出来的少女，我也对她产生了很大的兴趣。当时，她还不到二十岁。肤色白皙，光滑水嫩。如果她能多在意她的姿势的话，身段会更突显苗条动人。她的头发金黄带灰，十分特别又很美丽，这让我想起我那可怜的妈妈[7]年轻时候的头发，因而搅得我心绪不宁、忐忑不安。但是，我早已给我自己制订了明确的行为准则，无论如何都不能打破，保证了我不对她有任何坏心思，不为她的魅力所诱惑。整整一个夏季过去，我每天都会花上三四个钟头和她单独在一起，一本正经地教她数学，那些无穷无尽的数字和繁琐的题目弄得她非常厌烦，而我从未对她说过任何一句风流活，或者做出一个不正经的眼神。要是再过个五六年的话，我就没有那么老老实实了，或者说，也就不这么傻气了。但是，我也是命中注定，一生只能一次倾尽所有去爱一个女人。这当然不是她，而是另外一个女人。

自从我搬进杜宾夫人家里以后，这里的生活环境和我的现状都让我很满意，没有什么需要改进提高。她和弗兰克耶先生一同提高了我的薪水，并且完全是他们的主动意愿。这一年，弗兰克耶先生竟然一天比一天对我好，他想让我再宽裕一些，生活再安定一些。他是这里的财务总管，而他的出纳员迪波瓦依耶先生，岁数大了，这几年也发了财，萌生了退休的想法。弗兰克耶先生就想让我去接替他的位置；为了能够更好地胜任这份工作，我有好几个星期都经常到迪杜瓦依耶先生家去，向他请教工作上必要的知识。不过或许是因为我缺少担任这种职位的天赋，又或许是因为迪杜瓦依耶先生——我觉得他似乎早已有想好的另外一个接替人——没有尽心教我，他讲的东西又慢又糟；那一大堆被故意弄乱了的账目，我很难接受，无法全部记到脑子里。然而，我尽管未能学到这方面精髓的东西，还是能略知梗概，熟悉基本流程，足够把这份工作干得妥妥当当的，我便开始履行职务正式接手了。我既管账目登记，又管库存，签收票据，核实账单；虽然我对这一行既缺少能力，又没有很大兴趣，可是年龄的增长让我老实下来了，我决定克服我的浮躁的情绪，用尽全力来干好这一行。不幸当我已慢慢熟悉工作、一切都走上轨道的时候，弗兰克耶先生需要外出旅行，在他旅行期间，他的金库就交到我一个人手上了，当时库里的存款大概有二万五千到三万法郎之多。这额外的托管给我带来了很大的压力，精神上也一直不安宁，这也我深深感觉到我绝不适合做出纳员这一行，我敢肯定，在他公出那段时间，我所产生的那种焦躁不安，是在他回来后我患的那场大病的罪魁祸首。

这本书的前面部分我已提到，我一出生就是半死不活、病怏怏的样子。我患有先天性的膀胱畸形，致使我幼年几乎不停地患尿闭症；是我的苏森姑姑一直照护了我，她为保全我的生命，承受了令人难以置信的辛苦。最后，她做到了，让我摆脱了死神的侵扰，我日益健壮的体质终于成功战胜了病魔。在少年时期，我的身体基本完全稳定下来，在以后的日子里，除了我曾提到过的那次虚弱病，以及受热就导致小便频频外，我差不多一直到三十岁都没有再复发过幼年时候的疾病。我的第一次病发是在我到达威尼斯的时候。整个旅程的劳累和那酷热的天气，使我体质下降，患上了便灼和腰痛，一直到了入冬才有好转。那次在我接触了帕多瓦姑娘之后，我甚至以为我会没命，结果却并未感到任何不妥的地方。另外，我曾对那朱莉达姑娘是萦怀多于身体的戕害的，经过一度的精神困扰之后，身体反倒是越来越好了。只是在狄德罗被抓进监狱以后，我常在那炎热天气下跑到万森纳去看望他，结果中了暑，才患上了很严重的肾绞痛，让我痛苦不已。从生这场病后，我就一直没有能恢复如初。

在我做出纳员的这个时期，或许由于为那个让人操碎了心的金库工作繁琐，使我稍微累了些，我的身体就又垮下来了，还要比以前更严重。我大概在床上躺了五六个星期，身心俱疲、苦不堪言。杜宾夫人请了有名的医生莫朗先生来给我诊治，他虽然手术高明、精细，却还是带给我无法忍受的痛苦，并且始终不能通过他的探条来确诊我的病根。他建议我再去找达朗医生检查，达朗医生的探条要软一些，果然能探测到患处；但是莫朗医生告知杜宾夫人关于我的病情时，说我最多只有六个月的寿命。这种话，被我听到后，促使我对目前的处境深思熟虑了一番：我剩下的日子不多了，如果还要被那个我并不喜欢的职业所拘束，牺牲掉我所仅剩一点点时间的宁静和乐趣，这该是多么愚蠢的呀。而且，我已经下定决心坚持我所订下的那些行为准则，可笑的是我却担任一个太符合这些准则的职位，这怎么能协调一致呢？让一个财务总管下面的出纳员向大家宣扬安贫乐道和淡泊名利，这不是很可笑吗？这些想法在我发着高烧的脑子里逐渐扩散，盘根错节，从此挥之不去。

在这之后休养期间，我就把当时我的想法又冷静地思考了一遍，并完全肯定了它们的价值。我要抛弃任何追逐名利的想法。下定决心即便多么贫穷困苦，也要独立自我度过剩下的时间，我竭尽我灵魂的力量去挣脱世俗的枷锁，勇敢地坚持一切我所认为的善，毫不顾忌别人的风言风语。我所需要清除的那些障碍以及为战胜它们而付出的种种努力，都是别人无法想像的。最终我总算做到了，并且大大超过了自己预期的程度。如果我能做到像摆脱舆论的束缚那样摆脱了友谊的束缚，那我一定能实现那个计划——这个计划或许是从古到今最伟大的计划，至少也是最有益于道德培养的计划；然而现实却是，我一方面蔑视那些庸俗的人，只知道把所谓大人物和哲人的荒谬评说挂在嘴边，一方面却又被我那些所谓的朋友们恣意摆布，像个小孩子一样被他们牵着鼻子走，他们嫉妒我能够另辟新路，坚持自我而不随波逐流，表面上他们似乎在努力地关心我，希望我幸福，实际上却寻找一切可以抓住的把柄让世人笑话我。首先极度贬低我，以便后来达到毁坏我名誉的目的。最能激起他们忌妒之心的，还不是我在文坛上取得的成就，而是我在前面提到的实行全新个人生活的改革——我在写作艺术上独树一帜，也许他们还能接受，但是他们无法坦然面对我在行为上带来的全新改变，这似乎让他们寝食不安。我一向就好交朋友，性格温和、待人友善，很容易与人深交。在我没有名气，只是个小人物的时候，凡是认识我的人都愿意接近我，也没有任何一个仇人；可是，我一旦成名，身边就连一个朋友也没有了，对我来说真是太糟糕了；而最无法想到的是我身边那些所谓朋友的人，他们利用朋友的名义，想要用各种方法把我拖进万劫不复的深渊。此书的后面部分将为读者揭露这无耻的阴谋，我在这里只简单说一下这个阴谋的起因，读者很快就能看到这个阴谋怎样设下第一个圈套的。

我想保持经济上的独立，就必须有个谋生之道来支撑。其中一个最简便的工作，就是帮人抄乐谱，按页数计酬。如果有其他更可靠并能达到我期望的工作，我也是乐意接受的；但是这份工作既符合我的爱好，又是唯一一个能让我不屈从他人并能每日获得薪酬的，所以我就决定把这个工作好好干下去。我认为我从此可以不必为前途忧虑了，虚荣心也不必追求了，于是我便从一个出纳员转变而为乐谱抄写人。我认为这份工作的选择给我带来了无数的好处，丝毫没有后悔之意，决定将来除非迫不得已才放弃这一行，不过只要有一丝可能，我还是要重操旧业的。

我第一篇文章[8]带来的成功，使我更坚定这一决定。文章得奖以后，狄德罗就请人把它印刷了出来。那个时候我还卧病在床，他就写了短函给我，讲述了我文章出版的情况以及它所产生的巨大效果。短函里说："真是轰动一时；这样的成功是史无前例的。"这种社会大众发出的赏识绝不是胡编乱造的，而且面对的只是一个无名作者，这也让我对自己的才能有了新的看法，这是第一次真正意义上的自信。而在这之前，我对自己的能力，尽管心里已有所评价，总的来说还是有些怀疑。我立刻发现，凭借这个成功，对于我一直想要执行的计划，绝对是有太多的好处；在我看来，一个在文坛上取得名声的乐谱抄写员，总不会没有工作可做吧。

我的决心一定下来，就赶忙写一封短信给弗兰克耶先生，告知他这件事，衷心感谢他和杜宾夫人对我的种种关怀，并且希望他们对我的新工作多多帮忙。弗兰克耶先生无法理解我这封信的意思，担心我还在发烧说梦话，便急忙赶到我家里来。但是他发现我心意已决，无法更改，就把这事告诉了杜宾夫人和其他人，认为我生病发疯了。我不在乎他跟别人说了什么，我依然按照我的决定开始计划。我最先从服饰上开始我的改变，我放弃了镀金的饰物，脱下白色袜子，戴上一个朴素的圆假发，取下佩剑，连表也卖掉了，不过心里却异常高兴，对自己说："太棒了，我以后再不用看钟表了，借助自然的天色就好。"弗兰克耶先生很在意我，把出纳员的职位一直为我保留着，等了很久都没有交给别人。最后，他看我真的不会改变决心，才让达里巴尔先生接替了我，达里巴尔先生曾做过舍农索先生的老师，并以《巴黎植物志》一书而在植物学界被人熟知。

不管如何严格执行我的改革，起初我还没有任何在内衣上做改变的想法。我的内衣有很多，并且非常漂亮，是我当初住在威尼斯时买的，我对它们有特殊感觉。由于我很讲究干净，尤其在内衣方面，为了让它们干净整洁，我还花了不少钱，这就曾一度把它们变成了奢侈品。不过后来有人变相帮了我一个大忙，使我不知不觉摆脱了这种对物质追求的束缚。那是圣诞节的前夕，我的两位女总督去礼堂做晚祷，我也为外出去听圣诗音乐会，有人把我的阁楼的门撬开了，把里面所有刚洗过晾着的内衣偷得一干二净，其中包含了我的四十二件衬衫，那材料可都是上等的细麻纱，是我内衣柜里最重要的部分。有邻居曾看见一个陌生男子从公寓里出去，还提着几个大包，通过他们的描述，黛莱丝和我都怀疑这个人就是她的哥哥，众所周知，他是个心术不正的坏人。不过黛莱丝的母亲一口否决了我们的怀疑，但是不管她怎样辩解，太多的迹像和证据都把矛头指向她的儿子，所以这种猜疑我们一直留存在心里。事后我不敢做全面的调查，因为担心找出更多又超出我们想像的证据。这个哥哥从此再没出现在我的家里，最后他的行踪完全消失了。我同情黛莱丝的身世，也哀叹我自己的命不好，竟有这样一个关系复杂的家庭，于是我极度恳切地劝她赶快摆脱束缚，离开这么一个危险的家庭。因祸得福，这件事出乎意料地把我爱漂亮内衣的癖好改掉了，从此以后，我只穿戴最普通、最简单的内衣，这也正好与我其他的装束分相协调。

这样一来，我的改革就变的更完善了，之后我考虑的就只有如何使这种改革巩固并持续下去。我不在乎别人对我的非议，对于本身或者我认为是美好、合理的事物，我会很自然地做下去，把别人的指责抛之脑后。我的作品让我名声大噪，我的决心也令人称赞不已，这给我的工作带来许多便利；因而我一开业就取得不小的成功。然而，与在正常情况下相比，也存在好几个原因使我不能做到更好。首先，我的身体状况不佳，我刚生过的那场大病给我留下了些后遗症，还一直没能让我恢复到原先的健康水平；而且我敢确信，我托付的医生叫我吃的苦，一点儿也不比疾病本身所造成的苦少。我先后找过的医生有很多：莫朗、达朗、爱尔维修斯、马鲁安、蒂埃里。他们医术都很有名气，也都是我的朋友，并以各自的方式给我治病，然而不但没能减轻我的痛苦，反而效果更差，我的身体变得更加糟糕。我越是遵循他们的方式养病，我身体越衰弱，面黄肌瘦，苦不堪言。他们的一系列诊断结果把我给吓坏了，我根据他们开出的药来估计我的病情，在我病死之前有的只是无尽的痛楚，尿闭、砂淋、结石，一系列的疾病都缠着我。让我不解的是：凡能有效治疗他人的办法，如汤药、沐浴、放血等，统统对我无用，只能加剧我的病痛。另外只有达朗的探条能起点作用，可以暂时减轻痛苦，没有它我可能早就一命呜呼了，于是我就自己花钱买了大量探条备用，万一达朗医生去世了，我接下来也能有探条可用。在随后的八九年当中，我一直用着这种探条，算算在探条上花的钱足有五十金路易之多。显而易见，这种昂贵又效果差，还带给我无尽痛苦的治疗办法，是让我无法全身心投入到工作当中的，试想，一个垂死之人哪有精力和心思去拼命挣钱呢？

让我精力分散的另一个方面是我的文学活动，它对我日常工作的妨碍并不比疾病所造成的少。每次我的文章一发表，那些所谓的文学界的卫道士就一股脑地把枪口对准我。我回过头一看，一群若斯[9]先生连我说了什么都没有搞明白，就拿大师的派头来对我和我的文章胡说一通，我无法忍受他们的行为，就拿起笔来，狠狠地训斥了他们几个，最后没有人敢反驳我。其中有个叫戈蒂埃先生的，南锡人，他第一个败倒在我的笔尖下。就在一封写给格里姆的信中，我把他彻彻底底地教训了一番。我批的第二个就是斯塔尼斯拉夫国王本人[10]，激烈的反击让他不敢跟我较量下去。承蒙他看得起我，毕竟国王之尊，于是我在答复他时采用了另一种口吻，一种庄重但不失强硬的笔调；我一方面表达了我的尊重，另一方面却又严肃驳斥了他对我的评论。我还知道他身边有个叫默努神父的，给他提供了很多想法，并在那篇文章里有所体现。我就凭自己的判断，甄别出哪些是国王的言论，哪些是神父的言论；接下来我毫不客气地抨击所有出自耶稣会教士之口的东西，另外文字中出现了一个颠倒时代的错误，我深信这个错误是那神父的无知所犯下的。这篇反击文章，不知道为何没有像我其他文章那样引起注意，但一直到现在，它还是这一类型中独一无二的存在。我抓住这个突然而至的机会，向公众证明了，一个普通百姓也能坚持真理，君王也不能左右他。难能可贵的是，这样的回复既要表现得十分尊重，又要不失坚决地捍卫自己思想。我总算很成功地做到了，遇到这样一个让我发自内心尊敬对手，又能把这尊敬之情很自然地流露出来，而不刻意阿谀奉承，始终不失身份。我的朋友们为我担心受怕，以为我肯定要被抓进巴士底监狱。对于这种畏惧，我想都没有想过，因为我完全是对的。后来那位大度的国王在看了我的答复很震惊，说："我领教了，再也不针对他了。"从此以后，他常常会向我表达他的种种善意和钦敬，其中的几次我会在书的后面提到；而我那篇文章，因此也就在法国和欧洲非常自然地被流传，再没有人从中挑出毛病来指指点点了。

好景不长，我又遇到一个让我始料未及的文敌，就是里昂的博尔德先生。我们算是旧识，十年前他对我表示很有好感，还帮助了我好几次。我并没有因时间的流逝而忘记他，但是我一时懒惰，渐渐把他疏忽了；也没有将我写过的作品转交给他，因为没有合适的时机，当然这样是我错误在先；于是他就攻击我文章，不过语气还比较客气，我的答复也同样表现了敬意。不过紧接着他又进一步驳斥我，这就迫使我发表了一篇《我的最后回答》[11]，他表面上对这篇答复没有任何说法，可是内心把我孤立了，他变成了我最可怕的敌人，在我运气不佳的时候落井下石，写了很多恶毒的谤书来陷害我，为了进一步损害我，他还特地来了一趟伦敦。

这场不可开交的笔战使我精疲力竭，耽误了大量抄乐谱的时间，对真理的阐扬没有起到任何效果，更没使我的钱包有一点点鼓起，当时我和书商比索合作，不过他付我文章的报酬总是很少，有时连一点儿都不给。我第一篇文章就是个很好的例子，我没拿到一文钱：狄德罗相当是白送给他的。他给我薪酬不仅少，那么点钱还要拖到很久，我都是一个苏一个苏地问他要。这时候，我抄乐谱的工作也出现了问题。我同时干着两份事，到最后一件事也没干好。

这两种工作在一定意义上还是互相矛盾的，因为它们逼我采取两种迥然不同的生活方式。我初期作品的成功给我带来名气。我坚持着特殊的生活形式也勾起了人们的好奇心，大家总是想结识一下我这个怪人：做事不求人，只想自由自在地生活，乐其所乐，随遇而安。拜访我的人一多，我的计划就全被打破了。我这里总有客人，他们用各种各样的方式来侵占我的个人时间。女士们千方百计邀我去做客。我越是对人不客气，人家就越发缠着我。我不能一股脑把所有人都拒绝，要是这样就会招来无数人的仇视，而如果我委曲成全，就要听人家摆布。反正不管我怎样应付，一天下来没有一刻钟时间是完全属于我的。

人在江湖身不由己，我想过清贫而独立的生活，现实却并不那么容易。我想自力更生，靠抄乐谱为生，公众却不愿意我这样。他们的来访让我损失了时间，人们就千方百计想要来弥补。不久，我简直变成了傀儡戏里面的滑稽小丑，付几个钱来看我一次了。我真想不到还有什么比这更屈辱人，过着残酷的奴役生活。我没有更好办法选择，只有拒绝一切，不管有多少馈赠，不管是面对谁的馈赠。恰恰相反，这一切做法却招来更多送礼的人，他们以能改变我的坚持为荣，不管我愿意不愿意，都要强迫我去接受他们的馈赠、接受他们的人情。有几个我曾经主动跟他们要，却连一个子也不给，现在却反过来不停地纠缠我，送这送那，可是当所有的礼物都被我退回的时候，为了面子，他们便开始诋毁我，骂我傲慢、摆架子、不懂礼数。

很显然，我所坚持的，和我想要遵循的生活方式，是不被勒瓦赛太太认可的。而黛莱丝呢，她虽然不贪图享乐，却禁不住母亲的耳边风；于是，就像果弗古尔先生给她们起的称呼那样，这两位“女总督”一点都没有坚决拒绝馈赠，不能做到像我那样。尽管她们有很多事情瞒着我，可我还是能通过一些细节看出苗头，这足使我判断出她们的所作所为。因此我非常的伤心，显而易见，别人肯定会骂我与家人串通作假，不过这不是难受的原因，最主要地还是因为我感觉到，在家里不能当家作主，都不能替自己自主。我对她们请求、苦劝，甚至是发脾气，可是效果甚微。勒瓦赛太太说我喜欢整天唠唠叨叨、没完没了，是个暴脾气；不过她跟我的朋友们经常小声嘀嘀咕咕、窃窃私语。我的这个小家庭给我的感觉，就全都是个谜，到处都是秘密；为了不想天天跟她们吵闹，后来家里有点什么事，我都不敢打听以免心烦。要想彻底摆脱这些纷扰，就得下定狠心，大刀阔斧去改变，而我又办不到。我只会动动嘴，却没有实际行动，于是她们对我的反对视而不见，依然我行我素。

家里层出不穷的麻烦，还有天天找上门的访客，终于使我厌烦了，待在家里、住在巴黎无法给我带来乐趣。当我病情减轻，可以出门，又没有熟人硬拉我东奔西跑的时候，我就独自外出去散步，脑子里就开始思考着我那庞大的写作计划，并且我随身带着白纸本子和铅笔，有灵感时就把它们一点点写下来。我期望的工作所产生的意外烦恼，以及我通过散步写作来排愁遣闷的方式，把我完全带回到文学创作这条老路上来了；原因也在此，我把这时期身上的恼怒郁闷之气全给带到了我的初期作品里。

另一件事也加剧了我的苦闷。我莫名其妙地被拉进交际圈，不过我既没社交界的派头，又不善于学习这种气派，更不愿被其约束。于是我特立独行一次，采取一种我所特有的行为方式，而不去学习他人的社交派头。我无法克服向别人学习礼仪时产生的羞涩之情，我那奇怪的羞涩心源于担心失礼，所以我就决心无视礼俗，把胆子壮起来。内心害羞，我就装的悠然自得，我不懂得礼数，就刻意去蔑视礼数。这种看似粗鲁的态度，恰恰与我的新的生活原则相符合，并在我的灵魂里繁衍成高尚的东西，化为别人无法做到的德性。而且我可以说，正因为它有着极其牢固的基础，所以在面对我这种粗鲁的态度，竟能把本是极端违背本性的努力做作，维持得格外长久、难以想像的协调。不过，尽管公众因我的外表和言谈给我在交际圈中冠上愤世嫉俗之名，但我在私下里的交往却做不到那样放荡不羁；我的好友和相识的人，会把我这只外表凶悍的熊牵着鼻子到处跑，就好像牵一只软弱的羔羊，另外我的那些尖酸的话也都是听起来刺耳，却又是普遍真理，而冒犯他人的话我是绝对不会说的。

歌剧《乡村巫师》令我名气更加高涨。很快，巴黎就再没有人比我更深受欢迎。这个剧本对我来说意义非凡，在一生中都有着划时代的作用，它的故事是同我息息相关。为了使读者更好地了解后来发生的事情，在这里，我必须得详细谈一谈。

我认识人非常多，但是最好的朋友只有两个，就是狄德罗和格里姆。我有一个想法，就是努力把我喜欢的人都聚在一起。既跟我跟他们关系这么好，自然也希望他们俩能结成知交。我把他们聚到一起并相互介绍，他们俩彼此性格相投，很快聊到了一起，后来交往密切甚至超过了我。狄德罗交友广泛，认识很多人，但是格里姆是初来乍到的外国人，需要扩大交际。我非常乐意给他介绍我认识的人，就比如已经是朋友的狄德罗，我又把果弗古尔介绍给他，还邀请他到舍农索夫人家里、埃皮奈夫人家里、霍尔巴赫男爵家里（顺带说一下，我几乎是不得已才结识上霍尔巴赫男爵的）。我把所有我的朋友都变成了他的朋友。但费解的是：他的朋友一个都没成为我的朋友。在他住弗里埃茨伯爵家里的时候，我们经常被他邀请到伯爵家里吃饭，但是弗里埃茨伯爵对我丝毫没有表示出任何友谊和关照。同样的情况，伯爵的亲戚旭姆堡伯爵，跟格里姆关系非常要好，但他对我的态度也跟弗里埃茨伯爵一样。不仅如此，无论男女，凡是格里姆的知交好友，对我的态度也都是如此。唯一例外的就只有雷纳尔神父了，他虽是格里姆的朋友，却跟我也是旧识，我与雷纳尔神父的认识要在格里姆之前。并且他为人非常慷慨，在我手头紧张的时候帮助了我。在某件事上，他曾对我表示出非常体贴的关心和足够的尊重，事情虽然不大，但是我始终记得，自那时起，对他我就一直深有好感了。

这位雷纳尔神父确实是个热情友善的朋友，关于这方面，大概就在这个时期，发生的一件事就可以很好说明。这件事是跟格里姆有关的，当时雷纳尔神父与格里姆关系非常要好。格里姆认识了美丽的菲尔小姐，两人交往了一些时日，格里姆毫无征兆地疯狂地恋上了她，想要把菲尔小姐男友卡于萨克取而代之。而那位美人儿为了表示对爱情的坚贞，谢绝了这位新追求者的好意。于是格里姆认为这事是一出心碎的悲剧，想要殉情。他突然患上了从未出现过的一种怪病。他浑浑噩噩地度过了几天几夜，眼睛睁很大，脉搏正常，但是不说一句话、不吃不动，有时似乎也能听见别人讲的话，可从不搭腔，连个反应动作也没有。而且病情奇怪，既不烦躁，也无痛苦，没有头疼发烧现像，就躺在那一动不动像个死人。雷纳尔神父和我轮流守着他。神父的身体比我好些，就主动值夜班，让我值白班，保证至少有一个人在他跟前；一个人不来接替，另一个就绝不会走。弗里埃茨伯爵慌了神，以为格里姆病情加重，就把塞纳克医生请来。塞纳克非常仔细检查了他一番，结果是什么事都没有，连一颗药也没有开。我为我的朋友担心着急，这就使我极其关注医生的一言一行，我看他带着笑容走出房间。然而可怜的格里姆还是和之前那样，躺着一动也不动，除了吃几个蜜饯樱桃。我把小樱桃一个一个送到他嘴边，他这才顺利咽下去。忽然一天早晨，他起床了，穿上衣服，又和往常那样的生活，好像什么都没发生过，不过之后却再没有跟我提起此事。据我所知，包括雷纳尔神父在内，没有对其他任何人谈起那次突发的怪病，更没有提到在他生病期间我们对他无微不至的照顾。

这件事免不了引起别人的谈论。如果说一个歌剧女演员几句薄情的话，就能使一个男子郁郁而终，那才真是个让人瞠目结舌大事件。不过格里姆这段美妙的痴情也给他带来无数的鲜花和掌声，不久，他就被认作是爱情、友情、所有感情的奇迹。这种广为流传的舆论使他在上流社会里顺风顺水，到处受到欢迎，由此他也逐渐疏远了我。也许在他的心里，我是可有可无的存在，算不得真正的朋友。我看他有完全和我绝交的打算，心里十分难过，因为他在众人面前肆意宣称自己如何看重感情，而实际做到像他所说那样的人却是我。他在社会上取得成功，这是我非常乐意见到的，但是我不能原谅他成功后就立刻抛弃旧友。

有一天，我找到他，说："格里姆，你想疏远我，这我能理解你。不过将来当你不再陶醉因目前取得巨大成功而带来的飘飘然之后，在你感觉到空虚、需要帮助的时候，我还是希望你能回到我这里来，我随时等着你。至于现在，你就别畏手畏脚，想离开我就做吧，我尊重你的决定；我等着你。"他说我说得很对，就按我的话照做了，并且表现的非常自然，好像什么都没发生过，以至于除了跟共同的朋友相聚时能看到他外，再也没单独碰过面、说过话。

在格里姆跟埃皮奈夫人深交之前，我们两个人很多时候是在霍尔巴赫男爵家里见的面。这位男爵来历特别，父亲是个暴发户，家很有钱，为人倒也慷慨大方，经常在家里款待些文人才俊，而他自己也有才有德，与他邀请的人相比丝毫不差。他很久之前就跟狄德罗有了交情，还在我没有名气的时候，就曾托狄德罗把我介绍给他认识。不过我天生就对富人有一种抵触之情，这也让我一直不愿与他交往，有一天他寻问我其中的缘故，我回答他说："是因为你太富有了。"他说我这个人他交定了，并且最后成功了。我的最大的缺点就是始终无法抵抗别人的亲切，而我每一次的屈服，都让我自食恶果。

我另外有一个相识，在我一有资格认识他时就成了好朋友，他就是杜克洛先生。几年前，我在会弗莱特第一次见到他，那是在埃皮奈夫人的家里。他和埃皮奈夫人关系密切。我们仅仅一起吃了顿饭，又稍微浅聊了一会，当天他就有事赶了回去，不过。埃皮奈夫人很久以前就跟他谈及到我，还拿我的歌剧《风流诗神》交流点评了。杜克洛先生非常有才华，也同样喜欢结交其他有才气的人。他对我有很好的印象，并且曾邀我去他那里做客。尽管我也是对他仰慕已久，再加上一同吃过饭，但是我的性格偏向羞涩，又有些懒惰，就一直没去拜访他。再者，我认为单凭他的一点赞赏，而自己却没有一点优秀表现，是没有结交他的资格的。后来我的第一篇文章获得了不小成功，他的称赞之词又传到我的耳中，我带着这样的鼓励就去见了他。后来他也来看我，这样渐渐地我们彼此之间就开始结下深厚交谊，交往中他始终保持非常友好的态度。正是和他的这种交谊，让我明白，为人正直和高尚节操与文学修养是分不开的。

还有许多其他的交往，不过持续的时间没有那么久，在这里我就不提了。这些交往都是因为我初期的成功，取得很大的名气，大家也都想认识我，等到他们好奇心消失后，交情自然也淡忘了。我本来就是个简单的人，一眼就能看透，今天见过我，就不必期待我明天的不同。凡事没有绝对，有一位夫人在这期间和我结识，友情真诚远超过所有别的女人——她就是克雷基侯爵夫人，她的舅舅是马耳他大使弗鲁莱大法官，而大法官的哥哥是驻威尼斯大使蒙太居先生的前任，在我离开威尼斯回来时候，还曾去看过他一次。克雷基夫人给我写了一封信，我就上门拜访了，她对我很友善，我也会偶尔在她家吃饭。在那里我认识了好几个文学圈的人，其中就有梭朗先生，他代表作有《斯巴达克斯》和《巴尔恩维尔特》等，不过后来我俩却变成了敌人，我想来想去就是找不到其中的原因，莫非是他的父亲曾非常卑鄙地迫害过一个人，而这个人恰恰就跟我同姓[12]？

显然，抄乐谱这份工作需要在安静的环境下从早忙到晚的，而打断我的事情太多了，结果是既没能增加我每日的收入，又不能让我专心致志做手上的工作，不可避免造成抄写错误，所以还得耗费大量时间用在涂错、刮错上面，甚至是整页的重抄。这些琐事让我越发不能容忍在巴黎的生活，也加剧了我回归乡下的心思。我有好几次跑到了马尔古西，在那里住几天，因为与勒瓦赛太太和这地方的助理司铎比较熟悉，我们的到来并没有使主人感到不便。有一次，格里姆也跟随我们一起去。助理司铎天生一副好嗓音，歌唱得很棒；他虽然不懂音乐，但只要我们教他，他总能学得既快又准。我把我在舍农索写的那些三重唱词谱拿出来给大家唱，常常要花费一整天时间。我又改编格里姆和助理司铎临场凑出来的一些唱词，写了两三首新的小曲。我不禁惋惜我这些曲子的遗失，那是我在这毫无杂念、愉快的氛围中所创作的，它们和我的全部乐稿都被落在了伍顿，也许已被达温浦小姐拿去当了卷糖纸了，但它们都非常有意义，里面大部分对位都写得很好，是值得保存的。在这几次短途旅行中，我欣喜地发现黛莱丝和我一样，快乐玩耍，心情舒畅，整个旅程都很快活；另外在一次这样的短途旅行结束后，我有感而发，迅速地写了一首诗赠给助理司铎，这首诗的底稿还保存在我的文稿箱中。

除了上面我提到的，另外还有一个很合我的口味的歇脚点，距离巴黎更近一些，那就是缪沙尔先生的家。缪沙尔先生和我是同乡，也是我的亲戚，又是我要好的朋友。他在帕西修建了一所别致的幽居，那里静谧的环境给我留下来很多美好的回忆。缪沙尔先生原先是做珠宝生意的，很是精明能干，通过做买卖积累了足够的资财，又把独生女嫁给了一个票据经纪人的儿子瓦尔玛来特先生，是御膳房总管，之后缪沙尔先生就做出一个非常明智的决定，晚年金盆洗手，在生活琐碎与年龄增长可能面临死亡之间抽出了一个可以休息与安心享受的过渡时期。这位机智的缪沙尔先生真是个注重实践而非只动嘴皮的哲学家，他在自己建造的美丽的房子里，还设有一个精致的花园，养花种草，享受着无忧无虑的生活。在一次挖掘园子的花坛时，挖出了大量贝类化石，他兴奋过度，以致想像力爆发，竟认为在自然界里到处都是贝壳，最后他还猜测宇宙都只是由贝壳和贝壳的残余物组成，整个地球也只是由含贝壳的泥沙填充起来。他成天想着这种东西，满脑子都是他那些离奇的发现，并且越想越兴奋，最后这些思想甚至在他脑子里形成一个单独的体系，也就是说快要发疯了——如果不是死神把他从家人和朋友身边带走的话。他的死，对于他的理智是个好事，但对于他的家人和朋友则是个不幸，他的人缘很好，朋友们都喜爱他，能在他家里小住是一件极其惬意的事。他的死因是一种奇怪的病，那是一个长在胃里的瘤，并且在不断地增大，使他不能吃东西，而人们却一直找不到其生病的原因。这个瘤摧残了他好几年，最终使他饿死在病床上。这个可怜而又可敬的人，一想起他最后的一段痛苦生活，我就伤心不已。那时候，一直守在他身边的，亲眼目睹他最后时刻痛苦的，只有勒涅普和我两个朋友了。去世前，他还是那么高兴地接待了我们，而他自己却已经病入膏肓。他看到请我们吃的饭菜简直羡慕极了，非常眼馋，可自己连喝几滴很淡的茶都变成了奢望，喝了又马上会吐出来。但是在这病痛之前，我在他家里，跟他及他许多友好的朋友，一起度过了多少愉快的时光啊！在他的这些朋友当中，最好的应该是普列伏神父。他待人亲切、朴实大方，他的心灵让他写出的作品充满生气，值得永世流传，他的性格和在社交界中的表现，丝毫不存在他作品中所表现的那种忧郁情感。还有普罗高普医生，深得女士们的喜爱，还有个“小伊索”绰号。另外他的朋友布朗热，他是在死后发表的《东方专制主义》一书，而且我有理由相信，他努力想要把缪沙尔的思想体系，衍生到整个宇宙空间上去。在女人方面来讲，包括伏尔泰的侄女德尼夫人，那时她还很朴实、不浮夸，没有假充自己充满才华。还有旺洛夫人，算不上很美，但别有风情，歌唱得像天使一般。另外还有就是瓦尔玛来特夫人，她也爱唱歌，人虽然偏瘦，不过要是她不那么自作多情的话，说起来还是蛮可爱的。以上差不多就是缪沙尔先生的全都常客了，与他们相处下来我相当愉快，如果缪沙尔先生没有试图用他的贝壳理论说服我，我想在这里的生活会变得更完美。我在他书房里工作的六个多月，我可以很肯定地说，在这期间，我获得的乐趣不亚于他本人。

缪沙尔先生认为帕西的矿泉水对改善我的病情有帮助，劝我直接住到他家去，这样每天都可以喝到。为了躲避都市的喧嚣，我接受了他的邀请，在帕西住大概了八九天。这些日子我身体确有好转，主要是因为乡下的安宁和愉快的心情，而不是因为这里的矿泉水。缪沙尔会拉大提琴，喜爱音乐，尤其是意大利的。一天晚上，我们在就睡前就意大利音乐聊了好久，特别是我们共同在意大利看过的喜歌剧。夜里脑子乱糟糟的让我睡不着，就开始思考，怎样才能让法国人了解意大利歌剧这种风格，因为《拉贡德的爱情》[13]与意大利的根本不一样。早晨，我拿着矿泉水，边散步边喝水，还随意写了几句似诗非诗的歌词，并配上我写它们的同时冒出的曲调。在花园中央高处的地方，有一个圆顶小亭子，我就在里面把刚想好的词和曲都写了下来。早茶时，我有点小激动，就把它们拿给缪沙尔先生和善良可爱的女管家——迪韦尔努瓦小姐看。这只是我草拟的三段：其一是独白《我失去了我的仆人》，其二是巫师的小曲《爱情感到不安便增长起来》，其三是一段二重唱《科兰，我保证永远……》。我一点都没想把这点东西继续写下去，如果不是他们两人的称赞和鼓励，我觉得我会把这点破纸直接扔到火里，不再多看一眼；我写过很多类似的东西，内容跟这一样好，却都被我扔掉了。但是他们很卖力地鼓励我，于是六天时间就被我用来写完全剧，最后只欠缺几行诗；谱子方面也有了初稿，只要到巴黎后再添加点宣叙曲和中音部就全部完成了。这整个过程我完成得如此之快，只花了三个星期我的全剧各幕，包括谱曲都誊清了，完全可以直接上台拿去表演。所缺的只是一段幕间歌舞，这是很久以后才写出来的。

这部作品完成得如此之快，我实在是太兴奋了，渴望能马上听到它的演奏。对此，我恨不得付出我的所有，请人按照我的想法，立刻单独为我一个人演出，就和当年的吕利[14]一样：据说他曾让剧组专为他一人把《阿尔米德》演了一遍。由于我没有足够的资金，也没有这个能力，所以只能与公众同乐，把作品交给巴黎歌剧院，让他们安排演出。可惜的是，它是一种迥然不同的体裁，听众们的耳朵还无法适应，另外《风流的缪斯》的失败让我猜测，如果《乡村巫师》一剧再以我的名义送去演出，它可能还是注定不被接受。杜克洛帮我想出了一个好主意，他拿着我的作品去试演，不过不让别人知道作品的作者。为了不让自己暴露，我连排练时都没到场；连领奏的“那两个小提琴手”[15]都只是在全场沸腾、证明作品成功之后，才知道作品是谁写的。凡是听过这部作品的人都觉得十分满意，第二天，人们所有的社交话题都是围绕着我的那部作品。游乐总管大臣居利先生也慕名看过试演后，就想要拿着作品到宫廷去演出。杜克洛了解我的性格，并且认为剧本一旦被送到宫廷中，就不能按照我的意愿展示出来了，所以拒绝了他的要求。居利想要恃权强索，而杜克洛坚持不肯妥协，两人的争执愈演愈烈。那天在歌剧院，如果不是有人强行把他们拉开的话，他们俩就要大打出手了。再有人来找我，我就推给杜克洛先生，让他来拿主意，最后还是得绕回去找他。再后来奥蒙公爵先生出面了，杜克洛迫于压力，认为应该向权力让步，就把剧本贡献出来，准备在枫丹白露演出。

最让我得意的部分，就是宣叙曲。我的宣叙曲采用全新的方式改变音调，并与唱词的吐字完全相符合。不过其他领奏不敢采用我这种可怕的革新，担心那些盲从惯了的观众会生起反感。经我同意后，弗兰格耶和热利约特会另写一部宣叙曲，我自己不愿插手其中。

一切都准备就绪，演出的日期也定下来了，大家便建议我到枫丹白露去一趟，去看看最后一次的彩排。我跟菲尔小姐、格里姆，也许还有雷纳尔神父，乘坐着同一辆宫廷的车去了。彩排还算可以，比我预料中要好些。乐队的人数很多，是由歌剧院的乐队和国王的乐队合并的。耶尔约特演科兰，菲尔小姐演柯丽特，居维烈演卜师，合唱队就是歌剧院的合唱队。我没有说多少话。一切都由耶尔约特主持，我不愿意再来把他做过的事检查一遍；而且，尽管我的表情严肃，在这一群人中间却羞得简直像个小学生一样。

第二天就是正式表演的日子了。早晨，我到大众咖啡馆用餐。咖啡馆里的人很多，大家都在谈论昨晚的彩排，以及入场有多么困难。有一个军官说，他倒是很轻松就入了场，还把场内情景从前至后描述了一遍，并把作者描述一通，说他做了什么事，说了什么话。但是他这段很长的叙述那么确信和自然，却使我感觉很奇怪，他没有一句话是真的。我很清楚，那位说得头头是道的先生，昨晚的彩排根本没有在场，因为他所说的作者现在就在他面前，而他却并不认识。在这个可笑的场面里，更离奇的是当时这件事对我心理的影响。那个人年岁也不小了，态度和口气绝对没有一丝的狂妄和骄横；他看上去应该是个有地位的人，他胸前的圣路易勋章也表明他曾经是一名军官。尽管他一点也不害羞，尽管我心里很不情愿，但我对他还是很感兴趣的；他在那儿大撒其谎，我在这儿面红耳赤，不敢抬头，如坐针毡；我在想，可不可能证明他是弄错了，而不是故意撒谎呢？到最后，我生怕有人把我认出来，当面让他下不了台，于是我就一声不响地赶紧喝完我的可可茶，然后低着头经过他的面前，尽早离开了那里，这时在场的人们还正在讨论着他的叙述呢。到了街上我发现我已经浑身是汗了；我敢说，如果在我离开之前有人认出了我并且喊出我的名字的话，看到我脸上因为那可怜的人的谎言被戳穿时那份难过的表情，人家就一定会觉得我像个罪犯那样羞愧和局促不安。

现在我正处在生平最严峻的关头之一，很难单纯地只是叙述，因为叙述本身就一定会带上一点或褒或贬的色彩。不过，我还是要尝试一下，客观地叙述了我是怎样做这件事情的，出于怎样的动机，不带任何褒贬之词。

那一天，我和平时一样的穿着，一脸的胡须，蓬乱的假发。这种不合时宜的装扮被我视为一种勇敢的表现，就这样走进国王、王后、王室和整个朝廷都即将到来的那个大厅里去了。我跑去坐在居利先生领我进入的包厢，这是他自己的包厢。这是一个在舞台侧边的大包厢，面对着一个相对要高的小包厢，那里属于国王和蓬巴杜夫人。环绕四周的都是贵妇人，只有我一个男的，我丝毫不怀疑我是被有意放在那里，这样好让大家都看见。灯一亮，我看到自己的装束，在那么多每个人都衣着华丽的人们中间，开始感觉浑身不自在了。我不免疑惑，我应该坐在这里吗？我的装束合适吗？我感到不安，但几分钟后，我以一种大无畏的精神告诉自己：“是的，没问题。”这种心态也许来自身处窘境者多，来自心安理得者少。我自我安慰道：“我就坐在我该坐的地方，因为这是我的剧本演出，我是受邀前来的，我也正是为了表演而写的剧本，而且无论如何，我应该最有权享受我的劳动和才能的成果。我的穿着和我平时一样，不更好，也不更坏。如果我在某一件事情上又要被别人的言论左右，不久就会事事受制于时俗的见解了。为了永远保持自我，无论在哪里，我就不应该因为我选定的职业装扮而感觉羞愧：我的外表虽然朴素，不拘小节，但绝对不邋遢；胡子也不是很难看，因为它是大自然赠予我们的，并且不同的时代和风尚，有时胡子也是一种装饰物呢。人们会认为我可笑没礼貌！那又怎么样？我应该经得起嘲笑和诋毁，只要这些不是我应该得到的。”自言自语过后，我就信心倍增了，以至于必要的话，我甚至可以很神气。但是，或许是因为国王在场的关系，也或许是出于内心的自然趋向，我在众人好奇的目光中，所看到的却只有欣喜和尊敬。我很感动，这让我又为我自己和我的剧本的成败紧张起来，生怕辜负人们对它的赞赏，因为大家都好像只是等着为我鼓掌而已。我本来是做好了被嘲笑的思想准备的，但是他们这么热情，我始料未及，这让我受宠若惊，以致演出开始时我像小孩子一样在发抖。

很快我就安宁下来了。虽然就演员而论，演技并不好，但就音乐来说，唱得很好，演奏得也很好。第一场真是真挚感人，从那时起我就听到那些包厢里传来人们惊奇称赞的窃窃私语，以往在这一类剧本的演出中，从来没有听到过。很快整个剧场遍布这种激动的情绪，用孟德斯鸠的话来说，这就是：“用效果本身来提高效果”。在一对农民夫妇对话的那一场，这种效果达到了极致。国王在场是允许人们鼓掌的，这就使得每句台词每段音乐都可以听清楚：剧本和作者都获得了满足。我听到四周有许多美若天仙的贵妇们在交头接耳，低声说：“真美啊。真好听。每一个音符都打动我的心。”那么多可爱的人都被我感动了，这种欣慰使我自已也感动得流泪。到第一段二重唱时，我的眼泪再也忍不住了，同时我也发现哭的人也并不只有我。我有一阵子回想起在特雷托朗先生家里开音乐会的场景。那种感觉就像奴隶戴上了凯旋者的桂冠；但是这个状态稍纵即逝，我马上就专心致志地享受着成功的乐趣了。然而，我深信，那一刻，对女士们的冲动远远超过作为作者的虚荣心；毋庸置疑，如果在场的都是男人，我就决不会浑身发热，兴奋激动。我曾见过一些剧本赢得过更热烈的赞美，但是从没见过整个剧场的观众都这样被动容和陶醉，特别是在宫廷里，并且是首场演出。凡是经历了这个场面的人应该都还记得，因为它奇伟的效果是空前的。

阿蒙公爵先生当晚派人通知我，叫我第二天十一点钟左右到宫里去，他要领我觐见国王。给我带口信的是居利先生，他还补充说，他认为国王要亲自宣布，赏赐给我一份年金。

谁能相信，在如此辉煌的日子的那一夜，对我竟是一个焦虑而又不安的夜晚呢？一想到要觐见国王，我首先想到的就是，今后我需要常常在公众面前露脸，当晚在剧场，这种需要已经让我吃尽苦头，明天，我在长廊或者在国王的房子里，跟那些达官贵人在一起，等候国王陛下驾到，这种需要将会使我苦不堪言。这个缺陷一直使我回避社交，阻碍我不愿意和贵妇们待在屋里的主要原因。只要一想到这种需要我立刻会陷入的窘境，我就无所适从，就会引发哄堂大笑，而我是宁死也不愿如此尴尬难堪的。只有经历这种情景的人才能了解到不敢冒这个风险的畏惧心情。

之后我又想像来到国王面前，被介绍给国王陛下，陛下与我说话。在回答的时候就需要镇定和机敏。可是我这该死的腼腆性格，连在最不足提及的陌生人面前都会手足无措，到了法国国王面前我还能淡定从容地对答吗？会使我在适当的时候讲出合适的话吗？我很想能既不改变我习以为常的那种严肃的态度和语气，同时又能表达出我对这样一位伟大的君王所给的荣誉的感恩，所以我就应该在华丽而又恰当的赞美之词中掺杂一点伟大而有益的真理。要想提前准备好一套巧妙的答语，就必须猜准他会对我说些什么，而且，我深信，就算是猜准了，一到了国王面前，我连一句也是想不起来的。这时候，当着那些官员的面，万一我慌乱地说出一两句我平时那些蠢话，我会遭遇什么呢？这种危险使我惊慌、害怕、浑身发抖，所以我下定决心，无论如何不能冒险。

诚然，那笔可以说是已经到手的年金，被我丢弃了；但是我也就摆脱了年金给我的束缚。得到了年金，我就不能坚持真理，不能自由地言论，也失去了行事的勇气。从今以后怎么还能独立自由和淡泊名利呢？一旦接受了这笔年金，我就只能阿谀奉承，或者三缄其口了，而且谁能保证年金一定能发到我手里呢？其中又有多少手续要办？又得恳求多少人？为了这笔年金，会让我增加多少麻烦，遇到多少不快啊。因此我觉得放弃这笔年金，就是一个符合我的原则的决定，脚踏实地，不爱慕虚荣。我把我的想法告诉了格里姆，他一点也不反对。对其他人，我以身体不适为理由，当天早上就离开了。

我这一走引发了轰动，遭到了人们普遍的谴责。我的借口是不可能被大家认可的。众口一辞指责我的行为是出于愚蠢的骄傲心理。但是那些不会这样做的人却暗自满足。第二天，耶尔约特写了一个便条给我，详细说明了我的剧本的成功，以及国王是怎样的入迷。他告诉我说："国王陛下整天用他那不入调的嗓音，唱'我失去了我的忠仆；我失去了我的全部幸福'。"他还说，半个月不到，《乡村巫师》还要再演一次，这第二次的演出将是对初场的圆满成功向全体公众的充分证实。

两天后，晚上九点左右，当时我正走进埃皮奈夫人家吃晚餐，在门口，忽然一辆马车迎面而来。马车里，有个人从向我挥手，让我上车。我上去之后发现，原来是狄德罗。他跟我谈起年金，显出十分热衷，我简直没想到，一个哲学家对这种问题会这样关注。他并不认为我不愿觐见国王有什么过错，但认为我对年金的漠视倒是大错特错了。他对我说，如果单为我自己考虑，不要年金倒也罢了，但是为了勒瓦赛尔太太和她的女儿考虑就不应该了，他觉得我有职责通过任何可能的正当方法为她们谋求生活开销。由于人家暂时不能确定我已经拒绝了这笔年金，所以他坚持认为，既然人家似乎有意要给我年金，我就该提出请求，并且不惜一切代价得手。尽管我很感谢他的热心，却并不赞同他那些言论，我们在这个问题上发生激烈争吵，这也是我和他第一次争吵。我们之后发生的争吵一直都是这样的，他硬是要我做他认为我应该做的事，而我却偏不肯做，因为我不认为应该那么做。

直到我们分手，时间已经不早了。我要领他一起去埃皮奈夫人家去吃晚饭，他不愿意。我本想把我所喜爱的人都串联起来，出于这个意愿我在不同的时机做出了很多尝试，而且提议要他去看她，甚至已经把他带到她的门口，而他却总是不乐意见她，而且他谈起她的时候总是一副鄙夷的语气。只是在我跟她，后来又跟他闹翻了之后，他们两人才开始交往，他才开始在谈起她的时候带着尊重的态度。

从那时起，狄德罗和格里姆就好像努力要挑拨我那两位“女总督”和我的关系了，他们总是暗示她们说，她们之所以不能过得宽裕，全是因为我，说跟着我她们是永远不会有什么好日子的。他们千方百计怂恿她们离开我，说凭埃皮奈夫人的关系，给她们找一份食盐分销站、烟草专卖店之类的工作。他们还想把杜克洛和霍尔巴赫也拉为同盟，但是杜克洛是一直拒绝的。他们这整套把戏，我当时已经有了预感，只是在很久以后才彻底弄清楚。我时常抱怨我的朋友们这种多余的热忱，像我这样疾病缠身，他们还一定要把我推入最孤苦伶仃的境地；他们自以为是为我谋求幸福，而事实上他们的行为只能给我带来不幸。

1753年的狂欢节，《乡村巫师》在巴黎演出。在此之前，我抽空写了序曲和幕间歌舞。这个幕间歌舞，就像印刷的那样，从头到尾都是表演的动作，贯穿着一个题材，以便提供一些好看的场景。但是，当我向歌剧院提出这个意见的时候，他们连听都不听，因此，只好照惯例夹杂一些歌舞：如此一来，穿插幕间歌舞尽管充满了许多美妙的情趣，正剧也丝毫不减色，但只取得了很普通的成功。我把耶尔约特的宣叙曲取消了，取而代之的是我原来的那首，也就是印出来的那首。这段宣叙曲，我承认是稍显法国风格，也就是演员们的唱调拖得冗长了一点，然而它不但没有使听众感到别扭，而且取得了不亚于咏叹调的成功，听众甚至觉得至少两者是一样好的。我把剧本题献给了杜克洛，因为他是剧本的保护人。并且我要声明，这将是我唯一一次题献[16]。但是我后来征得他的同意，又做了第二次[17]，不过，有了这个例外，他应该感到比没有还要光荣。

关于这个剧本，有很多有趣的事情可以说，不过由于我还有更重要的事要谈，在这里就不花时间多讲了，也许有一天我会在补编里谈到这些事。尽管如此，有一件事我却不得不提一下，因为它与整个接下来的叙述都有关。

我有一天在霍尔巴赫男爵的书房里欣赏他的乐谱。当我看过了各种各样的乐谱以后，他指着一部钢琴曲的合集对我说："这是别人特别为我作的，每一首都写得很好，也很适合于演唱。除了我，谁也不知道，也不会看到。你可以选一首用在你的幕间歌舞里。"我脑子里的歌曲和合奏曲的题材足够我用的了，于是我当然不怎么感兴趣他那些曲子。然而在他再三敦促下，我碍于情面，还是选了一段牧歌，压缩了一下，改写成了三重唱，给柯丽特的女伴们上场时唱。几个月后，当时《乡村巫师》还在上演，有一天我到格里姆家，发现许多人围站在他的钢琴旁边。格里姆一见我到，突然从他的钢琴那儿站起来。我无意识地瞄了一眼他的乐谱架，发现正是霍尔巴赫男爵的那个合集，打开的正是他再三请我采用，并保证永远不会被他人得知的那首曲子。不久以后，有埃皮奈先生在家里举行的演奏会，那同一本乐曲集也出现在了他的钢琴上。无论是格里姆或者任何其他人，从来都没有谈到过这首曲子；如果不是不久之后有谣言说我不是《乡村巫师》的作者，在这里我也不会提起这件事情。因为我从来都不是一个了不起的音乐家，我深信，要不是我的那部《音乐词典》，人们可能会说我根本就不懂音乐。

在演出《乡村巫师》之前不久，从巴黎来了一些意大利的滑稽剧演员，人家让他们在歌剧院表演，并没有预料到会有什么影响。尽管他们演得很拙劣，乐队也很差，他们的演出一团糟，然而他们的表演还是让法国的歌剧大受影响，一直到现在都没能恢复过来。来自法国和意大利不同的音乐，在同一天，同一个剧场里演奏，这就让法国人耳目一新了：在听了意大利那活泼而明朗的音乐曲调之后，没有人的耳朵再能忍受本国音乐的那种拖沓腔调了；那些意大利演员一演完，听众就纷纷离场了。人们没办法，只好改变出演次序，把滑稽演员留到最后演出。那时《艾格勒》、《皮格马利翁》、《空中的精灵》，都聚不拢人气。只有《乡村巫师》还能一较高下，即使是安排在《当家女仆》演出之后，还是有人听。在我写那个芭蕾舞短剧的时候，我满脑子都是那一类曲子，而我也是从当中得到了启发。但是我万万没想到有人会把我的短剧跟那一类曲子一一核对。如果我是个剽窃的人的话，那我该有多少剽窃的作品被揭露出来，那些人又该要耗费多少心机去揭露我的剽窃行为啊！然而，他们并不能得逞：他们费尽心机也不能找到任何其他音乐的蛛丝马迹。我所作的全部曲目，跟那些所谓的原本比起来，和我所创造的音乐的性质一样，都是崭新的。如果要是让蒙东维尔[18]或拉摩也来经受一次这样的考验的话，恐怕他们就要被弄得遍体鳞伤的。

那些滑稽剧演出为意大利音乐赢得热情的拥护。整个巴黎分为两派，比争论国家大事或宗教问题时吵得还要激烈。一派都是些王公大臣、富豪和贵妇人，人数多些，权势也大些，他们坚决捍卫法国音乐；而另一派更自信、更活跃，都是些真正的行家，一些有才华、有天分的人。在歌剧院里，这一派主要聚集在王后的包厢底下[19]。而另一派则占据着整个剧场和走道，但核心人物是在国王的包厢下面。当时产生了那些著名的派系名称，什么“国王之角”和“王后之角”[20]，就是自此而来并愈演愈烈的。于是乎有了两派的文章，“国王之角”想开玩笑斥责对方，却立刻遭到《小先知》[21]一文的嘲讽；他们想阐明理论，又被《论法国音乐的信》[22]反驳得无话可说。这两篇小文章，前者是格里姆写的，而后者就是我写的，这场争论后唯一存留下来的就是这两部作品，其余的都烟消云散了。

但是，《小先知》（人们都说是我写的，尽管我一直否认）被当作一篇游戏文章看待，所以它没有给作者带来任何委屈。而《论法国音乐的信》却让人家认真起来了，法国人一致反对我表达出来的不同的属性，他们认为我侮辱了法国音乐。这个小册子所产生的难以置信的影响，值得用塔西陀[23]的史笔去描写。那时正是议院和教会吵得热闹的时候。议院刚被解散，群情激愤达到了顶点：大有触发武装骚乱之势。我的文章一出来，一切其他争论都给忘记了，大家都只关注起法国音乐的危机，所谓激愤，矛头就是对准我的。这场声势浩大的愤慨围攻，到现在都还没有完全平息。当时在宫廷的决定里，考虑只是在把我关进巴士底狱呢还是把我放逐出法国。如果不是武瓦耶先生指出这样的行为实在可笑的话，逮捕的文书都要发下来了。日后，人们听说我的文章或许曾阻止了一场全国性的革命，一定会认为是痴人说梦。然而，这却是千真万确，全巴黎现在都还能记得，因为这件离奇的事距今才不过十五年多一点。

我的自由虽然没有被剥夺，可是却遭受了侮辱，甚至生命也受到了威胁。歌剧院的乐队公然策划要在我走出剧院的时候暗杀我。有人把这事传达给我，我反而更频繁地到歌剧院去，很久以后我才得知，和我交情深厚的火枪手队军官安塞勒先生在散戏后我出门时暗中派人保护我，这样才使剧院的阴谋未能得逞。歌剧院那时刚归市政当局管辖，巴黎市长的第一件事就是取消我的免费入场券，并且手段极其无耻，竟在我入场时公开否决我入场的权利，于是我不得不买一张池座票，免得面临被拒之门外的难堪。这种不公平的对待特别令我愤慨，因为我把我的剧本交予他们的时候，唯一的报酬就是永久免费入场的权利。虽然这种权利是一切作者都应有的，但是我还有双重资格享有这个权利，因为我还当着杜克洛先生的面正式提过。确实，我没有提出要求，曾经歌剧院出纳员送给我五十路易作为酬金，可是，这五十路易根本抵不上我应得的款数，而且这笔钱款与入场权并无关联，因为这个入场权是明文规定的，同酬金是不相干的。他们这种做法不但不公平更是无理粗暴，以致当时社会公众尽管对我很有敌意，仍然为之感到震惊；昨天还在辱骂我的人，今天竟在正厅里大声嚷嚷，说剥夺一个作者的入场权，实在可耻，还说这个作者理应享受这种权利，甚至还应当拥有双份权利。意大利有句谚语说得好：人人都在为别人的事情主持公道。

这种情况下，我也只有一个办法。既然对方取消了约定的报酬，我就要索回我的作品。为此我写信给达让松先生，他那时正主管歌剧院，信里我附了一份备忘录，列举的理由和事实是不容辩驳的，但是他始终没有给我答复，也没有什么改变措施，那封信也就杳无音讯了。我一直不能忘怀这个不公正的人的沉默，我对他的人品和才能自始至终不是太佩服的，这次的沉默更是让我对他的钦佩只减不增。就这样，他们把我的剧本扣留在歌剧院而把我应有的报酬强行剥夺了。弱者对强者这样的行为，叫作盗窃；而强者对弱者如此，只能是叫抢占他人的财产而已。

至于这部作品给我带来的金钱收益，虽然只有在别人手里可能产生的收益的四分之一，但数目已然相当可观，够我几年的生活开支，并且弥补了我抄缮工作的收入不足，因为抄缮工作一直进行得不够顺畅。我得到了国王赏赐的一百路易，又从美景宫的演出中得到了蓬巴杜夫人的五十路易（在这次演出中，蓬巴杜夫人亲自扮演科兰一角）再加上歌剧院的五十个金路易以及皮索刻印剧本的五百法郎。尽管我运气不好，做事又笨拙，一共花费了我五六个星期来写这个短剧本，还是挣到了差不多和后来《爱弥儿》同样多的钱，而《爱弥儿》却耗费了我二十年的心血和三年的劳作。不过这剧本给我带来的丰厚的经济收入也让我付出了相当的代价，因为它带给了我无穷的烦恼，而且是很多在很久以后才爆发出来的暗中忌妒的祸根。自从这个剧本取得了成功，我再也看不到格里姆、狄德罗以及那些我认识的文人们从前对我的那种真挚坦诚，以及那种很乐于和我见面的心情了。我一出现在男爵家，大家就停止了一般的交谈。他们分成一个个小群体，彼此窃窃私语，独留我一人不知道跟谁说话才好。这种令人难堪的孤立，长久以来我都豁达对待；由于霍尔巴赫夫人和蔼可亲，始终友好地接待我，只要她丈夫的粗暴的态度还能勉强忍受，我就忍着。但是有一天，他竟毫无道理和借口，粗鲁地攻击我。当时狄德罗和马尔让西都在场，狄德罗没有说话，马尔让西后来时常对我说，他非常佩服我当时温和的态度和克制而有分寸的言语。霍尔巴赫的这种失礼相当于下逐客令，我终于走出了他的家门，决心不再去他家了。尽管如此，每当谈及他和他的家人，我都还是心怀尊敬的，而他一谈到我，却总是用一些侮辱性的、不屑的措辞，称呼我都是“那个小学究”，然而，他又说不出我对他或对他的亲友有任何过失的地方。这样于是证实了当初我的那些预言和担心。就我来说，我以上提及的那些朋友是会原谅我写书的，也会原谅我写出极好的书，因为这种光荣他们也可以获得，但是他们不能原谅的是我写出了一部歌剧，更不能原谅我的是这部歌剧获得了巨大的成功，因为他们中没有一个人能从事这样的创作，更无法奢望这样的光荣。只有杜克洛没有这样嫉妒的心理，他对我仍友爱有加，并且引我去纪萝小姐家里，在那儿，跟霍尔巴赫先生家里相反，我受到了真诚的尊重和优待。

当歌剧院正在上演《乡村巫师》的时候，法兰西喜剧院也谈及它的作者，不过没什么人说好话。由于七八年来我的《纳尔西斯》都没有能在意大利剧院演出，我也就不喜欢这个剧院了，觉得那些演员用法语演剧效果并不好，所以我很想把我的剧本拿给法国演员演，而不是他们。我对演员拉努说了我的想法，我跟拉努早就认识，并且，众所周知，他是个出色的人物，也是一位出色的作家。《纳尔西斯》很合他的胃口，他答应让它作为无作者的作品演出，并在演出之前就送了我免费入场券，我高兴坏了，因为相比另外两个剧院，我一直更喜欢法兰西剧院。剧本在掌声中通过了，并且在没有宣布作者姓名的情况下演出了，但是我有理由相信，演员们和很多其他的人应该知道作者是谁。戈桑和格朗瓦尔两位小姐饰演多情女子的角色；虽然在我看来，全剧的精神没有被透彻地表达，但不能因此就说演得不好。不过，观众的宽厚让我很惊讶，也很感动，他们竟有耐心安静地从头看到尾，甚至还容许它演第二遍，没有表现出丝毫的不耐烦。而我呢，初演时就感到那么不耐烦，以致无法看到最后。我出了剧院，走进普洛歌普咖啡馆，在那里遇到布瓦西和其他几个人，他们应该也和我一样，没耐心坐下去了。我在那里公开地承认了剧本中的错误，谦卑地说出了我就是那个剧本的作者，并且说出了大家的心里话。写了一个砸了台子的烂剧本而且还公开承认自己是作者，这一行为赢得了大家的赞赏，而我也并不觉得很难堪。我这种坦白承认的勇气增强了我的自尊心。我仍然相信，在这种情况下，直接评说自己，比不说出来的羞惭更痛快。这个剧本，演出虽然效果一般，但是还是值得读一读的，所以我把它印出来了。剧本前面写的那篇序是我的佳作之一，在这篇序里，我阐述了许多原理，比直到那时为止我所曾阐述的其他文章要详尽一些。

不久之后，我就有了一次机会在一个更为重要的作品里把那些原理彻底详细地发挥出来。我记得，那是1753年，第戎学院发表了以《论人与人之间不平等的起因》[25]为题的征文。这个大题目使我大为震惊，我惊讶于这个学院居然敢提出来这样一个问题。但是，它既然胆敢这样提出来，我也就有勇气去写，于是我就着笔写作了。

为了静心思考这个重大的题目，我到圣热尔曼去进行了为期七八天的旅行，同行的是黛莱丝和我们的女主人（一个正派女人），还有她的一个女友。我把这次旅行看成是平生最惬意的出行之一。天气晴朗，善良的女人们负责照顾生活，管理开销；黛莱丝和她们一起玩；而我呢，不需要操什么心，到吃饭的时候就跟她们无拘无束地说笑，真是惬意极了。

每天我都钻到树林深处，在林中寻找并且发现了原始时代的景像，我勇敢地描写了那个时代的历史。我推翻人们的种种谎言，把他们自然的本性赤裸裸地揭露出来，把时代的推移和歪曲了人的本性的事物的发展都原原本本地叙述出来；然后，我拿社会的人和自然的人对比，向人们展示，人生的苦难其实就来源于人的所谓进化。我的灵魂被这些高尚的沉思默想激扬起来了，直至上升到神明的境界；从那里我看到我的同类正迷茫地遵循着他们充满偏见、谬误、困苦和罪恶的路途前进，我以他们几乎听不到的微弱声音对他们疾呼："你们这些愚昧的人啊，你们总是责备大自然的不好，要知道，你们的一切痛苦都是你们自身造成的呀！"

《论不平等》这篇论文就是这些默想的结果。这篇作品比我任何其他的作品都更合狄德罗的口味，并且他所提出的意见对于我来说也最为受用，但是这篇论文在全欧洲却只有很少的人能读懂，而在能读懂的那些读者之中又没有一个人愿意提出什么意见。它是为着应征而写的：于是我将它寄出去了，但是心里预料它不会得奖，因为我深知那些科学院设置奖金绝不是为着征求我这样的货色。

这次旅行和写作对我的精神和身体都大有益处。我受尿闭症的折磨并任由医生摆布已经有好几年了，他们没有缓解我的痛楚，反而消磨了我的精力，拖垮了我的体质。从圣热尔曼回来后，我的体质增强了一些，身体也比从前健康了。我就一直按照这种办法去做，决心不管死活，绝对不找医生不吃药，永远跟医药断绝关系。于是，我决心过一天算一天：不能出门的话，我就安安静静地待着，一有气力走动，就立刻出去走动走动。在巴黎，和那些自命不凡的人们在一起的生活太不适合我了。文学界的勾心斗角和可耻的争吵，写的书那么缺乏真诚，还总是那么一副自以为是的神气，所有这些，对我来说，都是太丑陋、太不堪入目了。就算是在跟我的朋友们交往时，我也很难发现务实敦厚的气氛、坦诚开放的精神、率真果敢的态度。所以，我很厌恶这种嘈杂的生活，开始热切希望能到乡下居住；虽然我的职业不允许我长期居住在乡下，但至少要把我的一些空闲时间耗费在乡间。一连好几个月，每天我吃过午饭，就独自一人跑到布洛涅森林里去散步，思考作品题材，一直到夜里才回家。

当时我和高福古关系极其密切，他因为职务关系，不得不去一趟日内瓦，邀请我同行。我同意了。我的身体不那么好，必须有“女总督”的照顾，因而决定她也一起去，让她母亲留下看家。一切都安排好之后，我们三人就在1754年6月1日启程出发了。

我应该记叙一下这次旅行，因为这是我活了四十二年来第一次经历的一件难忘的事，它撼动了我那与生俱来的对人毫无保留的充分信任的本性。我们包了一辆四轮马车，没有换马，每天只走很短的一段路程，我经常下车步行。我们走了一半路程，黛莱丝就表示她不喜欢独自跟高福古留在车里。当我不顾她的恳求，还是要下车时，她也一起下车步行。我骂了很久她这样任性的脾气，甚至于坚决不让她下车，直到最后，她迫不得已才把原因对我说明了。当我听说我这位已六十多岁，老态龙钟，有脚气病，又因寻欢作乐而损伤了身体的朋友高福古先生，竟然从我们出发时起就想勾搭一个既已不算美丽，又已不年轻，而且还是属于他朋友的女人，我简直以为是在做梦，好像是从云端坠下来一样。而他采用的手段又极其卑鄙，极其无耻，甚至于要把钱送给她，还拿了一本淫书和淫画给她看，企图借此挑逗她。黛莱丝气愤无比，有一次甚至把他那本丑书扔出了车窗；我还听她说，启程的第一天，我因为一阵剧烈的偏头痛，没吃晚饭就去睡了，他就利用这两人单独相处的一段时间去骚扰她，动手动脚，简直是个色情狂，绝不像个受我信赖而又托以女伴的正人君子。多么令人吃惊啊！这对我来说又是一件多么始料未及的伤心事啊！从那时起，我一直以为友谊与构成友谊的魅力的那些可爱而高贵的品质是分不开的，现在我却平生第一次感到，我不得不把友谊和蔑视结合起来了，不能不把我的信任和尊重，从我所爱的并且还以为被爱的这个人身上收回来了！那个老流氓还妄图在我面前隐瞒他那卑鄙龌龊的行径。为了不让黛莱丝为难，我也不得不隐藏着我对他的鄙视，把他无法得知的那些反感放在我的内心深处隐藏起来。友谊的美好而神圣的幻像啊，在我的面前，高福古第一个把你的纱幕揭开。从那时起又有多少残忍无情的“手”阻止这个幕布重新合上啊！

到了里昂，我们就跟高福古分别，踏上去萨瓦的路，因为我不忍心从离华伦夫人那么近的地方经过而不去看望她。我见到了她……她的境况多么悲惨啊，天哪！简直堕落到无法言表了！她以前的那种风采怎么就消失不见了？她还是当年彭维尔神父叫我去寻找的那位美艳动人的华伦夫人吗？我的心都撕碎了。我看她没什么别的办法了，只有早日离开这里为好。我早已在信里殷切希望她来跟我一同安安静静地生活，我愿意和黛莱丝不惜一切代价使她享福，这次我又再三地表达这种请求，但是最终还是没用。她惦记着她的年金，不听我的话，而她的那份年金，虽然悉数照发，她自己却一直花不到一文钱了。我还是分了一小部分我的钱给她，如果不是我深知我给她的钱她一文也享用不到的话，我应该而且也一定是会多分一点给她的。在我在日内瓦居住时期，她到沙布勒来旅行，并且到格兰日运河来看我。她没有多住些时日，当时我也没有那么多钱支撑这笔费用，一小时后我叫黛莱丝拿了点钱去送给她。我可怜的妈妈啊！她的心是多么的质朴善良啊！她把她剩下的最后一件首饰，一枚小戒指，从手指上脱下来戴到黛莱丝的手指上，黛莱丝立刻就又把它脱下来，再戴回到她的手指，同时流着热泪亲吻着那只慈爱的手。这时正是我偿还我亏钱她的债的最好时机啊！我应该抛弃一切，和她相依为命，直到她生命的终结，同甘共苦，无论她命运如何。可是我却没有这样做。现在，另一份感情分了我的心，我感到我对她的感情自然也淡薄了，我的感情对她也就没有任何的好处了。我为她叹息，却没有跟她同行。在我生平所有内疚的事情之中，这个内疚是最应受谴责，也让我抱憾终身的。由此得知，我就的确应该受到从那时起不断遭受的那些严厉的惩罚：愿这些能把我忘恩负义的罪过全部赎抵掉吧！这种忘恩负义是我的行为，但是它却使我内疚得心痛不已，可见我这颗心根本也不是一个忘恩负义的人的心。

在从巴黎离开以前，我已经拟好了《论不平等》那篇文章的献词。我在尚贝里把这篇献词写完，于是我就注明某年月日写于尚贝里，因为我为着避免一切捕风捉影，还是既不注明写于法兰西也不注明写于日内瓦为好。一到日内瓦，我就沉浸于那种共和主义的激情之中。我受到人们的热情欢迎，这种激情于是更加高涨。我受到了各界人士的盛情款待和拥护，这使我满腔沸腾着爱国热忱；但我也因为在所奉的教之外又另奉了别的宗教，从而被剥夺了公民权从而感到羞惭。于是我决心公开地重新尊奉我祖先的宗教。我想，既然一切基督徒用的都是同样的《福音书》，而教派信条内容之所以不同只是由于各自对所不能理解的部分强加解释，那么，在不同国家，只有统治者有权规定教义和这不可理解的信条，因此，公民的义务就是信奉这个教条，遵守法律所规定的教义。我和《百科全书》派的朋友们往来，不会动摇我的信仰，反而使我的信仰更加坚定了，由于我对争议与派系斗争的天然憎恶态度。我对人与宇宙的研究，让我领略了那主宰着人与宇宙的终极原因与智慧。几年以来，我研读《圣经》，特别是《福音书》，早就使我鄙视那些最不配理解耶稣基督的人们所给予耶稣基督的那些荒诞而愚昧的解释。总之，哲学使我感悟到宗教的精髓，也就使我摒弃了人们用以歪曲宗教的那一堆毫无意义的陈旧论调。我既认为对于一个理智的人来说，不可能有两种做基督徒的方式，于是我就认为，凡是与形式和纪律有关的，在每个国家都应归属于法律的范围。对于这个如此这么合乎情理的、极具社会性的、平和的、却又曾给我招致残酷戕害的原理，我当然会得出这样的结论：我要想做公民，就应该做新教教徒，重新回到我国既定的宗教信仰。我决定这样做了，我只希望不要到教务会议厅去受讯。虽然圣教法令对这一点是有明文规定的，不过人们居然愿意特例为我通融。他们指定了一个由五六个人组成的委员会来单独听我发表皈依声明。非常不幸，佩尔德利欧牧师（他为人亲霭，跟我也很有交情）竟对我透露，大家以能听到我的发言为快。这种期待让我很害怕，以致我用了三个星期，日日夜夜准备一篇又好又短小的演说词，但到了会场读的时候，我竟然慌乱得说不出一个字。在这个会议席上，我竟成了个愚蠢的小学生，审查委员们替我圆场，我只能呆呆地回答着“是”或“不是”。然后，我就被批准纳入，恢复了公民权。作为公民，我的名字被载入了保安税册，这种保安税是只有公民和有产者才可缴纳的，我还参加了议会的一次小的特别会议，听取执行委员穆萨尔[26]就职首席谈判代表的誓言。我心中非常感激，国民议会和教务会议这次对我表示的种种盛情，以及全体官员、牧师和公民的那种种诚恳而友善的态度，导致我一面受到那位形影相随的好朋友德吕克的催促，另一面受到自己内心倾向的驱使，真的一心只想回巴黎把家庭的事处理好，把我那些琐事了结，再把勒瓦赛尔太太和她的丈夫安顿好，或者留给他们些赡养费，然后带着黛莱丝回到日内瓦，安度余生。

这样的决定之后，我就把要办的正经事先暂时停了下来，以便跟我的朋友们一起玩，直到启程的时候。在游玩之时，最开心的是我和德吕克老头、他的儿媳、两个儿子以及我的黛莱丝一起乘船的那次环湖游览。这一次环游花费了我们七天的时间，天气也是再好不过的。湖畔那些让我惊叹的美景都给我留下了深刻印象，所以几年之后，我就在《新爱洛伊丝》里把这些景色详细描写了下来。

我在日内瓦结识的至交，除我之前说过的德吕克一家之外，还有青年牧师维尔纳。在巴黎我们就已经认识了，那时对他的评价比了解他后的表现要高些；佩尔德利欧先生——当时他是一名乡村牧师，如今是文学教授，和他交游使人如沐春风，我会永远怀念，虽然他后来认为与我绝交就显得姿态更高；雅拉贝尔先生——他当时是一名物理学教授，后来当了国民议会议员兼行政委员，我把我的《论不平等》读给他听过，不过没有读献词，他似乎挺欣赏的；有吕兰教授——直到他死，我和他一直经常保持联络直到他去世，他甚至还曾托我为日内瓦图书馆买书；维尔勒教授——我对他，曾以各种事实表示我的亲近与信赖之忱，如果一个神学家能被事实感动的话，这些事实原该感动他的，但是他也和大家一样，我一做表示之后，他就不理会我了；高福古的助理和继承人沙皮伊——他打算顶替掉高福古，恰恰相反，不久他自己倒被顶掉了；马尔赛·德·麦齐埃尔——他是我父亲的老朋友，后来又表示愿和我交朋友，曾经一度为国增光，后来成为了戏剧作家，并且想当二百人议会的议员，因而就改变了思想和作风，死前还留下了笑柄。但是在所有这些至交之中，我最看好的是穆尔杜，由于他多才多艺又有思想，确实是个前途不可估量的青年。虽然他对我的态度常常是模棱两可，虽然他跟我的许多最敌对的仇人都有联系，我还是一直很喜欢他，并且我相信有朝一日他将为我的行为辩护，并为他的朋友打抱不平。

在这些频繁来往的同时，我继续保持着独自散步的爱好和习惯，我常沿着湖岸漫步。在漫步时，我那劳动惯了的脑子也没有闲着。我琢磨着如何撰写《政治制度论》一书的纲要（下面我就要谈到这部书）；我还思考着一部《瓦勒地方志》和一篇悲剧散文的大纲，这篇悲剧的题目是《卢克莱修》[27]，虽然在这不幸的女子已不能在法国戏剧中出现的时候，我却大着胆子再让她出现在舞台上。我仍然相信，那些敢于嘲笑我的人们会大吃一惊。我同时还拿塔西陀的作品来练手，把他的历史第一卷翻译成法文，译文现在正收在我的文稿之中。

在日内瓦住了四个月后，我在十月里回到了巴黎。我取道不经过里昂，免得又碰见高福古。因为我本来是打算开春再回日内瓦，所以冬天我就又恢复了我的生活习惯和正常工作，其中主要是校正我的《论不平等》的样本。这部稿子是我委托在日内瓦新交的书商雷伊在荷兰印的。因为这部作品是献给共和国的[28]，而这篇献词又难免不顺国民议会的意，所以我想观望观望，看看献词在日内瓦会产生怎样的效果，然后再回日内瓦。而这效果果然对我不利。这篇献词本是用最纯洁的爱国热忱写出来的，却给我在小议会中招来了敌人，在市民中招来了忌妒者。首席执行委员舒埃先生给我写了一封看似很客气实则很冷淡的信（原信存在我的函件辑里，甲札第三号）。只有几个人包括德吕克和雅拉贝尔，从他们那儿我得到了一些夸奖之词，仅此而已。就没有任何一个日内瓦人感谢这部作品里我表达出来的由衷的热忱。这种冷漠的态度，凡是有识之士都会感到愤愤不平。记得有一天，我到克里西去，在杜宾夫人家吃饭，席间有共和国驻法代表克罗姆兰，还有麦朗先生。麦朗先生当众说，国民议会应该为这本书对我有所褒奖，并予以公开表彰，否则有失体面。克罗姆兰是个瘦小而黝黑的人，卑鄙阴险，他不敢在我面前做任何表示，便做了个可怕的鬼脸，把杜宾夫人逗笑了起来。这部作品带给我的好处，除了满足了我自己的本心而外，就是那“公民”的称号，这个称号是我的许多朋友给我的，接着公众效仿着赠予我。后来我又失掉了这个称号，只是由于我太配享有这个称号了。

然而，如果没有其他什么对我的内心产生更大影响的动机的话，单是这个挫败是不会改变我退隐日内瓦的计划的。埃皮奈先生要把舍夫雷特府第原来缺少的那一偏房修建起来，他为此花了很大一笔钱。有一天，我和埃皮奈夫人一起去看这些工程，顺便散散步，我们往前走了大约四分之一里的样子，一直走到邻近蒙莫朗西森林的那个花园的大蓄水池旁。这还有一片漂亮的菜园和一所破烂不堪的小房子，被人们称为“退隐庐”。这个幽静而十分宜人的地点，在去日内瓦旅行之前，第一次看见时我就注意到并喜欢上了它，我曾在兴奋之中不知不觉地脱口而出这样的话：“啊！夫人，这里是多么美妙的住处啊！这真是为我天造地设的一个隐居地呢。”埃皮奈夫人当时没有显得很在意我的话。但是这次来，我非常惊讶地看到，旧房子不见了，取而代之了的是一所几乎全新的小住宅，房间安排得妥当，正适合三口之家居住。原来埃皮奈夫人默默地叫人整修，钱花得不多，只从府第的工程中抽出一点材料和几个工人而已。旧地重游，她看到我惊讶的神情，便对我说：“我的熊啊，这就是作为你的隐居地；你自己做的选择，现在是友谊把它送给了你。我希望这份情谊能让你放弃总是想要离开我的念头。”我不相信自己这辈子还曾经历过比这更强烈、更愉快的感动。我的眼泪沾满了我这位女友的慈惠之手；虽然当时我没有完全被感化，却已经极度动摇了。埃皮奈夫人不愿功亏一篑，便一再催促我，用了许多方法，托了好多人来劝说我，为了达到目的，甚至还怂恿勒瓦赛尔太太和她的女儿来强迫我，最后她胜利了，也最终使我改变了决心。我放弃了返居日内瓦的计划，答应并决定来退隐庐居住。她一面等房子干燥，一面忙着置办家具，等到一切完备了，开春就可以搬进去了。

还有一件事，也极大影响我下这个决心，那就是伏尔泰定居日内瓦。我知道这个人一定会在日内瓦翻天覆地；我若是再回去，就会在我的祖国遇到巴黎的那种乌烟瘴气的气氛和环境，我又要不断地与人论战；而且在那种环境里，做人做事，要么就是个俗不可耐的迂夫子，要么就是个胆小怕事的坏公民，别无选择。伏尔泰对于我的后一部作品写给我的信[29]，使我有理由在我的复信里委婉表明我的隐忧[30]；而那封信产生的结果恰恰证实了我的隐忧[31]。从那时起，我就觉得日内瓦没救了，而确实我也没有想错。如果我有能力的话，也许我应该去抵抗这场狂风暴雨。但是我孑然一身，羞涩木讷，不善言辞，而要去对付一个盛气凌人、腰缠万贯，既有大人先生们为他撑腰，又有能言善辩的人才做他的支柱，而且如今已成为女人和青年们的偶像的人物，怎么可能做得出什么来呢？我担心以身试险，无功而返，因而我遵从了我崇尚和平的天性，顺应了我对安宁的爱好。这种对安宁的爱好，当年使我走了错路，今天在同样问题上还是使我走了错路。如果我隐居日内瓦，虽然我能让自己避免许多大的灾难；可是我丝毫不怀疑，即使以我这满腔的爱国热忱，我也不能为我的祖国做出什么伟大而又有益的贡献。

特农香也是差不多在这时候到日内瓦定居的，不久后又到巴黎来挂牌行医，狠狠赚了一笔。他刚到巴黎就跟德·若古尔骑士一起来看我。埃皮奈夫人很希望请他为她单独诊治，但是排队就诊的人太多，挤不进去。她来找我帮忙。我就强行要求特农香去看她。他们俩就是这样，经由我的介绍开始有了往来，后来他们关系近了，反倒让我倒了霉。我的命运一直都是这样的，我一把彼此不相识的两个朋友撮合起来，他们就准联合起来对付我。不过，虽然特农香一家从那时就参与了使祖国沦为被奴役地位的阴谋之中，个个都恨我入骨，但特农香医生却在很长一段时间内还继续对我很友好。他甚至在回日内瓦后还给我写信，推荐我到日内瓦去担任图书馆荣誉馆长一职。但是我早已下定了决心，这番盛意没有能够动摇我的决心。

也就是在这个时候，我又一次去霍尔巴赫先生家拜访了他，因为他的夫人去世了。霍尔巴赫夫人跟弗兰克耶夫人都是在我小住日内瓦期间去世的。狄德罗把霍尔巴赫夫人去世的噩耗告诉我的时候，说她的丈夫是如何悲痛不已。他的悲痛感动了我。

我也深切怀念这位可亲可敬的女人，为此我写了一封信给霍尔巴赫。这件丧事使我忽略了他一切过错的作为；当我从日内瓦回到巴黎，而他为了排遣愁思也跟格里姆和其他几个朋友周游法国回来，我就去看他；直到我去退隐庐居住之前都一直在他那。在他那个小交际圈里，人们知道了埃皮奈夫人（这时霍尔巴赫跟埃皮奈夫人还没有来往）正在为我安排住处时，大家的冷嘲热讽便像冰雹一样砸到我的头上。他们说我需要大家捧场，需要都市的繁华热闹，就连半个月的寂寞也忍受不了。我自己心里很清楚，不管他们说什么我都依然我行我素。霍尔巴赫先生对我还是有点帮助的[32]，他给勒瓦赛尔老头找到了一个住处；老头已经有八十多岁了，他的妻子认为他是个很大的累赘，一再请我把他送到别处，于是他被送到一个慈善院去了。差不多一到那里，他就带着衰老的年岁和思念的痛苦进了坟墓。他的妻子和其他的几个孩子都不怎么怀念他，只有黛莱丝心疼老父亲，抱恨不已，后悔不该让老人风烛残年的时候远离她身边孤独了结残生。

差不多就在这个时候，有个客人前来拜访我。虽然他也是我的一个老相识，但这次来访却出乎我的意料。这位朋友就是汪杜尔，他在一个我意想不到的早晨突然来了。我觉得他变化好大啊！完全没有了早年的风采，我见他一副下流样子，便不敢跟他畅叙往昔的友谊。也许是我的眼光不一样了，也许是酒色生活使他变得迟钝了，要不就是他早年的神采是出于青春的光辉，而现在青春逝去，风采不再。我几乎是不带感情地接待了他，又十分冷淡地道别。但是他走了之后，往日的情谊又强烈地勾起了我青春时代的记忆。我的青春是那么温情、真诚地献给那位天使般的女人[33]，而现在这位女人的变化之大一点也不亚于他。还有那欢乐时光的许多小故事，在图讷度过的浪漫一日，当时我是那么天真又那么欣喜地在那两个妩媚可人的少女身边，而对我唯一的恩赐就是一个女孩让我吻了一下她的手。尽管如此，她们给我留下的是那么强烈、那么动人、那么持久的思念；当年我感觉激烈的是一颗少年令人回味的痴情之心，现在我相信都一去不复返了。所有那些缠绵的回忆使我为已逝的青春、为永别了的激情狂热，流下了眼泪。唉！如果这种狂热的激情重来，如果我能料到它给我带来这么多的痛苦，我又该洒下多少眼泪啊！

在我离开巴黎之前，就在我搬迁退隐前的那个冬天，还有过一件十分称心痛快的事，我领略到了它公正纯洁的意味。南锡学士院院士帕里索曾以几部戏剧作品出名，这时又在吕勒维尔当着波兰国王的面演了他的剧本。他在这个剧本里描写一个竟敢执笔要和国王较量的人，以为可以博取国王的青睐。斯坦尼斯拉斯为人豁达，却不喜欢讽刺，一看有人竟敢这样在他面前讥讽别人，于是非常愤慨。特里桑伯爵先生奉国王之命，写信给我和达朗贝尔，信里说，国王陛下觉得应当把帕里索逐出学士院。我在回信中恳求特里桑先生在波兰国王面前游说，为帕里索说情。国王放过了帕里索先生，但特里桑先生以国王的名义通知我，这件事应当在学士院的档案上记录下来。我又复信说，如此一来，非但没有饶恕，反倒成了一个终生惩罚了。最后，由于我再三坚持，总算最终结果是档案上将不做任何记载，对这件事将不留下任何公开的痕迹。在办理这件事情的过程中，国王和特里桑都对我表达了敬仰和尊重之情，这使我欣慰不已。这件事情让我明白了，凡是值得人们尊敬的人，他们对一个人的尊敬，比在他人的心灵里产生出的因虚荣而生的感情更甜美和高贵。我在我的文稿集里已经记录下了特里桑先生的信和我的复函（原稿存甲札，第九、十及十一号）。

我十分清楚，如果我的回忆录将来得以发表，那么我本想抹去痕迹的事情，反倒流传后世了；但是，我迫不得已流传出来的事还多着呢。我始终相信写这部忏悔录的伟大目标和把一切都如实阐述的这样一个不可推卸的责任心，将不容许我因为某些微不足道的顾忌而刻意规避，否则就会使我偏离目标了。在我身处的这种离奇、独特的境遇中，我就应该对真相负责，不能对任何人再有所怜恤。要彻底了解我，就应该全面地认识我，不论是好是坏。我的忏悔一定和许多别人的忏悔关联在一起；凡是跟我相关的事，我都以同样坦率的态度做这两种忏悔，虽然我想给别人多点照顾，但是我并不认为我应该对别人比对我自己要照顾得还多。我要永远公正、客观，尽可能说别人的好话，只在与我有关的范围内说别人的坏话，并且不到不得已的时候不说。在我置身于这样一种境况时，谁还有权利要求我更多呢？我写忏悔录绝不是想要在我死之前发表，也不是在相关的人们死之前发表的。如果我能够主宰我和这部书的命运的话，我会让这部书在我和他们死后很久再出版。但是我的很多强大的压迫者出于对真理的畏惧做了种种努力，试图抹去真理的痕迹，这就使我不得不为保留这些痕迹而采取一些在最正确的权利和最严格的公理所允许的范围内的一切措施。假如我死后默默无闻，那我宁愿不牵连别人，毫无怨言地把一场不公平的、很快就消失的奇耻大辱忍受下去，但是既然我的名字还要继续流传下去，那么我就应该努力把这个名字的主人的不幸的面貌和这个名字一起流传下去——但这应该是遵循事实，而不是像许多不公正的敌人殚精竭虑想要粉饰的那样。

注释：

【1】指诗人让—巴普蒂斯特·卢梭。

【2】1749年10月第戎科学院在《法兰西信使报》上公布的原题是《科学与艺术的复兴是否有助于敦风化俗》。

【3】指卢梭写给马尔泽尔布四封信中的第二封信。

【4】公元前3世纪罗马政治家。

【5】卢梭作品《新爱洛伊丝》中的男主人公。

【6】这段故事见卢梭《新爱洛伊丝》卷二书信二十六。

【7】指华伦夫人。

【8】指《论科学与艺术的复兴是否有助于敦风化俗》。

【9】莫里哀的喜剧《医生的爱心》中的一个银器商，是一个典型的以私利为重的伪善者。

【10】指斯坦尼斯拉斯·勒辛斯基（1677—1766年）：波兰国王(1704—1709年和1733—1736年在位)。

【11】这篇文章的全题是《日内瓦的让—雅克·卢梭的最后回答》。

【12】指诗人让—巴普蒂斯特·卢梭。

【13】1742年在法兰西歌剧院上演的一部芭蕾舞剧，勒里戈—德都什作词，穆雷作曲。

【14】吕利（1632—1687年）：意大利籍法国作曲家，文中提到的《阿尔米德》全名是《阿尔米德和雷诺》。1686年2月15日此剧在法兰西歌剧院上演，效果不佳，吕利便请乐师单独为他一个人再演奏一遍。法王路易十四知道此事后，下令将此剧在宫中重演，结果大获成功。

【15】这两个小提琴手名叫雷贝尔和弗朗科尔，他们从年轻时候起，到各处去演奏时两人总是在一起，因而被人们称为“那两个小提琴手”。

【16】卢梭在《乡村巫师》篇首写给杜克洛的献词中说：“……这个山谷我的第一篇也是唯一的一篇献词。”

【17】这“第二次献词”，指卢梭在他的《论人与人之间不平等的起因和基础》中所写的“献词”：《献给日内瓦共和国》（见卢梭：《论人与人之间不平等的起因

和基础》，李平沤译，商务印书馆2009年版第19—31页）。

【18】蒙东维尔（1715—1773年）：法国作曲家和小提琴演奏家。

【19】这一派的核心人物有：狄德罗、达朗贝尔、格里姆和卢梭。

【20】此处的“角”原文为“coin”，意为“角落”。

【21】《小先知》：格里姆匿名发表的一篇讽刺性文章，全题是《洛米施布洛达的小先知》，仿照《圣经》的笔调描写一个大学生在睡梦中被布拉格弄到了巴黎，结果被法国“咕哝咕哝的歌曲”吵醒。

【22】卢梭在《论法国音乐的信》这篇文章中指出，音乐的根本要素是悦耳的音调，而不是和声。他认为法国的音乐拖拖沓沓靠和声来“拼凑”，求助于复调，结果弄成一片“嘈杂的声音”。

【23】塔西佗（约公元55—120年）：古罗马历史学家。

【24】卢梭说他为《纳尔西斯》加写的那篇序言是他的“佳作之一”。其实，那篇序言与这个剧本一点关系都没有，他只不过是借这个剧本出版的机会，写那篇序言来回答人们对他的质疑和批评，从而结束他1750年的获奖论文《论科学与艺术的复兴是否有助于敦风化俗》发表之后引发的一场大论战。在那篇序言中，卢梭作为政治著述家的思想已开始显现。他说：“荒谬的社会制度极有利于富人找到聚集更多财富的手段。而一无所有的人想得到点什么好处，简直比登天还难；在这种制度下，善良的人无法摆脱困境，而坏人却倍受尊敬，不干好事，反倒成了好人！……这些弊病的根源不在人，而在于人被治理得不合理。”（《卢梭散文选》，李平沤译，百花文艺出版社1995年版，第142页）

【25】第戎科学院公布的题目，全文是：“人与人之间不平等的起因是什么；这一现像是否为自然法则所容许？”

【26】指皮埃尔·穆萨尔。

【27】全题是《卢克莱修之死》。卢克莱修是古罗马的一位贞烈女子，因遭罗马皇帝塔尔昆尼乌斯之子的凌辱，愤而自杀，她的死引起了罗马人民的起义，推翻了塔尔昆尼乌斯的统治。

【28】把书标明“先给共和国”，这就表明是献给由全体公民组成的大议会，而不是献给由二十五人组成的实际掌握权力的小议会，因此引起了小议会的不满。

【29】“最近发表的那部作品”指的是《不平等论》这部作品发表后，卢梭寄了

一本给伏尔泰。伏尔泰于1755年8月30日写信批评卢梭说：“从来没有人像你这样费这么多心血把我们变成野兽。”

【30】卢梭1755年9月10日给伏尔泰的回信，措辞非常“婉转”，他在信中写道：“……你为我的祖国带来了荣誉，所以我和我的同胞们一样，对你满怀感激之情……我深信他们将从你给予他们的教诲中大有所益，请你美化你所选择的休闲之地，开导值得你去教诲的人们，请你这位善于向人们描绘美德和自由的人教会我们在自己的城市里也能像在你的书本里那样去珍惜美德和自由……”（卢梭：《论人与人之间不平等的起因和基础》，李平沤译，商务印书馆2009年版，第161页）从这段话中可以看出，卢梭担心的是信奉喀尔文教义的日内瓦淳朴的民风和美德会受到破坏。

【31】果然，伏尔泰在日内瓦住下不久，就在他的新宅“谐趣精舍”的小型剧场演出他的《扎伊尔》，还邀请了日内瓦的上流人士观看，因此，受到了教规督导委员会的停演令。

【32】这又是我的记忆力跟我开玩笑的一个例子。在我写完这段话以后很久，有一天我同我的妻子谈到她的父亲的时候，我才知道不是霍尔巴赫帮我安置她的父亲，而是舍农索先生。舍农索先生当时是圣堂的理事之一，是他派人把勒瓦赛尔老头送到慈善院去的。我完全忘记了这件事的经过。我当时不知为什么一下子想到了霍尔巴赫，以为是他帮忙办了这件事。

【33】指华伦夫人。

第九章

（1756—1757）

我急着想要住进退隐庐，已经等不到春天的来临。因此，当屋子整理好后，我就匆忙入住了。然而，霍尔巴赫他们却嘲笑我的做法，甚至还预言，我定然无法忍受住三个月的孤寂，之后一定会灰头土脸地回巴黎生活。

我并不理睬他们，因为这十五年来我像失水的鱼一般在外生活，而今也只是回到了原乡。纵使置身于社交界，我却从未忘记和亲爱的夏梅特在那里度过的甜蜜时光。我骨子里流淌着退隐和乡居的血液，他处的生活只能让我感到不幸。

在威尼斯，我身陷于繁忙的公务之中，担任外交使节一职，醉心加官晋爵；在巴黎，我周旋于上流社会的漩涡之中，享受晚宴的口腹之乐，流连剧院的光彩夺目，迷恋转瞬即逝的虚荣。

曾经的我，徜徉于幽静的山林、清澈的溪流之间，而这些记忆总是让我感到怅然若失。曾经，我迫不得已去做那些工作，制订野心勃勃的计划，别无他求，只是为了能再过上悠闲自得的乡居生活而已。幸运的是，现在它已经唾手可得。

我原以为富足是这种生活的基石，虽然现在我依旧没有钱，但是以我特殊的身份和地位也能实现这个愿望。我的年金不到一个苏，但是我有名声和才华，俭朴的生活免去了那些招人非议的开销。我虽然懒散，但在需要勤奋工作的时候，我会将它摈弃。这种懒散并非游手好闲，而是一种独立自主的人格。尽管抄乐谱的工作名微利薄，但是让我感到安心。外界都十分敬佩我选择这个职业的勇气。我不愁没有工作，并且只要我努力就可以维持自己的生活。《乡村巫师》与其他作品的稿酬还有两千法郎的余款，而这笔钱足以让我免受穷困之扰。此外，我正筹备的几部作品也同样可以给我自己再添加一些收入。这些都使我从容工作，不必四处奔波，甚至还有时间外出散步。家中三个人都有事情做，无需过多的开销，就能维持日常生活。总之，我的收入与我的需求和欲望相符，这使我能够按照个人的天性去选择幸福而持久的生活。

我手中的这支笔，本来完全可以用来牟利——不去抄写乐谱，而是全身心写作。以我当时的那种写作劲头，只要我愿意通过作家的身份来谋生，那么我足以过上富裕，甚至奢华的生活。但是，如果我单纯地为了生计去写作，用不了多久，我的天赋就会被抑制，我的才华就会被泯灭。我的才华在心间，而不在笔端，由一种自由不羁的思维方式支配着。一支唯利是图的笔将无法产生刚劲而伟大的作品。贪婪与虚妄只能加快我的写作速度，却无法让我写出满意的作品。追名逐利的欲望即使没有将我送进尔虞我诈的小集团，也只能让我满口谎言，逢迎拍马。如此一来，我就无法成为一名卓越的作家，而只能是一个胡话满天飞的文痞。不，绝对不可以。

我认为，只有不将作家当成一种职业，才不会掩盖它的光芒，并受到人们的尊敬。当一个人为了生存而去思考时，他的思想就很难高尚了。醉心于追名逐利不可能说出伟大的真理。我不计个人利益得失，为了公众的利益去写作。如果日后人们诟病我的作品，不愿从中汲取养分，那也是他们没有福气。我不需要生活在他们的赞许声中，即使我的书卖不掉，抄乐谱的工作也足以让我生存。也正是这样，我的书反倒能卖出去。

我于1756年4月9日离开了都市，以后再也没有回都市生活过。后来，无论在巴黎、伦敦，还是其他城市，我都只是短暂停留或是迫不得已而路过，总之都不算居住。埃皮奈夫人坐着自家的马车来接我们三个人，她的佃户负责搬运行李。当天，我们就住进了退隐庐。我发现，房子里的布置与陈设虽然很简单，但是整洁、雅致。为这陈设费了一番心思的那只手，使它在我眼中具有一种无法比拟的价值。在我的女性朋友家中做客，让我感到非常满足，因为这所房子由我亲自挑选，并且由她专门建造。

时值初春，还有一丝残雪覆盖的大地却悄然苏醒，紫罗兰和报春花迎接着新生，树木的枝芽也静静等待再次盛放。我到的那个晚上，靠近房子的树林里传来夜莺婉转的歌声。小憩片刻后，睡眼惺忪的我已全然忘记迁居的事情，竟以为自己还置身于格莱内尔街。美妙的莺声在黑夜中悄悄扣动我的心弦，而我欣喜地叫道：“我终于实现了全部的愿望！”

乡村的景致对我而言格外重要，因此我并没有先整理房间，而是出去散步了。第二天，我就跑遍了住所周围的每一条小径，每一片树林，每一丛灌木，每一块僻壤。这迷人的幽境，一定是专门为我而准备的。这美丽与精致的画面无法在都市中找到，幽静却不荒凉，仿佛置身于天涯，我甚至无法想像它距巴黎只有大约四里的路程。

沉醉于乡村生活一段日子后，我意识到该整理文稿并安排工作了。和从前一样，我上午抄乐谱，下午带着纸和笔去林间散步。只有驰骋于天地之间，我才能无拘无束地写作和思考。为了不改变这个习惯，门口的蒙莫朗西森林便成为了我的书房。

现在，我将好几部已经开头的作品又拿了出来。尽管我的写作计划十分宏伟，但置身于城市的喧嚣之中却难以完成。现在我的愿望实现了，因为没有过多的纷扰，所以我可以写得快一些。在退隐庐和蒙莫朗西的六年时光里，我常常生病，还要来往于舍弗雷特[1]、埃皮奈夫人的居所[2]、奥波纳[3]、蒙莫朗西府[4]，而且总是有好事者来家中找我麻烦，每天我还要坚持花半天时间抄乐谱。如果人们将我这六年时间所写的作品[5]进行一番考量，就会发现即使我浪费了很多时光，但也绝非游手好闲、无所事事。

在我正撰写的几部作品中，《政治制度论》这本书，构思时间最长，写作兴趣最浓厚，并希望为它倾尽毕生精力。而且，我觉得自己会因为它而获得盛名。在十三四年前，我就开始酝酿这部书。当时，身居威尼斯的我，看到了为人们所称道的政府存在着许多缺陷。那个时候，通过历史视角去研究伦理学，我的视野更加开阔了。我认识到，一切都无法脱离政治。从各个角度去观察，任何国家的政府性质都塑造了他们的国民性。因此，“什么样的政府才是最好的”这一重大问题，在我看来仅仅是：什么性质的政府才能培育出最有道德、最聪慧、最开明，简而言之就是“最好”的人民？（这里“最好”二字就是最广泛的意义。）我还发现，这个问题与另一问题非常相似，尽管两者并不相同：什么样的政府在性质上最合乎法律呢？由此还产生了“什么是法律”等一系列与之相当的问题。我认为，这一切正把我引向伟大的真理——有利于全人类的幸福，尤其有利于我祖国的幸福。在最近一次去日内瓦的旅行中，我发现人们的法律和自由观念相当淡薄。我以为，这种间接的方式，不仅为他们提供了法律与自由的概念，也能极大地顾全他们的自尊心，并且能让他们原谅我在这些问题上看得更远一些。

这部作品已经写了五六年之久，但进展不大。安静与闲暇才能给予创作这本书足够的思考空间。还有，我不想把创作这本书的计划告诉任何人，甚至是狄德罗。也许，我身处的时代和国度并不允许它的诞生，而朋友们的担心会影响我伟大计划的进行。在有生之年，我无法预知它能否出版，但我希望能无所顾忌地将这个论题详细地阐明。平心而论，我应该是无可厚非的，因为我既不喜欢讽刺他人，也不想攻击他人。尽管我希望能充分利用与生俱来的权利——思想，但我还是必须尊重我的政府，永远不违背它的法律。一方面，我不想因压力而放弃国际法所赋予自己的权利；另一方面，我也小心谨慎地不去违反国际法。

我承认，作为身处法兰西的外乡人，这一特殊身份有利于我大胆地阐明真理。我很清楚，只要维持我原先的计划，并且不在法国出版未经许可的作品，那么无论我的见解如何，无论作品在何地出版，在法国我都无须对任何人负责。在日内瓦，不管我的书在何处印刷，官方都有权指摘它的内容，因此我并没有这样的自由。最终，我放弃了去日内瓦定居，转而接受了埃皮奈夫人的邀请。正如我在《爱弥儿》里的论述：你如果想为祖国的利益而著书，就不应该置身于自己的国度，除非你是个阴谋家。

我怀有一种信念，让我觉得自身的处境非常有利：法国政府也许并不欢迎我，但是就算它不以保护我为荣，至少也不会对我横加干涉。我觉得，对无法阻止的事情宽容以待，并将此作为一种功绩，的确是一种简单而巧妙的政治手段。法国政府有权将我驱逐出境，但我照样可以去著书，甚至还会无所顾忌。与其这样，还不如就让我安安静静地留在法国，算是对作品负责。而且，这既是对国际法的尊重，也消除了全欧洲对它根深蒂固的成见。

有些人自己看错了：他们根据事态的发展，认为这种信任让我上当受骗了。那场置我于死地的风暴，仅仅是用书作为幌子，而我本人才是他们真正痛恨的。他们并不在乎作者是谁，让—雅克才是他们真正想要毁掉的。作品给我带来的荣誉，也是他们发现的最大罪恶。未来的情况是怎么样，还无法预料。至今为止，它仍是一个谜，也不知它能否被读者解开。我只知道这一点：如果我公开发表的理论给我招致灾祸的话，那么我早就成它们的牺牲品了。因为，在我所有的著作中，那本书[6]大胆地发表了那些言论，而在我迁居退隐庐之前，它就小有影响了。当时，没有人就其内容和我发生争吵，而只是阻止它在法国印行[7]。但是在法国，它与在荷兰一样，是公开发售的。自此以后，《新爱洛伊丝》也顺利地出版了，而且我敢说，同样受到了欢迎。令人难以想像的是，爱洛伊丝临终前的那番表白[8]与萨瓦省那个副主教的《信仰自白》[9]完全一样。《社会契约论》中的全部大胆言论早就出现在《论不平等》中；《爱弥儿》中的所有大胆的言论也早出现在《朱莉》中。《论不平等》和《朱莉》并没有因为那些大胆的言论而遭受流言蜚语的攻击，那么《社会契约论》和《爱弥儿》所招致的流言蜚语并非源于这些言论。

现在，我最重视的工作就是编选圣皮埃尔神甫的著作。这项工作的性质与前面的差不多，但计划较晚。前文之所以没有提及，是为了叙事的连贯性。自我从日内瓦回来后，马布里神甫就间接通过杜宾夫人向我提及这件事。出于某种利害原因，杜宾夫人也希望我接受这个工作。在巴黎，曾经有三四个美人将老圣皮埃尔神甫视为宠儿，而她就是其中之一。虽然她没有独占这份偏爱，但至少与黛姬容夫人共享这份偏爱。在这位善良的老人去世后，她对他的缅怀与敬爱，使他得到了外界的尊重。如果她的秘书能整理出神甫那些未曾公诸于世的文稿，那她定会感到非常荣幸。这些稿子不乏绝妙的思想，但其文字表述却不敢恭维，读起来很费力。令人惊讶的是，虽然圣皮埃尔神甫将他的读者视为孩子，但说起话来却将他们视作大人，并不考虑他们是否能看懂。

因此，他们才建议我来做这项工作：工作本身不仅有益，而且它很适合我这样一个勤奋刻苦却懒于创作的人。我苦于思索，宁愿投其所好，阐释别人的思想，也不愿意自己去创作。还有就是，我的工作并不局限于阐释，别人也无法阻止我赋予这部作品新鲜的血液：披着圣皮埃尔神甫的外衣，将我重要的理论阐述出来，比用我自己的名义要妙得多。不过这件工作也并不简单，因为需要精读与思考，而且摘录的材料大概有二十三本。我需要更多勇气从那些重复冗长、杂乱无章、错误肤浅的观点中搜寻绝妙的文字。如果我能找到适当的理由反悔，真希望摆脱这份苦差事。神甫的侄子圣皮埃尔伯爵应圣朗贝尔的请求，将手稿交给我的时候，我就已经被委以重任了。所以，要么摘编，要么退还。我将手稿带到退隐庐的时候，就决定在日后的闲暇时间去完成它。

我计划中的第三部作品，源于我对自身的反省。如果我的才华能匹配得上我制订的计划，我希望写一部真正对人类有益的书，甚至是最有益于人类的书籍之一。这种想法给了我更大的勇气去开始这个工作。我发现在生活中，大部分人的言行往往与自己判若两人。我写这本书并不是想要证明这样一个明显的事实，而是有更新颖和重要的目标：寻找变化的源泉，尤其是探索那些受我们自身控制的因素，以便我们能更好地控制这些因素，生活得更好，更加自信。因为，不可否认，一个诚实的人去抵抗一些已经形成的欲望是比较痛苦的。如果他能追溯这些欲望的根源而在初期加以防范、改变或纠正，就不会很痛苦。一个人如果第一次抵制住了诱惑，那是因为他坚强；如果第二次屈服了，那是因为他软弱。他若是像第一次那么坚强的话，就不会屈服于欲望了。

我在审视自己与观察他人的过程中，探索这种不同的生活方式源于何处。后来我发现，人们对外界事物的先入印象决定了不同的生活方式。我们受制于感官世界的改变，这些改变影响了我们的意识、感情，乃至行为。我搜集到的很多资料都无可争辩：这些观察资料合乎自然科学原理，似乎能提供一种外在的生活准则。这种准则随环境的变化而改变，能将我们的心灵保持在最有利于道德的状态。如果人们经常被扰乱的精神秩序，能由生理机制所影响，那么他们就能减小理性的偏差，阻止邪念的产生。气候、季节、声音、颜色、黑暗、光明、自然、食物、喧嚣、寂静、运动、静止——它们影响着人体这部机器以及我们的心灵。它们为我们提供了无数准确无误的方法，从源头控制我们受其摆布的各种感情。我已通过提纲将基本思想记录下来，而且我希望这些思想能够影响某一类人——他们禀性良好，遵守道德，害怕软弱。按照这个思路，我觉得能轻松地写一部读者爱读、作者爱写的书来。然而，我并没有在这部题为《感性伦理学或智者的唯物主义》的书上花太多时间。许多事情（日后读者将知道其中原因）分散了我的注意力。大家以后会知道我草拟的那份提纲的命运，而我的命运将与它密切相关。

除了以上内容外，很早我还思考一种教育学说。这是舍农索夫人的邀请，因为她丈夫对儿子的教育方式让她感到非常忧虑。虽然我对这个问题并不感兴趣，可是友谊的力量让我更加重视它。所以，在我刚刚提到的全部论题中，我只在教育学说上取得了成果。这个题目似乎应该给作者带去了另一种命运，但现在还是不要过早地谈论这伤心的问题。在本书以后的各章里，我将会谈到它。

这些计划都成了我散步时思考的素材：之前说过，我只能边散步边思考。如果停下来，我就无法思考了——我的大脑只同双脚配合。为了预防雨天，我准备了一项室内工作——写我的《音乐辞典》。辞典的材料零散而残缺，不成系统，有必要重写。因此，我带来了几本参考书，之前还花了两个月的时间从其他书籍中摘选了材料。这些书籍都借自王家图书馆，他们甚至还允许我带几本到退隐庐。当天气不便于我外出时，当我厌倦了抄写乐谱时，就去做这项工作。不论在退隐庐，还是蒙莫朗西，甚至后来在莫蒂埃，我都这么安排。在莫蒂埃，我不仅完成了《音乐辞典》，还做了其他工作。我发现变换工作有助于解除疲劳，提升效率。

在一段时间里，我严格执行这种作息时间，并且感到非常满意。但是，在春光明媚的时节，埃皮奈夫人就会频繁地来布里什或舍夫雷特。起初，我并不觉得烦神，不过后来这大大打乱了我的生活。我说过，埃皮奈夫人非常热心地为朋友们效劳，并且不惜花费时间与精力，这些品质理应得到回应。直到那时为止，我一直都履行着这项义务，并不感到是一个负担。但是最终我发现，友情给它加上了一把无形的“锁链”，只是没有察觉出它的分量。由于我讨厌流连于众多宾朋间的应酬，这把“锁链”的分量越来越重。

为了方便我，埃皮奈夫人利用这种情绪向我提出一个建议，而这实质上是方便了她。她建议，只要她独自在家时，就派人来通知我。我并没有察觉自己承担了什么义务。这个约定的结果就是，我无法自由支配时间，因为我必须在她方便的时候去看她，而不是在我有空的时候。在这种限制下，我曾经去探望她所感到的乐趣，严重受到了损害。她承诺我的那种自由，建立在我永远不加以利用的基础上。有几次我试图打破这个局面，她就立刻派了很多人来打听消息，给我留了许多便条，为我的健康忧心忡忡。这让我认识到，要想拒绝，只有以卧病在床为借口。对于我这样一个最恨仰人鼻息的人来说，最终还是欣然接受了。因为我真心依恋她，所以这就极大地减少了与依恋并存的束缚感。而她呢，用这种方式来填补没有客人的空闲时光。对她来说，虽然微不足道，但总好过绝对的寂寞。

如果她尝试点文学创作，无论是写点小说、信札、喜剧、故事还是别的，都很容易填补这种寂寞。不过，她的兴趣并不在于写，而是将写出来的东西读给别人听。因此，只要她随意写两三页纸，就要找两三个愿意捧场的人来听她朗读。我只有在别人的推荐下，才有幸去参加。我总是被人忽略，无论在埃皮奈夫人的社交圈子，还是在霍尔巴赫先生的社交圈子，只要格里姆先生一出现，情况都是如此。被人忽略倒让我很自在，反而单独与她相处时，我却不知如何是好。我既不敢谈文学，因为没有资格去评论；又不敢谈风月，因为腼腆让我害怕被笑话。我从没有对埃皮奈夫人产生过什么非分之想，即使在她身边一辈子也不会有。我并不是讨厌她，恰恰相反，作为朋友我十分爱她，因而无法像情人一样去爱她。只要见到她，与她聊天，我就非常高兴。在社交场合中，她的谈吐非常吸引人，不过单独聊天时却异常枯燥；我的谈吐也不风趣，并不能提起她的兴趣。有时两人沉默太久显得十分尴尬，因此我便努力寻找话题。虽然这种聊天常使我感到疲惫，但并不让我厌烦。我很喜欢给她献些小殷勤——兄长般的亲吻，而这种吻并不会让她产生别的想法。我们之间，仅此而已。她很瘦，面色苍白，胸部平坦。光是这一个缺陷就使我失去了兴趣。还有一些不便提及的原因，也使我忘记她是一名女性。

于是，我决定不再抗争了。至少在第一年，我发现这并非是一个沉重的负担。埃皮奈夫人往常要在乡间度过整个夏天，而这一年只住了一段时间。也许在巴黎她还有很多事情要做，又或许是因为格里姆不在舍夫雷特，让她觉得没什么意思。我就利用空闲时间，同黛莱丝和她的母亲享受这难能可贵的幽居之乐。

这几年我经常去乡村，但并没感受到它的美好：我总是和一些自命不凡的人去，大煞风景，破坏了旅行的乐趣。不过，越是这样，我就越想亲近乡间。我讨厌沙龙、喷水池、人工树丛、花坛，尤其是那些以此作为炫耀资本的人。我痛恨织花、钢琴、三人牌、织丝结、愚蠢的俏皮话、做作的撒娇、无趣的小故事和盛大的宴席。所以，当我看见一个荆棘丛、一行疏篱、一座谷仓、一片草地时，当我路过一座村庄闻到香草炒鸡蛋的味道时，当我听见远处传来的牧女之歌时，那些胭脂、粉黛、珊瑚、玛瑙都被抛到九霄云外了。让人生气的是，我吃不到家常饭，喝不到自家酿酒。我恨不得扇厨师、管家几个耳光——他们让我晚饭时分吃午饭，睡觉时分吃晚饭。那些仆役老爷，直勾勾盯着我的饭菜，见我渴得要命，就把主子掺假的酒卖给我。那酒要比小酒店里最好的酒贵上十倍。

我觉得自己生来就该过这种生活——在幽静宜人的居所，自由自在、安稳平静，而今我的愿望成真了。对我说来，这种生活还是崭新的。在说明它对我的心灵产生影响之前，应该阐述一下我心中的真实想法，以便于读者能从源头了解这些新变化的发展。

我与黛莱丝的结合，始终是我精神的一部分。我渴望爱情，因为原来本让我满足的那场恋爱终于被无情地斩断了。在男人的心里，对于幸福的期盼是永不止息的。华伦夫人老了，堕落了！事实证明，她今生再也无法享受幸福了。既然我无望再分享她的幸福，只有追求自己的幸福。我犹豫了一段时间，计划了很多。如果同我打交道的人有点常识，我本想利用去威尼斯的机会投身公务。每当任务艰巨并且要耗费很长时间的时候，我就容易灰心丧气。在那次事业[10]失败后，我对任何事情都提不起兴趣。我觉得一切遥远的目标都是镜花水月，因此我决定得过且过，生活中再没有什么能激励我的了。

在这种情况下，我和黛莱丝相遇了。她的温柔与善良，让我着迷。我对她的依恋，经得起时间的考验、经得起风霜暴雨。一切外在的阻挠只会更加坚定我对她的感情。尽管她曾在我最困难的时刻令我心碎，但是直到现在，我都没有对任何人抱怨过。日后，当我揭开这些疮伤时，人们就会感叹我对她强烈的依恋之情。

为了不和她分开，我做了很多努力，也冒了不少风险，甚至无视命运的折磨和众人的反对。终于，在与她共同走过二十五年时光后，我在垂暮之年与她正式结为夫妻。婚姻对她而言，既没有期待，也没有请求；对我而言，既没有承诺，也没有誓言。人们一定认为疯狂的爱情使我迷失了方向，最终做出了荒唐的举动。人们要是知道还有很多特殊且有力的理由可以阻止我们的结合的话，那他们一定认为我是为爱痴狂了。我现在真诚地告诉你们：如果说从我第一次见到她开始，就没有和她擦出爱情的火花。我不想去占有她，正像曾经不想占有华伦夫人一样。我与她身体的结合纯粹是满足欲望，而并不是身心的交融。你们有什么看法呢？你们一定认为我与别人不同，认为我不懂爱情——虽然我与这两个最爱的女人亲密相处，但并没有付出真心。我的读者们，那就等着吧！不幸即将到来，那时你会发现自己错了。

这话之前说过，但是我不得不重复：我心中的最强烈的需要，就是一种极其亲密的结合。正是出于这一点，我才渴望一个女人而非一个男人，一个女友而非一个男友。这种奇怪的需要就是：肉体上的亲密结合远远不够，两个灵魂应该在同一个躯体里，否则就会觉得空虚。那个时候，我认为空虚的日子将不再出现。那个年轻女人有着无数美好的品质，没有娇柔造作，没有妖艳魅惑，甚是可爱。如果我能像期盼的那样，彼此融入对方的生活该多好。作为男人，我不害怕她会背叛我，因为我确信自己是她唯一爱的男人。即使后来我已经失去一个男人的能力时，清心寡欲的她也不会另觅新欢。我没有家庭，而她却有一个家庭。她家庭中每个人的性格都与她不同，所以我无法融入其中。这成了我不幸的第一个原因。我是多想成为她母亲的孩子啊！我竭尽全力，但最终失败了。我想把一切利益都连结在一起，但这是徒劳。她母亲有自己的打算，与我的利益相冲突，甚至与她女儿的利益也相冲突，因为她女儿的利益已与我的密不可分。她与其他子女、孙子孙女个个都是吸血鬼，偷黛莱丝的东西已经算是最小的损害了。这可怜的女人顺从惯了，甚至在侄女面前也逆来顺受，所以任人宰割，没有半点怨言。我花光了钱，竭尽了忠告，却没有让她得到一点好处，真是令我心痛。她拒绝我的劝告——我让她离开她的母亲。我尊重她的拒绝，也因此更加尊重她。但是，她的固执到头来不仅让自己吃苦，也让我深受其害。由于她完全忠于她的母亲和家人，她的心从不偏向我和她自己。他们的贪婪虽然使她破产，但远远比不上他们的坏心思对她造成的伤害。总之，她还没有完全受他们控制，因为她对我的爱，以及她善良的天性。不过，她至少受到他们足够大的影响，并不采纳我的忠言。所以，无论怎么努力，我们都无法合为一体。

在这诚挚的依恋中，我投入了全部的感情，而这颗空虚的灵魂却从未满足过。孩子们的降生原本可以填补这虚空，可事实并非如此。我一想到要将孩子们托付给这样无教养的家庭，便不寒而栗。为了避免这样的危险，我选择了育婴堂。在给弗兰格耶夫人写信时，我并不敢将这个更强有力的理由说出。为了顾全她的家庭，我选择不说。但是，明眼人都能根据她哥哥的无赖行为，判断我是否眼睁睁让孩子去接受那样的教育。

我无法充分体会到渴望的那种亲密结合，因此我就寻求别的方式来减少这种空虚感。我既找不到一个完全献身于我的朋友，我就必须有些能以其推动力克服我的惰性的朋友。所以，我更加重视与狄德罗和孔狄亚克神甫之间的友情，此外我还与格里姆建立了新的、更加亲密的友谊。还有就是，原本我以为自己已经永远脱离了文坛，可由于那篇文章又将我拉了回去。

我初入文坛，我就被引入另一个精神世界。我为这个精神世界的质朴、高尚的和谐而动容。后来，在探索这个精神世界的过程中，我发现哲人们的学说中充满了荒唐的言论，我们的社会秩序中充斥着压迫与苦难。我幻想自己能够驱散这些迷雾。我觉得要想别人能听从我，我就必须言行一致。所以我就采取了那种奇怪的行为，然而这种行为既无法被别人容忍，也无法被所谓的朋友接受。我这么做起初被别人笑话，但如果持之以恒，最终必然会受到大家的尊重。

之前，我是个善良的人，而在自此以后，我就变成一个有道德的人了，至少说是醉心于道德。这种醉心，萌发于我的大脑，而后进入我的心间。在那里，虚荣心被移除，而最高贵的骄傲在它的遗迹中发芽。我一点也不虚伪，表里如一。这种激昂慷慨之情至少延续了四年的时间。四年中，凡是人类心灵所能包容的伟大与美好之物，我都能在与上天的交融中体会到，而我那惊人的辩才便缘于此。那种燃烧于我灵魂中的火光也从这里产生，之后融入我早期的作品中，而这奇妙的火光在生命的前四十年不曾迸发，是因为当时并未被点燃。

我真的变了，以至于朋友们都不认识我了。我已经不再是从前的我：羞涩多于谦逊，既不敢见人，也不敢说话；别人说笑话时会手足无措；被女人看一眼就会脸红的人了。如今，我大胆、勇敢，浑身散发着一种自信。这种自信是质朴的，并非存于外表，而是存于灵魂之中的坚定。在深度思考下，我藐视时代的风尚、箴规和成见，因此我无视那些人对我的嘲笑。我的连珠妙语轻而易举地便能驳倒他们的浅薄之词，就像用两个指头捏死小虫一样简单。全巴黎都传诵着我辛辣的言语，而同样是我这个人，两年以前和十年以后，却再也说不出这样的话。我当时的那种精神状态与我的本性截然相反。大家回忆一下，我在某些短暂的时刻变成了另外一个人，和从前的我截然相反。这一时刻也许在某段时间里出现，不过并非只持续了六天或六星期，而是持续了六年。如果不是因为某些特殊情况，将我拉回原先想超越的环境，它也许还会一直持续下去。自我离开巴黎，不再看见大都市的乌烟瘴气之景时，这种变化便悄然而至。当我不再见到人的时候，也就不会再蔑视他们；当我不再见到坏人的时候，也就不再仇视坏人。

我不再怨恨谁，只会悲天悯人，将人类的罪恶和苦难联系在一起。虽然这种精神状态比较温和，但不崇高，不久便把我曾经的激昂之情消磨殆尽。对此，不但别人没有意识到，连我也没有察觉。我又变成了当年的让—雅克：瞻前顾后、随和、羞涩。

如果这种剧变只是将我拉回从前，那倒还好。但不幸的是，它将我引向了另一个极端。从此，我的灵魂失去了重心，摇摆不止，无法停息。我必须详细地谈谈第二次剧变，因为我在人间绝无先例，而这个时期又是我生命中最险恶的阶段。

只有我们三人生活在退隐庐中，因此悠闲与孤独就势必拉近我们的关系。黛莱丝与我便是如此。在树荫下，我俩相对而坐，度着美好的时光，那是我从来没有感受到的温馨。比起从前，我觉得她更能深切地体会这种生活。她向我敞开心扉，并且告诉了我许多她母亲和家人的所作所为，那些她曾经都对我守口如瓶。她母亲和家人曾从杜宾夫人那里收到许多的馈赠，而那些都是赠与给我的。但是那个老奸巨猾的女人怕我生气，干脆占为己有，并分给其他孩子。她一件都没给黛莱丝，还禁止她告诉我这些事，而可怜的黛莱丝竟然恭敬地顺从。

不过，有件事让我大为震撼。狄德罗和格里姆常私下劝她们母女离开我，只是由于黛莱丝坚决不同意，他们才没有成功。此外，他们经常找她的母亲密谈，连黛莱丝自己也不知道他们搞什么鬼。她只知道，他们会给她母亲送些小礼物，而且大家对她守口如瓶，让她一头雾水。我们离开巴黎前，勒瓦赛尔太太每个月都会去看望格里姆先生两三次，并秘密交谈几个钟头，经常支走格里姆的仆人。

依我判断，谈话无非就想叫黛莱丝参加原先的计划：请埃皮奈夫人帮她们开个食盐零售店或烟草公卖店，总之是利诱她们。他们对母女二人说，我不但无法供养她们，而且她们还成了我的负担。我知道他们出于好意，所以并不怪他们，只是受不了那神秘的样子。尤其是那个老太婆，她比从前更加讨好我，但她私下里责骂女儿完全是个傻瓜，不该太爱我，不该什么都告诉我，日后会吃亏的。

这个老太婆伎俩高明，她从这个人手中收了东西便会瞒住那个人，无论从谁手中收了东西总能瞒住我。我能原谅她的贪婪，但无法忍受她的装模作样。她为什么要欺骗我？她应该清楚，我以她们母女的幸福作为我唯一的幸福。诚然，我为她的女儿做的一切，也是为了我自己，但我为她做的一切，至少不感激我，也该感激她的女儿。既然她的女儿爱我，她也该爱她的女儿所爱之人。我将她从极度贫困中解救了出来，让她有了生活来源，而她利用的那些人都是我的熟人。黛莱丝靠劳动供养她多年，而她如今又靠我生活。她所有的一切都源自这个女儿，但她不为女儿做任何事。她倾其所有为其他几个孩子准备了婚嫁费，而今他们非但不赡养她，还要来侵吞她与我的财产。在这种情况下，我认为她应该把我看作唯一的朋友以及最可靠的保护人。她不但不该隐瞒我，在家中暗中与我作对，而且该把一切事先知道与我有关的事都诚实地告诉我。我对她的虚伪而神秘的行为还能怎么看？尤其她灌输给女儿的那种思想，让我做何感想？她教唆女儿忘恩负义，可见她自己是何等的忘恩负义！

一切都让我对黛莱丝的母亲心灰意冷，以至于我一看到她就心生厌恶之情。然而，我依旧对那个女人十分礼貌和尊重。不过，我不想长久与她共处下去，因为我受不了被人牵制。

这短暂的幸福近在咫尺，却无法握住，原因并不在我。如果那个女人品性好，那么我们三个人一辈子都会幸福，只不过最后死的那个人可怜了。但事情并非如此。大家看看事情的发展，就能判断我能否让她转变。

勒瓦赛尔太太见我占了她女儿的心，而她失去了女儿的心，于是就想方设法抢夺回她的心。她并非让女儿对我回心转意，而是让她完全离开我。她的办法之一就是让全家人都站在她那边。我曾经请求黛莱丝不要让家人到退隐庐，而她答应了。不过，她母亲没有征求她的意见，趁我不在家的时候把他们叫来了，并且让黛莱丝瞒着我。有了第一次，接下来的事情就容易多了。当你有一件事瞒着你的爱人时，就会毫无顾忌地去隐瞒所有事。当我回到舍夫雷特时，退隐庐全是人，纵情于欢乐之中。一个母亲总能支配一个天性善良的女儿，然而不管她用什么方法，始终不能左右黛莱丝与她联合起来对付我。不过，她是下定了决心与我作对。一方是她的女儿和女婿，我们只不过可以让她生活下去罢了；另一方是狄德罗、格里姆、霍尔巴赫和埃皮奈夫人，他们承诺了她很多，因此和总包税人的夫人、男爵站在一起是不会错的。如果我有点眼力的话，就该清楚自己当时养了一条毒蛇。可是，我当时还是非常信任她的，根本想不到她会伤害她应该爱的人。我眼睁睁看着他们在我周围设下陷阱，但我也只是抱怨那些所谓的朋友太过专断，强迫我按照他们的方式，而非自己的方式，去寻求幸福。

虽然黛莱丝拒绝与母亲结盟，但她却为母亲隐瞒这些事。她的动机是好的，但我不想评判她的做法。两个女人一旦有了共同的秘密，就欢喜在一起聊天，并且关系越来越紧密。黛莱丝心念两边，让我觉得很孤独，因为我不愿再把我们三个人当成一个家庭了。现在，我悔恨当初没在我们结合初期——她对我百般顺从，对她培养点才能和知识。如果这样，我们在隐居的日子将更加亲近，闲暇时光也变得充实，不至于相对久坐会感到时间太长。这并不是说我们无话可谈，也不是说她厌倦我们在一起散步，而是我们的灵魂没有共同的思想基础。这就导致我们总是讨论繁杂琐碎的事情，但我们不能总是谈这些呀。眼前的事物总能引发我的思考，可她对此却毫无想法。十二年的相互依靠无需过多的言语，而我们太过了解对方，再也没什么可互诉衷肠的了。所以，我们之间只有一些闲言碎语、家常里短、冷嘲热讽了。尤其在寂寞无聊的时候，我觉得和有思想的人生活才更有意义。在谈话中，我无需具备这种思想就能获得乐趣，而她要想获得乐趣，就得需具备这种思想。更糟糕的是，那时我们还得找机会单独聊天。因为我讨厌她的母亲，就让我不得不这么做。总之，我在家里压抑。我们表现很相爱，但却没有真情实感；我们虽然有着亲密的接触，但并不同心。

只要黛莱丝找借口推辞和我一起散步，我就不再提了。不过，我并不怪她不像我一样去享受散步的乐趣。乐趣无法被他人左右。我知道这点就够了——她的心向着我。只要她以我的快乐为自己的快乐，那么我就与她同乐；反之，我宁可让她满足，也不一定要求自己满足。

我有一半的愿望落空了：虽然我过着合意的生活，住着满意的居所，与我心爱的人在一起，却依然感到孤单。我虽然拥有这些，但却无法感受其中的乐趣。幸福和享受，要么都有，要么就一无所有。人们将看到我为什么谈这个细节。不过，现在我们继续原来的话题。

在圣皮埃尔伯爵给的那些手稿里，我原以为会发现一些珍贵的材料。不过，检查后才发现这些只不过是他叔父刊印的作品集，由他注释和校订，并且另附一些不曾面世的片断。克雷基夫人给我看过他的几封信件，让我觉得他比我想像中要有才华。在看了他的伦理学著作后，我更坚定了这一想法。不过，在深入研究他的政治学著作后，我还是发现了一些肤浅、片面的观点，一些有用却无法实施的计划，因为他有一种局限的观点：人的行为受知识的指引，而非激情。他对现代知识的高度评价使他认为人的理性已经完善。这个观点是他所有学说的基础，也是他所有政治诡辩的根源。他是那个时代以及那一类人的荣耀。也许自有人类以来，他是唯一推崇理性而非激情的人。他的全部理论，一错再错，原因就是他想把人们都变成他的样子，而不是按照人们既有的样子去看待他们。他想为同时代的人写作，但实际上却为想像出来的人著述。

所以，我感到有些为难，不知该用什么方式去书写。如果保留作者那些空想，那我的工作毫无意义；如果严格地批驳，那显得我非常不谦逊。既然我接受了他的稿子，而且我被要求做这件事情，那就必须尊重作者。最后我决定采取最合理的方式：分别阐述作者和我的思想，从而深入体会他的思想，详细阐明、发挥，不遗余力地显示它们的全部价值。

因此，我的作品就应该分成两个部分：一部分用来按刚才说的方式阐述作者的意思；另一部分提出我的见解，不过要在第一部分产生影响之后再发表。如此一来，我不得不承认，这些方案将遭受到与《恨世者》[11]中的那首十四行诗相同的命运。卷首页应该有一篇作者的小传，为此我已经搜集了一些材料，并且有把握不会辱没这些材料。在圣皮埃尔神甫的晚年，我见过他。我对神甫的缅怀和仰慕，可以保证伯爵先生不会为我评述他叔父的方式感到不快。

我先从《永久的和平》[12]开始。在整个集子中，这部作品篇幅最长、最见功底。在我思考之前，我鼓起勇气将神甫关于这个重大问题所有的文章都一丝不苟地读完了，从未因为他的冗长啰嗦而气馁。想必大家已经读过这部作品的《摘要》[13]了，因此我也没有什么可说的了。至于我对它写的评论（与《摘要》同时完成），一直没有印出来，将来是否会出版也不得而知。后来，我开始对《多部会议制》[14]或称《多种委员会制》进行摘编。这是一部作品写于摄政时期，为鼓吹摄政王所实施的行政制度而作。结果它使圣皮埃尔神甫被逐出了法兰西学院，因为书中的某些言论批评了之前的制度，从而惹恼了迈纳公爵夫人和波立尼亚克大主教。和之前的编写一样，我对这部作品既有摘要，又有评论。不过，工作就此而止了。我不愿再继续做下去了，而这工作原本就不该开始。

我放弃这个工作的原因很明显，但我没有很早计划，不免让人有些惊讶。圣皮埃尔神甫的大部分作品对法国政府的某些部门持批评意见，有些言论相当大胆。他发表出来作品没有受到惩罚，算是万幸了。在大臣们眼中，圣皮埃尔神甫只是一个传教士，并不是一个真正的政治家，所以随便他怎么说，不会产生什么作用。不过，如果经过我的阐释，从而使大家听他的话，那情况就不同了。他是法国人，可我不是；如果我重复他的批评，即使以他的名义，也会招致非议。这种非议虽然严厉，但却还是有些道理。幸好我没有走太远就发现了这些问题，因此决定赶紧脱身。我很明白，我是一个人在孤军奋战，而那些人都比我有势力。所以不管我用什么方式，永远无法躲避他们想要施加于我的迫害。在这个问题上，我只能掌握一件事：如果他们想迫害我，就得有失公平。这个理由，不仅让我放弃了圣皮埃尔神甫，也让我放弃更多弥足珍贵的计划。那些人看到别人倒霉就说他们犯了弥天大罪，而我总是谨小慎微，不让他们抓到我的把柄。当然他们会惊讶竟然没有机会对我说："你真是自作自受。"

一放弃这个工作，我就对接下来要做的事犹疑不定，而这段无所事事的时光可着实把我毁了。因为没有外物分散我的精力，我的心就不停地审视自身。没有任何计划能满足我的想像力，而且我也不可能再制订什么计划。原因是我当时正处于满意的环境里，别无他求，但我的心依旧空虚。我看不到更好的处境，因而对当前的处境感到十分痛苦。我将所有的情感都集中在一个称心如意的人身上了，而她也是这么对我。我们生活在一起，无拘无束，随心所欲。然而，不论她是否在身边，我总是感到阵阵隐痛。尽管我占有她，但还是觉得她不属于我；只要想到我并不是她的全部，我就觉得她对我来说几乎什么也不是。

我有男性友人，也有女性友人。我以最纯洁的友情去爱、去尊敬他们，希望得到同样的回应。我不曾怀疑他们对我的情意。然而这种友情，却是苦恼多于快乐，因为他们总是有意地反对我的一切爱好、观点和生活方式，以至于只要我想做一件只与个人相关的事情时，他们就会联手让我放弃。无论什么事，无论我有什么想法，他们都会强硬地控制我。对于他们的想法，我既不想控制，也不想过问。由此可见，他们对我很不公平。他们强硬的方式成了我的负担并让我非常苦痛。每当我收到他们的来信，就会感到一阵恐惧；当然，拆开信后的内容更加证实了这种恐惧。他们都比我年轻，反而将自身所需要的教训加之于我，简直把我当孩子看。我总对他们说："像我爱你们一样来爱我吧。还有，就像我不管你们的事一样，也不要干涉我。我仅仅这点要求而已。”

我住在一个景色宜人的僻静之处，在那里我可以做我想做的事，谁都无权来干涉我。然而，这个居所也给我带来了既乐于履行又无法免除的义务。我的自由仅仅是暂时的，无法得到保障。我必须受自己意志的束缚，这比服从命令还要难。每天早晨起床，我都无法对自己说：“我可以完全支配这一天。”此外，除了听从埃皮奈夫人的安排，我还要受大众和不速之客的摆布。虽然我远离巴黎，但还是无法避免一群闲人来拜访我。他们不知道如何利用时间，便肆无忌惮地过来浪费我的时间。意料之外的是，我总被人包围着，而我的计划总是被不速之客扰乱。

总之，虽然我身处美好的环境之中，但我无法享受其中的快乐，因而我的思绪又回到了年轻时候的某些宁静生活，只能叹惜：“唉！这里怎么好比沙尔麦特！”

每当我回忆生命中的不同时期，就会想到现在所经历的生命阶段：我已到迟暮之年，一身的病痛，行将就木，而我从未感受过心灵所渴望的任何乐趣。我心中的那些热情也从未迸发，我心中潜藏着的醉人欲念也不曾体会过。由于没有对像，因此这种欲念总是积压在心头，除了叹息，没有宣泄的方式。

我是一个感情外露的人。在我看来，生活就是爱。可是为什么直到那时我竟找不到一个全心全意对我的朋友？我生来就值得做他们真正的朋友。我的感情那么容易被激发，我的心中满是爱，可它为什么从没有为一个既定对像而燃烧呢？爱的需求折磨着我，而我的心却从未满足过。眼见自己已到垂暮之年，可从未真正地生活就要死去。

这些凄凉而绝望的想法，使我怀着遗憾却不无乐趣的心情去反省自己。我觉得命运似乎对我有所亏欠。我生来就具备了许多卓绝才能，可这些才能却无所施展，这有什么意义呢？我意识到了自己的内在价值，虽然它让我感觉遭遇不公平的对待，但一定程度上让我感到欣慰。想到这里，我不禁潸然泪下，就让眼泪尽情倾泄出来吧。

在一年中最美好的六月，我在清凉的丛林里，听着莺声呖呖、溪水潺潺，遐想着生活。这让我又回到了那迷醉的慵懒状态。我生来喜欢这种状态，不过之前长期的激昂情绪让我形成了冷酷严厉的情调，本该让我永远摆脱它。不幸，我又开始回忆在托讷古堡午餐以及与那两位美丽的少女邂逅的情景了。同样的季节，相似的环境。这段回忆天真无邪，显得格外温馨美好，而它又勾起了更多类似的回忆。我看到，那些在我青年时代曾使我暗生情愫的美人都围绕在我的身边：嘉莉小姐、格拉芬丽小姐、布莱耶小姐、巴西尔太太、拉尔纳日夫人，还有我那些漂亮的女学生，以及那位让我魂牵梦绕、妖艳动人的朱莉达。我发现我被一群天仙和女友包围着，而我对她们如此强烈的欲望也不是第一次了。我的血液在沸腾，劈拍作响。尽管我的头发花白，但大脑也发晕了。于是，我这个一本正经的日内瓦公民——严肃的让—雅克，在近四十五岁时，突然又变得痴情了。那突如其来的陶醉，那么不近情理，却又那么持久、强烈，直到它使我陷入重重困境，我才醒悟过来。

这种陶醉，不管发展到什么程度，都不至让我忘记我的年龄与处境，不至让我自诩还能得到美人的眷顾，更不会让我痴心妄想地将无果的爱情烈火传递给心爱之人。那烈火，自我童年以来就感到它在徒然地焚烧着我的心。我不抱这个希望，甚至没有这种欲望。我知道自己早已过了谈情说爱的年纪，而我深刻体会到老风流的可笑，所以不想让自己也成为笑柄。我在青春年少时就不风流，也不自信，到老年时更不会这样。更何况我天生喜静，害怕引起家庭风波；我真心爱着黛莱丝，不愿让她看到我移情别恋而感到伤心。

这种情况我该怎么办？读者只要稍微注意一下前面的叙述，就一定能猜出来些什么。现实中，我求之不得，就进入虚幻的梦乡；既然看不到让我痴狂的对像，就进入理想世界去寻找，而那丰富的想像力给我配上了称心如意的人。这种办法随时可以用，而且富有活力。我连续不断地沉醉于想像之中，感受着人心从未有过的美好情感。我忘却了芸芸众生，而我创造出的那些美若天仙、品德超凡的完美人物，都是些无法在尘世中找到的可靠、多情而忠实的朋友。我喜欢像这样翱翔于九霄，被一群可爱的人包围着，流连忘返，不知时间的流逝。我抛开了一切，匆忙地吃了点饭，就急忙跑进我的小天地。正当我要进入那个美妙幻境的时候，一群凡夫俗子却将我羁留在尘世。我抑制不住心中的怒火；当我失去控制时，就会用粗暴的方式对待他们。因此，我多了更多愤世嫉俗的名声。其实，如果人们能多理解一点我的内心，就会觉得我是一个与之相反的人。

正当我意气风发的时候，因为我旧病复发，情况相当严重，所以我像风筝一样被大自然拽回了原地。使用探条是唯一可望减轻病痛的治疗办法，但这就打破了那些美好的爱情幻想。因为，除了在病痛中不能恋爱外，我的想像力只有在乡村、树荫下才能活跃。然而，当我一坐到屋里，头顶天花板，思想就会枯萎。我常常感到遗憾这世上没有山林仙女。如果有，我一定会找到一个可以寄托我情思的对像。

然而就在这个时候，家里又有一些麻烦增添了我的苦恼。勒瓦赛尔太太表面上对我非常恭敬，但却不遗余力地要拉走她的女儿。我从老邻居的信中得知，那个老太婆瞒着我用黛莱丝的名义借了好几笔债。黛莱丝是知道的，但压根就不打算告诉我。还债倒是其次，最让我生气是她们对我保守秘密。唉！我对她没有任何秘密，可她为什么要这么对我呢？她怎么能隐瞒着所爱之人？霍尔巴赫那群人见我再也没回巴黎，就开始恐慌起来，怕我爱上了乡村生活，怕我会一直在乡村住下去。于是，他们开始制造麻烦，想间接地召唤我回城市。狄德罗不想过早就亲自出面，就让德莱尔疏远我，不过他们的相识还是经过我的介绍。现在德莱尔将狄德罗的话转告我，而他自己并不知道狄德罗的真正用意。

现实的一切都将我从甜美而陶醉的梦想中拉了出来。我的病还没有好，就收到一首题为《里斯本大灾难咏》[15]的诗歌。我猜是作者寄给我的，这就迫使我有所答复，跟他谈谈这首诗。我写信与他交谈，然而这封信，正如下文所说，很久以后没经过我同意就被印刷出来公之于众。

我感到惊异的是：这个功成名就、荣耀一身的可怜人，却在大肆诅咒人生的苦恼，认为一切都是充斥着不幸与黑暗。所以，我便大胆写信给他，希望他能反省自我，并向他证明世间的一切都是美好的。伏尔泰表面上信仰上帝，但实际上只相信魔鬼，因为他眼中的上帝，只不过是一个以害人为乐的恶魔而已。这种理论无比荒谬，尤其从一个沉浸在幸福中的人口中说出来，更加令人反感。他身处安定的环境里，却竭力让他人悲观失望，将自己没有经历的种种灾难描写得如此阴森恐怖。反倒是我，比他更有资格去诉说人生的悲苦，对人生的苦难做一个公正的评判。我要向伏尔泰证明，在所有的苦难中，没有一个能归罪于上帝。所有的苦难都是由于人类滥用自己的才能，而非出于大自然本身。在这封信中，我的语气十分尊敬、十分景仰，也十分慎重，可以说是恭敬到了极致。我知道他很自负，易受刺激，所以不能直接将信寄给他。我将信寄给了他的医生和朋友特农香大夫，并让他以最合适的方式全权处理这封信，要么转交，要么撕毁。最后，特农香将信转交了。伏尔泰的回信寥寥几行，说自己有病缠身，还要照顾病人，所以改期再回复，他对问题本身却只字未提。特农香将这封信转寄给我的时候，还另附一封信，表示对托他转信的人很不满。

这两封信，我从未发表，也没有给别人看过，因为我讨厌对这种小小的胜利大加渲染。原信在我的信函集里（卷宗A，第二十号和第二一号）。此后，伏尔泰就将他的答复信发表了，但他并没有将信寄给我。其实他对我的答复不是别的，正是《老实人》[16]那部小说。因为我没有读过这部小说，所以就不便多说。

所有分散注意力的事，原本可以根治我那虚无飘渺的爱情，或许上天赐予我这种方式，就是为了预防虚幻爱情的悲惨结局吧。然而，我的恶运当头，在我刚能勉强出门时，我的心、我的大脑、我的脚就又回了原路。原路是就某些方面而言的：我的狂热程度有所减轻，让我回到现实世界。但是，我对现实世界中那可爱事物的挑选都太苛刻了，而这种虚幻程度丝毫不亚于被我抛弃了的那个幻想世界。

爱情与友谊（我心中的两个偶像）被我想像成最动人的形像。我刻意用我所崇拜的女性身上所具有的美好来装饰这些形像。我想像出两个女性朋友而非两个男性朋友，因为她们之间的友爱比较罕见，从而也就越发可爱。我赋予她们相似却又不同的性格，虽然两者不算完美，但却有符合我口味的面容——仁慈、多情而富于同情心。我赋予她们一个棕发，一个金发；一个活泼，一个温柔；一个明智，一个软弱，但是软弱得令人心动，似乎更让人觉得贤惠。我为二人之一创造出了一个情人，而另一个女人又是这位情人温柔而多情的友人，甚至还有些超出朋友的意味，但是我绝不允许争风吃醋或者争吵的事情发生。因为任何令人不快的情感，都要我大费周折地想像一番，而且我不愿意任何贬损天性的东西使这美丽的图景黯然失色。我爱上了这两个妩媚的模特，所以我尽可能想像自己是那个情人兼朋友。不过，我除了将他写得年轻可爱之外，又添上我自己具备的美德和缺点[17]。

我为了将人物放在合适的居住环境里，便开始一一回忆我旅行中所见过的最美的地方。然而，我却找不到一片清幽的丛林，找不到一处令我动容的景色。色萨利[18]的那些山谷也许会令我满意，但我从没有亲眼见过。我的想像力已厌倦了创造，而它只想要寻找一个现实地作为蓝本，从而让我想像我的人物居在其中。我曾考虑过波若美四小岛，而我被它的美景所吸引。不过，对我的人物来说，这些小岛上有过多的装饰品和人工雕琢的痕迹。我需要一个湖，最后选定了那片令我魂牵梦萦的湖[19]，而我就在这片湖的某一岸定居。在我幻想的那种幸福里，很早就想定居此地。我对那可怜的华伦夫人的故乡依旧念念不忘。那儿的湖光山色相映成趣，景色丰富多彩，那赏心悦目、扣动心扉的景色让人的灵魂得到升华。最后，我做出决定，让那几个青年男女定居在韦维了。以上就是我动笔之前想像出来的情景，其余内容是在以后慢慢添加的。

在一段时间里，我只写了一个简单的纲要。有了这个纲要，我将用人物去填充想像的情节，用心所喜欢的情感去填充它。这些虚构的故事反复地浮现在我的脑海中，逐渐有了一个清晰的轮廓。此刻，这些虚构的情节便跃然于纸上。我回忆着青年时期所感受到的一切，希望给那从未得到满足却一直侵蚀我心灵的欲望以出路。

我先潦草地写了几封零散、彼此毫无关联的信件。每当我想将它们串联成篇的时候，就会有一种无从下手的感觉。令人难以想像但千真万确的是，开头两卷几乎都是这样完成的。事先没有安排如何谋篇布局，之后也没想到会有一天将它们写成一部正式的作品。所以，人们可以看到这两卷内容都是拼凑而成的，缺乏与它们在书中地位相称的简练句子，尽是些繁杂冗长的废话。当然，这种情况在其他几卷中是没有的。[20]

正当我沉浸在甜美的梦幻中时，乌德托夫人前来拜访我了。这是她生平第一次来看我，但很不幸的是，并非最后一次。读者们将在后文有所了解。乌德托伯爵夫人是已故包税人贝尔加尔德先生的女儿，埃皮奈先生、拉里夫先生以及拉布里什先生的妹妹，而后面两位先生都担任过礼宾官。我之前已经说过，在她没有出嫁前我们就认识了。她结婚后，我只在她的嫂子埃皮奈夫人家里，以及舍夫雷特的宴会中见到过她。不论是在舍夫雷特，还是在埃皮奈夫人家，有很多次我们都相处好几天。因此，我不但觉得她十分可爱，而且我还认为她对我颇有好感。她很喜欢和我散步，而且我们都善于步行，谈天说地，乐此不疲。然而，尽管她多次邀请并催促我去巴黎，但我从未前去拜访她。因为当时我刚开始和圣朗贝尔先生往来，而她与圣朗贝尔先生[21]亲密的关系更拉近了我们的距离。当时先生正在马翁，而乌德托夫人来退隐庐顺便告知我有关他的消息。

这次的拜访正如小说的开场那般惊慌失措——她竟然走错路了。她的车夫想从克莱弗磨坊直达退隐庐，所以没有走那条拐弯的大路。然而，不幸的是马车在山谷底下陷入了泥潭。于是，她想下车徒步走完剩下的路途，可是她那双单薄的鞋很快就磨破了，之后又身陷泥淖中。最终，仆从们费了九牛二虎之力才把她拽了出来。她只好穿着长靴来到退隐庐，一进门就大笑不止，而我也和她一起大笑。她换上了黛莱丝的衣服，而后应我的邀请将就吃了点便饭，不过她十分满意。然而当时天色已晚，她小坐片刻后就走了。不过这次愉快的拜访让她期待着下一次见面。而再次见面已迟了整整一年，不过这姗姗来迟的期盼，让我依旧感到欣喜万分。

让人意想不到的是，整个秋天我都在为埃皮奈先生看管果园。退隐庐位于舍夫雷特园林里几条溪流的汇集点。那里有一个果园，四周围墙环绕，而沿墙一带种着各色树木。这里的水果，尽管被人偷掉了四分之三，但还是要比他在舍夫雷特那个园子结的多。为了不做毫无用处的住客，我负责为他管理果园以及监督园丁。直到果子成熟的季节，一切都非常顺利。但是随着果子的渐渐成熟，我发现它们一天比一天少。园丁说果子都被山鼠吃了。于是我便对山鼠展开进攻，虽然打死了很多山鼠，但是果子依旧在日益减少。我留心观察，结果发现园丁才是最大的山鼠。他住在蒙莫朗西，夜里会带着老婆和孩子来果园。他们将白天摘下来藏到一边的果子都运走，明目张胆地在巴黎菜市上卖，就像自家果园种的一样。我也不知道给了这坏家伙多少好处，而且黛莱丝还送了许多衣服给他的孩子；他父亲几乎是靠我养活的，他却还是厚颜无耻、肆无忌惮地偷我们的东西。只怪我们三个人没有提高提防意识。有一次，他在夜里竟然将我的窖搬空，让我大惊失色。如果他仅仅偷我的东西，那也就算了。但是作为果园的负责人，我必须为丢失的果子有个交代，所以我只能揭发这个园丁。埃皮奈夫人让我付清他的工资，打发他走人，再另找一个园丁。我照她的吩咐办了。那个大坏蛋每天夜里在退隐庐周围乱逛，手里拿着一根像狼牙棒似的棍子，身后还跟着几个流氓，这可把黛莱丝和她母亲吓坏了。我让新来的园丁每天睡在退隐庐给她们壮胆，但她们还是很不安。于是，我派人向埃皮奈夫人要了一支枪，放在园丁的房间里，吩咐他只有在他们试图撞门或翻墙这种万不得已的情况下再使用。

这支枪只是装了火药，而不是装弹丸，吓唬一下小偷就行。我本来就疾病缠身，还要带着两个胆小的女人在树林里过冬，而我采取的这最低限度的防御措施，是保证大家的安全。后来我又养了一只小狗，为我们担当警卫。有一天，德莱尔前来探望我。我就给他讲了我的境况，并笑谈军事装备的事情。

他回到巴黎，就将这件事告诉狄德罗，一起取乐。就这样，让霍尔巴赫那帮料想不到并不知所措的是，我真的要在退隐庐过冬了。于是，他们就想制造些麻烦，让我在乡下住得很不愉快[22]。他们让狄德罗怂恿德莱尔来刁难我。德莱尔开始还觉得我的防御措施无伤大雅，但在之后的信中却说这些措施都与我奉行的原则不符，并且可笑至极、糟糕透顶。他在信中对我挖苦讽刺，并且言语尖酸刻薄。如果当时我脾气差的话，就会感到一种侮辱，但那时我的心中充满了爱与温馨之情，不会被任何感情干扰。所以在我眼中，他们那些被认为轻浮放肆的讽刺，仅仅是一些玩笑而已。

在我的警惕与防范中，园子被管理得很好。尽管这年的水果收成不佳，但产量还是比往年翻了两倍。说实话，为保证水果品质，我大费周折，甚至亲自将水果运送到舍弗雷特和埃皮奈夫人家去，并且亲自装运水果。有一次，我与黛莱丝一起抬一个沉甸甸的筐子，甚至被压得直不起腰来，每走十来步就要歇一会儿，大汗淋漓地将它抬进了府中。

严冬来临，我不得不待在屋子里的时候，就想重新开始我的室内工作，但这只是徒劳。无论在哪儿，我都会看到自己创造的那两个楚楚动人的女友，看到她们那个男性友人[23]，看到她们周围的环境和居住地，以及我为她们创造或美化的事物。无论在什么时候，我都无法控制自己，如痴如醉地想着她们。为此，我想方设法地去摆脱那些虚构情节，但只是徒劳。最后，我竟完全被它们迷住了，便想将它们整理出来，使之连贯，写成一部像小说的作品。

我最大的困难就是羞于这样毫无保留地公开揭露自身的矛盾。我曾大张旗鼓地制定了许多严格的行为准则，坚定不移地宣讲了许多耐人寻味的箴言，那么声色俱厉地谴责那些专写男女爱情、柔情蜜意的作品。更让人们出乎意料是，他们看见我亲手将自己推进了那些曾被我严厉批评过的作家之列。这种自相矛盾，让我为此而羞惭，为此而气愤。但是，这一切都无法将我拉回到理智中去。我完全屈服了，无论冒着怎样的风险都要写下去。至于这本书日后能否出版，那就以后再谈吧，因为当时我还不曾想过要将它们发表。

既然下了决心，我就全身心地投入到我的梦幻中。这些梦幻在我的脑海里反复酝酿，最后形成了一个完整的写作计划。现在，人们已经看到这个计划执行的结果了。毫无疑问，我充分发挥了自己丰富的想像力。我的心始终对美好的事物充满爱与期盼，从来没有离开过我，而它将我的幻想引向幸福的目标，使之对世道人心有所裨益。那些美妙的图景，如果缺少天真无邪的色彩，将会失去它的魅丽。一个柔弱的女子往往成为怜悯的对像，爱情却能让她获取同情，当然她的可爱也不会因柔弱而减少。现在世风日下，大家怎么能不感到愤慨？一个不忠的妻子公开践踏自己的言行，认为没让丈夫当场捉住她的奸情，反倒该对她感恩戴德，因为自己保全了丈夫的颜面。试问这世上还有比这种女人的狂妄更加令人气愤的事吗？世界上本无完人，并且完人给我们的教导早已离我们远去。但是，一个年青女子生而有一颗善良温柔的心，婚前被爱情所征服，婚后又恢复精神力量去战胜了爱情，成为一个贞洁的女人。如果有人说这有伤风化、一无是处，那他就是一个说谎者，一个伪善者，你大可不必理他。

除了这个与整个社会秩序有关的目标：风俗和夫妻间的忠诚，我还有一个更长远的目标，就是促进社会的和谐。这个目标，也许比上一个目标还要伟大，至少在我们当前所处的时代是这样。《百科全书》所引起的那场风暴还没有平息，当时还处于最激烈的时候。对立两派都声嘶力竭地互相抨击，就像发疯的豺狼般互相撕咬，而不是像基督徒和哲学家那样互相启发，取长补短，彼此引向真理的道路。也许双方都缺少能够统揽全局、深受众望的领袖，来将这场争论发展成一场内战，否则，天知道这两个骨子里都怀着偏见的派别，将用这场宗教内战造成怎样严重的后果。我生来就仇恨一切宗派偏见，对双方都坦诚讲述了一些严酷的真理，而他们不予理会。于是，我就想了一个方法，在我单纯的头脑看来似乎很好：消除双方的偏见，缓和他们的仇恨，并互相指出对方堪受公众钦佩和敬仰的优点与品德。然而，这个方法纯属空想，因为它是建立在人人皆善的假定上。这种假想，使我重蹈圣皮埃尔神甫所犯的那种错误，那曾是我批判的。所以，它的效果可想而知：不仅没有拉近双方的距离，反而使它们联合起来打击我了。虽然经验使我明白自己的想法太过天真，但我还是全力以赴地去做。我敢说，我的热忱无愧于驱使我那样做的动机。所以，我塑造了沃尔玛[24]和朱莉这两个人物形象。我抑制不住内心的狂喜，希望将她们两个人都写得非常可爱，而且还要使她们相互彰显彼此的优点。

这样粗略制订的计划让我很满意，于是便回到曾经设想的情节上去。《朱莉》的前两卷就是对这些情节的整理和编排。我是怀着难以言表的喜悦心情，在那个冬季撰写并誊清这两卷内容。用最漂亮的金边纸书写，用天蓝和银色粉末吸墨，以及用浅碧丝带装订分册。总之，我像皮格马利翁[25]一样，痴情地恋着那两位妩媚的少女，再也找不出更高雅美好的东西来配她们。每天晚上，我坐在火炉旁为黛莱丝和她的母亲朗读。女儿感动得说不出一句话，只能同我一起抽泣。她的母亲根本听不懂，无动于衷地坐在那，又说不出一点赞美之词，只能在大家默默无言的时候，重复地说："先生，写得真美！"

埃皮奈夫人很不放心让我冬天独自住在林间的一座孤零零的房子里，便常常派人来问候我。她对我的友谊从来没有像现在这样真诚，而我也从没有如此强烈地回应她的友情。在这番深情厚谊中，有一件事让我感到过意不去：她曾派人将她的画像送给我，并且要求我赠予她一副画像——拉都尔画的，曾在沙龙里展示过。还有一次，貌似很可笑，但是却给我留下了深刻的印象，而且对我性格的演变产生了影响。那日，天寒地冻，她派人给我送来一个包裹，是她亲自为我准备的几样东西。我发现其中有一条她穿过的英国法兰绒做的小衬裙，而她让我改制一件背心穿。她在便笺上的措词很感人，亲切而天真。这种体贴入微的关怀超出了友谊，仿佛她要将自己身上的衣服脱下来给我穿。这让我激动得热泪盈眶，而将那便笺和衬裙吻了足足有二十遍。黛莱丝甚至以为我疯了。很奇怪，埃皮奈夫人对我的情意中，没有哪次能像这样感动过我。甚至在我们绝交以后，每次回忆起这件事，心头都微微一颤。我把那张便笺保留了很久，而要不是它和其他信件遭遇同样命运的话，我至今还保存着呢。

我的尿闭症一到冬天就非常严重，这个冬天甚至有一段时间不得不又使用探条。然而总的说来，自定居法国以来，这是我度过的最甜美与安宁的一个冬季。

恶劣的天气，让我有四五个月都免遭不速之客的打扰。在此之前和以后的很长时间，我都没尝过这种独立、宁静而又纯朴的生活。我越享受这种生活，就越发觉这种生活的可贵。当时，陪伴在我身边的，只有现实中的两个女管家和想像中的两个表姐妹[26]。那个时候，我日益庆幸自己的明智之举。那些朋友，见我脱离了他们的束缚，便非常不满意并对我叫嚣，但我并不理会他们。当我听闻一个狂人行刺的消息时[27]，当德莱尔和埃皮奈夫人来信告之我弥漫于巴黎街头的纷乱与骚动时，我是多么感谢上苍，让我远离了那些恐怖与罪恶！否则，因社会混乱而养成的那暴烈脾气，会在恐怖和罪恶中，日益滋长，变得更加乖僻。现在呢，我的住所周围都是赏心悦目的景致，而我的心也完全沉醉于这温馨之中。在这里，我将十分开心地记录下我这生命中最后一段宁静的时光。在随着这个安静的冬天而来的那个春天里，后文中所描述的那些灾难已开始萌芽。在这纷至沓来的灾难中，读者们将再也看不到让我喘息的日子了。

然而，在这段宁静的时光里，即使我幽居深处，也没有逃过霍尔巴赫一伙人的干扰。狄德罗就给我制造了一些麻烦。如果我没记错的话，他的《私生子》就是在这个冬天出版的，后文我将谈及此书，将会讲明白种种原因。关于那时期可靠的文件剩下的很少了，就是留下的文件，日期也很不准确。狄德罗写信从来不注明日期；埃皮奈夫人、乌德托夫人和德莱尔写信也只注明是星期几。当我想把这些信按照顺序整理出来的时候，只好摸索着，标上一些模糊的日期。因此，当我不能确定这些纷扰的具体日期时，就只好把我所能回忆起来的情况都合并在一起讲述。

大地回春，我的热情也随之高涨起来。在情感的冲动下，我为《朱莉》的后几卷写了一些信，而这些信都洋溢着狂喜的热情。我特别要提的是描写极乐园和湖上泛舟的那两封。如果我没记错的话，这两封信都放在第四卷的末尾。如果谁读了这两封信却无法熔化在我的绵绵情意中，那么就请把书合上，他无法懂得这份感情。

让我感到意外的是，乌德托夫人恰巧再次来访了。她的丈夫是近卫队的军官，情人也正在军中服役。她趁两人都不在的空隙来奥波纳了，并在蒙莫朗西的幽谷中租了一座非常漂亮的房子。这次，她身着男装，骑着马从那里到退隐庐远足。虽然我并不喜欢这种假面舞会式的装束，但对她的风度翩翩却一见心倾，因而一下子坠入了情网。这生平第一次，也是唯一一次的爱情，带给我的影响让我永生难忘，却又十分可怕，所以请听我慢慢道来。

乌德托伯爵夫人将近三十岁，一点也不漂亮，脸上有小麻点，皮肤也不细腻，眼睛近视而且略圆。不过，她却显得年轻，既活泼又温柔，举手投足间都充满了魅力。一头乌黑卷曲的长发，垂及膝盖。她的身材玲珑娇小，动作虽然笨拙，却十分可爱。她生性活泼开朗、天真率直，言谈举止自然得体，这一切都让她显得那么迷人。她不假思索就能妙语连珠；她多才多艺，会弹羽管钢琴，舞姿优美动人，还能作一些漂亮的小诗。她有着天使般的性格，而心地善良是它的基础。除了行事欠谨慎以外，她的身上具备了一切美德。尤其在为人处事上，她可靠而忠诚，以致她的“敌人”做事都不会对她有所隐瞒。我所谓的“敌人”，是指那些恨她的男人或女人，而她却没有一颗恨人之心。我觉得，正是我们这点相同之处，才使我对她产生了狂热的感情。在最亲密的交谈中，我从来都没有听她在背后说过别人坏话，甚至是她嫂子的坏话，也从来没有。她不会对人掩饰心中的任何想法、任何感情。我深信，即使在丈夫面前，她也会谈及她的情人，就像在朋友、熟人和其他人面前谈及一样。毋庸置疑，有一点也证明了她那纯洁、善良的天性，就是有时她做事不经大脑，粗心、轻率到了十分可笑的程度，无意中的言行往往招来麻烦，但却从没有冒犯他人之心。

在她很年轻的时候，父母就强迫她嫁给了乌德托伯爵。乌德托伯爵地位显赫，是一位优秀的军人。不过，他嗜赌成性，好惹是生非，为人也不亲切，而她也从没爱过他。而在圣朗贝尔先生身上，她不仅看到了丈夫的一切优点，还看到了许多优秀的品质：聪明、德才兼备。在本世纪的风俗中，如果还有什么可以原谅的话，毫无疑问，那就是这种爱慕之情，持久而纯粹，令人欣羡。只有相互尊敬，才能使它日久弥新。

我猜测，她来看我，固然是出于一时兴致，但更多地还是为了取悦圣朗贝尔先生。他曾让她来看我，认为我们之间刚开始建立起的友谊，会使我们三个人的交往变得愉快。她知道，我了解他们之间亲密的关系，而她既然能在我面前无所避讳地谈他，就表明她喜欢和我相处。当我正陶醉于没有对像的爱情之中时，她来了。这种陶醉迷住了我的双眼，于是，我就将她当作爱情的对像：乌德托夫人让我看到了朱莉的影子。不久，我就开始迷恋上乌德托夫人，我在她身上看到了装点我心中偶像的一切美德。她以热恋中的情人身份跟我谈圣朗贝尔先生，让我神魂颠倒。爱情的感染力是多么强大！听着她的描述，我仿佛依偎在她的身边，竟幸福得浑身颤抖起来，那是我在其他女人身边从未有过的感觉。我不禁被她所说的内容感动了。我不仅对她的感情有兴趣，也产生了同样的感情。我将这“毒酒”一饮而尽，却觉得醇美至极。总之，在毫无征兆的情况下，她对圣朗贝尔先生的爱，竟然激起了我对她的爱。唉！对一个心有所属的女人，燃烧起炽热的爱情之火，是多么不幸。可是，为时已晚，真是太令人痛苦了！

在她身边，我虽然能感到自己异常冲动，但并没有觉察到心中微妙的变化。只是在她走后，当我开始刻画朱莉的形像时，才惊讶地发现脑海中频频浮现出乌德托夫人的身影。然而，当我的睁开眼睛后，一种莫名的痛苦涌上心头，而我也没有考虑过这件事情将带来的严重后果。

今后我该怎么面对她呢？我踌躇了很久，似乎真正的爱情能让人有足够的理智去深思熟虑一样。正当我犹豫不决时，她又一次出现了。这下我才真正明白。伴随邪念而来的羞涩感让我在她面前无言以对、战战兢兢、如履薄冰。我慌乱的样子简直无法形容，既不敢开口，也不敢抬头，而她肯定能看出来。于是我决定向她坦白我的慌乱，不过，原因就让她猜吧。如此一来，我就等于把事情的原委清楚明白地告诉她了。

如果当时我年轻潇洒，而乌德托夫人也经不起诱惑，那我将在这里谴责她的行为。然而，事实并非如此。所以我对她的做法表示赞美和钦佩。她表现得大方而谨慎。圣朗贝尔请她来看我，所以她不能无缘由地就突然与我保持距离，这样就可能致使两个朋友绝交，还会闹得满城风雨。她当然要避免这件事发生。她对我敬重而且友善，对我的痴情深表惋惜，但决不逢迎，并希望能够纠正它。她希望为情人和自己保留一个令她尊敬的朋友。她觉得等到将来我变得理智了，我们三人一定会继续亲密的友谊。每当她谈到这一点，就会显得非常愉快。但她并不只限于这种友好的劝告，必要时会给予我应受的责备。

同样，我也在责备自己。当我独自一人的时候，我便清醒了。当我将困扰向她诉说之后，内心变得平静了。只要她知道我的感情因她而起，那就足够了。我用来责备自己的那种力量理应医好我的爱情，如果事实是可能的话。我列出了许多强有力的理由来扼杀这份爱情的火苗。我的修养、我的天性、我立身处世的原则，都不允许我这么做。这么做是可耻的、是不忠于朋友的、是罪不可赦的、是有负朋友之托的。最后，像我这样的年纪还燃起爱情的火苗，是多么荒唐可笑。何况她早心有所属，既不能回应我的情意，又不能给我以希望，而且这样的爱情更不会因漫长的等待而开花结果，结果只能是一天比一天痛苦。

最后一个理由，原本想增加一些说服力，反而将它们都推翻了。谁会相信这点呢？我想，既然这痴情只是对我个人有害，那还顾虑什么呢？难道我是一个让乌德托夫人小心提防的花花公子吗？别人见我这样煞有介事地悔恨，难道不会说我在故作姿态，装模作样地诱使她误入歧途？唉！可怜的让—雅克，你就大胆地去爱吧，只要问心无愧，别担心你的痴情会伤害圣朗贝尔。

读者们应该知道，即使我在年轻的时候，也从未自命不凡过。上面那种想法完全符合我的思维逻辑，它使我热情高涨，并沉湎于激情之中，甚至嘲笑我那多余的顾虑是出于虚荣而非理智。诚实的人应该明白，邪念从来都不会大张旗鼓地侵入你的大脑，它总是想方设法地突然袭击，戴着假面，甚至披着道德的外衣。

我犯了罪却毫无悔悟之意，而且不久就肆无忌惮起来。请读者们看看我的激情是如何遵循天性的轨迹，将我一步步地推向深渊。起初，为了稳妥起见，它还保持着谦卑的面孔，后来就大胆放肆起来。乌德托夫人不断地提醒我，让我注意自己的身份，保持该有的冷静和理智。尽管她对我极其温存和友善，但从不助长我的痴情。

我敢保证，如果那时我知道这种友善是真心的，就会打住那种想法，但我自认为它表现得太热烈了，根本不像友谊。因此，我不免产生了这种想法：我这样的年龄和外表，早已过了谈情说爱的阶段，因而我在乌德托夫人眼里一定会受到轻视。这个狡黠的少妇一定会拿我的热情寻开心，一定会将真实的想法告诉圣朗贝尔；而她的情人圣朗贝尔会怨恨我的背叛，便和她串通起来捉弄我，将我要得晕头转向，招人耻笑。这种愚蠢的想法曾让在我二十六岁的时候，在我所不了解的拉尔纳日夫人面前，说了许多胡话。现在，我四十五岁了，虽然我在乌德托夫人面前又说了许多傻话，但这可以被原谅。因为我并不知道她和她的情人都是真诚正直的人，不会存心拿我开玩笑。

之后，乌德托夫人又来看了我好几次，而不久我也回访她了。我们都喜欢散步，因而我们经常漫步于迷人的乡间小道上。我爱她，也敢于表达心中的情意。要不是我荒唐的言行，破坏了其中的乐趣，那我也不会身处尴尬的境地。起初，她并不明白为什么我在接受她的触碰时显得非常傻气。因为我从不隐瞒心中真实的想法，所以不久便向她坦白了我的疑虑。她本想一笑置之，但发现这么做有失妥当，很可能引起我心中的不满。于是，她改变了说话的口吻，用一种温柔和怜爱的语气来打动我。她对我的责备，沁人心脾，而她对我无故的疑虑，深感担忧。这时，我就抓住她的这种担忧，紧追不放，要求她用事实来证明她没有戏弄我。她很清楚，没有其他方式能让我相信她的话。我就对她步步紧逼，而每一步都在意料之中。尽管这个女人已经被逼到了讨价还价的地步，但最终还是轻松地脱身了。这的确令人惊讶，也许在世间绝无仅有。她不会拒绝让我感受最亲密无间的友情，但她不会去做任何可能使她失节的举动。我很惭愧的是，她稍微给予一点触碰，都会激起我感官的冲动，而这对她丝毫没有影响。

我曾经说过，如果你不愿去享受感官之乐，就千万不要让它尝到甜头[28]。但这句话对乌德托夫人一点也不适用。如果想知道她多么能控制自己的情感，那就必须详细谈谈我们那些频繁而长久的会面，就必须回顾我们那四个月的亲密相处。在那四个月里，两个异性朋友亲密无间地在一起，却都有所克制，始终保持着该有的界限。当我体会到真正的爱情时，已经太迟了。我的心灵和感官为了偿还这笔情债，付出了多么大的代价啊！单相思就能让人如此神魂颠倒，那么两情相悦的欢喜之情，又将怎样呢？

不过，完全说是单相思，貌似也不对。在某种程度上，我的爱情是有回应的，虽然它不是相互的，但可以说是双方都拥有的：我们都陶醉于爱情之中。她爱着她的情人，而我爱着她；我们的叹息与泪水都彼此相融。我们都是多情之人，而情感的交叉处让我们心心相惜。不过，在这危险的陶醉之中，她从未忘乎所以。我敢保证，虽然我有时会被感官冲昏了头脑，企图使她失贞，但从来没有想真正占有她。我对她的赤忱之心，本身就控制了这种妄想。对欲念的节制，洗涤了我的灵魂。美德的光辉笼罩着我心中的偶像，而玷污它那神圣的形像，就等于将它毁灭。我很可能会犯下这个罪，而且在心中已经犯了无数次。但是，真的要玷污我的苏菲[29]吗？不，绝不！这话，我已经对她说过成千上百次了。即使我有满足欲望的机会，即使我能够支配她的意志，我也不会以这种代价来寻求快乐，除了偶尔短暂的狂热表现之外。我太爱她了，以至于不想占有她。

从退隐庐到奥波纳，大概有一法里路程。由于我常常去那里，所以有时也会在那儿过夜。一天晚上，月色昏黄，晚餐后我们一起去花园散步。在花园的深处，隐藏着一个相当大的矮树丛。我们穿过树丛走进一个幽深的树林，那儿修建了一个人工瀑布——这还是我给她出的主意。这甜蜜而美好的回忆，真是令人永生难忘！在树林中，我们坐在一棵繁花盛开的槐树下，空气中夹杂着淡淡的青草香。此时，我向她吐露了心声，而这段话真正无愧于我的感情。这是我平生的第一次，也是唯一一次，得体而优雅的表白。那是一种崇高的表达，出自于一个男人内心温柔而炽热的爱。在这种气氛下，我们不知流下了多少心碎的眼泪。最后，她无法控制自己的情感，激动地对我说："我从来没有遇到哪个人像您这么可爱，从来没有哪个人像您这样去爱一个人！可是，您的朋友圣朗贝尔在我们的身边，而我的心只能属于他。"在我长叹一声后，便是漫长的沉默。我紧紧地拥着她！仅此而已。她在这里过着独居的生活，也就是说，已经过了六个月没有情人和丈夫陪伴的日子。这三个月，我几乎每天都去看她，而爱神始终依偎在我们的身边。晚餐后，趁着皎洁的月光，我们一起去林间散步。两个小时热烈而缠绵的私语后，她才离开树林和朋友的怀抱。走出树林时，她的身心和来时一样，纯洁无暇。读者们，不用我再多说一句话，你们就能看出这幽会是多么高贵!

在这种情况下，大家也不要以为我的感官一点也不冲动，就像在黛莱丝和华伦夫人身边一样无动于衷。我已经说过，这一次是爱情，而且是全身心迸发出来的狂热之情。至于我不断感受到的战栗、不安、心跳、慌乱和昏厥，都不再一一描述。大家仅凭她的身影在我心间留下的影响，就能想像出这些。之前我已经说过了，退隐庐离奥波纳还是有一段路程的。我常从昂迪利的山坡边走，那里的景色非常迷人。我一边走，一边想她，想像她对我的亲热接待，想像她见到我时的那一吻。单是这一吻，足以致命。在此之前，它就已经让我血脉沸腾，头脑发晕，两眼昏花，双膝颤抖，站立不住了。我只能停下脚步，坐下来，因为我已经全身瘫软，几乎要昏厥了。我早料到事情的严重性，所以在出门的时候，我就会想点其他事情，来分散注意力。可是，还没等我走出二十步，那些场景就侵袭而来，让我无法摆脱。并且，不论采用什么方式，我都不可能轻松地走完这段路。当我走到奥波纳时，早已疲惫不堪，简直要晕倒下去。可我一见到她，马上就恢复过来，精神振奋；然而，我并不知该怎么使用这无穷的精力。

在我能看见奥波纳的路上，有一个景色优美的山冈，叫奥兰普。有时，我们各自从家出发，相约来到这里见面。如果我先到，便在那里等她，而这等待是多么的漫长！为了打发这难熬的时光，我就用随身携带的铅笔给她写点情书。这些情书，尽管字迹潦草，难以辨认，但句句发自肺腑。当她在我们两人约定的隐秘处找到情书时，她除了能想像我写情书时的那副可怜样，就别无其他了。

这种情况持续了很久。这三个月的激励与绝望，将我折磨得形销骨立，很多年都没有恢复过来，最后还让我得了疝气。将来，我定会带着这种病进坟墓的，或者说，它定会把我送进棺材。大自然赋予了我最易激动的气质，而且是最易懦弱的气质。像我这种气质的人，能享受的爱情，仅此而已。我在人世间最美好的日子，也就是这些了。后来，我人生中的不幸，将接踵而至。

现在大家都知道了，我的心像水晶般透明，从来不会隐瞒任何强烈的感情。请大家想想，对乌德托夫人的感情，我怎么可能长久地隐瞒起来？谁都能看出我们之间的亲密关系，而我们既不保密，也不显得神秘。这种亲密关系本身就不需要保密。乌德托夫人觉得，对最亲密的友谊，无可厚非；谁也不知道，我对她也满怀敬重之情。她为人直率、举止大方、有时候还带点孩子气；我为人真诚、举止笨拙、天性高傲，有时脾气还很急躁。在我们自认为坦然的交往中，却给别人留下了话柄，比我们真的有什么越轨行为还要多。当我们都去弗莱特的时候，就会约在那里见面，甚至还会事先约好去那里。在那儿，我们和平时一样，每天去园林里散步，而它就正对着埃皮奈夫人的房间。有时，我们甚至就在埃皮奈夫人房间的窗下交流：谈我们的情谊、我们要做的事、我们的朋友，以及我们纯洁的计划。不过，埃皮奈夫人总是在窗户里观察我们，认为我们是在故意气她，因而便怒上心头，心生怨恨。

每个女人都掌握着掩饰自身愤怒的高超艺术，尤其是在愤怒到极致的时候。埃皮奈夫人虽然脾气暴躁，但行事小心谨慎，高度掌握了这种艺术。她装作什么都没有看见，什么也不去怀疑。她对我的照顾更加细致入微，甚至近乎在挑逗我，而对她的弟妹，却百般刁难，甚至暗示我用同样的态度去对待乌德托夫人。可想而知，她的计划是不会得逞的，我却陷入了两难境地。我的心被两种相反的情感撕扯着：一方面我被她的关怀所打动，但另一方面看她那样对待乌德托夫人，感到非常愤怒。乌德托夫人像天使般温柔，忍受着一切，毫无怨言，甚至对她的嫂子没有透露出半点不满，依旧大大咧咧。她对这种事情并不敏感，所以她没有发现她嫂子对她态度的转变。

当时，我完全沉醉于那狂热的感情之中，所以除了苏菲（这是乌德托夫人的名字之一），什么都看不见，甚至根本没有觉察到，自己成了埃皮奈全家和许多访客茶余饭后的谈资。据我所知，霍尔巴赫男爵之前从来都没有去过舍夫雷特，而现在他也成了众访客之一。如果当时我能像后来那样留个心眼，就一定会猜到，他的到来是埃皮奈夫人事先安排的：请他来看一场日内瓦公民谈情说爱的好戏。

但那时，我愚蠢至极，根本看不出这显而易见的伎俩。不过，我虽然愚蠢，但还是发现他比平时更加高兴、更显得意。他不仅不像平常那么板着脸对我，而且还说了许多揶揄我的话，让我觉得莫名其妙，只能瞪着眼睛，说不出一句话。埃皮奈夫人则笑得前仰后合，像中了邪一样。因为一切都仅限于开玩笑的范围，所以，如果当时我有所觉察，就凑上去跟他们一起开玩笑罢了。但事实上，人们透过男爵那得意的样子，能从他眼中发现一丝恶意的喜悦。如果当时我能像后来一样，注意到这一点，那么这种幸灾乐祸会让我很不安。

乌德托夫人常到巴黎去，而那次我去奥波纳看她的时候，她刚从巴黎回来。我发现她面带愁容，像是大哭了一场。我不得不克制自己，因为她丈夫的妹妹布兰维尔夫人就在她身边。不过，只要一有机会，我就向她表达心中的不安。“唉！”她叹了口气，对我说，“恐怕你的痴情会葬送我一生的安宁。有人将我们的事情告诉圣朗贝尔了，但并不符合实际情况。他倒是能为我说句公道话，但他显然有些不满，更糟糕的是，他把一些话都藏在了心里，没有告诉我。幸好我没有向他隐瞒我们之间的关系，更何况我们的来往本身就是他促成的。我在给他的信中提的都是你，就好像我心里都装着你一样。我只不过对他隐瞒了你那疯狂的爱情，因为我希望能慢慢医好你。他虽然什么都没说，但我能看出来，他认为你的痴情是我造成的。很显然，有人在陷害我们，置我于不义。不过事已至此，要么我们从此一刀两断，要么你就谨守本分。我不想对我的情人再有任何隐瞒。”

这时候，我才发现自己的过失，感到非常羞愧。我原该充当这个少妇的导师，可现在却受到了她严厉的责备，真是无地自容，难堪至极。我痛恨我自己，然而这种痛恨，如果不是可怜的乌德托夫人软化了我的心，那么它足以克制我的痴情。唉！正当泪水一点一点将我淹没的时候，我的心却突然坚强起来。我这颗软弱而脆弱的心，突然对那些卑鄙的告密者充满了愤怒之情。我虽然有错，但那完全是一种不由自主的情感，而那帮卑鄙的告密者，只看到了这种情感最坏的一面。他们根本不相信，也无法想像，我们的真诚和清白补偿了这种过错。我们并没有被蒙在鼓里很久，很快就发现了整件事的幕后黑手。

我们两个人都知道埃皮奈夫人经常同圣朗贝尔通信。她也不是第一次给乌德托夫人制造麻烦了。她曾千方百计地离间圣朗贝尔与乌德托夫人；有几次她竟然还成功了，因而让乌德托夫心有余悸。除此之外，还有格里姆。我记得那时他跟随卡斯特里先生到军队里去了，和圣朗贝尔同在威斯特伐伦，而且他们时常能碰面。格里姆曾追求过乌德托夫人，但没有成功。格里姆心生怨恨，就再也没和她见过面。现在，他得知乌德托夫人宁愿不选择他，而选择一个年纪比自己还大的人，何况他自从和大人物交往以来，就只把这个人当作一个随从。大家想想，尽管格里姆的“谦逊”众所共知，但在这种情况下，他还能保持冷静吗？

刚开始，我只是怀疑埃皮奈夫人，然而当我得知家里发生的事情后，就确信无疑了。当我在舍夫雷特的时候，黛莱丝也常来看我，不是给我送信，就是照顾我的病躯。埃皮奈夫人曾向她打听，乌德托夫人和我是否有书信往来。一听说有书信往来，埃皮奈夫人就逼她将乌德托夫人的信交给她，并向她保证，定会将信重新封好，不露一丝痕迹。黛莱丝既没有表现出愤怒的情绪，也没有将这件事告诉我，只是在送信的时候将信小心地藏了起来。多亏了她的警觉，因为只要她一来，埃皮奈夫人就派人监视她，甚至有几次竟大胆地让人搜查她的围裙。

更让人气愤的是，有一天，埃皮奈夫人和马尔让西先生不请自来，要在退隐庐吃午餐（自我住进退隐庐以来，第一次遇到这种情况）。她趁我跟马尔让西先生去散步的时候，和勒瓦赛尔母女到我书房去，逼她们把乌德托夫人的信拿出来给她看。如果勒瓦赛尔太太知道信放在什么地方，肯定会交给她；幸亏只有黛莱丝知道，跟埃皮奈夫人说一封都没有保留。这个谎言是忠诚的、宽宏大量的，然而，如果说了真话，倒成背信弃义的行为了。埃皮奈夫人见无法让她上当，就力图挑起她的醋意，责备她对男人太放心，做事太糊涂。埃皮奈夫人对她说：“你怎么没发现他们之间的亲密关系呢？如果你不相信眼前的事情，而还需要其他证据的话，那你就帮想办法找。你说他读完乌德托夫人的信就撕了，那么，你就把碎片收集起来交给我，而我负责将它们复原。”这就是我的女友给我的伴侣出的主意。

黛莱丝谨慎行事，对我隐瞒了很久埃皮奈夫人的企图。后来，她见我惶惑困窘的样子，才不得不将一切和盘托出，让我知道是谁在和我作对，以便我采取措施，预防别人设下的陷阱。当时，我的愤怒是无法形容的。我不像埃皮奈夫人那样装作不知道，也没有与她斗心计。我完全听任自己的急躁脾气，轻率地与她公开闹了起来。人们从以下几封信中就能看出我的行事欠考虑，同时也能说明双方的处事风格。

埃皮奈夫人的来信（卷宗A，No.44）：

我亲爱的朋友，最近为什么总是见不到你？我为此深感不安。你曾经一再答应我，只往来于退隐庐和我这里！我一直给你完全的自由，可现在已经有一星期不见你的踪影了。要不是有人告诉我，你的身体很健康，我还以为你生病了呢。从前天开始，我就在等你，可现在依旧不见你的人。我的上帝！你到底是怎么了？你现在既没什么事要做，也没有什么苦恼，因为如果有的话，你早就过来向我倾诉了。我想你一定是生病了！请赶紧让我放心吧，求你了。再见，我亲爱的朋友，愿这个“再见”能给我换来一声“你好”。

复信，星期三上午：

我现在什么话都不能对你说。我希望将这件事了解得更清楚些，反正迟早我会了解真相。还有，请你相信，那个无辜的受害者定会找到一个热心的辩护人，为她洗刷冤屈，足以让那些诬告者后悔，不论他们是谁。

埃皮奈夫人的第二封来信（卷宗A，No.45）：

你的信让我非常惊讶，你知道吗？信里的话究竟是什么意思？我反复读了大概二十几遍，说实话，一点也不明白。我只看出你的不安和烦恼，那就等到平复它们以后再告诉我吧。亲爱的朋友，我们就这么约定了，好吗？我们曾经的友谊和信任，都到哪里去了？我怎么就失去你的信任了呢？你的怒火，是对我发的，还是为我发的呢？无论如何，请你今天下午一定要来。一星期前，你还答应我不会将任何事情藏在心里，什么事情都会告诉我！亲爱的朋友，我深信你的信任……我刚才又把信读了一遍，可还是不明白，而它让我颤抖感到不安。我觉得你心里异常激动和痛苦。我倒是非常希望平静下来，但我不知道你为什么会激动，所以我就不知道该说些什么好。现在我只能告诉你，在见到你之前，我完全和你一样难过。如果你今天下午六点前还不能来，那明天不管天气如何，也不管我的身体状况如何，我就去退隐庐找你，因为我无法忍受这样的折磨了。再见，我亲爱的好朋友。恕我冒昧，给你一个忠告（不知道你是否需要）：请不要任由你心中的不安在孤寂的生活中肆意蔓延；一只苍蝇迟早会变成一个恶魔。过去，我常常有这种体会。

复信，星期三下午：

只要我的不安还在，我就不能去看你，也无法接待你。你说的那种信任，早已不复存在了，而你想恢复它，也几乎不可能了。如今，在你的关切中，我只看到了你想从别人的倾诉中，得到合乎你心意的好处。我只对以诚相待的人敞开心扉，而对玩弄诡计的人关上心门。你说看不懂我的来信，这恰恰体现了你惯用的把戏。你以为我真傻吗？傻到相信你看不懂那封信？不，我要用我的坦诚来战胜你的诡辩。为了让你彻底明白我的意思，我就详细地向你解释清楚吧。

两个亲密无间、无愧于对方情意的恋人，而他们都是我的好友。我估计你不知道他们是谁，除非我说出他们的名字。我猜测有人试图在拆散他们，并利用我让他们其中之一产生忌妒心。这种方式并不怎么高明，但对那个心怀叵测的人来说，似乎很适合。我怀疑你就是那个心怀叵测的人。我这么说，够清楚了吧。

试问，我最钦佩的那个女人，会在我完全知晓他们关系的情况下，无耻地将身心交给两个情人吗？我能那么无耻，成为这两个卑鄙的情人之一？要是我知道，在你一生中的某一时刻，有过这样的想法，那么我会恨死你的。可是，我现在要谴责的，不是你曾经这么想，而是你确实这样说过。在这种情况下，我真的不明白，我们三个人你究竟想伤害谁。如果你希望得到安宁，那就不该这么做。一旦你成功了，反倒会遭遇不幸。对于我和她交往中的不妥之处，我既没有向你隐瞒，也没有对她有任何隐瞒。既然我们交往的起因是正当的，那我就用和起因同样正当的方式来结束这种交往，使遭人非议的感情变成永恒的友谊。从来没有害人之心的我，能蠢到被人利用去伤害朋友吗？绝对不能！如果你想利用我，那么我永远都不会原谅你的，而且我会成为你不共戴天的仇人。不过，我还是会尊重你那些不可告人的秘密，因为我永远都不会做一个背信弃义的人。

我相信目前这种惶惑的心情不会延续很久。我很快就会知道自己是否弄错了。到那时，我也许有很多过错要弥补，但那将是我平生最愿意做的乐事。不过，你是否知道，在我还要在你身旁度过的短暂时光里，我将弥补什么过错吗？我将做一件除我之外任何人都做不到的事：我将如实告诉你，人们对你的看法，如实告诉你在名誉方面受到了哪些损害需要消除。尽管你有那么多所谓的朋友围绕在身边，但当我走了以后，你就永远与真理告别了，就再也没有人对你说真话了。

埃皮奈夫人第三封来信（卷宗A，No.46）：

我已经告诉你了，我没看懂你今天上午的来信，因为那是事实。你今天下午的来信，我倒是看懂了。别担心，我不会与你争论什么，相反，我正急于想把它忘掉。虽然我觉得你可怜，但我还是得承认，这封信让我的灵魂充斥着苦涩。我，对你玩弄诡计，玩弄狡诈；我，竟被你指责做了无耻的事！再见吧，我很遗憾你竟然……再见吧，我也不知道自己在说什么……再见吧，我非常想原谅你。你想什么时候来，就什么时候来吧！你不用顾虑自己会受到冷遇，相反，你将受到很好的接待。不过，你大可不必为我的名誉操心。我毫不在乎别人的非议。只要我品行端正，就够了。此外，我完全不知道那两个对我们同样重要的人，究竟出了什么事。

最后一封信，尽管让我摆脱了一个可怕的困境，但也让我陷入了另一个困境。虽然，这些来信和复信在一天内匆匆往返，但在短暂的时间内，也足以让我在一阵阵怒火之中发现自己行事的鲁莽。乌德托夫人叮嘱我要保持冷静，让她一人去处理这件事，尤其在当时的情况下，要避免将事情弄僵，闹得满城风雨。可我呢，竟然用最恶毒的语言，去招惹一个生性好忌恨的女人，无疑是在她心头火上浇油。我原以为她的回信是高傲、轻蔑、鄙视的，逼我毫不留恋地立刻离开她的家门，否则我就是最可耻的懦夫。然而她的机敏化解了这种结果：复信中的语气委婉，避免我走向极端。然而，我现在要么选择离开，要么选择立刻去看她，二者必居其一。我选择了后面这个方法，不过在见到她时，我应该用什么方式去解释，这让我犯了难。怎样才能既把事情解决掉，又不牵连乌德托夫人和黛莱丝呢？只要我说出谁的名字，那她肯定会倒霉！一个阴险毒辣的女人，要想报复，什么事情都能做出来；我为那个将成为报复对像的人，感到深深的忧虑。正是为了避免这种不幸，所以我才在信里只表明我的疑惑，而没有提出任何确凿的证据。显然，我那么发火是不可原谅的。任何单纯的怀疑，都不允许我像刚才那样对待埃皮奈夫人那样的女人，尤其是对待一位女友。幸而，在关键时刻我将事情处理得既得体又高贵：我主动承认自己犯下了严重的错误（其实那些错误我是不可能犯的，也从来没有犯过），而用这种方式来隐瞒我的过失和软弱。

有了上面的铺垫，我才没有遇到我所担心的那场舌战，也就消除了我心中的恐惧。我一到埃皮奈夫人家，她就快步上前搂住我的脖子，泪流满面。我没有料到这位老朋友会如此热情地接待我，也让我感动得哭了起来。我对她说了几句没多少意义的话；而她对我说的话，更没有什么意义。饭菜已经准备好，我们就入席用餐了；我想对她进行解释的话，也只好推迟到晚餐以后。在等待的过程中，我的脸色极其难看，因为我心中稍微有点不安，脸上就会显得六神无主，就连最粗心的人也能看出来。我那尴尬样子，本可让她趁机向我兴师问罪的，然而她并没有这样做。晚餐后和晚餐前一样，她都没有让我解释什么，第二天也没有。我们只是相对而坐，谈了一些无关紧要的话，或者由我说几句客套话，向她表示我的怀疑还没有找到证据，并向她真心实意地保证：如果发现我的怀疑毫无根据，我将用一生来弥补我的过错。对于这件事，她丝毫没有流露出一点好奇心；对于我为何怀疑，究竟怀疑什么，她一点都不感兴趣。因此，我们的和好，无论是她还是我，都在见面时的那个拥抱中完成了。既然我冒犯的只是她一人（至少在表面上是这样），我觉得她自己都没有让我去解释清楚，就轮不到我去澄清了。因而，我是怎样来的，便怎样回去了。和从前一样，我继续同她往来，不久就把这场争吵忘得一干二净，并且愚蠢地以为她也冰释前嫌，因为她似乎已经不再回想这件事了。

大家很快就会看到，这并不是我的懦弱给我招来的唯一烦脑。我还有其他一些烦恼，而它们并不亚于之前的烦恼。这些烦恼并不是我招来的，而是由于狄德罗和霍尔巴赫那伙人想折磨我，好将我拉出离群索居的生活，蓄意制造出来的[30]。自从我住进退隐庐后，狄德罗就不停地来打扰我，有时是亲自出面，有时是通过德莱尔。德莱尔拿我在丛林里到处转悠为题，和他们一起嘲笑我。我不久就发现，他们已经兴高采烈地把我这个隐士丑化成一个风流情人了。不过，在我与狄德罗的纠纷中，关键问题并不在此，其中还有更重要的原因。《私生子》[31]出版以后，他给我寄了一本。我兴致勃勃并一丝不苟地读完了朋友的作品。但是，当我读到那篇用对话体写的诗论时，我吃惊并心痛地发现，里面有很多话都在攻击离群索居的人。这些话虽然让人感到不快，但尚可容忍，只是后来读到一个辛辣而粗暴的论断："只有恶人才孤独地生活。"这句话的意思是模棱两可的，我认为它有两种含义：一种是正确的，而另一种是错误的。一个人既然自愿过一种孤独的生活，那他就不可能，更不会产生害人之心，因此他根本不可能成为恶人。这句话本身就需要加以解释，何况他在发表言论的时候，明明知道有一个朋友正过着孤独的隐居生活，这就更需要解释了。我觉得，不论怎么解释，这句话都会引起大家的反感，并且有负道义：他在发表言论时，无论是忘掉了这个独居的朋友，还是他曾想起这个朋友，但忘了指出这个朋友，以及古往今来喜欢在隐遁中寻求安宁的贤人哲士是可敬的例外，我认为无论哪种情况，他都不该第一次以作家的身份，不分青红皂白地将他们都称为"恶人"。

我非常爱狄德罗，由衷地尊重他，并且希望他对我也抱有同样的情感。但是，他总是在我的爱好、志趣、生活方式，尤其是在只与我个人有关的事情上，同我唱反调，让我实在受不了。一个比我年轻的人，竟然把我当小孩子一样管教，这让我非常反感。我更厌恶了他那轻于许诺、疏于践约的坏毛病。他从来不守约，并且喜欢缺席后再次相约，然而约了又无故缺席，令我十分烦恼。每个月，我都会在他订好的日期里白白等他三四次，甚至跑到圣丹尼去接他，但等了一整天都无果，最后我只好一个人回家吃闷饭，真是叫人气愤。他总是不尊重别人，让我感到不是滋味。我觉得，最后一次更为严重，更叫我痛心。我就写信表达我难过的心情，但措辞委婉而恳切，连我自己都感动得流下了眼泪。我想，那封信也会让他感动的。那他对这封信是怎么答复的呢？人们永远都不会想到的。现将他的回信抄录如下（原件见卷宗A，No.33）：

你说很喜欢我的作品，而且被感动了，这让我很高兴。既然你不赞同我关于隐士的那番言论，那你爱怎么为他们说好话就怎么说吧。在这个世界上，你是唯一我想说好话的隐士。而且，如果你听了能不生气的话，我有很多好话要说呢。一个八十岁的老太太！诸如此类。有人告诉我，埃皮奈夫人儿子的信中有一句话，曾让你很难受。要不是他那句话提醒了我，我还太不了解你灵魂深处的真实想法。

这封信的最后两句话，在这里有必要说明一下。

在我刚住进退隐庐的时候，勒瓦赛尔太太似乎并不欢喜这个地方，因为觉得住所太过孤单。她的话传到我耳中后，我就提出，如果她更喜欢住在巴黎的话，就把她送回去，房租由我付，并且会照顾她，就像她跟我住在一起时一样。不过她拒绝了，并向我声明，她很喜欢住在退隐庐，而且乡下的空气有益于她的身体。这是实话，人们可以看出，自从她来乡下以后，年轻了许多，身体也比在巴黎的时候好很多。她的女儿甚至向我保证，如果我们真的要离开退隐庐，她心里会非常难过。她还说，退隐庐的确是个迷人的住处，而且她很欢喜侍弄园子、管理果树，后来，她还把别人撺掇我回巴黎的话告诉了我。

他们的盘算没有得逞，于是就改变了方式，用让我于心不安的方法，去获得殷勤劝说未能产生的效果。他们责备我把老太太留在乡下，离开她这个年纪的人可受到很好照顾的地方，简直是罪恶。可是，他们就没有看到，这里新鲜的空气使她以及许多其他老人延年益寿。况且，我们几步路就到达蒙莫朗西，可以马上得到必要的救助。按照他们的说法，似乎老年人只能生活在巴黎，在其他地方根本活不下去。勒瓦赛尔太太饭量很大，喜欢暴饮暴食，所以常吐酸水，总是腹泻，不过腹泻几天后，肠胃也就好了。在巴黎的时候，她从来不在意这种小病，都采取自然疗法；在退隐庐，她还是采用这个老办法，因为她知道，这是最好的办法。可是，狄德罗一伙人并不管这么多。虽然勒瓦赛尔太太在乡下身体很健康，但他们依然说乡下没有医生和药房，将老太太放在乡下，简直就是想让她死。狄德罗倒是应该确认一下，老年人到什么年纪就不许在巴黎以外的地方生活，否则就当以杀人罪论处。

这就是他们所指责我的两个十恶不赦的罪状之一。因此，他不肯将我排除在“只有恶人才孤独地生活”这个论断之外。这也就是他那动人的感叹句“一个八十岁的老太太”和“诸如此类”的含义。

我觉得要回答这种指责，最好莫过于让勒瓦赛尔太太亲自来替我证明。我请她写信，将实情告诉埃皮奈夫人。为了让她自由书写，我保证绝不看她的信，并且我把下面抄录的这封信给她看。这封信是我写给埃皮奈夫人的，谈及我对狄德罗另外一封措辞更加强烈的信的回复，但埃皮奈夫人阻止我把这封信发出去。

我的好朋友，勒瓦赛尔太太要给你写信。我请她将真实的感受告诉你。为了让她自由地书写，我向她保证，绝不看她的信，并且请你也不要把那封信的内容告诉我。

既然你反对，我给狄德罗的信就不寄出去了。不过，我觉得我的尊严受到了极大的侮辱。如果我承认自己错了，那真是卑鄙、虚伪，所以我绝对不能这么做。虽然

《福音书》叫人左脸挨了耳光后，再把右脸伸过去，但是它并没有叫挨打的人去请求原谅。你还记得那出喜剧里，那个一边拿棍子打人，一边还在叫嚷“不要打了”的人吗？[32]那位哲学家[33]就扮演了这个角色。

虽然天气很差，但你别以为能阻止他来。友谊给不了他时间和精力，而怒气会给他这些的。这将是他平生第一次在约定的时间里来；即使累死，他也会来亲口把在信里骂我的话再重复一遍，而我只有默默忍受着。也许他回到巴黎的时候，就病倒了；而我呢，在他眼中依旧是一个可恶的人。能怎么办呢？我只能忍着。

然而，你不得不佩服他的机智。他曾经想派马车接我到圣丹尼，在那里共进午餐，之后再用马车把我送回家（见卷宗A，No.33），然而一星期之后（见卷宗A，No.34），他又说他手头拮据，只能步行到退隐庐来！照他的话来说，那是肺腑之言——这也是有可能的。不过，真是这样的话，他的经济状况一定在一周中发生了突变。

我深切同情你母亲的病给你带去的忧愁，但是，你能看出来，你的忧愁毕竟没有我的苦恼多。看到我们爱的人生病，比因遭到不公和残酷的对待而受的痛苦轻得多。

再见，我的好朋友！这是我最后一次对你说这件不幸的事情。你劝我冷静地去巴黎，因为它将来会使我感到很高兴。我会记住这句话的。

星期四

根据埃皮奈夫人本人的建议，我把在勒瓦赛尔太太问题上采取的做法，写信告诉了狄德罗。大家可以想像，既然勒瓦赛尔太太选择留在退隐庐，就说明她在这里很健康，而且经常有人陪伴，生活很惬意。那么，狄德罗应该再也找不到什么方法加罪于我了吧。然而，他把我这个做法也当成一种罪行，并且把勒瓦赛尔太太继续留在退隐庐也说成是我的罪过。何况继续留在退隐庐是她的自己选择，无论过去还是现在，只要她一句话，马上就能回巴黎生活；而且，无论在巴黎还是在我身边，她都能得到我的援助。

以上是对狄德罗信中的第一条指摘（卷宗A，No.33）所做的说明。至于第二条指摘，我就用他的原信（卷宗A，No.34）加以说明：

那个“文人”（这是格里姆对埃皮奈夫人儿子的谑称）大概已经写信跟你说了：城头上有二十多个挨饿受冻、奄奄一息的穷人，正等着你施舍里亚给他们呢。这就是我们常常闲聊的一个题材……如果你听到其他那些话，也会像听到这种话一样开心。

狄德罗拿出这个引以为豪的论据，以为会击中我的要害。不过，我对这个骇人的论据做了以下答复：

我记得我已经答复那个“文人”了，也就是说，已经答复过一位包税人的公子了。我说，我并不怜悯他在城头上看到的那些等待我去救济的穷人。他大概已经帮助过他们了吧。我请他代替我做了这件事。巴黎的穷人不会因为他的代替而有任何怨言的。为蒙莫朗西的穷人找到这样一个代替者，似乎并不容易吧。因为他们比巴黎的穷人更迫切地需要一个好的代替者。这里有一位可敬的老人，操劳一生后，已经不能劳动了，在迟暮之年即将饿死。我的良心告诉我，宁愿每个星期一给他两个苏[34]，也比拿一百个里亚分给城头上那些穷鬼要痛快。你们这些哲学家还真会开玩笑，把城里人看作人，去关心他们。其实，人们只有在乡村，才能学会如何去爱他人，如何服务于他人，而在城市里，人们只能学会蔑视他人。

像狄德罗这么聪明的人，竟然糊涂地用这种荒谬的言论，谴责我远离巴黎是一桩罪行。他以我为例，去证明一个人不能远离首都而生活，否则就是一个恶人。现在想想，我当时怎么就那么傻，竟然写信回复他，还和他怄气，而不如一笑置之。然而，埃皮奈夫人的决定以及霍尔巴赫那伙人的叫嚣，将思想界迷惑得团团转，都站在他那边，以致大家都认为是我的错。甚至是乌德托夫人——她非常赏识狄德罗，也让我去巴黎看他，同他和解。她的理由是，狄德罗正处在困难时期，除了《百科全书》引发的那场风暴外，他的剧本[35]遭遇了更大的麻烦。虽然他在剧本前加了一篇《简介》，但还是有人指责他通篇都在抄袭哥尔多尼[36]的作品。狄德罗比伏尔泰还经不起批评，当时感到非常苦恼。格拉菲妮夫人甚至故意散播谣言，说我为此与狄德罗绝交了。我觉得，对于这种无中生有的事情，应该公开反驳。于是，我去巴黎了，在他家里整整住了两天。这是我迁居退隐庐之后第二次去巴黎。第一次，我是去看可怜的高福古：那时，他得了中风，后来一直没有痊愈。在他得病初期，我一刻都没有离开过他，直到他脱险为止。

狄德罗热情地款待了我，而一切恩怨，都在朋友间的拥抱中化解了！拥抱过后，心中还留下多少怨恨呢？我们都没有做过多的解释。两个人的对骂，本身就用不着解释什么。现在唯一可做的，就是把那些话统统忘记。至少在我知道的范围内，他没有暗中要什么花样，而这点他和埃皮奈夫人完全不一样。他把《家长》的提纲拿给我看了；我对他说："这是对《私生子》最好的辩护。先别告诉任何人，好好写这个剧本。写好后，就朝你的敌人扔过去，让他们好好看看。"他照我的话做了，而且效果很好。早在半年前，我就把《朱莉》的前两卷寄给他了，想征求一下他的意见。不过，他连一个字都没看。于是，我们就在一起读了第一卷。他觉得全篇都很"拖沓"（他原话是这么说的），也就是说废话太多，显得过于冗长。其实，我早已感觉到了。不过，那些都是我在发高烧时的闲言碎语，一直没来得及修改，而后面几卷就截然不同了。特别是第四卷和第六卷，都是炼句的佳作。

我到巴黎的第二天，他就硬拉着我去霍尔巴赫先生家吃晚饭。我们心中各有打算。我想取消校订那本化学手稿[37]，因为我讨厌为了一部书稿而去感激他那种人。然而，狄德罗又取得了胜利，他向我保证，霍尔巴赫先生是真心爱我的；而且，我应该原谅他那种态度，因为他对任何人都是那个样子。我作为他的朋友，更应该多忍受一点。狄德罗还说，两年前就预付了那部书稿的酬劳，而现在要是拒绝的话，对付稿费的人来说是个侮辱。这种侮辱是不应该的，甚至还会引起误会，像是暗中责怪他不该拖那么久才清账。他又说："我每天都和霍尔巴赫见面，比你更了解他心中的想法。就算你有理由不满他的所作所为，难道就真的愿意你的朋友去做一件有失身份的事吗？"总之，由于我一向的懦弱，最终还是被他说服了。于是，我们一起去男爵家吃晚饭，而男爵像往常一样招待了我。不过，他的妻子对我却异常冷淡，甚至有些不近人情。卡诺琳还没有出嫁的时候，对我是那么亲切、友好，而今我已经认不出那个可爱的她了。很早我就感觉到，自从格里姆常去艾纳家以后，这家人就没给过我好脸色。

当我在巴黎的时候，圣朗贝尔也从部队回来了。因为我当时根本不知道，所以直到回乡下后，才先后在舍夫雷特和退隐庐见到他。他和乌德托夫人一起来退隐庐后，我们一起吃了饭。大家可以想像，我是多么热情地接待了他们。看到他们是那么心心相印、情意相投，我心里也特别开心。我很庆幸没有扰乱他们的幸福；看到他们那么幸福，我也感到非常幸福。我可以发誓，在那段痴情时期，特别是在此刻，即使我能把乌德托夫人从他手里抢过来，也不会这么做，何况我根本没有动过这种念头。我发现她在爱圣朗贝尔的时候是那么可爱，以致我无法想像，她在爱我的时候是否也这么可爱。我从来也没想过要破坏他们的关系。在我狂热的爱恋中，我真正希望的，仅仅是她能让我爱她。总之，不管我对她燃起多大的热情，我觉得做她的知己和做她的恋人一样甜蜜。我从没有把她的情人当作我的情敌，而是一直把他当作我的朋友。大家也许会说，这根本算不上爱情。是的，但这种情谊远远胜于爱情。

至于圣朗贝尔，他表现得依旧那么大方、得体。在这件事情上，只有我一人是有罪的，所以理应我一人受罚，而我也欣然接受。他对我虽然严厉，但是依旧友好。我还看得出来，他对我的敬意虽然稍有减少，但对我的友情依旧如故。对此，我很是欣慰；我知道，对人的敬意要比友谊更容易恢复，何况他十分通情达理，绝不会把一时不由自主的糊涂与本性的邪恶混为一谈。在过去，虽然我有错，但并不严重。是我主动去追求他的情妇乌德托夫人的吗？难道不是他让她到我这里来看我的吗？难道不是她主动来找我的吗？我能视而不见吗？我有什么办法？错在他们，而我是受害者。如果他处在我的位置，也会这么做的，也许会更糟糕，无论乌德托夫人多么忠实、可敬，但她终究是个女人呀，他长时间不在她身边，为别人制造了机会，而外界的诱惑又那么大。如果她遇到一个更大胆的男人，就很难抵制诱惑了。在这种情况下，我们始终没有越雷池一步，已经算是难能可贵了。

虽然我在心中为自己做了一个十分完美的辩解，但从表面上来看，很多证据都对我不利，以致我无法克服内心的羞耻感，总觉得自己在他面前像个罪人，而他也常常利用我的这个弱点，让我难堪。举个例子就能看出我们之间这种微妙的关系。饭后，我把去年写给伏尔泰的那封信读给他听，而这封信，他很可能早就已经听说过了。不过，正在我念信的时候，他竟然睡着了。曾经的我是那么高傲，而如今，我是这么愚蠢：明明看着他已经入睡，鼾声不止，我还一个劲儿地在朗读，不敢中断。我都低声下气到了这种地步，可他还要用这种方式来报复我。不过，他还算厚道，这种报复也只限于我们三个人在一起的时候。

他离开之后，我发现乌德托夫人对我的态度有了很大的变化。我很惊讶，不过这也是我早就料到的结果；我的惊讶远远超出了应有的程度，因此非常痛苦。我原来期待她能医好我，不料她将那支被折断而未拔出的箭向我心里扎得更深了。

我决定战胜自己，竭尽全力地将我的痴情转变为纯洁而长久的友谊。为此，我制订了许多详实的计划，而这些计划的实施则需要乌德托夫人的配合。当我向她提及这件事的时候，我发现她漫不经心、十分为难的样子。我能感觉到，她已经不想跟我在一起了。我还能看出，这中间一定发生了什么事情；当时她不愿意告诉我，而后我也无法知晓。面对这种变化，我感到非常伤心，而原因我也无法从她口中得知。她向我要回她的信，我就一封不缺地都还给她了，可她竟然怀疑我没有全部退还。这种怀疑，又给了我心头一击，而我的心，她应该是充分了解的！最后，她还是还了我清白，不过是在她检查了信件之后，才发现自己的怀疑是毫无道理的。看得出来，她为此感到内疚，这内疚也让我心里稍稍感到了一些平衡。她收回她的信后，应该把我的信退还给我。可是她告诉我，她把信全都烧了。现在，该我来怀疑她了，而且，至今我都不相信她的话。不，像这样的信，绝不会被付之一炬的。《朱莉》中的信像烈火般炽热！啊，上帝！对于这样的信，又该怎样办呢？不，不，能引发这种激情的人，永远都没有勇气烧掉这些证据。我也不害怕她滥用这些证据；我不相信她会这么做，况且，我早有防备。我那愚蠢而怕人耻笑的畏惧之心，让我刚开始通信就用一种小心谨慎的语气，以免被别人抓住把柄。沉醉在爱恋中的我，写信时竟然用“你”字[38]称呼她；这个“你”字饱含了多少深情厚谊！虽然她有好几次表示不满，但并没有什么效果。不过，她的不满倒是唤醒我的畏惧之心，让我在今后的回信中更小心谨慎。然而，在这点上，我依旧不会迁就她。如果这些信还在，有一天能公之于众，大家就会知道曾经我是多么爱她了[39]。

乌德托夫人的冷淡态度让我非常痛苦，而且我认为自己不该受到这样的对待。这两方面的因素让我做了一个重要决定：向圣朗贝尔写信，说明其中原因。在等待回信的过程中，我就沉浸于我本该寻求的消遣中。当时，在舍夫雷特有一些盛大的宴会，而我负责这些宴会的音乐。由于乌德托夫人很喜爱音乐，所以我想趁机在她面前展示一下我的音乐才能。还有一个原因也激发了我的热情：我要告诉人们，《乡村巫师》的作者也是懂音乐的。很久以来，我发现有人在暗中制造流言，让大家怀疑我是否懂音乐，怀疑我的作曲能力。其实，我早期在巴黎的那些作品，我在杜宾先生家和拉·波普里尼埃尔先生家经受的多次考验，以及十四年来我在最著名的音乐家中，当着他们的面谱写了大量乐曲，还有《风流的缪斯》和《乡村巫师》这两部歌剧，再加上我为菲尔小姐谱写的、由她在宗教音乐会上演唱的一首经文歌，我与音乐大师们在一起讨论这门艺术的会议等等事实，早该让我免遭这种非议。然而，这种非议竟然还存在，甚至在舍夫雷特也是如此，连埃皮奈先生也不例外。我假装不知道，答应为他写一首经文歌，在舍夫雷特小教堂命名典礼上用，而歌词由他选择。于是，他委托他儿子的老师里朗去办这件事。里朗将一些切合主旨的歌词整理好后交给我，而我用一个星期就把歌曲谱好了。这一次，我心中的愤怒就是我的阿波罗[40]，它让我创作出了从未有过的气势磅礴之曲。歌词的开头是："Ecce sedes hic Tonantis"[41]。乐曲开始时的低沉肃穆与歌词交相呼应，而全曲的音调之美，让大家惊叹不已。因为我喜欢用大乐队，所以埃皮奈就请来了最好的合奏乐师。意大利女歌手布鲁娜夫人演唱经文歌时，乐队伴奏的效果非常好。这首经文歌的演唱取得了巨大的成功，后来还被拿到宗教音乐会上去表演。虽然有人暗中捣乱，乐队的演奏技术也不尽人意，但还是两次博得了全场热烈的掌声。我又为埃皮奈先生的生日宴会构思了一个剧本——属于半正剧半哑剧，后来埃皮奈夫人按照我的意思将它写了出来，由我配乐。格里姆一来，就听别人说了我在音乐上取得的成功，但是一小时后，大家就不再谈论这件事了。不过据我所知，他们已经不再怀疑我的作曲能力了。

我早就不想待在舍夫雷特了，尤其是格里姆来了之后。他那傲慢的态度，让我感到越发难受：我从来没有在别人身上见过他那副样子，甚至连想都没想过。他到的那天，我就被主人赶出了原先住的那间贵宾室。这个房间和埃皮奈夫人的房间紧密相连，而他们将它腾出来给格里姆住，为我安排了一个比较远的房间。我笑着对埃皮奈夫人说："你看，真是新人胜旧人。"显然，她有些尴尬。当天晚上，我就弄清楚了这样安排的原因。原来，在她的房间和那个房间之中有一道暗门，而她从来都没有告诉过我。她和格里姆的关系，无论在她家，还是在社会上，人尽皆知，甚至就连她的丈夫都一清二楚。尽管我是她的知交，她也曾告诉过我许多秘密，知道我守口如瓶，可她始终不愿意承认她和格里姆的关系。我明白，是格里姆让她这么做的。格里姆知道我所有的秘密，却不愿意让我知道他的任何秘密。

当时，我对他的旧情尚未熄灭，依然尊重他的才华，所以我对他还存有一些好感。但是，这点好感经不起他无止尽的摧残。他为人处事的态度完全和杜菲耶尔伯爵[42]一样。他不屑于理睬我，从来没有主动问候过我。我主动和他说话，可他理都不理；这样一来，我很快就不想和他说话了。他处处抢风头，处处占首位，从来不把我放在眼里。如果他不摆出那副让人难堪的样子，也就算了。我只要从众多事例中举出一个，大家就可以判断出他是什么样的人了。

有一天晚上，埃皮奈夫人有点不舒服，就命人把饭菜送到房间里，准备坐在火炉旁边用餐。她让我陪她上楼一起吃饭，于是我就去了，随后格里姆也来了。小桌子上只摆放了两份餐具。仆人将菜上好后，埃皮奈夫人就坐到火炉的一边，而格里姆先生拿起一张扶手椅坐在另一边，将小桌子拉到他们中间，打开餐巾，大口吃起来，一句话都不跟我说。埃皮奈夫人涨红了脸，为了让格里姆纠正自己粗鲁的行为，便把自己的位置让给了我。格里姆呢，一句话也没说，甚至都不看我一眼。我无法靠近火炉，只能在房间里踱来踱去，等仆人再送一副餐具给我。他就这样让我坐在离火炉很远的那一边吃晚饭，一点礼貌都没有。他也没考虑我的身体不好，而且比他年长，与这家人的交往的时间比他早，而且他是我介绍来的。现在，他作为女主人面前的宠儿，应该对我保持应有的礼貌才对。在其他场合，他的态度也是如此。在他眼中，我不但低人一等，而且简直就是零。

我几乎认不出他就是当年那个在萨克斯—戈特亲王府中以得我一顾为荣的穷书生了。他一边对我摆出一副不屑一顾、盛气凌人的样子，一边却又在别人面前吹嘘他和我的友谊是如何的深挚。我不知道怎么将这二者调和起来。其实，他对我的友好，不过是为了同情我的穷困潦倒，怜悯我的命苦，哀叹几声而已；而我乐天知命，从没有抱怨过自己的贫穷。他还到处说，他想接济我，而我却无情地拒绝了他。他用这种手段让大家赞美他为人慷慨，谴责我忘恩负义、不知好歹。他让大家在不知不觉中相信，在他那样一个保护人和我这样一个落魄者之间，只有施恩和感激的关系。然而，他根本想不到，即使这种关系是可能的，也还要讲一点双方平等的朋友关系。对我而言，我实在找不出哪件事应当感激这位保护人。我曾借过钱给他，而他从来没有借钱给我；他生病的时候，我去照顾他，而我生病的时候，他从来都没来看过我；我把我的朋友都介绍给他认识，而他却从来没有把他的朋友介绍给我；我到处宣扬他才学渊博，而他呢，虽然有时也称赞过我，但并不是公开的，而且方式也不一样。他从来没有帮过我，连提都没有提过。他怎会是我的“麦凯纳斯”[43]呢？我怎会是受他保护的人呢？对于这一点，我过去不明白，现在也还是不清楚。

当然，他对每个人都或多或少表现出不同程度的傲慢，但他对任何人都没有像对我这样粗暴。我还记得有一次，圣朗贝尔差点要用盘子砸他的脸，因为格里姆当着全桌人的面指责他撒谎，粗暴地说：“你的话不是真的。”他不仅说话专横跋扈，而且总是表现出一副暴发户的得意神情，放肆到了可笑的地步。他常和达官贵人们往来，因而也沾染了那些习气，总是摆出一副狂妄的姿态。他叫他的仆人时，总是叫一声“喂”，似乎他的仆人太多了，这位“老爷”不知道跟着的是哪个当班一样。他让仆人去买东西的时候，总是把钱往地上一扔，而不交到仆人手里。他难道不知道仆人也是人吗？无论什么事，他都让仆人很难堪、加倍侮辱，以致那个可怜的孩子—— 一个好孩子，还是埃皮奈夫人介绍给他的——最终辞职不干了。这孩子并没有其他怨言，只是忍受不了格里姆这样对他：他是这位新的“自命不凡的人”的拉弗勒尔。

他不仅爱慕虚荣，而且狂妄自大；他天生一双浑浊的大眼睛，一张肌肉松软脸，却对女人有所图谋。他自从和菲尔小姐闹了那场笑话以后，竟在很多女人眼里成了一个痴情的种子。从此，他开始追逐时尚，像女人一样爱整洁，一心想成为美男子，梳妆打扮成了他每天的头等大事。大家都说他脸上擦了粉。我起初不相信，但现在信了，因为我不但发现他肤色亮了起来，而且还在他的梳妆台上看到一盘粉碟子。一天早晨，我到他的房间去，看见他用一个特制的小刷子刷指甲，当着我的面越刷越得意。我当时就判定，一个男人每天早晨能花两个小时去刷指甲，也会花一些时间用香粉去抚平皮肤上的皱纹。那个说话从不刻薄的老好人高福古，也非常风趣地给他起了个绰号叫“粉面郎君”。

以上都只是一些可笑的小事，这都和我的性格不相投。这些事终于让我对他的性格产生了怀疑。我无法相信一个思想乖张的人，能摆正自己的心。他见人就吹嘘自己心地善良、情感炽烈，而那些缺点都属于灵魂渺小之人，怎么能和他吹嘘的话相符呢？心胸开阔的人对外界事物总是充满着热情，怎会将心思放在他那渺小的躯体上呢？我的上帝！真感到自己的心被天国之光照耀的人，必然会敞开心扉，倾吐心中的满腔情怀。这种人会将自己的一切都掏出来，绝不会乔装打扮。

那时，我又想起了他奉行的行事准则；这是埃皮奈夫人告诉我的，而她也是那样践行的。这个准则就是：人唯一应遵循的法则就是随心所欲。当我听了这句道德箴言后，感慨万千，尽管当时我只是把它当作一句玩笑话。但不久之后，我就发现这的确是他的行为准则，而我日后吃的亏，都能充分证明这点。这也是狄德罗曾多次对我谈到的内心信条，不过他从来没有向我解释过。

好几年前，有人再三提醒我，说这个人很虚伪，表里不一，而且说他不喜欢我。我又想起了弗兰克耶先生和舍农索夫人给我讲的有关格里姆的几个小故事。他们都瞧不起他，而且非常了解他的为人，因为舍农索夫人是已故伯爵弗里埃茨的密友罗什舒雅尔夫人的女儿，而弗兰克耶先生当时和波里尼亚克伯爵交往甚密。当格里姆在王宫区[44]落脚的时候，弗兰克耶先生已经住在那里很久了。全巴黎的人都知道格里姆在弗里埃茨伯爵死后那种失魂落魄的样子，因为他在遭到菲尔小姐的严厉拒绝后，需要维持所博得的名声。

当时如果我能擦亮双眼的话，对于他为了博得那种名声而玩弄的花招，一定比谁都看得清楚。他被人硬拉到卡斯特里公馆，在那里装得痛不欲生。他每天早晨都到花园里去痛哭一场，用浸满泪水的手帕捂着眼睛，一看到公馆的房子就哭个不停，但是转过一条小巷后，就把手帕放进口袋，取出一本书来读了。这种情况已经发生很多次了，而且很快就传遍了巴黎，不过后来大家也都忘了，不再提起。我也都快把它忘了，但是有一件与我相关的事情却偏偏提醒了我。我住在格莱内尔街的时候，有一次病得厉害，而他当时在乡下。有一天早晨，他气喘呼呼地来看我，说是刚从乡下赶过来。过了一会儿，我就了解了实情：他头天晚上就到了，因为那天晚上有人在戏院里看到了他。

诸如此类的事情还有很多，不过让我吃惊的是，为什么我那么晚才幡然醒悟。我把所有的朋友都介绍给了格里姆，而他们也都成了朋友。当时我们形影不离，我无法接受自己能进哪家而他进不去。只有克雷基夫人拒绝接待他，而我从此也就不去拜访她了。格里姆也认识了一些朋友，有的是凭自己的关系，有的是经由弗里埃茨伯爵的介绍。可是，所有这些人，没有一个成为我的朋友。他从来没有介绍过一个朋友让我们认识。有时候，我到他家会遇到那些人，但从来没有一个对我表示过友好，就连弗里埃茨伯爵也是如此。格里姆住在伯爵家，如果能将我引荐给伯爵，那是再好不过的了。至于弗里埃茨伯爵的亲戚朔姆贝格伯爵，对我也没有任何好感，但和格里姆交往甚密。更让人无法接受的是，我给他介绍的那些朋友，在与他认识之前，每个人都真诚地待我，而与他认识以后，他们对我的态度都明显地转变了。他从来没有将他的朋友介绍给我过，而我却把自己的朋友都介绍给了他。可到最后，他把我的朋友全都抢走了。如果这就是友谊的结果，那么仇恨的结果又将是怎样的?

最初，狄德罗也曾多次提醒我：虽然我那么信任格里姆，但他并没有把我当朋友。后来，当狄德罗和我不再是朋友的时候，腔调却完全变了。

我以前对待我那几个孩子的方式，是不需要任何人来帮助的。然而，我把这件事告诉了我的朋友们，目的就是让他们知道此事，以便不要把我这个人看得好像没做过什么错事。知道这件事的有三个人：狄德罗、格里姆、埃皮奈夫人。虽然杜克洛是最值得我倾诉心事的人，但我唯独没有告诉他。不过，他却知道了这件事。到底是谁告诉他的？我无法知晓。这种背信弃义的事，应该不会是埃皮奈夫人做的，因为她知道，我手中也握有她的秘密。如果她泄露了我的秘密，我也会学她那样，更加残酷地去报复她。那么，剩下来只有格里姆和狄德罗了。当时，他们联手做了很多事，尤其是对付我，因此这件事很可能是他们共同谋划的。我敢说，唯一能替我保守秘密的人，只有杜克洛。虽然我没有把秘密告诉他——他有泄漏秘密的自由，但他是唯一替我保守秘密的人。

格里姆和狄德罗在唆使黛莱丝和她母亲离开我的时候，曾尝试着将杜克洛也拉入他们的阵营，但遭到了他的严词拒绝。事后，我从杜洛克口中得知了他们三人在这个问题上未达成一致的经过。不过，当时我从黛莱丝那里了解的情况，足以让我看清他们不可告人的阴谋。即使他们不想和我对着干，但至少也瞒了我很多事，让我任由他们摆布，或者他们想利用这两个女人，去实现某些阴谋诡计。总之，他们做的一切，都不是什么正大光明的事情。从杜克洛的反对中，就足以证实这一点。如果有人相信，他们是出于友谊才那么做的，那就让他相信好了。

这种所谓的友谊，让我在家里和外面一样，诸事不顺。这些年来，他们和勒瓦赛尔太太频繁地会面，使这个老太太对我的态度有了明显的转变。这种转变，对我当然没有什么利处。在这些密谈中，他们究竟讨论了什么？为什么要那么鬼鬼祟祟？难道这个老太太的谈话就如此有趣，以至于他们那么喜欢吗？难道她的谈话就如此重要，以至于非要那么严守秘密吗？三四年来，他们一直持续着这种密谈。开始我觉得非常可笑，但现在想想，感到很诧异。如果当时我知道她在搞鬼的话，这种诧异的心情就会发展成焦虑不安了。

虽然格里姆在外面向人们吹嘘他对我有多么热情，但这种热情和他的真实态度反差太大。我从来都没有从他那里得到过一丝好处。他声称非常同情我，但事实上，这种同情对我不但无利，反倒有害。他竭尽所能，堵死了我所从事的这门职业的活路：他毁坏我的名誉，到处说我是一个差劲的抄谱人。我承认，在这一点上他说的是真话，但这也轮不到由他说出来。他重找了一个抄谱人，以此来证明他的话是真的。他将我这里的顾客都拉走了，一个也没留下。可见他的目的就是让我依靠他，依靠他的名气才能生活，并且要断送我的生活来源，将我逼上绝路才甘心。

当我回顾了这些事情后，我的理智告诉我，不要再像从前那样对他抱有什么幻想了。我认为，他的性格至少是非常可疑的；我也敢断定，他对我的友谊是虚情假意。

根据这些无可置辩的事实（那些事实我现在都忘记了），我决定不再见他。之后，我把这个决心告诉了埃皮奈夫人。

她强烈反对我的决定，但对我提出的理由只字未提，因为当时她还没有和格里姆商量。不过到了第二天，她并没有当面向我解释，而是给我写了一封由他们共同起草的信。信中关于事实一字未提，相反，她利用这封信对格里姆大加辩护，说一切都由于他内敛的性格所造成，认为我怀疑他的背信弃义是一种罪过，并劝我和他言归于好。这封信（见卷宗A，No.48）动摇了我。在之后的谈话中，我发现她比第一次有了更多的准备：她不仅说服了我，甚至让我相信，我的判断很可能错了。如果真是这样，那我对朋友真是太不公平了，应该向他赔礼谢罪才是。总之，我就像多次对狄德罗、霍尔巴赫男爵做过的那样，一半出于自愿，一半由于自身的软弱，采用了本该我有权要求对方采取的和解方式。我仿佛是另一个乔治·当丹[45]，到格里姆家去，为我的冒犯而请求他的原谅。

在我心中总有一个错误的信念：只要你和气待人，方法得当，天下没有解不开的冤仇。然而，正是这个错误的信念，让我在那些假朋友面前做了很多卑躬屈膝的事。其实，恶人的仇恨心，正是找不到仇恨的理由，反而更加强烈；正是由于自己不对，反而更加怀恨对方。单凭我自身的经历，就可以在格里姆和特农香身上证明这点。他们由于自己的兴趣和癖好成了我不共戴天的敌人，而且他们根本找不出我在什么地方对不起他们[46]。他们的怒气反而一天比一天大，像猛虎一样，越发怒就越凶猛。

我原以为格里姆看到我谦卑地来和解，会感到惭愧，并张开两臂以最诚挚的友情来接待我。然而他就像罗马皇帝一样，摆出一副我从没见过的傲慢。他这样的接待方式，让我有些措手不及。当我忐忑不安地走到他面前，尴尬并怯生生地说明来意后，他不但没有冰释前嫌，反而堂而皇之地先宣读了一篇事先准备好的训诫之词，罗列了一堆自己的美德，尤其是在友谊方面的美德。他反复地强调一件事，让我感到非常惊讶：他的朋友对他从来都不离不弃。他在那里说这话的时候，我就在心里想："如果我成了这条规则的唯一例外，那真叫人难堪。"他装腔作势的样子，不免让我想起了他的行事准则是"随心所欲"，所以他在交友方面并不那么认真，只是和那些有利于他前途的人深交。直到那时为止，他就是那么对我的；而我保住了所有的朋友。我从童年时候起，就没有失去过一个朋友，除非他不在这个世上了。然而，我根本就没把这当回事，并没有把这当成是一条交友原则。

既然我们都有这样共同的优点，如果他不是想说明我没有这个优点的话，又为什么要津津乐道地吹嘘自己呢？后来，他又处心积虑地让我难堪，拿出证据来证明我们共同的朋友都偏爱他而不爱我。对于这一点，我很清楚：朋友之间难免会有这样的偏爱，但问题在于他为什么能得到他们的偏爱？是因为他的品德高尚，还是因为他会耍手腕？是因为抬高自己的威望，还是因为竭力地贬低我？最后，当他尽情地抬高自己，大大地贬低我一番后，才勉强原谅了我，轻轻拥抱了我一下，给了我一个和解之吻，就像国王拥抱新受封的骑士似的。我仿佛从云端跌落，瞠目结舌，一句话都说不出来。整个场景就像一个老师在训斥一个学生后，免了他的皮肉之苦。每当我回忆起这一幕，不禁感到根据表面现像去判断人和事是多么容易失误啊，而世人又偏偏那么重视表面文章。有罪的人胆大放肆、趾高气扬，而无罪的人反而羞惭难当、局促不安，这种情况是多么常见啊！

我们总算是和解了，而这对我来说，也算是了却了一桩心事，因为任何争吵都会让我感到非常痛苦。大家能想像出来，这样的和解并不会改变他对我的态度，反而只是让我无法再对他抱怨而已。所以我只能忍受这一切，不再去说任何话。

令人难过的事情接踵而来，压得我喘不过气来，让我快失去了自制的力量。圣朗贝尔没有给我回信，乌德托夫人也疏远了我，而我再也不敢和任何人推心置腹。我开始害怕起来，怕自己将友谊当作心中的偶像，将一生都浪费在对友谊虚无缥缈的追求上。经过一系列考验之后，在我的知交中，只剩下两个人还受到我的敬仰和信任。他们一个是杜克洛，自从我迁居退隐庐以来，就没有见过他；另一个朋友是圣朗贝尔。我觉得，如果我要向他弥补自己的过错，最好的方式就是将积压在心中的事情都无保留地向他说出来。因此，我决定在不牵连他情人的情况下，向他说明一切。我知道，我这么做又会将自己陷入感情的漩涡，再次靠近乌德托夫人；但另一方面，我真心实意地想投向她情人的怀抱，接受他的指导，坦率地将心交给他。

正当我准备再给圣朗贝尔写一封信，并相信能及时得到他的回复时，忽然获知他没能立刻回复我第一封信的原因：那一次战役累垮了他的身体。埃皮奈夫人告诉我，他得了半身不遂症，而乌德托夫人也忧伤成疾，不能立刻回信给我。两三天后，她从巴黎——当时她在巴黎——回信给我，说圣朗贝尔已经被送到埃克斯—拉沙贝尔去接受温泉浴疗了。我不敢说这个伤心的消息使我像她那样悲痛欲绝，但我相信，我的难过程度并不逊于她。获知他病到这种程度，我感到非常焦虑，担心他的病是忧伤过度所致，因而就更加难过了。这种心情比我之前所遭受到的一切打击更加搅乱我的心绪，深切地感到自己没有足够的力量来承受这些烦恼。幸而这位慷慨大度的朋友没有让我长久地陷于这种愁闷之中；虽然他病了，但并没有把我忘记；不久，我从他的亲笔回信中得知，他的状况并没有我想像的那么糟糕。现在，该讲述我命运中的大动荡了：它将我的一生分为截然不同的两个部分。谁会想到这个灾难，仅仅是因为一个微不足道的原因，竟产生了如此可怕的后果。

有一天，在我意料之外的是，埃皮奈夫人派人来找我去她那里。一进门，我就发现从她的眼神和举止中透着一种慌张。这让我非常吃惊，因为平时她比谁都能控制自己的情绪。她对我说："朋友，我要去日内瓦了。因为我的胸部很难受，身体欠佳，不得不把事情先都放下，去请特农香诊断。"当时正值冬季，她这突然的决定让我非常惊讶，而三十六个小时之前我还在她家，那时她根本没有提到这件事。于是，我就问她打算带谁一起去。她说准备带她的儿子和里朗先生一同去，然后又漫不经心地补充道："还有你，我的熊，难道你不一起来吗？"我并不相信这话是认真的，因为她知道在这种季节里，我很少出门，所以我就半开玩笑地回道：病人护送病人只能徒增烦恼。她自己显然也没打算让我去，所以我们就此打住了。后来，我们只是谈了谈这次旅行的准备事项。她正忙着收拾行李，决定半个月后就离开。

我不需要有很大的洞察力就能看出她这次旅行有着不可告人的原因。这个秘密，除了我之外，这家人都知道，而且第二天就被黛莱丝知道了，是总管家德西埃泄漏给她的，而德西埃是从埃皮奈夫人的随身侍女口中得知的。既然这个秘密并非埃皮奈夫人亲口告诉我的，那我就没有替她保密的义务。尽管这样，但是它同那些把秘密传到我耳朵里来的人牵连太大，所以我不能不考虑其中的利害关系。正因为这样，我对这件事将闭口不谈。不过，这些秘密虽然永远都不会从我的口中或笔下泄露出去，但早就被很多人知道了，因而想让埃皮奈夫人圈子的人不知道，那是不可能的。

当我得知她这次旅行的真正原因后，就看出其中定有幕后黑手在暗中推动，企图让我护送埃皮奈夫人去日内瓦。不过，她既然没有坚持，那我也就没把这事当真。我只是在暗中发笑，如果我真的傻呼呼地答应了她，那我就当上了一个好看的角色了。不过，正是由于我的拒绝，反倒让她占了一个大便宜：她竟然说动她的丈夫亲自陪她去。[47]

几天之后，我收到了狄德罗转录如下的便条。这张便条只是对叠了一下，以便读起来更容易一些。便条是送到埃皮奈夫人家里，托她的亲信——儿子的家庭教师——

里朗先生转交给我的。

狄德罗的便条（卷A，No.52）：

我是爱你的，但同时也给你带来了苦恼。我听说埃皮奈夫人要去日内瓦，而你没有陪她去。我的朋友，如果你喜欢埃皮奈夫人的话，就应该陪她去；如果你不喜欢她，就更应该陪她去。你受了她的恩惠，难道不该回报她吗？这正是一次好机会，让你偿还一份恩情，以此来减轻你心中的负担呀。在你的一生中，还能找到另一次机会来表达你的感激之情吗？她去一个完全陌生的国家，像是从云端上掉下来一样。她毕竟是个病人，需要娱乐和消遣。可是，你却说什么冬天已经来了！我的朋友，你以自身的健康为由来拒绝她，而这理由比我相信的要有力得多。你的身体，难道要比一个月前更糟糕吗？难道要比来年春天更坏吗？难道你三个月后去旅行就比现在更方便些吗？我坦白地告诉你，如果是我，即使坐不了车，拄着拐杖也要跟她一起去。况且，你不怕人家误会你的行为吗？人家也许会怀疑你忘恩负义，或者别有动机。我知道，无论你做什么打算，你都会用良心作证。不过，仅仅凭良心为证就够了吗？难道你能忽视别人的作证吗？朋友，我给你写这张便条，既是尽了对你的义务，也是尽了我自己的职责。如果你不欢喜，就将它烧掉吧，就当我从来没写过，以后也不用提了。在此，我向你表示问候。我爱你，并拥抱你。

我读着这张便条，气得直发抖，两眼昏花，几乎读不下去了。我看出了狄德罗的伎俩：他在这封信里的口吻，比任何信中都要温和、亲切、客气。在其他信中，他最多称我为“亲爱的”，几乎不屑称我为“朋友”。我一眼就能看出这张便条是如何辗转交到我手中的，何况信上的地址、信纸的折叠和投递的方式就已经相当笨拙地暴露了他的用意。我们平常通信都是邮寄，或者托蒙莫朗西的信使交送，而这种途径还是第一次，也是唯一的一次。

当我最初的愤怒平息之后，我就急忙给他回了如下这封信。写完后我就将它送到舍夫雷特去给埃皮奈夫人看，并愤怒地将这封回信和狄德罗的便条一起读给她听：

我亲爱的朋友，你既不可能知道我对埃皮奈夫人强烈的感激之情，也不会知道我多么希望报答她的恩惠，更不知道她这次去日内瓦是否真的需要我，是否真的希望我陪伴她；至于我能否陪她去，以及我出于什么理由不能陪她，你就不用知道了。我并不拒绝与你讨论这些问题，不过你要明白，在讨论之前，如果你不思考一下，就武断地评判我该怎么做。那么，我亲爱的哲学家，你就是在糊涂地发表意见。对于这件事，我认为最糟糕的是，你的意见并非出自你本人。我的脾气并不好，不希望看到有第三者或者第四者假借你的名义来牵着我的鼻子走。还有就是，你这么转弯抹角的做法与你的坦率并不相称，这其中必有什么秘密。为我们双方都好，劝你以后还是不要这样了。

你怕人家会误会我的行为。可是，我敢说，像你那样的心是不会把我的行为往坏处想的。如果我和某些人一样，他们也许会把我说得好些。愿上帝保佑我，不去寻求他们的赞扬！坏人要窥伺我、揣度我，就让他们说好了。我卢梭不怕他们，你狄德罗也不会听信他们的谗言。

你跟我说，如果我不喜欢你的便条，就把它烧掉，当你从来没写过。你以为我这么轻易就能忘掉你的话吗？亲爱的，你给带来伤害的同时丝毫不顾惜我的眼泪，正如你劝我采用你的方法去调养身体时，也丝毫没有顾惜我的健康一样。如果你能改掉这点，我就能感到你友谊的甜蜜，而我也不会这么可怜了。

我一进埃皮奈夫人的房间，就看到格里姆也在。我高兴极了，将这两封信大声地朗诵给他们听，严肃的表情连我自己都不敢相信。读完之后，我又补充了几句话，并不亚于读信时的那种气势。一个平时那么怯懦的人，今天竟然这么大胆，因而把他们都镇住了，惊愕万分，一句话都说不出来；尤其是那个气焰嚣张的格里姆，一直低着头，不敢正视我那闪闪发光的眼睛。不过与此同时，他在内心深处也在计划着怎样置我于死地。我确信他们在分开之前，一定会商量好如何处置我的办法。

也就在这个时候，我从乌德托夫人手中收到了圣朗贝尔的回信（见卷A，No.57）。信上依旧注明写于沃尔芬毕台尔，日期是在他病倒后的几天，而这封信在路上耽搁了一段日子。这封姗姗来迟的回信给我带来了安慰，它充满了尊重和友情，给了我巨大的勇气和力量，让我不会辜负他的这番盛情。从这时起，我的生活又回到了正常的轨道上。不过，话说回来，如果圣朗贝尔没有那么通情达理，没有那么慷慨豪爽、正直忠厚，我早就意志消沉，陷入万劫不复之地了。

因为天气变得越来越糟，所以大家都准备离开乡村。乌德托夫人将她准备离开山谷的日期告诉了我，并约我在奥波纳见面。这天正是埃皮奈夫人离开舍夫雷特去巴黎旅行的日子。幸好她早晨动身，所以我把她送走以后还有时间去和她的弟妹共进午餐。我衣兜里装着圣朗贝尔的回信，我一边走，一边读了好几遍。对我来说，这封信像一面盾牌，以防我再次软弱。我已经下定决心，从此只把乌德托夫人当成我的朋友和朋友的情人，而我真的做到了。我和她面对面地度过了四五个小时，心中是一种异乎寻常的平静，比曾经在她身边所感到的那种狂热的激情要美妙无数倍。她很清楚，我的心并没有变。她看出我为克制自己的感情所做的努力，因此更加敬重我。我也很欣慰地看到她对我的友情之火并没有熄灭。她告诉我，圣朗贝尔不久就要回来了，虽然他的身体已经恢复了，但已经无力去承受战争的劳苦，因此正在办理退役手续，以便平静地和她一起生活。我们共同拟订了一份三个人亲密相处的美好计划。我们希望这个计划能够长久地执行，因为它有一个能把多情而正直的心联合在一起的感情基础，况且我们三个人拥有足够的才能和知识，能够自给自足，不需要外界的帮助。唉！我憧憬着这种甜蜜的生活，竟丝毫没有想到我日后将遭遇怎样的生活折磨。

现在，我们来谈一下当时我与埃皮奈夫人相处的情况。我把狄德罗的信和我的回信拿给她看，详细地叙述了事情的经过，并告诉她我决心离开退隐庐。她极力反对，并且举了一堆足以说服我的理由。她非常希望我和她一起去日内瓦，因为她预料到，我的拒绝难免会遭人议论。对于这一点，狄德罗在信中已经提到了。然而，由于她和我一样，清楚我的理由无可置辩，所以也就没有坚持。不过，她让我要不惜一切代价避免把事情闹大，将我拒绝的理由说得婉转些，免得别人胡乱猜疑，认为我在针对她。我告诉她，她的要求，并不那么容易办到。但是，我既然决定不惜以自己的名誉为代价来补赎我的过失，只要是在名誉的允许的范围内，一定会把她的名誉放在首位。大家不久就可以看到，我是否履行了这个诺言。

我可以对天发誓，我那不幸的热情不仅没有减弱，而且从来没有像那天热烈地爱过苏菲。但是，圣朗贝尔的回信、我的责任感以及对背信弃义行为的憎恶，都给了我深刻的印象，以致在整个会面中，我的感官竟让我一直保持着平静，甚至都没有想过要吻她的手。临别时，她当着仆人的面，给了我一个吻。这一吻，和以前我在树荫下偷偷摸摸地吻她大不相同。对我来说，它表明我已经完全恢复了自控力。我可以断言，只要我的心能一直这么平静下去，不出三个月，我心中的疮伤就能痊愈了。

我与乌德托夫人的私密关系，在这里就彻底结束了。这种关系，每人都可以根据自身的认识从表面上去判断；不过，在这种关系中，这可爱的女人在我身上激发出的热情（也许任何人都不曾像我那样感受过），由于我们为了义务、荣誉、爱情、友谊，都做出了巨大的牺牲，值得人们尊敬。我们彼此都在对方的心中占据了重要的位置，因此不可能轻易辱没自己的声誉。一个人除非自甘堕落，否则根本不可能愿意失掉如此宝贵的身价。虽然强烈的感情可能使我们犯罪，但也能防止我们成为罪人。

就这样，我与这两个女人在同一天分别了。我和其中一个，曾保持了那么长久的友谊；而另一个，我曾对她产生了那么强烈的感情。一个在告别后，一生都没有再见过；而另一个，只是在后面提到的场合中重逢过两次。

她们走了之后，我感到非常窘迫，因为我的行事不慎，所以有许多紧迫而又冲突的事情需要解决。如果我处在正常状态下，那么在我拒绝她提出的日内瓦之行后，大可安安静静地去生活，也就没什么可说的。不过，我已经愚蠢地把这件事搞得一发不可收拾，因而除非我迁出退隐庐，否则我以后逢人就得去解释。可是，我已经答应乌德托夫人，不迁出退隐庐，至少是现在。除此之外，她要求我向那些所谓的朋友说明我拒绝去日内瓦的原因，以免别人说是她鼓动的。不过，如果我说出真正的原因，就会辱没埃皮奈夫人，而埃皮奈夫人为我做的一切，都让我非常感激她。思前想后，我发现自己正面临着残酷而又不可避免的抉择：要么对不起埃皮奈夫人，要么对不起乌德托夫人，要不然就揽下所有事情。当然，我坚决地选择了最后这条道路，怀着一种慷慨牺牲的精神，承认把我逼到这种窘境的原因都是自己造成的。我的敌人曾巧妙地利用这种牺牲；我这么做，也许正合他们的心意。虽然它损坏了我的名誉，剥夺了公众对我的尊敬，但它让我恢复了自尊，在种种不幸中得到安慰。人们可以看到，这样的牺牲不是最后一次，也不是他们最后一次利用我的牺牲来打击我。

表面上看，格里姆是唯一与这件事无关的人，因此，我决定向他说明一切。我给他写了一封长信，说有人认为我陪埃皮奈夫人去日内瓦是我应尽的义务，这未免有些可笑，就算我去了，不但毫无用处，反而会给她增加麻烦，给我带来不便。我在这封信里还故意让他看出，我是知道内情的：让我去日内瓦，是为了让他脱身；还有就是，大家都没有提议让他去，这让我觉得很奇怪。在信中，由于我不能清楚说明不去的理由，所以就不得不含糊其辞，因而这封信会让人觉得过错在我。然而，对格里姆那样充分了解内情并完全知晓我行事方式的人来说，这封信的措辞是极其含蓄的。我甚至在信中提出了一个对我非常不利的说法，说别的朋友也有和狄德罗相同的看法，暗示乌德托夫人也有这样的看法——这一点倒是真的，不过后来乌德托夫人听到我的理由之后，看法都变了。我要为她开脱，让大家不会怀疑她站在我这边，最好的方式莫过于在表面上对她不满。

这封信的结尾洋溢着对人的极大信任，任何人都会感动的。我恳求格里姆仔细权衡我的理由，并把他的意见告诉我。我明确地向他表示，无论他的意见如何，我都会照办。我说的是真心话，即使他让我陪埃皮奈夫人去日内瓦，我也照他的意思去办。因为有埃皮奈先生在，所以虽然我一同前往，但扮演的角色就不同了。之前，他们是想把这个差事交给我的，而在我拒绝后，才找的埃皮奈先生。

我等了很久才收到格里姆的回信。他在信中说的话，让我感到非常奇怪。我把它转录如下（见卷宗A，No.59）：

埃皮奈夫人去日内瓦的日子推迟了。他儿子病了，要等他痊愈才行。我将仔细地考虑你的来信，将我的意见及时告诉你，而现在你就安安静静地留在退隐庐吧。既然这几天她不会动身，那你也就不用着急了。不过，如果你觉得合适的话，可以告诉她你愿意为她效劳。不过，我觉得提不提都一样，因为我很清楚你的处境，相信她对你的提议会做出适当的答复。我认为你这么做，唯一的好处就是，你可以向那些敦促你去的人说，你之所以没有去，并不是因为你没有主动提出来。此外，我不明白你为什么要说那位“哲学家”是大家的代言人。为什么他想让你去，你就以为所有的朋友都如此。如果你写信给埃皮奈夫人，她的回信就可以作为你对他们的反驳，这不正合你的心意吗？再见，请代我问候勒瓦赛尔太太和刑事犯[48]。

读完这封信，我感到非常惊讶，忐忑不安地想弄明白它究竟是什么意思，但百思不得其解。他为什么不直截了当地回复我，却要花费一段时间去思考，好像他花费的时间还不够似的。他甚至让我等待他的再次来信，似乎有什么重大的事件要解决，再不然，他似乎有什么想法，在宣布之前，不让我看透他的心思。这种提防、拖延和神秘，究竟是什么意思？对于我的信任，就是这样回应的吗？这种做法是正直善良的吗？对于他的做法，我尽量朝好的方面想，但始终无法找到一个合理的解释。不管他的意图是什么，如果想整我，他所处的位置是非常容易的，而我所处的位置，却让我束手无策。他是一位显赫亲王家的红人，社交界的名流，说出来的话犹如圣谕，再加上他手段高明，很容易就能启动所有的机器来对付我。我呢，一个人待在退隐庐，远离一切，没有人为我出谋划策，与外界也没有来往，所以我别无他法，只好安安静静地去等待。在这段时间里，我给埃皮奈夫人写了一封信，问候她儿子的病情，语气委婉，但我没有上格里姆的当，说要和她一起去日内瓦。

在那个阴险的人让我惶惑不安了十天左右之后，我才听说埃皮奈夫人已经动身了。这个时候，我收到了他的第二封来信，虽然只有七八行字，但我没有读完……那是一封绝交信，其中的措辞像是不共戴天的仇人。不过，正因为他想极尽所能地来侮辱我，用词反而显得非常愚蠢。凡是他所到之处，都不允许我出现，仿像那都是他的庄园，一律不许我入内。其实，在读这封信的时候，只要稍微冷静一点，不免会哑然失笑。我没有把它录下来[49]，甚至都没有读完，就立刻把它退了回去，另附上一张短笺：

我早就对你有所猜疑，但直到现在才把你看透，可惜已经晚了。

原来这就是你要花很多时间思考的回复。我拒绝接受它，因而将它退还给你。你可以将我的信拿给全世界的人看，并让他们来恨我。这样做，才能减少你的虚伪。

我说他可以把信公之于众，是针对他信上的一段而说的，人们可以从这段话中看出他在整个事件中起的微妙作用。

我说过，对于不明真相的人来说，我的信很可能让人抓住把柄。他很开心地看到了这一点。然而，怎样利用这个把柄而不牵连自己呢？如果他真的把那封信给别人看，那么就会受到大家的谴责，说他滥用朋友的信任。

为了摆脱这种困境，他用极尽可能伤人的口吻与我绝交，并在信中说，为了顾全我的颜面，不会公开我的信。他早就料到了，只要我在气头上，一定不会接受他那种虚伪的行事，一定会允许他把信公诸于众。这正是他所希望的，而一切也正如他所愿。他将我的信传遍了巴黎，任由他胡乱评说，然而，这并没有取得他预期的效果。大家认为，虽然我受了骗，允许他公开我的信，但他不该那么轻率地抓住我的话，去做伤害我的事。大家总要问个究竟，我在哪里对不起他，让他对我产生了如此强烈的仇恨。最后，大家还觉得，即使我做了对不起他的事，让他不得不与我绝交，朋友之情虽然断绝了，但我还是保有一些权利，他理应尊重。然而，不幸的是，巴黎人不明事理，很快就忘记了当时的真相。隐居乡下的受害者遭到了忽视，而得势的人到处受人追捧。阴谋诡计在持续着，变着花样不断翻新。他的那些高明的手段取得了预期的效果，将一切都抹杀了。

这个人把我欺骗了那么久之后，终于揭开了他的假面。过去，我还担心对他的评判有失公允，但现在完全没有这种顾虑了。我现在感到非常轻松，让他扪心自问好了，以后不再去想他了。在我收到这封信一周后，又收到埃皮奈夫人从日内瓦寄来的回信（见卷宗B，No.10）。从她信中的口吻来看（这是她生平第一次用那种口吻），他们以为自己的计谋万无一失，配合得天衣无缝，就可以置我于万劫不复之地了。

那个时候，我的情况悲惨到了极点。朋友们都疏远了我；我既不知他们是怎样疏远我的，也不知道他们为什么要疏远我。狄德罗说他是我仅剩下的朋友，三个月前就答应来看我，如今却迟迟不来。人们已经渐渐感受到冬天的寒意了。随着冬季的来临，我的旧病又开始复发了。我的身体虽然强壮，但再也无法承受住喜怒哀乐的袭击。我的身心疲惫不堪，再也没有力量和勇气去抵抗暴风骤雨的摧残。虽然我有言在先，而且狄德罗和乌德托夫人也同意我此刻迁出退隐庐，但我不知道搬到哪里去，也不知道怎样搬到那里去。所以我待在退隐庐一动都不动，麻木不仁，既不能行动，又不能思考。只要想到有某件事必须要做，有一封信必须要写，有一句话必须要说，我的心就发慌。不过，我又不能对埃皮奈夫人的信置若罔闻，除非我承认自己理该受到那些攻击。我想写信告诉她我的心情和决定，相信她的慷慨大度、通情达理，以及我在她身上看到的那些善意——虽然有时也有恶意，会予以赞同的。我的信如下：

如果一个人会因忧伤而死的话，那我早就不在人世了。不过，我最终做出了决定。夫人！虽然我们之间的友谊之火已经熄灭了，但不复存在的友谊依旧有一些权利，而我当然会尊重这些权利。我从没忘记你对我的恩惠，因此，你大可放心，对于一个不应该再爱的人，我依然抱有激情之情。其他的解释都无济于事。我有自己的良心，而你也问问自己的良心吧。

我打算迁出退隐庐，而我也该这么做。然而，有人认为我必须待在退隐庐，直到来年春天。既然我的朋友都这么认为，如果你也同意的话，那我就等到来年春天吧。

1975年11月23日

于退隐庐

我将这封信写好寄出后，就静静地待在退隐庐，调理身体，恢复精力，以便来年春天一声不响地迁出退隐庐，尽量避免将决裂的事情传出去。然而，大家可以看到，格里姆先生和埃皮奈夫人另有打算。

过了几天，狄德罗在屡次爽约后，终于来看我了。他此次前来，真是再及时不过了。他是我最早的朋友，也几乎是我现在唯一的朋友。大家可以想像，在这种情况下见到他，我是多么高兴啊。我有满肚子的话要对他说，想尽情地向他倾诉我心中的委屈。我想向他解释那些被大家隐瞒的、歪曲的、捏造的事实。过去的一切，凡是我能想到的，全都告诉了他。我没有隐瞒他自己已深知详情的事实，即一场糊涂而又不幸的恋爱，那成了我身败名裂的导火线，不过我始终没有承认乌德托夫人知道我的感情，也没有承认我曾向她表明我的爱意。我告诉他，埃皮奈夫人曾经用卑鄙的手腕，企图从黛莱丝手中骗取乌德托夫人写给我的那些纯洁无邪的信。我请他去见一见埃皮奈夫人企图买通的那两个女人，当面从她们口中听一听那些实情。黛莱丝如实地告诉了他详情，而令我惊讶的是，轮到她母亲说的时候，她竟然否认，说她什么都不知道。我记得四天以前，她把那些情形原原本本地对我说了一遍，而现在，她竟然在我朋友面前全盘否认了！对于这一点，我觉得她有自己的原因。我这时才深切地体会到，我真不该把这样的女人留在身边那么久。我懒得去痛骂她一顿，连几句蔑视的话都没说。我对她的女儿是心存感激之情的，而女儿的正直、忠诚与母亲的卑鄙、懦弱恰好成了鲜明的对比。从那时起，我就下决心赶走那个老太婆，只要时机一到，就付诸于行动。

这个时机比我预期的要早。12月10日，我接到埃皮奈夫人的复信（见卷宗B，No.11）。信的内容如下：

已经好几年了，我尽可能地给你友好和关切之情，现在我该要做的，也只有可怜你了。你真是不幸，希望你的良心和我的良心一样平静。这对我们生活的安宁都是必要的。

既然你想迁出退隐庐，而且你本应该这么做，我就惊讶你的朋友为什么要把你留下来。要是我，就不会因义务去询问我的朋友该怎么做。因此，你该怎么做，就不用我再说什么了。

1757年12月1日

于日内瓦

这出乎意料而又清楚明白的逐客令，不容我再有片刻的犹豫。无论天气如何，也无论我的身体状况如何，哪怕搬到树林里，在积雪覆盖的大地上过夜，也无论乌德托夫人再说什么，或做什么，我都必须马上迁出退隐庐。虽然我十分愿意事事都听乌德托夫人的，但不能因为迁就她，就厚着脸皮不走，让人耻笑。

我陷入了一生中最艰难的困境之中，但我意已决。我发誓，不论怎样，到了第八天坚决不在退隐庐过夜。我开始履行自己的义务，将我的衣服和家具都搬了出去，宁愿搬到田野里，也不会拖到第八天还不交还钥匙，因为我抢在有人写信到日内瓦和收到复信前把一切都处理好。我有一种从未有过的勇气，又恢复了精力；荣誉与愤怒给了我埃皮奈夫人不曾料到的勇气。就在这个时候，时运又来帮助我，让我勇气倍增。孔岱亲王的财务总管马塔斯先生听说了我的困境，就派人给我提供了一间小房子，坐落在蒙莫朗西城郊蒙路易果蔬园里。我怀着感激的心情立刻接受了。条件很快就谈好了，而我马上叫人去买了几件家具，连同旧家具，供我和黛莱丝两人使用。我花了些人力与物力，雇人用手推车把东西都搬了过去。尽管冰天雪地、天寒地冻，我两天就搬好家了。12月15日我就交还了退隐庐的钥匙，付清了园丁的工资，而房租我实在付不起了。

至于勒瓦赛尔太太，我向她宣布，她必须离开，不能与我们同住。起初，她的女儿还想改变我的主意，但既然我已下定决心，不为所动。我让她带着自己和女儿共有的衣物和家具，乘驿车到巴黎去了。我给了她一些钱，并答应她，无论她住在儿女家还是别处，都替她付房租。我将尽我所能，向她提供生活费；只要我有饭吃，绝不会让她挨饿。

我搬到蒙路易的第三天，就给埃皮奈夫人写了一封信。内容如下：

夫人，当你不同意我继续待在退隐庐的时候，就再也没有比搬出去更简单、也更有必要的事情了。

当知道你不想让我在退隐庐度过残冬后，我就于12月15日搬走了。我的命运任人摆布着，住进去由不得我，搬出去也由不得我。尽管我很感谢你邀请我住进退隐庐，但如果我付出的代价不那么大的话，那么我会更加感谢你的。你说得对，我很不幸，而天底下再也没人比你更清楚我的不幸。如果说错交朋友是一种不幸的话，那么从甜蜜的错误中醒来，同样也是一种不幸，而且其残酷程度并不亚于前者。

1757年12月17日

于蒙莫朗西

以上是我住进退隐庐和搬出退隐庐原因的忠实记录。我必须精确地记录下这段时光，因为在我的一生中，这段时间发生的事情将影响我日后的生活，并延续到我生命的最后一刻。

注释：

【1】是拉里夫·德·贝勒加尔德在舍弗雷特的庄园。

【2】是埃皮奈夫人在布里什的产业。

【3】是乌德托夫人租住的小屋。

【4】是卢森堡公爵的府第。

【5】《新爱洛伊丝》和《爱弥儿》这两部作品，就有一百多万字，可见卢梭是非常勤奋的。

【6】指的是《论人与人之间不平等的起因和基础》。

【7】1755年，这本书在荷兰阿姆斯特丹印行。

【8】《新爱洛伊斯》卷六书信十一。（卢梭：《新爱洛伊丝》，李平沤、何三雅译，译林出版社2002年版，第717—752页）

【9】《爱弥儿》第4卷中《一个萨瓦省的牧师的信仰自白》。（卢梭：《爱弥儿》，李平沤译，商务印书馆2007年版，第377—457页）

【10】卢梭在1750年获奖的应征论文《论科学与艺术的复兴是否有助于敦风化俗》给他带来了许多麻烦。

【11】《恨世者》是莫里哀的喜剧。剧中自命不凡的才子奥隆特写了一首十四行诗，念给恨世者阿尔塞斯特听，想赢得赞赏，结果被批得一文不值。这里卢梭的意思是：这位神甫的著作将无人阅读，被人遗忘。

【12】全题为《永久的和平计划》。

【13】全题为《圣皮埃尔神甫的<永久的和平计划>摘要》。

【14】18世纪初期，法国施行以会议代替各部大臣的制度。

【15】1755年11月1日，葡萄牙首都里斯本发生大地震，之后又发生了火灾和海啸，使得三万人丧生，三分之一建筑被毁。当时伏尔泰在日内瓦，得知此事后写了《里斯本大灾难咏》，将灾难归咎于上帝。

【16】1759年伏尔泰发表的一部小说。卢梭认为这个故事反映了伏尔泰的怀疑论。

【17】这里卢梭描述是他小说《新爱洛伊丝》中的三个主要人物：金发女子是女主人公朱莉，像乌德托夫人；棕发女子是她的表妹克莱尔；朱莉的情人是那个兼备自己“美德与缺点”的圣普乐。

【18】色萨利，位于希腊中部偏北，风景优美，奥林匹斯山、品都斯山都位于这个地区。古希腊神话认为这里是天神的住所，是人间天堂。

【19】指瑞士沃州韦维的莱蒙湖，又名日内瓦湖。

【20】《新爱洛伊丝》一共六卷，而在后四卷中，笔法活泼，文字简洁。

【21】圣朗贝尔，军官、诗人，代表作是长诗《咏四季》，与乌德托夫人相恋长达十五年。

【22】我在写这一段时才发现自己笨到某种地步了。当时我竟然没发现霍尔巴赫他们看到我要一直待在乡下，就不停给我制造麻烦，主要因为勒瓦赛尔太太已经脱离了他们的掌握。所以，当他们要进行谋划时，就没有人再给他们出主意。由此可见他们的行动是多么荒诞，没有别的解释了。——原著者注

【23】“两个楚楚动人的女友”指卢梭的小说《新爱洛伊丝》中的主人公朱莉和她的表妹克莱尔；“男性友人”指男主人公圣普乐。

【24】朱莉的丈夫，无神论者。

【25】传说中，皮格马利翁是塞浦路斯国王，擅长雕刻。他雕刻了一名少女加拉特，之后爱上了她。爱神阿芙罗狄忒看他一片痴心，便赋予雕像生命，最后嫁给皮格马利翁为妻。

【26】“女管家”指黛莱丝与她母亲；“表姐妹”指小说《新爱洛伊丝》中的朱莉和克莱尔。

【27】指1757年1月4日，在凡尔赛宫，侍从达米安趁国王路易十五上车之时，用小刀刺杀未遂的案件。

【28】卢梭在《新爱洛伊丝》卷三第十八封信中说过这句话的意思。他说：“我在克拉朗的小树林中发现，我对我自己太自信了。当一个人不让感官享受某种东西的

时候，就不应当给感官以任何刺激。有一会儿，也只有一会儿，我的感官被任何力量也无法抑制的情欲所冲动，虽然我的理智还在抵抗，但我的心从这个时候起，就已经败坏了。”（卢梭：《新爱洛伊丝》，李平沤、何三雅译，译林出版社2002年版，第338页）

【29】“苏菲”是乌德托伯爵夫人的名字，全名为伊丽莎白·苏菲·弗朗索瓦兹·乌德托。

【30】也就是说，他们想把勒瓦赛尔太太拉到他们一边，以便用她来布置阴谋。令人惊讶的是，在这场风暴中，我愚蠢的信任竟然没有让我看出，他们要拉回巴黎的是她，而不是我。

【31】1757年，狄德罗发表了五幕喜剧《私生子》。

【32】莫里哀喜剧《斯卡潘的诡计》中的仆人斯卡潘。他向主人的父亲热隆特撒谎，说有歹徒在找他，让热隆特躲在一个大布袋里，之后一边用棍子打他，一边嚷着不要打了。

【33】卢梭将狄德罗称为“哲学家”。

【34】法国古代的一种辅币。

【35】这里指《私生子》。

【36】哥尔多尼（1707—1793年）：意大利喜剧诗人。当时的文艺批评家弗雷隆和帕里索，说狄德罗的《私生子》抄袭他的《真实的朋友》。对于他们的无端指责，狄德罗在《家长》中加了一篇《论戏剧诗》来回应。

【37】卢梭曾经答应霍尔巴赫，校订他翻译的德国化学家格勒的《冶金化学》译稿。

【38】按照一般礼貌用语，应该用“您”字。在这里，卢梭用“你”字来称呼，因而乌德托夫人有些不满。

【39】有人说，这些信都被乌德托夫人烧毁了，而有一封实在舍不得烧。她把这封信交给圣朗贝尔，不过在他搬家时遗失了。还有人说，乌德托夫人将留下的四封信都交给了圣朗贝尔，但他将它们都烧毁了。

【40】阿波罗，希腊神话中的太阳神，掌管艺术和文学。

【41】拉丁文，意思为“这里乃是雷神的殿堂”。后来卢梭获悉，这段歌词是桑特耶所作，而被里朗稍加修改便成了他的创作。

【42】法国剧作家德杜什的喜剧作品《自命不凡的人》中自以为是的杜菲耶尔。

【43】麦凯纳斯（约公元前69—前8年）：古罗马骑士，贺拉斯和维吉尔的朋友，以热心支持文学和艺术事业而闻名。

【44】王宫指奥尔良公爵府，弗里埃茨伯爵死后，格里姆成为公爵的秘书。

【45】莫里哀喜剧《乔治·当丹》中的主人公。他是个农民，娶了一个破产的乡绅之女。她的妻子非常凶悍，并且与别人私通。当乔治·当丹发现妻子和奸夫在一起后，奸夫不但打他，还逼他认错请求原谅。

【46】在特农香公开宣布与我为敌，并在日内瓦和其他地方煽动人们对我进行无情的迫害后，我才给他起了个绰号叫“老狐狸”。但是没过多久，我就不这么叫他了。虽然我发现自己已经完全成了他的牺牲品，但是任何卑鄙的报复手段都无法占据我的心灵，仇恨的种子也永远无法在我心中发芽。——原著者注

【47】在这里，卢梭暗示的是，埃皮奈夫人怀上了格里姆的孩子，要去日内瓦分娩。

【48】因为勒瓦赛尔先生被勒瓦塞尔太太管得非常严，因此称她为“刑事犯检察官”。格里姆开玩笑，将这个称号送给了黛莱丝。为了方便，他省略了“检察官”三字。

【49】可惜卢梭没有将它录下来，因为在埃皮奈夫人的《回忆录》里转录的内容和卢梭说的完全不同。但是《回忆录》中转录的信，一般都被篡改过，不足为信。

第十章

（1758—1759）

一时的冲动给了我无穷的力量，让我得以搬出退隐庐，然而在我迁出退隐庐的同时，这种力量也随之消失了。我刚在新居安顿下来，尿闭症就复发了，频繁的疼痛，再加上又得了疝气病；虽然这个病已经折磨我很久了，但我还不知道它是一种病。很快，我就陷入了极其痛苦的境地。我的老朋友梯耶黎医生前来诊断，将病情告诉了我。什么探条、捻子、绷带，这些治疗老年病所需要的器械，全部聚集在我的身边，让我深深地了解到事实的残酷：当身体不再年轻的时候，纵然有一颗年轻的心，也是非常痛苦的事情。明媚的春光并没有让我的精力恢复。整个1758年，我都处于有气无力、萎靡不振的状态中，这让我预感到，我的生命即将走到尽头，而我也怀着急切的心情等待末日的来临。我从友谊的幻像中清醒过来，对于生命的一切留恋，也都消失殆尽，再也看不到一点可贵的东西。我的生命只有痛苦和灾难，再也无法享受活着的乐趣。我渴望获得自由，并逃离敌人的魔爪。不过，我们还是遵循事态发展的变化来依次叙述吧。

我迁居蒙莫朗西的举动，似乎让埃皮奈夫人有些意外，她可能没料到我能这么顺利地搬走。我的身体非常差，而且天气还那么阴冷，加上众叛亲离，这一切都使格里姆和她认为，我被逼得走投无路后，会低三下四地去求他们，求他们允许我留在那座房子里。我搬得太突然了，以至于让他们措手不及，因而只能对我采取两种方法：要么完全毁掉我，要么再把我拉回去。格里姆主张采取第一条路，但是我觉得埃皮奈夫人会采取另外一条。从她回复我的最后一封信中，我得出这个结论，因为她在信中的语气要比前几封缓和很多，似乎在为我敞开一扇和解之门。这封信足足让我等了一个月。这么久的时间足以证明她为回信的措词感到为难，因而必须再三考虑。如果她把话说过头，就会连累到自己。大家可以注意到，在她的前几封信之后，根本没有料到我会突然搬出她的房子，因此这次她非常小心，在信中没有流露半个难听的字眼。在这里，我将信的内容全部转录，好让大家评判。（见卷宗B，No.23）

先生，我昨天才收到你在12月17日的信。它送过来的时候，被装在一个放有各种杂物的箱子中，显然在路上耽搁了很久。我只能回答信中的附注，至于信本身的内容，我不是很明白。如果情况允许的话，我们应该当面解释一下，希望把过去的一切都只看作一场误会。现在，让我来谈谈附注的内容吧。先生，你应该还记得，我们已经约定好了，退隐庐园丁的工资，要经由你的手交给他，以便让他能清楚地明白他是仰仗你的，也不至于和前任园丁一样，与你闹出那些不成体统的笑话。事实证明：最初几个季度的工资都已经由你付给他了，并且在我临走前的几天，我和你约定，将来你垫付的工资，我一定会还给你。我知道，你曾推辞，但是既然这笔工资是我请你垫付的，理应由我归还。这一点，我们有约在先。卡乌埃告诉我，你没有接受这笔钱，这当中肯定有什么误会。现在，我派人再把这笔钱给你送去。我就不明白，为什么你没有按照约定，非要替我付园丁的工资，甚至把你住在退隐庐那一季度以后的都给付了。因此，先生，我深信你想起我对你说的这些话后，会收下你为我垫付的那笔工资。

1758年1月17日

于日内瓦

这一切发生之后，我不再信任埃皮奈夫人了，所以我不愿再与她恢复友情。我没有回复这封信，而我们的通信也就此为止。她看出了我的决定，因而自己也下了决心。这时，她完全赞同格里姆和霍尔巴赫那伙人的意见，与他们合作，彻底打垮我。他们在巴黎行动，而她在日内瓦行动。后来，格里姆去日内瓦与她会合，开始执行她所制定的计划。特农香被他们毫不费劲地拉拢过去，并大力支持他们，成了我最残酷无情的迫害者之一。其实，他也和格里姆一样，丝毫没有可抱怨我的地方。他们三个人勾结在一起，暗地在日内瓦撒下“种子”。四年以后，大家就可以看到这种子在日内瓦发芽、生长起来。

他们想在巴黎活动就比较困难了，因为我在巴黎比较知名。同时，巴黎人不那么容易产生仇恨，所以当然不会轻信他们的话。为了更巧妙地打击我，他们鼓吹说，是我要离开他们的（见德莱尔的信，卷宗B，No.30）。他们假装还是我的朋友，却到处散布流言蜚语，说我行事不公，表面上让人觉得是对朋友不义行为的抱怨。这就使得某些不爱动脑筋的人相信了他们的谗言，对我大加谴责。他们在指责我背信弃义、忘恩负义的时候，措辞小心谨慎，因而也取得了巨大的成效。他们强加于我许多令人发指的罪行，但这些罪行究竟是什么，始终没能拿出可靠的证据来，而我从公众的传闻能推测出来的，不外乎就这四大罪状：一，我离开巴黎隐居在乡间；二，我对乌德托夫人的感情；三，我拒绝陪同埃皮奈夫人前往日内瓦；四，我从退隐庐迁了出来。此外，如果他们还有别的怨言，就让他们说去吧。他们的计划太过周密，以至于我根本找不出他们的理在哪里。

我认为，那些掌握我命运的人后来实施的计划，就是在这个时期制订的。他们的计划，很快就见效了，以致在那些不知道罪恶是多么容易进行的人看来，似乎是一个奇迹。现在，在这套阴暗的计谋中，我要把我能看到的几点，简略地说明一下。

虽然我在欧洲已享有盛名，但我依然保持了青年时期的那种淳朴。对于拉帮结派、勾心斗角的行为，我深恶痛绝，因而一直能保持自身的独立和自由；除了我心中的爱之外，便没有任何束缚了。我独自一人，远在异国他乡，离群索居，既没有依靠，也没有家庭，只要坚持我的行事原则、履行义务，就可以挺起胸膛大胆地前行，无须吹嘘拍马，更不用谄媚于任何人。况且，我已经离群索居两年了，与外界没有任何联系，断绝了一切事务，既不想知道什么，也没有任何好奇心。虽然我住在离巴黎只有四法里的地方，但由于我耳目闭塞，就像住在提尼安岛[1]上，与这个都城远隔重洋。

格里姆、狄德罗以及霍尔巴赫则恰恰相反，他们位于漩涡的中心，生活在上流社会里，交际广泛，差不多平分了整个上流社会。达官显贵、文学精英、知名人士、名媛淑女都被他们笼络得服服帖帖，听从他们的摆布。大家可以看到，他们三个人联合起来对付我一个人，具有怎样的优势了。的确，狄德罗和霍尔巴赫并不是（至少在我看来）爱搞阴谋的人：前者的心没那么险恶[2]，后者也没有这个本事。不过唯其如此，他们反而配合得天衣无缝。格里姆的脑袋里装着全部的计划，而对于其他两个人，只要告诉他们必须配合的细节就行了。他比他们要高明很多，因而能够指使他们忙前忙后，取得明显的效果。

他凭借自身高超的本领，加上他在地位中所占据的优势，制订了一个彻底败坏我名声的计划，使我身败名裂，同时又不牵连自己。他在我周围筑起一道阴暗的围墙，让我无法看穿他的阴谋，更无法揭开他的假面。

不过，这项计划实行起来比较困难，因为他必须蒙蔽那些参与整个阴谋之人的双眼，不让他们看到不义的地方。他必须欺骗那些正派人士，将所有人都从我的身边拉开，不论他们的地位如何，一个都不给我留下。这些把戏，我怎么会不知道？无论如何，他绝不会让半句真话传到我的耳朵里。只要有一个明事理的人跑来对我说："你固然德才兼备，可是你看人家是怎么看你的，而那些人就根据他的话来评判你，你该说的为什么不说呢？"因为那样，真理就会胜利，格里姆也就彻底完蛋了。格里姆知道这点，也探测过自己的心，而且他看人只看到那人的利用价值。我为人类的荣誉感到遗憾：他算计得太准了。

他在暗道中行走，必须放慢脚步，才能走得稳。虽然他的计划已经进行十二年了，但最困难的部分还没有完成，即欺骗整个社会。社会上还有许多双眼睛死死地盯着他，其严密程度远远超出了他的想像。他非常害怕这一点，怕他的阴谋暴露于光天化日之下。[3]不过，他也找到了一个不太困难的方法，就是去拉拢那个支配我整个命运的大人物。在这个大人物的支持下，他就可以大胆地向前迈进，从而少冒一些风险了。[4]这个大人物的爪牙们平日的作风并不正派，更谈不上诚实，因而格里姆不用担心这些人会走漏风声。他当前最要紧的事情就是将我困在一道密不透风的围墙之中，让我永远看不到他的阴谋。不过，无论他的阴谋布置得多么严密，我都能一眼将它看穿。他最阴险的花招就是，一面败坏我的名声，一面还要在表面上顾全我。他最毒辣的伎俩就是给背信弃义的行为披上一件慷慨好义的外衣。

霍尔巴赫那伙人四到处散布流言，让我觉得格里姆的计划取得了初步的成功。但是，我既不知道，也无法推测那些流言的内容。德莱尔在信中告诉我，他们把许多罪状都扣在我的头上。狄德罗也来信告诉我，但语气吞吞吐吐，显得非常神秘。当我追问他们详情的时候，他们列举的不外乎是以上那几条罪状。乌德托夫人的几次来信，让我感到她对我的态度逐渐冷淡了。我不能把这冷淡归咎于圣朗贝尔，因为他在给我的信中依旧表示友好，而且在他远行归来后还来看我。我也不能归咎于我自己，因为我们分手时都非常高兴，而且自我搬出退隐庐后，又没有什么事发生，何况她也觉得我应该迁出去。我并不清楚她为什么要这么冷淡（尽管她不肯承认，但骗不了我的心），因而我现在对一切事情都感到非常惶恐。我知道她是顾全她嫂子和格里姆的颜面的，因为他们和圣朗贝尔都有联系。我害怕他们又在搗什么鬼。这种极度不安的心情又揭开了我的伤疤，因而在给她的回信中显得满是牢骚，竟让她不愿去看我的信。

我仿佛看见其中无数令人心痛的事，但又弄不清楚是什么。对于我这种想像力极其丰富的人来说，完全是陷入了一个最难以忍受的境地。如果我一直孤独着，索性什么都不知道，心反倒安宁了。我心中仍然有许多难以割舍的旧情，然而正是这点，成了我被敌人集中进攻的软肋。透进我幽居之地的那点微光，已经足够让我看到他们瞒着我搞的那些神秘勾当了。

我生性开朗坦荡，为人真诚，从不向任何人掩饰自己的感情。如果别人向我隐瞒他们的感情，那我将会非常不安。正是由于我天性如此，所以当时我非常痛苦。万幸的是，一些有趣的事情转移了我的注意力，让我摆脱了这些不开心的事，让我得以排遣心中的苦闷，否则我会被他们的花招害死。狄德罗上次来退隐庐看我的时候，谈到达朗贝尔给《百科全书》写的“日内瓦”那个词条。他告诉我，这个词条是与日内瓦的高层人士商量好之后写的，目的是在日内瓦建一座剧场。而且人们已经为此做好了准备，不久就会动工。看来，狄德罗非常赞成这件事，并对它的建成毫不怀疑。因为我和他之间的争论太多了，所以不愿在这件事上又与他发生口角。尽管我什么话也没说，但他们想在我的祖国诱惑人们做这件事，还是让我感到非常愤慨的。因而我急着想要收到载有这个词条的《百科全书》，看看有没有办法去阻止这件事的发生。我搬到蒙路易不久后就收到了这本书[5]，发现那词条写得既巧妙又有艺术，不愧出自高人之手。不过，这并不能打消我驳斥他的信念。虽然我当时心灰意冷，忧愁多病，天气还那么寒冷，再加上新居多有不便，还没来得及收拾好一切，但我还是拿起笔，怀着满腔的热诚，准备克服一切困难去驳斥他们。

在寒冷的2月里，尽管我处于上面描述的那种状况之中，但我还是每天跑到我住的花园尽头，一座四面通风的小屋去写作。早晨写两个小时，下午也写两个小时。这座小屋位于一道土坡路的尽头，能够俯瞰蒙莫朗西山谷和水塘，而且极目远眺，可以看见威名远扬的卡蒂纳[6]隐居的简朴而优雅的圣格拉迪安庄园。这里当时冷得像冰窖一样，没有屏障遮蔽风雪，除了我心头的热情外，再没有其他可以取暖的物品。我用了三周的时间，写成了那篇《就戏剧问题致达朗贝尔的的信》。这是第一个让我在写作过程中感到乐趣的作品（当时《朱莉》连一半都没写完）。直到那时为止，对道德的崇敬，是我的阿波罗[7]；而这一次激励我的，则是温存仁厚之心。以前，我以旁观者的身份看到不义的事情时，心中是恼怒；可现在，我作为不义之事的受害者，心中多半是悲哀的。这并非恼怒而产生的悲哀，而是一颗过于多情软弱的心被它原以为品类相同的心欺骗了之后，不得不埋藏在心中的悲哀。当时，我心中充满了令人痛苦的事情，并且许多悲愤之情萦绕在心头，因此我把自己的苦痛和思考主题时产生的想法都混合在一起。在我的信中，随处都可以看到这种混合的印迹。我不知不觉地在信中描述了我当时的处境，还刻画了格里姆、埃皮奈夫人、乌德托夫人、圣朗贝尔和我自己的形象。[8]在这部作品中，我曾经流了多少甜蜜的眼泪啊！信中有太多地方在表达爱情。我极力想医治的那份致命的爱情，至今都没有从我的心中消失。在所有的感触中，还掺杂了我的怜惜之情。我感到自己即将离开人世，以为这就是我对公众的告别之作。我一点都不怕死，而且希望它早日来临。不过，让我惋惜的是，在我即将离开我的朋友时，他们却还没有认识到我全部的价值。如果他们对我能够深入了解的话，就会发现我多么值得他们喜爱。这部作品到处都弥漫着那种奇怪的笔调，其原因就在这里。这种笔调和前一部作品[9]的笔调形成了鲜明的对比。

正当我修改、誊清，并准备付印这封长信的时候，忽然收到乌德托夫人在长时间杳无音讯之后给我写的一封信。这封信又让我陷入了无限的悲痛之中，陷入了我平生未曾受过的绝望之中。她在这封信（见卷宗B，No.34）中说，全巴黎人都知道了我对她的爱恋；她断定是我告诉了某些人之后才传出去的。她还说，这些流言蜚语已经传到她情人的耳朵里了，还几乎让他送了命；最后，他总算还是还了她公道，并且他们已经重归于好。不过，她觉得，为了对他负责，也为了对她自己和她的名誉负责，她必须和我断绝一切来往。但是，她向我保证，他们将永远关心我，在公众中为我辩护，还将不时地派人来询问我的情况。

“你，狄德罗！原来也是这号人，一个名不符实的朋友！……”我大声叫道。不过，我还不能确定是他。我的这段感情别人也知道，也许是那些人让他说出来的。我现在仅仅是怀疑而已，但我很快就肯定了这件事。不久之后，圣朗贝尔就做出一件表现他宽宏大量的事来。他非常了解我的心情，知道我的处境不佳，被一些朋友背叛了，又被另一些朋友抛弃了。他来看我了，但第一次并没有待很久；第二次，很不走运，我不知道他要来，当时不在家。黛莱丝在家，他们谈了两个多小时。在这次谈话中，他们都说了许多关于我的事情，而这对我来说是非常重要的。我从他那里得知，社会上没有人怀疑我曾经和埃皮奈夫人有过现在与格里姆那样的关系时，我感到非常惊讶，和他听到这个毫无根据的流言时的惊讶程度一样。圣朗贝尔也曾让埃皮奈夫人大为不快，而他现在与她的关系，和我的完全一样。通过这次谈话，我与埃皮奈夫人决裂后的后悔之情完全消失殆尽了。关于乌德托夫人，他对黛莱丝说了一些她不知道的情况，就连乌德托夫人都不知道，只有我一个人知道。这些事情，我只告诉过狄德罗一人，并请他以友谊为重，务必替我保守秘密，而他偏偏把这些话告诉了圣朗贝尔。因此，我就下定决心要和狄德罗绝交。至于用什么方式绝交，我得好好考虑一下，因为我发现，暗地里绝交，反而对我不利，这样会把友谊的假面留给那些最险恶的人。

社会上关于绝交的既定准则，似乎都是针对骗人与出卖朋友的行为而定的。当你不再是某人的朋友时，却还要装出一副朋友的样子，显然是想通过欺骗老实人的方式来害某些人。我记得，当大名鼎鼎的孟德斯鸠和图尔纳米神甫绝交的时候，他便公开声明，告诉所有人："无论是杜尔纳明神甫谈我，或者是我谈他，你们都不要相信，因为我们已经不再是朋友了。"他的举动曾大受赞赏，因为这表明了他的坦率和诚实。我决定以他为榜样，用这个办法来对付狄德罗。不过，我怎样才能在我的隐居之地把绝交的事公开出去，又不会闹得沸沸扬扬呢？我就想在我的这部作品里[10]，以"脚注"的形式引用《教士书》中的一段话。这段话不仅可以宣布我们的绝交，而且将原因都说明了，凡是了解内情的人，一看就会明白，而对于局外人，就没有任何意义了。此外，我还特别留心：在这部作品里，每当我提到我所抛弃的这个朋友时，尽管我们的友情之火已经熄灭，但我对他永远保持着那种敬意。这一切，大家会在这部作品中看到。

在这个世界上，有人幸运，有人倒霉。人只要一倒霉，就算行事光明正大，在别人口中都会变样。同样一件事，孟德斯鸠做了，就受到大家的称赞；而我做了就遭到他们的责难。我的作品出版后，就寄了一本给圣朗贝尔。可是在前天晚上，他还以乌德托夫人和自己的名义给我写了一封充满友情的信（见卷宗B，No.37），在收到书后却又退还给我了，还附上一封信（见卷宗B，No.38）：

真的，先生，我不能接受这本书。当我看到你在序言里针对狄德罗引用《传道书》（他弄错了，应该是《教士书》）上的那段话时，书就从我的手中掉落了。通过今年夏天的几次谈话后，我觉得你已经相信狄德罗是无辜的，没有做那些所谓的泄漏秘密之事。他也许有对不起你的地方（对于这点，我并不知道），但是你并没有权利公开侮辱他。你应该知道他现在正遭受各方的迫害，而你却把一个旧友的话和那些嫉妒者的叫嚣混为一谈。先生，不瞒你说，这种残酷的行为让我愤愤慨。我与狄德罗并不亲密，但我非常尊敬他。之前，你一直只怪他有些软弱，而现在你竟然给他带来这些的麻烦。先生，我们在为人处世上太不同了，所以很难达成共识。请把我忘了吧，这应该也不是什么难事。我对别人，没有做过什么难忘的好事，也没有做过什么坏事。我呢，先生，我想告诉你：我将忘掉你，而只记住你的才华。

1758年10月10日

于奥波纳

当我读完这封信后，不仅仅是愤慨，更是痛心。尽管我的心情痛苦到了极点，但还是打起精神，给他回信：

先生，在读你的来信时，我向你表示敬意，因为它着实让我吃了一惊，同时我觉得自己太蠢了，竟然为之感动。不过现在，我觉得根本不值得回复你的信。

我不想继续为乌德托夫人抄誊那些东西了。如果她觉得已经抄誊好的部分不宜保存，那就请她还给我吧，而我会把钱还给她。如果她想保存已经抄誊好的部分，那就请她派人过来把剩下的纸和钱都拿回去，并把我存在她那儿的大纲也还给我。就此别过，先生。

1758年10月11日

于蒙莫朗西

在逆境中表现出来的勇气，通常会让卑怯的心灵震惊，而让高尚的心灵喜悦。看来，这封信似乎让圣朗贝尔有所醒悟，对自己的所作所为感到后悔。不过，他太骄傲了，不愿意公开承认，于是极力想寻找机会来缓和他对我的打击。两周后，我收到埃皮奈先生的一封信（见卷宗B，No.1）。信的内容如下：

先生，我已经收到你的赠书了，正怀着喜悦的心情在阅读。凡是你写出来的作品，读起来都让我感到非常愉快。请接受我由衷的谢意。如果我的时间允许，能在你附近住一段时间的话，我早就亲自登门致谢了。遗憾的是，我今年住在舍夫雷特的时间非常少。下周日，我会请杜宾先生和夫人来家里吃饭；我还打算邀请圣朗贝尔先生、弗兰克耶先生以及乌德托夫人。先生，如果你也来的话，我将感到非常高兴，而我邀请的这些客人也都非常希望你能来。如果大家能共度一段美好的时光，那一定是非常愉快的。

顺致敬意。

26日，星期四

读完这封信，我的心跳得非常厉害。因为这一年来，我已经成了巴黎的新闻人物，所以一想到要去和乌德托夫人面对面地在一起，让人家观看，就浑身发抖，很难鼓气勇气去迎接这次考验。不过，既然她和圣朗贝尔都希望我去，而且埃皮奈先生以全体客人的名义邀请我，更何况所有客人我也都愿意去见，因此我觉得自己是被大家邀请去的，这并没有什么不妥。最终，我答应了埃皮奈先生的邀请。

星期日那天，天气并不好，而埃友奈先生派他的车来接我去赴宴了。我的到来引起了大家的轰动，而我从来没受到过如此热情的接待。看来，所有人都觉得我是多么需要他们的安慰啊，也只有法国人才懂得这种体贴入微的感情。那天我见到的客人比我料想的还要多，其中有我从未谋面的乌德托伯爵，还有他的妹妹布兰维尔夫人。然而，这位夫人还是不见为妙。她去年来过奥波纳几次，在我和她的嫂子乌德托夫人散步的时候，常常让她一个人等得非常不耐烦，而她应该早就对该我有意见了。这次在席上，她可以痛痛快快地出口气了。当时乌德托伯爵和圣朗贝尔都在场，可想而知，我当然会受到大家的嘲讽，况且，像我这样的人，在日常的谈话中都会感到手足无措，更不用说在这种宴席上了。我从来没有这么难受过，受到如此的奚落。最后，宴会总算结束了，因而我也很快离开了那个泼妇。让我高兴的是，圣朗贝尔和乌德托夫人走到我身边，和我在一起消磨了下午的一部分时光，谈的虽然都是些无关紧要的事，但毫不拘礼，气氛和我误入歧途前一样亲切。这次友好的谈话让我非常感动。如果圣朗贝尔能看见我的内心，他一定也会非常满意的。我可以发誓：虽然我来的时候，一看见乌德托夫人，心跳得几乎让我晕了过去，但我在回去的路上，一点儿也不想她了；我心里只想着圣朗贝尔。

这次晚宴，我虽然受到了有布兰维尔夫人的恶意嘲弄，但这对我还是大有好处的。我非常庆幸自己没有谢绝埃皮奈先生的邀请。在这次晚宴中，我不但看出格里姆和霍尔巴赫一伙人的阴谋并没有让我的旧友疏远我[11]，而且更让我高兴的是，乌德托夫人和圣朗贝尔的感情并没有我之前想像的那么糟糕。我发现，圣朗贝尔之所以让乌德托夫人远离我，多半是出于醋意，而非鄙视我。这让我得到了安慰，也让我的心得以平静。由于我现在了解到，我所敬重的人对我们并无藐视之意，我便按照自己的心意努力工作，并且获得了成功。尽管我没能完全扑灭我心中那有罪的、不幸的痴恋，但我至少控制住了那残余的情火，因而从那时起，我就没有再犯过错误。我继续为乌德托夫人抄写那些稿子。我的新作品一出版，就给她寄过去；她收到后便不时地给我写封短笺，尽管是些无关紧要的消息，但也让我感到非常欣慰。大家在下文可以看到，她不仅给我写些短信，还有进一步表示。在离开之后，我们三个人的关系足以成为正人君子间效仿的楷模：虽然我们不再来往，但彼此间依然保持着昔日的友好。

这次宴会带给我的另一个好处就是，之后在巴黎到处有人在谈论它，而这就使那些谣言不攻自破了：他们说我和所有参加宴会的人，尤其是和埃皮奈先生，都无可挽回地闹翻了。其实，在我迁出退隐庐的时候，还给埃皮奈先生写过一封非常真诚的感谢信，而他的回信也同样客气。我们的情谊从未中断过，甚至他的弟弟拉里夫先生还到蒙莫朗西来看过我，并把他的版画寄给了我。除了埃皮奈夫人和布兰维尔夫人之外，我和那家人都相处得非常好。

我的《就戏剧问题致达朗贝尔的信》[12]大获成功。我所有的作品都非常成功，然而在这些作品中，对我来说这部最有利。它让社会大众都了解霍尔巴赫那伙人散布的谣言是不可信的。当我搬进退隐庐的时候，霍尔巴赫那伙人就预言我在退隐庐坚持不了三个月；后来，当他们看到我竟然坚持了二十个月，而且被迫搬出去之后，依然定居在乡间，就改口说我纯粹是脾气执拗。他们说我的隐居生活闷得要命，只不过因为骄傲固执，宁愿闷死在乡间，也不愿低头回巴黎。《就戏剧问题致达朗贝尔的信》中洋溢着一种美好的感情，是这无法伪装出来的。如果我在隐居生活中真的牢骚满腹，烦闷得要命，那么我的心情必然会见于笔端。在巴黎写的作品中，通篇都是牢骚，而我在乡间写的第一部作品，就截然不同。对于有观察能力的人来说，这一点非常重要。大家可以看到，我在乡下，才真的是如鱼得水呢。

虽然这部作品充满了美好的感情，但由于我一贯的考虑不周，常常做出傻事，所以又给自己在文坛上招来了一个新的敌人。我在拉·波普里尼埃尔先生家就和马尔蒙特认识了，后来又在霍尔巴赫男爵家多次遇见过他。马尔蒙特当时是《法兰西信使报》的杂志主编。因为我一向心高气傲，不愿把自己的作品送给杂志社的编辑，而这次破例把作品送给他，却又不想让他认为我将他视作编辑才送他的，也不希望他在《信使报》上谈到这部作品，所以我在那本书上写着：这本书不是送给《信使报》主编的，而是送给马尔蒙特先生的。我以为这样做，是对他的恭维。然而，他却认为这是对他最大的侮辱，从此便和我结下了仇恨。他写了一篇文章攻击我的《就戏剧问题致达朗贝尔的信》，尽管措辞非常礼貌，但字里行间都是怨恨的语气。从此以后，他只要一有机会就在公众中伤害我，并在自己的作品中间接地攻击我。由此可见，文人的那种易受刺激的自尊心是多么难伺候；因此，你在恭维他们的时候，千万要小心，不要有半点模棱两可的意思。

现在，我各方面的生活都稳定下来了，于是利用当时的闲暇和独立，专心整理我的作品。这年冬天，我完成《朱莉》后，就把它寄给雷伊了。他第二年就把它印了出来，但是这项工作被一件非常不愉快的插曲打断了。我听说歌剧院正准备重新上演我的《乡村巫师》。我眼看那帮家伙竟肆无忌惮地使用我的作品，就非常生气，便把以前写给达让森先生而没有得到回复的备忘录找了出来，修改之后，就寄给日内瓦常驻巴黎的代表赛隆先生，还附上一封信，请他转交给接替达让森先生管理歌剧院的圣弗洛朗丹伯爵。圣弗洛朗丹伯爵虽然答应回信，但就没有下文了。我把所有的事情都告诉了杜克洛。杜克洛和歌剧院的小提琴手们读完之后，并没有答应把剧本还给我，而是说可以给我免费的入场券，而这免费的入场券，对我已经毫无用处了。眼看着我投诉无门，到处都得不到公平的对待，就放弃了这件事；而歌剧院的主管者对我提出的要求都不予理睬，就继续利用《乡村巫师》来谋利，就像使用自己的财产一样，而实际上这部歌剧只属于我一个人，这点毋庸置疑[13]。

自从我摆脱了那些“暴君”的控制后，就过着非常平静的生活。虽然我失去了依恋之情的快乐，但也解除了依恋之情的枷锁。那些充当我保护人的朋友硬要支配我的命运，无论我愿不愿意，企图施予我所谓的“恩惠”，这种做法真是让我厌恶到极点。从此，我决心只和人善意相交，真诚相待，不妨碍彼此的自由，以平等的精神为基础，共享生活的乐趣。当时，有很多人像这样和我交往，足以让我感受到交往的甜美，而又没有依附他人之苦。当我尝到这种生活的乐趣时，就觉得它很适合我这样的年龄，让我在宁静中度过余生，远离不久前身败名裂的风暴、各种争吵等烦心事。

我住在退隐庐期间，以及迁居蒙莫朗西之后，在附近认识了一些称心如意的人，但他们丝毫不会让我感到束缚。在他们中间，首先要提的是年轻的卢瓦索·德·莫勒翁。那时，他刚开始当律师，不知道自己将来在法律界会有何种地位。那时，我没有他那样的疑虑，便告诉他：从今天的情况就能看出，日后他定会做出辉煌的成就。我预言，如果他慎重选择承办的案件，永远只做正义与道德的守护者，他的天才在这种崇高的精神培育下，将和最伟大的雄辩家相媲美。他听从了我的忠告，并且收到了不错的效果。他替德·波尔特先生做的辩护，可以和狄摩西尼[14]相匹敌。他每年都要去距退隐庐四分之一法里的圣布里斯村，在那儿的莫勒翁庄园度假。这产业是属于他母亲的，伟大的博絮埃就在那里住过。像这样的大师相继住过的地方，其他庄园很难与它高贵的名声相提并论。

在圣布里斯村，我还认识了书商格兰。他非常有才华，而且有文学修养，为人和蔼可亲，在他那行是个一流的人物。他还把他的朋友——阿姆斯特丹的书商让·勒奥姆介绍给我。他们有书信往来，后来《爱弥儿》就是让·勒奥姆替我出版的。

在比圣布里斯村更近的地方格洛莱村，我认识了那里的司铎马尔托先生。如果以才能评判的话，这个人最适合做政治家和大臣，而不适合做乡村司铎，至少该让他去管理一个大教区。他当过德吕克伯爵的秘书，和让—巴普迪斯特·卢梭非常熟。他对这位赫赫有名的被放逐者的真诚敬仰，与他对陷害这个人的骗子索兰的深恶痛绝形成了鲜明对比。他知道这两个人许多轶事；这些轶事，都没有收入塞基所写的《让—巴普迪斯特·卢梭传》里。他常向我保证，德吕克伯爵不仅对他没有任何抱怨的地方，而且到死都还对他保持着最亲密的友谊。这座房子，就是他的东家去世后，由凡蒂米勒先生赠给他的。马托尔司铎之前在许多地方供职，现在虽然年纪大了，但记忆力非常好，条理清晰。他的谈话，既有趣又有益，一点儿也不像乡村司铎。他既有上流社会的风度，也有读书人的智慧。在我的邻居当中，和他交往最让我受益匪浅；离开了他，也是我最大的遗憾。

我在蒙莫朗西还认识了几位奥拉托利会的教士，比如物理学教授贝蒂埃神甫。虽然他有点儿学究气，但我还是非常喜欢他，因为我发现他有点老好人的样子。不过，我很难把他这种朴实的样子和他到处钻营的欲望和本领调和起来。他经常出入达官贵人、名媛贵妇和哲学家之门，懂得见什么人说什么话。我很喜欢和他在一起；我到处夸他交友广泛，而这话后来传到他耳朵里去了。有一天，他嘴角上扬，微笑着感谢我夸他是个老好人。我在他那微笑中发现了一种说不出的嘲讽味道。这一刻，他在我心中的形像完全变了，而且从那时起，我还时常想起他那种表情。他那种微笑就像巴吕治[15]去买丹德洛绵羊时的微笑。在我住进退隐庐后不久，我们就认识了，而他经常到退隐庐来看我。在我迁居蒙莫朗西后，他就离开了那里，回到巴黎。

他在巴黎经常见到勒瓦赛尔太太。有一天，让我想不到的是，他代表这个女人写信通知我说，格里姆先生愿意负担了勒瓦赛尔太太的生活费，并让我允许她接受这份接济。我听说格里姆供给她一笔三百利弗尔的年金，条件是让勒瓦赛尔太太必须住到舍夫雷特与蒙莫朗西之间的德耶。在这里，我不想说这个消息给我带来怎样的印象，只想说如果格里姆有一万利弗尔的年金，或者他和这个女人有什么更让人理解的关系，如果当初我把她带到乡下来时，他不给我扣上那么多严重的罪名，这个消息也许不会令人吃惊。然而，现在他又要把她送回乡下，好像她返老还童似的。我清楚，那个老太婆之所以要征得我的同意，完全是为了不想丢掉我给她的接济。其实，就算我不允许，她依旧会不顾我的反对，接受格里姆的馈赠。尽管我觉得这种善举异乎寻常，但当时并不像后来那样让我惊讶。不过，即使我当时能像后来那样洞察一切，也还是会同意的。我当时就这么做了，而且不得不这么做，因为如果不同意，也许会让别人以为我在向格里姆先生讨价还价。在此之前，我觉得贝蒂埃神甫是一个老好人，而从那以后，我对这种看法稍微有所改变。他曾觉得我的这种看法有点可笑，而我又是那么愚蠢，竟然对他产生这种看法。

贝蒂埃神甫的两朋友想认识我。我非常好奇，因为他们的爱好和我的没有多少共同之处。他们都是麦基洗德的后裔，谁都不知道他们的籍贯、家世，就连他们的真实姓名都没有人知道。[16]他们都是冉森派教士，而一般人都认为他们是伪装的神甫，因为他们把时刻不离身的长剑佩带得非常可笑。他们的一举一动都非常神秘，这就让人们认为他们是什么派系的领袖，而我一直怀疑他们是《教士通讯》[17]的编辑。他们一个叫费朗先生，身材高大，和颜悦色，甜言蜜语；另一个叫米纳尔先生，身材矮胖，似笑非笑，喜欢和人抬杠。他们自称是表兄弟。他们原来和达朗贝尔的奶娘卢梭太太一起住在巴黎，现在在蒙莫朗西租了一套公寓度夏。他们亲自做家务，没有仆人，没有代购日用品的经济；他们每人一星期，轮流上街采购食品、烧饭、打扫卫生，生活过得非常舒适。我们互相串门，到对方家里吃饭。我不知道他们为什么对我非常感兴趣。至于我，来往的乐趣就是和他们下棋。我为了能下一盘棋，通常会等上四个小时。由于他们到处乱钻，爱管闲事，所以黛莱丝称他们为“管得宽”，这个名字在蒙莫朗西无人不晓。

这些人，再加上我的房东马塔斯先生——他的确是一个好人——都是我在乡间的熟人。我在巴黎也有朋友，如果我愿意的话，在巴黎也能过得非常舒服。这些朋友都是文学界以外的人。在文坛内，我只有杜克洛一个朋友了。至于德莱尔，他毕竟太年轻了。虽然他看到那帮哲学家对我玩弄的手腕后，已经完全脱离了他们，但我还是不能忘记他轻易地就做了那个团体的代言人。

在涉世之初，我结交的可敬的老朋友，是罗甘先生。他是我幸福时代的朋友，是凭我的为人而非写作交结的朋友。正是这个原因，我一直保留着这份友情。我、我的同乡勒尼普先生，以及他的女儿，当时还健在的朗贝尔夫人。我还有一个年轻的日内瓦同乡叫安德果，是一个好孩子，办事认真、待人热诚，不过缺点是无知，盲目自信，好吃好喝，自命不凡。我刚住进退隐庐的时候，他就来看我了。没过多久，他根本没有经过我的同意，就住进了我家。他对图画有点兴趣，也认识一些画家。在给《朱莉》制作插图[18]时，他还帮了我的忙。他自告奋勇，担任插图和刻版的指导工作，而且不负我所托。

还有杜宾先生一家，虽然他们已经比不上杜宾夫人盛年时那么豪华，但由于主人的声望，还有聚会宾朋的严格挑选，所以仍不失为巴黎最有名望的人家之一。由于我不是因为另攀高枝，而是由于能过上自由的生活才离开他们的，所以他们依旧待我非常友好。我深信，无论什么时候，我都能受到杜宾夫人的欢迎。自从他们在克里西购置了一处别墅后，我就把她当作我的乡村邻居之一。我偶尔也到她的别墅住一两天。如果杜宾夫人和舍农索夫人相处得融洽些的话，我还会多去几次。由于在同一个家庭里，两个性情不相投的女人，还真让人左右为难，所以我在克里就感觉西非常不自在。由于我和舍农索夫人的关系比较平等，非常随意，所以我很喜欢到德耶去——德耶差不多就在我家门口，而她在这里租了一间小房子——而且她也经常来看我。

还有克雷基夫人，自从她虔诚地信仰宗教后，就停止和达朗贝尔、马尔蒙特之流以及大部分文学界人士见面了。据我所知，只有特鲁布勒神甫是个例外，因为当时他是一个半真半假的虔信者，不过她也非常讨厌他。至于我，她曾主动来结识我，并且我一直也受到她的关心，和她经常有信件往来。在过年的时候，她曾送我几只芒斯鸡做礼物，并计划第二年年初的时候来看我，只是由于卢森堡公爵夫人的一次旅行把计划给打乱了。我在这里对克雷基夫人要特别提一笔：她在我的记忆中将永远占有一个特殊的位置。

除了罗甘以外，还有一个朋友，我应该把他排在第一位。他是我的老同事兼老朋友卡里欧。他先在西班牙驻威尼斯大使馆当秘书，后来又到瑞典在宫廷代办外交事务，最后到巴黎担任大使馆秘书。有一天，让我意想不到是，他突然到蒙莫朗西来看我了。他身上佩戴了一个西班牙勋章，勋章的名字我记不得了，上面有一个用宝石镶成的十字架。戴上这个勋章，他证件上的名字“卡里欧”就得添上一个字母“n”，被称为“卡里荣骑士”。我发现他还是老样子，心地善良，风度翩翩。如果不是果安德在其中捣乱，我会和他相处得和从前一样亲密。果安德以我离巴黎太远为由，常代表我去看他，并赢得了他的信任，取代了我在卡里荣心中的位置。

想起卡里荣，我就想起我在乡下的另一个邻居；如果我不谈到他，那就太对不起他了，因为我对他做了一件不可原谅的事，在这里必须坦白。这邻居就是那位诚实的勒布隆先生。他曾在威尼斯帮过我，而这次他全家来法国旅行，在离蒙莫朗西不远的拉布里什租了一座别墅。[19]当听说他成了我的邻居时，我非常高兴，觉得去拜访他不仅是一种义务，而且还是一件快乐的事。于是，第二天我就去拜访他了，不过在路上遇到几个正要来看我的人，因而只能和他们往回走。两天后，我又去看他，可是他们全家人都去巴黎了，连晚饭都是在那里吃的。第三次去拜访，他倒是在家，但是我听见很多女人的声音，门口还停着一辆华贵的四轮马车，这让我非常害怕。我想久别重逢，见面自然应该非常从容，能够轻松地叙旧情。就这样，我把拜访的时间一天一天往后推，以致最后觉得这么晚去实在不好意思，便干脆不去了。我敢一拖再拖，却没有胆量去见他。这种疏忽让勒布隆先生理所当然感到不满，认为我懒得去看他，显然是忘恩负义。然而，我觉得这并非出自我的本心。如果我能为勒布隆先生做点让他开心的事，即使不让他知道，我可以保证，他绝不会认为我是一个懒惰的人。不过，懒散、疏忽，以及在一些小事上的拖拉，这远比大恶习对我有害。我最大的缺陷就是懒散——我很少做不应该做的事，但不幸的是，我更少做我应该做的事。

既然又谈到了我在威尼斯的那些老朋友，就不该忘记一个与他们有关的人。我与这个人中断来往的时间要晚得多。这就是我和容维尔先生的友谊。他从热那亚回来以后，一直和我友好地相处，常常来看我，喜欢和我谈意大利的情况和蒙台居先生闹的笑话。他在外交部有许多熟人，所以从外交部知道了很多有关蒙台居的故事。在他家，我很欣喜地遇见了我的老朋友杜邦，因为他在家乡买了一个官职，所以有时要来巴黎处理事务。容维尔先生对我越来越殷勤，常请我去他家吃饭，竟让我觉得有些受不了。虽然我们住的地方比较远，但是如果我有一星期不到他家吃饭，他都会发几句牢骚。杜邦去容维尔家的时候，总要把我带去，但有一次我在那里住了一周，这让我度日如年，所以后来我就不愿去了。容维尔先生待人和善，而且很有风度，在某些方面还很亲切，但他不够聪明。他长得漂亮，但有点像那尔喀索斯[20]一样顾影自怜，让人看不惯。他收藏了一套非常奇怪的东西，也许世界上仅此一套。他很喜欢它，也拿给客人欣赏，但客人有时却并不像他那样感兴趣。那是一套很完整的滑稽歌舞剧图片，流行于五十年前的宫廷和巴黎，从中可以看到许多在别处无法找到的轶事。用这种方式记录的法国历史，在别的国家人是没有的。

正当我们相处得非常融洽时，有一天，他却对我非常冷漠，一点也不像他平时的风度。我请他解释，但他闭口不谈。之后，我就离开他家，决心不再踏入。无论在哪里，只要我受到一次冷遇，就绝不会想再去那里，而且这里又没有狄德罗这样的人出来替容维尔先生辩护。我当时苦思冥想，但总想不出哪里对不起他。我相信，我和别人谈到他和他的家人时，总是非常尊敬，因为我真心实意地喜欢他，说的都是赞美之辞。我有一条不变的原则：在我谈到经常和我往来的人家时，总是心怀敬意。

经过长时间的思考后，我终于推测出是怎么一回事。我们最后一次见面的时候，他请我到他熟悉的几个妓女那吃饭，同席还有几位外交部的官员在一起。他们都很亲切，言谈举止毫无浪荡汉的样子。我可以对天发誓，整个晚上，我都在悲天悯人地想着那些姑娘的不幸命运。我没有出聚餐费，因为这是容维尔先生请我们吃的。我也没有出钱给那些姑娘，因为我没有像潘多阿娜那样给她们提供报酬的机会。我们离开时，大家都非常高兴，心情也十分轻松。这次晚宴后，我再也没有去过那些姑娘的家，也再也没再见过容维尔先生。过了三四天，我到容维尔先生家去的时候，就受到了上面提及的那种对待。除了这次晚餐的误会外，我实在想不出还有什么别的原因，而他本人也不愿意解释，因而我就决定不再见他了。不过，我是还继续把我出版的新书寄赠给他，而他也常常托人来问候我。有一天，我在喜剧院的烤火间碰到他时，他还用亲切的语气责怪我为什么不去看他，但我也没有重登他的家门。由此可见，这件事看起来像是在赌气，而不是绝交。从那以后，我再也没有见过他，也没有听人提起过他。如果断绝几年之后，我再去看他，就未免有些迟了。我之所以没有把容维尔先生列入我知交的名单里，其原因就是如此，虽然在相当长的一段时间里，我常常去他家。

我不想再列举很多不熟悉的人来填充这份名单。我之所以和这些人不那么亲密，可能是由于我不在巴黎的原因，所以我们之间的往来并不多；还有可能我有时候和他们在乡下见面，要么在自己家，要么在邻居家，像孔狄亚克和马布里两位神甫，麦朗先生、拉里夫、布瓦日努、瓦特莱、昂塞勒，还有其他许多人，如果一个个数来，那未免太多了。在此，我顺便提一下马尔让西先生和我的交往情况。他是国王的内待，曾是霍尔巴赫小集团里的一分子，后来和我一样，脱离了这个小集团；他也是埃皮奈夫人的老朋友，后来离开了埃皮奈夫人。还有，顺便提一下他的朋友德马伊先生，我们也认识：他是喜剧《冒失鬼》的作者，曾名噪一时，不过只是昙花一现而已。马尔让西先生是我的乡下邻居，他住的地方就靠近蒙莫朗西；我们是旧相识，加上是邻居关系或是生活阅历的某些相似，所以我们的交往非常投缘。德马伊先生不久之后便去世了，他有才能，也有天赋，但他有点像他喜剧中描写的人物，在女人面前爱炫耀，所以他去世后，人们并没有思念他。

在这个时期，我必须提一下和某人的通信往来，因为这对我后半生的影响太大了，所以我要从头说起。我说的是拉穆瓦尼翁·德·马尔泽布先生。他是税务法庭首席庭长，并兼任图书审查总监。他对图书审查的领导既温和又开明，文学界人士对他都非常满意。虽然我在巴黎居住时，一次都没去看过他，但我经常体验到他对我作品的审查非常宽容。我知道，他曾很多次批评那些写文章反对我的人。在《朱莉》的印行问题上，我又感到他对我的关爱，因为这样一本大部头作品的校样从阿姆斯特丹交邮局寄来的花费非常大。他有免费邮递权，所以答应把校样先寄给他，然后盖上他父亲掌玺大臣的关防再免费寄给我。作品在印刷的时候，他没有征求我的意愿，就让人另外印了一版，而版税归我。这一版销完之后，才允许另外一版在法兰西王国销售。因为我的稿本已经卖给雷伊了，而这么做就等于窃取了雷伊的利益，所以没有他的明文批示，我不愿意接受这份收入。结果，他非常慷慨地批示了。不过，这些书一共卖了一百皮斯托尔，虽然我想和他平分，但他一点也不愿接受。不过，这一百个皮斯托尔也给我带来许多不快的事：在没有通知我的情况下，马尔泽尔布先生把我的作品删得不成样子，而且在这版被删改的书售完之后，才允许好的版本在法国销售。

我始终认为，马尔泽尔布先生是一个经得起任何考验的正派人士。虽然我遭遇了很多不幸，但从来没有怀疑过他对我的公正。他为人既软弱又真诚，有时候正因为他想全力保护他所关心的人，结果反倒害了他们。他不但将在巴黎出版的《朱莉》删了一百多页，还在他寄给蓬巴杜夫人的那个好版本中又擅自删去很多文字。在这本书的某处，有这样一句话：一个烧炭工人的妻子，往往比一个王侯的情妇更受人尊敬。这句话是我兴之所至，信手加上去的，而我敢对天发誓，没有影射任何人。我有一个原则，就是在写文章的时候，不会别人的闲言碎语而删去那些问心无愧、没有任何影射意图的话。所以，我没有删掉它，而是把“国王”一词改成了“王侯”。然而，马尔泽尔先生认为这样修改是不够的，干脆就把整句话都删掉了，还特意让人另外印了一页，尽可能整齐地贴在蓬巴杜夫人的那本书里。不过，最后她还是知道了这个鬼把戏，因为有些好心人告诉了她实情。我呢，是过了很久以后，当我开始感到这件事的严重后果时才知道的。

另一位贵妇人[21]和蓬巴杜夫人的情况与之相似，而我也毫不知情。她之所以在暗中咬牙切齿地恨我，其主要原因，不正是这句话吗？其实，我在写那段文章的时候，根本都不认识她，因此她怎么能怪我呢？在书出版以后，我和她认识了，心里常常感到不安。我把这件事告诉了罗朗齐骑士，而他则笑我太多心了。他保证那位贵妇人丝毫没有感到被冒犯了，甚至根本没有察觉到，因而我相信了他的话。不过，后来的事实证明，我太轻信他的话了，根本不该对他那么放心。

入冬的时候，我再次受到马尔泽尔布先生的关爱，虽然我认为不该接受这番盛情，但心中还是非常感激。当时《学者报》有一个空缺，马尔让西先生写信，向我建议这个位置。但是，从他信中的措辞（见卷宗C，No.33）便很容易地看出，是有人授意他这么做的。果然，他来信（见卷宗C，No.47）告诉我，说他是受人之托，才向我提出这个建议的。这是个闲差，每个月只要写两篇新书摘要，并会有人将书送到我这里来，而用不着我去巴黎取，也没有必要向主管官员致谢。他还说，通过这个途径，我就可以跻身于麦朗、克勒贺、基涅士先生和巴尔德雷米神甫等一流文人的行列。前面两个人我早就认识了，而后面两个人，如果我能有机会认识一下，也是不错的。此外，这项工作毫不困难，做起来也很容易，而且还有八百法郎的酬金。我在决定前考虑了好几个小时。我可以发誓，之所以要考虑清楚，是因为怕惹马尔让西先生生气，怕他不高兴而已。但是，最后我发现，一旦担任了这个职务，我将不能按照自己的计划去工作了，而要按期交两篇稿子，这种硬性规定实在让人受不了。更重要的是，我无法承担这个任务，因而最终我决定谢绝这个不适合自己的职位。我知道，我全部的才华都来自于我对要处理题材的热爱。只有思考伟大的、真实的、美好的事物，才能激发我的天才。要我写提要的那些书，所讨论的问题，甚至那些书本身，和我有什么关系呢？既然我对它们毫无兴趣，我的文笔也不够流畅，才思也就迟钝了。大家以为我也像其他文人一样，为谋生而写作，但实际上，我永远只为心中的热情而写作。《学者报》当然不需要我这种人。所以我写了一封信给马尔让西先生，措辞委婉，并把我的理由陈述得十分详细，以致无论是他，还是马尔泽尔先生都不可能误会我这一拒绝当中含有任何不高兴或骄傲的成分。因而，他们同意了我的拒绝，也丝毫没有露出不高兴的样子。由于对这件事的保密工作做得非常好，所以社会上没有半点风声。

这个建议来得并不是时候，因为长久以来，我已经在制订计划，要完全脱离文学，尤其要抛弃作家这门职业。最近遭遇的一切，都让我恨透了那些文人。同时，我也体会到，与他们同行，就必须和他们打交道。我也同样憎恨社交界的那些人；对我来说，我非常憎恨那种一半属于我、一半属于与我根本不合拍的社交圈中的混合式生活。通过这些年来的经验，我比以往任何时候都要感到，一切不平等的交往总是不利于弱者的。和地位悬殊的富豪们生活，虽然不敢有他们那样的排场，但在很多事情上不得不学他们的做法。有些花费，虽然在他们眼里根本不算什么，但对我来说，既没法节省，又负担不起。别人到朋友的别墅去住，无论是在餐席上还是在卧室里，都有自己的随身仆人，需要什么就派仆人去取什么。由于和主人的仆人没有任何直接接触，甚至见不到他们，所以给他们的赏钱也很随意，爱给多少就给多少，爱什么时候给就什么时候给。而我呢，孤身一人，没有仆人，只好事事都靠主人家的仆人，看他们脸色行事，以免吃苦头。既然我和他们的主人被看作处于平等位置，就必须把他们当作仆人来看待，甚至比别人给他们的赏钱还要多些，事实上，我比别人更需要他们的侍候。如果这家仆人少，倒也还好，但我去的那些人家，有很多仆人，他们每个人都非常傲慢，也都很狡猾——他们在利益方面非常机灵。那些家伙想方设法地让我不断使唤他们每个人办事。虽然巴黎的女人聪明伶俐，但对这一点毫不知情。她们想替我省钱，结果却让我倾家荡产。如果我到离家稍远的地方去吃晚饭，女主人总是不让我雇马车，而要用她自己的马车来接送我。她很高兴为我省了二十四个苏的车费，却想不到我给她的仆人和车夫的赏钱是一个埃居。如果一个女人从巴黎写信寄到退隐庐或蒙莫朗西，为了帮我省那四个苏的邮资，便派一个仆人送来。因为这仆人步行而来，满头大汗，所以我得请他吃饭，还要赏一个埃居，当然，这仆人得这一个埃居，是问心无愧的。如果她建议我和她去乡下去住十天半月，她心里觉得这伙食没有让我花任何钱，就替我这穷小子节约了很多。不过，她哪里知道，在这段期间，我不能工作，而我的家用、房租、里里外外的衣服，都照样花钱，一分都不能少；在她那里刮胡子，要比在家里多花一倍。总之，在她家住不但不省钱，反而要比在自己家花更多的钱。虽然我只是给我常去住的那几家仆人一些小费，但我实在负担不起。我算了一下，我在奥波纳的乌德托夫人家里只不过住了四五次，但足足花了有二十五个埃居。在埃皮奈夫人家和舍夫雷特，我常跑的那五六年中，总共花了一百个皮斯托尔。像我这样的人，什么都不会自己料理，不会取巧，又不愿看到一些仆人嘀嘀咕咕、满脸不乐意的样子，所以这些小费都是必须的。即使在杜宾夫人家里，虽然我可以说我是她的家人了，而且给仆人们帮过许多忙，但也是花了很多钱才得到他们的服侍。后来，我不得不完全放弃这些小费，因为我的境况已经不足以负担这些费用了。这时候，我才深深地体会到与地位比自己高的人来往是多么不适合。

如果这种生活合我的胃口，即使花大钱去买快乐，倒也是值得的。然而，倾家荡产去买罪受，那实在太不值得了。我深深地体会到这种生活方式的沉重压力，以致让我决心利用当时那段能得到的自由时间，继续过这种自由生活，彻底离开社交界，放弃写书的工作，不参加一切文学活动，隐遁在最适合我的狭小天地里，平静地度过晚年的时光。

我的积蓄在退隐庐时已经快花光了，幸而收到《就戏剧问题致达朗贝尔的信》和《新爱洛伊丝》这两部书的酬金，我的经济状况才稍有起色，大约有一千埃居。我写完《爱洛伊丝》后，就全身心地投入《爱弥儿》之中，而现在已经写得差不多了。我估计它给我带来的收益，至少比上面的数字多一倍。我计划把这笔钱存起来，作为一笔小小的养老金，再加上我抄乐谱的收入，足以维持我之后的生活，而不必再写作了。我手上还有两部作品，一部是《政治制度论》；我看了一下这本书的写作情况，发现要花好几年才能写完。我没有勇气再写下去，无法等到把它写完后再执行我的决定。因而，我决定放弃这部作品，将其中可以独立成篇的部分抽出来加以整理，然后把其余的都付之一炬。我怀着满腔的热忱继续着这项工作，同时也没停止《爱弥儿》的写作，不到两年时间，我就把《社会契约论》写好了。

此外，我还有《音乐辞典》的写作。这是一个灵活的工作，随时都可以做，目的只是挣几个小钱。我可以根据其他的收入总合来看这笔收入对我是必要还是多余，将它完成还是放弃。至于《感性伦理学》，一直停留在提纲阶段，因此我完全把它放弃了。

我还有最后一个计划：如果我能完全不靠抄乐谱去谋生，就迁到远离巴黎的地方去住。在巴黎，不速之客络绎不绝，我的生活开销太大了，而且又浪费了我挣钱的时间。有人说，如果一个作家停下笔，就会陷于无聊之中。因此，为了在我的孤独生活中避免这种无聊，我还保留了一项写作计划，以填补空虚，但没有打算在生前出版。我不知道雷伊怎么会有这样一个奇怪的想法，很久以前就开始催我写一本回忆录。虽然到那时为止，还没有什么事能让我对这样一部书感兴趣，但是我觉得，凭我在书中的坦然，就可以让别人感兴趣。于是我就决定以一种史无前例的真实性，将这本书写成一部独一无二的作品，以便人们至少能有一次看到一个人的内心世界。我觉得蒙田的那种假天真很好笑。他表面上承认自己的缺点，但却小心翼翼地尽挑一些可爱的缺点。我呢，无论是过去还是现在，都认为自己是最好的人。一个人的内心无论怎样纯洁，也多少有点儿可憎的缺点。我知道人们在社会上把我描绘得已经远离了我本来的样子，有时甚至把我歪曲得面目全非了。不过我认为，尽管我丝毫没有隐瞒自己的缺点，将一切和盘而出，但这是有得无失的。我在揭露真实面目的同时，就得把别人的真面目也揭露出来。因此，这部作品只能在我和许多人去世后才能发表，于是我鼓起勇气来写《忏悔录》了。我不会在任何人面前因这本《忏悔录》而脸红的。经过这番考量之后，我决心用闲暇的时间，好好地去写这本书，并且开始搜集能唤醒记忆的一切信件和材料。不过，让我感到惋惜的是，以前那些材料要么撕掉、烧掉，要么丢掉了。

这种绝对隐世的计划，是我平生制订的最明智的计划之一。它已经深深地刻画在我的脑海里。但是，正当我开始准备执行这一计划的时候，上天偏偏给我安排了另一种命运，将我投入一个新的漩涡之中。

蒙莫朗西庄园，原来是蒙莫朗西家族古老而典雅的产业。自从庄园被没收以后，它就不属于这个家族了。后来，它由昂利公爵[22]的妹妹传给了孔岱家族，而孔岱家族把“蒙莫朗西”改为“昂简”。如今，在这片公爵的土地上，已经没有什么府第了，只剩下一座旧碉堡，里面存放着一些档案和文件，以接受附庸们的朝拜。但是昂简，有一座私人住宅，是绰号“穷人”的克瓦萨修建的，其富丽堂皇的程度足以和最华贵的公馆媲美，很配称为“府第”，而实际上，其真的被当地人称为“府第”。这座豪宅有着雄伟的外观，屋前的那片土地，周围那块也许是全世界独一无二的景色，那个经能工巧匠装修的宽敞大厅，那座由著名的勒·罗特尔[23]规划布置的花园——所有这一切就构成了一个整体，在令人肃然起敬的威严中，还具有一种难以形容的简朴风貌，令人赞不绝口，叹为观止。卢森堡公爵元帅当时住在这座房子里，每年都要到他的祖先做过主人的这片土地两次，每次住上五六周。虽然是以普通居民的身份来这里，但是排场的煊赫并不减旧日。在我住到蒙莫朗西之后，他第一次来旅行，就和夫人派了一个贴身待从来问候我，并请我到他们府上做客。后来，他们每次来蒙莫朗西，都会派人问候我，并邀请我去他们府上做客。这就让我回想起贝桑瓦尔夫人让我去他们下房吃饭的往事。时代已经变了，但是我却依然如故。虽然我不愿意被人家打发到下房吃饭，但也不想和大人物同席。我希望他们能让我保有本色，既不捧我，也不轻视我。我很客气并且由衷地感谢卢森堡先生和夫人的问候，但我没有接受他们的邀请。我有病在身，行动不便，又生性腼腆，加上自己不善言辞，一想到要与达官显贵周旋，就越发不自在；我都不愿意登府拜谢，因为我知道，尽管他们巴不得我登府拜谢，但他们之所以再三邀请我，是出于好奇心，而非真正敬重我。

然而，他们的邀请接踵而来，并且更加频繁了。布弗勒夫人和元帅夫人交往甚密。她一到蒙莫朗西，就派人来打听我的消息，并询问能否来看我。我礼貌地回答了，但没有松口。罗朗齐骑士是孔迪亲王府上的红人，也是卢森堡夫人的座上宾。他在第二年（1759年）复活节来这旅行的时候，来看过我好几次，因而我们算是互相都很熟悉了。他催促我到元帅府上去，但我依然不愿意。最后，让我万万没想到的是，有一天下午，卢森堡元帅突然到访，后面还跟着五六个人。这样一来，我就无法再推脱。除非我是个没有教养的人，否则就必须回访他，并向元帅夫人致意，因为元帅曾多次代表她向我问好。就这样，在不祥的征兆下，开始了我们之间无法推脱的往来。在我接受之前，就有一种预感：这种迫不得已的交往总是吉凶未卜。

我很怕卢森堡夫人，虽然我知道她非常亲切。大约在十年或十二年前，我就在戏院和在杜宾夫人家见过她很多次。当时，她还是布弗勒公爵夫人，蓓蕾初放、美艳照人。不过，别人都说她的心眼很坏。一个地位这么高的贵妇人，有了这种名声，真让我不寒而栗。可是，当我刚见她的那天，就为她倾倒了。我发现她风姿卓绝，有一种经久不衰，处处打动我的风韵。我原以为她说话尖酸刻薄，但实际上并非如此，而且还非常温和。卢森堡夫人的谈吐虽然不风趣，甚至严格来说也不是高雅，但却有一种意味无穷的细腻；虽然不语惊四座，但令人非常喜欢。她恭维人的话，非常质朴，令人心醉；可以说那是脱口而出，并没有经过思考，是她内心的流露。第一次拜见，我就看出，尽管我的样子笨拙，木讷寡言，但她并不讨厌我。宫廷贵妇，在她们高兴的时候，都能让你产生这种信心，无论是真是假。不过，并不是所有宫廷贵妇都能像卢森堡夫人一样，使你对这种信心感到那么真实，让你没有一点怀疑。要不是她的儿媳蒙莫朗西公爵夫人—— 一个疯疯癫癫的少妇，相当调皮，而且，还有点喜欢撩拨人——想要拉拢我，在她婆婆夸奖我的时候，插嘴说些虚情假意的话，让我怀疑她们是在嘲弄我，否则，我从第一天起就完全信任卢森堡夫人了。

如果不是元帅先生那极其真诚的态度，向我证实了她们婆媳对我也真诚无欺的话，我对她们的怀疑也许很难消除掉。我性格腼腆，但凭卢森堡先生的几句话便立刻使我相信他能平等待我，这让人非常吃惊。更惊人的是，他也只凭我的几句话就相信我真的愿意过自由不羁的生活。他们夫妇都深信我有理由对现状感到满足，而不愿有所变更。因而无论是卢森堡先生，还是他夫人似乎都没有一言半语要关心我的钱袋或财产，虽然我相信他们对我这方面的情况是非常关心的。他们也从来没有说过要为我谋一官半职或提供其他帮助。只有一次，卢森堡夫人希望我进法兰西科学院，而我以宗教信仰不同为理由，推辞了。她说这并不是什么障碍，如果是个大障碍，她愿意为我排除。我说，虽然进这样著名的学术机关能给我带来无限的荣耀，但由于我拒绝过特里桑先生，也可以说拒绝了波兰国王，不愿意进南锡科学院做院士，所以我就不能再进任何其他科学院。卢森堡夫人没有坚持，这件事也就到此为止了。卢森堡先生真不愧是国王的私交。我能与这样显赫的、能在各方面都关照我的大人物交往，竟还能如此朴实。这让我回想起前不久撇开的那些以保护人自居的朋友，不但不帮助我，反而想方设法贬低我；表面上不断关心我，而实际上是在干扰我。这两者比较起来，差别实在太大了。

当元帅先生到蒙路易[24]来看我的时候，我在唯一一间卧室里接待了他和他的随从，显得十分尴尬。我之所以尴尬，倒不是因为我请他坐在那些脏盘子和破罐子当中，而是因为那往下陷的破地板，我生怕他的随从太多，将它完全压塌。我不怕我自己遇到危险，但怕这位仁厚的贵人因将就坐在这里而遭遇不测。因此，我赶紧请他走出房间，尽管天气很冷，但我还是把他带到那间四面通风又没有壁炉的小屋中去了。他刚进小屋后，我就向他说明了原因。他把这原因告诉了元帅夫人，于是他们两人敦促我在修地板期间，搬到他们府里去暂住，或者，如果我愿意的话，搬到一座孤立的房子里去住。这座房子位于园林的中心，被称为“小公馆”。这个美丽的住所，值得我们来谈一谈。

蒙莫朗西庄园，不像舍夫雷特那样，修建在平地上。整个庄园起伏不平，还有小丘和凹地。技艺卓绝的艺术家就利用这些地势，使丛林、流水千变万化地来装饰庄园，凭借艺术和天才手法，把原来有限的空间，扩大了很多倍。园林的高处是一片平台和府第，底部有一片向山谷伸展的低洼地，转弯处有一片大水池。大水池的周围都是山坡，被丛林和大树装点得非常漂亮。在山洼的开阔处有一个橙树园。橙树园和大水池之间就是那座“小公馆”。这座建筑物和周围土地，从前属于著名的勒·布伦[25]。这位大画师在修建这座房屋时，将他在装饰和建筑方面的造诣发挥到了极致。这座房子后来又按照原主图样重建过一次。房子很小，十分简单，而且很雅致。由于它位于谷底，介于橙园和大水池之间，很容易受潮，因此就在房子中间加修了一道明廊，上下两层排柱，使房子的空气可以流通，所以地势虽然很低，但保持了干燥。当你从对面的高处看这座房子时，它就像被水环绕一样，简直是一座迷人的小岛，又像是看见了马热尔湖内的波若美三个小岛当中最美的那个叫做Isola bella[26]的岛屿。

这座幽静的建筑里一共有四个房间；楼下一层还有舞厅、子弹房和厨房。主人让我在这四间房中任选一间。我就选了厨房顶上那个最小、最简单的一间，这个房间非常干净，家具是蓝白基调。而我也占用了厨房。我就在这个幽境中，面对着树林和水池，听着鸟鸣，闻着橙花的香味，心醉神迷地写了《爱弥儿》的第五卷。这卷书中的清新色彩，大部分都源于这个环境。

每天清晨，太阳上山的时候，我就迫不及待地跑到走廊上去呼吸带有花香的空气。在那里，我和黛莱丝面对面地坐着，品尝着极其美味的牛奶和咖啡，十分惬意。我的猫和狗都陪着我们；这一生有它们的陪伴就不会感到寂寞了。在那里，我像是住在人间天堂，过着无忧无虑的生活，享受着幸福。

7月，卢森堡先生和夫人来蒙莫朗西小住，对我关怀备至，非常亲切，以致让我觉得：住在他们的房子里，又受到他们的款待，就不得不经常去拜访他们，作为对他们盛情的回报。我经常去，时刻不离开他们。上午，我去问候元帅夫人，去她那里吃午饭；下午，我和元帅先生一起散步，但不在那儿吃晚饭，因为他的贵宾太多，加上吃饭时间又太晚。直到那时，一切都还很顺利。如果我懂得适可而止的话，就不会出现麻烦了。然而，在感情上，我从来不懂得中庸之道，不懂得适可而止，以为只要尽责就可以。我在为人处事上，要么全心全意地投入，要么就一点儿都不投入。不久之后，我就全心全意地投入了。眼看自己被这样高贵的人款待和宠爱着，便忘乎所以，对他们产生了一种只有地位平等的人才允许表示的友谊。我按照自己的方式对他们越来越亲热，而他们则依旧按照他们的方式对我保持以往的礼数。然而，我和元帅夫人在一起的时候，总是感到不自在。虽然我还没有摸透她的性格，但她的才智更让我害怕。尤其是她机敏过人的头脑，让我又怕又敬。我知道，她在谈话中对人十分苛刻，当然她有权这么做。我知道，太太们，尤其是贵妇人，都需要别人去取悦她们，因此与她们打交道，宁可冒犯，也不能让她们感到厌烦。根据客人走后她所做的评价，就能判断她对我的不善言辞有何感想了。我想了一个补救自己说话迟钝的方法。这方法就是，我朗诵给她听。她听说过《朱莉》这本书，也知道这本书正在印刷中，便急于想要看到这本书。我为了献殷勤，主动提出要念给她听，她同意了。每天上午10点左右，我都会到她的房间去，而卢森堡先生也会过来，把房门关上后，我就坐在她床边朗读。我对朗读的内容做了精心的安排，即使后来没有中断[27]，也够他们小住期间听了。这个办法获得的成功超出了我的预期。卢森堡夫人对《朱莉》和它的作者都着了迷。她嘴上谈的是我，心里想的也是我，整天都会对我说些赞美的话，每天要拥抱我十多次。在餐桌上，她一定让我坐在自己的身边。当某些客人要坐这个位子的时候，她就告诉他们那是我的位子，请他们到别处去。我只要稍微受到一点亲切的表示，就会受宠若惊，请大家想想，这些会对我产生怎样的影响啊。她对我的依恋越多，我对她的敬爱之情便越浓厚。不过，我也很担心，虽然她现在对我很着迷，但我不可能使她永远着迷下去，所以害怕她的着迷变成一种厌恶。不幸得很，这种害怕太有根据了。

在她的性格和我的性格之间，有一种天然的对立。我除了在谈话中，以及在信函中说了很多蠢话以外，即使在我和她相处得很好的时候，我发现也有些事情让她感到不高兴。其中的原因，我想了很久都没有想出来。在这里，我只举一个例子——其实，这样的例子我能举出二十多个。她知道我正在为乌德托夫人抄写一份《新爱洛伊丝》，按页付酬劳。她也想以同样的酬劳要一份。我答应了，并由此把她视为我的主顾之一。所以，为了这事，我给她写了一封很客气的感谢信，至少我的愿望是这样。然而，她的回信（见卷宗C，No.43）让我仿佛从云端里掉了下来，不明白她是什么意思。

我非常高兴，也非常满意，你的信给了我无穷的快乐，所以我马上回信告诉你，并向你表示感谢。

你信中原来的措辞是："尽管你是一个非常大方的雇主，我也不好意思收你的钱。按理说，应该由我出钱买为你工作的乐趣才对。"关于这句话，我不想多说什么。很遗憾的是，在信中你没有跟我谈及自己的健康状况。再没有别的事比你的健康状况更让我关心了。我真心喜欢你，而且我保证，用写信的方式告诉你这些话，我感到十分怅然。如果我能当面和你谈，该是多么快乐啊。卢森堡先生爱你，并且衷心问候你。

星期二，于凡尔赛

我一收到这封信，便立刻未假思索地写了一封回信，对她误解我的话表示不高兴。在可想而知的不安心情中，我仔细琢磨了几天后，始终没有弄明白她的意思。最后，我写了如下这封信，作为回复：

上封信寄出以后，我把那段话反复琢磨了千百遍。按照它原本的、自然的意思去理解．也按别人可能给它的意思去理解，可是，坦白说，元帅夫人，现在我不知道究竟是我该向你表示歉意，还是你该向我表示歉意。

1759年12月8日

于蒙莫朗西

写这几封信，已经是十年前的事了。从那时起，我时常会想起它们。不过，直到今天为止，我对这个问题依然非常糊涂，看不出那段话里有什么冒犯她的地方，或者仅仅是让她不愉快的地方。

在这里我应该说一下，关于卢森堡夫人想要的那份《新爱洛伊丝》手抄本，我想了哪些办法试图让它和其他手抄本不一样。我另外写过一篇《爱德华·博姆斯顿绅士的爱情故事》，并考虑了很久，是否应该把它作为附录全部收入《新爱洛伊斯》，或者只收其中的一部分。由于我觉得这篇写得并不好，它的格调与全书不协调。如果将它收入，就会损害书中那淳朴的爱情故事，最后我决定把它完全删掉。自从我认识卢森堡夫人之后，就又有了不收录这篇文字的有力理由。这个理由就是：在这篇爱情故事里有一位罗马的侯爵夫人，她的性格令人憎恶；虽不能说卢森堡夫人身上有这种性格的某些特点，但很可能会被一些好事者认为是在影射她。我很庆幸，做了这个决定，并且执行了。但是，我一心希望在她这份手抄本中增加一些其他版本里没有的东西。于是，我竟又想起了这篇糟糕的爱情故事，想把它添加进去。真是糊涂啊！只有那盲目的、将我推向毁灭的宿命，才能解释我这荒唐的主意了！

朱庇特想毁掉谁，就先使他失去理智。[28]

我竟傻透了，花了很多心血，费了很多工夫，细心编写这个摘要，并把它作为稀世珍宝送给她，而且特意告诉她，说原稿已被我烧毁，这份摘要只供她一人看，除非她拿给别人看，否则不会有人看到。然而，这种话不仅没证明我的谨慎和细心，反而向她说明我自己觉察到故事中的情节有所指涉，让她看到某些地方有影射的意味。我竟愚蠢到这种地步，还觉得她会欣赏我这种做法呢。然而，让我惊讶的是，她不仅没有像我预期的那样夸奖我，而且根本没有提到那份摘要。而我自己，总觉得这件事做得非常好，只是在很久以后，才根据一些迹像，看到它产生的后果。

为了这份抄本，我还有另一个想法。这个想法虽然合理，但从长远来看，对我还是不利的。一个人注定要倒霉，一切不幸都会来的！我想为这个手抄本配上几幅《朱莉》中的插画，因为它们和这个手抄本的大小相同。于是，我就向果安德要那些插画的原稿，因为无论以什么名义，它们都归我所有，何况我把销路不错的木刻画收入都给了他。但果安德太狡猾了，而我又没那么狡猾。见我多次催要画稿，他就知道我要拿原稿做什么了。后来，他借口要给这些画稿加上一些装饰，就把它们留在他那里了，最后亲自把画稿送给元帅夫人。

作诗的是我，而享名的却是别人。

如此一来，他就能以某种身份进入卢森堡元帅府了。自从我住进“小公馆”以来，他就经常来看我，尤其是在卢森堡先生和夫人在蒙莫朗西的时候，他总是一大早就来。由于我要陪他一整天，就没时间到元帅那里去了。因为他们责备我经常不去，于是我就把原因说了出来。后来，他们让我把果安德也带去，而我照办了，而这正是那个狡滑的家伙要达到的目的。就这样，德鲁松先生的一个小伙计，在主人没有客人同席的时候，才偶然让他同桌吃饭，而现在，由于人家对我特别好，便爱屋及乌，竟也邀请他入席，和法兰西的元帅、亲王、公爵夫人和宫中的显贵人物一起用餐了。我永远无法忘记，有一天，他很早要赶回巴黎。于是，元帅先生在饭后对在座所有人说：“我们到圣丹尼那条路上散散步，送送果安德先生。”那可怜的小伙子受宠若惊，被弄得晕头转向，不知所措。我也非常感动，一句话也说不出来。我跟在后面，像孩子一样哭了起来，恨不得吻一吻这位仁慈元帅的脚印。

一谈到这个手抄本的故事，就连带把许多以后发生的事都提前说了出来。现在，还是让我们回过头来，就我的记忆，按时间的顺序来谈吧。

蒙路易的那间小房子一修好，我就搬回去住了。我把它布置得整整齐齐、简单朴素。当我离开退隐庐时，就有一个愿望：我要有一个属于自己的住所。我永远都不会放弃这个愿望，但我又舍不得丢下在“小公馆”的那几间房子。于是，我把房间的钥匙留了下来。因为我非常喜欢在明廊下吃别有风味的早餐，所以常到那里去过夜，有时一连住两三天，就像住乡间别墅一样。那段时间，我也许是全欧洲住得最好、最舒适的一个老百姓了。我的房主马塔斯先生是天底下最好的人。他把蒙路易的修缮工作完全交给我，让我安排他工匠的工作，而他一概不过问。因而，我决定把楼上的一个大房间改成一个完整的房间，包括一个卧室、一个套间和一个衣帽间；楼下是厨房以及黛莱丝的卧室。花园尽头的小屋就成了我的书房，那里有一扇很好的玻璃隔板，还有一个壁炉。我安顿好之后，又以装饰平台作为消遣。平台上已经有两行枝叶繁茂的椴树，而我又添上了两行，使书斋周围绿荫环绕。我又在平台上放了一个石桌和几个石凳，在周围又种了些丁香、山梅、忍冬。我还砌了一个非常漂亮的花坛，与两行树平行。这个平台比元帅府中的那个平台高一些，景色很美，引来了无数鸟雀。这成了我的大客厅，能够好好地接待卢森堡先生和夫人、维尔赫瓦公爵、丹格里亲王、阿尔芒蒂埃尔侯爵、蒙莫朗西公爵夫人、布弗勒公爵夫人、瓦朗蒂路瓦伯爵夫人、布弗勒伯爵夫人，以及其他显赫的客人。他们不惜走一段十分累人的坡路，从元帅府来蒙路易看我。这些大人物之所以多次来看我，全都仰仗卢森堡先生和夫人对我的厚爱。我能体会到这一点，因而我的心对他们表示由衷的感激。正是由于这种感激的心情，有一次，我抱着卢森堡先生说：“啊！元帅先生，在认识你之前，我通常非常恨大人物；自从你让我深切地了解到他们原来那么善于欺世盗名之后，我就更恨他们了。”

凡是这个时期和我交谈过的人，我都要问一下他们：是否见我某个刻被这种耀眼的光焰迷惑过？人们对我的恭敬是否在某个时刻熏昏了我的头脑？他们是否看到我在举止上没有表里如一？可曾见我在态度上不那么单纯质朴，对人不那么和蔼可亲，对左邻右舍不那么亲切？我在能帮助别人的时候，可曾有一次因那些不速之客不断地给我添乱，就不帮助他们了？虽然我对蒙莫朗西府中的两位主人有一种爱戴之情，因此常常被吸引到元帅府中去，但是它也同样把我带到左邻右舍中去，品尝那种平淡而简单的生活。黛莱丝和一个瓦匠的女儿成了朋友，而这个瓦匠是我的邻居，名叫皮耶尔。就这样，我也和那个瓦匠交上了朋友。上午，我为了讨好元帅夫人，就在她府中拘束地用完午餐后，下午便急忙跑回来去皮耶尔家；并且，有时在他家，有时在我家，和这忠厚的一家人用餐。

不久，除了这两个住所之外，我在卢森堡府中又有了第三个住所。府中的主人总是催我去看他们，有时催得很急，以至于我虽然讨厌巴黎，但还是不得不去。自从我迁居退隐庐之后，我只去过巴黎两次，在前面已经说过。不过现在我去巴黎，只是按照约定的日期，纯粹是为了和友人共进晚餐，第二天上午就会回来。我进出都是经过面对环城马路的那座花园，所以严格意义上来说，我从未踏上过巴黎的街道。

这转瞬即逝的幸福时期之后，一场标志着好运即将结束的灾祸正在悄悄地酝酿。我在回蒙路易不久后，认识了一个人。和从前一样，这个人并非是我主动结识的，而她，在我的一生中有着里程碑式的意义。大家从下文就可以判断，我与这个人的交往究竟是福还是祸。

我说的这个人，是我的女邻居韦尔德兰侯爵夫人。她的丈夫刚在离蒙莫朗西不远的斯瓦西买了一幢乡间别墅。她出嫁前是达尔斯小姐，即达尔斯伯爵的女儿。这位伯爵虽然很有地位，但是家境贫穷，便把他的女儿嫁给了韦尔德兰先生。韦尔德兰年纪很大，面带刀伤，耳朵又聋，还瞎了一只眼睛，他性格严厉粗暴，还爱吃醋。不过，如果你能摸透他的脾气，就会觉得他是个好人。他每年有一万五到两万利弗尔的收入，而达尔斯小姐就被迫嫁给了这笔年金。这个老东西整天咒骂叫嚷、暴跳如雷，弄得他妻子终日以泪洗面。尽管到最后，还是她说了算，让他做什么就做什么，但还是会让她生气。她要他承认是他自愿这么做的，而不是她逼迫他做的。

在前面，我提到过的马尔让西先生是韦尔德兰夫人的好朋友，后来又成了韦尔德兰先生的朋友。几年前，他把自己在靠近奥波纳和昂迪利的马尔让西庄园租给了他们。我恋上乌德托夫人的那段时间，他们正住在那里。经由乌德托夫人和韦尔德兰夫人共同的朋友布德尔夫人介绍，她们相识了。由于乌德托夫人喜欢到奥兰普山去散步，这就必须穿过马尔让西园林，所以韦尔德兰夫人就给了她一把钥匙，方便她过路。有了这把钥匙，我经常和她一起路过园林。然而，我不欢喜和什么人不期而遇，所以，当我们偶尔碰见韦尔德兰夫人的时候，我就让她俩走在一起，自己什么话都不说，一个劲儿地向前走。这种不礼貌的态度，当然不会给她留下什么好印象。然而，在她搬到索瓦西之后，还主动来看我。虽然她来蒙路易看我，但我很多次都不在。后来，她见我不去回访她，就想了一个办法：给我送了几盆花，用来装饰平台。这样一来，我就不得不回访她。然而，麻烦也就开始了——我们就这样来往了。

我们的交往一开始便风波频起，凡是我身不由己而开始的交往，大都如此。韦尔德兰夫人的气质和我的格格不入，因此在与她交往的过程中，我从来没有过真正的平静。她的俏皮话和讽刺语常常脱口而出，而你必须时刻警觉，才能发现自己是否被她嘲笑了。对我来说，这真是防不胜防，很伤脑筋。现在，我想起一件小事，足以说明这一点。她的哥哥刚被任命为一艘三桅战舰的舰长，在海上巡逻，防范英国人。所以，我就谈到如何配备这艘战舰而不影响它的速度。“是呀！”她用非常平淡的语气说，“只要装上几门够打仗的大炮不就行了。”我很少听到她在背后说朋友们的好话，同时又不加点挖苦的意味。对于任何事，她不是往坏处想，就是往可笑的地方想，就连她的朋友马尔让西也未曾幸免。我觉得，她还有一点让人接受不了：她总是隔三差五地给我捎个口信，或者写个便条，要不然就送点小礼物，弄得我不胜其烦，必须绞尽脑汁地去回复；至于那些礼物，我不知是收下还是拒绝，非常为难。不过，因为我们经常见面，我还是对她产生了感情。我们同病相怜，各有苦处。于是，我们觉得单独相处、互诉衷肠是一件饶有兴趣的事。没有什么比两人相对而泣更能将两颗悲伤的心联系在一起了。我们经常见面，互相安慰，从而让我把很多不愉快的事都忘记了。虽然我对她很真诚，但有时比较粗暴，甚至有时不太尊重；我深知自己必须非常尊重她，才能让她真正原谅我。有时候，我也给她写信，而她在回信中从来没有显露出一丝不快。我拿以前写的信来说明这一点：

夫人，你跟我说，你没有把话说明白，其实，这无非是让我认识到我没有把话说明白。你在信中说自己愚蠢，无非是让我认识到自己的愚蠢。你夸你是个老实人，好像生怕别人真的相信你是个老实人。你向我道歉，无非是让我明白，我该向你道歉。是啊，夫人，我很明白，愚蠢的人是我，老实的人也是我；更糟糕的是，我不善于斟酌字句，无法让你这样注重谈吐而又善于词令的法国贵妇高兴。不过，你要知道，我一直都是按照语言的一般意义来遣词造句的。我根本不懂，而且也不想懂巴黎社交圈给它们添加的高雅含义。如果有时我的用词模棱两可，那么，我会努力用行动来表达它的意义。……

1760年11月5日
于蒙莫朗西

这封信的其他部分，差不多也是同样的语气。请大家看看她对于这封信的回复（见卷宗D，No.41），就能看出这女人的心有多么冷静。她非常能沉得住气，对这封信竟毫无反感，没有半点怨言，也没有任何不满。果安德非常善于钻营，竟然胆大到不知羞耻的地步。凡是我的朋友，他都想方设法地去巴结。很快，他就以我的名义跑到韦尔德兰夫人家去，并且背着我，比我去的次数还多。这个果安德真是厚脸皮，以我的名义跑到我的朋友家去，还不走了，毫不客气地蹭饭吃。他口口声声说，自己以满腔热情为我效劳，一谈起我便热泪盈眶。然而，他在见我的时候，只字不提他到我朋友家的事；对我感兴趣的一切，他也都讳莫如深。他不但不把他听过或者见过的有关我的事告诉我，反而向我打听一些事。巴黎的事，除了我告诉他的以外，他什么都不知道。尽管大家都在我面前提到他，但他从来不在我面前谈论任何人。我是他的朋友，而他在我面前总显得非常神秘。好了，现在我们暂时不谈果安德和韦尔德兰夫人，到后面再说吧。

我回蒙路易不久后，画家拉都尔来看我了，并把他为我画的那幅粉笔肖像也带来了。几年前，这幅画像曾放在沙龙里展览过；他曾想把这幅肖像送给我，但当时我没接受。埃皮奈夫人曾把她的画像送给我，并希望我能把这张画像送给她，因此让我把它要回来。于是，拉都尔又花了些时间把画像修改了一下。也就在这段时间，我和埃皮奈夫人决裂了。我把她的画像还了回去，而我的画像也没有给她。后来，我住在“小公馆”的时候，就在卧室里把它挂了起来。卢森堡先生看见了，认为画得非常好，而我也表示愿意赠给他。他接受了，因此我派人把画送到他的府中去了。他和元帅夫人都觉得，我一定很希望有他们一幅肖像画，于是就叫人画了两张十分精巧的小像，嵌在一个用水晶制成的镶金糖果盒上，作为一份极其珍贵的礼物送给我；我非常高兴。而卢森堡夫人怎么也不肯将她的画像镶嵌在盒子上面，并多次责备我爱卢森堡先生胜于爱她；对此，我从未否认过，因为这是事实。她就利用镶嵌肖像的方式，很委婉但也很明确地向我表明，她对我这种偏爱是有意见的。

差不多在这个时候，我又做了一件傻事，而且也无助于保持她对我的恩宠。虽然我从来都不认识希鲁埃特先生[29]，对他也毫无喜爱之情，但对他采取的行政措施，深感佩服。当他开始对金融家施压的时候，虽然我看出他此举的时机不对，但我还是希望他能成功。当我听说他被撤职的时候，就鲁莽地给他写了一封信。这封信的内容如下：

先生，请接受一个离群索居之人对你的敬意。虽然你并不认识这个孤独的人，但他对你的才干表示赞赏，对你的施政方案表示钦佩。他预料到你采取的那些措施将阻碍你的任期。你知道首都的奢豪会误国，不削减费用就无法救国。于是，你置那些唯利是图之人的叫嚣于不顾。之前，我看你打击那些坏蛋，非常羡慕你大权在握，干出一番事业；如今，我看你离开这个位置，但仍不改初衷，让我对你更加钦佩。先生，你应该感到骄傲，这官职给你带来了永久的盛名，将没有人和你竞争。小人的咒骂，是正直之人的光荣。[30]

1759年12月2日

于蒙莫朗西

卢森堡夫人知道我写了这封信后，在复活节来旅行时，便和我谈起了此事。我把信给她看了，而她想让我抄一份。于是，我就照办了。然而，当我把抄件给她的时候，并不知道她就是我信中所说的“唯利是图之人”之一，也就是他们反对希鲁埃特提出的土地转租方案，因此联合把他赶下了台。从我干的许多蠢事来看，大家也许会说我存心去招惹一个既可亲又有权势的女人来恨我。不过老实说，对于这个女人，我越来越敬爱她。虽然我做了许多傻事，很有可能招致失宠，但绝对没有故意要惹她生气的意思。现在，我觉得用不着多费笔墨，大家看到我在前文谈到的特农香先生的鸦片制剂那个故事，就与她有关；故事中提到的另一位贵妇人，是米尔普瓦夫人。她们再也没有和我谈过这件事，也丝毫没有流露出要把这件事放在心上的意思。不过，要说卢森堡夫人真把这件事忘掉了，我觉得从后来发生的事情来看，就难说了。至于我，对于自己做过的那些蠢事可能产生的后果，一直稀里糊涂，甚至从来没有考虑过，因为我心里明白，没有一件事情是故意冒犯她而做的。然而，我根本不知道女人永远不会原谅这种事，即使明明知道别人是无心之失，也不会原谅。

虽然她表面上似乎什么都没看到，什么都没觉察到；虽然我发现她对我依然那么殷勤，态度没有任何变化，但我有一种日益增长、确有根据的预感：她对我的关怀备至不久就会变成对我的厌恶。这样高贵的一位夫人，我能期待她对我行事的愚蠢能永远忍耐下去吗？我不知道能否将这种忐忑不安、六神无主的隐忧掩藏起来，永远不说出来。读者从下面这封包含着奇特预言的信中就可能看出来，我是怎样愚蠢。（注：这封信的草稿上没有写明日期，最迟是1760年10月写的。）

……你们对我的盛情是多么残酷啊！一个遁世者之所以放弃了人生的乐趣，为的是摆脱人生的烦恼。然而，你们为什么偏要搅乱他的安宁呢？我花费了一辈子的光阴去寻找坚实的友情，但结果是徒劳无功的。既然在我能够接触的社会环境中，都没能获得这种友情，难道我能在你们这样的环境中找到吗？权势与名利都无法吸引我；我没有野心，也无所畏惧。我能抵抗一切，就是无法抵抗友情的关怀。你们为什么要针对我这个应该克服的弱点来攻击我呢？像我们如此悬殊的地位，真情的自然流露是不会把我和你们的心连结起来的。对于一颗不知道有两种表达方式而只能感受友谊的心来说，仅仅感激之情就够了吗？友情难寻啊，元帅夫人！这就是我的不幸！对你，以及元帅先生来说，这个词虽然漂亮，但如果我信以为真，那就太糊涂了。你们逢场作戏，而我却是一往情深：最终游戏结束了，只给我徒增许多新的惆怅。我非常恨你们那些头衔！而且我很遗憾你们竟有那么多头衔！我觉得如果你们能领略一下平民的乐趣，该多好！你们如果能住在克拉朗[31]就好了！如果你们住在那儿，我就到那里去寻找自己的幸福了。然而，你们住在蒙莫朗西，偏偏又是卢森堡公馆，这哪是我让—雅克该去的地方！一个热爱平等的人，有一颗多情的心，用爱来报答别人给予的敬意，就以为所受到的爱相等了吗？我知道，而且也亲身体验到你很慈祥、很重感情。然而，遗憾的是，我没能早日体会到这一点。但是，在你所处的这种地位，按照你们那种生活方式，任何事物都不会留下持久的印像，许多新奇的事物必然要互相抵消，以致任何事物都不能长存。夫人，在你使我无法仿效你们那种生活方式之后，请把我忘掉吧。我的不幸，很大一部分是你造成的，因此，你是无法原谅的。

我在信中把卢森堡先生和她拉在一起，是让她听了信中的话不至于感到太生硬。我对卢森堡先生很有信心，对他友谊的持久性从来没有一点怀疑。卢森堡夫人却让我感到的担心，从没有扩及到元帅本人。虽然他性格软弱，但喜怒不形于色，十分可靠，让我很信任他。我既不担心他会变得十分冷漠，也不指望他对我有英雄式的感情。我们在相处中，无拘无束，就表明我们是多么信赖对方。我们两人都做得对：在我有生之年，将永远崇敬、爱戴这位德高望重的高贵人物。虽然有人想离间我们，但我深信他至死都是我的朋友，而我在他临终时也会守在身边。

1760年，他们第二次来蒙莫朗西小住的时候，我把《朱莉》全部都朗读完了。为了常常能在卢森堡夫人身边，我继续为她朗读《爱弥儿》，但并没有那么成功。究其原因，要么是题材不合她的口味，要么是读得太多，让她感到厌倦了。她总是责怪我甘愿受那些书商的欺骗，让我把这部书的出版工作交给她，让我多得一些收益。我同意了，但明确地提出了一个条件：不在法国印刷。在这个问题上，我们争执了很久。我认为这本书的出版得不到官方的默许，甚至连请求默许，都是不谨慎的；我不希望未经许可就在法兰西王国印刷。她却坚持说按照政府当时所采取的制度，即使正式送去审查，也不会有什么困难。她居然有办法让马尔泽尔先生也同意了她的观点，并亲笔给我写了一封长信，说明《一个萨瓦省的牧师的信仰自白》是一篇到处都获得赞许的文章。因此，在当时的情况下看，也将得到宫廷的赞许。我看到这位一向较真的官员，在这件事上竟变得如此随和，还真有些吃惊。既然一本书的出版只要经他的批准，印刷就是完全合法的，我就不再提什么反对意见了。不过，由于某些顾虑，我还是坚持将书稿拿到荷兰印刷；我不仅指定要交给书商勒奥姆，还直接写信通知他。除此之外，为了照顾法国书商的利益，我同意这版一印出便可在巴黎销售或其他任何地方发行，因为这种销售与我无关。卢森堡夫人与我商定的，就是这些内容。商量好之后，我就把书稿交给她了。

她这次小住，把她的孙女布弗勒小姐——现在是洛赞公爵夫人——也带来了。那时，她叫阿梅丽，十分可爱，性格温柔，带着童贞的羞涩。再也没有谁比她的容貌更加清秀可人了，再也没有谁比她更能引起人们温馨、纯洁的爱怜了。那年，她还是个孩子，不到十一岁。元帅夫人觉得她过于腼腆，就想方设法让她变得活泼点。夫人好几次允许我吻她，我就带着平时那呆板的样子照办了。要是换成别人，肯定会做出一些高雅的表情，说一些好听的话来，但我却呆若木鸡，窘迫万分。我也不知道究竟是那个可爱的小姑娘害羞呢，还是我自己害羞呢？有一天，我在“小公馆”的楼梯上遇到她。她刚去看过黛莱丝，而她的保姆还在和黛莱丝聊天。因为我不知该对她说什么，就提议给她一个吻。虽然那天早晨她奉祖母之命，当着祖母的面，接受了我的吻，但她天真无邪，还是没有拒绝。第二天，我在元帅夫人床边给她朗读《爱弥儿》的时候，正好读到一段话，批评的就是我那天所做的事情。夫人觉得我的观点很正确，而且还发表了一些很合情理的意见，让我羞得满脸通红。我诅咒自己这种不可饶恕的愚蠢，虽然这种愚蠢只是因为我的笨拙尴尬，但在别人眼中就是一种卑鄙的有罪行为。人们甚至会把这种愚蠢说成是一个有智慧的人为了掩饰自己的辩白。我可以断言，在这可能受到指责的一吻中，和其他亲吻一样，阿梅丽小姐的心灵和感官并不比我的更加纯洁；我可以发誓，如果当时我能躲开她的话，就一定会避开她，这并不是因为我不愿意见到她，而是因为我临时找不到一句得体的话来对她说，而感到非常尴尬。一个连国王的权威都不怕的人，一个小姑娘能让他害怕吗？没有一点临机应变的能力，怎么办？如果勉强让我去和路上遇见的人说话，我肯定会说出许多傻话来。如果我一句话都不说，别人就会把我看成是个愤世嫉俗的人，是个难驯的野兽。如果我真是一个完全的白痴，这倒反而对我有利；可是，我在交际方面缺乏的才能，反而把我独有的才能变成了毁灭自己的工具。

在这次小住快结束的时候，卢森堡夫人做了一件好事；在这过程中，我也出了一份力。狄德罗非常不小心，得罪了卢森堡先生的女儿罗伯克王妃。因而，她所庇护的帕里索就写了一部题为《几个哲学家》的喜剧，为她报复。在这部喜剧中，我成了被嘲笑的对像，而狄德罗更被挖苦到了极点。据我猜测，作者之所以没有过多挖苦我，其原因并不是因为他感激我，而是因为他怕得罪他保护人的父亲[32]。帕里索知道，他保护人的父亲很喜欢我。书商杜什纳——那时我还不认识他——在这个剧本出版以后给我寄了一本。我怀疑这是帕里索指使他寄给我的。他以为我看到那个和我绝交的人[33]被攻击得体无完肤后，心里一定会非常高兴。然而，他的算盘打错了。其实，狄德罗这人并没有害人之心，只是嘴不严实、性格软弱。虽然我和他绝交了，但内心还是对他保有留恋之情，甚至敬佩之心，对我们昔日的情谊十分珍惜。我深知，我们那段情谊，在很长一段时间里，彼此都是真诚的。格里姆就不同了，他为人虚伪，从来没有爱过我，甚至根本不懂什么是爱。他没有任何理由抱怨我。他之所以戴着假面肆无忌惮地污蔑我，纯粹是满足他那邪恶的忌妒心。对我而言，格里姆早就在我心中消失了，而狄德罗始终还是我的老友。因此，当我看到这极其可憎的剧本时，激动万分，越看越生气，还没有读完，就把它退还给杜什纳，并附了以下这封信：

先生，我匆匆翻了翻你寄来的剧本，看到我在剧中受到称赞，真是诚惶诚恐。我无法接受这个可憎的礼物。我深信你把它寄给我，并非想侮辱我。然而，你不知道，或者你已经忘记了，我曾很荣幸地和一个可尊敬的人做过朋友，而这人在剧本里遭到了歪曲和诽谤。

1760年5月21日

于蒙莫朗西

杜什纳把这封信公开了。狄德罗原本应该感动的，但他反而大为恼火。他气量狭窄，不能原谅我这种心胸开阔以友谊为重的行为。同时，他的妻子还到处说我的坏话，语言虽然毒辣，但我并不生气，因为人人都知道她是个语言泼辣的女人。

现在轮到狄德罗来报复了。他发现莫赫勒神甫[34]是一个替他出气的人。莫赫勒神甫模仿《小先知》[35]的笔调，写了一篇攻击帕里索的小册子，题为《幻想》[36]。他在这本小册子里很不小心地冒犯了罗伯克夫人。罗伯克夫人的朋友就把神甫关进了巴士底狱。其实，罗伯克夫人并非是一个报复心很强的女人，何况她当时已经卧床不起了。我深信，她并没有插手这件事。

达朗贝尔跟莫赫勒神甫的关系很好。他写了一封信给我，托我向卢森堡夫人说情，求她释放莫赫勒神甫，并答应在《百科全书》里撰文褒奖卢森堡夫人[37]，以示感激。以下是我的回信内容：

先生，在收到你的来信之前，我已经向卢森堡元帅夫人表达过我对莫赫勒神甫被拘禁一事所感到的难过之情了。她知道我对这件事很关心，也知道你很关心这件事；只要她知道莫赫勒神甫是个才德兼备的人，她就会关心这件事。虽然她和元帅先生十分垂青我，足慰平生；虽然一提到你朋友的名字，就能够引起他们的注意，从而对莫赫勒神甫予以关怀，但我不知道他们这次将如何利用他们的地位和威望才能对这件事产生影响；我还不能相信这次的报复行为与罗伯克王妃有关。即使有关系，也不像你想像的那么大，更不应该认为复仇之乐是哲学家的专利；既然哲学家行事像女人，那么，女人行事也会像哲学家的。

等我把你的信给卢森堡夫人看了以后，看她对我说些什么，我再告诉你。不过，以我对她的了解，我可以预先告诉你，即使她愿意出力使莫赫勒神甫获释，但她是绝不会同意你在《百科全书》中撰文感激她的。尽管她会引以为荣，因为她做善事，不是为了人家的褒美，而是为了满足自己的善心。

我想方设法地鼓动卢森堡夫人的热忱和同情心，为那可怜的囚徒四处奔走，结果成功了。她特地去了一趟凡尔赛，和圣弗洛朗伯爵商谈此事，所以缩短了她在蒙莫朗西小住的时间。元帅先生也在这个时候离开蒙莫朗西去了卢昂，因为那里的议会有些骚动，需要人去控制，所以国王派他去那里担任诺曼底的总督。下面是卢森堡夫人在启程后的第三天给我写的信（见卷宗D，No.23）：

卢森堡先生已经在昨天早晨6点时动身了。我还不知道自己是否要去那里。我等他的来信，因为他自己也不知道要在那里待多久。我已经和圣弗洛朗丹先生谈了，而他非常愿意帮助莫赫勒神甫。不过，在这件事上，还是遇到了一些麻烦，他希望下周晋见国王时能够解决。我曾经还替神甫求情，不要把他流放出去，因为已经有人提出要把他放逐到南锡。先生，我所得到的结果就是这些。然而，如果事情没有如你希望的那样解决，我向你保证，我是不会让圣弗洛朗丹先生停止努力的。现在，我要告诉你，我这么早就离开你，心里非常难过；我敢说，你对这种怅惘之情是猜想不到的。我衷地心爱你，并且一辈子爱你。

星期三，于凡尔赛

几天后，我收到了达朗贝尔的一封信，让我感到非常快乐（见卷宗D，No.26）：

亲爱的哲学家，多亏你的力量，神甫已经从巴士底狱出来了。虽然他被拘留了一段时间，但没有什么后果。他明天要去乡下了；他和我一起向你表示由衷的感激与敬意。请多保重，并爱我。

8月1日

几天以后，神甫也给我写了一封感谢信（见卷宗D，No.29），我觉得这封感谢信并是非真情流露，而且对我帮助他这件事，似乎不值一提。又过了一段时间，我发现达朗贝尔和神甫在卢森堡夫人面前虽说不上已经取代了我，但可以说占了和我相同的位置。他们在她心里得到了多少宠爱，我就在她心里失去了多少宠爱。不过，我并不认为这是莫赫勒神甫从中捣鬼，让我失宠。我太敬重他了，因此我绝不会怀疑他。

至于达朗贝尔先生，暂且不谈，等以后再说。

正在这时候，我又遇见了另外一件事，它和我以前写给伏尔泰先生的最后一封信有关。他对这封信非常不满，像是受到了什么侮辱，但从没将这封信拿给别人看过。现在，我在替他做不愿做的事。

我认识特鲁布勒神甫，但不怎么熟悉，见面的次数也不多。1760年6月13日，他写了一封信给我（见卷宗D，No.11），告诉我，他的朋友福尔梅先生曾在他主编的刊物上[38]将我写给伏尔泰的论里斯本大灾难[39]的信登了出来。特鲁布勒神甫想知道这封信是在什么条件下发表的，并问我如果重印这封信有什么意见，但又不愿把他的想法告诉我。因为我最恨这种玩弄花招的人，所以在回信中把该表示感谢的客套话说完以后，就表现出了一种生硬的语气，而这种语气他一定感觉到了，但这并没有阻止他花言巧语地又给我写了两三封信，直到他打听到了想知道的一切情况为止。

我很清楚，不管特鲁布勒神甫怎样说，福尔梅找到的那封信绝不是印刷的。最初印刷那封信的人就是福尔梅。很早我知道，他是个厚颜无耻的剽窃者，虽然他还没有无耻到抹掉已出版书的作者名字，放上自己的名字，然后拿出去牟利，但他的确曾肆无忌惮地拿别人的作品去牟利。[40]不过，原件怎么会到他手里的呢？问题的关键就在这里。其实，这问题并不难解决，只怪我当时头脑太简单了，所以才感到为难。虽然伏尔泰在信里备受推崇，虽然他为人处事不大正派，但是，如果我没有得到他的同意，就让人发表那封信，他还是有充足的理由大发牢骚的。于是，我决定给他写封信谈这问题。对于这封信，他一直没有回复：这封信必然会惹他生气，更有可能会气得火冒三丈，七窍生烟。下面就是第二封信的内容：

先生，我本来不想和你有书信往来的，但获知1756年给你写的那封信在柏林对外公开发表了，因此，我应该把自己在这件事上的做法，真实并简要地写信告诉你。

这封信注明是写给你的，就绝对不准备发表。我曾以保密为条件，将它抄送给了三个人。对于这三个人，由于友谊的驱使，我无法拒绝他们。同样，由于友谊的驱使，这三个人不能违背他们的诺言，而滥用他们手中的信。这三个人分别是舍农索夫人（杜宾夫人的儿媳）、乌德托夫人和一个名叫格里姆的德国人。舍农索夫人曾希望发表这封信，并征求过我的意见，而我告诉她，这应该由你决定。之后她征求你的意见，但你拒绝了，事情也就此作罢了。

特鲁布勒神甫原和我没有任何联系。最近他写信给我，以十分关切的口吻对我说，他收到了福尔梅先生寄给他的一份刊物，上面刊载了那封信，还附有编者的一则按语。这则按语是1759年10月23日加的，说明那封信是几星期前在柏林的几家书店里发现的，还说因这类活页印刷品，很快就会消失得无影无踪，所以他认为应该将它载入自己主编的刊物上。

先生，这就是我知道的所有情况。有件事可以肯定，到现在为止，巴黎人连听都没听说过那封信。同样可以肯定的是，落在福尔梅手中的那封，无论是原稿还是印刷品，只能是从你（这似乎不太可能），或者是从我前面提到的三人中传出去的。还可以肯定的是，那两位夫人不可能做出这种违背诺言的事来。我在隐居的生活中无法知道更多的情况。你交友广泛，如果愿意的话，而且觉得该查明一下，就应利用朋友的关系，追根溯源，查个清楚。

在信中，特鲁布勒先生还告诉我，他将把手中那份刊物保存起来，没有经得我的同意，就绝不外传。我当然不会同意。不过，那份刊物在巴黎并非是唯一的一份。先生，我希望那封信不要在巴黎印发，并且将尽一切力量去阻止。但是，如果我不能阻止它在巴黎印发，如果我能及时知道自己有印发的优先权，那么，我将毫不犹豫地选择自己印发。我觉得这么做，既公平又很自然。

至于你对那封信的回复，我从来都没有传给任何人，这点你可以放心。没有经得你的同意，它是绝对不会被印发出来的。当然，我也不会冒昧地请求你的允许，因为我深知这是一个人写给另一个人的，而非写给公众的。不过，如果你愿意另写一封供发表的信，把它寄给我，我便承诺，忠实地将它附在我的信里，不添加任何评说的词句。

先生，我一点也不爱你，因为我是你的门徒，又是你的拥护者，而你却给我带来了许多痛苦。你受到了日内瓦的庇护，而你也断送了日内瓦：你将这座城市搞得乌烟瘴气，乱成一团。我在自己的同胞面前为你拍手叫好，而你却离间我们，让我无法居住在本国；让我将葬身异乡，失掉一个临终之人应得的安慰。最终，我只能横尸街头，而你在我的国家里享尽一切尊荣。总之，我恨你；这恨是你自找的，然而，我由曾经的爱你变成了如今的恨你。过去，在对你的一切好感中，所剩的只是对你才能和作品的尊敬和喜爱。如果说，你身上只有才能值得崇敬外，其他的便无可称道了，过错并不在我。对于你的才能，我将永远对它们充满敬意，并以符合这种敬意礼数尊重它。再见了，先生。[41]

1760年6月17日

于蒙莫朗西

文学给我带来的许多麻烦，让我越来越感觉到自己的决定是正确的。正当我置身于风波中的时候，我得到了文学给我带来的最大的荣誉：孔迪亲王曾两次来访我的住处，一次是来“小公馆”，还有一次是来蒙路易。这两次来访，他都特意选在卢森堡先生和夫人不在的时候，以此表示他是专门来看我的。我从来没有怀疑过，我之所以能获得这位亲王的恩宠，是由卢森堡夫人和布弗勒夫人介绍的；同样，我也没有怀疑过，从那以后，亲王就不断给我荣宠，是出自他的真情厚谊，以及对我的赏识。[42]

由于蒙路易的房子很小，而花园尽头的那间小屋倒是景色很美，我就把亲王领到那里去了。亲王对我恩宠至极，让我陪他下一盘棋。我知道他赢过罗伦齐骑士，而罗伦齐骑士的棋艺又比我高超。然而，不管骑士和旁人怎样向我使眼色，我都装没看见。我下了两盘棋，最后都赢了。在结束的时候，我以尊敬但很庄重的语气对亲王说：“先生，尽管我非常尊敬殿下，但既然是两军对垒，就不容许我有所让步。”这位高贵的亲王才识过人，从不喜欢听阿谀奉承之词。我这句话让他真正感觉到——至少我是这么认为的——在那种场合下，只有我一个人把他看做普通人，因此我有理由相信他对我的表现是真正满意的。

即使他不满意，我也不会怪自己没有用花言巧语去欺骗他。当然，我绝对没有辜负他的盛情，对于这一点，无可厚非。不过，有时我报答他的盛情时，态度不是很好；而他对我始终是那么体贴入微。几天后，他派人给我送了一篮子野味，而我收下了。过了不久，他又派一位陪他打猎的官员，给我送了一个字条，上面说“这是殿下狩猎的收获，是他亲手打到的野味”，我还是收下了。不过，我写信给布弗勒夫人说：如果再送来，我就不接受了。这封信受到了大家的谴责，并且也真的该受到谴责。亲王的礼物只是一些野味，而且他派人送来时又那么客气，可我竟然拒绝了，这与其说是一个要保持独立品格的高尚之士该有的细腻，不如说是一个不识身份的鲁莽之徒表现出来的粗鄙。后来，每当我在文稿中重读这封信的时候，都惭愧得满脸通红，悔恨不已。既然，我的书名为《忏悔录》，就不能忽略这愚蠢行为的行为。这让我无地自容，因而更不能有所隐瞒。

我差点儿又做了一件蠢事：成为亲王的情敌。当时，布弗勒夫人是他的情妇，但我什么都不知道。她常常和罗朗齐骑士来看我。那时的她，年轻貌美，总是装出了一副古罗马女人的样子，而我总是一副放浪不羁的样子，这就让我们在情感上靠近了一些。我差点就被她迷住了。我想她看出来了，而罗朗齐骑士也看出来了。他和我谈起过，而且没有一句话有让我死心的意思。然而，这一次我很谨慎。年近五十，也该收收心了，何况不久前，我在《就戏剧问题致达朗贝尔的信》中曾把那些花心老头儿教训了一番。因而，如果我不能汲取教训，那也太不像话了。现在，我既然听到了从前不知道的情况，就该保持清醒，绝不能和地位这么高的人去争风。何况，我对乌德托夫人那段痴恋还没有完全放下，感觉没有任何女人能在我心中代替她的位置了。所以，在我的后半生中，就和爱情永诀了。就在我写这段话的时候，又有一个女人向我暗送秋波，那眼神让人方寸大乱。不过，即使她假装忘记我已一把年纪，我还是记得很清楚。这一步，我没有迈错，以后便可高枕无忧。

布弗勒夫人既然能觉察出她使我动了心，当然也能看出我战胜了心中的情欲。我不会那么傻，也不会痴心妄想地认为，我这样的年龄还能让她感兴趣。不过，根据她对黛莱丝所说的一些话来看，我的确引起了她的好奇心。如果这是真的，如果她因为这点好奇心没有得到满足，而不愿意原谅我的话，那我必须承认：命中注定我要成为易于动情这个弱点的牺牲品，因为如果爱情战胜了我，我就要大尝恶果；而如果我战胜了爱情，那么我尝的苦果就更大了。

在这两卷书中，引导我追述往事的那些信件，就在这里结束了。以后，我只能沿着记忆的痕迹前进。在这段残酷的时期里，我的记忆是那么清晰，印象是那么深刻，所以，尽管我迷失在灾难的汪洋大海中，但我无法忘记第一次“沉船”的细枝末节，而“沉船”的结果早已模糊不清。因此，在下一卷中，我依然能稳健前行。如果我能走得更远一些，就只能摸索着前行了。

注释：

【1】一个小岛，在印度尼西亚和菲律宾之间的马里亚纳群岛中。

【2】卢梭在巴黎稿本中添加了这样一条注：我承认，自我写了这本书以来，从周围发生的那些奇怪事件看出，我并不了解狄德罗。

【3】当我写完这段话后，他已经迈出了这一步，还取得了成功。我觉得，是特

农香助他迈出了这一大步。——原著者注

【4】“大人物”指的是先后担任外交大臣和陆军大臣的舒瓦瑟尔，他支持《百科全书》派的活动。

【5】这里指《百科全书》的第七卷。

【6】卡蒂纳（1637—1712年），路易十四统治时期，法国陆军元帅。

【7】阿波罗，在希腊神话中掌管诗歌、音乐，是灵感的赋予者。

【8】卢梭就是莫里哀喜剧《恨世者》里面的阿尔塞斯特，斐兰特有可能指格里姆，色里曼纳可能指埃皮奈夫人。乌德托夫人、圣朗贝尔，还有卢梭自己，可能就是拉辛悲剧《贝蕾妮丝》里的三个人物（不过，卢梭把结局改了）。

【9】这里指《论人与人之间不平等的起因和基础》。

【10】这部作品指的就是《就戏剧问题致达朗贝尔的信》。

【11】因为我把问题看得过于简单，因此在写《忏悔录》的时候还这么认为。——原著者注

【12】这封信发表于1758年10月20日，阻止了在日内瓦建剧院的计划，并标志着卢梭和哲学家们的决裂。

【13】歌剧院和我签订了一个合同，而这部歌剧属于它了。——原著者注

【14】狄摩西尼（公元前384—前322年），古希腊十大雄辩家之一。

【15】拉伯雷《巨人传》里的一个故事。狡猾的巴吕治乘船渡海，与羊商丹德诺同船，然而丹德诺得罪了他。巴吕治虽然表面装作不在乎的样子，微笑着买下一只羊。成交后，他把羊推到了海里，紧接着其他羊也跟着跳进了海。丹德诺慌张地在后面拽着羊，最后被带到了海里。

【16】麦基洗德是《圣经》中的“撒冷王”。在《新约全书·希伯来书》中说麦基洗德家世、生卒年代不详。麦基洗德的后裔指来历不明的人。

【17】当时冉森派教士创办的反对耶稣会的地下刊物。

【18】插图是格拉夫罗制作的，而果安德是我们的介绍人。

【19】我在写这段话的时候，心里满是往昔对人的盲目信任，没有怀疑他这次来巴黎的真正动机和结果。——原著者注

【20】希腊神话中的美男子。有一天，他在水池边看到自己的倒影，便深深爱上了他。最后思念成疾而死，化成一株美丽的水仙花。

【21】这里指的是孔迪亲王的情妇布弗勒伯爵夫人。

【22】是最后一个蒙莫朗西公爵，因背叛权臣黎塞留被斩首（1632年），家产被没收。他的妹妹嫁给了一个孔岱家族的人，就把这份产业带过去了。

【23】勒·罗特尔（1613—1700年），法国园林设计家，设计了凡尔赛、伏沃、第戎等名园。

【24】蒙路易，是卢梭在蒙莫朗西居住的地方。当地人习惯将这间小屋称作“蒙路易”，而它已经扩建成卢梭博物馆。

【25】勒·布伦（1619—1690年），路易十四时期的宫廷画师，凡尔赛宫中许多壁画都于他之手，对法国绘画艺术有很大的影响。

【26】这是意大利文，即美丽的小岛。

【27】由于一场大的败仗，国王感到十分忧虑，因而把卢森堡先生召回宫中了。

【28】引自欧里庇得斯的作品。

【29】希鲁埃特（1709—1767年），1759年3月至11月担任财政总监，这九个月，他的名字成为官场短命者的代名词。

【30】在另一部作品中，卢梭也怪自己写了这封信，但观点并不相同：“在有生之年的写作中，这也许是我唯一可受谴责的东西。”（见《山中来信》第九封）

【31】克拉朗，在日内瓦湖畔，一个风景优美的小村。

【32】这里指卢森堡元帅。

【33】这里指狄德罗。

【34】莫尔莱神甫（1727—1819年），作家、哲学家，《百科全书》的编辑人之一。

【35】《圣经·旧约》里将古代先知按照作品篇幅大小分为《大先知》和《小先知》。

【36】《幻想》是喜剧《几个哲学家》的序言，或《夏尔·帕里索的幻想》的简称。

【37】这些信，以及其他信，都遗失在卢森堡公馆了。

【38】福尔梅，是德国柏林科学院常务秘书，主编了《科学与风俗的现状通讯》。

【39】指的是1755年11月1日，在里斯本发生的大地震。

【40】后来他侵占了《爱弥儿》，用的就是这个伎俩。

【41】这封信写了差不多有七年了，而这些年我都没有对任何人谈起过。去年休谟先生逼我不得不写的那两封信也是这样，直到他大嚷大叫到众所周知为止。当我要说敌人的坏话时，都秘密地对他们本人说；当我要说他们的好话时，都公开并心甘情愿地说。——原著者注

【42】请看看我这盲目而愚蠢的信任吧，在我受到足以促使我觉醒的种种对待时，还坚信不疑。直到1770年我回到巴黎后，才停止这种信任。——原著者注

第十一章

（1760—1762）

交付印刷许久的《朱莉》在1760年年底虽尚未出版，但却已经引起轰动。在巴黎，乌德托夫人谈论过它；在宫廷里，卢森堡夫人也谈论过它。我甚至还答应乌德托夫人，同意让圣朗贝尔为波兰国王阅读这本书的手抄本，国王对它十分欣赏。另外，曾在法兰西学士院里谈起过这本书的杜克洛也得到我的允许读过它。打探消息的人包围了王宫广场和圣雅克路的书商们，每个巴黎人都急于读到这部小说。最终，此书终于出版，并不负众望地取得了成功。作为最早读到这本书的人，太子妃曾在一次与卢森堡先生的谈话中提起这是一部佳作。虽说文学界对此书评价不一，但社会上的意见却很一致。尤其是女士们，她们不仅醉心于这部作品，同时也倾心于作者，以至于我敢说，只要我肯下手，定能征服包括上流阶层在内的所有女士。我自有证据来证明这一点，甚至不需任何实验，只是我不愿将其公开罢了。奇怪的是，虽然此书对法国各界人士的评价都不太好，但它在法国却取得了意外的成功。法国人更喜欢此书，而瑞士人则讨厌它，这完全出乎我的预料。这当然不是因为在巴黎友谊、爱情、道德有更高的地位，而是巴黎人更懂得珍惜那些存在于他人身上，自己却并不拥有的纯洁、缠绵、敦厚的感情。他们更加向往那些美德。现在，只有在巴黎才能找到这种对风化和道德的爱慕之情，而在腐化成风的欧洲，各种美俗却早已不复存在了[1]。

若不善于分析人心，就无法透过假装的激情和成见辨别出人们心中的真情实感。恕我斗胆，只有具有上流社会的教养和分寸感的人，才有可能感受到此书中洋溢的细腻的情感。我敢将此书的第四章与《克莱芙王妃》[2]进行比较。我敢断言，外省的读者是无法完全感受到这两部作品的价值的。所以此书如此获誉于宫廷，根本不足为奇。宫中之人训练有素，因此才更能体会和欣赏书中的弦外之音和含蓄的传神之笔。但有一种所谓的机灵人则有些不同，他们的精细只会盯着恶事，却丝毫看不见一丝善意，这类人是完全不适合读这部书的。比如，若《朱莉》在某个我所想的国家[3]出版，则必会因遭到封杀而夭折。

我将人们写给我的大部分关于此书的信都收集成札，存于拉达雅克夫人处。若此信札得以发表，人们会发现里边的评论莫衷一是、稀奇古怪。这表明，公众中存在的问题值得我们特别注意。题材的单纯和趣味的连贯使此书成为独一无二的作品，但这一点却往往被人们所忽视。全书无论是人物方面还是故事情节，均无任何邪恶的描写。三个人物身上集中了全书的趣味，并贯穿六卷。这其中既无题外插曲，也没有浪漫的遭遇。狄德罗曾对理查森[4]作品中变幻莫测的场景和层出不穷的人物极力推崇，然而，即使他在这方面确有长处，可正因如此，理查森也将自己推入了乏味小说家一党。大量的人物和奇遇正是这类小说家用来弥补自己贫乏的思想特有的手段。耸人听闻的奇遇和不断登场新面孔确实可以轻易引起读者注意，但若想要不借助奇遇而将其注意力长时间固定在同一对象上则难上加难。如其他一切条件相同，而作品的美又可由题材的单纯来增加的话，那么，理查森的作品虽在其他方面高人一筹，在这一方面却无法与我这部作品相提并论。但目前我的作品已归于沉寂，我完全明白其中的原因，不过将来，它是一定会复活的。

因追求单纯而使故事枯燥乏味，无法持续其趣味性是我唯一的顾虑。幸好有件事打消了我的顾虑，并带给我所有夸赞都无法带来的喜悦。

此书出版于狂欢节。某书贩将此书送给塔尔蒙王妃[5]的那天，恰好赶上歌剧院举行舞会。趁着晚饭后仆人为她更衣的空档，王妃读起了这本书。午夜，她一边命人套车，一边仍在阅读。仆人回话车已套好时，王妃并未答言。仆从见她读得入神，便提醒她说时间已是深夜两点了。“别急。”王妃回答着，仍不肯释卷。后来，当她因为自己的表停了而按铃召唤仆人询问时间时，仆人回话说已经四点钟了。王妃认为参加舞会已然太迟，索性让人卸了马车并脱去礼服，一直读书至天亮。

听说此事后，我一直盼望能见塔尔蒙夫人一面，除了想知道此事是否真实外，还因为我一向认为只有拥有那种第六感官——道德感的人，才会对《新爱洛伊丝》产生如此浓厚的兴趣，并了解我的内心。然而这类人实在是少之又少。

女士们都认为我便是此书的主人公，书中描绘的也是我自己的亲身经历，因此她们才会对我产生如此好感。这种根深蒂固的信念竟促使波里尼雅克夫人委托韦尔德兰夫人转求我将朱莉的肖像给她看看。所有人都坚信只有遵从自己的心灵，才能描绘出如此狂热的爱情，任何人也不可能将从未体验过的感情写得生动。他们的看法在这一点上是正确的，我确实是在热恋的激情中写出了这部小说，但是，我所热恋的对象却并非真实的人物。没人知道我会为一个想象中的形象如此意乱神迷。若没有乌德托夫人和对青年时代的怀旧之感，我就只能以神话中虚幻的女妖为描写爱情的对象了。这想法虽不正确，但却于我有利，因此我既不会证实也不会反驳。此项悬念完全可以从我那篇单独印刷的对话体序言[6]中猜测一二。只有过于严格的人才认为我应该爽快地说出真相，可我却认为做这种没有必要之事并非坦率，反而愚蠢之至。

同一时期，《永久的和平》[7]也出版了。出版前一年我将手稿交付《世界报》的主编巴士蒂德先生，他坚持要在自家报纸上刊登我的全部手稿。他借与我们双方都相熟的杜克洛先生的名义催逼我为他供稿。包括《朱莉》和《爱弥儿》，他觊觎我的每部作品。若是对《社会契约论》也有所闻的话，此书恐怕也要被登上他的报纸。我不胜其烦，最终以十二个金路易的价格将《<永久的和平>摘要》给了他。他一拿到手稿，立刻将只能在报纸上发表该书的约定丢到脑后。只要删除审查官要求删除的内容，出单行本似乎更为有利。怀着这个想法，他将此书变成了单行本。幸亏我没对巴士蒂德先生说过我还有一篇关于此书的评论，否则真不知会是何种结果。若有一天这篇与其他文稿放在一起的评论手稿被发表，那么人们必会得知伏尔泰对此问题所持的自以为是的见解和插科打诨的玩笑是如何令我感到好笑的。[8]我根本不屑对这个可怜之人在政治问题上发表的那些胡说一气的言论进行任何辩驳。

在社会上声名鹊起并获得女士们的垂青并不能阻止我在卢森堡夫人那里的地位日益降低。虽然元帅对我一如既往，甚至还要更加热情，但自从我没有新东西可以读给卢森堡夫人听以后，她的房门就不再像从前那般为我敞开。虽然我在她到蒙莫朗西小住期间还常去问安，但却几乎只能在餐桌上见到她。她不再指定我坐在她身边，我们之间的话题也越来越少，因此我索性坐得离她更远，从而逐渐靠近了元帅先生。

在与元帅一家初识时，我并不在他的府里用晚餐，而卢森堡先生则从不在午饭的餐桌上出现。所以即使我与他们相识几个月、彼此熟识后，却仍未与他同桌用过餐。在卢森堡先生好心地将这一点指出后，我决定在宾客较少时偶尔在那吃吃晚饭。这个决定让我感觉良好。跟“屁股不沾板凳”的露天午饭比起来，长时间散步后休息的晚饭用餐时间更长，菜式也更加精美。此外元帅夫人殷勤待客的态度也让人倍感惬意。若非如此说明，读者便无法理解卢森堡先生在某封信件结尾处的话（见卷宗C，No.36），“我们的散步总让我回味无穷”，他在信尾说，同时特别补充，晚上回到院内看到车辙印记已被打扫干净时他便更加高兴。如此一来，我就能在第二天根据当天新车辙的数目判断客人的多寡了。

自我与他相识，这位贵人家中一直丧事连连，1761年这不幸达到顶点。仿佛命中注定我的灾祸要传给我最依赖的人似的，我们相识的第一年，他的妹妹维尔赫瓦公爵夫人去世了；第二年，他的女儿罗伯克王妃故去；第三年，他失去了自己宗支和姓氏的最后子嗣——他的独生子蒙莫朗西公爵和孙子卢森堡伯爵。对此，他表面看似平静，心中却暗自滴血。他的身体被悲痛蚕食，日益衰弱。国王才下令委派他的儿子担任禁卫军司令，并允许其孙子世袭该职位，可蒙莫朗西公爵却意外惨死了，这事让卢森堡先生格外伤心。接着，他最有希望的孙子又在受尽营养不良的折磨后夭折了。若是孩子的母亲当初肯听我相劝，不叫孩子按照医生所说以药代饭，或许祖孙二人可以存活至今。孩子母亲对医生所提的忌口要求过分迷信，严格控制孩子的饮食，什么都不准他吃。对此，我费尽口舌却毫无作用。元帅软弱，不愿强迫别人屈从，卢森堡夫人虽与我想法一致，却又不肯滥用婆婆的权利侵犯儿媳作为母亲的威严，结果导致盲目信任波尔斗的蒙莫朗西夫人断送了自己儿子的性命。当这可怜的孩子来到此处，并被获准吃一点黛莱丝给他的食物时，那种乞丐般贪婪吞食的样子让我不由得感慨荣华富贵不过是虚幻一场。可惜，最终获胜的是医生，我的努力全都白费，孩子到底是饿死了。

葬送了孙子后，对江湖医生同样的信任以及对年老体衰的恐惧畏怯，也为其祖父挖掘了坟墓。每隔一段时间，卢森堡先生的大脚趾就会痛，在蒙莫朗西犯的那次让他发烧并彻夜难眠。对此，我提出了痛风的说法，可卢森堡夫人不但不以为然，还批评了我。元帅的侍从外科医生用止痛膏包扎了患处，并坚持说这绝不是痛风。就因为这样，每次犯病都会使用同样的办法，结果导致药的剂量不断加大，病痛不断加深，体质亏损更重。当卢森堡夫人最终明白这确实是痛风，想要反对这种错误疗法时，已无济于事了。大家都瞒着她继续使用这个方法，没几年，卢森堡先生竟因为自己的盲目迷信和固执而去世了。当然，在这里说这件憾事还太早，还有许多其他不幸的事要说。

奇怪的是，不管我多么想讨得卢森堡夫人的喜欢，可我所做的一切却仿佛注定要让她不高兴。我始终认为卢森堡先生和夫人是如此相濡以沫，以至于我一旦对其中一人产生好感，那感情也必会延伸到另一人身上。元帅所受的痛苦使我愈发挂念他及他的夫人。对卢森堡先生来说，宫廷事务、陪猎工作、军中琐事，这些全都需要有年轻人一般旺盛的精力才能处理得过来。但他却已逐渐老迈、力不从心。若他去世，他的宗族便会随之消失，他的官职也将不复存在。这种原本为封妻荫子所需保持的辛勤生活已无任何持续的必要。他在某天只有我们三人在场的时候曾谈起过失去亲人的心灰意冷和宫廷生活之苦，那时，我斗胆对他诉说了西内阿斯给皮鲁士[9]的忠告，并劝他退休。他除了叹气，未置一言。但当卢森堡夫人与我单独在一起时，她立刻生气地责备了我。她认为卢森堡先生依然习惯宫廷生活，对此时的他来说，这种生活莫不是一种排遣忧愁的好办法。而我的提议却会造成对元帅的放逐，使他忧思重重又无聊闲散，最终会导致他精力衰竭。卢森堡夫人的这种看法让我心服口服，我决心再不提退休之事。但夫人似乎并不十分放心我，我不再总有机会与元帅单独谈话，被人打扰的次数也日益增多。

卢森堡太太所信赖和常见的人总对我落井下石，我本人的霉运和愚笨也配合别人来在她面前损害我自己。布弗勒神甫，这个元帅夫人社交圈中的宠儿，对我没有丝毫好感。虽然他并不是唯一如此对我的人，但唯独他，每来蒙莫朗西来一次，我便会越发失宠一些。即使这不是他的本意，说实话，只要有他出现的场合就必定会如此。他优雅的身姿和风趣的言谈使我格外相形见绌、愚笨无比。在他来的较少的头两年，蒙夫人宽厚，我还凑合能维持自己的形象。可一旦他来的频繁些，我就彻底失败了。我本想求得他的友谊，可却因为自己的阴郁导致结果适得其反。那些为了讨取他欢心所做的蠢事让我彻底失宠于元帅夫人，也令他厌烦。他性喜游乐、放荡不羁，对所有事情都不愿钻研，因此，即使他聪慧无比，却依然只是个对什么都一知半解的人。然而上流社会需要的恰恰是这种“半吊子”。作诗、写信、弹西斯特尔琴，每一样他都能来上几下，甚至他还给卢森堡夫人画了一幅画像。卢森堡夫人评价说画像与她本人完全不相像。而事实正是如此。但那狡猾的神甫偏偏来问我的意见。我装疯卖傻地撒谎说画得很像，这下可得罪了卢森堡夫人。她牢牢记住了我的过错，神甫也在耍弄后来嘲笑我。吃一堑长一智，在这事后，我总算知道不可不顾事实地胡乱吹捧了。

我擅长并坚持振振有词地对人们说些逆耳忠言。于我而言，阿谀奉承、甚至是赞美别人，比批评人还让我倒霉。对此，我将举一个对我余生命运产生影响，并可能决定我死后名声的可怕例子。

舒瓦瑟尔先生在元帅先生和夫人来蒙莫朗西休息时，偶尔会去其宅邸吃晚饭。某天他来时刚好赶上我离开，因此，他就和卢森堡夫妇谈论起了我。卢森堡先生谈起了我在威尼斯时与蒙台居先生之间的渊源。舒瓦瑟尔先生为我丢了这份工作而感到惋惜，并当即表示若我愿回到外交工作中，他十分愿意为我斡旋。卢森堡先生向我转述他的话后，我因从未受到大臣重视而越发感动。但我早已下定决心，即使健康状况良好，我也绝不会傻瓜似的接受他的好意。对我来说，功名利禄从来都是转瞬即逝。当然，舒瓦瑟尔先生的美意使我感激，他担任大臣后所采取的各项措施更令我钦佩。尤其是《家族协定》[10]，绝对能说明他是一个一流的政治家。我虽钦佩他，但对其他前任大臣却不以为然，其中包括蓬巴杜夫人。如像传言所说他们互相排挤，必有一人倒台的话，那我理所当然地认为支持舒瓦瑟尔先生才能迎来法兰西的荣耀。我对蓬巴杜夫人始终反感。当她还是德蒂奥尔夫人时，我就不喜欢她。她对狄德罗的问题所保持的沉默以及对《拉米尔的庆祝会》《风流诗神》以及从未给我带来任何利益的《乡村卜师》的做法均让我对她不满。并且我发现，她不愿在任何场合帮我任何忙。偏偏罗朗齐骑士还建议我为了自身的利益应该多写些东西赞颂她。我马上就猜到对于他这个没有别人授意就绝不会提出意见的人来说，是绝不会主动向我提出这种建议的。这个发现更加让我怒不可遏。我完全不会克制自己，以至于鄙视之情被他本人察觉。同样的，我对那位夫人的不屑也一样瞒不过众人，她肯定知道我对她毫无好感，这一点我还是明白的。这一切关乎我切身利益的事情拼凑起来，再加上我自身的天性，让我更加愿意为舒瓦瑟尔先生去祈祷。我既感激于他的美意，又敬佩他的才能（这是我仅知的一点），加之我并不了解他的私人生活，因此竟先入为主地认为他是能为大众和我自己报仇的侠士了。我当时正在做《社会契约论》的最后修改工作，就顺便写下了一段话评论来说明自己对前几任大臣以及这位超越了他们的这位现任大臣的看法。[11]我在这篇评论中违背了自己一贯的原则，并且完全没意识到若想匿名称颂或指责某人时，就必须使用与之相符的词句以彻底防止歧义的产生。正是在这一点上，我竟大意地以为绝不会有问题、绝不会有人误解，可在后文中读者便可知道我这种想法对错与否。

我在与女作家打交道时遇到了另一种麻烦。本以为与大人物的交往中可以避免这种麻烦，但事实上，它却如影随形。卢森堡夫人虽没有这种毛病，但布弗勒伯爵夫人却有。布弗勒伯爵夫人写的一篇散文悲剧在孔迪亲王先生的社交圈子里受到追捧，但她却不知足地想来得到我的赞颂。我没叫她失望，给了她符合作品情况的赞赏，但同时也提出她的这部名为《忠厚的奴隶》的剧本跟一个叫做《奥努洛科》[12]的英国剧本十分相似。《奥努洛科》虽不算出名，但确有译本出版。布弗勒夫人一面跟我保证她的剧本跟《奥努洛科》绝无任何相似之处，一面对我的意见表示感谢。当然，我并未对第三人透漏过这次模仿行为。即使是对她本人，我也只是因为被她逼迫才不得已履行了这项责任而已。但从那以后，此事在我脑海中挥之不去，使我不断想起在大主教讲道时说了不该说的话的吉尔·布拉斯的悲惨后果。[13]

除了原本就不喜欢我的布弗勒神甫和我在其面前犯下了作家和女人都不会原谅的错误的布弗勒夫人外，卢森堡夫人的其他朋友也同样不愿与我交往。比如才加入作家队伍就立刻染上作家通病的埃诺议长和与伏尔泰私交很好的、达朗贝尔的密友杜德芳夫人和勒庇纳丝小姐。其中，勒庇纳丝小姐后来还十分体面地与达朗贝尔同居了，没错，对此我只能如此表述。我原本对双目失明的杜德芳夫人十分关切和同情，但她的作息时间跟我完全相反。此外她还无比钟爱那些有点小聪明的人，不管他们出版的破烂多么无足轻重，她都认真地褒贬。她武断专横、偏执粗暴，聊天时经常激动得浑身抽搐。她的这些特点让我很快对她生厌，不愿再亲近关心她。当察觉到我对她的疏远时，她简直暴跳如雷。虽然我明知这种性格的女人的恐怖，但我宁愿她恨我厌我，也不愿因她的友谊而遭受不幸。

除了朋友少，我还在卢森堡夫人家还结了仇。虽然仇敌只有一个，但对如今的我而言，他却能以一敌百。卢森堡夫人的兄弟维尔赫瓦公爵当然不可能是我的仇敌。他曾多次探望并邀请我去维尔赫瓦去。因为我的答复较为含糊，在邀请卢森堡夫妇去他那里小住时，他提出要我同行，去他的府邸住上半个月。但因我当时身体情况极为糟糕，只好烦请卢森堡先生替我婉拒了。维尔赫瓦公爵先生十分体谅我，并待我如前，这从他的回信（卷宗D，No.3）中就可看出。与公爵先生不同，维尔赫瓦侯爵——公爵先生的侄子兼继承人对我却并不友好。当然，实际上我与他是相互瞧不起。他憎恨我的冷淡，我也受不了他的轻浮。他甚至在某天晚餐时捉弄了我，弄得我十分狼狈。在我刚住到退隐庐时，有人送我一只小狗，我给它起名叫做“公爵”。这狗是稀有品种，虽不漂亮，但我仍把它当成朋友和伙伴，而跟一些人相比，它也确实更配得上“朋友”这一称呼。因为比较亲人，“公爵”闻名于蒙莫朗西府。可后来，我又给它改名叫“土耳其人”了，这全是因为我愚蠢的胆小、怕得罪人的心理在作怪。可实际上，那些叫“侯爵”的狗也并没有引起侯爵们的不快。知道此事后，维尔赫瓦侯爵对我步步紧逼，使我不得不对席间所有的人重新解释一遍这事的前后经过。给狗改掉

“公爵”这个名字比给它取这名字更加不恭。倒霉的是，当时在座的人中有好几位公爵：卢森堡先生和他的儿子，还有未来的公爵维尔赫瓦侯爵（他如今已是公爵了）。维尔赫瓦侯爵以我的尴尬为乐，但据说席后他的伯母却因此而狠狠批评了他。若真是如此，我们的关系恐怕更无法改善了。

从始至终，不论是在圣殿[14]还是在卢森堡先生的府邸，都只有罗朗齐骑士一直站在我这一边。罗朗齐骑士说他是我的朋友，但实际上，他与达朗贝尔的交往更加密切，若没有达朗贝尔的宣传，他是无法被女人们视为大几何学家的。除此以外，他还是布弗勒伯爵夫人的跟屁虫，而伯爵夫人又恰好与达朗贝尔交往甚密，所以罗朗齐骑士便唯她马首是瞻。如此一来，我不但在外界没有任何支持者替我维持在卢森堡夫人心中的地位，反而还被她身边所有人联合起来损害我的形象。不过在那个时期，卢森堡夫人不但自愿帮我出版《爱弥儿》，还给了我其他关怀，这使我确信，即使已经开始厌倦我，但她仍然、并将永远对我保持终身不渝的友情，就像她曾多次向我承诺过的那样。

在确信她对我的友谊是坚定不移的以后，我立刻决定向她坦白我从前的一切过错，以减轻心中的愧悔。我有一个绝不会违背的原则：在朋友面前，一定要如实表现自己，既不可过分好，也不能比真实的自己表现得更坏。我将我与黛莱丝的关系以及这关系所产生的一切后果，以及我对我那几个孩子的处置方式全部向她坦白了。她以极大的耐心听完了我的忏悔，对我并无一句苛责，即使我本应受到苛责。最让我感动的是，她始终无微不至地关怀着黛莱丝，送她小礼物、派人探望她，甚至还亲切地邀请并招待她到自己家中做客，并当着众人的面多次拥抱她。可怜黛莱丝既高兴又感动，她对夫人的盛情表示衷心感谢，我也十分感激夫人对她的厚爱。卢森堡先生和夫人因喜爱我而厚爱黛莱丝，这种爱屋及乌的友情比他们直接爱我更让我感激无比。

与他们谈过后，此事久未再提。一段时间过后，元帅夫人主动提出要帮我找回其中的一个孩子。在得知我曾在大孩子襁褓中放置过一张写有生辰年月的纸片时，她要求我把那纸片的底版交给她。在我给了她纸片后，她立刻派出自己的亲信仆人拉罗什去寻找。只是拉罗什走遍各地却毫无进展。此事距今不过十二三年，若是育婴堂记录完整，或是调查能更加仔细，应该不至于找不到。无论如何，我并未因此感到不快。事实上，若是自孩子出生后我始终在关注着他的命运，那才更加麻烦、更令我不快。况且若别人根据某条线索而随便领一个孩子来，硬说是我的，那么，我肯定会疑心他究竟是我亲生，还是冒名顶替。这种情况若真出现，我必会疑神疑鬼、浑身难受，也就无法领略到真正的父子亲情的甜蜜。这种甜蜜只有与孩子朝夕相处才可能领略，而如果是从来不认识的孩子，那么父母对他的感情肯定会被削弱，甚至消失殆尽。你永远无法像疼爱自己养大的孩子那样，疼爱一个由别人养大的孩子。我所说的这些话，虽可为我的罪责进行开脱，但从过错的动机方面，却又加深了我的自责。

有一件事或许说出来会有点用。在黛莱丝的介绍下，拉罗什认识了勒瓦瑟太太。勒瓦瑟太太此时住在离舍夫雷特和蒙莫朗西都很近的德耶，由格里姆供养着。在我离开蒙莫朗西后，就始终是托拉罗什先生继续转交我给这个老太太的钱的。而且我知道，元帅夫人也经常委派他送礼物给勒瓦瑟太太。可是，即便得到了这些帮助，她还是常常没有理由地诉苦。而格里姆，我只是在不得已的时候才会向卢森堡夫人谈其他，因为我实在讨厌谈论我憎恨的人。不过卢森堡夫人却好几次把话题引到他的身上，但她始终没有告诉我她是否与他相识，或是对他持有什么样的看法。当我喜欢的人对我毫无保留时，按照我的性格，是绝不会对他们吞吞吐吐的，尤其是在与他们相关的事情上，我必定会更加坦白。所以自那时候起，我偶尔会想起她并没有对我畅所欲言。当然，我这种自然而然的联想也可能只是因为别的事情罢了。

《爱弥儿》交到卢森堡夫人手中之后很久都没有消息。过了一阵我才得知，此事已和巴黎书商杜什纳谈妥，并以杜什纳为中间人，与阿姆斯特丹书商勒奥姆也已谈妥了。卢森堡夫人将需要我与杜什纳签订的合同寄给了我，一式两份，要我签字。我从字迹上认出，这是由马尔泽尔布先生的代笔者所书，因此便深信这合同是经过那位官员核查并同意的，所以立刻签了字。按照合同，杜什纳应为这部稿子付我六千法郎，首次付三千法郎，此外，他还要给我一百或两百本书。按照卢森堡夫人的要求，我将签好之后的合同寄给了她，其中一份被她交给了杜什纳，另一份则自己保留了。此后，我再没见过这份合同。

认识卢森堡先生和夫人后，多少牵制了我离群索居的计划，但我从未放弃。即便是我最得宠时，我也始终认为若不是因为我对元帅和夫人怀有最真诚的情感，我是无论如何也无法忍受他们周围的那些人对我的态度的。我很难协调对他们的敬爱之情与我所喜欢的、有益于自己健康的生活方式之间的关系。府中的拘束感和那些长时间的晚宴给我健康带来的坏处并没有因为他们对我无微不至的关怀而减少。他们对我的关怀可以说是无以复加。例如，元帅习惯在晚饭后早睡，于是他每天都会不管不顾地让我也早些就寝。直到我灾难临头前不久，这种关心方式才被停止。至于原因，我至今尚不得知。

若不想看元帅夫人的冷脸，就只能执行我原定的计划，这一点，在她开始对我冷淡之前我就意识到了。然而，我却只能暂且放弃计划以等待签订《爱弥儿》的合同。我在等待期间对《社会契约论》进行了最后的修订，随后以一千法郎的稿酬将它给了雷伊，他照付了。有一件跟这稿子相关的小事，我认为应该特别说一下。在将稿子交给原沃州牧师、时任荷兰驻法大使馆讲经师杜武瓦赞时，我不但已将其封装，并在封皮上盖上了图章。杜武瓦赞同雷伊一直有联系，并时常来看我，所以我就托他替我将稿子带给雷伊。这部用小字书写的稿子体积小巧，甚至连他的口袋都装不满。可不知为何，他的包裹却在过关时落在了守关官吏手中，并被开包检查。后来他以大使的名义要回了包裹。但因此，也使他有机会读到这部手稿。他曾坦白告诉我说他确实读了手稿，并对其极力称赞，一句批评的话都未曾说过。可实际上，他却早在心中做好了为基督教复仇的准备：此书一出版，他便立即撰文进行了批判。他后来把稿子按照原样封好，寄给了雷伊。在写给我的信中，他对这些情况的描述大致如此，而我所知的，也只有这些而已。

除了这两本书和我撰写的《音乐词典》（此书的写作始终断断续续）外，我还已经撰写好其他几部随时可以出版的作品，它们或可被出版为单行本，或可在我出版全集的时候收入在全集之中。大部分已经定稿的作品都被我存放在迪佩鲁那里，其中最重要的一部是《论语言的起源》。这部手稿马尔泽尔布先生和罗朗齐骑士都看过，他们都说写得不错。按照我的计算，除了各种必要的开支，我所有作品的收益加起来，至少有八千到一万法郎。我打算把这些钱以我和黛莱丝两人的名义存起来作为终身年金。接着，我要按照计划，与黛莱丝一同到外省某个偏僻的地方平平静静度过余生，一边在周围做些力所能及的善事，一边悠闲地撰写我的回忆录，从此不再过问一切世事。

这就是我的计划。而我必须强调，若非雷伊的慷慨帮助，这个计划是绝不可能顺利实施的。我在巴黎时曾听很多人说过这个书商的坏话，可实际上，他是我打过交道的所有书商中唯一可以称得上是好人的一个。[15]诚然，因为他做事粗心，而我脾气暴躁，所以在我的作品出版方面，我们常常发生争执。可是在金钱和与金钱有关的各种事情上，我始终认为他是十分诚实、公正的，尽管我从未与他签订过任何正式的合同。在我所打过交道的书商之中，只有他坦白承认我们之间的合作最为顺利，他是因为我才能大赚特赚的。对此，他还表示愿将赚来的钱分给我一部分。他并没有直接向我表示感激，而是在黛莱丝身上下了功夫。他签订了一个契约，契约上声明他为了感谢我，所以要赠送黛莱丝每年三百法郎的终身年金。他主动向我提起这件事后，既没有声张也没有炫耀，如果不是我逢人便说，那么恐怕谁也不会知道此事。他的态度让我万分感动，并使我们之间结下了真正的友谊。不久后，他请我做他一个孩子的教父，我答应了。可惜，我无法使我的情谊有益于我的教女和她的双亲，这是在我被迫所处的这种境遇中所深感遗憾的一件事。为何我会感激于这位书商小小的慷慨，而对那些有钱有势的贵人们大肆宣扬的浓情厚意却无动于衷呢？他们大肆吹嘘对我的情谊，我却丝毫不为所动，这到底错在他们，还是在我呢？是我忘恩负义，抑或是他们虚情假意？对此，还是请各位聪明的读者自己判断吧。至于我，是什么都不会说的。

这笔年金给黛莱丝的生活带来了很大帮助，也大大减轻了我的负担。但是，我并没有为了自己去动用这年金里的一分钱。别人送给黛莱丝的礼物从来都是由她自己全权支配的，我绝不沾手。在替她管钱时，我也从未拿过她的钱来当做我们的共同开支。我仔细地记账，详细地向她汇报每笔账目的具体情况，即便是在她比我富有时，也一直这样。我经常对她强调我的原则："我的钱属于我们，而你的钱属于你自己。"并且，我也从来都是按照这个原则行事的。然而有些不了解我的卑鄙小人却说，我是在利用她收受自己表面上拒绝的钱财，这真是以小人之心度君子之腹。对我来说，我是十分乐意与她分享由她辛勤劳动而赚来的面包的，但对于别人送给她的面包，我坚决一口不动。这一点，不论是现在，还是在将来我按照自然规律死去的时候，她都可以站出来为我作证。

不幸的是，她花钱大手大脚，丝毫不懂节约。这倒不是因为贪吃或虚荣，而只能归根于她不爱动脑子。不过，既然人无完人，那么缺点总比恶习好，虽然这些缺点给我们带来了不少麻烦。我总想像对她妈妈一样为她日后的生活存下一些积蓄，可我殚精竭虑的操心算计全都白费了。尽管我拼命挣钱，可我赚多少，黛莱丝和她的母亲就花多少，她们丝毫不懂得精打细算。我每年都得拿钱贴补她，因为不管穿得多么简朴，雷伊赠送的年金也完全不够黛莱丝买衣服的。我们两个生来就没有发财的命，因此这一点倒也不会被算进我的许多不幸之内。

我原本是打算等《爱弥儿》出版后再执行我的退隐计划的，可与印刷快速的《社会契约论》相比，《爱弥儿》的印刷工作慢得不成样子。杜什纳没完没了地寄一些样张来让我选择，等我选定后，他不但不开始印刷，反而又会寄些新的样张来。最后，版本大小、字体全都定下来，并且已经印出了几页，可哪怕我只是在校样上稍作改动，他就要我重新校订全本书。如此反复六个月后，这书的进展甚至还比不上第一天。我在历次试印中发现，此书会同时出版法国和荷兰两个版本。事实上，我无法插手法国版的印刷，甚至完全反对这书在法国出版。可没办法，这手稿的主人已经不是我了。不管我是否愿意，此书都要在法国出版，并且法国版还会被当做荷兰版的样版。既然如此，为了防止书被弄得乱七八糟，我就不得不亲自对它多留心一下了。我在此要特别说明一下，这本书是经主管官员批准后才进行印刷的。也可以说，这项工作基本是由他全权指挥的。为此，他不但经常写信给我，并且还曾亲自来访与我进行商谈。至于商谈是在何种情况下进行的，这一点我们之后再说。

因为并不是样张一出来后就会马上被寄给勒奥姆，所以勒奥姆的进度被乌龟一样的杜什纳牵制得十分缓慢。他在看出来是杜什纳，也可以说是负责印刷工作的居伊在捣鬼，故意不履行合同后，就一遍一遍地给我写信诉苦，可我对此爱莫能助，因为我自己还有一肚子的苦水也没地方诉呢。勒奥姆的朋友格兰常来看我，并一再跟我谈起这部书。但他总是欲言又止、吞吞吐吐。对于此书会在法国印刷和主持此事的是主管官员这两件事，他似乎都知道，又似乎并不知道。他担忧此事会给我带来麻烦的同时，似乎又想责备我做事不够谨慎，可偏偏又不告诉我我到底是哪里欠缺考虑。他拐弯抹角，似乎总在套我的话。对他那些阴阳怪气的话，我真是啼笑皆非，甚至认为他是因为跟官员们接触多了，所以染上了打官腔的坏毛病。我这部书不但得到了主管官员的认可和保护，同时也确实受到了主管部门的支持。我的靠山如此之硬，使我坚信我一定能将此事做好。因此，对那些为我担忧的朋友，我觉得十分好笑。这其中，就包括杜克洛。

若不是坚信这部作品本身对世人有益，并且他的保护人都是认真办事的人的话，我承认，在见到一向严肃聪明的杜克洛惶惶不安后，我也一定会跟着慌张起来的。他曾从巴耶先生家里来看我，那时《爱弥儿》正在印刷，因此，他便跟我谈起了这部书。我将《一个萨瓦省的牧师的信仰自白》读给他听，在听的过程中，他似乎对此很是欣赏。但我一读完，他马上说：“好家伙，公民，没想到在巴黎付印的书中竟然会有这样一段文字？”“是的。”我回答，“这书绝对值得国王下令拿去卢浮宫印刷。”[16]“你说得没错。”他对我说，“但请你千万别告诉别人你读给我听过。”

对于他这种郑重其事的要求，我虽有些吃惊，却并未害怕。杜克洛常与马尔泽尔布先生见面，这一点我是知道的，只是我完全无法想象他们为何在此事上的看法迥然不同。

在蒙莫朗西居住的这四年多里，我始终病痛缠身。我的老毛病之所以日益加重，或许是因为那里虽然空气绝佳，但水质却着实很差。我在1761年秋末时彻底病倒了。整个冬天，我几乎都是在病痛之中度过的。一些烦心事加重了我的病情。我隐约有些不祥的预感，却不知这预感所指何事。我收到了各种各样离奇的匿名或署名的信件。其中，一封来自巴黎议院的某位参议员在信中提到，他不满于当前的社会状况，并预料到长此以往后果会十分糟糕。他向我询问哪里才是安全之地，到底是日内瓦还是瑞士更适合让他举家前去隐居。还有一封来自某法院首席法官某某先生的信，他请求我为这个当时正与宫中闹矛盾的法院草拟一份谏书和一份陈情表，以便呈交给国王，并且表示他愿向我提供一切所需资料。我在病中总是脾气暴躁，因此当我看到这封信时顿时火气上升。在回信中，我不但断然拒绝了他的请求，而且语气也十分不客气。对此我至今仍感抱歉。这倒不是因为对法官的拒绝，因为这事不但有悖于我的原则，而且这些信很有可能正是我的敌人给我挖下的陷阱。[17]令我感到抱歉的是，本可以婉言拒绝的事情，我却态度粗暴，这才是我真正犯错的地方。

这两封信至今还能在我的文稿箱中被找到。对于参议员那封信我并不感到惊讶，因为不光是我，很多普通群众也同样认为，法兰西正面临着腐朽的制度所带来的威胁，不久，它就会彻底崩溃。由于政府决策失误，一场不幸的战争给法国带来了种种灾难。[18]国家的财政状况混乱得让人难以置信。政权掌握在两三个大臣手中，他们彼此攻歼、互相拆台，使王国陷入垮掉的深渊。全国各阶层人士和普通人民大众的不满情绪不断高涨，再加上还有一个只知道追求享乐的、脾气执拗的女人[19]在雪上加霜。她固执无比，为了将自己宠信之人扶上位，她甚至将所有能干的官员全都踢下了台。所有这一切无一不在证明，我与社会大众，还有那位参议员的担忧并不是空穴来风。

我曾多次因为这种预见而犹豫不决，不确定是否应在威胁着王国的动乱降临之前，先跑去国外去寻找更安全的栖身之所。然而因为我秉性平和、与世无争，加上我实在只是一个小人物，所以我深信任何暴风雨都不会降临到我所自愿生活的这片隐居之地来。唯一令我感到遗憾是，卢森堡先生竟然在这种形势下接受了一些对他的声望有害无益的任务。我真希望他能在这个庞大的机器如人们所预料那般垮台之前，早些考虑退路。时至今日，我依然认为，若政权不是落在一个人手中的话，[20]那么这个国家恐怕早已陷入绝境了。

在我的身体情况不断恶化的同时，《爱弥儿》的印刷工作也一日慢似一日，最后竟彻底停顿了。对停顿的原因，我无从得知。居伊不给我写信，也不回我的信。因为马尔泽尔布先生当时正在乡下，所以我根本无法从任何人那得到任何消息。其实若是能知道事情的原委，那么我在面临任何不幸时就都能沉得住气。可若是事情神秘莫测，我就会感到不安。我天生惧怕黑暗，它那阴森恐怖的样子使我憎恨。我坦率得近乎冒失的天性与“神秘”二字水火不相容。若是在白天，即使是最狰狞的魔鬼也无法使我害怕，可一到了夜里，哪怕只是一个人用白布蒙住了头，都会让我从心底感到恐惧。因此，这种长时间得不到任何消息的情况激发了我的想象力，使我觉得鬼影幢幢、凶多吉少。对这部我最后、也是最好的著作的担心，让我无时无刻不在猜测它停顿的原因。不管遇到什么事，我都爱往坏处去想。这种性格导致我一旦知道出版工作停止，便立刻担心起此书是否已经被禁止出版。但我又实在猜不出禁止出版的原因和经过，因此只能没完没了地写信给居伊、马尔泽尔布先生和卢森堡夫人。因为没有回信或回信被推迟送到我手中，使我愈发惴惴不安，几乎发疯。

更加糟糕的是，我偏偏在此时得知了耶稣会教士格里费神甫曾跟人谈论过《爱弥儿》，并引用过书中的部分段落。于是我的想象力顿时如同闪电般来回翻腾起来，我的脑海中全是敌人的秘密勾当：我仿佛清楚地看见那些耶稣会的教士们因我书中的不恭语句而大发雷霆，从而扣压我的手稿，并对出版工作百般阻挠。他们的朋友格兰将我的病情告知他们，让他们认为我死期将近（当时我自己也是这么认为的），所以他们就打算把出版工作拖到我死后再继续进行，这样就可以更加方便地篡改我的作品，甚至可以将他们的论点伪造成为我的论点。我越是如此猜测，越是发现能论证此事的情节和事实数不胜数，于是就越是认为自己的想法是正确的。岂止正确，简直是一目了然！我知道格兰已经完全投靠了耶稣会教士。若不是因为那些教士的授意，我认为，他以前就不会向我做出友好的表示。我深信当初也是由于那些教士的推动，他才会敦促我跟勒奥姆签订合同。他们先是通过勒奥姆得到了我这部作品的前几页，接着又想方设法阻止了杜什纳那边的印刷工作。说不定，我的手稿也已经被他们夺走，以便在我死后将其按照他们的想法出版发行。

不管贝尔蒂埃神甫如何花言巧语，我始终觉得耶稣会教士一点也不喜欢我。这除了因为我是《百科全书》派的一分子外，我的观点也跟他们的教义和信仰完全相反，甚至比我那些无神论的朋友们还要严重。不宽容和排斥异己是无神论者和狂热的信徒们的共同点，因此，他们实际上是可以联合起来的。这一点，过去在中国时是如此，如今，在他们共同反对我的时候也是如此。与之相反的是，所有合理和有道德的宗教则不主张任何人拥有决定他人信仰的权威，并拒绝任何专断者行使这种权威。掌玺大臣[21]是耶稣会的忠实朋友，这一点我是知道的。我所担心的是，那个当儿子的人[22]会迫于他父亲的威慑，而将他保护的书稿交给那些教士。在此书的头两卷，人们曾为了一点儿微不足道的瑕疵就要求改版重写，从这种故意挑刺的做法中，我就能想象到他撒手不管的后果。而就像他们所知的那样，另外两卷中犀利的言辞和论点比前两卷要多得多，若都像前两卷那样审查的话，恐怕就只能彻底重写了。

马尔泽尔布先生委托耶稣会的支持者——格拉夫神甫监督这部书的出版，这是他亲自告诉我的。到处都是耶稣会的人，我完全没料到身处被取缔的前夕，连自己都顾不过来的他们竟然还有精力去干预一部与他们无关的书的出版工作。不，并不是“真没想到”，实际上我早已猜到他们会这么做。正因为我有这种想法，马尔泽尔布先生还曾写信来批评我。可是作为一个隐居的人，若想对自己一无所知的国家大事来进行判断的话，那肯定是要出错的。那时我完全不肯相信耶稣会真的已经朝不保夕，反而还认为那些关于他们即将倾覆的传言不过是他们自己散布出来迷惑敌人的障眼法罢了。他们过去从未有过败绩，这更使我对他们感到恐惧。我确信议会必将失败，这一点着实令我扼腕叹息。据我了解，蓬巴杜夫人跟教会的关系很好，舒瓦瑟尔先生也曾在耶稣会主办的学校中读过书。不管是“后宫”还是“朝堂”，都有他们的盟友，若想对付他们共同的敌人简直轻而易举。宫中虽然有足够强大的力量，但似乎并不打算插手这些事，因此我相信，即使耶稣会真有受挫的一天，那打击它的也绝不会是议会。宫中这种袖手旁观的态度使我断定耶稣会的教士们必是信心十足，他们的胜利唾手可得。[23]

总而言之，我当时始终认为那些谣言不过是他们布下的陷阱，他们毫发无损，早晚会打败冉森派、击垮《百科全书》派和议会，并摧毁一切不愿受他们奴役的反抗力量。最后，若我的书被允许出版了，那也一定是因为他们已经将其中的内容大肆篡改，将其变为了自己手中有力的武器后，才打着我的名义去欺骗读者的。

我感觉死亡随时会降临到我的头上。我完全不知道那些使我忧虑的荒谬的想法怎么会没有置我于死地。这部我最好的著作会在我死后让我名誉扫地，这种想法盘旋在我脑中，让我总是不寒而栗。我并不害怕死亡，但若是在此种情况下死去，那么我一定会死不瞑目的。如今，为了败坏我的名声，我的敌人们依然不断实施着阴谋诡计。虽然目前他们的这种阴险的行为进行得畅通无阻，但若我此时死去，也比那时候离世要安心得多。至少我知道，在我的作品中已留下了充足的证据，它们一定会在未来的某天战胜我的敌人们。

在得知我的不安和焦虑后，马尔泽尔布先生对我十分关切，他费尽心思来安慰我，帮我稳定情绪。他的这种举动恰恰证明了他的善良和宽厚。卢森堡夫人也在此事上倾注了不少心血，她曾多次去杜什纳那里打听情况。最后，印刷终于再次恢复，并且顺利进行下去，可我却一直没有弄懂它被搁置的原因。得益于马尔泽尔布先生多次屈尊探望和安慰，我总算定下心来，对他那正直的人格的信任战胜了我脑中那些胡思乱想的念头。只是，我惶惶不安的样子使他想起了他周围那些哲学家们说过的话。在我刚刚入住退隐庐时他们就不断宣称我绝不可能在那里坚持很久。等看到我死心塌地地住下去了以后，他们又说这不过是因为我生性骄傲所以不好意思反悔而已。马尔泽尔布先生相信了他们所说的我在乡下生活窘迫、百无聊赖的谣言，还特意写信来劝导我。我是那么尊敬马尔泽尔布先生，因此他这种错误的看法更让我觉得痛心。我接连写了四封信给他，向他如实说明了我的动机、性格、习性、爱好和我的所有想法。我写这四封信时并没有打草稿，而是想到什么就写什么，完成后也没有再读，全都直接寄了出去。让人惊奇的是，我是在心情极度低沉、健康状况十分糟糕的情况下完成这几封信的，可它们却可以说是我此生唯一直抒胸臆的作品了。[24]

我的身体日渐衰弱，每每想起在那些正直诚实的人心中，也许会留下一个对我十分不正确的看法时，我就不寒而栗。因此，虽然它们的陈述有些仓促，我还是决定要用这四封信的梗概来代替我计划中的回忆录。这四封信可以看作是我在这里详细叙述的内容的摘要，在看了这四封信后，马尔泽尔布先生很高兴，甚至在巴黎时还特意拿给别人看过。我曾请他帮我抄写一份用以保存，因为它们确实值得被保留。这份抄写件于几年后被寄回给我，并被我收存于文稿箱中。

我死期将近，却没有一个可信赖的、有文学修养的人能替我保存文稿，并在我死后加以整理、修订，这是唯一使我难过的事。我在上次去日内瓦时认识了穆尔杜，我对这个青年颇为欣赏，我跟他说明了自己的愿望，并表示希望他能为我送终。我相信，如果各项条件都允许的话，他一定会乐于以仁爱之心完成这件事情的。我目前无法见到他，因此，为了表示我对他的信任，我决定在《爱弥儿》出版前先将《一个萨瓦省的牧师的信仰自白》寄给他。我对这篇文章将会产生的效果充满信心，他在读完此文后也表示很满意，不过却似乎信心不足。他希望能再读到一些我从未给别人看过的文章，所以，我又将《致奥尔良公爵的悼词》寄给了他。原本这篇悼词是帕蒂神甫托我代写的，可出乎意料的是，最后被派去致悼词人选被更换了，所以这篇文章并没有被神甫拿去宣读。

自从恢复印刷，直到最后完成，《爱弥儿》的出版工作始终都进行得十分顺利。但有一点奇怪的是，我发现跟前两卷异常严格的审查相比，书的后两卷几乎没有经过任何审查便出版了，这两卷的内容对整个出版工作没有造成一丁点儿障碍。不过我必须说，我还是有些担心：在耶稣会教士之后，如今，我又开始惧怕起那些哲学家[25]和冉森派们会不会耍什么花招了。我从未想过要得到任何“帮或派们”的好感，也憎恶各种所谓的集团、派系。早前，那两个“管得宽”搬进了一所与我近在咫尺的房子，跟我成了邻居。如今，他们甚至可以在房间内听到我在花园和房中所说的任何一句话，也可以轻易翻过那堵隔开了我那间花园尽头的小屋和他们的园子之间的矮墙。那间小屋被我当作工作室，我将《社会契约论》和《爱弥儿》的样张和校样全都堆在了屋内的桌子上。因为我习惯将每次收到的样张随手装订起来，因此，在书籍出版以前，我手上已经有了完整的书了。

因为对马塔斯先生的信任（我的住处是被圈在他的花园里的），加上我确实十分粗心大意，所以我总是忘记锁工作室的门。到了早上，我常会发现屋门是打开着的，而且，令我感到不安的是，我还注意到我的稿件全都被翻动过了。连续几次出现这种情况后，我晚上就开始锁门了。不过门锁并不好用，钥匙插进去只能转上半圈而已。我开始更加仔细地查看工作室的动静，却发现锁门时稿件被翻动的程度比不锁门时还要厉害。到最后，我所装订成册的书中甚至有一册整整消失了一天两夜之久，直到第三天早晨，才又重新出现在我的桌上。对此，我当然不会怀疑到马塔斯先生和他的侄子杜姆兰先生头上，因为他们对我友爱，而我更是完全信任他们。但对于那两个“管得宽”，我是一点也不相信的。虽然他们是冉森派，却跟达朗贝尔关系密切，甚至曾住在同一屋檐下。

对此我心中颇为不安，越发地小心提防起来。我先是将所有稿件都拿回自己的房间里，接着又决定彻底不与他们见面。这是因为我曾一时不查，将《爱弥儿》的第一卷借给了他们，而据我所知，他们却把那卷书展示给了很多人看。即使我们依然做了很久的邻居，但自从决定与他们决裂，直到我离开蒙莫朗西为止，我都再未与他们来往过。

《社会契约论》在《爱弥儿》之前一两个月出版。因为我早就告诫雷伊绝不能把这本书偷运到法国，所以他竟申请将书经过海路运至卢昂，公开进口到法国境内。不过，主管官员并没有给他批复。[26]若不是因为他闹得厉害，他那在卢昂耽搁了几个月之久的包裹是必然会被没收的。有几个好奇的人曾在阿姆斯特丹买了几本《社会契约论》，结果它竟悄然无声地在法国流传开了。摩勒翁曾听说并看过这部书其中的一部分。在跟我谈起此书时，他那吞吞吐吐的样子让我感到十分惊讶。若不是确信此书严格符合各项规定，我一定会被他当时神秘的样子弄得大为不安。不过幸好，我自认此书无可指摘，所以也就按照一贯的那样放下心来。幸亏舒瓦瑟尔先生对我垂青已久，他一定会感激于我在此书中对他的赞颂，因此必然会帮我来应付蓬巴杜夫人的各种坏主意的。

这段时间卢森堡先生给予我的友情比以往更多、更感人，这让我更加坚信他一定会在任何必要的时候帮助我。在他来蒙莫朗西度复活节假期期间，我由于健康情况太差，以至于不能去他府上拜望，可他却每天都屈尊来看望我。在发现我实在病痛难耐后，他派人去请来了科姆修士，并亲自将他带到我的家中，劝我接受治疗。在科姆帮我做手术时（那是一台很长时间的手术），地位显赫的卢森堡先生竟然一直陪在我身边，这着实让人钦佩又感动。这次手术给我带来了难忍的疼痛，可最终却只是探查了一下病因而已。虽然过去莫朗并未成功过，但科姆的技术显然更加高明，在两个小时后，他总算把一根极细的探条插进了我的尿道。在手术期间，为了不使仁慈的元帅为我忧心，我始终强忍疼痛，一声也没有呻吟。检查进行了三次。第一次，科姆修士说查到了一颗大结石，可第二次他又说并没有探查到结石。到了第三次——这次的检查最仔细，时间也最长——检查结束后，他确定并没有结石，而是一个有着很大肿块的前列腺硬性肿瘤。他说我膀胱肥大，但情况还算良好。按照他最后的诊断，我以后虽然会吃很多苦，但寿命却会很长。若是他关于寿命的预言是准确的话，那我恐怕将会痛苦一生。

就这样，我求医问药许多年，被诊断的病不少于二十多种，可我却哪种病都没得。最后我总算明白了自己得的是一种不会要我的命的不治之症，我将为了它忍受与我寿命一样长的痛苦。我的想象力至此终结。我不再幻想自己将会因为结石病而疼死，也不再害怕很久以前断在我尿道中的那一截探条是否会成为结石核。摆脱了这些远比真正的病痛还让人难受的想象，我开始能平静地面对自己的疾病了。事实上，从那时起，我真的觉得这病给我带来的痛苦减少了很多。而病痛之所以能减轻，全赖于卢森堡先生对我的关怀。因此每思及此，我便更加感激他。

我重焕生机。如今，只等到《爱弥儿》出版，我便可以重新去实施我安度晚年的计划了。我打算去都兰居住，那是我曾一去就喜欢上的地方。那里气候宜人，更重要的是，民风也十分淳朴：

此处土壤肥沃、易于农耕，
居民与风光，两者皆美好。[27]

在听我谈起这个计划后，卢森堡先生曾劝我打消这个念头。可我决心已定，不能更改。于是他又建议我去梅尔鲁庄园居住，那里距离巴黎有十五法里远。卢森堡夫妇都希望我能去那里，他们认为那儿更适合我。我十分中意他们的建议，并觉得特别感动。我们约好了时间，打算让我先去看看那里。可当元帅的亲随来接我时，我却因为身体不佳而只能爽约，推迟该计划。随后，此事又接二连三地被一些巧合所干扰，最终，我到底是没有去成。不过后来我听说了梅尔鲁那片地的产权其实是属于元帅夫人而非元帅先生的，我也就不那么感到抱歉了。

最终，《爱弥儿》在没有遇到改版或任何其他困难的情况下出版了。元帅先生在此书出版前向我要去了马尔泽尔布先生写给我的关于这部书的全部信件。出于对他们二人的信任，以及那段时间里事事顺利给我自己带来的信心，我并未因元帅的举动产生任何不快或不安。除了被我无意中夹杂在书堆中的一两封以外，我将所有的信件都交给了他。而此前不久，马尔泽尔布先生也曾告诉我要把我曾写给杜什纳的那些有关我如何因耶稣会教士而感到忧心忡忡的信全部收回。虽然那些信的内容确实显得我不太理智，但我一向不愿意给任何人造成我比自己实际的情况更加完美的印象，于是，我对马尔泽尔布先生说他大可以让那些信就留在杜什纳手中。至于后来他到底有没有要回那些信，我就不知道了。

此书的出版并没有如我其他的作品那样赢得一贯的喝彩。它虽获得了前所未有的私下赞美，但公开的好评却少之又少。所有最有资格评论我这部书的人都认为这是我最好也是最重要的作品，但他们无论是亲口对我说还是写信告诉我这些话的时候，那种异常离奇的谨慎态度都带给人一种若想赞扬这本书，就必须悄悄进行的错觉。布弗勒夫人在写给我的信中提到，本书的作者完全值得人们为他塑一尊铜像来表达大家对他的崇敬之情，可在信尾，她却又不客气地要求我在看过之后立即退回此信；达朗贝尔写给我的信中则高度赞扬了我高人一等的才华，并说凭借这本书，我完全可以登上文学界领袖之位。不过奇怪的是，这封信与他以往写给我的任何一封信都不同，是一封没有署名的信；还有杜克洛，他虽真诚可靠，却也行事谨慎，虽然对本书十分欣赏，但他却始终避免将这种欣赏之情落于白纸黑字；拉孔达米纳更是小心，他明明把《一个萨瓦省的牧师的信仰自白》看了一遍又一遍，却连自己如此细看的原因也始终避免谈论。在我寄赠此书的所有人中，唯一与他们不同的只有克勒贺。虽然也只看了《一个萨瓦省的牧师的信仰自白》这一篇文章，但他却在信中明明白白地说出这篇文章是如何温暖了他那颗衰老的心，并且勇敢无误地表达了自己所受到的感动。这种能毫无保留地、坦然地表示出对这部书的好评的，就只有他一人而已。

我也曾在此书公开发售前，送给马塔斯一本。而马塔斯与斯特拉斯堡地方长官的父亲、参议员布莱尔先生是老熟人，因此在去布莱尔先生位于圣格拉田的别墅中探望他时，又顺便将此书借给了他。不过在将书还给马塔斯时，布莱尔先生却如此说道：“马塔斯先生，这的确是一部好书。但不久后，此书将会引起轩然大波，并且人们对此书的评论之激烈，也将远远超过作者的想象。”虽然这句话留给我的印象比其他任何关于此书的令人不安的评论都要深刻，但当我最初听到马塔斯向我转述这话的时候，却只觉得好笑。我当时认为这只是一种打官腔的做法而已，让自己所有的话都显得神秘莫测，是文官们一贯的习气。我根本没有意识到自己马上就要大祸临头。我坚信此书行文优美、有益于世人，并且完全符合出版规定，此外，它还得到了卢森堡夫人和主官官员的支持庇护，简直可以说是完美无缺。我开始暗自庆幸自己做出了“一举击垮所有嫉妒者，在胜利的凯歌中抽身隐退”的决定，我自认为这决定确实是无比正确的。

此书出版后，只有一事令我忧心。我所忧心的并非是我身体的安全，而是我心灵的平静。不管是在退隐庐，还是在蒙莫朗西，我都曾亲眼看见那些亲王们为了自己享乐，任凭猎物冲进田地，糟蹋农民们的庄稼，这种场景令我感到十分气愤。而农民们始终敢怒不敢言，除了用声音来惊走野兽外，别无他法。农民们长期带着铁锅、小鼓和铃铛等整夜守在田中，以便能及时吓走闯进来的野猪。在目睹过沙贺莱伯爵是如何野蛮无情地对待这些可怜的农民之后，我一时气愤，在《爱弥儿》的末尾写了几句话来含沙射影地指责这种暴行。[28]这几句话违背了我出言厚道的处世原则，最后使我吃了不少亏。彼时，在孔迪亲王的田产上，他手下的官员们也在做着同样的事。我本是出于人道之心才会这么骂了他的叔叔几句，若是因此而惹得我一向敬仰和感激的孔迪亲王生气，我一定会深深感到不安的。不过，幸好我的良心一再劝慰我不必挂怀，因此我也就泰然处之了。实际上那段话是在我有幸结识亲王之前写下的，而事后，也确实没有任何传言提起亲王阁下对那段话有过任何关注。

有一本同样题材的书在我的这部书出版前后几天（具体的我记不清了）出现在市面上。从内容上来看，这本书一字不差地抄袭了我的著作的第一卷，此外，还掺杂了一些无聊且庸俗的文字。这书的作者署名是一个叫作巴勒克赛尔的日内瓦人，他的名字下还标注着他曾获得过哈勒姆科学院的奖金。一目了然的是，这个所谓的科学院和奖金都是为了掩饰这种剽窃行为而伪造的。此外，我在这种行为中还看出这里应该还有另外一个阴谋，虽然我当时还不能完全清楚那阴谋的具体内容和目的。我既不明白我的原稿怎么流传出去的（除此以外无法解释剽窃品的来源），也不清楚捏造这个毫无依据的、获得“奖金”的故事的原委。直到很多年后，狄费尔卢瓦无意间的一句话才揭开了这个奥秘，也终于使我大概知道了那些冒充“巴勒克赛尔”的究竟是哪些人。

风雨欲来的前兆已经出现，只要稍有头脑的人就会发现某个针对我的书和我本人的阴谋正在酝酿，且很快就要被实施。可我自己，却被我的愚蠢所牵累，不但完全没有意识到这场灾难，而且在明明已经尝到了灾难所带来的苦果后，竟始终连原因也猜不出。社会上流传一种说法：耶稣会教士固然应该被严惩，但那些攻击宗教的书及其作者也不能被轻易放过。我在《爱弥儿》上的署名也换来了人们的责难，可实际上，我过去一向都会在自己的著作上署名，他们也从未说过有任何不对。我的不谨慎的行事风格给某些人提供了机会。大家都很担心会因形势所迫采取一些本不愿采取的措施，但我对这些流言却泰然处之。我自认后盾可靠、行事合规，简直可以说是无可指摘，我坚信这事跟我是一点关系都没有的。若在此事上真有什么过失，也完全是卢森堡夫人一人造成的，我是绝不担心她会让我因此而陷入困境的。况且，这类事件的惯常处理方法是严惩书商而不连累作者，所以说起来，杜什纳反而更让我担心：若是马尔泽尔布先生不肯保全他的话，那他的处境一定会变得岌岌可危。

虽然我始终沉着冷静，但谣言却在持续升温。我的沉着冷静似乎加重了公众、尤其是议会的怒火。几天过后，这怒火就演变成了对我的攻击。议会里的某些人不但公开宣扬要烧毁我全部的作品，并且认为连我本人也应该被烧死。当我第一次听到这种仿佛出自果阿宗教裁判官而非参议员的口中的话时，我还以为是霍尔巴赫一伙人为了吓退我而想出的花招呢。开始时，我对这种幼儿玩笑般的伎俩毫不在意，甚至觉得好笑，我告诉自己，他们一定不知道事情的来龙去脉，否则绝对会想个别的办法来吓唬我。不过传言愈演愈烈，处处显示出他们真要这么做的征兆。这一年的6月初，卢森堡夫妇到了蒙莫朗西。那是他们一年中第二次来此，并且比往年来得都早。虽然在巴黎闹得沸沸扬扬，但我的两部新书在此处少有人提及，卢森堡先生和夫人更是对它们只字不提。

不过，当某天上午我与卢森堡先生独处时，他却问我："你是不是在《社会契约论》里说了舒瓦瑟尔先生的坏话？""说他的坏话？"我吃惊地后退一步，"不！恰恰相反，我这支从未恭维过任何人的笔还在里面写下了任何大臣都没有受到过的赞美，我发誓！"说完，我马上将那段话给他背了一遍。卢森堡先生又问："在《爱弥儿》中呢？""也没有。《爱弥儿》中甚至没有一句话涉及到他。"我回答说。"唉！"卢森堡先生的情绪比平时更加激动，"最好如此！其实你最好在任何一本书中都不曾提过他。不过，如果你确实想说，就应该说得更加清楚明白一些。""我说得很清楚，我也相信他一定能看明白。"我答道。看得出，卢森堡先生还想说些什么，也许是一些心里话也说不定，但出于在朝为官之人的警惕，他还是把已到嘴边的话给咽了下去，再也不发一言。这就是所谓的政治警惕性，它甚至可以压倒最仁厚的人心中的友谊。

虽然此次对话时间不长，但却让我明白到那些人的确是在针对我，这就是我当时真正的处境。我叹息我那无情的命运，竟将我所做的好事、所说的好话全都变成了祸害我的祸根。幸而在此事上还有马尔泽尔布先生和卢森堡夫人充当我的靠山，那些人总不至于绕过他们直接攻击到我的头上。不过从那时起，我也意识到公正法理已不重要，没人会费心神去审查我的书是否真有纰漏。风声变得更紧了，连勒奥姆都确信威胁此书和作者的祸端是不可避免的，并且在谈话中时常透露出后悔承印我的这部著作。不过，卢森堡夫人却始终平静、满面笑容。这表示她认为自己在此事上所做的一切完全正确，因而也就没必要对我感到抱歉或同情，更用不着为我担心。她是如此冷静地关注着事态的发展，仿佛自己始终置身事外一样。她的这种态度让我安心。但同时，我又感到有些诧异，因为虽然我一直认为她该对我透露些什么，可卢森堡夫人却对我不置一词。

相比卢森堡夫人，布弗勒夫人要焦躁得多。她确信这件事完全是由当时的形势所引起的：为了避免耶稣会教士指责他们对宗教问题漠不关心，巴黎的地方法院势必要采取一些措施。她告诉我说孔迪亲王正在进行运作，以期消除人们对我的打击，可实际上，她却对自己和亲王的斡旋最终能否成功没有一点把握。她和我之间有过几次谈话，这些谈话不但无法使我安心，反而让我更加焦虑。她几乎每次都在劝我远走高飞，她倾向于让我逃去英国，还多次对我说可以介绍包括鼎鼎大名的休谟在内的她的很多英国朋友给我。在见我不为所动，依然安静等待之后，她又换了另一种能动摇我的策略。她使我了解到，若我被捕并受到审讯，我势必会将卢森堡夫人供认出来，而与夫人之间的友谊，则让我无论如何也不想连累到她。对此，我让她放心，说自己绝不会牵连到卢森堡夫人。“说起来容易做起来难。”她这样反驳我。她说得对，以我的天性，即使说真话会带来灭顶之灾，我也绝对不会在法官面前说假话或是发伪誓。

这些话对我起了一些作用，但还无法让我下定决心逃走。在看出这一点后，布弗勒夫人又提议可以把我关在巴士底狱几个星期，以逃避地方法院的管辖。毕竟，地方法院对国事犯是没有管辖权的。其实只要不用我自己的名义去乞求的话，我对这种奇怪的恩典是没什么异议的。不过，布弗勒夫人后来却又不再提此事了，我由此判断，或许这个办法只是为了试探我，她实际上并没打算采取这个方法将此事不了了之。

几天后，有一位德耶神甫致信元帅，说是据可靠消息，法院将于某月某日下令逮捕我，并将对我采取极其严厉的措施。虽然这位神甫是埃皮奈夫人和格里姆的朋友，但我还是认为他信中所说的内容其实是由霍尔巴赫一伙捏造出来的。据我所知，法院的办事程序十分严格，对于此事，他们理应先按照司法程序调查清楚我是否是此书的作者，以及我本人是否承认是此书的作者。若不弄明白这些事就贸然逮捕我，是有违司法程序的。我对布弗勒夫人说：“法院只有在为了防止危害公众安全的犯人逃跑时，才能仅依据某些犯罪迹象便下令逮捕。而对我这种只能被称为过错（实际上则应获得荣誉和奖励）的行为，理应在尽可能不牵累作者的情况下只对作品本身进行起诉。”

关于这一点，为了表明这种不经传讯便对我下令逮捕的行为实际上是对我的一种照顾，布弗勒夫人还特意给我指出了其中一种微妙的区别（但我现在却忘记了）。第二天，我收到了一封来自居伊的信，他在信中说，他曾在拜访检察长时看到了放在他办公桌上的一份对《爱弥儿》和其作者的起诉书的草稿。需要特别说明的一点是，这个居伊是杜什纳的合伙人，我的这部作品就是由他负责印刷的。他说对此他本人倒没什么所谓，只是出于对我的恻隐之心才将此事告知于我。对此，读者们自可想象得到我是绝不会相信他的！一个书商，不但能随便出入检察长的办公室，并且还能从容翻看他办公桌上的草稿和文件，这不啻为一种天方夜谭！可奇怪的是，居伊的说法竟得到了其他许多人的证实，他们也都说确有此事，其中就包括布弗勒夫人。人们不断向我提起这些荒谬的言论，以至于使我认为所有的人都变成了疯子。

我清楚地知道这里面有些人们不欲我得知的秘密，于是索性静待事态发展。我深信自己在此事上清白无辜，没有一丁点违反程序的地方。不论我将遭到什么样的迫害，能为真理受苦对我来说都是一种无上的荣耀。我一切如常，仍旧天天去元帅府邸拜望，每日下午也一样会去散步，完全没有感到害怕或躲藏起来。逮捕令下达的前一天，即6月8日，我还与阿拉马尼神甫和芒达尔神甫一同去远足，他们是奥拉托利会的教士。我们带了点心到尚波去野餐。因为忘了带酒杯，我们干脆就用麦秆插到瓶里吸酒喝。每个人都选了自认为最粗的一根麦秆，争相比赛看谁喝得最多。我们又吃又喝，一起度过了我一生中少有的极快乐的一天。

我在前文已说过我青年时经常失眠。从那时起我就养成每晚躺在床上看书的习惯，一直看到眼皮发沉，我再熄灭蜡烛，打一个短短的盹。一般我晚上读的都是《圣经》。用这种方法，我至少把《圣经》来来回回地看了五六遍。那天晚上我异常兴奋、难以入眠，于是便延长了阅读时间，将由以法莲山地利未人的故事作结尾的那一卷从头到尾读了一遍。若我没有记错，那一卷应是《士师记》（我此后再未读过此卷）。这段故事很让我感动。当我正迷迷糊糊地回忆这卷书时，一束灯光和一阵声响突然将我惊醒，是黛莱丝掌着灯领着拉罗什先生过来了。

“别紧张，是元帅夫人派我来的。”见我突然起身，拉罗什先生对我说，“我带来了元帅夫人写给你的亲笔信，同时还有一封孔迪亲王给你的信，也要一并转交给你。”孔迪亲王派专人送给卢森堡夫人的信被夹在她写给我的信中。孔迪亲王的信上说，尽管他已经尽了全力，但法院方面依然决定对我严加惩治。孔迪亲王对卢森堡夫人说：“情势已万分危急并且无法阻挡。宫里和法院都决定严惩。明早7点，逮捕令就将下达，同时，将会派人对他进行捉拿。我已经请求别人答应，若他已逃走就不再追捕，但若他执意留下，则一定会被逮捕。”当时已是凌晨两点，元帅夫人才刚刚就寝，但拉罗什说：“她在等你，不见到你就不会去睡觉。”元帅夫人要我立刻起床去与她商量此事。于是，我立刻穿好衣服跑去了元帅府。

卢森堡夫人第一次表现得如此焦虑不安，她的这种神情使我感动不已。在这个事事都出乎意料的深夜，我不免也有些激动，但一见到她，我就只能想到她而忘却自己了。对我来说，即使说实话会给我自己带来灾祸，可我照样拥有说实话的勇气。我所缺乏的是足够的机智、毅力和应变能力，这就使我很有可能在严厉的追问下将她供认出来，如此一来，她将会变得多么可悲啊。因此我决定，在此事上，我要为她去做我绝对不愿为自己做的事，无论如何都要保护她的安全，哪怕牺牲我的荣誉也在所不惜。

下定决心后，我马上告诉她，我理应做出牺牲，并且绝不会让她为我为难。虽然我确信她不会误解我的意思，可她竟连半句感激的话都没有，她的这种满不在乎的态度让我感到不快，甚至犹豫着想要收回之前的承诺。就在此时，元帅先生来了，过了一会儿，布弗勒夫人也从巴黎赶了过来。他们极力称赞了我，这本是卢森堡夫人应该做的事。正因如此，我反而不好意思再改口了。接下来，我们开始研究我到底何时动身、逃往何处。卢森堡先生建议我隐姓埋名，在他家里先躲几天，以便从容商讨下一步的策略。我既没有同意他的意见，也拒绝了去圣殿藏匿。我不愿到躲在任何地方，坚持当天就要离开。

虽然我留恋法兰西，但我也感到我在这里有太多势力强大的、隐秘的敌人，所以我认为只有逃离法国才能确保安全。我第一个想到的目的地是日内瓦，但只一瞬间便打消了这种愚蠢的想法。相比巴黎，法国内阁在日内瓦的威信更高，若它决计迫害于我，那么我在日内瓦只会比在法国更加不得安宁。况且，日内瓦小议会早已因我那篇《论不平等》而对我产生了愤恨，虽然他们不曾表现出来，但这种愤恨之情越是闷在心里，就越严重。此外据我所知，《新爱洛伊丝》出版后，小议会曾在特农香医生的鼓动下匆忙下令禁止其发行，但在发现巴黎方面无人响应后，又因自惭冒失而收回了禁令。所有日内瓦人都对我怀有一种嫉妒之心，尽管他们表面大度，但我确信，一旦得到机会，他们必会对我发泄愤怒。而这次，如果我逃去日内瓦，对他们来说正是一次可以利用来对付我的机会。如果能在自己的祖国安安稳稳地生活下去，那么出于对祖国的热爱，我是一定会毫不犹豫地回到我的祖国去的。可事到如今，若是以逃犯的身份回去，那是我的荣誉和理智都绝不允许的。因此，我只能选择离日内瓦最近的地方——瑞士作为我暂时的容身之处。我打算在那里看看日内瓦将对我采取什么样的态度。而读者们很快就会看到，我的这种犹豫并未持续太久。

布弗勒夫人非常反对我的这个决定，她再次苦口婆心地劝我躲去英国，可我却丝毫不为所动。我讨厌英国，对英国人也喜欢不起来，即使布弗勒夫人的口才再好，也丝毫无法消除我的厌恶感。不但如此，似乎经过她的劝解，我反而还加深了对英国的厌恶。对此，我也不知道是因为什么。

虽然商定好的是当天动身，但清早时分元帅他们便宣布我已经离开了。我请拉罗什去我家帮忙取我的文稿，并叮嘱他，即使是对黛莱丝，也绝不能说出我是否已经真正离开了。自从做了将来要写回忆录的决定以后，我就收集了很多材料和信件，这些东西需要来回几次才能全部拿完。对这些材料，我需要把里面有用的那部分全部带走，而剩下的无用的材料，则要尽数烧毁。其中，已经挑好的材料都被我单独放好了，早上剩余的时间的工作，就是挑选其他的材料。虽然卢森堡先生乐于帮我做这项工作，但挑选所需的时间太多，整整一上午都无法完成，更遑论去做烧毁的工作了。此时，元帅先生建议由他来负责剩余文件的挑选和废弃资料的烧毁工作，待这项工作完成后，他会把挑选好的材料全都打包寄给我，并保证绝不将剩余的废弃材料交给任何人。我高兴地接受了他的好意，因为这样一来，我就可以把剩下的那仅仅几个小时的时间全都拿来与我那即将永别的、最亲爱的人一起度过了。

我将存放材料的房间的钥匙交给了元帅先生，又请他派人去把黛莱丝找来。黛莱丝此刻正焦虑万分，她既猜不透我的情况，又不清楚自己将来会怎么样；她完全不知道法院的人来了以后她该如何应对，更拿不准要怎么回答他们的问话。就在她深信我已经离开的时候，拉罗什一言不发地将她带到了元帅府邸。在见到我的那一瞬间，她马上尖叫着扑进了我的怀里。我们之间那包括友谊和心灵的交融在内的、亲密无间的感情和那朝夕相处养成的习惯在此时全部迸发了出来！在这甜蜜而又悲伤的时刻，我们曾一起度过的那些安宁、幸福、美好的时光顿时浮现在我的眼前。在相依相偎、共同生活了近十七年后，这第一次的别离让我感到痛彻心扉。看到我们这样拥抱在一起，元帅先生也忍不住流下泪来，接着，他默默地转身走开了。

黛莱丝当然不愿与我分离。我提醒她，她此时跟我走实在是诸多不便，相反，她留下来反而能帮我整理物品、收取款项，这才是更加必要的。依照惯例，逮捕某人的一项重要程序就是要查封财产、收缴文件和往来信件，并开具清单交由指定保管人保管。所以，她必须留下来，尽可能妥善地处理这些事情。我答应很快就来接她，元帅先生也替我做了担保。不过为了将来被那些抓捕我的人询问时，她能如实回答不知道，我并没有将我的目的地告诉她。当我们临别拥抱时，我抑制不住自己，莫名激动（何止是激动！我简直就像在进行预言一般）地对她说："请鼓起勇气吧，亲爱的！过去我们曾经共享安乐，以后，既然你心甘情愿，恐怕就要跟我共赴患难了。从此以后，你我将一起遭受苦难、欺凌。今天这个可悲的日子过后，命运将会无情地逼迫我，直到生命的最后一息。"

终于到了该动身的时候了。原本法院的执行官应该在上午10点钟抵达，可直到我下午4点钟动身，他们还没有来。因为我自己没有车，所以我原来的计划是坐驿车。不过元帅先生决定送我一辆两轮小篷车，并且还借给我一名车夫和一匹马。车夫和马将把我送到第一个驿站，而按照元帅的安排，到了那里后，自然会有人为我提供拉车的马。

由于我整天待在底楼，既没有去餐厅用午餐，也没有出现在府里的其他地方，因此，夫人们全都到底楼来与我告别。元帅夫人面容忧愁地拥抱了我好几次，可是这几次拥抱却再也无法让我感受到她两三年前拥抱我时的那种亲切感了。此外，布弗勒夫人也嘱咐并拥抱了我。所有在场的人中，只有一人的拥抱令我感到万分惊讶，那就是米尔普瓦夫人。米尔普瓦夫人过去从未对我表示过丝毫热情。她素来端庄矜持、待人冷漠，她的身上始终环绕着洛林家族那种天生的傲气。她的拥抱出乎我的意料，不但让我受宠若惊，还使我感动不已。在她的眼神和动作中，我看到了一种难以言喻的强大感染力，这或许恰恰是因为她的拥抱传递出了心灵高贵之人天生拥有的那份怜悯之心。每当我日后回忆起当时的情景时，便不禁如此猜测：或许正是因为她预料到了我未来的命运，才在那一瞬间情不自禁地对我产生了怜悯。

元帅先生始终不发一言，脸色苍白得如同亡人。车子停在饮马槽边，他坚持要去送我，并一定要看着我上车。我们沉默地穿过花园，在打开花园门后，我默默地将钥匙交还给了他。接过钥匙的那一刻，元帅的情绪是如此激动，以至于令我感到吃惊。从那以后，我经常会不由自主地回想起当时的情景。我与元帅先生别离时所产生的痛苦是我这一生都不曾经历过的。我们长时间地沉默地拥抱着对方，心中都预感到或许这就是我们此生的最后一次拥抱了。

我在路过蒙莫朗西和巴尔之间时遇到了一辆四轮马车，车上乘坐的四名黑衣人曾微笑着向我致意。而据后来黛莱丝所描述的情形来看，我断定那四个人应该就是法院的执行官。后来，我又获悉了另一件事：逮捕令下达的时间并不是传言中的7点，而是中午12点。

一辆小小的敞篷马车要穿过整个巴黎，当然不会让我隐藏得十分严密。路上曾有几个看似熟人的人跟我打过招呼，不过我却一个都不认识。我于当晚绕路经过维尔赫瓦庄园。所有来往里昂的驿车基本都要接受城防司令部的盘查，这对一个既不愿更名换姓又不会说谎的人来说，是一件十分麻烦的事。我带着卢森堡夫人的信去求见维尔赫瓦先生，希望他能帮我绕过这道手续。公爵先生一再苦劝我留在维尔赫瓦庄园过夜，但因为我想继续赶路，便婉拒了他的邀请。于是他帮我写了一封信，以便我能顺利通过关卡。不过因为我最后并没有经过里昂，所以这封信没有派上用场，我将它完好地保存在了我的文件箱中。当天，我又多走了两站路。

我的身体不好，加之小马车座位很硬，所以我无法过多地赶路。此外，我的外表一点也不威风，根本不能好好地使唤别人。众所周知，在法国，马跑得快慢完全取决于车夫的操控。我原以为可以通过多给钱来弥补我外貌和言辞上的不足，可换来的结果却更加糟糕：他们误认为我是生平第一次坐车的、为主人当差的奴仆，因此只肯用劣马来给我拉车。最后，我只能耐着性子由他们去。事实证明，我其实从一开始就应该采取这种态度。

我一路上本来可以用分析和思考最近的遭遇来排解旅途的忧愁，可偏偏这种做法根本不符合我的性格，我对此也一点兴趣都没有。说来也怪，我是一个极容易忘却灾难的人，哪怕这灾难刚发生不久，我也会转眼就忘。当灾难发生之前，我通常会心神不安、惊慌失措，可它们一旦发生了，我对它们的记忆便会一天淡似一天，没多久就能忘个干净。我那丰富得过头的想象力使我不断烦恼该如何预防未来即将发生的灾难，从而让我无法专注地回忆过去。不过，事情既然已经过去，本来也就无需害怕和回忆了。就我本人来说，苦难越大，越容易被我遗忘，我能深刻记住的，只有过去所感受过的幸福。那些幸福，在我一遍遍的回忆中愈发甜蜜，甚至只要我愿意，我可以在任何时候重享那些幸福。我认为，正是因为拥有这种美好的秉赋，才使我从未产生过仇恨的心理。若总是对所受的伤害耿耿于怀，只会让人在敌人尚未受到惩罚之前，自己就备受煎熬。我天生脾气急躁，甚至常常会为一些小事而火冒三丈，但我却从未有过记仇报复之心。我总是忽略那些冒犯我的人和他们对我的冒犯，如果我偶尔想到他们对我的伤害，也只是因为想要避免他们再来伤害我罢了。当我确信他们不会再来伤害我的时候，我立刻就会把他们忘到九霄云外去。

宽恕别人当然是一种美德，这是很多人都会不停说起的，可这种说法对我并没有什么用。我从未感到仇恨，也就无法得知自己的心是否有抑制仇恨的功能；我也从不挂心我的仇人，因而更说不上要不要宽恕他们。我无从知道我的敌人们为了构陷我是如何地费尽心神，我自己其实是任凭他们摆布的。他们手握权力，并乐于使用这种权利来对付我，可有件事却超出了他们的权利范围：他们为了伤害我而伤透脑筋，但却永远也无法让我为了报复他们而去苦恼。

那些才发生不久的灾难在我刚动身的第二天就被我忘得一干二净。除了旅途中必须小心注意提防的事情外，什么法院、蓬巴杜夫人、舒瓦瑟尔先生、格里姆、达朗贝尔，以及我所有的敌人和他们的阴谋，我一丁点儿也没有记住。代替这一切浮现在我脑海中的，是我动身前夜读过的那一卷《圣经》和于贝尔前些时候寄赠给我的由他翻译的格士纳的《牧歌》。我对它们的印象如此深刻，以至于总想尝试一下用格士纳的笔调将它们结合起来，写一篇《以法莲山地利未人》。虽然以我当时的处境并没有多少心思来使用轻松的写作手法进行创作，那种悲壮的故事也不适合用这种田园诗的朴素笔调来完成，可为了消遣车中无聊时光，我还是想要尽力试试。当然，我并没有抱什么成功的希望。然而才刚尝试，我就惊讶地发现自己写起来是如此的顺手，所有的表达都是信手拈来，写完这首短诗的前三章居然只用了三天时间。后来在莫蒂埃，我又完成了这首诗的其余部分。

我克服了旅途中的种种困难，将一个可怕的、令人憎恨的题材写成了我此生从未有过的哀婉艳丽、天真古朴的作品。《以法莲山地利未人》虽不能算是我的最佳作品，但却是我最钟爱的作品。无论过去还是将来，只要读到这篇作品，我的内心就会感到一种无怨无悔的喜悦。这许多的灾祸不但没有使我自怨自艾，反而还让我找到了一种方法来慰藉自己，抵消灾难所带来的痛苦。各位读者，你们完全可以把那些宣称在极度苦难的逆境中写出过好作品的哲学家们全都聚集起来，看看他们究竟能否在如我一般荣誉受到莫大侮辱的情境下，也写出这样一部作品来。

我在从蒙莫朗西动身去瑞士时便决定到我的老朋友罗甘在伊弗东的家中去住上几天。罗甘在那里退休已有几年，他曾多次写信邀请我去看他。我在路上时听说从里昂过去要走许多弯路，因此决定不走里昂。但不走里昂就要经过另一个可能遇到麻烦的要塞——贝藏松，所以，我索性决定绕道萨兰，借口去看在那里的盐场工作的麦朗先生。他是杜宾先生的侄子，也曾多次邀请我去做客。我的这个计策获得了成功：麦朗先生不在，我就避免了在萨兰停留。我继续赶我的路，并没有遇到过任何盘问。

一进入伯尔尼境内，我马上叫车夫停下马车。我下了车，激动地跪在地上俯身亲吻大地，并大喊着："上天啊！美德的保护者啊！我终于抵达自由之地了！"我从来都是这样傻，只要有点希望就觉得事事顺利，哪怕是对即将成为我灾难之地的地方，我也充满了激情。见到我这副样子，车夫简直把我当成了疯子。我重新登上车，几个小时后，我就被紧紧地拥抱在那可敬的罗甘的双臂之间了。我太需要在这位贤明的主人家中稍作休息了。并且，我十分需要在这里恢复和筹划如何使用我的精力和勇气。

在以上的叙述里，我之所以能详细说出我所记得的事情，全都是有理由的。这些事情的细节或许不是十分清楚，可一旦抓住其中的某些线索，就可以大致掌握整件事的来龙去脉。打个比方来说，虽然它们无法说明我所提出的问题的起因，但却可以对问题的解答提供很大的帮助。

现在让我们提出这样一种假设：如果要执行某个以我为目标的阴谋而非要迫使我离开的话，那么要逼迫我离开蒙莫朗西，就必须使事情像实际发生了那样进展。可是又如果，我当晚并没有被卢森堡夫人半夜派来的人所吓倒、不被她的焦虑弄得六神无主，如果我像往常一样镇静，不是留在她的府中而是回到自己家中的床上安稳地一觉睡到大天亮，那么，我真的会被逮捕吗？这个问题十分关键，它将成为解答许多问题的基础。而若想解答这个问题，就必须弄清楚警告性的谴责令和真正的逮捕令下达的具体时间。这是一个浅显却又充满启发性的事例。它说明若想在陈述事实中找到其中隐秘的原因，就一定不能放过那些最微不足道的细节，从而才能让它们引导你去用归纳法揭示出隐秘的原因。

注释：

【1】这段话是作者在1769年写下的。

【2】一部描述爱情故事的心理小说，作者为法国拉法耶特夫人（1634—1693年）。

【3】指日内瓦。该国信奉喀尔文教义。

【4】理查森（1689—1761年），英国小说家，代表作品包括《帕梅拉》、《克拉丽莎·哈尔罗》等。

【5】不是她，而是另一位我不知其名的贵妇。——原著者注

【6】卢梭《新爱洛伊丝》，附录一《第二篇序言，或：关于小说的谈话》，李平沤译本。

【7】此文全称为：《圣皮埃尔神甫的〈永久的和平计划〉摘要》。

【8】卢梭对圣皮埃尔神甫的《永久的和平计划》持批评态度。他在评论中指出该计划只是神甫一厢情愿的空想罢了。伏尔泰在只读了《世界报》上《〈永久的和平〉摘要》后，便于1761年5月1日在《〈百科全书〉报》上发表了题为《中国皇帝的诏书》的游戏文章。文章中极力嘲讽卢梭只知给欧洲“永久的和平”，却不知世上尚有东方、尚有中国，并说卢梭的计划若被中国皇帝看到，皇帝一定会龙心大悦，并将其颁布天下，与各国君主共享太平。伏尔泰的该篇文章通篇调侃，没有一句话是在严肃地谈论政治问题。对此，卢梭只能付之一笑。

【9】皮鲁士（公元前318—前272年），古埃皮鲁斯国国王。他拥有征服世界的野心。因不采纳谋臣西内阿斯早日罢兵息战的建议，于公元前272年攻占希腊阿尔果城时，被一老妇从屋顶扔向他的瓦片击中头部而亡。

【10】为了对抗英国强大的海上实力，三个由波旁家族统治的国家——法国、西班牙和那不勒斯于1761年签订了这项军事协定。此协定是由时任法国海军大臣的舒瓦瑟尔提出并一手推动签订的，故此，卢梭对他十分赞赏。

【11】这段评论的内容是：“若某个天生有治国之才的人能因某种幸运的机缘，而在一个几乎被一群矫揉造作的佞臣毁国的国君制国家中执掌政权的话，那么他所发挥的才能必会使人惊讶，并将为那个国家开辟一个新的时代。”

【12】据英国小说家阿芙娜·布恩的《奥努洛科的故事》改编。于1751年由杜·博嘉日译为法文，在巴黎出版。

【13】吉尔·布拉斯是法国小说家勒萨日的作品《吉尔·布拉斯》中的主人公。当大主教格内拉德向他询问听了自己的布道词后的感想时，他实话实说地表明并不怎么好，结果被主教训斥并赶出了教堂。

【14】此处指孔迪亲王的府第。圣殿原为古时圣殿骑士团驻扎的一个城堡式建筑，后来成为孔迪亲王的府第。

【15】在我写下这段话的时候，让我始料未及、并难以置信的是，在出版我的作品方面，他也玩过花招。而这一点，他也被迫承认了。——原著者注

【16】指送去王家印刷局印刷（当时王家印刷局设于卢浮宫内）。

【17】比如就我所知，某议长就同霍尔巴赫一伙及《百科全书》派的那些人的关系十分密切。——原著者注

【18】指1756—1763年英法两国“七年战争”所造成的后果——法国失去了加拿大和印度两个殖民地。

【19】指蓬巴杜夫人，按照卢梭前文所说，这位夫人插手朝政，俨然将自己当成了“首相”。

【20】指舒瓦瑟尔。

【21】指吉尧姆·拉穆瓦尼翁·马尔泽尔布（1683—1772年）。

【22】指时任法国图书总监的克雷蒂安·吉·拉穆瓦尼翁·马尔泽尔布（1721—1794年）。

【23】卢梭的这种揣测是错误的。事实上，当时的法国官方对耶稣会的活动不满已久，并认为他们的教义是“荒谬的和有害的”。1761年8月6日，巴黎高等法院下令解散耶稣会，并下令关闭该会开办的学校和其他机构。

【24】这四封信收于卢梭《一个孤独的散步者的梦》一书中。

【25】指《百科全书》派的霍尔巴赫和狄德罗等人。

【26】1762年4月13日，雷伊的两包《社会契约论》从阿姆斯特丹发出，先经海路运至敦刻尔克，后经河道运至卢昂。4月30日，雷伊将一本《社会契约论》寄给了时任法国图书总监马尔泽尔布。5月17日，马尔泽尔布通过卢梭转告雷伊，禁止此书运往法国销售。

【27】选自《被解放的耶路撒冷》，第一章第六十二节，作者塔索。

【28】见卢梭，《爱弥儿》下卷。

第十二章

（1762—1765）

从此，我深陷这个黑暗的陷阱长达八年之久。在这八年中，无论我用什么样的方法，都没能弄清这黑暗的奥秘。我陷入痛苦的深渊中并受到了一系列的打击，可即使我能看到打击我的直接工具，却依然始终无法参透使用这工具的手和这只手所使用的方法。耻辱和灾难总是在我猝不及防的时候自动降临到我的头上，可每当我那破碎的心中发出痛苦的哀鸣时，却又总被人认为是在无病呻吟。使我身败名裂的那些人自有一种能使社会大众都变成自己的同谋的、令人难以窥视其奥秘的伎俩，公众既不了解他们的诡计，也无法预料那诡计将产生的后果。当我叙述那些自己曾遭受到的迫害、遇到的奇怪现象和经历的各种事件时，我也无法追根溯源找到那只幕后黑手，更不能在说明事实的同时指出造成这些事实的原因。我已在前三卷书中讲过那些始初的原因，另一些与我相关的秘密和及其动机也都曾一一指出，但是我却实在无法猜透那些原因是如何结合起来，并最终使我遇到这许多离奇之事的。如果我的读者中有谁愿意探究其中的秘密、找出真相，那就请重新仔细阅读一下前三卷书，以便可以利用手中的材料分析日后发现的每一个事实，从而追溯出每一个阴谋和参与阴谋的人，直至最终找到幕后元凶。我自然知道他们的探索将要到达的终点是怎样的，但对我自己来说，那些引导他们走向终点的曲折而幽深的暗道却足以让我迷失方向。

在伊弗东居住期间，我认识了罗甘先生家中的每一个人，也结识了他的侄女布瓦·德·拉都尔夫人和她的女儿们。我之前已经说过，我与孩子们的父亲以前在里昂就认识了。而拉都尔夫人之所以来伊弗东，则是来看望自己的叔叔和她的姐姐们的。我很喜欢拉都尔夫人的长女，她年约十五岁，不但聪明伶俐，脾气性格也都非常好。我跟这位夫人和她的长女结下了深厚的友谊。原本由罗甘先生作主，早已将这个女孩子许配给了他的一位当上校的侄子。这位上校对我倒是十分敬重，可他与这女孩的年龄差实在太过悬殊，而且女孩子对此事也是极端厌恶，因此，即使那位已届中年的上校侄子对此十分乐意，罗甘先生对这门亲事也乐见其成，可我却不得不联合拉都尔夫人劝阻了这门婚事，虽然我也极希望两人都能获得满意的结果。此后不久，上校娶了他的亲戚——品貌端庄的狄兰小姐。对他来说，这才是一位真正可以为他生儿育女并辅佐他的贤内助。尽管如此，对于我在此事上的反对，罗甘先生还是有些耿耿于怀。但我本人十分坦然，我深信，无论是对他或是他的家人，我都已经尽了一个朋友所应尽的最神圣的义务。这个义务并非要对他事事顺从，而是应该事事都为他着想，向他献上忠言。

若是真到日内瓦去，我将会受到的待遇是不用动脑筋就能猜得到的。我的书曾在日内瓦被当众烧毁。6月18日，即巴黎对我的逮捕令下达九天后，日内瓦也下令要逮捕我。日内瓦所发布的这份逮捕令中有太多荒谬绝伦的话，有些话甚至公然违背了教会的法令，因此在刚听到这个消息时，我并不相信这是真的。及至消息得到证实，我立刻开始担心这种明目张胆和骇人听闻的违法行为，或许会败坏日内瓦人的良知，使他们黑白不分、好坏不明。但对于这一切，我却只能静观其变。在一般的无知小民中，只流传着一些针对我的闲言碎语，而那些狂妄的老学究和某些唯恐天下不乱的人却把我当成了没有背好教理问答的小学生，扬言一定要用鞭子来鞭打我。

以这两份逮捕令为信号，全欧洲的人都被鼓动起来咒骂我了。所有杂志、报纸全都长篇累牍地刊登文章批判我，群情之激愤，堪称史无前例。而法国人，那个原本崇尚礼仪、仁和宽厚、心存怜悯的民族此时也一反常态，他们抛弃了自己的美德，转而对我咆哮咒骂。他们将我比作豺狼、野兽，说我是亵渎宗教的、疯狂的无神论者。《特雷夫日报》的副主编还撰文称我患有狼人病，可从那些语无伦次的话语中看，真正患有狼人病的恰恰应该是他自己才对。在巴黎，情况甚至发展到如果不在随便什么题材和内容的文章中骂我几句，就会遭到警察的讯问。对这种众口一词的批判我始终百思不得其解，我只好认为所有人都成了疯子。天哪！他们竟然说《一个萨瓦省的牧师的信仰自白》的作者亵渎了宗教、《永久的和平计划》的编订者挑起了纷争、《爱弥儿》的作者是个狂人、《新爱洛伊丝》的作者是一只豺狼！这真是一派胡言！我简直无法想象，如果我发表了《精神论》[1]或类似的其他作品，那我又将被骂成什么人呢？然而，在针对那本书的风暴中，社会大众不但没有跟迫害者站在一起，反而还替作者打抱不平，并对他交口称赞。请各位读者将我和他的这两部书做一个比较，把我们所受到的待遇做一个比较，看看是否能从中找出任何一条能使人信服的理由。我所想要的只有这个，除此以外，我别无他求。

在伊弗东的日子我过得十分惬意，因此在罗甘先生和他的家人们强烈要求下，我决定一直在那里住下去。本城大法官穆瓦利·德·冉冉先生也盛情相邀，请我留在他的管辖区；上校再三邀请我住在他家那座庭院与花园之间的小楼里，盛情难却，我只好答应了。于是他立刻着手准备家具及一切我生活所需的物品；旗牌官罗甘[2]更是殷勤，每日对我寸步不离。他们无微不至的盛情关照使我感激，但有时候这种过于殷勤的态度又让我觉得有些厌烦。我定好了搬家的日子，也写了信给黛莱丝，让她来与我会合。可就在此时，我却突然听说伯尔尼境内掀起了一场针对我的风暴。这起风暴的原因我始终没有弄清楚，只听说这似乎是由那些虔诚的信徒们挑起的。并且，不知是受了何人鼓动，参议院方面似乎也不愿意让我就此安稳下去。法官先生刚一听到这种风声，就马上写信给好几位政府官员为我辩护。他在信中指责他们不该如此盲目地对我采取不宽容的态度，还说他们拒绝一个受迫害的才俊在他们管辖区内寻求庇护，反而对众多匪徒多般容忍，这种行为实在是非常可耻。据某些人推测，他那番严厉的责备不但于我无益，反而更惹恼了那些人。且不说这种推测正确与否，总之，他的辩才和威信确实并没有阻止住人们对我的打击。他在得知针对我的命令即将下达后，马上通知了我。为了不坐以待毙，我决定第二天便动身离开。但此时对我来说困难的是，法国和日内瓦的国门都已经对我紧闭，而据我推测，其他国家也一定会争相效仿，因此，我并不知道自己到底还能去哪。

布瓦·德·拉都尔夫人建议我暂且到她儿子名下的一座位于纳沙泰尔邦特拉维尔山谷中的莫蒂埃村里的空房子里安身。从伊弗东到那里只需要翻过一座山而已，而且那房子中家具齐全。她的这个建议既及时又完美，如果身处普鲁士国王治下的各邦，我不但会自然而然地得到保护，也绝不会因为宗教问题而受到迫害。但是我心中却有个不好说出口的难处，这难处使我犹豫不决。我那与生俱来的、对正义的热爱始终浸润着我的心灵，加上我对法国颇有好感，因此便有些厌恶普鲁士国王。[3]从他的所作所为和处世原则来看，我觉得他是一个既无视自己对人类的义务，又不尊重自然法则的人。我以前曾用一些带框的版画来装饰我在蒙莫朗西的小屋，其中有一幅这位国王的肖像，我在他的肖像下曾摘抄了一首二行诗的第二句，诗的内容是：

“他的思想是哲学家，可行事却是十足的君王。”

如果出自别人的笔下，那么这句诗绝对是一句相当美妙的颂词，但在我的笔下它却另有所指，因为这首诗的上一句[4]已将它解释得再清楚不过了。凡是来过我家的人，都见过这首二行诗，并且见过的人不在少数。罗朗齐骑士甚至曾将它抄送给了达朗贝尔，我几乎可以确信，达朗贝尔一定会把这句看似恭维的话转奉给普鲁士国王。后来，我又在《爱弥儿》中用一段话影射了那位国王，任何明眼人都能看出那段话中的多尼人国王阿德腊斯特指的是谁[5]，这正是我一错再错的地方。事实上，这个影射也确实没有逃过那些眼明心亮的人的眼睛，其中就包括布弗勒夫人。所以我深信，我的名字肯定早已被国王特别标记在他的记事本上了。若他的行事原则当真如我所料，那么我和我的作品必然会招致他的厌恶。所有人都知道，即使不认识我，只是单单看我的书，那些暴君和恶人就已经把我恨之入骨了。

不过我还是认为风险并不太大，因此也就打算大着胆子去试试，看他究竟会如何待我。我始终认为小肚鸡肠是卑劣者才有的恶行，而对性格豪放的人来说（我从来都认为他是这种人），他们的气量绝不会如此狭小。从他治国的手段上看，他应该会利用这次机会做出一副豁然大度的样子给世人来看的。况且，做出这种样子对他来说容易之极。此外我还认定，对他来说，卑鄙的报复心理绝不会战胜他对光荣的向往和追求。推己及彼，我觉得他应该会利用此次机会来慷慨地征服一个曾在背后非议自己的人。如此思虑再三后，我决定带着对他的信任搬到莫蒂埃去。我告诉自己，既然我让一雅克可以像科里奥兰那样行事，难道他弗雷德里克还比不上沃尔斯克人的那位首领吗？[6]

罗甘上校坚持要陪我翻过山去帮我安顿一切。原本那间屋子还归拉都尔夫人的一个小姑子吉拉尔迪埃夫人使用，见我突然搬去，她心中有些不情愿，但还是殷勤地招待我住下了。并且在黛莱丝过来以前，我一直在她家中吃饭。

从我离开蒙莫朗西的那天起，我就知道自己日后将过上居无定所、四处飘零的日子，因此我十分犹豫，不知是否该让黛莱丝来与我一起流浪。以前一直是我在照顾她、保护她，而经过这次大祸以后，或许我们的关系将会变成由她来照顾和保护我了。若我们的感情经得住考验，她必会因我的遭遇而伤心，而我又会因为她的伤心感到更加悲痛。可如果我所经历的这场灾难冲淡了她对我的感情，那么，她就会觉得陪伴我是一种损失，如此一来，她不但不会感受到我与她分享我最后一块面包时的那种快乐，反而只会居功自傲，把对我的不离不弃当成一种美德。

我一定要知无不言言无不尽。过去，我从不曾隐瞒过我自己和我那可怜的华伦夫人的缺点，如今对黛莱丝，我也同样不会特别留情。我不愿意隐瞒她的过错——如果不自觉地变心也算是一种过错的话——即便我更愿意称赞她所有的优点。长久以来，我发现她待我已不似从前那般亲切了，她对我的感情似乎变得冷淡了许多。在黛莱丝身边，我又一次陷入了曾在华伦夫人身边所感受到的那种尴尬的处境。无论是在任何女人的身边，我们都不应该去追求不自然的完美。我对自己那几个孩子的做法，无论当时我觉得自己是如何的思虑周全，也始终无法让我觉得问心无愧。在我对《论教育》[7]进行构思的时候，我已经意识到自己其实丝毫没有尽到一丝本应尽到的义务。我是如此后悔莫及，以致在《爱弥儿》的开篇就清清楚楚地公开承认了自己的过错，若有人在读了那段话[8]以后还来谴责我，那就太奇怪了。

眼下我的处境跟过去相同，甚至更糟。我的敌人一心想找出我的过错，从而对我实施迫害。我绝不愿再冒险去犯过去犯过的错误，更不愿黛莱丝为此受罪，因此，我宁愿忍受禁欲之苦。与此同时，我还发现房事对我的健康十分有害。基于以上两种理由，我痛下决心，不再跟黛莱丝同房，但有时难免无法坚持。不过近三四年，我还算是比较持之以恒的。正是从那时候起，黛莱丝对我冷淡了起来。虽然作为一个女人她依然十分依恋我，但却对我没有情爱的需求了，这也使我们共同的生活少了很多情趣。我因而猜想，或许她更愿意留在巴黎而不是跟我四处飘零，因为反正不管在哪，她都一样能获得我的供养。不过，鉴于我们别离时她是那样难过，不但强烈要求我许下重逢的诺言，而且还三番两次地对卢森堡元帅和孔迪亲王表达过要与我重聚的愿望，所以，我连想都不敢想自己该如何去跟她道永别。

我心急如焚地想把她接到身边，因为我从心底感到自己实在离不开她。在接到我请她立刻动身的信后，她很快就来了。这是我们相伴多年后第一次分别，虽然我们分开还不到两个月，但离别之苦已经让我们痛彻心扉。一见面，我们立刻紧紧拥抱在一起。啊！悲喜交加的眼泪是如此甜蜜，使我的心深深陶醉。可是，为什么人们就不肯让我多流一些这样的眼泪呢？

到莫蒂埃后，我立刻写信给纳沙泰尔邦总督、苏格兰元帅凯特先生，告知他我已来到国王陛下的领土上，打算在这里退隐，并向他请求保护。跟我所期待的一样，他以人所共知的慷慨答复了我。他邀请我去看他，于是，我就跟他的好友、特拉维尔山谷的领主马迪内先生一起前去看望他。总督先生德高望重，他的身上有一种令人崇敬的苏格兰人特有的风度，那种风度感动了我，让我们之间立刻产生了相互倾慕的感情。在我来说，对总督先生的这种感情是始终如一的，而在他那方面，若非那些使我失去一切人生慰藉的宵小之辈欺负他年迈糊涂，趁我不在的时候拼命扭曲我在他心中的形象，那他也一定会始终如一的。

乔治·凯特是苏格兰一位世袭的元帅，也是那位战死沙场、赫赫有名的凯特将军的弟弟。在他的青年时期，他远离故乡，因投靠斯图亚特王室而被自己的祖国放逐。后来，他反感于斯图亚特王室的专横暴虐、多行不义，最终弃它而去了。他在西班牙定居多年，最后与兄长一起投效了普鲁士国王。普鲁士国王慧眼识人，对他们始终以礼相待，而凯特元帅则为他屡立战功，以此来报答国王的优待。更加难能可贵的是，元帅与国王之间，还缔结了最真挚的友谊。这位可敬的人素来重视友情，一旦与人结为朋友，便愿意为其赴汤蹈火。因此，虽然他的心中信奉的是与国王的理念完全不同的彻底的共和主义，可既然投效了弗雷德里克，他就一门心思地效忠这位国王了。国王曾对他委以重任，派他出使过巴黎、西班牙等国，而当他年事已高，需要休息时，就任命他为纳沙泰尔邦总督，以便让他能在这个闲职上一边颐养天年，一边用他剩余的能量造福于这个小邦的居民。

然而，纳沙泰尔人是一群重视外表甚于实才的人。他们钟爱夸夸其谈的“才俊”，对宽厚施政的元帅却大为不满。他们认为元帅说话简略是因为笨嘴拙舌，元帅待人坦率是天性粗鲁，而元帅先生稳重的举止，也被他们当作是在端官架子。他们肆意轻贱元帅的好意，就因为他只懂造福人民，却完全不懂如何迎合他们、博取他们的欢心。在这里曾发生了一桩可笑的案件：佩蒂皮埃尔牧师因为反对地狱永恒说而被自己的同行们逐出了教会。对于此事，元帅先生为了维护全邦人民的利益，对牧师们的僭越行为提出了反对，可却因此遭到了他们全体抵制。当我到达那里的时候，这种愚蠢的抵制之声尚未消失，人们全都在谴责元帅是一个固执己见的人。在他所受的一切责难之中，这一条或许还算是比较正确的。

当我见到这位可敬的老人时，岁月已使他变成了一个干瘪的老头。我的第一感觉是怜惜他那瘦削的身体，可紧接着，在看到他那高贵开朗又神采奕奕的面容时，我便立刻对他肃然起敬，并产生了一种超越其他感情的信任之情。听完我初见面的那几句寒暄后，他竟仿佛我在他身边待了一个星期似的，对我谈起了别的事情。他甚至都没有客套地对我们说一句“请坐”，因此那位拘谨的领主就只好始终直挺挺地站着。而我却毫不客气地走过去与他并肩坐在他的那张沙发椅上，这全是因为我在他那锐利而慈祥的目光中，感受到了一种难以言喻的亲切。我这么做以后，他对我说话的声调立刻变得平和起来，我相信他一定是很喜欢我这种大方的举动，并且在心中暗自高兴着：“这个人可不是什么纳沙泰尔人。”

这就是性格相投的奇效啊！能在如此高龄不但还未如一般人那样失去所有天然的情感，反而还为我动了真情，这位仁厚的长者之心真可让世人惊奇。他借口要打山鸡而到莫蒂埃来看我，整整两天却连枪都没摸过。我们之间所建立的真挚友谊，使我们感到谁也无法离开对方。夏天的时候，元帅会住在科隆比埃府，那里离莫蒂埃只有六法里，我顶多隔两个星期就会去那里待上一天一夜，然后再走回自己的住处。并且每次虽然我人已回到莫蒂埃，心却仍留在他那里。这与我当年来去于退隐庐和奥波纳之间的感觉不同，这次的感觉显然要更为甜蜜。每次在去科隆比埃的路上，只要一想到这位可敬的老人那高尚、敦厚的美德和对我慈父般的爱，我都会留下感动的眼泪。我们之间以父子相称，然而这种称呼虽然能说明我们的亲密，却远远无法表达出我们之间那种想要时时相见的感情。他一再要求我搬去科隆比埃府，让我干脆就长住在我每次临时下榻的那套房间里。不过我却觉得住在自己家比较自由，于是我告诉他说自己宁愿一生都这样来看他。出于对我这种坦率态度的欣赏，他日后再未提过此事。我那忠厚的长者啊！我那可敬的父亲啊！每次想到他我的心都激动不已！那些总在想方设法地离间我们的别有用心之人，他们给我的打击是多么大啊！不，我保证，他在我心中的形象始终如一，我对他的感情也是如此。他们虽可以欺骗于你，但却永远休想改变他！

元帅先生当然也有缺点。他虽是贤者，但同时也是一个普通人。他头脑聪慧、知人善任，观察力也十分敏锐，但有时他也会受人欺骗且不自知。他性情古怪、颇多奇思。对于天天见面的人，他常表现出一副已将他们遗忘的样子，可在他们最意想不到的时候，他又想起了他们。他对别人的关照很少恰如人意，多数时候，他会全凭一时兴起而将一些花里胡哨的小玩意赠送或寄赠给别人，也不管人家是否用得上、那东西是否值钱。某日，一个想要投效普鲁士国王的日内瓦年轻人来求见他，可他给人家的并非是什么举荐信，而是一个装满了蚕豆的小布袋。令人惊讶的是，国王在接到这封特殊的“举荐信”后，居然真的立刻给那个年轻人安排了职务。这种出众的天才们之间的特殊交流方式自然不是一般的凡夫俗子所能理解的。

元帅的这些小怪癖与美女的故作姿态颇为相似，但在我看来却觉得别有风趣。我敢断言，这些怪癖并不会影响他在关键时刻对朋友们的感情和关照，这一点，我后来也确实体会到了。当然，在帮助别人的方式上，他的做法也一贯奇特。在此，我将讲一个无关紧要的小事来说明他的奇特之处。

对我的身体来说，要一天就从莫蒂埃走到科隆比埃，是一件根本吃不消的事情，所以我通常都是午饭后启程，行至半途在布洛特歇一夜，第二天再继续赶路。我在布洛特所住的那家客栈的主人名叫桑铎茨，他托我请总督帮忙，替他向柏林求得一个对他来说非常重要的恩准。我满口答应，将他带到了总督府上。在交代他在客厅等待后，我一人去见了总督，向他陈述了此事，可是总督听后却一言不发。整整一上午过去，当我们经过客厅准备去吃午饭的时候，我发现可怜的桑铎茨已经等得焦躁不安。我以为元帅先生将此事忘了，于是在入席前又对他重说了一遍，他依然默不作声。虽然我当时看出来他是在以此暗示他对此事已经厌烦，但我还是觉得他的这种方式有些太生硬了。没办法，我只好一边暗中替桑铎茨叫着苦，一边控制自己不再啰嗦。令我惊讶的是，当我第二天返回途中经过布洛特时，桑铎茨竟然对我道谢，说他不但在总督的家里受到了优待、享用了一顿美妙的午餐，而且总督阁下还收下了他的呈文。三周后，元帅派人将批文送给了桑铎茨。该批文是由国王签署，由某位大臣发出的。在此之前，我一直以为元帅不愿帮这个忙，因为直到事情办完，他对我或桑铎茨本人都始终只字未提。

我太想一直不停地谈论乔治·凯特了！我此生最后的美好回忆全都来自于与他共处的日子，而我这一生剩余的大多时间，却充斥着苦恼和心痛。那些痛苦的回忆不但使人伤感，也让我心乱如麻，所以此后我只能想到什么就写什么，而不可能再像上面那样条理清晰、层次分明了。

对于在莫蒂埃避难，我原本时刻怀揣着一种不安的情绪，不过很快，国王给元帅的一道批复就打消了我所有不安。元帅着实是个好律师！国王不但同意了他对我的庇护，甚至还托他（我必须如实说出所有事情）送给我十二个金路易。这项恩典使元帅有些为难，他不知如何才能既冠冕堂皇地完成使命，又不损害我的尊严。最后，他将金钱换为了实物，说是奉国王之命帮我买了炭火和木柴，以便我能顺利建立起自己的小家庭。他还告诉我（或许是他自己的意愿），国王很愿意为我盖一所由我自己选定地点和样式的房子。后一个馈赠带给我的感动完全抵消了前一个赏赐给我带来的小气的感觉。我马上将弗雷德里克看成了我的恩人和保护者，虽然我并没有接受以上两项馈赠，但却依然真诚地敬仰他、殷切地盼望他获得荣耀，这种殷切的程度与我当初对他的成就所感到的愤慨是一样的。在那之后不久，当他签订和平条约[9]时，为了表达我的高兴之情，我甚至做了一个十分漂亮的灯饰。我出手十分大方，用了一大串花环来装饰我的房子。我花在饰品上的钱跟他原本打算赠与我的钱数差不多，我是在用这种方法跟他赌气，用来宣扬他的吝啬和我的大方。

我认为在和约签订后，弗雷德里克在政治和军事上的成就已经达到顶峰，因而他可能会休养生息，开垦土地、安置移民、振兴国家的农业和商业，从而使自己从欧洲的霸主地位迈向欧洲的仲裁者的地位。他完全可以坐享太平，因为再没有任何人有能力能迫使他重拾宝剑。可是在发现他依旧不肯解除武装后，我开始担心他是否会因为不善于利用自己的优势，而让自己只能成为半个伟人，因此，我便大着胆子用他那种性格的人乐于接受的口吻给他写了一封信，希望能把这世上少有君主能听到的神圣的真理之声传入他的耳中。这封秘密信件只有国王和我两个人知情，连元帅那边我都未透露分毫。我请元帅帮忙转交信件时已经将信封好，元帅问都没问便把信呈了上去。国王始终没有回信。

过了段时间，元帅要到柏林去，国王也只是对他说我在信中把他狠狠训斥了一顿。由此可以得知，我的那封信引起了他的不快，他已将我的忠言当成了不甚耐听的疯言疯语了。或许他的看法是正确的，我确实用了我不该用的语气说了我不该说的话语。但我可以摸着良心保证，我写那封信的动机，完全是出于一片赤诚之心。

在莫蒂埃定居后不久，我有了一种今后可以安稳度日的感觉，于是便换上了亚美尼亚人的服装。这并非什么新想法，我此生中早已产生过多次想穿这种衣服的念头。当我还在蒙莫朗西时，由于常常使用探条，我被限定待在卧室里，而这种长袍式的服装是最适合卧室的。我从不在乎别人的看法，因此，当得知刚好有一个亚美尼亚裁缝总去那里探望亲戚后，我马上请他帮我做了一箱子那样的衣服。不过在做之前，我还是先征得了卢森堡夫人的同意。时隔不久，关于我的那场风暴骤起，我只好将它们收起来，留待日后风平浪静了再穿。几个月后，我因为旧病复发不得不使用探条，这样就必须要穿这种服装了，虽然我觉得在莫蒂埃穿这种衣服没什么大碍，但还是事先征询了当地牧师的意见。牧师告诉我说，即使我穿着这种衣服去教堂也没什么关系。于是，我便大着胆子戴上了圆皮帽、穿上了长袍、系上了丝绦腰带。在以这身装束参加了圣事之后，我觉得哪怕如此去拜访元帅应该也无不妥。果然，元帅先生看到我的这身装扮后，除了说了一声“你好”作为招呼外，就再也没说什么。所以自此以后，我就不再去穿其他服装了。

既然放弃了文学，我就一心一意去过我自己安排的美好又宁静的生活。我从未对独自一人的生活感到厌烦，哪怕是在完全闲着没事的时候，都一样觉得恬适无比。只要还有那肆意驰骋的想象力，我就没有一刻可以得闲。对我来说，最受不了的其实是跟一群人待在房间里耍嘴皮子聊天。若是能出门散步都算好的，至少眼睛和腿都在活动，可若一个劲儿地抱着胳臂呆坐在那里，不停地谈论什么天气、苍蝇，甚至更糟糕地相互吹捧，那对我来说简直就是酷刑一般了。

为了不变成无所事事的野蛮人，我决定去学习编织丝带。我通常会带着自己的坐垫去拜访邻居，或是像女人一样坐在门口干活儿，或是跟来往的行人闲聊，虽然同样是废话，但这种闲聊我却可以忍受。此外，我的某些女邻居也是十分聪明可爱的。这其中就有纳沙泰尔邦检察长的女儿伊萨贝尔·狄维尔卢瓦。我觉得她是一个值得钦佩的人，她也乐于与我交往，因此我们之间很快建立起了友谊。我会经常给她一些忠告，在一些重要的事情上也会给予她帮助。如今，她已经成了一名贤妻良母，拥有了完美的丈夫和幸福的生活，而她之所以能拥有这样的才智，其中一部分原因应该也是得益于我的开导。

而我也得到了很多来自于她的温馨安慰。尤其是在某个我病情加重的寒冷的冬季，为了缓解我的痛苦，她经常来跟我和黛莱丝谈心，并与我们一起度过漫漫长夜。她活泼健谈、言语高雅，使原本漫长的黑夜也变得转瞬即逝。我们之间直到如今依然以父女相称，真希望这种称呼能永远成为我们心中最珍贵的回忆。为了使自己编织的带子派上用场，我便把它们当作了送给女孩子们的结婚礼物。但这礼物的送出还附加着一个条件，就是她们必须答应我将来会亲自哺育自己的孩子。伊萨贝尔的姐姐在结婚时也收到了这样一份礼物，并且她没有辜负它。然而伊萨贝尔虽然也不想辜负这份礼物，却并没有如愿以偿。在送给她们姐妹带子时，我分别给她们写了一封信。给姐姐的信曾传诵一时，给妹妹的信却不为人知。不过幸好，友谊本身根本无需大事张扬。

对于在我家附近结交的各位朋友我就不一一细说了，但对普利上校，我必须特别提一下。这位上校在山上有一所房子，他每到夏天都会移居到那里。我原本因为他与朝廷和元帅关系交恶而并不打算结识他，可他却总来看我，并且对我表现得十分诚心，因此我也就回访了他几次。我们如此往来不断，有时还会留对方在自己家中用餐。正是在上校的家中，我得以认识了迪佩鲁先生。在此我一定要谈一谈这位迪佩鲁先生，因为后来我们之间的交往实在是很密切。

迪佩鲁先生是美洲人[10]，是苏里南某司令官之子。司令官去世后，他的遗孀嫁给了纳沙泰尔人尚布里埃先生。后来，这位遗孀又一次寡居，于是她便带着儿子去了后夫的家乡定居。迪佩鲁家中富有，他又是独子，自幼便受到母亲百般疼爱和精心培养。他成年后之所以能取得一些成就，全部得益于他母亲的教育。他的知识面很广，可惜都是一知半解。他对艺术尤其喜爱，常常自诩十分擅长推理，而他那副荷兰人的派头以及他那黝黑的肤色、冷漠的表情、沉思的模样和少言寡语的内向性格也总让人相信他是真的善于推理。他虽然还很年轻，但却患有痛风和重听之症，这就使他的言行举止显得特别稳重。尽管他十分乐于争论，并且常常因争论而弄得面红耳赤，但因为耳背，无法听清别人的谈话，所以他平素很少说话。他的外表使我对他肃然起敬。我告诉自己，能与这么一位思想家、贤者做朋友，是我的荣幸。他时常与我交谈，但从未对我说过任何一句恭维的话。他很少谈论自己，也很少谈论我和我的作品。他很有自己的见地，所说的话也都十分正确，他那稳重的态度和简练的语言轻而易举就使我产生了敬意。他的一举一动都如同元帅一样朴实，虽然他的思想还比不上元帅高深，也没有令我着迷，但我却依然由衷地敬佩他，并由此产生了友谊。在他面前，我甚至完全忘记了自己当初因为霍尔巴赫太富有而不肯与他做朋友的事。可事实证明我错了，我不该忘记这一点，因为以我的经验来说，不管是谁，只要他拥有巨大的财富，就一定不会喜欢我和我书中所提出的那些言论。[11]

我有很长时间不曾见过迪佩鲁了，这是因为他每年只到普利上校这里来一次，而我却从不到纳沙泰尔去。至于我为何不肯去纳沙泰尔，这事说起来虽然有些孩子气，却不得不在这里提一提。

尽管普鲁士国王和元帅的保护使我躲开了敌人对我的迫害，但我却无法逃脱政府官员、牧师以及公众们对我的议论。自从法国对我发动攻击后，凡是不迫害我的人都会被认为跟他们不是一条心，凡是不辱骂我的人都不能被称之为好汉。纳沙泰尔的牧师们，这些城市中的高层人士，他们首先向我发难，试图策动邦议会来反对我。当发现这个企图无法得逞时，他们立刻去找了市政府的官员，联合他们下令将我的书列为了禁书。他们一有机会就对我展开攻击，甚至放出风声说只要我敢去城里居住，他们就一定会对我不客气。此外，牧师们还在他们主办的《信使》杂志上连篇累牍地刊发了那些能让头脑清醒的人笑掉大牙的荒谬言论，可正是这些胡言乱语，却煽动了普通民众，令他们联合起来反对我。

不过，虽然他们如此聒噪，但我还是对他们心存感激，毕竟他们总算是开恩让我在莫蒂埃住下去了（实际上是因为莫蒂埃脱离于他们的权力掌控范围）。他们简直恨不得让我付高价来购买我呼吸的每一口空气。国王不顾他们的反对给予了我保护，而他们，一边无所不用其极地想取消这种保护，一边又想要我感谢他们对我的保护。最后，他们所有用来对付我的招数都失败了，可他们不但不明白自己的无能，反而还开始吹嘘我是由于他们宽容的善心才能勉强在这片国土上容身的。对于他们的这种行为，我本该置之不理、嗤之以鼻，但我竟然蠢到跟他们生起气来，并且坚持了整整两年让自己不踏入纳沙泰尔城一步。事实上，我本不该苛责他们对我的态度，毕竟他们只是受人驱使，若我太计较，反而抬高了他们。况且，那些只知道金钱和权势，完全没有眼光和教养的人，他们哪里懂得尊重人才的大道理呢！侮辱人才就是侮辱自己，这一点，他们永远也不会明白的。

有一个曾因贪污被撤职的村长竟然这样对伊萨贝尔的丈夫、特拉维尔山谷的警官说："每个人都说那个卢梭十分聪明，你去把他给我带来，我倒要看看是不是真的。"当然，遭到这种情绪打击的人，显然是不会为了说这种话的人的不满情绪而生气的。

我从不指望这里的首席牧师会给我什么好脸色，因为我在巴黎、日内瓦、伯尔尼和纳沙泰尔都没有受到任何好的待遇。在布瓦·德·拉都尔夫人将我介绍给他时，他对我也表示了欢迎，不过他的那番客气话是不能当真的，因为在这里，人与人之间表面上看起来都是很亲热的。但我当时生活在一个信奉新教的国家，我自己也已皈依新教，因此，为了遵守我的誓言，尽到一个公民应尽的义务，我就必须去参加我所信奉的宗教的圣事和各种公开活动。可是从另一方面来讲，我又很怕自己在去往圣餐台前时被人拒绝，遭受难堪。并且，在日内瓦小议会和纳沙泰尔教会的上层人士们闹得如此满城风雨的情况下，这位首席牧师很可能想在自己主管的教堂举行圣体瞻礼的时候把我狠狠教训一顿。

在圣体瞻礼到来前夕，我下定决心给首席牧师蒙莫兰先生写了一封信，信中说明了我皈依新教的诚心，同时也告诉他，为了避免因宗教信条所产生的无谓争辩，我不愿听任何人对我讲解有关信条的任何问题。信发出后，我的心中就安稳下来。我认为，蒙莫兰先生绝对不会允许我事先不听讲解就去参加圣体瞻礼，所以一定会拒绝我的请求，而我又根本不愿意听他的讲解，那么这件事就会不了了之，而且我不会被当成过错方。谁知事情并不如我所愿。在一个完全出乎我意料的时刻，蒙莫兰先生到我家来拜访我，他不但同意了我可以按照自己提出的条件去参加圣体瞻礼，还说他和教堂中的其他执事都认为能有我这样一位教友是一种莫大的荣耀。这真是我一生中从未有过的惊讶而又欣慰的时刻。我以前一直凄然地孤身存在于这个世上，在身处逆境时，我的命运则更加凄凉，而在屡遭迫害和排斥后，我竟然终于有了这样一种感觉：我身边至少还有我的教友们！这种感觉着实让人开心无比。带着这样一种激动的心情，我眼含热泪地去参加了圣体瞻礼。我的眼泪和我的心或许是我能献给上帝的最美好的礼物了。

没过多久，元帅派人给我送来一封布弗勒夫人写给我的信。我估计这封信是达朗贝尔托元帅转交给我的，因为他认识元帅先生。自我离开蒙莫朗西后，这是布弗勒夫人第一次给我写信。她在这封信中对我给蒙莫兰先生写那封信的行为提出了严厉批评，尤其责备我不该去参加圣体瞻礼。我完全不明白她到底为何发这么大的火，自从上次去日内瓦以来，我不但多次公开表明我是新教徒，而且还公开参加过荷兰使馆教堂的各项活动，当时谁也没觉得我的行为有任何不妥之处。虽然无法猜透她的用心，但我还是相信布弗勒夫人的心是好的，只是她若想在宗教问题上训斥我，这未免有些太好笑了。我并没有因为她这种无理由的责备而感到生气，而是平心静气地给她回信说明了我的理由。

彼时，报刊和杂志上正大肆刊登辱骂和谴责我的各类文章。受了那些幕后黑手的鼓动，所有的那些作者都在批评当局对我的心慈手软，那种情形看起来着实有些阴森可怕。不过我却任凭他们嚎叫，丝毫不为所动。还有人告诉我巴黎的索尔邦神学院也发表了一篇谴责我的文章，这怎么可能？索尔邦神学院对此事有什么话好说呢？难道它是想宣布我不是天主教徒？可这件事早就是众所周知的了。还是它打算证明我不是一个好的喀尔文派教徒？但我是不是好的喀尔文派教徒与它又有什么相干？这不是越俎代庖，替我们的牧师瞎操心嘛。我在见到那篇文章以前还以为是别人为了嘲讽索尔邦神学院而假借它的名义发表的，在看到文章之后，我更加确信了自己的猜测。然而事实却是，这篇文章竟然千真万确是索尔邦神学院发表的。弄清了这一点之后，我不得不确信，索尔邦神学院的那些人着实都该被送进疯人院里去。

不过，一份巴黎大主教针对我所发表的“训谕”却更加令我痛心。对于大主教我一贯是十分敬仰的，我敬佩他对宗教的虔诚，但他如此孟浪行事却让我感到十分惋惜。我认为，我必须要像当年答复波兰国王一样[12]，不卑不亢地对这份训谕予以答复。我只有在确信攻击我的人是在强迫我还击的时候，才会十分严肃地跟他过招，因为我向来对粗暴争吵讨厌至极。我毫不怀疑那篇训谕是出于当时已经自身难保的耶稣会教士的教唆，从那篇文章的语气中，可以明显看到他们对受难之人是如何落井下石的。因此，在尊重那个名义上的作者的同时，我也按照自己一贯的原则对那份训谕狠狠地进行了驳斥。我确信，我的做法是相当成功的。[13]

莫蒂埃的生活让我觉得很惬意，我打算终老于此，只是还欠缺一个可靠的生活来源。这里的东西很贵。我原来的家被拆散了，原来的计划也被打乱了。如今，我需要安一个新家，可以前的家具不是卖了就是扔了，加上离开蒙莫朗西后耗费不少，因而我手中的那点积蓄也在一天天地减少。若再不想办法贴补，我的积蓄再有两三年就会消耗殆尽，对我来说积累资金的方法除了再写文章出书以外就没有别的了，可对于这个让我倒霉透顶的职业，我是早已放弃了的。

我深信公众们在经过一段时间的狂热后一定会醒悟过来，从而使当权者也会因为自己的胡乱施政而感到羞愧，到那时，形势就会向着于我有利的方面发展。为了能使我剩下的积蓄坚持到那个时候，我开始想方设法地节省开支，以便当那一时刻来临时能更加随心地在各种谋生手段中选择一种。为此，我重拾那部写了十年的《音乐词典》。这部词典已大体完成，当时只差最后的修改和誊清了。不久前，朋友们给我寄来书稿和文件为我顺利完成这部词典提供了必要的资料。

除此以外，那些文件和书稿也为我的回忆录派上了用场。从那以后，我要将自己的全部精力投入到我的回忆录的撰写工作当中。我准备先把一些能够按照一定顺序引导我回忆起过去的时间和事件的信件抄到一个本子里。这些信件是我早就准备好了的，前后衔接了十年，几乎没有间断过。然而，就在我准备整理和抄录的时候，却发现其中出现了空档，从1756年10月到1757年3月，差不多六个月的时间里，竟然一封信都没有，这令我感到非常吃惊。狄德罗、德莱尔、埃皮奈夫人、舍农索夫人等人的信都不见了，我清楚记得自己曾将这些信全都挑了出来，而且它们也刚好是在这个时间写的，可现在这些信到底都到哪去了呢？难道说在保存在卢森堡公馆的那几个月中有人动过我的文稿吗？不，这是不可能的，因为我是亲眼看着卢森堡元帅取走了我保存文稿的房间的钥匙的。为了能按照顺序排列，我当初是凭借着自己的记忆，将狄德罗和几位夫人写给我的没有标注日期的信补上日期的，所以我本以为是我将日期弄错了，为此，我还特意将那些没有日期和我代为补充日期的信件全都找了出来，重新检查了一遍，试图找到能填补这段空白的信，可是却连一封都没有找到。所以我确信，这段时间的信，应该是被人给偷走了。可我实在想不通，到底是谁，又是为了什么而偷走了这些信件呢？这些信全是在大争吵之前，在我醉心撰写《朱莉》之时所写的，里面无非是一些德莱尔的玩笑话、狄德罗的牢骚和埃皮奈夫人及舍农索夫人对我表达友谊的话（那时我同两位夫人的关系还十分亲密）罢了，与任何人都不存在利害关系。这样的一些信件被偷走到底有什么用，又对谁才有用呢？直到七年后，我才终于猜到了这一盗窃行为的丑恶目的。

因为信件的缺失，我又因此针对文稿是否缺失进行了检查。经过检查，我发现文稿的确也少了一些，并且因为我的记忆力不好，我甚至觉得实际上少了很多稿件，比如《感性伦理学》和《爱德华绅士的爱情故事》就全都不见了。其中《爱德华绅士的爱情故事》后来被卢森堡夫人的随从拉罗什寄给了我，因此我当时怀疑是卢森堡夫人拿走了我的文稿和信件。这个世界上，只有她才会对这些写在废纸上的草稿感兴趣。可问题是，那些信件和另一部文稿是如何引起她的兴趣的呢？即使她怀有恶意，但除了篡改稿件外，她根本无法利用那些东西来害我。至于元帅先生，我对他十分了解，他对我的友谊是十分诚挚的，他本人也是非常正直的，因此我对元帅先生深信不疑，并且对他的夫人，我也不应有半点疑心。

我花费了不少精力却依然无从得知窃贼是谁，最后我想到了达朗贝尔的身上，并觉得自己的推测十分合理。我猜想达朗贝尔曾想了个办法混进了卢森堡夫人家里，在翻看了那些信件和文稿后，将他中意的那部分全都拿走，这样他不仅能拿那些东西去造谣生事，还可以顺便将对他有用的材料据为已有。他也许是被《感性伦理学》这部书稿弄昏了头，以为自己得到了一部真正的唯物主义哲学著作的写作提纲。他应该是打算从那部文稿中找出点破绽来攻击我，可事实上，我敢保证，只要他稍微仔细地看看那稿子，就一定会发现自己的想法是错误的。对于此种盗窃我文稿的事，我并不太在乎，因为我已经决定要脱离文坛，而且，这也不是此人第一次做这种事了[14]，而过去几次，我也都忍耐了下来，不曾说过一句怨言。我很快忘却了别人这种不忠厚的行为，就像它从未发生过一样。我将所有精力集中在对剩余资料的整理上，以便能安心创作我的《忏悔录》。

长久以来，我都认为日内瓦的宗教界人士，或者至少是普通公民或市民，会对针对我的那道逮捕令中违反教会法的地方提出异议，可至少从表面上看，一切却始终平静如常。实际上在日内瓦内部，一直暗中存在着一种普遍的不满情绪，只差一个机会发泄出来而已。很多自称是我的朋友的人曾接连不断地写信给我，催促我回去领导他们，并一再保证公众们一定会纠正小议会的过失。我拒绝了他们的请求，因为我实在担心自己出现在日内瓦后会引起骚乱。我坚持忠于自己过去曾许下的“绝不参与祖国的任何一场内乱”的誓言，我宁愿流亡国外，宁可继续承受人们对我的侮辱，也绝不愿用危险和暴烈的手段回到我的祖国。我的确曾期望市民们能用和平且合法的手段来反对某个对他们来说有极大利害关系的违法行为，但时至今日，他们也没有做出任何表示。市民阶层的领袖们只知道千方百计地寻找机会证明自己不可或缺，却完全没有为不平之事伸张正义的打算。他们对那些一眼就能看穿的阴谋默不作声，任凭那些自称虔诚或者根本就是假虔诚的人将日内瓦弄得乌烟瘴气。实际上，这些人都是被小议会派出故意制造舆论的，目的无非是将小议会的胡作非为打造成对宗教的热忱，而将我诽谤成面目可憎的坏人罢了。

我白等了一年多，却始终没有任何人站出来抗议这道违反法律程序的逮捕令。既然我的同胞们已经把我抛弃，那么我也只好下定决心放弃我那忘恩负义的祖国。我本来就从未得到过来自祖国的任何帮助和好处，也从没有在这个国家过过安稳的生活，我曾费尽心力为它争光，可它举国上下却都如此恶毒地对待我，那些本应该站出来说话的人也都始终缄默不言。因为以上这些原因，我给时任首席执行官法弗尔先生写了一封信，宣布正式放弃自己的市民权。当然，我在信中的措辞还是很有分寸地保全了礼数。虽然我的敌人们往往对落难的我落井下石，但我对他们的那些举动却始终应对有节，泰然处之。

我这种做法终于使公民们觉察到了他们的过错，他们认识到对我撒手不管、不为我辩护的行为于他们自身的利益有害，因此虽然为时已晚，但他们还是立刻挺身而出为我鸣不平。除此以外，还有其他一些事情也让他们感到不满。他们曾多次向小议会提出各项合情合理的申诉，但小议会却自恃有法国政府撑腰而严词拒绝了他们。如此一来，他们越发感到小议会将更加强硬地奴役他们，为了自身的利益，他们只好持续加强和扩大申诉行动。争执双方大打笔墨官司，不断印发各种对自己有利的小册子。而一本支持小议会的小册子《乡间来信》的突然问世，则彻底击溃了反对派，让他们一时之间哑口无言。这本小册子文笔巧妙，堪称上乘，甚至可以说是该文作者罕见才能的不朽之作。而这本小册子的作者，正是精通共和国重大国策和各项法律的、聪明干练的总检察官特农香。此文一出，整片大地归于沉寂。

在消沉一段时间后，反对派重新打起精神，花费很长时间撰写了一篇看起来还不错的反驳文章。不过他们依然将希望放在了我的身上，觉得只有我才能与那样的对手过招，并最终打倒他。我承认当时我自己也是如此认为的。我原来的同胞们认为我有责任用手中的笔帮他们走出这个原本因我而产生的困境，因为他们不断敦促，我最终答应了帮他们驳斥这篇《乡间来信》。我从标题就开始跟特农香针锋相对，特意将文章命名为《山中来信》。为了避免走漏风声，使那些官员和我的敌人们阻挠这部作品的印刷出版，我的这项工作进行得十分严密，甚至在托隆与反对派首领商谈此事时，尽管看过了他们的反驳文章，我也只字未提我自己的文章（当时已经完成了初稿）。可惜这部作品还是在出版前就被一些法国人看到了。那些人允许了这部作品的出版，却根本不打算让我知道他们是如何发现这部作品的秘密的。对于此事，我已将我所知的全部陈述在上，至于那些未经证实、纯属猜测的情况，我一个字也不会说。

在莫蒂埃居住期间，前来看望我的人虽然几乎跟我在蒙莫朗西和退隐庐时一样多，但其目的却大不相同。以前来看我的人多是因为爱好、信念和工作，他们在这些方面多少与我有些共同语言，所以一见面，我们就会开门见山地谈论相关的事情。但在莫蒂埃却并非如此，尤其是那些从法国来的人，更是跟以前完全两样。来的大多数都是一些对文学毫无兴趣的人，或者是些军官，他们当中的大部分人甚至从没读过我的作品。据他们自己说，他们完全是因为我是一个名人、大名人、特大名人，甚至是伟人，才会不惜走上四十、六十，乃至一百法里来拜访我。自那时起，围绕在我身边的就总是一些大肆吹捧的话语了。而在从前，那些怀着敬意来拜访我的人是绝不会对我说那么多恭维的话的。由于那些不速之客大多都不肯说明自己的身份，加之他们既没有读过我的作品，又跟我没有什么共同语言，所以我完全不知道该跟他们谈些什么。我只好等他们自己先开口，并且本来也应该由他们先道明来意，因为只有他们自己才知道自己为什么而来。可想而知，我对这种谈话毫无兴趣。也许他们会觉得趣味十足，这就完全要看他们想知道的究竟是什么了。我本人向来坦率，他们所提出的一切自认为需要向我提出的问题，都得到了我毫无保留的回答，所以通常当他们回去的时候，几乎都已经像我自己一样了解我的境况了。

举例来说，我就是如此接待王后的骑士级侍从兼王后卫队的骑兵队长范斯先生的。我们两个人除了都会玩抛球游戏和都认识菲尔小姐外，再无其他任何共同点，但他却依然耐性十足地在莫蒂埃待了好几天，还牵着他的马与我一同步行到拉费里耶尔。

在范斯先生到来前后，我还接受过另一次更加离奇的来访。有两个人牵着驴步行而来，驴背上放着他们的小行李包。他们投宿在旅店，在亲自将驴刷洗干净后，他们便登门来拜访我。他们的那身驴夫装束让人误以为他们是走私贩，并且我家来了走私贩的消息立即被四处宣扬开来。不过从他们走进我家中时脸上的神气却可以看出，他们并不是什么走私贩。虽然如此，我还是对他们保持了一段时间的戒心，因为至少他们看起来还是很像闯荡江湖的人士的。不过没过多久，我就对这两人放下心来。

这两人一个是多菲勒省的绅士蒙铎邦先生，又称拉都尔·杜·班伯爵，另一个则是曾担任过军职的卡尔邦特斯人达士蒂埃先生，为了不将其显露出来，他特意把自己的圣路易勋章放在了衣兜里。这是两位既亲和又有才华的先生，他们谈吐不俗，令人神往。他们行为举止不像法国绅士那样装腔做派，旅行的方式也很合我的胃口，我很快对他们产生了兴趣，并跟他们越来越投缘。我们之间的友谊持续至今，并将一直持续下去。后来他们又来看过我几次，不过却不再是步行了（只有开始的一次是步行，这也算是一件极有雅趣的事）。但此后我越观察他们，就越发现我们的爱好几乎完全不同，行事原则也似乎相悖，他们并不熟悉我的著作，我们之间也并无真正的情感交流。那么他们究竟为何多次拜访我呢？为何要穿那身衣服来看我呢？为何在我这盘桓数日不肯离去呢？又为何殷切期盼我去他们的家中做客呢？这些问题并不是我当时就觉察到的，而是日后偶然才想起来的。

我被他们的盛情所打动，不加思索地把心交给了他们。我尤其喜欢性格开朗的达士蒂埃先生，甚至后来也一直不间断地跟他通信。当我准备将《山中来信》印刷出版时，为了骗过那些计划在去荷兰的路上窃取装有我稿件的包裹的人，我打算请他帮忙。他曾屡次向我讲述（或许是有意为之）在阿维尼翁出书是一件十分自由的事。他还说他可以帮忙印刷我的作品，所以我曾陆续将自己稿件的前几本寄给了他，可这些稿件在他那里放了一段时间后，他又说没人敢承印，于是又将它们寄还给了我。没办法，我只好再去找雷伊。我小心安排，每次只邮寄其中的一本，在没收到前本已收妥的回条前，绝不寄出下一本。即便如此，我依然听闻，在此书未正式出版前，有人曾在几位大臣的办公室中见过这部稿子。纳沙泰尔人德士舍尔尼跟我说起过霍尔巴赫曾告诉他我写了一本叫作《山中来人》的书，我郑重向他保证说自己从未写过这个标题的书。虽然我说的都是实话，但当《山中来信》出版的时候，他还是非常生气，指责我说谎骗了他。综上所述，我敢断定自己的稿子绝对被人看过。对雷伊的忠实我是确信无疑的，因此我不得不推测，我寄稿子的包裹可能是在邮寄途中被人拆开看过了。

差不多与此同时，我还通过写信结识了尼姆人拉里奥先生。他从巴黎写给我的信中请求我寄一张我的侧面像给他，以便他可以以此为模板，请勒·穆瓦纳雕一个我的大理石半身像放在他的书房里。他这种别出心裁的笼络和讨好我的方法对我来说很有诱惑力。他让我觉得一个人既然肯这么做，那一定是十分爱我的，他必定信奉我的学说、熟读我的著作、跟我的心灵息息相通。后来我见到了这位拉里奥先生，我发现他十分想要插手我的一些小事或帮我一些小忙，然而我却开始怀疑他此生读过的那有数的几本书里，到底有没有我的作品。我无从得知他是否真有一个书房，还是仅仅是有一张书桌而已。而那个半身像，不过是勒·穆瓦纳制作的十分粗糙的一个粘土制品罢了，最过分的是，上面竟然还附带了一个十分难看的人头像。拉里奥用我的名字到处吹嘘，就好像那个人头像真的有几分像我似的。

唯一一名我觉得是出于真正喜爱我的著作并对我怀有敬意而来拜访我的法国人，是利穆赞团的一个名叫塞吉埃·德·圣布里松的青年军官。他曾凭借过人的智慧和出众的才能在巴黎享誉一时，或许如今依旧十分活跃。在我大祸临头前的一个冬天，他曾到蒙莫朗西来看我，我当时很喜欢他热情奔放的性格。后来他写信到莫蒂埃，不知是真的读《爱弥儿》入了迷，还是想要讨好我，他在信中说自己打算离开军队去过独立的生活，并且说他已经开始学习木匠活了。他有一个上尉哥哥，跟他在同个一团里。他的母亲，一位过分虔诚的信徒，不知受了哪位伪善神甫的教唆，只偏爱哥哥，对小儿子却百般指摘，既不满他不信宗教，又觉得他与我的交往罪不可恕。因为这些，圣布里松打算跟母亲断绝关系，去当一个小“爱弥儿”，过我前文所述的那种独立的生活。

接到这封吐露心声的信后，我马上回信劝他改变主意。在我苦口婆心的劝说下，他总算回心转意，从团长那里要回了辞呈，并决定继续在母亲身前尽孝。万幸的是，他的团长并没有马上批准他的辞呈，而是慎重地给他留下了一些考虑时间。摒弃了这个傻念头后，圣布里松很快冒出了另一个虽说不那么荒谬，却不怎么合我胃口的糊涂想法：他打算当一名作家。他连续创作了两三本薄薄的作品，从这些作品来看，他并非没有才华，因而我便给予了他一些夸赞，并鼓励他继续写下去。这种做法在我自己看来，是问心无愧的。

过了不久，他来看我，我们一同游览了圣皮埃尔岛。我在旅行中发现，他与从前到蒙莫朗西看我时大不相同，有一种难以描述的装模作样的感觉。我当时并未感到特别不快，但那之后却总是耿耿于怀。后来，在我途经巴黎去英国时，他又到圣西门大楼看望了我。在那里，我听闻（并非他本人所述）他时常出入上流社会，并且还十分殷勤地去拜访卢森堡夫人。我到特里之后就再没有他的消息，他也从未曾托他的亲戚塞吉埃小姐（她与我虽是邻居，但对我却没什么好感）捎过任何一个口信给我。总之，就像范斯先生与我的交往一样，圣布里松对我的倾慕也突然就消失了。只是范斯先生并曾不欠我任何人情，可他却得到过我的帮助，这让我不得不猜测，或许我曾阻止他去做的那些傻事只不过是他故意编造出来跟我闹着玩的而已。现在看来，这是很有可能的。

从日内瓦来看我的人比从法国来的还多。我就曾先后扮演过德吕克父子的护士的角色。老德吕克病于途中，小德吕克则干脆一从日内瓦动身就病倒了，他们两人都只好在我家中养病。除他们以外，从日内瓦和瑞士还涌来了很多什么亲友、牧师、假装虔诚的教徒之类各种各样的人。与那些因为仰慕我或打算来嘲弄我的法国人不同，这些日内瓦和瑞士来的人大多数都是为了向我宣讲教义和责备我才来的。所有这些人中，唯一让我高兴的是穆尔杜。虽然我总想多留他住一段日子，但他还是只跟我待了三四天而已。此外，还有一位迪维尔卢瓦先生，他是一个法国难民，也是日内瓦商人，跟纳沙泰尔总检察长还有些亲戚关系，他是所有人中最固执、最有耐心的，而且他一直对我纠缠不休，使我最后只能不得已地听他摆布。他每年都会专程从日内瓦到莫蒂埃来看我两次，每次到达莫蒂埃后，他都会接连几天从早到晚跟我待在一起，送我各种各样的小礼物，陪我一起散步，刨根问底地缠着要我向他汇报自己的情况。可问题是，我们之间不论是学识还是性格和感情，都没有一点相同之处。对他此生是否真的读过我任何一本著作、明白我任何一个论点这件事，我从始至终都抱有怀疑的态度。当我去收集植物标本的时候，即使他对此事毫无兴趣，也一定会跟我同去，可整整一路，我们却都相对无言。我曾在古穆瓦纳的一家小酒馆里坐了三天，本想以此来让他感受到我对他的厌恶，并让他腻烦而离开，可没想到却丝毫没有战胜他那令人难以置信的耐心，他竟然与我对坐了整整三天。我真不明白他这样做的动机到底是什么。

所有这些我无法拒绝和被迫接待的人中，我必须特别提一下一个唯一能使我铭记在心并感到愉快的人。在我定居莫蒂埃几个月之后，有一个匈牙利年轻人先是住在了纳沙泰尔，后来又移居至莫蒂埃。当地人都用他从苏黎世来时所用的名字称呼他为索特恩男爵。他模样俊秀、体态优雅、身材匀称，待人接物也彬彬有礼。不论是从他对我说话的感觉还是他对别人说的话中我都可以听出，他完全是因为想要通过与我交往，以便在青年时期培养自己的品德，才会动身到纳沙泰尔来的。我认为他是一个言行相符的人。对这样一个怀着美好愿望来请求我的可爱青年，我是绝不可能无视做人的最大天职而拒绝他的。我与人交往向来会付出全部真心，因此他很快就获得了我的信任和友谊。他跟我一样喜欢徒步旅行，每次都会跟我一起去。当我把他带去元帅府中时，元帅先生也对他表示出了喜爱之情。他通常用拉丁语跟我交流，因为他的法语不太好，而我则像平常一样对他说法语。虽然是两种语言混用，但我们之间的谈话却依然十分尽兴。他跟我谈起过他的事业、人生经历和他的家庭，也谈到过他似乎很熟悉的维也纳宫廷的内幕。我们亲密相处了近两年时间，我始终认为他性格平和，经得起一切考验。他谈吐风雅、着装整洁，并且为人诚实、品格高尚，一切表现都在时时证明他是个令人钦佩的世家子弟，这实在让我不能不喜欢他。

正当我们相处融洽之时，我收到了迪维尔卢瓦从日内瓦的来信，他说有人告诉他，这个住在我身边的匈牙利青年是法国政府派来的密探，让我一定要小心提防。在我所在的地方，这个消息是十分令人不安的。每个人都提醒我要多加小心，他们总说有人在监视我，想要将我诱骗到法国的领土上以便可以随意处置我。

为了堵住悠悠众口，我以不提前透露原因为前提，建议索特恩跟我一起到蓬塔利埃进行一次徒步旅行，他同意了。刚一进入蓬塔利埃境内，我马上给他看了迪维尔卢瓦的信。我使劲地拥抱着他，并对他说：“我无需向你证明我对你的信任，但公众却需要我向他们证明这一点。”这一拥抱所带来的暖人心脾的情谊，是那些迫害者们既无法从被压迫者手中夺走，也完全无法理解的心灵的慰藉。

我从来都不相信索特恩是个会出卖我的密探，但他却欺骗了我。我毫无保留地对他推心置腹，他却对我紧闭心门，以各种谎言蒙蔽我。他编造了一个使我相信他需要回国的谎言，当我催他动身时，他便真的离开了。可在我本以为他已经回到匈牙利的时候，却意外获悉他到了斯特拉斯堡。他已经不是第一次去斯特拉斯堡了。他曾将那里的某个家庭搞得夫妻不和。那家的丈夫知道我与他熟识，便写信请我帮忙。我竭力规劝那个妻子要遵守妇道，并且写信劝索特恩要检点自己的行为。我本以为索特恩跟那个女人已经断绝来往，可没想到他们却更加如胶似漆起来，而且那个丈夫竟然还请索特恩到他家住下，对他大献殷勤。如此一来，我也就没什么话好说了。此外，这个所谓的男爵还在其他事情上欺骗了我。他的名字其实是索特士海姆，而非索特恩，那个“男爵”头衔也只是在瑞士时人们对他的一个称呼而已。不过因为他从未以“男爵”自称，所以我也不怪他冒用这个头衔。事实上，我始终相信他是个绅士，不但是我，连阅人无数的元帅也是这样认为的。

他才动身离去，那家他在莫蒂埃常去用餐的小客栈的女佣就说自己怀上了他的孩子。那个女佣丑陋肮脏，而索特士海姆却是个素爱清洁、品行良好、受人尊敬的人，所以这种流言一经传出，马上引起了大家的愤慨。当地那些曾想方设法引诱他却没有成功的漂亮女人们差点被她气疯，我对此也愤怒无比。我曾表示愿为索特士海姆做担保，并负担那个女佣的一切费用，以此来竭力阻止这个不知羞耻的女人继续散播流言。我写信对索特士海姆说自己不但相信他并不是使那个女人怀孕的罪魁祸首，还确信那个女人只是假怀孕，是我们的敌人故意搞出来的鬼把戏。我希望他能回到此地，当面拆穿那个女人和她幕后的黑手。可令我吃惊的是，他给我的回信却一直闪烁其词，不但如此，他竟然还给那女人的教区牧师写信，请求他将此事平息下去。看他如此行事，我也只能撒手不管。但我却十分纳闷，在我们最亲密无间的时候，这个浪荡子弟到底是如何克制住自己，用他端庄的外表骗过我的呢？

离开斯特拉斯堡后，索特士海姆去了巴黎寻求发展，结果却陷入了困境。他在写给我的信中痛陈自己已经悔过，鉴于我们之间旧日的友情，我寄了些钱给他。在我第二年路过巴黎的时候，他的境况依然很窘迫，但他却跟拉里奥成了至交。我无从得知他们是新交还是故旧，也猜不到他们是如何相识的。两年后，索特士海姆重回斯特拉斯堡，并从那里写了几封信给我，后来他就在那里去世了。以上就是我对他所有的了解和我们之间交往的一些简单概况。这个可怜的年轻人的命运是如此令人惋惜，时至今日，我仍然愿意相信他出身名门，只是环境将他变成了一个行为放荡的人。

能在莫蒂埃结识以上这些人物并与他们深入交往，对我来说是一种收获。我是多么希望这种收获可以弥补我在那个时期所遭受的惨痛损失啊！

卢森堡先生的去世是我所经受的第一个损失。他因痛风病被医生误诊，结果被折磨致死。如果卢森堡夫人的亲信拉罗什的信中所言是可以相信的话，那么在这起惨痛的事例中我们可以看到，苦难面前人人平等，即使再伟大的人物也不能幸免。

这位仁厚的长者是我在法国唯一的真正的朋友，所以他的去世才让我如此悲伤。他性格随和，常常使我忘记他显赫的地位，而将他当成是与我平等的人。即便在我逃亡之后，我们之间也始终书信不断。不过我也感觉到，不知是因为我的不幸还是由于我的远遁，他对我眷顾之情已明显减弱了。当然，对一个朝臣来说，始终对一个为各国君主所不喜的人保持情谊是十分困难的。并且据我判断，在我离开后，卢森堡夫人肯定也对他说了我许多坏话，从而造成了对我不利的影响。卢森堡夫人对我的感情早已起了变化，在我旅居瑞士时，她只给我写过四五封信，此后便杳无音讯。虽然有时她也会装出对我十分亲切的表情，但这种情形却越来越少。然而我当时对她盲目信任，竟然完全没有发觉她对我已经愈发冷淡了。

在我走后，杜什纳的合伙人、书商居伊经常去卢森堡府上。据他说，元帅将我的名字写在了遗嘱上，我对此事的可信度毫不怀疑。我曾在心中反复思量对这项馈赠该采取怎样的态度，最后经过通盘考虑，我认为从元帅先生的地位来讲，是很难重视什么友谊的，而他竟然对我存有一份真正的友谊，所以我决定为了表达我对这个正直的人的敬意，不论这笔遗赠的内容是什么，我都将全部接受。只是后来，这笔不知真假的遗赠再无音讯，我也就未能实现自己的想法。说实话，如果确有其事，那么利用我所敬仰的人的去世而得到任何好处都是有违我做人的原则的，我必将会为此感到难过。勒涅普曾在我们的朋友穆萨尔病危期间，建议我趁他对我们的照料心怀感恩之时，让他做出于我们有利的安排。我当时反驳他说："啊！亲爱的勒涅普，对这位垂死的朋友，这是我们应尽的神圣而令人伤心的义务，请切勿以利欲之心来玷污它吧！我绝不愿让自己的名字出现在任何一个朋友的遗嘱上。"差不多同时，凯特元帅也向我谈起他打算在自己的遗嘱中对我有所馈赠，而我的回答已经在本书的上篇中说过了。

这世上最善良的女人和最慈爱的华伦夫人的去世，是我第二个更加无法弥补也更令我伤心欲绝的损失。在经历了穷困、疾病和年老体衰之苦后，她终于脱离了人间苦海，去往那善人居住的乐土。在那里，作为对她永恒的回报，她一定会享受到人们对她在尘世中所有善举的美好回忆。去吧！慈爱又高洁的灵魂啊，到贝尔奈、费讷龙、卡蒂纳和其他一些虽然地位卑微却跟他们一样一心向善的人们身边去吧！去享受你善行的福报，同时也为你的学生[15]准备好一个如他所期盼的那样的位置，以便他有朝一日能够站在你身边吧！正是上天免除了你的厄运，你才能免于看到你的学生那悲惨的命运，这对你来说是多么幸运啊！为了避免她会因我的不幸遭遇而感到痛苦，我到瑞士后，除了写信向孔济埃先生打听她的消息外，从没给她写过一封信。后来孔济埃先生告诉我，她已不必再在人世受苦，也无法继续救助那些苦难之人了。或许我也将脱离人世的苦海，但仅凭我那微弱的想象力，若无法确信能在另一个世界与她重逢的话，我也就不能相信自己能在那里获得完美的幸福。

无法再与凯特元帅重逢是我第三个、也是最后一个损失，因为自那以后，我再无任何一个朋友。元帅先生并没有去世，只是因为倦于服务那些忘恩负义的人而离开了纳沙泰尔，自那以后，我们再未相见。如今他依然健在，我希望他的寿命能长于我，因为我尚未完全断绝对这个尘世的依恋完全是由于他的存在。毕竟有他在，这个世上就还有一个配享有我友谊的人。对我来说，回忆远不如心中所感更能体现友谊的珍贵，我虽然无法继续从他那里获得友谊的甜蜜，但却依旧可以将他当作无法联系却无比敬爱的友人。彼时，他正准备去英国收回以前被没收的财产，并接受国王的赦免。我们也曾在分别时制订过美好的重逢计划，按照计划，我日后可以常去他准备定居的阿拉伯附近的凯特庄园看望他。只是这个计划在我看来太过乐观，实现起来反而更难。他后来因普鲁士国王的盛情邀请，并未留居苏格兰，而是回到了柏林。不久以后，读者们就将看到我到底是如何被迫而无法去柏林与他重聚的。

他在离开纳沙泰尔前曾主动派人给我送来了一份入籍证书，因为他那时已经预料到有人将会发动一场专门针对我的风暴了。拥有了入籍证书，似乎就可以避免我被人驱逐出境。仿效这位总督的做法，特拉维尔山谷的古维教会也免费给我发放了一份入会证。如此一来，我就彻底成了这个国家的公民，即使是国王，也没有权利将我赶走。但是，若想对一个最尊重法律的人实施迫害，本就不需要采取什么合法的途径。

马布里神甫的死在我看来完全不能算得上是我在这个时期的损失之一。我们之间虽然因为我曾寄宿在他哥哥家中而有些来往，但却并不亲密。另外还有多种征兆显示，在我的名气大过他以后，他对我的态度就改变了。而我之所以感受到他的恶意，是在《山中来信》出版之后。当时在日内瓦流传着一封据说作者是他的致萨拉丹夫人的信，他在这封信中批判我的这部作品完全是一个唯恐天下不乱的暴徒用来煽动人心的言论。我一向敬重马布里神甫，他的学识曾让我很是钦佩，所以在一开始，我完全不相信这封荒谬的信出自他手。我坦率地按照自己的想法将那信抄送了一份给他，并对他说有人造谣说信是他写的。出乎我意料的是，他居然没有回信给我，而是保持了沉默。及至后来，我收到了舍农索夫人的来信，说那封信确实是神甫所写，还说他因为我的信而感到十分难堪，对此，我简直惊讶异常。他并非受人所迫，为何要欣然写下那样一封信呢？退一步来讲，就算他所说在理，可也没必要如此大张旗鼓地公开宣扬吧？若不是为了向一个一直钦佩、敬仰且不曾负过他的人落井下石，那么他的目的又何在呢？没过多久，他不知羞耻地出版了一部完全从我的著作中东摘西抄拼凑出来的《费西翁的言论》[16]，只要翻开此书，我就能感到该书的作者处处都在针对我。世上再不会有第二个像他这样险恶的敌人了。我深知，他绝不会原谅我写出了远非他能力所及的《社会契约论》和《永久的和平》，他从未想过我会写得这么好，他总以为我只会从圣皮埃尔的著作中进行摘录。

我一生经历了风风雨雨，没有太多时间将所有事件在脑中排序，因此越往下写，就越难保证事件发生顺序的准确性。错综复杂的事件不但会让人烦恼，也会在叙述上显得凌乱。这些因某些神秘原因发生的事件将我逼到了绝境，往后我只能想到什么就写什么了。我记得自己那时正在忙于撰写《忏悔录》，但我并没料到会有人对此感兴趣，并打算对我横加阻挠，所以便草率地对周围人说起了此事。当然，就算我早有预感，按照我的性格，也一定不会对此进行隐瞒的。据我所想，那起风暴的真正起因应该是想将我驱离瑞士，交于那些可以彻底阻止我完成此书的人的手中。

为了让公众能够辨识市面上那些署着我名字的书籍中到底哪些是我的作品，哪些是我的敌人为了败坏我的名声而冒名伪造的，我打算编印一部我的全集。这项工作虽然十分必要，但恐怕也会遭到那些怕我撰写《忏悔录》的人的嫉恨。此外，因为我已放弃写作，不再撰写新的作品，回忆录又不能在我生前出版，加之我只有开销却没有其他能赚来收入的营生，一旦最后几部书的稿费用光，我就连吃饭的钱都没有了，所以对我来说，编印全集也是唯一能保障我生活的既简单又诚实的办法了。由于缺少生活来源，我曾不得不把还不完善的《音乐词典》卖给书商，换来了一百路易的现款和一百埃居的终身年金。但这一百路易对于每年要花六十多个路易的我来说，根本支撑不了多久，而且鉴于我身边总有一些穷人像麻雀一样来占我的便宜，所以那一百埃居的年金恐怕也是杯水车薪，完全经不起花的。

此时从纳沙泰尔来了一群打算承印我全集的书商，里昂那边也来了一个名叫雷基亚的书商或印刷商，并且不知为何，这个雷基亚竟然还说服了所有那些书商，担任起了此项工作的主持者。合同制订得尚算合理。按照我的要求，我所有已印出和未印出的作品将合编成四开本六卷，由我本人负责编辑工作，他们则需一次性向我付清一千埃居现款，并每年支付我一千六百法国利弗尔的终身年金。

就在合同已经定稿还没签字之时，《山中来信》出版了。书商们被那些声讨这部邪恶作品和它那罪不可恕的作者的声浪吓退，编印全集的工作也随之被搁置了。经过与《论法国音乐的信》对比后，我发现虽然《论法国音乐的信》也给我带来了一些敌人，但同时也让一些人对我产生了尊敬和钦佩，而《山中来信》的出版却使所有凡尔赛人和日内瓦人都认为我是一个不应活在这世上的魔鬼。在总检察官和法国常驻代表的教唆下，日内瓦小议会针对我的作品发布了一个公告，公告中不但以调侃的语气说凡是看过甚至听说过这部作品的人都该感到羞耻，并且还恶毒地宣称这部作品实在应该交由刽子手拿去烧毁。可惜我手边既没有原文，也完全记不得内容了，否则我真想把这篇让人哭笑不得的奇文转录于此。我敢断言，若是有人能怀着对正义和真理的热爱将我的《山中来信》重读一遍的话，他一定会了解到这部横遭侮辱的作品的行文是如何舒缓、笔调是如何平和的。需要说明的是，由于我书中所列论据均不可辩驳，并且没有任何辱骂别人之语，所以小议会的那些人就既不能驳斥我，也无法辱骂我。有鉴于此，他们索性装作十分愤怒的样子，说什么他们根本不愿意对我的指摘进行任何驳斥。说真的，如果那些他们无法辩驳的论据能被当作辱骂之词的话，那他们也可以说确实是被我狠狠地骂了一顿了。

不过，那些反对派的领袖们却并没有将《山中来信》当作进攻的武器，反而对它避之唯恐不及，他们也没有反驳那份胡编乱造的公告，而是按照公告的要求去行动了。这些怯懦的人，尽管他们暗中摘取了本书中的一些论点，并依据本书结尾处的忠告获得了安全和胜利，但他们对这本应他们所求而写就的著作却连提都不敢提，既不表示称赞，也从未说过任何一句公道话。在他们的要求下，我鞠躬尽瘁，为他们的事业和我的祖国尽到了应尽的职责，我只是希望他们在争吵中只涉及他们自己而不要提及我，幸而，他们照做了。如果按照他们自己的办法行事，那么他们是一定会被法国打败的，因此我一再提醒他们要采取和平的方法去解决争端。我确实了解他们没有败于法国的原因，不过此处却不是谈论这件事的地方。

《山中来信》最初并未在纳沙泰尔引起什么反响。蒙莫兰先生欣然接受了我的赠书，读过此书后，也没有提出任何意见。他与我一样，当时也在病中。病愈后他曾来看我，但什么也没对我说。不过，关于骚乱已经发生了的流言开始传播开来，在我不知道的地方，我的书也被当众焚毁。骚乱的中心从日内瓦、伯尔尼、凡尔赛很快移动到了纳沙泰尔，尤其是到了特拉维尔山谷，甚至宗教界还未有任何明显的动作以前，就已经有人开始在特拉维尔暗中煽动民众了。我曾向这里所有有需要的人提供我力所能及的正义的声援，也曾对我周围每一个穷苦之人布施金钱，我竭力避免自己身上显露出讨人厌的文人习气，同每个人都融洽相处。我原以为，我在这里应该像在我以前待过的任何一个地方一样，受到民众的爱戴，然而无论我如何自处，却都无法阻止那些无知小民因某些人的鼓动而对我产生不满,甚至是疯狂的仇恨的情绪。他们在乡下、在路上，甚至在大街上都对我公开进行侮辱，其中表现最激烈的，恰恰是得我好处最多的人。而那些依然从我这里得取好处的人，虽未曾公开反对我，却也在充当教唆的角色，仿佛不如此就无法洗刷他们曾受我恩惠的耻辱似的。蒙莫兰对此视而不见、态度暧昧，不过他却在圣餐礼前来到我家，一边说着对我没有任何成见，一边劝我不要去参加圣餐礼。此外，他还提到了布弗勒夫人的那封信。我完全没弄懂他的意思，也不知道我去不去领圣餐究竟跟何人有利害关系。我断然拒绝了他的建议，因为我既不想授那些无知小民以我蔑视宗教的口实，也不想怯懦地服从他。对于我的拒绝，他带着一脸将要让我为自己的不识相而后悔的表情，不高兴地离开了。

能否去参加圣餐礼，是由重新接纳我皈依新教的教务会议才能决定的，所以即使蒙莫兰想要禁止，他也没有这个权利，我依然可以无所畏惧地去领圣餐。宗教界委托蒙莫兰传唤我到教务会议去交代自己的信仰究竟是什么，若我拒绝，就将我开除出教。可事实上，开除出教这种事，是必须获得教务会议中老教友们多数表决通过才能执行的。但是，在由牧师指挥的教务会议中，那些被称为“老教友”的乡民是不会、也没有能力发表意见反对那些以其所熟练掌握的神学为依据的牧师的。我果然被传唤了，而我决心去面对他们。

若我的口才能如我的文笔那样厉害，我一定会利用这次机会在那六个乡民面前以绝对的优势将这位没什么学问的牧师轻易击败。为了提醒这位为了制服我不惜公然践踏宗教原则的牧师尊重原则，我只需将《山中来信》中的前几封信解说一番就可以了。那几封信在我手中，只要稍加发挥就能让他哑口无言，而他居然还愚蠢到想要以这几封信为依据来攻击我呢！相对他来说，由我采取攻势既容易又可以让他们完全无法预料，所以我当然不会只守不攻了，而教会那些轻率无知的无名小卒，只会将胜利拱手相让罢了。不过可惜，这种优势只有能说会道的人才能充分利用，而我不但不懂得随机应变，也根本没办法在关键时刻保持头脑清醒、口若悬河，这叫我到底该怎么办才好呢？

想当年在日内瓦，面对那些已经完全接纳并支持我的人，我尚且被弄得满面羞愧、张口结舌，如今，面对一个虽无学问却善使诡计的人，恐怕在他给我下的一百个圈套里，我连一个都未必能看得出来。我越想越觉得自己根本没有获胜的可能，不得已，我只好准备写一份发言稿去教务会议上宣读。这对我来说还是很容易的，只要我在发言稿中不承认他们对我拥有处分权，就可以免于回答他们的任何问题。我用尽全部力气去背诵我的发言稿，还因此受到了黛莱丝的取笑，因为她发现我总是在叽里咕噜地重复那几句话，仿佛要把它们硬塞进自己的脑子似的。我十分希望自己能将发言稿全文背诵出来。据我所知，大部分老教友都是偏向于我的，而且作为国王任命的官员，本地区领主也一定会参加教务会议，因此，虽然蒙莫兰诡计多端，但我也受到了异常大的鼓舞，因为我有国王的保护、邦议会的权威和一切关心宗教裁判制度是否正确运用的爱国人士的支持，而且真理和正义也是站在我这一边的。

我在举行教务的会议前夕将发言稿一字不差地背了下来。我在脑海中默诵了整个通宵，可到了早上却又全都忘记了，每背一句我都要思索再三。我感觉自己已经身处教务会议之中，先是头晕心慌、说话结巴，等到了最后该出发的时候，甚至完全丧失了离家的勇气。我写了一封短信，借口身体不适不能出席此次会议，而实际上，我当时的身体状况也确实无法支持我参加完整个会议。

我的信使牧师感到为难，只好将教务会议改期举行。在此期间，他和他的同伙四处游说那些反对他的人，可不论他从旧书堆中翻出的论据多么娓娓动听，除了两三个早已投靠他的人以外，他再没劝服过任何一个人。那位国王特派的官员和在此事上始终积极主持正义的普利上校一再敦促其他人要忠实履责。教务会议的多数人都拒绝了蒙莫兰要表决开除我的提议，如此一来，他就只剩去煽动那些无知民众这一招了。他和他的同伙们活动得十分成功，以至于即使国王接连颁布几道诏书，邦议会也发布了几道命令，可为了避免国王的官员们因保护我而被暗杀，我还是不得不离开了那个地方。

我对此事的记忆已经十分模糊，完全找不出一条能前后连贯的线索，因此也只能随手将其零星记录下来了。我还记得由蒙莫兰牵头，我与宗教界人士举行过一次谈判。他谎称怕别人会对地方当局让我任意写作而责怪当局，也怕我的写作扰乱地方安宁，所以，他暗示我，只要我从此辍笔便既往不咎。我毫不犹豫地答应了他们的要求，因为我原本就不打算继续写作了，不过我提出了一个条件，说明自己只不写涉及宗教问题的文章而已。蒙莫兰要求我对文字做了些改动，并让我将其写成一式两份的书面声明。当我提出的条件被宗教界人士否决后，我向他要回我的声明，可是他声称另一份弄丢了，结果只还给我一份。此后，牧师每每在讲道坛上宣称我是反基督者，民众们则在他公开煽动下，像对付狼妖一般肆无忌惮地攻击我、驱赶我。虽然我的亚美尼亚服装成了那些无知小民辨认我的标记，给我带来了麻烦，但由于我并不想在这种情况下示弱，所以也就依然安详地戴着圆皮帽、穿着这身衣服在街上散步。我的四周充斥着谩骂和恐吓，不但有人用小石子打我，还有人威胁说要给我一枪，见我并未被这些话吓走，他们反而愈发愤怒起来。不过他们也不敢真正开枪，只是在逞口舌之快罢了。

在这场骚乱期间，有两件事仍令我感到欣慰。其中之一是我在凯特元帅的关照下，受到了值得感激的对待。纳沙泰尔的正直的人们恨透了那些受人唆使的牧师，对我受到的攻击和侮辱感到十分气愤，所有关心我的人都担心此次事件会开创实行宗教裁判的恶劣的先河。官员们也大多为我打抱不平，尤其是在迪维尔卢瓦先生之后继任检察长的默隆先生，更是一直想尽办法为我辩护。此外还有普利上校，虽然他现在只是个平民，但却为我多方奔走，说服了几位老教友恪尽职守，致使蒙莫兰在教务会议上落了个狼狈不堪的下场。然而虽然他可以利用自己的威望来防止暴乱，但由于只能用正义、公理和法律来对付酒肉和金钱的势力，在这种不对等的力量抗衡下，他最终还是败给了蒙莫兰。不过，我还是十分感激，并想要报答普利上校对我的恩情。我得知他很想进入邦议会任职，但却因为佩蒂皮埃尔事件失去了国王和总督的宠信，尽管如此，我还是斗胆写信向总督求情，并冒险直言了他想要担任的职务。出乎所有人意料的是，国王竟然马上任命他去担任那个职务，这真是太幸运了！这就是命运，它不断将我贬低又不断将我抬高，接连把我从一个极端推向另一个极端，当我深陷咒骂和诽谤之时，它居然却还使我帮助一个人当上了邦议员。

另一件让我欣慰之事是我终于在韦尔德兰夫人的关切和照顾下，消除了对她一直以来的反感。韦尔德兰夫人携女儿在布尔朋温泉疗养后，于返程途中特意绕道至莫蒂埃来看望我，并在我家中住了两三天。在当时那种环境下，我是十分需要友情的安慰来支持我的勇气的，而她能专程来看我，这种情谊不但使我感动，也征服了我，让我愿意用自己的真心来回报她长期以来对我的友好。我原本不想让她因为看到我被无知小民侮辱的情形而伤心，可就算在散步时那些暴徒因为有她在场稍作收敛，但她依然能根据自己所看到的东西想象到我平时所处的情境。即便在她住在我家期间，那些人也从未停止在夜间对我的住宅进行攻击，她的侍女就曾在清晨发现了他们在夜里扔在我窗台上的石块。另外，我家大门旁边的街上原本固定着的长石凳也曾在某天被人偷偷拆下，靠在了我家门上，若不是我们及时发现了此事，那么第一个开门出去的人就一定会被石凳砸死。除了韦尔德兰夫人亲眼所见的这些以外，她的心腹也向她汇报了这里发生的所有事。她的这个仆人在村子里结交甚广，有人甚至还见过他跟蒙莫兰谈话。即便如此，夫人却从不跟我谈论包括蒙莫兰在内的任何人，对我的谈话也很少应答，看起来就像对我所遭遇的一切都毫不在意似的。不过，她似乎认为英国比任何地方都更适合我居住，她总是向我谈起休谟先生（休谟先生当时正在巴黎），说他十分愿意在英国为我效劳，还说他是个对我十分友好的人。现在是到了谈一下这位休谟先生的时候了。

休谟因撰写过不少关于政治和商业的论著，加之最近又出版了一部《斯图亚特家族史》，所以在法国，尤其是在《百科全书》派的那些人中间声名显著。除了粗略看过由普列伏神甫翻译的《斯图亚特家族史》外，我从未看过这位先生的任何其他著作，因此，我只能根据别人的描述，判断他是一个身上融合了彻底的共和主义思想和英国人崇尚奢侈的怪习气的人。根据这种想法，我认为他为查理一世所撰写的赞词是十分公平的。此外，我还很钦佩他的道德和才情。在布弗勒夫人的敦促下，我很想到英国去一趟，因为作为休谟先生的好友，她早就劝我去英国，而我，也着实想要结识并获得这位罕见的人物的友谊。我到瑞士后，还曾通过布弗勒夫人的转交收到过休谟的一封信，他在信中极力表达了对我的仰慕和赞赏，并十分恳切地邀请我去英国，他说他愿意将自己所有的朋友都介绍给我，也会尽全部力量去保障我在英国能愉快地生活。

我也曾向休谟的同乡兼朋友凯特元帅打听过，元帅认为我对休谟的看法非常准确。元帅还对我讲了一则曾经感动了他，如今也使我大受感动的关于休谟的文学轶事：休谟关于古代人口问题的错误论述曾被华莱士撰文批评过，当这篇批评文章付印时，由于华莱士不在，休谟就自告奋勇，不但帮他看校样，还替他监督印行。我打心眼里佩服他的这种做法。我也曾以六铜子一份的价格，帮别人卖过录有他撰写的攻击我的歌的歌片。因此，我是怀着对休谟先入为主的钦佩的想法来听韦尔德兰夫人跟我谈论他的。韦尔德兰夫人反复对我强调休谟是如何热切地期盼能在英国为我效劳，他对我是如何友好，她不断催促我利用休谟先生对我的一片热忱给他写信，然而我当时却拒绝了她，并且也没有许下以后会写的承诺。这是因为我一向对英国没有好感，不到万不得已的时候，我实在不打算给他写信。不过为了不辜负休谟先生的美意，我同意韦尔德兰夫人按照自己的想法去做任何事。在她离开莫蒂埃时，我已经将她当成是我朋友中的好友了，至于大名鼎鼎的休谟先生，因为夫人的不断夸赞，我也将他看作了自己的朋友。

在她离开后，不但蒙莫兰加快了暗中活动的步伐，连那些无知小民的胡作非为也更加肆无忌惮起来。不过伴着他们的辱骂，我依然如往常一样继续安闲散步。与迪维尔卢瓦医生[17]相处时对植物学产生的兴趣给我的散步带来了全新的乐趣，我无视那些家伙的叫嚣，走遍这里的每个角落去采集植物标本。我的这种镇静的态度差点把他们气疯。

对我来说，看见我的朋友[18]和自称是我的朋友的家属也相对公开地加入迫害我的行列，是最令我痛心的。这些人里包括我的伊萨贝尔的父兄、迪维尔卢瓦一家、我那女友的亲戚布瓦·德·拉都尔和她的弟妹吉拉尔迪埃夫人等。其中有个叫皮埃尔·布瓦的行事粗鲁、头脑简单的家伙，对于他，我不但生不起气来，还总是拿他开玩笑。我仿照《小先知》的笔调，写了一篇名为《号称通灵者的山中皮埃尔的幻觉》的短文，以诙谐的词句对当时迫害我的人用来当作借口的宗教奇迹大肆揶揄。迪佩鲁将这篇文章在日内瓦印了出来。不过凭借纳沙泰尔人那有限的智慧，此文在此处实在产生不了多少作用，因为他们既领会不了那些幽默的语言，也看不懂文中措辞优雅的俏皮话，至于那些典雅的文字的意思，就更不用提了。

在此期间，我还花费更多心思写了另一篇短文，此文手稿至今还存放在我的文稿箱中，在这里，我要特别说一说写这篇文章的原因。

在对我的迫害活动和在通缉令喧嚣尘上之时，日内瓦人拼了命地大喊大叫，表现得格外起劲。我的朋友维尔纳也在这些人中。他以神学家的姿态，特意选择了这个时候抛出了几封用来证明我不是基督徒的攻击我的信件[19]。那些信虽然得到了博物学家博奈的修改，但仍然只是辞藻华丽，推理却不严谨。这位博奈虽然是个唯物主义者，但在涉及到我的问题上，他显然将自己变成了一个对异端零容忍的正统派教徒。我当然无意理睬这种作品，所以只是在《山中来信》中以轻蔑的口气加了一个脚注[20]，以此来说明我的态度。据迪维尔卢瓦说，维尔纳被我的这种做法气得火冒三丈，天天在日内瓦四处叫嚷。

不久之后，一张仿佛是用地狱之水写成的匿名传单出现了。传单中写满了诸如我包养了一名随营娼妓，被酒色掏空了身体，还染上了一身梅毒以及我将自己的孩子全都抛弃在了大街上之类的话。事实上，我素来腼腆得如同一个处女，从未曾去过什么烟花柳巷，我非但没有得过梅毒之类的性病，而且据医生们说，我体质强健，绝不会染上这类疾病。因此，在看到传单的第一眼，我就决心一定要弄清那作者将我说得如此不堪的原因，一定要捍卫这世上所谓的尊严和名誉。要猜到传单的作者是谁并不是什么难事。经过慎重考虑后，我认为批驳这张传单的最好方法就是将它送到我曾长期居住的城市公之于众，于是我在加了一个指名道姓说明传单是维尔纳所写的按语后，将它寄给了杜什纳，叫他原样付印。此外，为了说明事实的真相，我还在传单上加了几段短短的注释。除了让杜什纳印刷，我还将传单抄送给了几个人，其中包括与我有书信来往，并且向来以诚待我的路易·德·武腾贝格亲王。这位亲王和迪佩鲁及其他人一样，似乎都不相信维尔纳是这张传单的作者，他们全都责怪我不该如此轻率地点出他的名字。被他们提醒后，我颇感不安，马上写信通知杜什纳取消印刷。居伊回信说已经停止印刷了，可由于他曾多次对我说谎，所以我无法确定他是否真的照办了。自此以后，我被无法穿透的黑暗笼罩，再也不能探求到任何真相。

面对我如此的指摘，原本愤怒无比的维尔纳居然十分克制地忍耐了下来，并且还用非常平和的语气给我写了两封信，这实在令人吃惊不已。我认为他的目的是想通过我的回信探知我对此事到底知道多少，以及我是否真的掌握了一些对他不利的证据。我给他回了两封措辞并不生硬的短信，直截了当地表达了我的意思，对此，他完全没有生气。接着他写来了第三封信，但是我看出了这里隐藏着他想跟我长期通信的目的，所以并未再回信。因为这，他还特别委托迪维尔卢瓦来跟我解释。克拉默夫人在写给迪佩鲁的信中也提到那张传单应该不是维尔纳写的，但无论如何，我的看法都没有改变。不过，如果我真的弄错了，我也确实应该向维尔纳正式道歉，因此，我请迪维尔卢瓦转告他：如果他能证明传单不是他写的，或是将真正的作者找出来，那么我一定会赔礼道歉，直到他满意。

另外，如果传单真的不是他写的，那么我就无权要求他做出任何证明，为了阐述我指证他的理由，我决定写一份详尽的备忘录，并请一个所有人都意想不到，而且连维尔纳也无权拒绝的仲裁者——日内瓦小议会来进行评判。我的心灵正直宽厚，我对公正始终神往，在这份备忘录中，我淋漓尽致地描写了每个人与生俱来的对正义的爱，所以，我可以毫不迟疑地邀请那个对我万分残忍的敌人来做我和诬蔑我的人之间的仲裁者。在备忘录的末尾，我还做出了一份郑重声明：如果小议会在认真审阅了我的备忘录，并做了相应的调查后还认定维尔纳先生不是传单的作者，我将立刻心悦诚服地去跪在他的脚下道歉，直到他宽恕我为止。我将备忘录读给迪佩鲁听了，因为他的反对，我最终没有将它提交上去，并且在他的劝说下，我直到今天还在等着维尔纳答应过的会提出的证据。我在等待期间一直沉默着，并且将终身沉默下去。不管我的心中多么确信那张传单是维尔纳写的，我依然心甘情愿地忍受着人们对我的谩骂，说我毫无根据地将一个严重的罪名强加在他的头上。如果有朝一日，现存于迪佩鲁手中的我的备忘录能够公之于众，那么人们一定会明白我的理由，也就有可能会如我所愿，认识到那些我同时代的人一直不屑于认识的让—雅克的灵魂。

接下来该谈谈我在莫蒂埃遭遇的那场灾难，和我究竟是如何在特拉维尔山谷居住了两年半，又不屈不挠地强忍了八个月[21]最残酷的待遇后离开了那里。除了通过迪佩鲁发表的《大事纪要》以外，我已无法清楚地记起这段不愉快时期的详细情况了。有关这篇纪要的情况，我将在后文再次谈到。

韦尔德兰夫人走后，尽管国王屡次颁发诏书、邦议会和当地的领主、官员也多次下令或出面干涉，那些乡民却依然将我当成是为了反击读者，愈发激烈地制造骚乱。威胁不起作用，他们便决定要动手了。开始时，只是有人从远处向我丢石头，并没有真正打到我，后来，在9月初莫蒂埃举行的一次集市的夜里，我的住宅遭到了袭击，使屋内所有人都陷入了生命危险中。

半夜，随着人声鼎沸，石头像冰雹一样砸向了面对长廊的门和桌子，原本睡在长廊的狗在刚听到动静时还汪汪直叫，但很快就躲在角落对着板壁又抓又咬，拼了命想要逃离这里。我听到声响起床后，刚要从卧室去厨房，恰好一块石头冲破窗子撞开卧室门落在了我的脚下。如果当时我早走一秒，石头一定会打到我的肚子上。我就此判断那些叫嚷声是为了引我出来而有意为之，以便让我更有可能被石头砸中。我一个箭步冲进厨房，黛莱丝也浑身哆嗦地跑到了我的身边。为了避免被石头打到，我们只能一边紧贴着远离窗子的墙壁，一边商量着该如何应对。出去求援明显是不可能的，只要一走出家门，我们马上就会被人砸死。

幸亏嘈杂声吵醒了我楼下那个老头的女仆，她立刻跑去向住在我们对门的领主先生报告了。在有集市的夜里，警卫队都会进行巡逻，因此领主马上就将他们集合在一起，带着他们赶了过来。穿着睡衣冲进来的领主被破坏成采石场一般的院子吓得满脸苍白。在查看楼下时，他还发现有人为了从走廊冲进屋中而将院子里的一扇门给撞开了。在追查原因时，大家发现原本当夜的巡逻任务应由另一个村子担任，结果莫蒂埃的警卫队却坚持自己负责，结果才没能及时发现和阻止这次骚乱。领主于第二日向邦议会汇报了这次事件，邦议会责令他马上展开调查，并悬赏检举肇事者的人。对于检举者，邦议会答应绝不泄露他们的身份。此外，在我住宅周围和与我毗邻的领主的住宅周围，则由公费设置警卫进行保护。

第二天，此地所有的头面人物都来看我了，其中包括领主马尔蒂奈、检察长默隆、税务官居耶奈、司库迪维尔卢瓦和他的父亲，以及普利上校，他们一致劝我离开这个已经无法让我体面、安全地居住的教区，出去暂避风头。我发现那位领主被暴民们吓得不但巴不得我赶快走，就是他自己，也打算尽快离开这个教区，以免被暴民们迁怒，或是要继续承担保护我这个艰巨的任务。那些暴民们仇视我的样子让我伤透了心，我无法忍受，最后只好离开。而在我走后不久，那位领主也的确离开了那个地方。

我可以选择的去处有好几个。韦尔德兰夫人多次从巴黎来信，告诉我有一位很关心我的华尔波尔先生（她称呼他为“绅士”）愿意在他的庄子里为我提供一个住处。从她对环境引人入胜的描述和对我未来生活的详细安排来看，她跟华尔波尔绅士应该是精心商量过的。凯特元帅则不断劝我去苏格兰或英国，他开始打算让我住在他的庄园，后来又在波茨坦，他的身边给我提供了一个更好的地方。另外，他还向我转达了前不久与国王谈话时国王对我的邀请。至于萨克斯—戈特公爵夫人竟干脆写信让我顺路去她家中住些日子，因为她坚信我一定会去她那里。不过以我对瑞士的喜爱，只要有一丁点儿可能，我都不愿离开这儿，并且我还要利用在这里的时间来执行我制订了数月的一个计划。目前为止，为了不打断我叙述的连贯性，我暂时还没有谈到过这个计划。

这个计划就是到伯尔尼医院的产业——碧茵纳湖中心的圣皮埃尔岛去住。我是在前一年夏天跟迪佩鲁去那里徒步旅行时被这个岛迷住的，从那时起，我就想方设法想把家搬到那个岛上。可是此岛却归那些在三年前将我粗暴地驱逐出境的伯尔尼人所有，这成了我定居此岛的最大障碍。他们对我的态度如此恶劣，回到那里不但会让我面上无光，还有可能受到比在伊弗东时更厉害的骚扰。我曾就此事征询过凯特元帅，他也认为伯尔尼人有可能很愿意我去那里居住，以便能更好地囚禁和掌控我，这种想法跟我不谋而合。在他的请求下，他的老邻居斯图尔勒先生去找了该邦的几位首脑人物，试探他们的态度。据他们的答复来看，他们似乎对自己过去的做法感到羞愧，因此很希望我去岛上定居，并保证我能安稳度日。斯图尔勒先生将这种情况原原本本地写信告知了凯特元帅。在冒险前去之前，我为了慎重起见，还特意又托沙耶上校去打听了一下，得到的回复与斯图尔勒先生所说一致，并且沙耶上校还说，岛上的税务官已经接到了上级发布的关于允许我上岛居住的通知。既然能得到伯尔尼邦的最高当局和此岛主管者的默许，我也就不奢求伯尔尼的那些人是否会公开承认自己过去对我的不公正了。我只求能安全地住在税务官家中，完全不指望当权者们去违背他们那不可违背的原则。

圣皮埃尔岛周长约半法里，位于碧茵纳湖中心，被纳沙泰尔人称为拉莫特岛。此岛为丘陵地貌，地势起伏，景观优美，密林和空地交相辉映，使岛的面积看起来比实际大得多。在此岛狭小的土地上，有着农田、果园、树林、草地和葡萄园等，可以提供生活所需的一切必要物品。小岛西部有一个正对波纳维尔和格拉赫斯两个小镇的高台，高台之上，由一长排树围出了一大片空地，每当葡萄收获的季节来临，沿湖一带各个地方的人们都会在周日聚集于此，载歌载舞，自娱自乐。而在一处风无法吹到的低地里，则坐落着税务官那宽敞气派的大房子。

自圣皮埃尔岛南行约五六百步，是一个比它小得多的荒芜岛屿。这个布满砾石、只零星地长着几棵春蓼和柳树的小岛，似乎是很久以前因风暴袭击而从圣皮埃尔岛分离出去的。小岛的地势要更高一些，如茵的嫩草使它看起来十分美丽。

碧茵纳湖呈规则的椭圆形，虽不及纳沙泰尔湖和日内瓦湖壮观，但这里的湖岸景色却更为秀丽。尤其是湖的西岸，葡萄园此起彼伏，人口也较为密集，除了葡萄酒的质量相对较差以外，其余都与科特霍迪[22]颇为相似。另外在湖西，自南向北，不但有法院所在的圣让镇，还有波纳维尔、碧茵纳和位于湖尽头的尼多镇。在这些小镇中间，还星罗棋布地点缀着无数美丽的小村庄。

我为自己选择的这个避难地是如此符合我闲散、孤独和喜爱宁静的性格，以至于我将它当作了梦寐以求的福地，决定一离开特拉维尔山谷[23]就去那里定居。我觉得在这个岛上，我可以终日沉思，免于被人记起或侮辱，更能尽情享受与世隔绝、优哉游哉的生活。我甚至愿意远离世人，被彻底禁闭在这个岛上，而我自己也会想尽办法避免一切与别人接触的必要。

生活来源是我在此生活的一大问题。岛上运输困难，导致食品价格高昂，生活费用也很高。这里的一切开销都要听从税务官的安排。幸好经过商定，迪佩鲁帮我解决了这个难题。他打算接替那些业已放弃的书商，担当我全集的出版人，由我继续承担编辑校对工作。除了将全集的所有资料交给他以外，我还答应由他来担任我的回忆录的手稿保管者。不过我明确要求，为了保证我的余生能在被人遗忘的情况下安稳度过，这部回忆录只能在我死后出版。经过此种安排，我得到了一笔足够维持在岛上生活的年金。此外，凯特元帅在收回全部财产后，本来也打算送我一笔终身年金，金额为每年一千二百法郎，不过我只答应收下一半。他原想把钱全都寄给我，但我因为存放困难而拒绝了。经过商定，凯特元帅将这笔钱交于迪佩鲁（目前这钱还在他手中），要他每年以年金的形式将约定的钱数支付给我。

如此将凯特元帅赠予我的年金（其中三分之二将在我死后支付给黛莱丝）、我与迪佩鲁签订合同后获得的年金和杜仕纳给我的三百法郎年金加在一起后，我不但能保证自己在岛上的小康生活，而且还能让黛莱丝在我死后能靠着我给她留下的，由雷伊和凯特元帅提供的共七百法郎的年金安稳度日。但命中注定我要因为荣誉而放弃幸运和劳动带给我的金钱，至死都一贫如洗。人们只要稍微想一想就能得知，我是一定不会无耻到因受到某些人要切断我一切生活来源的威胁便去做一些不顾荣誉的事的。那些人总是以己之心度人之腹，绝不会猜到我在面临二者不能兼得的情况时会做出怎样的选择。

生活费用有了着落后，我再无后顾之忧。我只需用我一贯的行事原则和高尚的写作热情来证明我的一切行为都是符合自己的天性的，其余尽可以听任我的敌人们在这世上为所欲为。我不需再去批驳那些诽谤者，即便他们盗用了我的名字，将我描绘成了另一个人，也只能欺骗那些甘愿受骗的人而已。我深信，即使将我的一生拿去给他们批判，在经过对我不能忍受任何羁绊的天性以及我的弱点和过失深入分析后，人们也终究会发现我是一个善良和正直的人。我勇于承认错误，对别人对我的不当行为从不挂怀，我对任何人都没有嫉妒和仇恨之心，我对任何事物的态度都已经真诚到了令人难以置信的憨直和忘我的程度。

我下定决心要与我的时代以及所有人告别，我要将自己禁锢在岛上了此残生。只有在这个岛上，我才能过上以前用尽天赋之力也未能过上的闲散生活。这个岛将成为我可以终日酣睡的幸福之地——巴比玛尼岛：

“这里更加自在，这里能无所事事。”[24]

我就是想要这个“更加自在”。我始终认为，只要能懒懒闲闲地度日，那么能否睡得着觉都无所谓。只要可以无所事事，我就宁愿醒着做梦也不愿沉醉梦乡。虚度的时光虽曾让我一度兴奋，但却并未令我心醉神迷。追求浪漫的年纪已经过去，如今我只希望能永远无拘无束、悠闲自在。从今以后，我将把这种只有另一世界的有福之人才能享受到的生活作为我最大的幸福。

以前我曾说过自己无法忍受社交场上的闲散，如今，我却又为了能整天无所事事而刻意追求孤独的生活，那些责备我有许多矛盾的人难免又要说我自相矛盾了。如果这也算是矛盾的话，那也是大自然的过错，况且这里也并没有多大的矛盾。我天性如此，也只有如此才能表明我之为我。社交场中的闲散因其逼迫和拘束的特性有害于人，但孤独生活中的闲逸却因是自由、自愿的，从而令人心旷神怡。在宾客满堂时，我因为被迫的无所事事痛苦不堪。我像根木头一样直挺挺地站着或坐着，说不敢说、动不敢动，连做白日梦都不敢。在这种累人且无聊的场合，既要集中精神听那些恭维之词和冒着傻气的谈话，还得绞尽脑汁编好一套说辞，以便轮到自己时也能顺嘴胡诌、大放厥词。对我来说，这才不是什么闲逸，而是一种“苦刑”。

我所钟爱的“闲逸”是不停活动却什么实事也没做的儿童般的闲逸，是脑海中神游四方手却一动不动的幻想家般的闲逸，而不是懒汉那种既不动脑也不动手，整天无所事事的闲逸。我喜欢做各种无聊的小事，却又什么都不做完；我喜欢一会儿一个主意地随性而至、东游西逛；我喜欢上一秒掀开石头观察那下面的情形，下一秒就盯着一只苍蝇看它飞来飞去；我喜欢干劲十足地开始一项至少十年才能完成的工作，又在十分钟后毫不惋惜地将它丢在一边；我还喜欢既不连贯又无次序地想东想西、做这做那……总而言之，我做的一切都只凭一时高兴。

对我来说，植物学正是这样一门最适合悠闲的人研究的学问。现在，它已经成了一项占据了我所有空闲时间的爱好。自从喜欢上植物学，我那活跃的想象力再无发挥的空间，我也再没有产生过无聊的厌烦心理。我漫不经心地在田野和树林里到处转悠，几乎看见什么就采摘点什么，无论它是一朵小花，还是只是一段树枝。因为过目就忘，所以我可以始终怀着莫大的兴趣观察同样的植物。植物的组织结构是如此精妙，总能引起对它们有一定概念的人的惊奇，而对那些无知者来说，他们是绝不会产生丝毫兴趣的。对这些大自然的珍宝，别人虽然也会连声叫好，但因为他们根本不知该观察什么地方，也不明白那些令观察家们称羡不已的各种关系和组合之间的联系，所以也就不可能真正明白它们好在哪里。由于我所知有限，记忆力也不好，所以总觉得自己看到的植物都是美妙无比的新品种，这种状态让我一直兴奋不已。皮埃尔岛面积虽小，但却有着能提供各种不同植物的多种土壤，这些植物已经够我用一生时间来观察研究了。为了将来能写一部《皮埃尔岛植物志》，我决定要一个不漏地将岛上的所有植物都详细研究一遍。

我和黛莱丝寄居在岛上的税务官家中，应我的要求，黛莱丝来的时候把我的衣物、书籍也都带了来。税务官妻子的几个住在尼多的妹妹总会轮流来看她，后来她们跟黛莱丝成了朋友。我过上了一种十分恬静的生活，并特别希望这种生活能一直持续下去，然而，越是享受这种乐趣，我就越会深切感受到即将到来的那种生活的苦涩。

我一向喜爱水景，一见到这种景色我就会陷入没有目标的美妙遐想。沿湖一带和湖岸附近的山景令我着迷，我找不到任何词语来形容这种造化之美。每逢晴天之时，我只要一起床，就会跑去小土岗，一边呼吸早晨健康清新的空气，一边眺望美丽的湖上风景。每当静观神之造物，我的内心总会涌起阵阵无法用文字表达的赞叹。城市中的人固然会因为每日只能见到墙壁、街道和罪行而没什么信仰，可为何那些与世隔绝的乡民也会缺少信仰呢？他们难道一点也不会对这些醉人美景的创造者生出神往和赞美吗？在我来说，哪怕一夜未眠困倦无比，也一定会无限向往那些使我免于思索之苦的美景的。当我待在房间内的时候，我很少祷告，或只会简单念几句干巴巴的祝祷词。但只要眼睛能接触到大自然的奇观，我就会立刻激动无比，不知该如何赞美上帝才好。我记得某本书上有这样一个故事：一个贤明的神甫在他的教区巡视时，发现了一个只会以一个“啊”来充当祷告词的老太太。神甫对那个老太太说：“大娘，你的祷告词比我们所有的祷告词都好，你就继续这样祷告下去吧。”我如今所用到的，正是这个最好的祷告词。

用过早餐后，我一边热切地盼望着那种不需要再写信的幸福时刻早日到来，一边抓紧时间赶写几封不得不写的信。然后，为了开封整理而不是阅读，我又在我的文稿和书籍上花费了一些时间，这种似乎永远也无法完成的工作给我带来了一种消磨时间的快乐。对整理感到厌烦后，我便利用上午剩下的三四个小时来研究植物学。我对林内所著的《自然体系》进行了特别研究，我对此书的喜爱即使在发觉它有些空泛后也丝毫没有消减。我认为林内是截至目前唯一一个（路德维格是在他之后的）以哲学家和博物学家的眼光去研究植物学的。不过相对于到大自然中进行观察，他在植物园和标本室研究的时间更多。与他不同，我将整个圣皮埃尔岛都当成了我的植物园。每当我需要进行验证或是观察的时候，我就在胳膊下夹着林内的那本著作跑到森林或草地中，蹲在我需要研究的植物旁边，从它的生长状态开始仔细研究。这个方法对我观察植物未经改变和人工培植以前的天然状态大有裨益。据说路易十四的那个能叫出宫廷花园中所有植物的名字的首席御医法贡只要到了乡下便一无所知，我跟他恰恰相反，对大自然中的植物我尚可以略知一二，但对经园丁之手培育出来的植物，我是一个也认不出来的。

我下午所做的事没什么规律，完全听凭我懒散的性情要我做什么我就做什么。在税务官教会我用单桨划船后，只要不刮风，我就会在午餐过后立刻跑到湖边，划着一只小船去湖中央。能在这里随波飘荡让我觉得身心舒畅。要说我如此愉快的原因，也许是在为逃离了恶人的魔掌而庆幸吧。我独自坐在船中，醉心于漫无边际的遐想，并因这看似呆傻的遐想倍觉甜蜜，我任凭我的小船随风荡漾，却从来不肯上岸。我有时甚至会突然感动地大叫起来：“我最深爱的大自然啊！这里再没有任何一个恶人能插身你我之间，我已是在你单独的保护之下了。”每当泛舟湖上，我都恨不得这个湖能变成一片汪洋大海。我常常在这里飘荡着，不知不觉就离开陆地半法里远了。不过，为了照顾我那只不喜欢长时间待在水上的狗，我经常会在那个荒岛登陆，之后或是躺在草地上尽情欣赏湖光山色，或是观察剖析我身边的小草，有时候也会在岛上散上一两个小时的步。我十分喜爱这个小山丘，常幻想自己能像鲁滨逊一样在这里建造一个想象中的小房子。我曾十分自豪地任命自己为向导，带着黛莱丝以及税务官的妻子和她的姐妹们一起到岛上去散步。我们还像举办庆典一样把几只兔子送到了这个岛上，那一天对我来说称得上是个重大的节日，因为这些小生灵使我感觉小岛更加有趣了。从那时起，我便愈发经常地去那里观察那几位新居民的生活状况了。

除了这些以外，在收获的季节，我还有另一种可以让我回想起从前在夏梅特的那种甜蜜生活的消遣，那就是收获水果蔬菜。我和黛莱丝都以能与税务官一家共同劳动为乐。我记得曾经有一个名叫基尔克伯格的伯尔尼人来看我时，我正因为装苹果的口袋塞得太满而趴在树上动弹不得。我并不讨厌基尔克伯格和其他类似客人的来访，我希望在目睹了我是如何利用自己的闲暇时间后，伯尔尼人可以让我平静地过我离群索居的生活，不要再来打扰我。我宁愿由他们主动来将我幽禁在这里，也比我自己主动更能使我安心，因为如此一来，我就再也不用怕别人来扰乱我的生活了。

写至此处，我料到那些虽然已经无数次见过我与他们的不同，但还总是以己之心度我之腹的读者们定然又不会相信我的话了。最为奇怪的是，他们总以为要是想抹黑我，就要将我说成言行与自己天性相悖的恶魔，于是他们便一边拒不承认我拥有他们所没有的公正无私的美好品格，一边将一些绝不可能产生于人心的恶劣感情强加在我的头上。在他们想抹黑我时，任何荒谬的话都有人相信，可当他们想夸赞我时，我所有不同凡响的行为却都毫无可取之处。

但是，不管他们如何去想，我对让—雅克·卢梭思想和感情的特别之处既不打算辩驳，也不想去解释，我只是想如实陈述他思考和付诸实践的事情，而不是琢磨别人跟他的想法是否相同。

我对圣皮埃尔岛喜爱非常，下定决心将自己的一切欲望都限制在这里，绝不离开这个岛一步。我特别厌烦去碧茵纳、纳沙泰尔、尼多和伊弗东等附近的城镇办事。我感觉自己的幸福随着每在岛外多待一天，就会减少一天，要是离开了湖的范围，我就仿佛离开了自己的幸福之地。过去，任何一件事只要称了我的心意就会很快失去，这种经验使我变得异常惶恐，而这种害怕被迫迁离此处的惶恐，又促使我更加强烈地想要在岛上终此一生。

我养成了每天傍晚去湖边沙滩上坐坐的习惯，尤其是在看到被风掀起的波涛冲刷着我的脚面时，我心中总会涌起一种难以形容的快乐。我每次只要一想到这种象征着我栖身之地的宁静和大千世界的纷乱的景象，就禁不住热泪盈眶。我带着一种甚至会损害到心灵的担心去享受这份平静，对我的生活现状能否稳定长久没有一点把握。我在心中不断感叹：“唉！我宁愿用随意出入此岛的自由（我根本不想要这种自由）去换取永远留在岛上的承诺。那些恩准我住在这里的人有权随时将我驱离，若是他们看到了我在这里的美妙生活，他们是绝不可能容忍我继续悠闲自在下去的。如果某天他们一定要对我采取什么强硬手段的话，我是多么希望他们能将我囚禁关押在这里，而不是强迫我离开啊！”我万分羡慕可以安安静静住在阿尔贝格城堡里的米舍里·杜克雷，他的幸福真可谓是唾手可得。

总之，因为我那一时一刻也不肯停歇的忐忑不安的忧虑，使我始终觉得会有一场新的风暴向我袭来，所以我热切地盼望着可以被终身监禁在这个岛上。我衷心希望能被迫在此岛上度过余生，而不愿被驱逐出岛。我发誓，如果我可以自己决定对我的判决，那我一定会十分高兴地这样做的。

可惜事与愿违。在我完全意想不到的时候，邦政府通过负责管辖圣皮埃尔岛的尼多的法官先生向我下达了要求我离开此岛、离开他们辖区的命令。我拿着通知，仿佛是在梦中。这命令太出人意料、太不合情理了，我原来还以为自己的预感没有任何事实依据，只是一个被吓破胆之人单纯的不安而已呢。我曾谨小慎微、一步一步获得了主管官员和当地百姓对我来此安家的默许，甚至还得到了法官本人和几个伯尔尼人的探望和关怀，如今，在这严冬，他们竟要将一个体弱多病的人野蛮地驱逐出境，这实在是太不近人情了。我和很多人都怀疑，这道命令完全是因为那些居心不良之人打算趁着参议院休会、葡萄收获的季节给我来一次突然的打击，这里面一定存在着什么误会。

若仅凭一时气愤，我一定当时就动身离开了。可是在这既无准备又无去处的初冬，我又能去哪呢？除非丢掉我所有的衣物和文稿，否则我必须要用一些时间来进行准备。我已经被苦难磨去了棱角，生平第一次被现实压迫地抛开了自己的骄傲，我抓住命令中没有对时间进行限制的漏洞，万分违心地去低声请求给我一个宽裕的时限。我向传达命令的格拉芬里德先生致信请求，从他的回信来看，他虽因无法抗命而不得不心怀遗憾地将命令下达给我，但他本人对此却是极不赞成的。他的信中充满了钦佩、痛心之词，诚心地表示他愿倾听我内心的想法，于是我全都告诉了他。我坚信自己的信即使不能让那些人收回成命，也一定会使他们幡然醒悟，至少将命令的执行时间推迟一个冬天，让我能从容地选择退路。

我在等待回信期间对自己的处境和所应采取的策略进行了思考。我对自己将要面临的无数的困难一筹莫展，身体状况的糟糕也加重了我的消极情绪，以至于我完全丧失了自己的智谋，连一个能解决这种悲惨处境的办法都想不出来。显然，不管我逃到何处，都有可能被无理由地公开强制驱逐或是被受到教唆的无知小民赶走。除了去更遥远的地方以外，我没有任何安全的退路了。可当时的气候和我的身体状况又使我否决了这个决定。左思右想后，我回到了原点，斗胆写信请求他们将我终身监禁在此地，使我不至于再多次忍受驱逐之苦，四处流浪。第一封信寄出两天后，我给格拉芬里德先生写了第二封信，请他帮忙向掌权者转达我的请求。对于我这两封信，伯尔尼下达了一道措辞明确、语气冷漠的命令，限我二十四小时之内离开此岛、离开该国直接或间接管辖的所有领土，永不准再入境，否则严惩不贷。

当时的形势令人心生恐惧。我曾感受过莫大的焦虑，却不曾身受过如此令人一筹莫展的困难。不过，要被迫放弃在岛上过冬的计划更令我痛心。现在是时候谈谈那件命中注定要发生的憾事了。此事不但令我的灾难加重到了顶点，也使一个原本正在不断发扬美德，甚至终有一天可能与罗马人和斯巴达人争辉的不幸民族惨遭灭族。

以前在《社会契约论》中，我曾提出科西嘉人[25]是欧洲唯一不曾衰败，并可以为之立法图治的新兴民族。我还说过，若他们能找到一名贤明的立法者，就值得人们对他们寄予厚望。几个曾经读过我这部作品的科西嘉人对我的赞美深感欣慰。他们当时正致力于共和国的建设，因此，他们的领袖便来向我征求我对这一伟大事业有何意见。有一位时任法国王家意大利团队上尉的布塔弗科先生正是该族的名门之后，他曾就此事写信给我，还为我提供了我所需要的有关该国的史料和关于现状的资料。鲍利先生也与我通过几次信。当我手中掌握了关于此项工作的各类资料后，即使这项工作超出了我的能力范围，我也无法拒绝他们，只能与他们携手，共同为这伟大的事业而努力。我就是如此答复他们二人的。我们之间的信件往来直至我离开圣皮埃尔岛时方才结束。

就在此时，我获悉法国向科西嘉派兵，并跟热那亚签订了一个条约。虽然条约的签订和派兵的行为使我有些不安，但我却完全没想到这会跟我有什么关系。在我看来，当一个国家可能被他国征服时，是完全不适合进行立法这项必须要在特别安宁的情况下才能做的工作的。我如实向布塔弗科先生诉说了我的不安，但他却让我放心，并保证说，像他这种好公民，如果发现条约中真的有侵犯该国自由的条款，那他早就不可能继续留在法国的军队中了。确实，凭借他与鲍利先生的关系和他对为科西嘉人立法治国的热忱，我是绝不该怀疑他的，不过我依然猜测他早已对法国宫廷的真正意图心知肚明。我之所以得出这种结论，是因为我听说他不但常去枫丹白露和凡尔赛，还跟舒瓦瑟尔先生联系不断。然而针对此事，他不便在信上对我明说什么，只叫我自己去领会。

虽然这一切总算让我放了点心，但我依然不明白法国出兵的理由。科西嘉人原本完全可以凭借自己的力量反抗热那亚人，无论从哪方面来看，都不需要法国派兵保障他们的自由，因此，我还是无法完全放心。在没有确切证据证明我不是被戏弄以前，我是不能贸然应承下科西嘉的立法工作的。为了弄清我想了解的情况，我很想见布塔弗科先生一面，他也回信说过要跟我会面，所以我便耐心等待着他。他是否真的有一个可行性方案，我无从知晓，即便是有，在我遭难的这个时刻我也根本无法利用。

越思考这项拟议中的工作，我就会越深入地研究手中的资料，从而越发想要去我要为之立法的那个民族进行实地考察，从而弄清他们的民族、土地和适应他们的各种法制关系。我一日比一日更明白，在远离他们的地方是根本无法获得能指导我工作的任何知识的。在收到我的信后，布塔弗科也认同了我的看法。虽然还没决定动身，但我却为去科西嘉岛做了充足的准备。我去找马耶布瓦先生的旧部下，曾在科西嘉岛工作过的达斯蒂耶先生商量，他对那里的情况还是比较了解的。我承认，达斯蒂耶先生对此事的极力反对和他关于科西嘉岛耸人听闻的描述给我想去他们中间生活的计划泼了一大盆冷水。

不过，这个念头在我由于在莫蒂埃受到的迫害而急于想离开瑞士的时候又一次浮现在了我的脑中，我太想要在那些岛民之间寻获到别人始终不准我享有的安宁了。不过如果真到了那里，我恐怕就要过上一种我一直厌恶且无法适应的紧张生活，这是去科西嘉的计划中唯一令我胆怯的事情。我生来就具有独自思考的能力，所以为了公平起见，上天便剥夺了我在大庭广众之下说话办事的能力。我觉得，万一真的去了科西嘉岛，即便不用直接参加公务，我也必须常常跟领袖们会面、洽谈，更要经常投入到民众热情的活动中去，尤其是我去那里的目的本来也是寻求知识，而不是前去隐居，如此一来我就只能不由自主地被卷入琐事的漩涡，既不能支配自己，也难再有作为。我认为，虽然科西嘉人通过我的著作觉得我有些才能，但我本人很有可能会让他们大失所望，甚至不再信任我，这不管是对他们还是对我，都是一种损失。我相信，脱离了适合我的环境，又失去了他们的信任以后，我就会既无法完成他们期望我完成的工作，也会让自己感到万分苦恼的。

几年来，我屡遭迫害，过着颠沛流离、身心俱疲的生活。我迫切地想找个地方休息，可我的敌人们却以让我不得休息为乐。我比以往任何时候都更渴望精神和肉体上的恬适，和一种悠闲宁静的生活，自从我在友谊和爱情的泡影中清醒过来后，我便以此作为我要追求的最大幸福。我带着恐慌的心情思考着我将来的生活和将要担负的职责，只要一想到即便我竭尽心力也无法完成我将承担的工作，就会完全丧失勇气，不论这项工作是多么高尚、伟大和意义非凡。若在这种人事纠缠的情况下紧张地生活六个月，我将花费比以往二十年静心思考所需的还要多得多的精力，并且，还一定会徒劳无功。

我想到了一个万全的办法。由于我发现除了在科西嘉岛外，不管我躲到哪里都会被那些迫害我的人设计驱赶，因此我决定只要一有可能，便按照布塔弗科的办法逃到科西嘉岛去。为了能在那里安静度日，我将只撰写科西嘉人的历史，以此来答谢他们的殷勤好客，而绝不（至少表面上不）参与立法工作。然而，若有能够成功的可能的话，我还是会低调地进行一些调查，以便我写的东西能于他们有益。按照上述方法，我就可以既不事先承诺，改变我喜爱的孤独生活，又能在暗中从容思考一个更适合他们的方案了。

不过以我当时的状况，想去那里却不是一件容易的事。按照达斯蒂耶先生所说，科西嘉岛上连诸如衣物、文具、锅碗瓢盆等最简单的生活用品都买不到，所有东西都必须自己带去。如果要去，我就要带着黛莱丝和一大堆行李翻越阿尔卑斯山，再走上二百法里，此外还要穿过多国的国境。从当时欧洲的风气来看，我肯定会在身体的苦难过后还要受到精神的侮辱和打击，他们是一定不会遵照人道主义的原则和国际法规则来对待我的。此外，巨额的旅行费用、旅途中的风险和行进过程中的舟车劳顿都是我要考虑的因素。要想寄居于那种民风剽悍的民族，我一定要在计划执行之前好好思考一下它是否真的适合我这种年纪偏长、手头拮据，又形单影只的人。我非常希望能跟布塔弗科面谈一次，以此来帮助我做出决定。

就在我犹疑不决之时，莫蒂埃人开始了对我的迫害。在他们对我限时驱逐时，我根本没做好任何长途旅行，尤其是去往科西嘉岛的准备。我逃往圣皮埃尔岛时正在等待布塔弗科的消息，紧接着，在入冬时分，我又如上文所说被下令驱逐了。这道命令本身就是如此荒唐，在二十四小时之内既要离开四面环水的孤岛，还要找到船和车远离这个国家，这是我插翅也难以办到的，更别提在时限之内去针对翻越白雪皑皑的阿尔卑斯山进行迁徙准备了。我一面写信给尼多的法官先生告知他我的难处，一面尽可能快地离开了这个无义之邦。以上是对我放弃我心爱的计划，并在申请羁押被拒绝后接受凯特元帅的邀请去柏林的原因和过程的说明。我将所有文稿都交给了迪佩鲁，又嘱咐黛莱丝在圣皮埃尔岛上过冬，同时保管我的书籍和衣物。第二天一早，我干脆利落地离开了圣皮埃尔岛，当我抵达碧茵纳时，甚至连中午都没到。一件偶然的事情使我没有在碧茵纳结束我的旅行，这件事是不能忽略不提的。

我被驱离圣皮埃尔岛的消息一经流传，附近的居民，尤其是伯尔尼人纷纷赶来看我，他们虚情假意地恭维我、敷衍我，信誓旦旦地说这个命令是别人利用假期期间参议院休会的空档下达的，参议会全部二百名议员对此都持反对态度。这些安慰者中，有几个来自位于伯尔尼邦领土上的自由邦碧茵纳城的人，其中有一个颇具威信的名叫韦尔德雷默的望族子弟，一直在代表该城公民极力地邀请我去他们那里避难。他保证说他们都将以使我忘记自己所遭受的迫害为己任，殷切地接待我。他还说碧茵纳是个不接受其他任何人命令的自由邦，在这里，我不但不用再害怕伯尔尼人，并且他们全体公民还将上下一心，不会被任何人教唆来迫害我。

韦尔德雷默见我不为所动，就找了包括基尔克伯格和其他一些来自伯尔尼邦、碧茵纳城及邻近地区的人在内的说客来帮他劝我。其中，那个基尔克伯格自我到瑞士以来就屡次表现出要与我结交的愿望，我也对他的行事原则和才能颇感兴趣。而最出乎我意料的是，法国大使馆的秘书巴尔德先生竟然也跟韦尔德雷默一起来看我，并极力劝说我接受韦尔德雷默的邀请。虽然我从不认识他，他的热情也让我感到惊讶，不过从他说话的态度来看，他倒似乎是真心想说服我留在碧茵纳。他将这个城市及其居民大大夸赞了一番，为了表示与他们的亲密，他甚至在我面前以“大叔”和“大哥”来称呼他们。

巴尔德的表现弄得我对自己以前的猜测失去了信心。我原以为舒瓦瑟尔先生是我在瑞士受到的所有迫害的幕后主使者，法国驻日内瓦和索勒尔的官员们的行为也证实了我的怀疑。我十分清楚，就是因为法国的暗中操纵，我才会在日内瓦、纳沙泰尔和伯尔尼遭受了这么多的灾难。我不相信除了舒瓦瑟尔公爵以外，我在法国还有其他势力如此强大的敌人。因此，对于巴尔德的来访和关怀，我不能不多想一想。灾难没有完全磨灭我对别人的无条件的信任，经验也并未使我习得在花言巧语中识破陷阱的技能，即便如此，我仍然对巴尔德的好意心存疑虑。我还没有愚蠢到相信他的行为是出于本心，他的言过其实和矫揉造作，已经向我昭示了他是别有用心的。在这类低阶官员身上，我还从未看到过我当年在这种岗位上[26]所表现出的热忱的见义勇为的精神。

我以前在卢森堡先生的府上结识了波特维尔骑士，我们之间互有好感。托昔日的友谊之福，他在接任大使后也曾对我有所表示，但我婉拒了他邀我去索勒尔的请求。不过，也正是因为我很少能接受到身居高位之人如此的盛情，他的邀请才让我格外感动。据我猜想，波特维尔先生虽然被迫在日内瓦事件上不得不按照上级的命令行事，但他的内心却对我颇为同情，因此才会照应我去碧茵纳他特意为我安排的避难所安稳度日。我无意利用他的这种照拂，但却对此心存感激。我已下定决心要到柏林去，我深信只有在凯特元帅身边我才能得到真正的安宁和长久的幸福，所以我一直热切地盼望着与凯特元帅重逢的那一日。

基尔克伯格一直陪着我离开圣皮埃尔岛，把我送到了碧茵纳。在那里，几个碧茵纳人跟在韦尔德雷默身边，一同在码头等我。我到了以后第一件事就是请人帮我去雇一辆能在第二天上午带我离开的小马车。随后，我们大家在一家小酒馆吃了午饭。虽然我早已定下要去柏林，但在餐桌上，我还是被那些先生们恳切的挽留所打动了。他们见我动摇，便更加努力地劝说我。我终于败下阵来，同意至少在碧茵纳留到来年春天。

韦尔德雷默立刻着手帮我找房子。他给我找的是一个位于四层楼的小房间，他把这个破破烂烂的、对着一个晒着一大堆臭皮子的院子的房间吹嘘得像间新房一样。我的房东是一个面目狰狞、十分狡猾的矮子，我第二天就听说他在本地名声很差，是个既无家人也没仆役的赌徒、色鬼。我冷冷清清地待在这个坐落在世界上最美的地方，却时刻都可能将我闷死的小屋里，没有受到任何他们承诺过的友好待遇。更让我怀疑的是，我甚至没有在街上看到过一丁点儿对我以礼相待的表示，在他们的目光中，也没有一丝亲切的神情。此外，我还看出并感觉到有一场针对我的可怕的骚乱正在酝酿之中。有几个人特意跑来告诉我，也许明天就会对我下达要求我离开此处、离开国境的驱逐令了。

所有挽留我的人都已消失，巴尔德、韦尔德雷默都不见了，我身边再无可信赖之人。那些曾被巴尔德大肆夸赞的“大叔”和“大哥”们也没有因为他的嘱托而对我有任何关照。有个名叫伏—塔维尔先生的伯尔尼人曾请我到他位于近郊的一所漂亮房子中暂避风头，使我至少能不挨人家的石头。即便如此，这点情谊也不足以让我愿意继续留在这个以好客闻名的地方。

我在碧茵纳一住就是三天，远远超过了伯尔尼给我定的二十四小时离开他们辖区的时限。我感到十分焦虑，不知道以他们心狠手辣的行事风格，此次将如何把我赶出边境。就在我束手无策之时，尼多的法官先生赶来为我解决了这个难题。尼多先生完全不赞成伯尔尼邦的当政者们那种粗暴的做法，为了向我坦率表明他并未插手此事，他在我动身的前一天离开了自己的辖区，以一副官方姿态身着盛装，带着秘书乘坐着高大的马车到碧茵纳来看我，并给了我一张他亲自签发的通行证，以便我能不受刁难地顺利穿越边境。相对于赠我通行证来说，他这种勇敢支持被不公正对待的弱者的态度更加让我感动，即使他拜访的是别人而不是我，我也一样会感到前所未有的心灵上的震撼。

最后，我费尽力气，终于找到了一辆小马车。我原本以为可以在碧茵纳久住，还曾写信叫黛莱丝跟我会合，可如今，我不但无法等她，甚至连重新给她写一封短信告知她我所遇到的新的灾难的时间都没有了。找到马车的第二天一大早，我既没有等黛莱丝，也没有等那些约定好要来向我致敬的代表团，一个人匆忙离开了这个欲置我于死地的地方。若我还有精力写续篇，那么一定会交代清楚我原本是如何想要去柏林，后来又是如何去了英国的，同时，也会告诉读者们那两位对我心怀叵测的夫人是怎样玩弄手段，将我逐出不在她们掌控下的瑞士，从而让她们的那位朋友可以随意摆布我的。[27]

在为朱伊涅侯爵、默士姆侯爵夫人、比尼亚特里亲王和埃格蒙伯爵先生及夫人朗读完这部作品以后，我讲了如下一段话：

“我所说全部属实。若有人说他所知之事与我所讲的情况相反，那么他心里一定明白，即使他说的东西经过了千百次的论证，也一定全是诬蔑不实之词。他要是不能在我活着的时候通过深入调查把事情弄清楚，那么就一定是个不尊重事实并且不公正的人。而我可以不带一丝畏惧地公开声明：将来不管是谁，哪怕他没有读过我的作品，但只要能亲自对我的志趣爱好、行为习惯和性格天性、人品作风做上一番考察，就绝不会认为我是一个不诚实的人，否则他就理应被绞死。”

我的朗读就此结束，在场的所有人都默不作声。不过我却发现埃格蒙夫人似乎受到了感动，她全身很明显地颤抖了一下，随即又镇定了下来，与其他人一样不发一言。全场静默无声，这就是我此次朗读和以上那段话发表之后所得到的结果。[28]

注释：

【1】于1758年发表的一部唯物主义哲学著作，作者为爱尔维修（1715—1771年）。

【2】指罗甘的远房亲戚乔治·弗朗索瓦·罗甘。

【3】指普鲁士国王弗雷德里克二世（1712—1786年）。

【4】这首诗的第一句是："光荣和利益，是他的上帝和信条。"

【5】卢梭将普鲁士国王弗雷德里克二世比作多尼人的国王阿德腊斯特的话详见《爱弥儿》下卷。

【6】科里奥兰是公元前5世纪罗马的一员猛将，他曾多次战胜沃尔斯克人的首领图鲁斯·奥西第乌斯。后来，科里奥兰受人陷害，被逐出罗马，他毅然投奔曾经的敌人图鲁斯·奥西第乌斯。奥西第乌斯不记前仇，热烈欢迎了科里奥兰。

【7】指《爱弥儿》。"论教育"原本是《爱弥儿》的副标题。

【8】那段话的内容是："作为一名父亲，生养孩子只是完成了他的任务的三分之一。他对人类有生育后代的任务；他对社会有培养合群的人的义务；他对国家有造就公民的义务。凡是应尽这三种义务而不尽责的人，就是有罪的。……亲爱的读者们，请你们相信，凡是忽视了这些神圣职责的人，只要他心中还有爱，那么我就可以预言，他必将为此留下许多心酸之泪，并且永远无法从泪水中得到安慰。"（卢梭：《爱弥儿》）

【9】指1763年2月10日在巴黎签订的和平条约。此条约的签订，结束了1756年至1763年间发生在法国、奥地利联盟和英国、普鲁士联盟之间的"七年战争"。

【10】迪佩鲁于1729年生于荷属圭亚那的帕拉马里勃。

【11】卢梭对迪佩鲁的这段言论是在他极度焦虑不安的情况下写成的，十分有失公允。事实上，迪佩鲁是他最真诚的朋友之一，在他死后一直竭力维护着他的名声。1778年7月2日卢梭去世后，第二天迪佩鲁就和穆尔杜、吉拉尔丹侯爵一起承担起了编辑《卢梭文集》的工作。

【12】1750年，卢梭的《论科学和艺术的复兴是否有助于敦风化俗》发表后，引发了一场持续一年之久的大论战。波兰国王斯坦尼斯拉斯·勒辛斯基也在这场论战中撰文批评了卢梭。1751年9月，针对这位国王的批评，卢梭发表了《答斯坦尼斯拉斯·勒辛斯基的驳难》。这篇文章语气平和、析理透彻，是论战类文章的典范。

【13】巴黎大主教博蒙的那道训谕发布于1762年8月20日。卢梭对他的训谕的答复发表于1762年11月18日，标题是《日内瓦公民让—雅克·卢梭致巴黎大主教克里斯托夫·德·博蒙》，这个标题颇有声势。他在文章中质问大主教为什么“全欧洲的国家都联合起来与一个钟表匠的儿子作对”。他向大主教明确表示：“我是基督徒，是耶稣基督的门徒，而不是教士的门徒。”卢梭对以博蒙为代表的教士们所持的鄙夷态度溢于言表。

【14】在他的《音乐初阶》中，我发现很多论点都来自于我给《百科全书》写的有关于音乐的词条，而这些词条都是我在他的《音乐初阶》出版前好几年交给他的。我不知道那本标题为《艺术词典》的书中他承担了多少工作，但我却发现有些条目是逐字逐句地抄自我早在《百科全书》中发表的词条的。——原著者注

【15】指卢梭本人。

【16】这是那本书的简称。马布里这本书的全名是《费西翁关于道德政治的关系的言论》。

【17】指纳沙泰尔著名的汝拉山系草药学家让—安托万·迪维尔卢瓦医生。

【18】在我还住在伊弗东的时候，迫害我的阴谋就开始了。在我离开那个城市后一两年，罗甘骑士去世了。罗甘骑士为人正直，他十分痛心地对我说，在他的这个亲属的文件中，他发现了那人参与将我逐出伊弗东和伯尔尼的阴谋的证据。由此证明，此次阴谋的关键并非某些人强调的信仰问题，因为罗甘骑士非但不是什么虔诚的信徒，相反，他还始终疯狂地、不容异己地发展着无神论和唯物论。在伊弗东，没有任何一个人像罗甘骑士那样表面上不遗余力地殷勤待我，背地里却如此积极地参加着那些精心策划的迫害我的阴谋。——原著者注

【19】维尔纳以与友人通信的方式撰文攻击卢梭，这些信件的标题是《关于卢梭先生的基督教信仰问题的通信》。

【20】见《山中来信》第三封信。卢梭在脚注中正颜厉色地警告维尔纳：“……人们可以容许一个碎嘴唠叨的人随意胡说，但却不能容忍一个好基督徒恶意诽谤

他人。”

【21】卢梭共在莫蒂埃居住了三年零两个月。

【22】科特霍迪是里昂南面罗讷河畔一处注明的葡萄种植地。

【23】有件事在此交代一下或许有用。我在此地留下了一个特殊的敌人，即维利埃尔村的村长杜特罗。村长本人并不怎么受人尊重，但他有一个在圣弗罗朗丹先生的事务所工作的据说很诚实的弟弟。村长在我此次遭难前不久曾去看望过自己的弟弟。这原本是件不值一提的小事，但日后也可能助我们发现很多秘密活动。——原著者注

【24】巴比玛尼岛是法国作家拉伯雷《巨人传》中描写的一个传说中的小岛。预言作家拉封登在《巴普菲格的魔鬼》中说，这个岛的人最懂得终日酣睡的乐趣：“弗朗索瓦先生说：巴比玛尼此地之人最幸福，他们终日沉睡不醒……“

【25】《社会契约论》中对科西嘉人的表述是：“在欧洲，有一个叫做科西嘉岛的国家是有立法能力的。勇敢的科西嘉人在恢复和保卫自由方面所表现出的坚韧不拔的毅力和英勇的气概，值得智者们去教导他们该如何保护他们的自由。我有一种预感，这个岛国在将来的某一天一定会震惊全欧洲。”（卢梭《社会契约论》第2卷第10章）

【26】指卢梭于1743—1744年在法国驻威尼斯共和国担任的秘书一职。

【27】“那两位对我心怀叵测的夫人”是指布弗勒夫人和韦尔德兰夫人，“他们的那位朋友”是指休谟。

卢梭对他们三人的指摘其实是错误的。休谟邀请他去英国完全是出自一片赤诚，两位夫人也是出于好意才建议他接受休谟的邀请。不过卢梭在经过这么多年的迫害、驱赶和颠沛流离后，已经身心俱疲，变成了惊弓之鸟。到了英国后，他屡次因小事误会休谟，跟他发生剧烈争吵，并且又进而怀疑休谟与两位夫人共谋将他骗至英国加以迫害。1767年5月，卢梭在英国只住了一年多，便化名勒鲁潜回法国，隐居于特里。关于卢梭与休谟等人争吵的经过可参见特鲁松撰写的《卢梭传》第十五章“中圈套了吗？”。

【28】卢梭一共朗读了他的《忏悔录》四次，分别是：第一次，于1770年12月在佩泽侯爵家；第二次，于同年同月在诗人多拉家；第三次，于1771年2月为瑞典王子朗读；第四次，于1771年5月4—8日在埃格蒙伯爵夫人家。他每次朗读都只读第七卷至第十二卷，因为第一卷至第六卷“有些地方不适合读给女士们听”。

他朗读次数不多。1771年5月10日，应埃皮奈夫人的请求，巴黎警察总局局长下令禁止卢梭再向公众朗读，若他不遵命令，则会导致法院重提旧案，执行1762年6月9日签发的针对《爱弥儿》的作者的逮捕令。为了《爱弥儿》，卢梭付出了沉重的代价，直到1778年7月2日卢梭在埃默农维尔逝世时，逮捕令依然没有撤销，他的身份也还是一名“逃犯”。《爱弥儿》的作者的命运竟不幸至此。